스페인 중세·황금세기 문학

스페인 중세·황금세기 문학

민용태

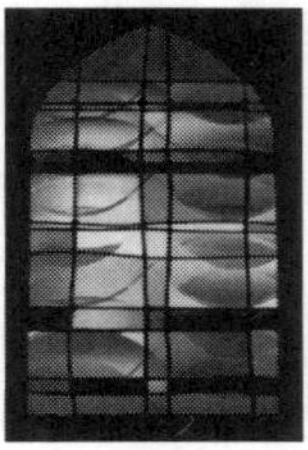

고려대학교출판부
KOREA UNIVERSITY PRESS

책머리에

외국 문학 공부는 나의 얼굴을 거울에 비추어 보기, 혹은 창 밖 내다보기이다. 외국 문학은 그 '거울'이고 그 '창'이다. 나의 눈은 나의 얼굴을 그냥 보지 못한다. 나를 보려면 거울에 비추어 봐야 한다. 물론 거울 속의 나는 거울의 나이지 진짜 나는 아니다. 그러나 그것이 나를 보고 나를 아는 유일한 방법이다. 즉 나는 '거울'이라는 타자他者/el otro를 통하여 인식된다. 남을 보고, 남의 문학을 읽고 나를 공부하는 이치가 이것이다.

오르테가 이 가세트는 "나는 나와 나의 환경이다"라고 말한다. 그 '나'에 대한 진정한 인식은 내면적으로 남의 거울에 자신을 비추어 보고, 동시에 거기 새로운 세계, 낯선 풍경이 있음을 신기해 하면서 시작된다. 외국 문학을 공부하는 것은 우물 안 개구리가 되지 않기 위함이다. 밖에, 다른 곳에, 보다 다른 세상, 다른 인식, 다른 풍경, 또 다른 수평선이 있음을 보는 재미이다.

스페인 문학은 우리의 것을 많이 닮았다. 동서 문학의 접합점이 스페인 문학이었기 때문이다. 8세기 이베리아 반도는 아랍 문화가 지배한 서양 속의 동양이었다. 아랍과 이슬람은 8세기 이후 중국 만리장성에서부터 피레네 산맥에 이르는 거대한 사라센 제국을 이룩했다. 이때 이슬람 문화는 글자 그대로 지구

촌 문화였다. 우리나라를 '코레아'라고 알린 것도 아랍인들이었으니까. 우리의 고려가요 〈가시리〉와 비슷한 '아녀자의 사랑 노래tema de doncella enamorada'가 스페인의 최초 '하르차스jarchas'에 많은 것도 결코 우연은 아니다. 아랍 시가의 영향이 동서를 누비고 있었기 때문.

그러나 스페인 문학은 우리와 다른 문학이다. 그 다른 문학을 볼 수 있는 훌륭한 창이다. 서양 문학의 성격이 여물어 가는 르네상스와 황금세기를 주도한 것이 스페인 문학이었기 때문이다. 《돈키호테》를 이야기하지 않고 우리는 소설을 말할 수 없다. 소설이 세르반테스로부터 태어났기 때문이다. 물론 연극과 시의 경우에도 스페인 황금세기는 오늘의 문학 장르가 어떤 과정과 고뇌를 거쳐 형성되었는가를 보여 주는 좋은 교과서이다.

스페인 문학이 특히 우리의 것과 다른 점은 그 바로크적baroque/barroco 성격이다. 동양 문학이나 예술은 처음부터 끝까지 자연주의, 자연 중심적 문학이다. 심지어 소설의 리얼리즘까지 인간의 자연스러운 삶이나 역사를 반영하는 것으로 생각한다. 그러나 스페인의 황금세기 소설은 《돈키호테》부터 이미 인공적 · 환상적 · 비유적 사실주의를 특징으로 한다. 그 당시의 유명한 시인인 공고라는 "인공적인 것이 놀랍게 아름답다lo artificioso que se admira"라는 시학을 표방한다. 현대 난해시의 거장, 현대 신新바로크적 문학의 선구자 말라르메가 공고라를 경배한 것은 당연한 일. 기발한 은유와 상징이 시가 추구하는 아름다움이다.

우리 외국 문학 연구 풍토는 지나치게 사대주의적 의식에 시달리고 있다. 외국 문학사는 외국 시학자의 책을 반쯤 번역하거나 옮겨오는 경우가 대부분이다. 그것은 시작부터 대단히 위험한 짓이다. 예를 들어, 스페인 학자가 쓴 스페인 문학사에는 그들의 정체성, 말하자면, 자신들의 종교적 기준과 애국주의적 시각까지 가미되어 있기 마련이다. 그것을 그대로 우리 책으로 옮겨오면 그 문학이나 문학사는 대단히 이상한 것이 될 수밖에 없다.

그런 곡해된 시각의 결과가 '콜럼버스의 신대륙 발견'이다. 콜럼버스가 1492년 아이티 해변에 도착한 일은 발견이 아니다. 그 땅을 발견한 것은 이미 기원전 5000년 전부터 그 땅에 살고 있던 인디오들이기 때문이다. 그러나 유럽인들, 백인들은 인디오나 황인종을 사람으로 여기지 않았다. 그런 유럽인의 왜곡된 시각이 콜럼버스로 하여금 '신대륙을 발견'하게 하고 마젤란으로 하여금 태평양 군도와 필리핀을 발견하게 한다. 마치 그곳에 이미 거주하던 중국인들이나 다른 동양 사람들이 그 가까운 곳에 섬이 있다는 것을 까마득히 몰랐으리라 생각하는 것처럼.

그런 것들을 그대로 우리 책으로 세계사로서 옮겨 온다는 것은 객관성 결핍을 넘어 무엇보다도 무서운 사대주의이고 자기 비하이다. 콜럼버스나 마젤란은 그 땅들에 온 최초 서양 방문객들이거나 약탈자, 침략자들이었다. 마젤란이 필리핀에서 독화살을 맞고 죽은 것은 원주민들 눈에 그들이 침략자들이었기 때문이다. 이런 인종차별적 편견에서 발생한 역사 담론을 그대로 여과 없이 베껴 쓴다는 것은, "나는 한국인, 황인종이기 때문에 인간이 아닙니다!"라고 스스로 말하는 거나 같다. 그런 세계사, 그런 외국 문학 책들을 읽고 공부를 해서 무엇하겠는가.

"위기지학爲己之學"이 진정한 공부 태도이다. 유교나 성리학의 교육론, 도덕론이라고 비하할 필요는 없다. 즉 나를 위하여, 진정한 나의 마음을, 나의 정체성을 찾기 위하여 우리는 공부를 한다. 외국 문학, 스페인 문학 공부라고 다를 거 없다. 영어 공부가 중요하다고 우리 국문학까지 영어로 하라고 떠드는 외국어 중시, 외국 공부 풍토는 수상스럽다. 영어를 잘하는 앵무새 만들기가 이상적 영어 공부는 아니기 때문이다. 외국 문학 공부가 나의 얼굴을 비추어 보고 나를 알고, 새로운 세상 보기, 더 깊은 삶 보기의 방법이라는 말은 바로 '나를 위한 공부하기'라는 뜻이다.

사실 스페인 문학을 공부할 때 그들의 문학사는 그들의 관심사이고 연구 영역일 수는 있어도 우리에게는 그들 문학 텍스트가 더 관심사일 때가 많다. 이 책에는 스페인 문학사 연구에 기여할 만한 새로운 역사적 요소는 그리 많지 않다. 동양인으로서 스페인 문학에 동양 영향이 있는 경우 더러 자세한 역사적 접근을 한 경우는 있다. 예를 들어《돈키호테》에 있어서 동양 영향 같은 테마는 필자의 전공의 하나이다. 그러나 이 책의 특징은 스페인 고전 문학의 자세한 텍스트 읽기이다. 자세히 보면 참으로 재미있고 깊은 인간적 진실들이 숨 쉰다. 우리는 그 깊은 숨소리 듣기에 가장 큰 관심을 기울였다.

이 책에서 읽는 색마 돈 후안은 다른 스페인, 외국 학자들의 읽기와 많이 다르다. 기독교의 죽음 중심적 인생관이 아닌 삶 중심적 동양인, 한국인의 시각에서 티르소의 〈세비야의 난봉꾼〉을 읽고 있기 때문이다. 알라르콘의 〈수상스러운 진실〉 읽기도 원작자가 제시하는 교훈성과는 다른 인식으로 성찰하고 있다. 이 책을 통하여 나는 스페인 고전 문학 해석의 새로운 눈과 재미를 제시하고 싶었다. 학자들의 연구에 새로운 기틀과 영감의 자료로 쓰였으면 좋겠다는 생각이다.

참고서적은 어느 스페인 문학사나 비평사, 연구서들을 보아도 나와 있는 것들이다. 다만 좀더 다른 해석이나 연구는 각주에서 출전을 밝혔다. 인용문의 원문은 부록에 수록했으며 중세 문학을 읽기에는 어려운 단어들이 많아 따로 어휘집을 붙였다. 르네상스나 황금세기 작품 읽기에는 유명한 코바르루비아스의 사전(*Tesoro de la Lengua Castellana o Española*, 1611)을 보면 된다. 아무쪼록 학생들이 좋아하고 재미있어 하는 책이 되길 바란다.

2008년 봄 고덕동 산자락에서

민용태

차례

2부 황금세기 문학

1부

중세 문학

1장

사나이 문학의 땅 스페인

◆

어느 스페인 문학사 책을 보나 그 맨 처음 이야기는 〈시드의 노래Cantar de Mio Cid〉로부터 시작된다. 음유시인들이 바랑 하나에 바이올린의 할아버지인 비올라를 둘러메고 이 마을 저 마을로 돌아다니며 위대한 전쟁 영웅들의 전승담이나 읊조리던 시절. 이것을 유럽 문학사의 출발점으로 나라마다 서두를 시작한다. 프랑스의 〈롤랑의 노래〉나 게르만 민족의 〈니벨룽겐의 노래〉 따위가 그것이다. 그러나 예로부터 이야기보다는 노래가 먼저였으리라는 추측은 있었다. 긴 이야기보다 돈은 안 벌려도 너나 나나 한 곡씩 부르는 노래가 입에서 입으로 전하는 문학 장르 중에서는 단연 먼저 있었으리라.

그러나 〈롤랑의 노래〉나 〈시드의 노래〉 등은 각각 12세기 초, 12세기 중반쯤에 만들어진 것으로 보고 있다. 이 이야기는 서구 중세 문학의 태동이 이때쯤 시작되었다는 통설이다. 이야기가 노래보다 먼저였다. 그러니까 로마 문학이 쇠퇴하고 라틴어가 프랑스나 스페인에서는 통하지 않을 정도로 심하게 방언화되었을 즈음, 가령 스페인의 경우를 들면 《에밀리아넨세 어휘집*Glosas*

Emilianenses》이 작성된 것으로 보이는 10세기 즈음에서 라틴어 방언 문학, 아니면 유럽 중세 문학이 시작되었을 법한데 그게 아직은 없었고 앞서 말한 것과 같은 구전 영웅 서사시가 효시라는 것이었다.

20세기 중반까지 서구 시가의 시원으로 길예르모 데 포이티에르스Guillermo de Poitiers라는 12세기의 프로방스(프랑스 남부)의 유식한 음유시인으로부터 유행한 사랑의 노래, 비방 노래 등을 들고 있다. 내가 여기서 구태여 '유식한' 음유시인이라고 한 것은 같은 음유시인이어도 영웅 서사시를 읊는 후글라르juglar들과는 달리 트루바두르troubadour들은 글도 알고 이름도 날린 명실 공히 시인이라고 할 수 있는 치들이었기 때문. 후글라르들은 같은 음유시인이어도 귀동냥으로 얻어들은 이야기를 입담 좋게 떠벌이는 재주 외에는 글을 몰랐다. 그러니까 이야기를 바꾸면 시가는 프로방스 시인들 같은 유식한 치들에 의해서, 구전 서사시mester de juglaría는 비슷한 시기에 일자무식들에 의해서 시작되었다는 말이 된다. 시가 노래보다 먼저다? 시가 이야기보다 먼저다? 같은 시대다? 도무지 아리송한 이야기들이 1948년 스턴S. M. Stern이 하르차스jarchas라는 시가를 발견하기 전까지의 이야기들이었다.

아메리코 카스트로Américo Castro는 14세기까지 스페인 문학은 인간의 감정 표현보다는 영웅들 이야기나 승려 문학mester de clerecía 같은 종교적 · 교훈적 성격이 강했음을 지적한다. 이런 남성 중심 문학 현상은 1492년 그라나다의 함락까지 지속된 스페인인들의 아랍세력으로부터의 7세기에 걸친 독립운동 때문에 아랍인 특유의 감정 중심적 문학에 대한 배타적 성격이 작용했으리라는 추측을 가능케 한다. 뒤늦게 세르반테스Miguel de Cervantes Saavedra도 "모든 감정적 표현은 나쁘다"고 말한 것을 보아도 스페인인들의 사나이 정신machismo ibérico이 문학에도 그림자를 드리웠을 가능성이 있다. 그러나 앞서 말했듯이 그것은 오산이었다. 이미 11, 12세기에 '하르차스'라는 안달루시아 여인들의 사랑의 하소연이 노래로 시가로 존재하고 있었음을 뒤늦게 발견하게 된 것이다. 스턴은《알 안달루스*Al Andalus*》란 잡지에 〈스페인어, 히브리어 합성어로 쓰인 무와사하 시가의 스페인어 끝 시귀절들Los versos finales en español en las muwaxahas hispano-hebraicas〉이라는 논문을 발표한다. 이 끝 구절들을 하르차스, 즉 후렴구라고 부르는데 이것이 스페인어로 쓰인 시구였다는 것이다. 그는 그 뒤에 이런 하르차스를 아랍어로 쓰인 시에서도 발견한다. 그러니까 이 하르차스가 더러 히브리어 주 하느님Rabb이나 아랍어 임habibi 따위의 말들을 사용하고 있으나 거의 전부가 당시에 쓰이던 안달루시아 지방의 스페인어mozárabe로 쓰인 작품이라는 것을 발견하게 된 것이다.

하르차스는 사실 9세기 코르도바의 맹인 시인 모카담Muqaddam ibn Mu'afa al-Qabrí, "El Ciego de Cabra"에 의해 만들어진 제젤zéjel이라는 아랍시풍의 식자 시가형식이다. 그런 시는 주로 아랍어가 근간이었지만 그 후렴jarchas만은 당시 안달루시아에서 유행하던 그 지방 민요를 섞어 쓰곤 했다. 이 무와사하 muwasája/muwaxaha 시형식이 스페인의 시가 발달에 중요성을 갖는 것은 스페인에도 그것을 본뜬 제젤이라는 시형식이 유행하게 되기 때문이다. 무와사하와 제젤이 다른 것은 "무와사하는 마지막 후렴을 제외하고는 모든 시구가 고전 아랍어를 사용하고 있는 반면에 제젤은 그 형식은 비슷하지만 모든 시구에서 스페인어 방언을 사용하고 있다"(Menéndez Pidal, 〈Cantos románicos andalusíes〉)는 점이다. 하지만 이 두 형식은 언어를 제외하고는 유사점이 많은데, 그 형식적 특징은 본래의 시형식의 운을 통한 연결 부분에 있다. 예를 들어 우리가 〈강강수월래〉를 합창할 때 가장 문제가 되는 것은 언제 '강강수월래'를 불러대느냐 하는 데 있다. 가끔 "대밭에는 대도 총총…" 사설이 이어질 때 모두 조용한데 자칫 혼자 '강강수월래' 하고 튀어나올 수가 있다. 제젤 형식도 이런 합창을 위한 노래에서 나온 것이다. 그런데 우리의 〈강강수월래〉와 다른 점은 이런 엉뚱한 '강강수월래' 소리를 방지하기 위한 운율상의 법칙이 정연하다는 점이다. 시구 끝에서 '에'로 끝나는 말이 나오면 이것이 '강강수월래'를 합창할 수 있다는 신호가 된다. 가령 〈강강수월래〉를 제젤식으로 만들면,

강강수월래

대밭에는 대도 총총
하늘에는 별도 총총
우리 아기 시집가네

강강수월래

하면 된다. 여기서 '수월래'의 끝소리 '애'와 '시집가네'의 '에' 소리가 운이다. 사설이 이어지다가 시구 끝에 '시집가네'처럼 '에' 소리로 떨어지는 구절이 나오면 우리는 마음 놓고 '강강수월래'를 초성 좋게 불러댈 수 있다. 메넨데스 피달Menéndez Pidal은 이런 제젤 형식이 안달루시아 지방뿐만 아니라 스페인 전역, 나아가서는 유럽 전역에 퍼져 있는 것을 발견한다(〈Poesía árabe y poesía europea〉). 심지어 이런 형식이 비단길을 타고 먼 동녘까지 유행할 수 있었음을 시사한다. 우리의 고려 시대에는 몽고의 침입도 많았고 실제 아랍인들이 1백여 명 들어와 살았다는 기록이 있다. 그렇다고 볼 때 우리 고려가요나 민요에 제젤 형식이 안 들어왔으리라고 장담할 수 있는 사람은 없다. 그도 그럴 것이 이들 하르차스에는 우리네 고려가요의 내용과 가장 흡사한 여인들의 한이

서려 있기 때문이다.

이렇게 해서 사나이들의 사나이다운 이야기나 시가만 유럽과 스페인 문학의 시초라고 생각한 사람들은 그보다 더욱 오래된 여자의 뜨거운 목소리와 가녀린 한이 보다 깊은 뿌리라는 것을 알게 된다. 그 어느 시가보다 1백 년이나 앞선 11세기, 혹은 그 이전까지 소급되는 것으로 봐야 할 노래들이 이미 안달루시아에 불리고 있었다는 사실은 지금까지의 유럽 문학사의 판도를 바꿔 놓고 있다.

2장

임이여! 애끊는 안달루시아 여인의 하소연

◆

하르차스의 내용적 특징은 우리의 고려가요와 같이 연인의 사랑의 하소연이 핵심을 이루고 있다는 점이다. 비록 형식은 아랍 시가의 영향 아래 식자 문학의 한 줄기에서 태어난 것이지만 그 후렴은 이미 안달루시아에서 불리던 노래에서 따온 것이 틀림없다. 어느 나라나 남쪽 문학은 낭만적이기 마련인데 스페인 안달루시아의 노래 또한 낭만성이 강하다. '낭만적'이라는 말 자체가 중세 시가 명칭 '로만세romance'에서 나온 것이고 중세 문학에서 유일하게 시간을 뛰어넘어 르네상스와 현대로 이어지는 문학 전통의 연맥을 이룬 것은 사실이 안달루시아 여인들의 눈물이라 할 수 있다.

메넨데스 피달이나 다마소 알론소를 통해 우리는 전통시라는 것의 중요성을 배운다. 입과 입을 통하여 불리고 세월에 의하여 닦여진 조약돌 같은 중세 문학의 정수는 사실 이런 민간 설화나 서정요를 타고 스페인 문학의 뿌리로 작용한다. 그중 가장 오래되고 가장 따뜻한 전통시의 연맥이 안달루시아 여인들의 한을 담은 하르차스에 담겨 있다. 이런 시가들이 20세기 중반이 되도록 발견되지 않은 것은 메넨데스 펠라요Menéndez Pelayo 같은 사람의 애국주의적 편견도 작용했지만 원래 이들 시가들이 아랍어로 쓰인 텍스트들 속에 숨어 있었기 때문이다.

임을 기다리는 여인의 마음은 안타깝기만 하다. 기약 없이 떠난 임이지만 그리워지는 마음은 어이하랴. 점쟁이라도 잡고 물어보아야지.

그대가 점쟁이라지
정말로 그렇게 맞추는가요?
그렇다면 말 좀 해 주어요,
내 임 이삭은 언제나 나를 찾아올는지요.
• 원문 1 •

위 시의 원문에서 "bi-l-haqq"는 아랍어 숙어로 '정말로'라는 뜻이다. 이들 노래에 가장 많이 나오는 "habibi"는 '친구' 혹은 '임'으로, 연인을 뜻하는 말이다. 이 당시 안달루시아의 스페인인들은 아랍어 절반 스페인어 절반의 라틴어 방언을 구사했다. 그들의 친근한 표현으로 속마음을 이야기하면 자연 이런 표현이 되는 것이었으리라. 아랍어를 스페인어로 옮기는 데에는 우리 향가의 경우처럼 아직도 논란이 많지만 피달이나 라페사, 가르시아 고메스 등의 노력으로 연원이 속속 밝혀지고 있다. 어떻든 그리운 임을 기다리는 마음은 어떤 풀이 속에서도 곱게 살아난다.

동생들아, 동생들아, 말 좀 해 보렴.
내 이 아픔을 어이 참고 살란 말이냐.
내 임 없이 내 못 사는데
어디로 가야 임을 찾을 수 있을지?
• 원문 2 •

떠난 임 그리워 못 사는 마음은 우리 고려가요나 민요의 바탕이기도 하다. 임 그리워 아픈 마음, 떠나는 임 붙잡지 못해 안타까운 안달루시아 아가씨의 애간장은 하르차스 곳곳에서 발견된다. 하르차스를 몇 개 덧붙이면 우리의 고려가요 〈가시리〉가 다 풀려 나옴 직하다.

날려는 어찌 살라 하고, 나는 어떡하라고
임이여,
나를 떠나지 말아다오!

내 사랑이 내게서 떠나요.
오 하느님, 정말 내게 다시 돌아올지요!
임 생각에 내 이토록 아파 있사외다!
아파 누워 있는 이 몸 언제나 나을지요?

• 원문 3 •

특히 두 번째 하르차스는 히브리어 '하느님Rabb'이란 말과 아랍어 '임' 때문에"li-l-habib"라는 합성어가 함께 쓰인 경우다. 아랍 계통의 사람과 유대인들이 스페인인들과 함께 어울려 살았던 안달루시아 지방에서 자연스럽게 섞여든, 이들 노래 속의 정감 넘치는 일상어들은 온통 우리 귀에도 마치 어제의 우리 민요를 듣는 듯 친근감이 되살아온다.

어느 지방을 막론하고 이제나 저제나 임 그리는 아낙네들의 아픈 마음은 그 민족의 서정성의 뿌리를 이룬다. 비록 그것이 세월이 흐름에 따라 남성적인 식자 문학이나 교훈적 성격으로 뒤바뀐다 할지라도 그 근저에 맥맥이 흐르는 서민의 진솔한 감정은 한 나라 서정성의 밑바탕을 이루고 있는 것이다. 남성 문화는 감정의 표현을 자제해 왔다. 그것은 유교 문화만의 횡포가 아니라 모든 종교의 정립 시기에 나타나는 공통 현상이다. 그러나 그런 식자 문화의 그림자 밑에서 흘러 정제된 샘물 같은 서정은 시간이 흐른 뒤에도 다시 지상으로 되솟는 힘을 가졌다. 15세기부터 되모아진 많은 서정요들이 그것을 증명한다. 가사집romancero, 노래집cancionero 등이 얼마나 많이 쏟아져 나왔던가. 또 그것은 스페인 근대 문학에 얼마나 지대한 영향을 미쳤던가.

메넨데스 피달은 이들 안달루시아의 노래들이 이베리아 반도에 아랍 영향과는 다른 고유한 서정요 전통이 있었음을 증명한다고 말한다. 하르차스에 나오는 임이라는 표현은 아랍 문학에서는 사랑하는 사람에 대한 표현으로 나오지 않고 있다고 주장한다. 또한 흔히 이런 사랑의 하소연의 상대로서 어머니 등의 표현도 아랍 문학의 전통에 오히려 생소한 것이라고 말한다. 그렇다고 하면 하르차스 시가에 나오는 아랍어나 히브리어는 오히려 갈리시아 시가나 특히 임의 노래cantigas de amigo나 카스티야 민요에 나오는 스페인 말의 외국어 번역으로밖에는 이해할 수 없다는 것, 즉 "habibi"는 영락없이 갈리시아어 '임 amigo'의 번역이라는 이야기다.

여기에서 우리는 안달루시아와 카스티야 지방을 중심으로 일어난 서정요의 전통과 갈리시아 지방에서 포르투갈에 이르는 노래cantigas 전통이 이베리아 반도 문학의 효시임을 알 수 있다. 또 이들 서정요의 성격이 사랑에 취한 아가씨나 아낙네의 한의 전통에 뿌리내리고 있음을 본다. 이들 주류를 이루는 두 서정요의 전통은 서로 영향을 받아 마침내 갈리시아에서 본격적인 발전을 본다. 이것은 13세기 알폰소 현왕Alfonso X el Sabio까지도 시를 쓸 때는 갈리시아어가 좋다는 편견을 갖고 있는 것만으로도 증명이 된다. 그러면 이번에는 갈리시아 여인들의 한을 들어 보자.

3장

갈리시아 여인들의 아련한 그리움의 파편들

◆

한국적 정서를 이야기하라면 한이나 그리움을 든다. 또한 동양시의 서정으로 가장 빈번하게 고향에 대한 향수라든가 그리움이 표현된다. 그러나 이들 한국적 서정이 서구어로 번역될 때 가장 유사한 말은 모두 갈리시아어에 있다. 고향에 대한 향수나 그 향수 때문에 얻은 병을 모리냐morriña라고 부른다. 또한 정처 없는 그리움이나 한을 표현하는 말로 갈리시아어는 '사우다데saudade'라는 표현을 가지고 있다. 사우다데는 이유 있는 슬픔이나 우수라기보다는 햇살 속의 가랑비처럼 엷은 슬픔이다. 가없는 바닷가에서 부질없이 임을 기다리는 말로 형언할 수 없는 느낌의 파편들을 갈리시아에서는 '사우다데'라는 표현으로 옮기고 있다.

여기서 어쩌면 하르차스처럼 긴 연원을 가졌을지도 모르는, 그러나 13세기 이후는 가장 훌륭한 서정성으로 이베리아 반도를 대표한 갈리시아의 노래 중 특히 임의 노래cantigas de amigo를 중심으로 맛을 보기로 한다. 임의 노래는 프로방스 시가의 인공적이고 정감이 결핍된 듯한 사랑 노래cantigas de amor에 비해 순수하고 자연 발생적 정감이 마디마디 스며 있는 노래들이다. 갈리시아가 바닷가이면서 온 산과 들판이 숲으로 우거진 지방이어서인지 그들 노래 또한 풋풋한 아픔이 손에 묻어온다.

아 꽃들아, 꽃들아, 푸른 소나무 꽃들아!
내 임의 소식을 너희는 아느냐?
오 하느님! 에 우 에?

아 꽃들아, 꽃들아, 푸른 가지 꽃들아!
사랑하는 내 임의 소식을 너희는 아느냐?
오 하느님! 에 우 에?
• 원문 4 •

위 노래에서 우리는 "푸른 소나무의 꽃들"을 생각하고 그 꽃가루에 묻어나는 안타까움과 불길한 느낌을 포착해야 한다. 사실 소나무 꽃은 꽃이라기에는 너무 꽃잎이 없다. 키가 커 임의 사연을 묻는 '나'보다는 보이는 데가 많겠지만, 그러나 그 꽃은 꽃이 아니라 송홧가루일 뿐, 그 꽃에서 어느 사연을 기대할 수 있으랴! "푸른 소나무의 꽃들"이 안타깝게 산산이 흩어져 내리는 고즈넉한 산마루 위 갈리시아 아가씨의 속눈썹에는 먼지와 안개만 자욱할 뿐.

그러면 이번에는 바닷가로 가 보자. 배 타고 나간 임을 기다리는 아가씨의 마음은 이곳이나 저곳이나 안타까움의 물결이다.

조그만 암자 속 제단 앞에 있으니
바다의 크고 큰 파도가 나를 에워싸네.
나는 내 임을 기다리고 있는데
나는 내 임을 기다리고 있는데!

크고 큰 파도가 나를 에워싸네,
거기 뱃사공도 없고 노 저을 사람도 없는데.
나는 나의 임을 기다리고 있는데
나는 나의 임을 기다리고 있는데!

나는 뱃사공도 없고 노 저을 줄도 모르는데
바다 한가운데 아름답게 죽어가리.
나의 임을 기다리며
나의 임을 기다리며!

• 원문 5 •

바다에 나간 임을 기다리며 바닷가 조그만 암자의 제단 앞에서 임이 무사하기를 두 손 모아 무릎 꿇고 기도하고 있는데 폭풍이 불었는지 임은 오지 않고 파도만 암자까지 밀려온다. 배도 뱃사공도 없고 노도 저을 줄 모르는데 파도만 나를 에워싸고 바다속으로 밀고 가는구나! 그래도 나는 임을 기다리는 마음 하나로 눈을 뜨고 임이 오는가 지켜보고 있건만 기다리는 임은 보이지 않고 파도만 거세게 거세게 나를 에워싸는구나. "바다 한가운데 아름답게 죽어가리/임을 기다리며", 이 얼마나 구구절절이 가슴에 사무치는 말들인가. 망망대해에 오실 임은 오지 않고 파도만 밀어닥치는데 그래도 임을 기다려 푸른 바다 한가운데서 이대로 아름답게 죽고 싶은 마음!

스페인 문학은 이렇게 해서 천 년 뒤에 꽃필 아름다운 가슴들을 마련한다. 천 년 뒤 오늘의 시인 페데리코 가르시아 로르카Federico García Lorca도 같은 말을 한다.

푸른 바다 한가운데에서 죽고 싶어요.

• 원문 6 •

4장

귀동냥 보도기자 후글라르

◆

메넨데스 피달은 스페인 구전 영웅 서사시cantar de gesta/Mester de juglaría의 특징을 보도기자적 사실성에 두고 있다. 10세기부터 13세기 사이에 활기를 띤 이들 음유시인들의 행각은 경제적인 측면에서의 사회적 의미 외에도 산악이 많은 부르고스, 레온, 카스티야 지방 사이를 오가며 그 당시 진행되고 있었던 무어족에 대한 독립운동의 성과를 홍보해 주는 종군기자 겸 라디오 역할을 훌륭히 수행하였으리라는 면에서 중요한 뜻을 갖는다.

11세기의 십자군 운동과 맥락을 같이하는 유럽인들의 독립전쟁은 이교도, 특히 이슬람교도에 대한 기독교의 봉기라는 점과 예루살렘 탈환 같은 상징적 목표는 있으나, 전선이 일정하지 않은 방황과 모험의 연속 속에 이루어졌다는 점에서 일치한다. 롤랑도 시드도 프랑스의 샤를마뉴 대제의 장군이라거나 스페인 알폰소 왕의 기사라는 차이를 제외하고는 모두 용감하고 충실한 신하요, 기독교를 옹호하기 위해 싸운 신앙심 깊은 전사들이었다.

지난 세기 말 후세인이 십자군 운동 시절을 연상시키며 기독교 국가에 대한 이슬람 국가들의 종교 전쟁을 선동했던 이유도 실은 이미 이때부터 비롯된 앙심이다. 그런데 재미있는 것은 우왕좌왕하던 걸프 전쟁 소식이다. 위험도 위험이지만 반대급부로 경제적 보상을 취한 CNN 방송이나 종군기자, 동시 통역사들을 보면서 우리는 중세의 후글라르들을 생각한다. 피달의 말처럼 구전기자적 성격을 가진 음유시인들이었다 할지라도 글자 하나 모르던 엉터리 기자들이 눈으로 귀로 얻어들은 보도가 정확해야 얼마나 정확할 수 있었을 것인가 하는 것이 바로 그 하나다. 둘째는 사실이건 거짓말이건 어떤 보도라도 접해야 직성이 풀리는 오늘의 우리 같은 사람들이 당시에도 얼마나 많았겠는가 하는 추측이다.

피달을 선두로 한 스페인 학자들은 프랑스의 〈롤랑의 노래〉에 비해 〈시드의 노래〉는 역사적 · 지리적 사실성이 뛰어나다고 입을 모은다. 피달은 〈시드의 노래〉에 메디나셀리를 비롯한 여러 군데의 지형 묘사가 정확하다는 점을 들어 1140년경(시드가 죽은 지 반세기 뒤) 그 지방의 음유시인이 완성시킨 이야기가 아닌가 추정한다. 이 스페인 서사시에 등장하는 알바르 파네스Alvar Fáñez나 알폰소 6세 등은 시드와 동시대인일 뿐만 아니라 그와 직접 연분을 가진 사람들이다. 반면 〈롤랑의 노래〉는 너무 환상적이고 초인간적인 모험들로 가득 차 있다. 이것이 서사시의 연원을 중세 문학의 본거지인 프랑스로 보지 않고 게르만 문학 계통의 서고트 서사시에서 연유된 것이나(밀라 이 폰타날스, 메넨데스 펠라요), 아랍 문학의 영향이라고 보는 쪽으로 기운 이유다. 그러나 피달 자신도 알고 있듯이 이미 11세기에 〈롤랑의 노래〉가 스페인에 알려져 있었고 샤를마뉴 대제 시대의 노래들이 일찍부터 이베리아 반도에 유행하던 흔적(다마소 알론소의 〈nota emilianense에 나오는 롤랑에 대한 연구〉, 마르틴 데 리케르의 〈Los cantares de gesta franceses〉)으로 보아 10세기경의 국경 없는 문화의 전파 현상을 좁은 국수주의적 해석으로 왜곡시킬 수는 없다.

우리는 피달과 함께 스페인 영웅 서사시의 역사적·지리적 사실성과 종군 기자의 보도와 비슷한 창작 연대의 동시성을 인정해야 한다. 동시에 이런 귀동냥에 가까운 보도의 오류 내지는 음유시인들의 즉흥적인 이야기 꾸미기의 문학성을 모르는 척해서는 안 된다. 롤랑의 이야기는 샤를마뉴 대제의 스페인 점령(사라고사 지방을 제외한) 등으로 국제적 전파력이 강했고 그만큼 많은 사람들의 입을 시간적(778년에 죽음)으로 길게 거쳤던 만큼 전쟁 영웅에 대한 신화적·과장적 요소가 심해진 경우다. 그러나 시드는 반도 내의 스페인인과 무어족 사이의 영웅이었던 만큼 개인적·자서전적(레오 스피처Leo Spitzer는 "서사시화된 자서전"이라 불렀다) 범주로 그 사실성이 더욱 강하다.

〈롤랑의 노래〉의 창작 연대는 1100년에서 1125년으로 추정된다. 〈시드의 노래〉는, 다시 피달의 의견을 따르면, 1140년이다. 이상 창작 연대를 기정사실로 받아들인다고 해도 작품의 배경 시점부터 그 창작까지의 시일이 프랑스의 경우는 거의 2세기 반이지만 시드는 겨우 50년 뒤다. 두 영웅 모두 사라센 제국의 무어족과 싸우는 십자군 전쟁으로서의 성격은 같지만 롤랑의 이야기는 거의 전부가 전승담이다. 사라센 군대와의 전투에서 결국 샤를마뉴 대제 휘하의 영웅 롤랑이 론세스바예스에서 죽고 그 소식에 접한 애인 오드 또한 슬픔 속에 삶을 끝마친다. 반면에 시드의 이야기는 알폰소 6세에게 추방당한 전사가 갖은 신고 끝에 무어족과의 싸움에서 승리하여 그 전리품을 왕에게 바침으로써 다시 신임을 얻는다는 전공담 이외에도 두 딸의 결혼과 파경, 복수전의 이야기가 커다란 비중을 차지한다. 다시 말해서 〈시드의 노래〉는 스페인 십자군 전쟁에 얽힌 시드의 인간미, 그의 역경과 가족 이야기를 담은 사소설적 분위기가 짙다. 프랑스 서사시가 영주와 신앙에 대한 충성을 표본으로 하고 있다면 〈시드의 노래〉에서는 그 외에도 시드의 다정다감하고 사리에 밝은 인간성이 더욱 돋보인다. 이는 스페인의 작품이 영웅이 죽어 인간의 냄새가 아직 가시기 전의 현장 소설적 배경에서 불린 영웅담이라는 사실 이외에도 아직 이슬람교도, 유대인, 기독교인이 15세기까지 공존했던 스페인 특유의 역사적 배경이 말하듯 스페인인들의 개인중심주의, 인간주의가 낳은 결과다.

다마소 알론소는 10세기의 〈에밀리아넨세 주석Nota Emilianense〉에서 어느 11세기 후반의 주석가가 롤랑의 이야기를 라틴어 속어로 풀이하고 있는 것을 발견한다(*Revista de Filología Española*, 1953). 이는 지금까지 알려진 롤랑의 전설 중에서 가장 오래된 기록으로 스페인 학자들로 하여금 구전 서사시가 프랑스, 독일, 노르웨이 기타 어느 나라보다도 이베리아 반도에 먼저, 그리고 널리 알려져 있었음을 주장하게 만든다. 그것은 스페인이 일찍부터 음유시인들이 많았고 또한 롤랑의 이야기가 특히 스페인인들에게 인기가 있었다는 사실을 입증한다. 노래 좋아하고 이야기 좋아하는 스페인 사람들의 기질이 한편으로는 하르차스에 나오듯 민요 문학의 시동을 걸더니 이제는 구전 서사 문학의 활로를 연 것이다. 한때 밀라 이 폰타날스Milá y Fontanals는 전통 문학poesía tradicional과 민요 문학poesía popula을 구분지어, 후자가 특히 여자들이 수를 놓거나 길쌈을 하고 아이들을 기를 때 혹은 축제 때 즐기기 위해 불러 전파된 것이라면, "전통 문학은 순박하고 무식한, 주로 서민층이 자주 즐겨 불러 닦아지고 풍성해진 내용으로 수 세대를 두고 우리에게 전달된 것"이라 정의한다(*Romancero Catalán*, Barcelona, 1895). 비록 객관적 근거는 다소 미약하지만 구전 서사시와 민요가 스페인에서 비롯된 것이 확실하다면 오늘 서구의 전통 문학과 민요 문학의 뿌리는 이베리아 반도라고 할 수 있을 것이다.

〈시드의 노래〉는 이런 현장 소설적 사실성과 현실감이 넘치는 작품이다. 오늘날 같으면 텔레비전 뉴스와 오락과 연극, 음악까지를 생중계하는 후글라르는 세상 사는 이야기와 함께 종합 예술가의 역할을 톡톡히 해낸 재인들이었다. 죽장망혜 단표자로 비올라(바이올린의 할아버지) 하나 둘러메고 이 마을 저 마을을 떠돌며 이야기를 판 음유시인들, 저잣거리나, 마을 광장, 어디고 사람이 모이는 곳이면 안 가는 곳이 없던 중세 인기인들의 행적. 뉴스나 옛이야기의 전달이 그들의 표면적 기능이었다면 이것을 효과적으로 재미있게 전달하는 기술이 또한 후글라르들의 인기와 생계를 좌우하는 시금석이었다.

5장

시드의 이야기

시드는 역사적 인물이라고 했다. 〈시드의 노래〉에 나오는 많은 인물들 또한 역사적 실제 인물들이라고 했다. 그러나 레오 스피처와 메넨데스 피달은 시드 이야기의 역사성에 대해서 의견을 달리한다. 스피처는 1948년 〈시드 노래의 역사적 성격에 대하여Sobre carácter histórico del *Cantar de Mío Cid*〉(*Nueva Revista de Filología Hispánica*, II, pp. 105-107)에서 〈시드의 노래〉의 지리적 비사실성을 강조하고 피달의 역사성의 강조를 반박하고 나선다. 예를 들면 코르페스의 상수리나무 숲에서 시드의 딸들을 때려 주는 이야기라든지 시드의 꿈에 천사가 나와서 계시하는 장면들은 사실성이 없다는 것이다. 스피처는 여러 예를 들어 〈시드의 노래〉는 사실성보다 역경에 처한 한 영웅이 모든 모함과 난경을 딛고 일어서 성공하는 중세적 덕의 상징으로 시드를 문학화한 경향이 더욱 두드러진다고 주장한다.

이에 반박하는 글(같은 잡지, III, 1949, pp. 113-129)에서 피달은 스피처가 〈시드의 노래〉의 역사성과 역사적 사실성을 혼동하고 있다고 반박하고, "결국 모든 역사적 요소들은 첫 시에 역사로서 존재하는 것이 아니라 하나의 시화된 소설성을 도와주지만" 전반적으로 알폰소 왕이 시드의 딸들을 한 번 카리온의 왕자들에게 결혼시켰다가 다시 파혼시킨 점이라든지 시드의 싸움이 이교도에 대한 기독교도의 싸움이었다는 역사성은 실제 시드의 삶이나 노래에서 달라진 게 없다는 지론이다.

시드의 삶과 작품의 내용이 다른 것은 가령 알바르 파녜스가 시드의 유배생활에서 진짜 동반자였느냐 아니었느냐의 문제와 한 번 이상 추방당한 일이 있던 시드의 유배행적이 노래에는 언급이 없다는 점, 또한 카스테혼과 알코세르의 이야기가 쓸데없이 길게 나열되어 있는 것 등 한두 가지가 아니다. 그러나 우리는 앞서 이야기했듯이 갖가지 보도 기구를 가진 오늘의 종군기자도 오보를 하는 일이 한두 번이 아닌데 귀동냥과 기억에 의존해야 했던 옛 후글라르에게 더 이상의 자료의 정확성은 기대할 수 없을 뿐더러 우선 재미있어야 먹고 살 돈벌이가 되는 직업인데 흥미를 돋우기 위해 무슨 거짓말인들 안 했으랴 싶은 것이 사실이다. 나는 오늘의 역사학의 시각에서 볼 때 레오 스피처처럼 〈시드의 노래〉는 역사성이 박약하는 것을 인정한다. 그러나 알폰소 현왕을 비롯하여 중세의 역사가들이 이들 노래를 듣고 풀어 스페인의 역사를 더듬어 가고 있는 것을 볼 때 이런 노래들이 지니는 역사성 또한 어느 면으로 보나 무시할 수 없다.

〈시드의 노래〉는 보통 1140년 메디나셀리와 고르마스의 후글라르가 처음 만들었으리라 추정하는 피달의 견해가 일반적으로 받아들여진다. 이에 따르면 오늘 우리에게 전해지는 페르 아밧Per Abbat본(1307)은 그 전의 원본을 14세기의 언어로 다시 옮긴 것이라고 할 수 있다. 한편 안토니오 우비에토Antonio Ubieto는 한 글(〈Observaciones al *Cantar de Mío Cid*〉, *Arbor*, 1957)에서 당시 독립전쟁의 정황으로 볼 때 이 작품은 1201년 이후에 쓰였을 가능성이 많으며 그렇다면 우리가 가지고 있는 페르 아밧본이 피달의 주석처럼 어떤 원본의 필사본이 아니라 원본일 수 있다고 주장한다. 우리는 조금 다른 각도에서 우비에토의 주장이 신빙성이 더 높다는 것을 받아들여야 한다. 우선 우리는 구전 서사시가 여러 후글라르들에 의하여 차차 모양이 갖추어진 이야기라는 전통설을 부인할 수 없다. 또한 시드가 죽고 난 뒤에 그에 대한 이야기가 비로소 집대성될 수 있었으리라는 가능성 또한 그럴 듯하다. 말하자면 시드가 죽은 뒤 50년쯤 뒤, 피달의 주장처럼 1140년경에는 이미 시드에 대한 이야기가 책으로 쓰였을 때가 되었다는 설 말이다. 그러나 앞서 언급한 다마소 알론소의 〈롤랑의 노래〉에 관한 연구에서 보았듯이 시드에 관한 이야기도 서사시의 전통이 있는 이베리아 반도에서는 시드의 생시에 종군기자의 기사처럼 구전되었을 가능성이 더 크다. 그것은 페르 아밧본이 시드의 생애의 종말까지 쓰인 것도 아니어서 그가 죽기를 기다려 쓰여야 될 하등의 이유도 없고 또한 카스티야 지방에 후글라르들의 왕립한림원이 있는 것도 아닌데 구태여 그 잡다한 파본들을 종합하여 하필 1140년에 단 하나밖에 없는 표준본을 제정하였을 리는 만무하다. 하물며 그 원본을 찾아 다시 베낀 페르 아밧의 학문적 진실성은 의심스럽다. 내 이야기는 이베리아 반도에 〈산초 2세와 사모라의 포위〉 혹은 〈로드리고의 노래〉 같은 수많은 시도와 그와 관련된 노래가 11세기부터 14세기까지 아직 산재했을 것이며 그중 걸작이 운수 좋게 우리 손에까지 내려온 페르 아밧이 쓴 것일 뿐, 구전 문학이 기록 문학으로 정착되는 과정상의 변이는 연극 공연과 대본의 차이 이상으로 미학적 변질을 가져올 수 있다는 말이다. 크리스마스이브마다 교회에서 공연되는 예수의 탄생 이야기도 이야기는 비슷하지만 공연에 따라 성공한 공연이 있고 형편없는 연극놀이로 끝날 경우가 있다. 이런 공연이 페르 아밧 같은 작가에 의해 대본화된다는 것은 거의 창작에 가까우리만큼 내용이나 문체 면에서 새로운 작품으로 태어난다는 것이다. 모든 문학은 전에 있던 문학의 다시 쓰기라는 해체 문학론이 기승을 부리고 있는 오늘에 페르 아밧의 〈시드의 노래〉는 그 이야기가 이미 있었다 할지라도 그것을 실제 쓴 작가의 창조성을 무시해서는 안 될 것이다. 설령 페르 아밧본이 피달의 생각처럼 어떤 다른 원본의 단순한 필사본이라 할지라도 아직 인쇄술이 발달하지 못했던 중세의 사정으로 보아 원본을 베끼는 사람의 재해석, 나름대로의 변덕스러운 수정이나 첨가는 빈번하고 또 얼마든지 가능했던 게 상식이다.

페르 아밧의 〈시드의 이야기〉는 앞부분이 떨어져 나간 것으로, 먼저 '추방의 이야기'에 따른 시드의 수난과 역경, 독립전쟁의 전공담, '딸의 결혼', '코르페스 숲에서의 딸들의 수모' 등 세 부분으로 나뉘어 있다. 시드는 알폰소 6세의 미움을 받아(시드를 시기하는 다른 신하들의 모함으로) 고향 비바르를 떠나 부르고스로 온다. 이미 왕의 전지가 부르고스에도 전해진지라 아무도 그에게 먹을 것이나 잠자리를 주지 않는다. 부하 몇 명만 거느리고 유배의 길을 떠나는 시드를 도와준 이는 오직 마르틴 안톨리네스밖에 없다. 유대인 고리대금업자 라켄과 비다스에게 모래를 채운 궤짝을 금궤라고 속여 돈을 얻는다. 그러고는 산 페드로 데 카르데냐 수도원에서 시드는 아내와 딸들과 이별한다. 이제 시드의 유배행적은 무어족에 대한 독립전쟁으로 승화한다. 시드의 능란한 전략전술이 성공하여 몇 명 안 되는 부하들과 함께 카스테혼 데 에나레스를 점령한다. 그리고 나중에 3천 마르크의 은화를 받고 도시를 판다. 알코세르를 비롯하여 많은 전투에서 성공을 거둔다. 거기에서 얻은 전리품으로 우선 알폰소 6세에게 말 30필을 보내고 아내 히메나에게도 돈을 보낸다. 그리고 부르고스에 있는 산타 마리아 성당에도 돈을 보내 수천 번 미사를 올려주도록 부탁한다. 알폰소 왕은 화가 풀려 카스티야의 병사들이 시드와 함께 독립전쟁에 참여하는 것을 허락한다. 시드는 가는 곳마다 승승장구한다. 바르셀로나의 백작이 전투를 방해하자 체포한다. 3일 동안 감금한 뒤에 풀어 준다. 이 싸움에서 시드는 '콜라다'라 이름하는 훌륭한 칼을 전리품으로 얻는다.

'딸의 결혼 이야기'는 시드가 발렌시아 현을 점령할 당시에 일어난다. 그 큰 도시는 아홉 달에 걸친 포위 끝에 결국 항복한다. 발렌시아에 돈 헤로니모라는 사제가 도착한다. 시드는 그에게 대승정 자리를 맡긴다. 시드는 다시 부하 미나야를 시켜 알폰소 왕에게 훌륭한 선물을 가져가게 한다. 선물을 받은 왕은 기분이 좋아 시드를 따르는 추종자들을 용서해 주고 그의 아내 히메나가 남편을 만나러 발렌시아로 가는 길을 호위하게 한다. 히메나와의 재상봉은 시드뿐만 아니라 그의 부하들에게도 커다란 기쁨을 안겨 준다. 다시 모로코 왕이 발렌시아를 탈환하러 오지만 실패로 끝난다. 그 전투에서 시드는 명마 '바비에카'를 얻는다. 시드는 다시 알폰소 왕에게 말 2백 필을 선사한다. 마침 카리온의 왕자들이 시드의 딸들과 결혼하기를 청하므로 왕은 이 결혼을 성사시킨다. 마침내 시드는 정식으로 왕의 사면을 받게 되고 알폰소는 시드의 딸들의 결혼식을 주관한다. 결혼식은 성대하게 15일간 계속된다.

'코르페스 숲에서의 딸들의 수모 이야기'는 시드의 딸 엘비라와 솔과 결혼한 카리온 왕자들이 비겁하게 아내들을 구타하는 사건에서 발단된 복수전 이야기다. 시드가 데리고 다니던 사자 한 마리가 그가 잠든 틈을 타서 우리에서 뛰쳐나왔다. 큰 소동이 벌어졌는데 시드의 부하들은 잠자고 있던 시드를 보호하러 침상 주위로 둘러섰지만 비겁한 사위 카리온 왕자 녀석들은 저 살라고 마루 밑으로 숨는 꼴이 되었다. 시드가 소란에 잠이 깨어 사자를 잡아 우리에 넣고 사위들을 찾으니 마루 밑에서 엉금엉금 기어 나오는 꼴이었다. 그 비겁한 행동은 모든 사람들의 웃음거리가 되었다. 왕자들은 모로코 왕과의 싸움에서도 비겁하기 짝이 없는 행동을 보였다. 시드는 이 전투에서 명검 '티손'을 얻는다. 그리고 자기가 가지고 있는 두 명검 '콜라다'와 '티손'을 사위들에게 선사한다. 그러나 자신들의 비겁성이 탄로난 왕자들은 시드에게 복수를 해야 되겠다고 마음먹는다. 어느 날 고향 카리온 지방에 다녀온다는 구실로 그들은 엘비라와 솔을 데리고 길을 떠난다. 그 일행이 코르페스 산중에 이르렀을 때 왕자들은 시드의 딸들의 옷을 벗기고 말채찍으로 사정없이 두들겨 팬다. 시드의 부하 무뇨스가 낌새가 이상해서 뒤쫓다가 이를 발견하고 급히 발렌시아의 시드에게 알린다. 드디어 수도 톨레도에서 송사가 이루어진다. 시드는 왕 앞에서 그가 선물한 명검 둘을 되돌려 줄 것과 결혼 지참금 반환을 요구하고, 결투를 신청한다. 결투를 꺼리던 카리온 왕자들도 어찌할 수 없다. 결투에서는 당연히 시드의 부하들이 승리한다. 엘비라와 솔은 다시 훌륭한 나바르라와 아라곤의 왕들과 결혼한다.

6장

하느님과 왕 앞에 한결같이 충성스러운 신하 시드

◆

중세의 모든 영웅들처럼 시드의 용맹이나 전략의 뛰어남은 다시 말할 나위가 없다. 시드의 이름에 붙어 다니는 별호가 '명장' 혹은 '명인'이다. 즉, "훌륭하게 칼을 찬Ya Campeador, en buen ora cinxiestes espada", "훌륭하게 태어난Ya Campeador, en buena ora fostes naçido" 장군이 시드다. 시드의 전공이 그를 영웅으로 만들었을진대 야전장군으로서의 그의 위대성은 재언할 필요가 없다. 시드의 용맹성은 카리온 왕자들의 비겁성과 대조를 이루면서, 비록 롤랑의 신출귀몰하는 재주보다는 못하지만 나름대로 신화화되어 있다. 시드가 자고 있는 동안 사자가 우리에서 뛰쳐나왔을 때의 이야기다.

이때(소란이 있을 때) 위대한 분께서 깨셨것다.
둘러보니 착한 부하들이 자신의 침상을 에워싸고 있는지라,
"이게 어이된 영문인고, 이 사람들아? 그래 무엇을 하는 건가?"
"오 위대하신 나으리, 사자 때문에 저희가 경을 쳤사외다."
시드는 팔꿈치를 괴고 벌떡 일어섰더라.

목에 망토를 두르고 사자 있는 데로 걸어가니
사자란 놈이 그를 보자 어찌나 미안하고 부끄러웠던지
시드 나으리 앞에 고개를 숙이고 코를 박는 것이었다.
우리의 나으리 시드님은 그놈 목을 휘어잡고
끌고 가서 우리 속에다 점잖게 집어넣더라.

• 원문 7 •

시드의 용맹이 기독교인(스페인인)은 물론 무어족에게도 기림을 받더니(Cid란 표현은 원래 아랍어로 '나으리'라는 뜻, 즉 돈 로드리고 장군에 대한 적군의 존경심에서 비롯된 호칭) 산속의 맹수에게까지도 그 위엄을 인정받게끔 된 것이다.

앞서도 말했지만 시드는 신화적 인물이라기보다는 역사적 · 사실적 인물이다. 전투에서는 계략이 뛰어나고 용감한 전사이면서 자신을 추방한 왕에게도 끝까지 충성을 바치는 신하다. 영웅의 비운을 안타까워하는 백성들은 "주인만 잘 만났더라면 얼마나 훌륭한 신하였을까!¡Dios, qué buen vassallo, si oviesse buen señor!"라고들 마음 아파하지만 부하들이 알폰소 왕의 무정함에 대한 원한을 표시할 때는 "안 돼, 알폰소 왕에 대해서는 그래선 안 돼no, con alfonso, no"를 잊지 않던 충신이 시드다.

〈산초 2세와 사모라의 포위〉에서 나오는 이야기를 보면 시드는 원래 알폰소의 형 산초의 신하였다. 형제간 영토분쟁에서 승승장구하던 산초가 누이 우라카가 차지한 사모라를 홍정하러 갔다가 자객 벨이도 돌포스에게 죽게 된다. 알폰소 현왕의 《스페인 대실록*Crónica General de España*》에 의하면 우라카와 시드는 어렸을 때 친분이 있었기에 산초 왕이 무력으로 사모라를 포위하기 전에 그를 협상 사절로 보냈다고 되어 있다. 사모라인들과 이 문제를 협의한 우라카 여왕은 죽는 날까지 자신의 영토를 지켜야 한다는 방향으로 결론을 낸다. 피투성이 싸움이 벌어진다. 산초는 사모라를 포위하고 사모라인들의 보급로를 끊어 굶겨 죽이는 작전으로 맞선다. 그 와중에 우라카 여왕의 신하인 돌포스가 꾀를 낸다. 그는 산초에게 가서 저쪽의 반항 세력인 양 속이고 친교를 맺는다. 하루는 산초에게 사모라 성으로 침입할 수 있는 뒷문을 가르쳐 준다는 구실로 그를 이끌고 가서 왕의 창을 뽑아 찔러 죽인다. 일이 이렇게 되자 산초의 뒤를 이어 전 세력을 규합하게 된 왕이 바로 지금까지 산초 세력에 억눌려 꼼짝 못하던 알폰소 왕이다. 아직 산초를 죽인 자객의 정체가 밝혀지지 않았던 터라 세간에 알폰소가 벨이도 돌포스를 몰래 자객으로 보낸 것이 아니냐는 의혹이 짙게 맴돌고 있었다. 전 왕의 대표적 신하인 시드는 알폰소 6세가 즉위하기 전 그에게 자신이 산초 왕을 죽이지 않았다는 사실을 공표하도록 압력을 넣는다. 그 뒤 알폰소 왕 측근의 모함도 있었지만 앞서 말한 즉위 시의 수모의 원한으로 마침내 그를 추방한 것이다.

시드는 알폰소 왕을 원망하지 않는다. 그는 다만 부하더러, "이런, 알바르 파녜스여, 우리가 이 땅에서 추방을 당했구나!/그러나 우리가 다시 카스티야에 돌아올 때는 금의환향하리라¡albriçia, Alvar Fáñez, ca echados somos de tierra!/Mas a grand ondra tornaremos a Castiella"라고 말한다. 시드는 바르셀로나 백작이나 카리온의 왕자들에게 복수하지만 왕에게는 갖가지 선물을 보내 그의 마음을 누그러뜨리기에 전념한다. 전리품 중에서 가장 좋은 말들은 전부 알폰소에게 보낸다. 알폰소 왕보다는 시드를 더 잘 알고 있는 우리들에게는 그런 시시한 왕 하나쯤 막강한 세력의 시드가 어찌하지 못했을까 하는 의구심이 일어날 수 있다. 그러나 왕과 신하, 귀족과 평민 이 모든 중세의 신분은 날 때부터 부여받은 신성불가침의 영역이었다는 것을 알아야 한다. 롤랑이나 시드는 왕의 충실한 기사로서 위대한 것이지, 무제한적 영웅으로 받아들여서는 안

된다. 신하나 백성은 왕의 자식과 같은 신분으로 왕에 대한 충성은 참다운 기사됨의 제1 조건이다. 나중에 기사도가 생기면서 기사가 먼저 왕이나 영주에게 충성을 다짐하고 귀부인에게 사랑을 서약해야 하는 예법이 생긴 것도 그 연장이다.

시드는 중세의 가장 모범적인 기사다. 왕에 대한 충성심을 한 번도 잃지 않고 하느님의 뜻을 펴기 위해 이교도와 싸워 무찌르는 용사! 시드의 지고한 왕은 하늘에 있고 땅의 왕은 카스티야에 있다. 시드의 전사들은 싸우며 '산티아고'를 찾고 무어족은 '마호메트'를 찾는다. 십자군 운동이 한창일 즈음에 이베리아 반도 콤포스텔라에서 성자 산티아고의 무덤이 발견된다. 이 새로운 성지의 발견은 이교도에 억눌려 있던 기독교도들의 봉기에 기름이 된다. 중세인들은 기독교 정신의 상징으로 '산티아고'를 부르짖고 이슬람교도들은 그들의 예언자 '마호메트'를 외쳤다. 이렇게 얻은 전리품 중 가장 좋은 것은 알폰소 왕에게 바쳤다. 모로코 왕의 군대를 쳐부수고 전리품을 나누어 주던 시드는 황금으로 수놓은 천막을 발견한다.

> 다른 모든 것 중에서 모로코 왕의 천막이 최고인지라
> 두 기둥이 버티고 섰는데 전부가 황금으로 수놓아졌더라.
> 우리 이야기의 주인공 시드 장군께서는 명령하시기를
> 그 천막은 세워진 그대로 두고 그걸 아무도 손대지 말라 하신다.
> "모로코에서 온 이 좋은 천막은
> 내 카스티야의 알폰소 왕께 보내고자 하노라.
> 그래야 이 시드에게 일어난 새로운 개선 소식을 믿으시게 되겠지."
> · 원문 8 ·

시드의 충성심은 카리온 왕자들이 자기 딸들을 두들겨 패고 산속에 버리고

간 일까지 자기 손으로 복수하지 않고 알폰소 왕에게 정식 송사를 청한 데서 다시 나타난다. 왕의 은총으로 결혼했으니 왕의 뜻을 좇아 일을 처리하는 게 신하된 도리였다. 이미 왕은 시드의 죄를 사한 처지다. 그가 궁중에 오자 모두들 일어서서 반긴다.

왕은 친히 시드의 두 손을 잡고 반기신다.
"이리 내 곁에 와 앉구려, 장군
그대가 선물로 준 이 의자에 앉아.
비록 불미한 일은 있지만 그대가 우리보다 훌륭하지."
그때 발렌시아를 점령하신 장군은 감사드리며 말하더라.
"소인의 주인이시며 임금이신 왕께서는 그 자리에 앉으소서.
소인은 여기 이 자리에 저희 사람들과 그냥 있겠사외다."
시드의 이 말을 듣자 왕은 진심으로 기뻐하시더라.

• 원문 9 •

마음에 품은 충성심뿐만 아니라 왕 앞에서의 예의범절 하나도 그르친 데가 없는 신하의 모습이 역력하다. 자리에서 일어나지도 않는 카리온 왕자들의 오만불손에 심기가 불편해서 사양한 것으로 볼 수도 있는 구절이다. 그러나 왕이 시드의 태도를 보고 즐겨한 것은 그의 사양하는 마음, 맹자의 말대로면 예절의 근본을 몸으로 살고 있는 시드가 대견스럽고 믿음직해서였으리라.

7장

매사에 다정다감한 인격자 시드

무어족 앞에서는 무서운 사자인 시드! 그러나 그는 어느 누구보다도 마음이 따뜻한 보통사람이었다. 왕으로부터 추방령을 받고 고향 비바르를 떠나는 그의 젖은 눈길은 자꾸만 뒤로 처진다.

> 온 눈 가득히 울고 또 울며
> 고개를 다시 돌려 정든 집을 다시 바라보고 섰더라.
> 휑하니 열린 문들 하며 자물쇠도 없는 뒷문들 하며
> 가죽옷도 망토도 걸려 있지 않는 빈 옷걸이들
> 한때 사냥을 즐기던 사냥매도 아무것도 없는 횃대들.
>
> • 원문 10 •

정처 없이 귀양을 떠나는 심경이 너무도 처절하다. 시드는 마침내 카르데냐 수도원에 아내와 자식들을 맡기고 떠난다. 이 가족 이별의 애절한 장면은 스페인 문학에서 다시 예를 찾을 수 없는 절구다.

기도를 마치고 미사를 끝냈더라.
교회를 나와 이제는 말을 타고 떠날 차비를 하는데
시드는 아내 히메나를 안으러 다가간다.
히메나는 시드의 손에 키스를 한다.
눈에는 눈물이 북받쳐 어찌할 바를 모르더라.
그는 어린 딸들을 돌아보고 또 돌아보더라.
"하느님의 가호가 있기를 간절히 비노라.
이제 우리 헤어지면 언제 다시 만난단 말인가!"
눈에 눈물이 쏟아지는데 세상에 그런 슬픈 이별이 없더라.
이리하여 생살에서 손톱을 에어 내는 아픔으로 헤어지더라.

• 원문 11 •

시드는 자기를 도와주는 부하에게 후한 월급을 약속하거나 가족을 돌봐 주는 수도원에 후원금을 보낸다. 가족을 위해서 영지를 마련해 주고 싸움터에서는 처자식이 무서워할까 봐 갖은 위로의 말을 다 한다. 점령한 발렌시아에 다시 모로코군이 침범해 오자 시드가 싸움에 나서면서 하는 말,

여보, 이 궁전에 머물고 계시오, 이 성곽 안에.
내가 전투하는 것을 보더라도 두려워하지 마오.
하느님과 성모 마리아의 자비로운 은덕으로 싸움에 나서니
그대가 여기 앞에 있어 더욱 용기가 샘솟는구려.
기어이 이 싸움에 내가 승리를 이끌어 내고야 말 거요.

• 원문 12 •

그 덕택에 평생 본 일이 없던 피투성이 싸움을 보고도 딸과 어머니는 도리어 즐거워하며 무섬증을 잃어 간다. 시드의 딸들에 대한 애정은 각별하다. 카리

온 왕자들과 결혼시키고 그들을 카리온 지방으로 보낼 때도 무슨 불길한 예감을 한 것인지 눈물이 쏟아진다.

"내 딸 엘비라와 솔에게 부디 신의 가호가 있기를,
부디 모두 잘들 해서 우리 모두 행복해야 한다!"
사위들 또한 대답하더라. "부디 그렇게 되기를 바랍니다!"
이별하는 마당이라 슬픔과 아픔이 컸더라.
아버지는 딸들을 붙들고 서로 목 놓아 울었고
옆에 있던 장군의 기사들도 눈물을 흘렸더라.

• 원문 13 •

가슴이 에는 것은 시드뿐이 아니라 시드의 부하들, 후글라르, 그리고 〈시드의 노래〉를 듣는 중세인 모두가 같았으리라. 카리온 왕자들이 시드의 두 딸을 패고 산에 버려두고 간 것을 조카 무뇨스가 발견한다. 무뇨스의 아픔 또한 듣는 이의 가슴을 엔다.

"아이고, 누이야, 내 누이야, 엘비라야, 솔아,
카리온 왕자놈들이 이 나쁜 짓을 했단 말이냐!
저런 당장 천벌을 받을 놈들이 어디 있더란 말이냐!"
두 아씨의 얼굴을 돌려놓고 보니
어찌나 험한 몰골인지 말할 수 없더라.
가슴속 속살이 찢어지는 아픔으로
소리쳐 부르니, "누이들아, 누이들아, 엘비라야, 솔아!"

• 원문 14 •

8장

천재적 후글라르의 효과적 입담

서사시의 말투는 항상 청중을 앞에 두고 눈앞에 서 있는 소리꾼이 이야기를 눈에 보이듯이 들려주는 묘미가 있다. "이 사람들아, 이 내 말 좀 들어 보소" 한다든지, "세상에 그런 꼴은 두 번 다시 못 봤을 거요!" 하는 따위의 상투적 말투에다가 이야기를 시작하기 전에 미리 결과를 예고하거나 자기가 이야기하다 말고 이야기 속 인물이나 행동을 욕하는 감정을 삽입하는 일 등이 예사다.

예를 들어 카리온 왕자들이 코르페스 산중에서 야영을 하면서 엘비라와 솔에게 잘해 주는 장면을 이야기하다 말고 불쑥 다음 이야기의 결말을 비친다.

좋은 샘물이 나오는 풀밭을 발견하고는
카리온의 왕자들이 거기에 텐트를 치게 하더라,
같이 온 사람들이 모두 거기서 그날 밤을 잘 양으로.
자기 아내들을 품에 안고 무척 사랑하는 척하더라.
해가 뜨자 그놈들의 행동이 전부가 거짓인 것을!

• 원문 15 •

베르톨트 브레히트는 이런 기법을 모방하여 사람들이 삶의 이야기를 괜히 사실처럼 여기는 허구의 꿈에서 깨게 했다. 사람들은 무대 위에 기상천외의 꿈 같은 사건이 벌어지기를 기대한다. 그리고 거짓말 무대가 펼쳐지면 너나 나나 "어쩌면 그렇게 나와 똑같아!" 하며 감동할 준비가 되어 있다. 브레히트는 이런 감상의 무리에게 찬물을 끼얹는 기법의 선수다. 미리 일어날 이야기를 설명하고 시작한다. 그리고 청중들이 분노하고 판단하게 만든다. 우리나라의 판소리 또한 똑같은 이야기 수법을 사용한다. 듣는 사람도 흥분하는 사람도 이야기에 등장하는 인물도 지금 이 자리의 같은 사람이다. 누가 고달픈 이야기꾼이고 누가 듣고 감동하는 사람인지 따로 구별이 없다. 모두가 가슴은 마찬가지인 것을….

더욱 재미있는 것은 이들 노래에 음수율이 없는 점이다. 대개 7음절 정도의 중간 숨 쉬는 대목이 있기는 하지만 한 구절은 여덟 음절에서 열여섯 음절이 되기도 한다. 음수율이란 따지고 보면 글쓰기 이후 음절 분해가 정립된 시기에 나타난 구차스러운 법칙이다. 이야기 소리를 외워서 남들 앞에서, 먹고 살기 위해 거의 날마다 같은 이야기를 반복해야 했던 후글라르들로서는 그 긴 이야기를 기억하기 위해서라도 음률감을 감지하지 않았을 이유가 없다. 우리가 구구법을 외울 때처럼 리듬이 있어야 기억이 쉽다. 또한 이야기를 할 때에도 재미있는 이야기는 말소리의 느리기와 멈춤의 묘에 따라 웃기기도 하고 싱겁기도 하다. 그것을 글로 써놓으면 식자들에게는 율격이 맞지 않게 보일 수 있다. 이것이 오늘 우리에게 텍스트로 남은 〈시드의 노래〉다.

그러나 구전 서사시의 율격은 음수율에서 음절 수의 기준보다는 기분상 느리게 할 것은 느리게 이야기하고 긴박한 상황은 기분대로 바쁘게 뇌까리는 음유시인의 율격화의 능력이나 영감에 의존하고 있다. 이야기의 내용을 모르면 재미없어 할 청중을 위해서 영웅 서사시는 일부러 리듬감을 죽였을 가능성이 높다. 박자나 소리가 요란하면 가사나 내용이 들리지 않는다. 그렇지만 박진감이 넘치는 대목이나 청중의 감동을 유발시켜야 하는 구절은 리듬을 사용하지 않으면 효과가 없다. 웅변이나 시가 리듬을 선호하는 것은 바로 감동을 주고자 하기 때문이다. 따라서 〈시드의 노래〉는 추상적인 음수율보다는 구절이나 어휘의 반복에 중점을 두고 있다. 가령 시드에게는 "잘 태어난 기사", "훌륭한 무인", "위대한 장군" 따위의 수식어가 항상 따라다닌다. 또한 안톨리네스에게 따라다니는 "불 같은 창aridida lanza", "위대한 무인", "예절바른 부르고스인burgalés conplido" 따위가 그것이다. 또한 같은 상황에는 항상 같은 말들이 되풀이된다. 시드가 알폰소 왕의 추방령을 받았다는 편지는 항상 "엄중한 서찰로 꼭꼭 도장이 찍힌con grant recabdo e fuertemientre sellada" 편지이며 〈롤랑의 노래〉의 구절의 영향을 받은 울음 우는 장면은 항상 "두 눈으로 울며llorando de los ojos"다. 이런 구절들은 내재율처럼 시 전체의 율격을 무리 없이 유지해 준다.

게다가 후글라르들은 당시에 그들 사이에 유행하던 은어, 속담, 상투어를 구사함으로써 청중의 흥미를 돋울 줄 알았다. "눈꼽만큼도 상관하지 않는다non lo preçio un figo"라든지 "손톱을 에어 내는 아픔으로commo la uña de la carne" 같은 말은 당시에 흔히 쓰이던 말투다. 이런 말들은 음유시인들의 상투적인 "이보소!", "이내 말 좀 들어 보소!"처럼 쉽게 청중들을 이끌고 감동의 광장으로 몰아넣을 수 있는 관습적 운율감의 요소였다. 여기서 말한 '관습적 운율감'이란 내가 만들어 쓴 용어로, 운율을 한 텍스트 속의 현실로만 이해하는 구조주의적 견지에서 벗어나 늘 들은 이야기는 이야기 자체의 운율을 떠나 우리 귀에 익숙하고 늘 반복되던 것 같은(운율은 반복이다) 습관적 리듬감을 유출하는 현상일 수 있음을 가리킨다.

그러나 한 가지 〈시드의 노래〉가 갖는 특수한 묘사기법은 프랑스 고담파의 기법을 능가하는 인상주의적 터치이다. 페르 아밧은 거칠고 크고 쇳소리 나는 분위기와 보드랍고 작고 연약한 감각을 대치하는 묘를 터득했다.

장군은 자기가 머물던 숙소로 갔더라.
문까지 도착했지만 문은 꼭꼭 잠겨 있었다.
알폰소 왕의 금지령이 무서워서 그리한 것.
때려 부수지 않으면 아무도 문을 열어 주지 말지라.
시드와 그 부하들은 소리쳐 "여봐라!" 외치지만
안에 있는 사람들은 말을 받아 줄 엄두를 못 낸다.
시드는 말을 재촉하여 문까지 다가갔다.
발을 말 박차에서 꺼내어 문을 찬다.
문이 하도 꼭 잠겨서 아무리 해도 열리지 않는다.

아홉 살 먹은 계집아이 눈앞에 와 서더라.
"오 장군님이시여, 위대한 장군님이시여!
왕께서 금지령을 내리셨답니다, 엊저녁에
엄중한 서찰에 도장을 꼭꼭 찍어 보내셨어요,
무슨 일이 있어도 그대에게 문을 열어 주거나 받아 주는 일이 없도록.
만약 이것을 어기면 온 재산과 집을 몰수할 것이며
얼굴에 있는 눈까지 빼버리겠다는 경고였어요.
시드 나리님, 우리가 재난을 당하는데 나리님께 이로울 게 뭐가 있겠습니까."
• 원문 16 •

이 무서운 창과 갑옷과 피와 고난의 행렬에 맞선 아홉 살배기 소녀의 목소리! "우리가 재난을 당하는데 나리님께 이로울 게 뭐가 있겠습니까." 이런 소녀의 등장은 감동을 넘어서 진한 아픔으로 뼛속을 파고든다. 그래서 현대 시인 마누엘 마차도Manuel Machado도 이 대목을 연상해 〈카스티야〉라는 스페인 정신을 표상한 시를 읊는다.

〈시드의 노래〉의 후글라르의 다이내믹한 화술은 다마소 알론소가 격찬했듯이 "말했다dicen/di"라는 구차한 설명을 거의 모든 대화와 인용에서 생략한다. 이미 소설이기 전에 연극인 이런 긴박하고 다이내믹한 전개나 화법의 활용은 주인공들의 심경을 행동 묘사 하나로 대치하는 기법(시드는 불길한 예감이 들 때 "어깨를 으쓱하며 고개를 젓는다")의 활용에서부터 극적 긴장감이나 생동감을 더해 준다. 특히 전쟁 묘사에서 잡다한 부연 설명 없는 생략법이나 첨예화된 인상주의 기법은 절정이다.

> 그 많은 창들이 오르락내리락
> 그 많은 갑옷들이 뚫리고 찢기고
> 그 많은 가슴받이가 부서지고 피에 얼룩져
> 그 많은 하얀 깃대들에서 진홍빛 피가 젖어 흐르는데
> 그 많은 좋은 말들이 주인을 잃고 헤매는 모습.
>
> • 원문 17 •

9장

피투성이 복수전에 얽힌 이야기들

◆

음유시인들의 이야기는 대표적 걸작 〈시드의 노래〉 외에도 많다. 시드에 대한 작품처럼 대부분 현대에 와서 자세히 연구가 되거나 〈론세스바예스의 롤랑의 이야기Roncesvalles, Un nuevo cantar de gesta〉(1917년 R. M. Pidal 발표), 〈라라의 왕자들의 전설La leyenda de los siete Infantes de Lara〉(1896년 R. M. Pidal 발표)처럼 오늘에 와서 새로 발견된 것들이 많다. 이미 이야기한 바지만 이 분야에서 메넨데스 피달 선생의 공로는 거의 절대적이다.

1874년 밀라 이 폰타날스의 주장을 따르면 영웅 서사시는 스페인의 발타리우스 이야기를 예로 들어 서고트족visigodos 계통, 즉 게르만 구전 문학의 전통에서 비롯되었다고 한다. 메넨데스 펠라요도 같은 이론으로 비록 그 연원은 논란이 많을 수 있지만 스페인 전쟁 영웅담이 서고트족 문화의 영향을 받아 생겨났다는 가설도 전연 무시할 수는 없는 것이라고 못 박는다. 그도 그럴 것이 로마를 그토록 약탈과 전쟁으로 괴롭히고 용맹스러운 장군 겸 왕들의 영도하에 5세기 스페인을 침략해 들어온 그들의 역사는 싸움 이야기가 그 대부분이었다. 음유시인들의 이야기가 게르만 계통의 영향을 많이 받고 있다는 내용상의 증거 하나는 이들 이야기 속의 가장 재미있는 부분이 결투 장면이며 결투에 진 자는 힘이 약한 자일 뿐만 아니라 하느님 앞에 죄인으로 판명되는 게르만법적 판단 기준이 작용하고 있는 점이다.

로마법을 비롯한 일반법은 복수를 위한 싸움이나 잘잘못을 가리는 송사에 이성적 판단을 통하여 잘한 자와 잘못한 자가 가려지게 되어 있다. 그러나 음유시인들의 이야기에 많이 등장하는 결투는 합법적 결투로서 시드의 이야기 속에 나오는 딸들의 치욕을 판가름하는 결투처럼 단순한 원한풀이 차원을 넘어 하느님이나 왕 앞에서 누가 옳고 누가 그른가를 판가름하는 절대적 증명의 효력을 발휘한다. 결투법은 특히 10세기에서 12세기에 유행했던 것으로 이들은 모두 영웅 서사시처럼 구전에 의한 관습법으로 통용되었다. 때로 결투는 재판의 판결이 잘못되었음을 고발하기 위하여 행해지기도 했으나 범죄 재판의 경우 진 자는 곧 범인으로 판정받아 옥살이를 했던 것도 사실이다. 비록 12, 13세기에는 교회가 결투를 제한하거나 금지시키기도 했으나 16세기까지는 일반인들에게 복수의 방법으로 널리 행해진 관습이었다.

싸움bellum과 결투duellum는 동의어다. 오늘날 걸프 전쟁이 그렇듯이 진 편은 나쁜 편, 잘못한 편이었다는 점에서 중세의 결투법의 연장이라고 볼 수 있다. 전쟁 영웅들은 싸움을 잘하는 사람들이니 항상 옳은 사람들이다. 따라서 중세의 모든 구전 영웅 서사시는 위에 말한 결투법의 범주나 의식을 벗어나는 일이 없다. 앞서 말한 론세스바예스에서의 롤랑의 싸움이 그렇고, 〈산초 2세와 사모라의 포위의 노래El cantar de Sancho II y el cerco de Zamora〉에서 돈 아리아스와 돈 디에고의 결투가 그렇다. 뒤에 나온 시드의 다른 이야기(〈Cantar de Rodrigo〉)는 물론이고 1951년 안토니오 우비에토가 재구성하여 발표한 〈우에스카의 종鐘의 노래Cantar de la Campana de Huesca〉도 끝없는 세력 다툼 속의 영웅들의 싸움 이야기다. 그러나 복수극이나 결투 중에서 가장 드라마틱하고 피 냄새가 많이 나는 이야기가 〈라라의 일곱 왕자들의 전설La leyenda de los siete Infantes de Lara〉이다. 이미 황금세기 연극에서 후안 데라 쿠에바Juan de la Cueva, 로페 데 베가Lope de Vega, 쿠비요Cubillo의 손을 거쳐 무대에 올려졌고 특히 스페인 낭만주의의 개가를 올린 리바스 공작의 〈무어족의 천애 고아El moro expósito〉가 주인공 무다르라의 장렬한 복수전을 위 설화에서 따온 것을 봐도 흥미를 느끼지 않을 수 없다.

우리는 먼저 중세의 음유 서사시를 정리하는 의미에서 결투나 복수전을 중심으로 몇몇 설화들을 알아보고 앞서 말한 왕자들의 피어린 복수전을 구경하자.

(1) 카스티야인들과 사모라인들의 피투성이 싸움

〈산초 2세와 사모라의 포위의 노래〉는 1947년 《스페인어 문학*Revista de Filología Española*》(pp. 104-113)에 카롤라 레이그Carola Reig가 재구성해 발표하면서 화제가 된다. 이미 원 노래는 없어졌고 《스페인 대실록》에 산문으로 나온 것을 재구성하여 이야기를 살린 것이다. 시드가 알폰소 왕으로부터 추방된 이유를 얘기하면서 잠깐 언급했듯이 이 노래는 시드가 섬기는 산초 2세와 그의 형제인 알폰소 6세와의 세력 다툼에서 벌어진 일화들이다.

야심이 많았던 산초 2세는 알폰소에게서 카스티야를, 가르시아에게 갈리시아를 빼앗아 세력을 확장하고 자기 누이동생의 땅인 사모라를 자기 땅으로 만들고자 획책한다. 누이동생 도냐 우라카에게 그녀를 해칠 생각은 조금도 없으니 바야도림이나 다른 땅들과 바꾸든지 팔라고 사신을 보낸다. 그 말을 들은 시드는 자신은 도냐 우라카와 어렸을 때부터 가까이 지내던 사이니 다른 사람을 보내는 게 어떻겠느냐고 건의한다. 그러나 산초는 시드가 그녀와 가까운 줄 알고 보내려 하는지라 시드는 어쩔 수 없이 그녀를 만나러 간다.

시드를 통해 산초 왕의 제의를 접한 우라카 여왕은 대신들에게 일을 상의한다. 아버지 페르난도 왕에게 자식들이 맹세했던 일도 잊고 산초가 자기 땅을 빼앗으려 한다고 호소한다. 신하 중 누뇨라는 사람이 이렇게 말한다.

> 사모라는 팔아서는 안 되고 다른 땅으로 바꾸어도 안 되옵니다.
> 한번 그대를 산중에 포위한 자들은 이제 평지에서까지 그대를 쫓아낼 것이외다.
> 사모라의 조정 대신들은 오직 그대의 명령을 따를 것이외다.
> 전하, 비록 노새와 말을 먹고 연명하는 한이 있더라도
> 귀하의 명령이 아니면 우리 사모라는 내줄 수 없사외다.
>
> • 원문 18 •

하는 수 없이 시드는 산초에게 이 사실을 보고한다. 산초는 사모라를 포위케 한다. 도냐 우라카를 사모했다고 하는 벨이도 돌포스가 꾀를 낸다. 우라카를 왕위에서 쫓아내기 위해 역모를 했다가 도망 온 것처럼 꾸미고 산초 편에게 보호를 청한다. 마침내 산초의 환심을 얻고 그에게 성 뒷문을 알려 준다는 구실로 끌고 가 그의 창으로 살해한다. 산초의 죽음에 기세등등한 카스티야 병정들은 왕을 죽인 자객을 찾아 혈안이 된다. 시드가 돌포스를 추적했으나 그는 끝내 사모라 성 안으로 도망치고 만다. 산초의 신하 디에고 오르도녜스가 모든 사모라인들을 반역자로 몰아세우고 사모라인들에게 결투를 신청한다.

> 내 모든 사모라인들에게 결투를 신청하노라.
> 큰 사람이건 작은 사람이건 죽은 놈이건 산 놈이건

앞으로 태어날 자건 이미 태어난 자건 모두 잡아 죽이리라.
강으로 흘러가는 물줄기건 빵이건 술이건
모두 나의 결투의 창칼을 받으라.

• 원문 19 •

이런 무서운 복수의 불길에 맞서 사모라인의 한 사람인 아리아스 곤살로가 점잖게 결투 신청을 받아들인다.

내가 그대가 말하는 사람의 종류라면 아마 태어나지도 않았을 것이오.
하지만 그대가 말하는 모든 이야기는 온당치 못하오.
즉 큰 사람들이 한 짓에 대해서 작은 사람들은 죄가 없소.
더군다나 산 사람들이 한 짓인데 죽은 사람이 무슨 죄가 있겠소.
그러니 거기서 아이들과 죽은 사람들은 빼고
또 아무 의미도 없는 것들일랑 제쳐 놓으시오.
그리고 다른 거짓말(사모라인들이 역적이라는)에 대해서는 내 말하리다.
그대와 결투할 사람을 보내든지 내가 그대와 싸우겠소.
여기 조정과 결투할 사람은 여기 다섯 사람과 결투를 해야 하오.
그대가 이 다섯을 이긴다면 그대의 말이 맞는 것이 될 것이고
만일 그중의 하나라도 그대를 이기면 우리 조정은 죄가 없소.

• 원문 20 •

오르도녜스의 결투 제의는 우리가 앞서 설명한 법적 성격의 결투가 어떻게 사안의 거짓과 참을 가려내는 의미를 갖는가를 다시 한번 입증해 준다. 마침내 그는 자기 자식 셋을 결투 상대로 내보낸다. 형들이 모두 다 죽자 셋째 아들이 아버지의 말을 결투장 밖으로 뛰쳐나가게 함으로써 결투의 승부는 판가름 나지 않는다. 성난 산초의 부하들은 산초의 라이벌 격인 동생 알폰소를 족친다. 산초를 죽인 자객이 우라카가 보낸 것이 아니라면 알폰소가 왕위를 독차지

하려고 보냈을 가능성이 있기 때문이다. 그들을 대표하여 시드가 부르고스 궁전에서 알폰소 왕의 대관식 때 그 서약을 받아낸다.

> "그대들은 산초 왕의 죽음에 대하여
> 왕을 죽이거나 죽이라고 언질을 준 일이 없다는 것을
> 서약하러 온 것이오. 그럼 말하시오,
> 그대와 저 양반들은 서약을 하시오, 절대 그런 일이 없다고."
> 그러자 왕과 신하들은 서약을 했더라. "그런 일 없습니다."
>
> • 원문 21 •

바로 이 사건으로 알폰소 왕과 그 신하들이 시드에게 앙심을 품고 그를 추방하기에 이른 〈시드의 노래〉의 첫 비극이 막을 올리게 된다. 이 작품은 중세에서 충성심과 용감성이 얼마나 기사의 생명처럼 중요한 계율이었는가를 실증해 준다. 기독교를 제외한 중세의 군신 질서는 신라의 화랑도처럼 기사도 정신에 의해서 맥맥이 이어져 온다. 또한 결투가 사안의 잘잘못을 가리는 기준으로 사용되는 게르만법적 전통이 이들 사이에 살아 있었음을 보여 주는 아리아스의 제의는 인상적이다.

(2) 복수는 복수를 부른다

모든 중국 무협극이 그렇듯이 중세에도 기사들 사이의 의리와 복수로 얼룩진 페이지는 항상 피투성이다. 그중에서도 가장 대표적인 설화가 〈라라의 일곱 왕자들의 전설〉이다. 반도 남쪽의 코르도바가 사라센 제국의 핵심으로 자리잡기 시작하던 10세기경에 일어난 실화를 중심으로 민간에 널리 알려졌던 복수극이다.

당시 카스티야의 수도 부르고스에서 있었던 일이다. 한 귀족의 결혼식에서

사소한 시비로 결투가 벌어진다. 루이 벨라스케스와 도냐 람브라의 결혼식에 도냐 산차(벨라스케스의 누이)와 그의 일곱 아들이 참석한다. 결혼식이 최대 호화판으로 진행되는 가운데 산차의 일곱 왕자들(라라의 왕자들)이 싸움에 휘말린다. 왕자 중의 막내가 싸움을 하다가 신부의 사촌인 알바르를 죽인다. 신부는 복수심에 불타 자기 종을 시켜 그 막내에게 피 묻은 오이 하나를 던지게 한다. 그 종도 왕자들에 의해 죽음을 당한다. 신부는 굴욕을 참지 못해 남편에게 복수를 부탁한다. 남편 루이 벨라스케스는 라라의 왕자들과 왕가를 전멸시키기 위한 무서운 계략을 꾸민다. 벨라스케스는 왕자들의 아버지 곤살로 구스티오스를 아랍인들이 있는 코르도바에 사신으로 보낸다. 그가 코르도바의 무어족의 왕 알만솔에게 보내는 아랍어로 쓰인 편지에는 편지를 갖고 간 사신을 그 자리에서 죽이고 또 그 왕자들이 알만솔의 땅을 침범하려고 획책하고 있으니 그들을 잡아 죽이라고 쓰여 있었다. 알만솔은 우선 사신 곤살로 구스티오스를 체포한다. 그리고 왕자들이 오는 길목에 군대를 풀어 잠복시킨다. 마침내 루이 벨라스케스의 모략은 성공하고 아랍군은 왕자들의 목과 그 부하까지 여덟 구의 시체를 알만솔 앞에 내놓는다.

알만솔은 갇혀 있던 곤살로를 꺼내어 죽은 시체들을 확인하도록 시킨다. 죽은 자식들 앞에서 불쌍한 아버지의 통곡은 하늘을 찌른다. 울다 지친 아버지는 막내아들의 목을 발견한다.

> 오 내 아들 곤살로야, 네 어머니가 그토록 너를 사랑하더니…
> 너의 그 많은 재주를 누가 다 이야기하랴!
> 친구들에게는 좋은 친구, 어른에게는 충실한 아들,
> 법도도 알고 사리도 분별하기를 좋아하던 너,
> 총칼에도 용맹스럽고 나아가는 데는 무서울 게 없던 너,

창 던지기 선수로는 너 당할 자가 없었는데.
부인이나 처녀에게는 그토록 공손한 말씨에다가
네가 좋아하는 여자들에게는 그토록 잘해 주던 너…

너희들이 두려워 나를 겁내던 놈들이 이젠 모두 나의 적이 되겠구나.
이제 비록 내가 라라로 돌아가도 아무 쓸모없는 사람이 되었으니
이제 어느 친척, 어느 친구 있어 내가 복수를 할 수 있단 말이냐.
이렇게 사느니 내 차라리 죽는 게 나으리라!

• 원문 22 •

이 처참한 정경을 지켜본 알만솔은 측은한 마음이 든다. 자기의 여동생을 시켜 그 불쌍한 아버지를 위로하라고 부탁한다. 루이 벨라스케스에 대한 증오와 복수심, 그리고 자식을 잃은 슬픔에 몸 둘 바를 모르던 용장은 아랍 여인의 따스한 손길에 차츰 정신을 차린다. 이 여인과의 사이에서 난 아들이 무다르라다. 무다르라의 루이 벨라스케스에 대한 복수전이 이 작품의 백미다. 사냥을 하던 벨라스케스는 알지 못하는 젊은 기사의 도전을 받고 처음에는 어리둥절해 한다.

"기사여, 그대는 누구이며 지금 무얼 찾으러 왔는가?"
무다르라는 그에게 대답했다. "나는 그대의 철천지원수요.
나는 라라의 왕자들, 나의 형제들의 복수를 하러 온 것이오.
바로 그대가 역모를 꾸며 목을 치게 한 일을 갚으러 온 것이오."

• 원문 23 •

무다르라는 벨라스케스에게 서로의 병사들은 죄가 없으니 그대로 서 있게 하고 둘만 일대일로 결투하기를 청한다. 벨라스케스도 기사답게 일대일의

결투를 받아들인다. 무다르라는 기쁨에 차서 소리친다.

“이날이야말로 내가 기다리고 기다리던 날이다!/하느님, 이 중에 옳았던 자에게 가호가 있기를.” 결투를 시작하려 하자 아버지가 나서겠다고 말린다. 벨라스케스의 싸움 솜씨는 온 스페인이 다 아는 명기사다. 차라리 그를 아는 자신이 싸우겠다고 무다르라를 말린다. 아버지를 달래고 젊은이 혼자 그 앞에 선다. 마침내 결투는 불을 뿜고 벨라스케스가 창을 맞고 말에서 떨어진다. 그때 아버지 구스티오스는 그놈을 죽이지 말고 자식들 죽음 때문에 평생을 통곡 속에 보내는 어머니 도냐 산차에게 데려가자고 말한다. 도냐 산차는 평생 꿈속에서 원수의 피를 마시는 꿈을 꾸며 살아온 한 맺힌 여인이다. 그녀는 앞서 결혼식에서 일어났던 일하며 원한을 모두 이야기하고 원수 벨라스케스의 육신을 갈가리 찢어 죽일 것을 명한다. 그리고 벨라스케스의 아내 도냐 람브라는 혼자 산속으로 도망가다 굶어 죽었다는 이야기가 전한다.

카스티야의 두 귀족 가문의 복수전 이야기는 아랍족과 같이 살던 중세 스페인 사회에서 일어난 우여곡절 많은 일화 중의 하나다. 그 비극성과 더불어 침략자인 아랍인들의 따스한 인간성이 이상하리만큼 스페인인들의 초인종적 비전을 생각하게 하는 설화이기도 하다.

(3) 기타 구전 설화들

오늘날 발견된 〈우에스카의 종 이야기〉나 〈롤랑의 이야기〉는 중세 사회의 복합적 사회상이나 기사도 정신을 일깨워 주는 설화들이다. 론세스바예스에서 롤랑이 죽고 샤를마뉴 대제가 눈물 흘리는 장면은 처절하다.

왕이 그걸 보며 애통해 하는 모습이란,

두 손을 올려 수염을 뜯으니
그 수려한 수염자락에서 진홍빛 피가 솟더라.
그러면서 말하는 고운 임금의 말은,
"나의 조카가 죽다니, 그 위대한 롤랑이 죽다니!
세상에 이런 무서운 일이 내 눈앞에 벌어졌구나.
차라리 내가 죽고 그대가 도망쳤어야 할진데…
사람 좋기로는 그대가 나보다 훨씬 나았는데,
그대를 사랑하는 마음 때문에 모두들 나를 사랑했는데,
그대 조카가 이제 죽었으니 모든 재난이 내게 닥치겠구려."

• 원문 24 •

지금까지 이야기한 구전 서사시 혹은 영웅담이 14세기에는 퇴화하기 시작한다. 이 시기를 대표하는 작품이 〈로드리고의 노래〉라는 시드의 어린 시절의 이야기다. 여기에 나오는 시드는 우리가 보아 왔던 시드와는 달리 성질 고약한 싸움쟁이 깡패다. 형식으로 보아 비정형적인 구전 서사시 형식에서 16음절이 빈번해지는 스페인 전통의 로만세 율격으로의 변화를 연상하게 한다. 총 1,126연으로 된 이 이야기에는 시드가 히메나의 아버지와 싸우는 사건이 처음에 나온다. 시드, 즉 로드리고가 열세 살 때 전투에서 히메나의 아버지 고메스 백작을 죽이고 그 두 자식을 포로로 잡는다. 히메나와 그 자매들은 로드리고의 주인인 디에고 라이네스에게 오빠들의 석방을 요구한다. 로드리고의 배려로 풀려난 이들 형제는 복수를 다짐한다. 히메나는 수도인 레온으로 가서 당시 왕인 페르난도 1세에게 자기 아버지의 복수를 간청한다. 왕은 로드리고를 잘못 건드렸다가는 카스티야의 모든 병정들이 들고 일어날까 두려워한다. 그것을 보고 히메나는 화해 방법의 하나로 자신이 로드리고와 결혼하게 되면 어떻겠느냐고 묻는다. 페르난도 왕은 로드리고와 영주 디에고를 찾으러 보낸다. 이들은 히메나의 아버지를 죽인 일을 복수하러 가는 줄 알고 부하들을 몰고 궁으로 간다. 궁전에 도착하니 모두가 로드리고를 겁낸다. 거만한 로드리고였지만 왕의 명령은 어쩔 수 없다. 마침내 히메나와 결혼한다. 그 다음은 무어족과의 싸움에서 로드리고가 승승장구하는 이야기로 이어진다. 카스티야의 왕은 로드리고를 신임하게 되고 모든 권력을 그에게 부여한다. 우리가 가지고 있는 시는 뒷부분이 떨어져 나간 것으로 원 〈시드의 이야기〉에 비해 훨씬 질이 떨어진다는 것이 정평이다.

성실하고 다정다감하던 앞의 시드에 비해 여기 나오는 로드리고는 싸움밖에 눈에 안 보이는 오만한 기사다. 히메나와 로드리고가 결혼하는 장면에서도 그의 싸움쟁이 기질은 드러난다.

> 처녀가 나왔다. 그 아가씨의 손을 백작이 이끌고 나왔는데
> 그녀가 눈을 들어 로드리고를 찬찬히 쳐다보기 시작하더라.
> 그러고는 하는 말이, "나리, 감사합니다. 바로 이분이 제가 찾던 분이외다" 하더라.
> 그렇게 해서 도냐 히메나와 카스티야의 로드리고가 결혼식을 올렸는데,
> 그때 로드리고 화가 나서 카스티야 왕에게 하는 말이,
> "나으리께서는 내가 좋아서라기보다는 싫은데도 결혼을 시키셨소.
> 내 하느님께 약속하건대 나리께 감사드릴 생각은 없소이다.
> 더군다나 그 여자와 세상 어느 곳에서도 같이 있을 생각이 없소,
> 내가 싸움터에 나가 다섯 번 싸워 정당하게 다섯 번을 이길 때까지는."
> • 원문 25 •

작품의 질이야 어찌되었든 여기 이 이야기로부터 시드에 관한 노래나 황금세기의 극작품들이 나온다. 〈시드의 어린 시절Mocadades del Cid〉이라고 불리

는 이 작품은 1618년 기옌 데 카스트로Guillén de Castro의 같은 이름의 극작품을 낳게 하고 1636년 코르네유Pierre Corneille의 〈시드Le Cid〉 그리고 오늘날 소피아 로렌이 히메나로 나오는 영화의 줄거리까지 제공하는 행운을 누리게 된다. 그 이유는 원 〈시드의 노래〉에 비해 인물의 진솔성이나 사실성은 떨어지나 이야기가 훨씬 재미있고 굴곡과 과장이 심해서 르네상스 기운과 함께 소설적 요소가 더하기 때문이다. 그 예로 로드리고는 성지 순례를 가다가 한 문둥병자를 만나 도와준다. 그 사람이 알고 보니 성 라사로였고 이 성자는 그가 모든 모험에서 승리하리라고 말해 준다. 그리하여 아라곤의 기사를 이기고 다섯 무어족 왕을 굴복시키고 카스티야의 두 왕을 패배시킨다. 프랑스 왕과 독일 황제와 교황이 스페인에 해마다 말이나 매, 처녀와 돈을 조공으로 바치라고 획책하자 로드리고가 나서서 그들을 침공한다. 결국 그들을 굴복시키고 승승장구한다. 특히 사보야 백작을 이기고 그 딸을 전리품으로 얻어 카스티야 왕에게 바치는 장면은 흥미롭다. 체포된 사보야 백작은 교환조건으로 자기 딸을 바친다.

> 말을 끌고 공주를 모시러 가는데
> 그녀를 아주 하얀 비단으로 치장한 의자에 모셔 오더라.
> 말고삐까지 황금으로 치장한지라 더 아름다운 마차가 없더라.
> 공주 또한 플라멩코 지방의 비싼 천으로 만든 옷을 입고
> 황금 수실 같은 머릿단을 어깨 너머로 늘어뜨리고
> 아랍 여인처럼 가는 눈길에 쏙 빠진 몸매,
> 세상에 어느 왕이나 황제라도 그 여자를 받고 좋아하지 않을 자 있으랴!
> · 원문 26 ·

10장

승려들의 재미있는 옛이야기

◆

승려 문학Mester de clerecía으로 일컬어지는 일종의 식자 문학은 13세기경에 발생한 것으로 생각된다. 식자 문학이라고 한 것은 승려 문학이 승려라는 어원 때문에 좁은 의미의 성자들이나 성서에서 따온 고리타분한 교훈담 정도로 오해하기 쉬운 이유 때문이다. 그게 아니다. 승려 집단이라는 말은 승려뿐만 아니라 교회에 속하는 모든 지도자층을 함께 일컫는 말이다. 다시 말해서 당시의 언어인 라틴어를 읽고 쓸 줄 아는 계층(주로 승려들이었지만) 모두와 그런 옛날이야기나 지식을 일반 서민에게 전하고 싶은 마음을 가진 모든 식자들이 알기 쉽게 평이한 일상어로 써 놓은 옛날이야기들이 승려 문학이다.

중세의 도서관이며 문화센터(성가대, 성극)는 모두 교회와 수도원에 있었다. 그래서 알폰소 현왕도 1270년 《스페인 대실록》을 기획하면서 교회에 고서를 빌려 달라고 청하지 않았던가. 따라서 승려 문학은 중세 문화의 핵심인 교회, 수도원을 중심으로 13세기에서 15세기 (〈궁중운기Rimando de Palacio〉가 1403년에 끝남)까지 카스티야 지방에서 읊어지고 쓰인 이야기체의 시가로 재미도 있으면서 교훈적인 식자 문학 장르라고 할 수 있다.

승려 문학 작가들은 무엇보다도 그들의 글이 음유시인들의 사설보다는 흠잡을 데 없는 다른 책이나 근거에서 나온 믿을 만한 내용임을 자랑삼았다. 또한 구전 서사시와는 달리 1행에 14음절씩 4행을 세어 운율을 맞춘 시가라는 것을 대견스럽게 여겼다. 14음절 시구란 알렉산드로스 시구라고도 하는데 그 이유는 알렉산드로스 대왕의 전설이 중세에 퍼지면서 오래전부터 이와 같은 운율로 이야기되던 데서 비롯된다. '14음절 4행 시구'란 결국 이 알렉산드로스 시구가 네 줄로 각운이 똑같은 형식을 취한다는 것이다. 특히 〈알렉산드로스의 이야기〉는 자신들의 이야기가 이렇게 자랑스러운 것임을 으스대고 있다.

> 내 아름다운 글로 이야기를 하나니 음유시인들의 헛소리와는 다른지라.
> 식자들의 글은 흠 잡을 데가 없는 것이니 그게 승려들의 일이기 때문.
> 네 구절 시구로 운율을 맞춰 음절 하나하나를 헤어 가며
> 읊어 가는 것이니 이야말로 진짜 통달한 방법인 것이여.
>
> • 원문 27 •

여기서 작가들은 근거 없는 소리란 하나도 안 하겠다는 긍지와 자존심을 내보인다. 모두가 책이나 역사 실록, 교훈, 전설, 성서에서 끌어 왔다고 논문 쓰듯 출처를 밝히고 있는 것 하며, 가끔 가다 근거로 한 책이나 텍스트가 없다고 이야기를 이렇게 얼버무리기도 하는 걸 보면 이 친구들 자랑이나 폼이 예사가 아니다.

> 그리스 헬레나가 그 뒤 어떻게 되었는지 우리는 알 길이 없으니
> 그건 호메로스가 자기 책에다 더 이상 쓰고 싶지 않았기 때문이렷다.

(《알렉산드로스 대왕 이야기》)

• 원문 28 •

전거로서 가장 많이 쓰인 게 주로 라틴어나 프랑스어로 쓰인 책 그리고 스페인에 전해 내려오는 이야기나 로만세 등이었다. 라틴어가 당시 식자어였던 때문이다. 그러나 이야기들이 전적으로 근거에 충실한 것만은 아니다. 더러는 재기 위해, 더러는 권위 있게 보이기 위한 술책일 때도 많았다는 것이 톰슨(S. Thomson, *The folktale*, New York, 1946, p. 4)을 비롯한 후대 연구가들의 지적이다. 이들은 비록 전에 있던 이야기에 근거를 두었다 할지라도 자유자재로 이야기를 늘이고 바꾸고, 혹은 곤살로 데 베르세오Gonzalo de Berceo의 경우처럼 서민들이 쉽게 이해할 수 있도록 설명을 붙였던 게 사실이다. 베르세오는 천사가 사람들을 구원하려고 해도 영혼이 없어서 못 구했다는 설명을 하면서, 밀가루가 있어야 빵을 만드는데 '밀가루가 모자랐다'라는 비유를 끌어 온다.

승려 문학의 소재들은 구전 영웅 서사시의 역사성과는 달리 옛 성인들이나 성서의 이야기, 예부터 전해 내려오는 사랑이나 모험담, 전설이나 설화가 가미된 교훈적이고 재미있는 내용들이 많다. 아라비아의 《천일야화》가 그렇듯이 그리스나 바그다드 등 중동 지역을 무대로 한 아기자기한 이야깃거리들이 특히 중세인들의 인기를 끈다. 크리스천 중심의 중세 사회에서 많은 내용이 교훈화되고 수정되었지만 13세기 초기의 걸작으로 여겨지는 〈아폴로니오 이야기Libro de Apolonio〉와 《알렉산드로스 대왕 이야기*Libro de Alexandre*》는 아직도 그 파란만장한 사랑과 모험의 맛이 살아 있다. 이 두 이야기는 중세 스페인의 전형적 신사, 혹은 기사도 정신으로 채색되어 있는 점이 또한 흥미롭다.

(1) 〈아폴로니오 이야기〉

우리가 지금 〈아폴로니오 이야기〉로 가지고 있는 에스코리알 도서관에 있는 텍스트는 글씨로 보아 14세기에 필사된 것으로 본다. 그러나 주인공 아폴로니오 전설은 3세기 어느 그리스 소설에서 시작되었다는 설이 있다. 중세 유럽 6세기 베난티우스 포르투나투스Venantius Fortunas의 시에 티로 왕국의 아폴로니오에 대한 언급이 있고 10세기나 11세기에 〈티로의 왕 아폴로니오 이야기Historia Apollonii regis Tyri〉나 〈아폴로니오 서사시Gesta Apollonii〉라는 이름으로 수없이 많이 알려진 이야기가 이것이다. 그러나 에스코리알 도서관 소장 〈아폴로니오 이야기〉와 전적으로 같은 내용의 책은 아직 발견되지 않았다.

이 이야기의 중요성은 스페인 승려 문학에 최초로 동양 연원의 이야기투(우여곡절 많은 모험담)가 중세 라틴어 문학을 거쳐 큰 인기를 얻으면서 13세기의 스페인 풍습과 구미에 맞게 각색되어 빛을 발하고 있다는 점이다. 이 작품은 그 시대에 맞게 기독교적 교훈(예를 들면 390연, 635연)과 해석이 가미된다. 동양의 운명이나 숙명론은 하느님의 섭리로 이해된다. 특히 13세기의 카스티야 음유시인들의 인기를 점쳐 볼 수 있는 여류 음유시인 타르시아나에 대한 묘사는 이 작품이 얼마나 스페인화되었는지를 입증하고도 남는다.

그리고 하루는 이른 새벽에
아가씨가 곱게 치장하고 일어났것다.
비올라를 줄을 잘 맞춰 집어 들고
비올라를 켜 돈을 벌러 저잣거리로 나섰더라.
아름다운 구절구절, 음악소리 시작되니
이 모두가 너무나 달콤하고 또한 자연스러웠더라.
사람들이 바삐바삐 성 안으로 가득차고

광장에 못 들어간 사람들은 문설주 위로 오르더라.

• 원문 29 •

스토리는 이렇다. 티로 왕국에 아폴로니오라는 왕이 있었다. 그는 이웃 나라 안티오코 왕의 딸에게 반해서 청혼을 한다. 그러나 안티오코 왕은 자기 딸과 근친상간 관계였다. 딸은 울고불고 먹을 것을 안 먹고 수치심에 나날을 보냈지만 곳곳의 사람들이 청혼을 해 왔다. 모두 다 거절했지만 아폴로니오만은 끈질겨서 왕은 마침내 조건으로 수수께끼 하나를 풀면 결혼을 허락하겠다고 한다. 수수께끼 문제인즉,

잎가지의 푸르름이 뿌리를 갉아먹더라,
내 어머니의 살로 나의 열매를 살찌우리라.

• 원문 30 •

였다. 이를 풀어 보니, 아버지는 "뿌리"고 딸은 "잎가지의 푸르름"이라. 아폴로니오는 그것이 딸과 애비의 간통임을 밝혀낸다. 그 말을 들은 안티오코 왕은 약속 이행은커녕 아폴로니오가 아직 문제를 못 풀었다고 미친놈으로 몰아세운다. 그리고 다시 30일 더 줄 터이니 문제를 풀라고 소리친다. 아폴로니오는 겁이 나서 도망친다. 다시 고국 티로로 돌아온다. 분이 안 풀린 안티오코는 자객을 보내 아폴로니오를 처치하려고 한다. 이를 피해 이곳저곳 바다로 헤매던 아폴로니오는 페타폴린이라는 도시로 가다 풍랑을 만나 배가 뒤집힌다. 부하들은 다 죽고 자기 혼자 겨우 목숨만 건져 아르치트라스테스 왕의 땅에 닿는다. 마침 거기에서는 왕과 청년들이 공놀이를 하고 있다. 거지 몰골을 한 아폴로니오도 어린 시절 배워 익힌 한가락으로 공놀이에 참여한다. 공놀이

하는 것을 지켜보던 왕은 아폴로니오가 맘에 들어 식사에 초대한다. 옷을 새로 갈아입히고 위로를 하지만 좀처럼 아폴로니오의 슬픔은 가라앉질 않는다.

친절한 아르치트라스테스 왕은 자기 딸 루시아나를 시켜 비올라를 타게 한다. 곱게 차려 입은 아리따운 공주의 아름다운 음악에도 그의 슬픔은 가시지 않는다. 그는 자신의 신분과 이름을 감추고 자신의 불행한 과거만을 들려준다. 루시아나의 현금 소리에 기분이 좀 누그러진 아폴로니오가 자기도 한번 타보자고 나선다. 비올라의 줄을 고르고 왕에게 청을 한다. 자기는 왕관을 쓰지 않으면 음악이 안 된다고 은근히 마음을 내보인다. 왕이 쾌히 승낙하고 제일 좋은 왕관 하나를 씌워 준다. 이때 루시아나와 아폴로니오의 사랑은 싹튼다.

> 그는 아가씨를 향하여 살짝 눈썹을 치켜뜬다.
> 그녀는 부끄러워 잠깐 슬쩍 흠칫한다.
> 고르고 고운 선율을 타내는 그의 현금 솜씨에
> 황홀한 그녀 몸 둘 바를 모르더라.(아가씨의 황홀이 너무 커서 거의 자기 몸속에 들어가지 않더라)
>
> • 원문 31 •

위 연은 내가 읽은 승려 문학 중에서 절구 중의 절구다. 먼저 아폴로니오의 여자 꼬시는 솜씨가 일품이다. 또한 그녀의 교태 한번 환장할 지경. 마치 우리 민요에 임이 온 즐거움에 "행주치마 입에 물고 입만 방끗"할 때처럼, "잠깐 슬쩍 흠칫"하는 모습이 기막히다. 특히 내가 직역했듯이 '그 기쁨, 그 황홀이 너무 커서, 자기가 자기 몸속에 들어가지 않을 정도'라는 표현을 보라! 내가 한번 무주 구천동에 갔을 때 민박했던 집 아낙네가 이런 소리를 한 기억이 난다. "여기는요, 봄에 진달래꽃이 활짝 피면요, 세상에 눈이 모자라서 못 봐요!" 그뿐이랴. 안달루시아에서는 이런 과장을 즐겨 쓴다. "그 사람 마음이 너무 커서 자기 몸에 안 들어가요!" 위 시구는 이런 서민적 시재의 극치다.

이 시의 보다 큰 매력은 각운 표현미에 있다. 시 원문의 "poquiejo"나 "poquiello" 따위의 "-ejo", "-ello"의 축소사는 다른 승려 문학에도 나온다. 예를 들면 〈알렉산드로스 이야기〉에도 이런 구절이 나온다.

> 군대가 가는 한 중간에 샛길이 있었더라,
> 이곳에서 저곳으로 가기에는 좀 높은 지대더라,
> 봉우리는 푸르죽죽하고 풀이 성하더라,
> 그 장소로 말하면 정말 상당히 알맞은 곳이더라.
>
> • 원문 32 •

같은 축소어미 "-ello"를 반복하고 있으나 이런 시는 언제나 만들 수 있는 문법적 각운이어서 전연 맛이 덜하다. 마치 열네 음절을 만들기 위해서 일부러 변화시킨 억지 냄새가 난다. 그러나 우리가 보고 있는 시에서 "-ejo"의 맛은 그게 아니다. 원문에서 "poquiejo"의 경우를 제외하고는 "parejo"는 형용사이고 "cejo"는 '눈썹'이라는 명사이다. 그런데 그 소리가 이루는 화음은 사랑의 은근한 설렘의 파동을 너무나 잘 구현해 주고 있다. 시계소리가 똑똑 하고 나는 것과 똑딱 나는 것을 비교해 보자. 똑똑 나는 것은 밤에 들리는 팔목 시계 소리다. 변화나 움직임이 단조롭다. 그러나 똑딱, 즉 다른 모음을 쓴 표현은 벽시계의 추 움직이는 모습이 금방 눈에 보일 정도로 동적이다. 여기서 "-ejo"로 반복되는 리듬은 아폴로니오의 교태스러운 눈짓, 공주의 교태스러운 반응, 그 둘의 마음의 설렘을 눈앞의 일처럼 선하게 보여 준다.

이래서 아폴로니오는 루시아나와 결혼한다. 아폴로니오가 먼저 루시아나의 음악 선생이 되고, 그가 티로의 왕인 것을 알자 바로 둘의 결혼이 성립된다. 한편 안티오코 왕이 죽고 그의 신하들이 아폴로니오를 왕으로 추대한다. 그는 왕비와 함께 그 나라로 향한다. 배 위에서 루시아나는 공주를 낳는다. 그러나 아폴로니오에게 불행의 그림자는 늘 따라다닌다. 딸을 낳은 루시아나는 산고로 거의 죽은 몰골이 된다. 모두들 소리 소리치며 애통해 한다. "그대가 죽었으니 이를 어찌할꼬!" 그때 그 소리를 듣고 선장이 내려온다.

만일 죽은 자를 이 배에 태우고 있으면 우리 모두 죽사외다.
누구가 되든지 간에 이 사람을 물에 던져 버려야 하옵니다.
그러지 않으면 우리 모두 위험하옵나이다.
걱정은 거기 가서 하시고 지금 지체하셔서는 안 됩니다.
지금 이런 일로 허둥댈 때가 아니외다.

• 원문 33 •

아폴로니오는 이 말을 듣고 어쩔 수 없이 그녀의 몸에 향유를 바르고 상자 속에 금 열한 냥과 함께 넣은 후 글자를 새겨 물에 띄운다. 그 상자는 에페소라는 항구에 도착한다. 거기서 영묘한 의사들의 도움으로 그녀는 되살아난다. 완쾌된 뒤에 그녀는 수도원으로 들어간다.

아내를 잃은 아폴로니오는 괴로워하다가 딸 타르시아나를 타르소의 한 부부에게 맡긴다. 그러나 그곳의 나쁜 호위병들이 타르시아나를 죽이려 한다. 그 사이에 타르시아나는 해적들에게 잡혀 간다. 해적들은 그녀를 종으로 팔아넘긴다. 타르시아나를 종으로 사들인 새 주인은 그녀를 창녀로 부려 돈을 벌려고 한다. 타르시아나는 주인을 설득시켜 창녀짓보다는 그녀의 숨은 음유시인의 기질을 개발하면 더 큰 돈을 벌 수 있을 것이라고 말한다. 마침내 그녀는 인용한 시에서 보았듯이 광장이나 저잣거리를 헤매며 음유시인으로 돈벌이를 한다.

얼마 후 아폴로니오는 딸을 찾으러 타르소에 온다. 타르시아나를 맡겼던 부부, 특히 부인 디오니사는 딸이 죽었다고 거짓말한다. 딸의 무덤에 와서 울던 아폴로니오는 이상하게 딸이 죽지 않았다는 예감을 받는다.

무덤 위에 몸을 던지고 그 훌륭한 사나이는
당연히 예로 제사를 올리려고 했다.
온 마음을 쏟아 애통해 하고 아파하려고 해도
아무리 애를 써도 눈에서 눈물이 나오지 않더라.

그는 다시 제 정신을 차리고 생각하기 시작했다.
'아니, 이럴 수가! 이게 어찌된 영문인가?
만약 내 딸이 여기 이 자리에 누워 있다면
이 내 눈에 눈물 한 방울 나오지 않을 수가 있단 말인가.'

• 원문 34 •

그 뒤 그는 딸을 찾아 이곳저곳을 헤맨다. 갖가지 수난을 겪은 뒤 미탈레나에 이르렀을 때 아폴로니오는 한 여자 음유시인을 만난다. 딸과 아내를 잃은 슬픔에 아무것도 싫은 아폴로니오에게 그 아가씨가 치근대자 그는 뺨을 갈긴다. 아가씨는 울면서 자신의 신세를 노래로 풀어 털어놓는다. 마침내 그는 그녀가 딸 타르시아나임을 감을 통해 안다. 평생 못 볼 줄 알았던 딸을 찾은 그의 기쁨은 하늘을 찌른다. 그는 모든 신하들과 큰 잔치를 벌인다. 딸을 안티나고라와 결혼시키고 안티오키아 왕국을 선사한다. 아폴로니오는 딸의 복수를 위해 다시 타르소로 떠나려 한다. 그때 천사 하나가 그에게 에페소로 가 보기를 권한다. 꿈을 깬 아폴로니오는 배를 돌려 에페소로 간다. 거기서 그는 자기 무릎 앞에 울며 쓰러지는 아내 루시아나를 만난다. 새로 만난 아내와 왕자를 낳고 티로 왕국으로 돌아간다. 티로의 백성들의 환대 속에 즐거워하는 왕과 왕후, 그리고 그들은 죽을 때까지 잘 먹고 잘 살았다는 이야기다. 앞서 말했듯이 656연이나 되는 이 길고 파란만장한 이야기는 기독교적 교훈으로 마감한다.

아폴로니오도 죽고 우리 모두 죽게 될 것이어니
우리 모두 서로 사랑하는 만큼 그 종말을 잊지 말지어다.
여기서 우리가 지은 대로 저기서 보상받을 것이니,
우리 모두 그곳으로 갈 것이고 결코 여기에서 빠져나올 수는 없는 법.

• 원문 35 •

(2) 《알렉산드로스 대왕 이야기》

승려 문학에서 만 구가 넘는 가장 긴 이야기가 《알렉산드로스 대왕 이야기》다. 마드리드 국립도서관본과 파리 국립도서관본이 있는데 각각 13세기 말, 15세기 초의 필사본들로 후안 로렌소 데 아스토르가가 썼다고도 하고 베르세오가 작가라고 하는 설(G. Baist, *Grundriss der romanischen Philologie*, II, 2, 1897, pp. 402-403)도 있으나 모두 불확실하다. 다만 13세기 중엽에 쓰인 승려 문학 초기 작품이라는 게 이 이야기에 대해서 우리가 아는 바다. 말하자면 유일하게 음유서사시로부터 승려 문학체로 옮겨진 것으로 보이는 〈페르난 곤살레스 시 Poema de Fernán González〉보다 먼저 알려진 이야기책이라는 것.

책 제목처럼 이 이야기에는 알렉산드로스 대왕의 어린 시절부터 죽음까지 자세하고 재미있게 서술되어 있다. 그러나 거기에는 알렉산드로스 대왕의 삶과 전쟁 이야기뿐만 아니라 트로이 전쟁의 이야기라든지 지옥의 묘사 등 갖가지 환상적인 설화까지 곁들여 맛을 더해 준다. 알렉산드로스 대왕의 지혜와 기사도 정신이 충분히 부각된 이 이야기는 "기사도의 교과서"로서의 의도도 다분했던 것으로 알려져 있다. 처음부터 작가는 자신의 시인으로서의 자질에 대해서 자신감을 나타냈다. 그리고 자신의 의도를 천명한다.

> 나는 위대한 속세의 왕의 이야기책을 하나 쓰려고 하노라.
> 마음이 발랄하고 힘과 노력이 누구보다 앞섰던 왕,
> 그 왕은 온 사람을 정복하고 세상을 자신의 수중에 넣고 흔들었나니.
>
> • 원문 36 •

알렉산드로스 대왕의 어린 시절 이야기에서는 특히 스승 아리스토텔레스와의 대화가 재미있다. 어렸을 때부터 뛰어나게 총명했고 야심이 많았던 아이 알렉산드로스는 어느 때부터인가 우울증에 빠져 있다. 이를 의아하게 생각한 스승이 그 연유를 물으니 말하기를,

> 사부님, 사부님께서 저를 길러주셨습니다. 사부님 덕택에 지식도 얻고
> 또 제게 많은 은혜를 베풀어 주셨습니다. 은혜에 대하여
> 어찌 다 감사를 드릴 수 있으리오. 제가 일곱 살 때 아버님이 저를
> 사부님께 맡기셨는데, 그것은 모든 스승들 중에서 사부님이
> 가장 훌륭하셨기 때문이외다.
>
> 이제 제게 필요한 것은 상당히 많이 배웠사오니
> 사부님도 저를 이기지는 못 하실 것이외다.
> 스승님께 감사드려야 된다는 것은 잘 알고 있사옵니다.
> 제게 일곱 가지 학문을 이해하도록 가르쳐 주신 은혜지요…
>
> 사부님 덕택에 많은 것을 배웠사오나

저는 부자도 싫고 굶주림도 두렵지 않지만
우리 그리스를 다리우스의 압력으로부터 해방시키지 못한다면
살아도 원한 속에 살 것이요 죽어도 회한을 벗어나지 못할 것이외다.

• 원문 37 •

일찍부터 바빌로니아 제국의 왕 다리우스에게 조공을 바쳐 오던 그리스의 수모와 역경을 안타까워하던 왕자. 그는 아리스토텔레스의 위안과 가르침 속에서 거목으로 성장한다. 그러나 아까도 말했듯이 이 책에는 대왕의 행적이라는 이름으로 수많은 환상적 여행이나 모험담이 들어 있다. 사상 최초로 비행기 여행이 그려진다. 알렉산드로스는 독수리 두어 마리를 며칠 동안 밥을 안 주고 굶긴다. 마침내 충분히 굶긴 뒤 막대기 끝에 살코기를 달아 핸들로 사용하고 독수리 위에 올라탄다. 고기가 달린 막대기를 위로 올리면 굶주렸던 독수리들이 위로 날아오른다. 고기 막대기를 좌로 돌리면 좌측으로, 우로 돌리면 우측으로 비행기는 자유자재로 움직인다. 이렇게 아프리카며 아시아며 온 세상을 보고 정탐한 뒤 막대기를 밑으로 내린다. 비행기 착륙을 하기 위해서다. 어디 그뿐인가. 알렉산드로스 왕의 잠수함은 이렇게 제작된다. 바다 밑에 무슨 물고기들이 사는가 궁금했던 알렉산드로스는 유리통을 제작한다. 그리고 종자 둘과 함께 그 속에 들어가 물속에 잠긴다. 위에서 배가 가면 그 밑에 밧줄로 묶인 유리통이 움직인다. 그가 바다 속을 보고 얻은 지식,

지상에 살고 있는 모든 생물들이
바다 밑에도 똑같은 형상으로 만들어져 있다.
천성적으로 서로 적이 되어 사는데
강한 놈들이 약한 놈들을 못살게 굴고 살더라.

• 원문 38 •

이 이야기 속에는 또한 전설적인 여자 전사들의 나라 아마조네스가 나온다. 그 나라 여왕 칼레트릭스와 알렉산드로스의 사랑은 한 편의 아름다운 서정시다.

내 그대가 대단한 풍운아라는 소식을 듣고 왔소.
사리에 밝고 힘도 세고 솔직하고 점잖은 분이라는 소문이었소.
온 세상 사람들이 모두 그대를 두려워하고 모두 겁을 집어먹고 있다는 것이었소.
내 그래서 그렇게 무서운 분이 어떤 풍모를 지녔나 보러 온 것이오.

한편 그대의 손에서 내 선물 하나를 가져갈까 하외다.
그대에게서 자식 하나를 얻어갈까 하니 거절하지 마오.
자식을 낳으면 세상에 비할 바 없는 좋은 핏줄이 될 것이오.
그러니, 내 뜻을 거역할 생각은 말아주시구려.
아들을 낳거든 내 아이를 그대에게 보낼 것이오.
세상에 어떤 고통이 와도 내가 잘 기를 것이오.
아이가 태어날 때까지 절대 말을 타지 않을 것이오.
만약 딸을 낳는다면 나의 왕국을 승계하게 하겠소.

• 원문 39 •

이렇게 알렉산드로스의 품에 공짜로 떨어진 여인의 아름다움은 힘도 세고 용감할 뿐만 아니라 글자 그대로 절세의 가인이었다.

하얀 이마는 밝고 처녀스러운 생기가 돌더라.
그 모습 보름달처럼 밝고 선명하고…

눈썹으로 말할 것 같으면 명주실 줄기 같고…

오똑 선 코가 알맞게 균형이 잡혀
적당한 입술에 알맞은 입,
고른 치아에 젖빛처럼 하얀 빛깔.
• 원문 40 •

칼레트릭스 여왕과의 사랑도 아름다운 하룻밤의 일화지만 다리우스의 어여쁜 딸 로사나와의 결혼 장면은 5월의 아름다운 풍경 묘사와 함께 우리의 흥취를 더해 준다. 이 시 중에 가장 아름다운 구절이 바로 여기에 나온다.

시절은 오월이라 달 중에 가장 좋은 달,
새들은 한가하게 즐거이 노래하고
온 들판이 아름다운 옷으로 치장하는 달.
시집 못 간 처녀들은 한숨만 깊어지누나.

결혼하기에는 제일 좋고 달콤한 시절
바람결도 향기롭고 꽃들도 만발하는데.
처녀들이 많이들 모여 앉아 노래를 하고
서로서로 아기자기한 이야기도 나누는데.

산골에는 고운 이슬이 내리고
씨 뿌려 놓은 밀밭도 꽃이 피고
그러면 수염이 자란 총각들은 결혼을 하더라.
처녀들도 얇은 속옷을 입고 놀이를 하더라.

늙은이도 젊은이도 사랑에 취해서
낮잠 겸해서 풀밭에 꽃을 따러 가는데
서로서로 하는 말이, "사랑이란 참 좋은 거,

부드러울수록 더 좋은 거 아니겠어요?"

• 원문 41 •

사실 알렉산드로스 대왕의 유럽, 아시아 정복사는 오늘 재미가 덜하다. 대왕은 페르시아의 다리우스와 한 가족이 되어 아시아까지 정복한다. 바빌로니아의 수도인 바빌론을 포위한다. 바빌로니아의 그 당시 모습은 에덴동산을 연상케 하는 아름다움의 극치다. 알렉산드로스 대왕의 정복사는 인도에까지 이른다. 평생의 원수 다리우스가 박트리아에서 죽자 알렉산드로스 대왕은 장대한 장례식을 치러 준다. 그 뒤 우리가 이야기한 칼레트릭스와의 정사, 그리고 다리우스의 딸 로사나와의 결혼이 있다. 그 다음 재산이 많은 포로를 이기고 거기 도시를 세운다. 무서운 뱀들이 우글거리는 것을 그의 지혜로 없애고 마침내 포로와의 한판 대결이 있다. 인도 왕도 알렉산드로스에게 굴복한다. 대왕은 지상지하의 왕이 된다. 모든 바빌로니아 대도시가 그의 귀국을 기다린다. 야영 텐트에서 피로에 지친 몸으로 반역자 호바스가 준 한 잔의 포도주에 속아 독약을 먹고 죽을 채비를 하는 알렉산드로스. 여기까지가 이 긴 이야기의 자초지종이다.

알렉산드로스 대왕의 야영 텐트에는 우리가 아는 〈농가월령가〉가 그대로 묘사되어 있다. 오월은 물론 꽃이 만발하고 유월은 밀밭이 꽃 피는데….

유월 씨는 못자리도 자라가고 풀밭도
주위에 많은 씨 뿌린 꽃과 풀들이 열매 맺는데.
잘 익은 앵두가 가득 열린 앵두나무며
절기가 바뀔수록 더욱 열매가 많아지더라.

• 원문 42 •

호세 가르시아 로페스는 이 책의 가장 커다란 특질을 자연 묘사의 정감 어린 표현에 있다고 지적하지만 그 외에도 알렉산드로스라는 이미 신화적 인물을 둘러싼 신비스럽고 인간미 넘치는 환상의 묘는 오늘의 마술적 사실주의에서 보는 사실성과 환상의 접목의 예를 미리 보는 듯하다.

(3) 곤살로 데 베르세오의 입담 좋은 성인 이야기

사실 오늘 한국인들에게 옛 성인들의 기적이나 성스러운 행적을 아무리 침을 발라 설명한다고 해도 흥분할 사람은 없다. 만일 기독교인인 경우라고 해도 차라리 성서를 읽고 말지 가령 《성 미얀의 일생*Vida de San Millán de la Cogolla*》이라든지 《성 도밍고의 일생*Vida de Santo Domingo de Silos*》 그리고 《성녀 오리아의 일생*Vida de Santa Oria*》을 쓰신 분이 베르세오라고 해도 귀 기울일 사람 하나도 없다. 앞서 말한 책 이외에도 〈성모 마리아에게 올리는 칭송Loores de Nuestra Señora〉은 233연이 넘고, 〈아들 예수 그리스도의 죽음의 날 성모 마리아의 애통El duelo que fizo la Virgen el día de la pasión de su fijo Jesu Christo〉도 210연이 넘는다. 비록 나는 기독교인은 아니지만 그리스도를 존경하는 사람이다. 그러나 중세 문학의 정수가 그렇듯이 너무 하느님 이야기만 많이 나오는 문학은 맛이 없다. 이것이 스페인 문학에서는 최초로 작가가 알려진 승려 문학이고 또 작품 또한 방대하여 크게 다루고 있는 분이 베르세오지만 내가 격을 좀 낮추고 싶은 연유다.

중세 문학이 인문주의를 표방한 르네상스 문학에 의하여 암흑시대로 잘못 평가된 것도, 그 이후 낭만주의 문학이 중세의 전설이나 로만세 같은 서민 문학에서 영감을 구한 것도 중세 자체가 지나치게 가톨릭 중심적 신학관이 투철하여 "문학은 곧 신학이다"(보카치오)라는 편견에 사로잡혀 있었기 때문이랄 수 있으며, 오늘 그 문학을 공부하는 우리에게나 관광객들에게는 모두가 그게 그거 같고 지루하기 짝이 없는 안내자의 설명처럼 느껴지는 부분이 바로 그러한 부분이다. 그러나 또 한편으로 종교 문학의 가장 인간스러운 성실이 드러난 걸작이 단테의《신곡》임을 이야기하지 않더라도 오늘날의 어떤 나쁜 목자처럼 로스앤젤레스로 돈을 가지고 빼소니치는 종교인이 없고 하느님을 입으로만 섬기는 신자가 없던 시대가 바로 이때였음을 우리는 존경으로 받아들여야 할 것이다.

승려 일연이《삼국유사》를 쓸 때 문학을 생각한 것은 아니다. 그러나 오늘의 독자에게 고리타분한 사대사상의 나열인, 중국 조공 역사 기록 같은《삼국사기》보다 얼마나 재미있고 의미심장한가. 그런 시각이라면 베르세오의 많은 작품들은 그 소박함과 진솔함에서 충분히 오늘 독자의 마음을 앗아갈 수 있으리라. 왜냐하면 승려 베르세오의 신심, 즉 믿음의 어눌한 말솜씨가 곳곳에 사무치는 시가 바로 베르세오 문학의 매력이기 때문이다.

그리스 때부터 모든 문학 작품이 뮤즈에 대한 기도나 염원으로 시작되었듯이 베르세오 작품은 모두가 자기 출신 성분을 알리고 성모나 성인에 대한 가호나 기원의 문구로 시작한다.《성 도밍고의 일생》이나《성 미얀의 일생》에는 이런 구절이 나온다.

> 저는 이름이 곤살로이옵고 베르세오라고 불리는 자로
> 산 미얀 태생이옵고 당신의 종자이옵니다.
> (《성 도밍고의 일생》, 757연)
> • 원문 43 •

> 이 글을 엮은 자는 이름이 곤살로라는 자로서
> 산 미얀 데 수소에서 어린 시절 자랐고,

태생은 베르세오이며 거기가 성 미얀이 태어나신 곳이지요.
(《성 미얀의 일생》, 489연)

• 원문 44 •

이렇게 신분을 아뢰고 나면 이 글은 성인이 쓴 글에서 베낀 것이어서 믿을 수 있는 이야기라는 문구가 나온다. 베르세오도 자신의 글이 근거가 있음을 강조한다. 그리고 혹시 잘못이 있으면 하느님이나 성모 마리아의 가호와 용서가 있기를 바라는 기원이 나온다. 산 미얀의 한 시골 수도승의 진솔한 믿음의 소리와 선현들이 쓴 말씀을 믿는 성실성은 그의 작품의 인간미로 후대에도 빛을 발하게 하는 연유가 되고 남는다. 예를 들어 성녀 오리아의 이야기는 성 바오로가 말한 것이라는 소리를 하고 그는 이렇게 덧붙인다.

만약 우리가 글로 쓰고 있는 것을 믿지 못한다면
우리 이야기가 사실이 아니라고 말할 자 있다면
우리 모두가 숭앙하는 하느님에게 벌받을 것이외다.
왜냐하면 우리가 말하는 모든 것은 다 책에 쓰인 사실이기 때문이외다.

• 원문 45 •

그러나 베르세오는 이들 자신이 믿고 존경하는 성인들의 삶을 기록하는 데 또 하나의 믿음과 수도행위로 임한다. 잘못 쓰면 죄를 용서해 주길 바라며 붓을 잡은 노안의 베르세오.

내 늙은 몸 비록 지쳐 있사오나, 원컨대
이 성녀〔성녀 오리아〕의 노래를 지을까 하외다.
하느님께서는 그녀의 간청을 받아들여 저를 돌봐 주시고

제가 잘못 적은 일이 있으면 원한을 갖지 말아주시기를.
(《성녀 오리아》, 2연)

• 원문 46 •

베르세오는 《성모 마리아의 기적*Milagros de Nuestra Señora*》을 성모 마리아의을 쓸 때도 그의 깊은 신앙심을 드러낸다. 하느님의 은총으로 이룩된 한 아름다운 초원을 상징적으로 묘사하고, "그 나무들 위에 잠깐 올라가/몇 가지 성스러운 기적들을 적겠노라"라고 말한 다음, 성모 마리아에게 제대로 잘 쓰게 해 주십사 기원한다.

영광스러운 성모님께서 이 글을 잘 쓸 수 있도록 인도해 주시기를,
소생의 힘만으로는 감히 제대로 쓸 수 없는 일이옵니다.

만일 소생의 이 글 쓰는 일에 제 길로 인도하여 주신다면
성모 마리아께서 하시는 일인지라 이 또한 기적으로 간직하겠사옵니다.
자비로우신 어머니, 위대하신 여왕님이시여,
부디 이 글 쓰기를 도와주소서, 그대의 자비로우신 마음으로.

• 원문 47 •

베르세오는 1198년경 리오하 지방의 베르세오 마을에서 태어난 것으로 추정한다. 언제 돌아가셨는지는 알 수 없으나 1252년경까지 살아 있었음을 보여주는 글이 있는 걸로 보아 환갑이 넘게 장수를 한 시골 수도사였으리라. 그는 산 미얀 수도원의 책들을 뒤져가며 여러 성인들의 이야기를 엮어 낸다. 교리를 설명한 〈예배의 성찬식에 대하여Del Sacrifico de la Misa〉, 〈최후의 심판 전에 나타나는 증후에 대하여De los signos que apareszerán ante del Juicio〉 외에도 성인들의 이야

기를 모은《성 미얀의 일생》,《성 도밍고의 일생》, 앞서 언급한《성녀 오리아의 일생》과《성모 마리아의 기적》 그리고〈아들 예수 그리스도의 죽음의 날 성모 마리아의 애통〉이 있다.

대부분의 승려 문학이 성서나 고전을 번역 · 번안 · 해석하여 당시 일반 대중에게 쉽게 설명하기 위한 목적이었던 만큼 우리가 기대하는 참신성은 없다. 또 날이 갈수록 연구가들에 의하여 라틴어 원전들이 발견되고 있다. 1910년에 베커R. Becker가《성모 마리아의 기적》의 원본을 코펜하겐 도서관에서 발견한 것도 한 예다. 그러나 그 원본에는 기적의 일미로 치는 서설 부분이나 '훔친 교회 이야기'가 없다고 한다. 이는 작가 나름대로 어느 부분은 다른 곳에서 따오고 어느 부분은 모델이 된 책을 따르는 베르세오의 자유로운 신앙심의 결과다. 베르세오가 성모 마리아에게 부디 좋은 글이 되도록 인도해 줄 것을 염원하듯 궁극적으로 그가 쓰고 싶은 진짜 이야기는 하느님이 알고 있는 이야기이기 때문에 작가의 창작의 자유의지가 발동한 경우다.《성모 마리아의 기적》 중에서 가장 재미있는〈무식한 승려 이야기〉는 바로 베르세오의 신앙심과 성모 마리아에 대한 믿음이 어떤 다른 의식보다도 앞섬을 웅변으로 보여준다.

《성모 마리아의 기적》의 9장에 나오는〈무식한 승려 이야기〉의 내용은 이렇다. 한 무식하고 순진한 승려가 있는데 날마다 성모 마리아 예배밖에는 드릴 줄 몰랐다. 배운 것이 없으니 습관대로 "성모 마리아님이시여"만 반복하고 있었다. 이 말을 전해들은 주교가 화가 나서 그를 불렀다.

> 주교님 앞에 나온 죄진 승려는
> 너무나 무서워서 사색이 다 되었더라.

부끄러워서 감히 나리를 쳐다보지도 못하고
그 불쌍한 친구 세상에 그토록 땀을 많이 흘린 일도 없으렷다.

• 원문 48 •

마침내 주교는 사람들이 하는 말이 사실이냐고 다그친다. 승려는 "사실이 아니라고 하면 거짓말일 것이외다"라고 고백한다. 주교는 "배운 게 없어 다른 미사도 드릴 줄 모른다면 너는 능력도 없고 정신도 제대로 박힌 놈이 아니니 사제 직을 그만두고 딴 짓이나 하며 살아라"라고 선고한다.

혼비백산해서 쫓겨난 불쌍한 승려는
너무나 상심하고 너무나도 부끄러운 나머지
영광스러운 성모님께 고민을 하소연하러 다가갔다,
무서워 어찌할 바를 모르니 충고를 내려주십사 하고.

• 원문 49 •

모든 사람의 간청을 귀담아 듣고 계시는 성모 마리아는 진정으로 그녀의 무릎 앞에 쓰러져 애원하는 소리를 듣고 바로 그를 돕기로 마음먹는다. 성모는 먼저 주교 앞에 현신하여 엄히 나무라신다. 그리고 그 성실한 승려가 하던 대로 진심으로 내게 미사를 드리도록 하지 않으면 큰 벌을 내리겠다고 호령한다. 이리하여 그 우직하고 무식하나 신앙심 깊은 승려가 다시 복직되고 평생 성모 마리아를 섬기다 천당으로 갔다는 이야기. 이는 무엇보다 자유의지에서 우러나온 믿음이 최상의 신앙임을 강조하고 있다.

《성모 마리아의 기적》의 〈서설〉은 중세 문학의 상징성을 선명하게 드러낸 알레고리alegoría 문학의 진수다. 한 나그네가 길을 가다 지친 나머지 어느 아름다운 풀밭에 이른다. 세상에서 가장 아름답고 향기로운 꽃, 세상에서 볼 수 없는 달콤하고 향기로운 과일들이 풍성한 이곳이 아담과 이브가 죄짓기 이전의 순연한 신의 은총이 숨 쉬는 천국이다. 베르세오도 "이 풀밭은 천국과 같은 곳"이라고 적고 있다. 서구 문학의 전형적 '아름다운 곳locus amoenus'이 여기 묘사되어 있다. 기독교의 자연관은 에덴동산에서의 타락 이후 모든 인류가 원죄를 가지고 태어나듯이 자연도 영원성이 없는 악한 형태라고 보고 있다. 다만 여기 만물 중에서 신의 형상imago Dei을 딴 인간의 마음에 드는 자연, 즉 'locus amoenus'는 그대로 선한 자연의 상징이 된다. 베르세오가 묘사한 이 '아름다운 자연'은 곧 이런 신학적 뜻으로 풀이된다. 우선 이 글의 자연 묘사 부분을 보자.

나는 곤살로 베르세오 선생이라 이름하는 자로
나그넷길 순회를 하다가 우연히 한 풀밭에 이르렀더라.
풀밭은 푸르고 온통 꽃으로 가득한 티 없이 아름다운 곳이어서
나같이 지친 나그네 같은 사람에게는 더없이 탐나는 휴식처더라.

향기 좋은 꽃들이 그윽한 냄새를 가득히 풍기고
사람의 마음이며 얼룩을 온통 시원하게 씻어 주더라.
구석마다 졸졸 흐르는 맑고 좋은 샘물이 솟아나고
봄여름에는 차가운 물, 겨울에는 따뜻한 물이 나오더라…

나는 이 세상에서 이토록 마음에 든 장소를 본 일이 없나니
그토록 온화한 나무 그늘, 그토록 기분 좋은 향기도 맡아 본 적이 없더라.
입었던 옷을 벗어젖히고 아름다운 나무 그늘을 찾아
내 아무렇게나 편히 누웠더라.

그늘에 누워 있으니 모든 근심 걱정이 사라지고
초성 좋은 달콤한 새들의 노랫소리를 들었나니,
세상에 어느 인간의 귀가 이토록 아름다운 곡조를 들었을까 보냐
세상에 어느 악사가 이토록 좋은 곡조를 탈 수 있을소냐.

• 원문 50 •

이런 지상 낙원이 어디 있으랴! 어디 그뿐인가. 거기 있는 모든 나무가 달고 맛있는 과일을 주렁주렁 달고 어느 풀잎 하나, 어느 과일 하나 썩은 게 없이 모두 싱싱하여 먹어도 먹어도 줄지 않는 지락의 과수원! 베르세오의 감탄은 끝이 없다. 나중에 르네상스 문학에서 산나차로Japoco Sannazaro, Nápoles(1456-1530)의 〈아르카디아Arcadia〉로부터 시작되는 목가 소설의 이상향과 비슷한 '아름다운 자연'에 대한 영감은 이미 이때부터 서구 문학에 자리하기 시작한다.

그러나 베르세오의 자연에 대한 경탄은 곧 설교로 이어진다.

여러분, 친구 여러분, 우리가 지금까지 한 이야기는
말이 어두워서 그 뜻을 밝혀 보고자 하외다.
껍질을 벗기고 핵심으로 들어가 봅세,
밖의 걸 버리고 안의 걸 먹어 봅세.

우리 세상에 사는 사람 모두는 우리 발로 걷고 살고 있나니
감옥에 있는 자도 집에 누워 있는 자도 이것은 마찬가지.
우리 모두는 인생의 길을 가는 나그네 순례자올시다.
성 바오로도 이런 말을 했으니 그의 말을 들어도 알 것이외다…

이런 나그넷길에 좋은 풀밭이 있으니
지상의 모든 지친 나그네가 마음 두지 않을 수 없는 곳이라.

그것이 성모 마리아라, 훌륭한 자식 예수의 어머니의 은덕일지라…

이 풀밭은 항상 정숙하고 푸르렀나니
그녀의 동정에 하나의 티가 가지 않았던 탓이라…

풀밭에서 샘솟는 네 개의 맑은 샘물은
네 개의 성서의 말씀을 의미하는바,
네 분의 성인들이 말하고 쓰는 동안
항상 성모 마리아와 이야기를 하며 쓰던 모습일지라.

• 원문 51 •

중세 문학이 알레고리 문학이라면 그 가장 아름다운 예가 바로 우리가 인용한 베르세오의 글에 있다. 묘사된 사물, 풍경마다 성서적 의미를 담고 있는 이런 자연 묘사를 우리는 가끔 중세 문학에서 발견한다. 시골 승려 베르세오는 이렇게 주위의 자연에서 하느님과 성모 마리아의 목소리와 손길을 느끼며 성서를 읽고 산보하고 기도하며 중세의 수도원을 거닐고 있다. 이런 알레고리 문학의 특질은 만물을 하느님이 만들었기 때문에 만물에는 성서적 의미가 반드시 담겨져 있다는 눈으로 바라본 자연이다. 베르세오처럼 신앙심이 두터운 승려의 눈과 가슴은 온 자연에서 하느님의 숨결을 느낀다. 그리고 그 속에서 하느님과 성모 마리아의 뜻을 읽는다.

(4) 〈페르난 곤살레스의 시〉, 기타 후안 루이스 이전의 승려 문학

여기까지 설명한 승려들의 손에서 나온 승려 문학 외에도 14세기 승려 문학의 걸작 후안 루이스Juan Ruiz의 《좋은 사랑의 이야기Libro de Buen Amor》 이전의 많은 작품들이 있다. 그 예의 하나가 앞의 구전 서사 문학에서 따온 듯한 〈페르난 곤살레스의 시〉다. 그리고 프랑스 원전(Benoít de Saite Maure의 *Roman de Troie*)을 3분의 1쯤을 충실하게 번역한 〈트로이 이야기Historia Troyana〉(1270?)와 〈성 일데폰소의 일생Vida de San Ildefonso〉 등이 있다. 이들 작품은 한결같이 프랑스 원전이나 라틴 문학에서 번역, 혹은 번안된 것들로 문학적 가치는 크지 않다고 보는 게 진솔한 평가이리라.

그러나 스페인 영웅 서사시의 전통을 이어받은 승려 문학으로 〈페르난 곤살레스의 시〉가 있었다는 것은, 첫째 승려 문학에서 구전 서사 문학의 전통을 문학표현이나 언어에서뿐만 아니라 소재에서까지 발견할 수 있다는 점에서 놀랍다. 둘째, 이미 알폰소 현왕으로부터 발돋움하기 시작한 카스티야 중심의 스페인 통일 국가정신과 긍지가 엿보인다는 점이 흥미롭다.

작가는 처음 "카스티야의 백작에 대해서 시를 쓰겠나니"로 이야기를 꺼낸다. 그리고 곧 카스티야 왕국의 역사, 페르난 곤살레스의 출생, 아랍인들의 침략, 카스티야인들의 독립전쟁, 또한 로만세로 너무 많이 알려진 베르나르도 델 카르피오Bernardo del Carpio가 끼어든다. 그 뒤에 우리에게 너무 잘 알려진 스페인에 대한 칭송이 나온다. 프랑스 사람들이 그토록 탐내는 땅이 스페인이라는 말을 하고, "그래서 내 말하지만 다른 어느 나라 땅보다 당신들이 사는 이 땅이 최고"라고 서두를 꺼낸다. 그 이유인즉,

> 크게 더운 날 없이 땅은 온대로 제일 온화하고
> 겨울이라고 지나치게 추운 것도 아니고
> 세상에 목초가 이렇게 많은 땅이 어디 있으랴.
> 수천 가지 과일나무가 가지가지로 가득하도다.

• 원문 52 •

"땅보다도 더욱 좋은 건 산이니…" 하면서 칭찬이 이어지는데 산에는 양 떼며 소 떼며 돼지 치기에 이토록 알맞은 지대가 세상 어디에 있으랴. 사냥하기도 좋고 포도주 · 곡식 풍성하고, 좋은 말 나기로는 또 이 땅보다 더한 곳이 없다. 거기에 마지막으로 성인 산티아고의 무덤이 이곳에 있는 이유가 영국도 프랑스도 더 좋은 데가 없어 이곳에 묻히게 된 것이라는 이야기로 끝난다. 스페인이 르네상스로부터 가톨릭 성국으로 발돋움하게 된 그 정신적인 근거가 이미 여기에 언급된다.

작가는 마지막으로 스페인 어느 곳보다 카스티야가 최고라는 칭송으로 끝을 맺는다. 이 칭송은 이교도에 대한 성전, 혹은 독립전쟁의 발상지가 카스티야였다는 데 중점을 둔다.

그러나 모든 스페인 중에서 카스티야가 최고다.
왜냐하면 다른 지방들보다 주인님을 경외하고 지키는 데
제일 크게 앞장선 땅이 이 땅이기 때문이니,
그래서 창조주께서도 이 나라를 키우려 하셨던 거라.

· 원문 53 ·

11장

〈말괄량이 길들이기〉 등 진짜 양반 이야기꾼 돈 후안 마누엘

라틴어 방언의 하나로 스페인어가 정착되는 시기의 첫 글들은 사실 산문이었다고 보는 게 좋다. 각 왕국의 법이나 땅문서, 계약서, 쉽게 풀어 쓴 미사나 교회에 관한 문서 따위는 라틴어를 모르는 일반 서민들을 위하여 쓰여진 경우 일찍부터 라틴어 절반, 방언 절반으로 섞어 쓴다든지 아예 방언으로 기록되는 경우들을 낳았다.

13세기로부터 이런 현상은 현저해진다. 특히 남쪽 안달루시아 지방에 살던 아랍의 현자들이나 유대인 랍비들이 수도 톨레도를 중심으로 카스티야 지방으로 이주하면서 유대교의 전통문헌인《탈무드》에서 보이는 것과 같은 교훈담, 속담 따위들이 스페인어로 나타나기 시작한다. 이때가 소위 알폰소 현왕 시대다. 현왕은 톨레도에 번역원Escuela de traductores을 세우고 이들 외국 현자들로 하여금 인도나 아랍, 혹은 히브리의 전통 경서들을 번역하게 한다. 이것이 스페인 산문의 정립 시기다. 알폰소 10세와 산초 4세의 치적에 의해 스페인의 역사, 혹은 실록,《7부 법전*Siete Partidas*》등 본격적인 산문이 태동한다.

알폰소 현왕(1221-1284)은 우리의 세종대왕과 같이 많은 문화적 공적을 남긴 분이다. 비록 정치 면에서 그의 제국주의적 영토 확장의 욕망은 많은 실패를 경험했지만 문화 면에서는 혁혁한 공로를 이룩했다. 앞서 말한 번역원에서는 아랍인, 유대인, 이탈리아인, 카스티야 학자들을 총동원하며 지식이 될 수 있는 것이라면 모두 번역하게 했다. 왕은 이런 사업들을 기획할 뿐만 아니라 스스로 문체를 다듬고 수정하고 일일이 지적하고 지시하기를 게을리 하지 않았다. 이렇게 하여 현왕은 그 시대의 백과사전이라고 할 만한 많은 분야의 문화 서적을 발간해 냈다.

우선 로마법을 모델로 한《7부 법전》을 펴낸다. 1부에서는 종교생활과 교회의 규범, 2부에서는 통치자들의 의무와 권리, 3부에서는 법 · 행정 및 관리, 4부에서는 결혼법, 5부에서는 계약서법, 6부에서는 형법을 서술한다. 그러나 이 법전의 내용은 우리가 생각하듯 딱딱한 규정 조항만을 열거한 것은 아니다. 오히려 도덕책이나 당시 풍속도에 가까울 만큼 자세한 묘사들이 많다. 예를 들면 왕자들의 예의 규범에는 이런 말들이 나온다.

> 왕자들은 다섯 손가락을 다 사용해 가면서 먹을 것을 입에 집어넣도록 해서는 안 된다. 〔…〕 식사 전에는 반드시 손을 씻도록 해야 하며 〔…〕 손을 씻고 닦을 때도 반드시 다른 데 닦지 말고 수건에 닦도록 해야 한다. 〔…〕 어디 옷에나 쓱쓱 문질러 닦는 버릇이 없도록 해야 한다. 또 한편으로는 (현인들이 말하듯이) 식사할 때는 국그릇에 너무 고개를 처박고 떠먹지 말도록 해야 한다. 그 이유의 하나는 모양이 점잖지 못하고 둘째는 그런 행동을 보면 마치 저 혼자 있는 것을 다 먹으려 드는 것처럼 보이기 때문이다. 마치 딴 사람은 거기에 입도 못 대게 하는 듯한 태도는 좋지 않느니라.
>
> • 원문 54 •

그 외 과학 서적으로서 아랍 서적을 번역한《천문학 지식서*Libros del Saber de Astronomía*》에서는 수학적으로 천체의 움직임이 서술되고 당시의 사상을 따라 천체의 움직임이 인간 세상에 미치는 종교적 · 도덕적 영향에 대해서까지 자세하게 설파한다. 그 외에도 마술에 관한 책으로《피카트리스*Picatrix*》와《연금술서*Lapidario*》에는 어느 별자리 밑에서 보석들이 어떻게 성질이 변화하는가 하는 같은 것들이 기술된다. 이들 책 중에서도 또 하나 흥미 있는 것은 현왕이 백성들의 오락까지 신경을 썼다는 증거로《장기와 주사위, 끈 놀이에 관한 책*Libro de axedrez, dados et tablas*》이 있다. 그 서문이 재미있다.

> 일철이 되어 노동을 많이 하거나 걱정이 많을 때 그걸 잘 견디어 내고 즐거움을 회복하는 방법을 하느님은 원했더라. 그래서 사람들은 이런 즐거움을 제대로 누릴 수 있도록 여러 가지 방법을 고안해 낸 것이 이들 놀이다.
> • 원문 55 •

알폰소 현왕은 스페인 최초로 방대한《대실록》을 저술하기 시작했다. 2부로 된 이 책의 제1부는 이베리아 반도에 정착한 원주민으로부터 서고트족, 그리고 아랍인들의 침공까지 다루고, 산초 4세 때에 쓰인 제2부는 페르난도 3세 때까지 아랍과의 독립전쟁을 다룬다. 거기에는 잊힌 구전 서사시의 내용까지 산문으로 기술된다. 또 다른 방대한 역사책은《총대역사*General e Grand Estoria*》로 성서를 인용, 천지창조로부터 스페인의 형성까지 기독교의 관점에서 총정리한 스페인 최초의 역사가 된다.

알폰소 현왕의 문체는 비록 "그리고e/et"나 "말했다dixo/dixeron" 등의 옛날 말투를 버리지 않고 있으나 상황 설명에 적합한 용어의 선택이나 적확한 어휘의 구사에 신경을 쓴 점에서 최초의 산문체의 형성을 이룬 계기가 되었음을 입증하고 있다. 그러나 메넨데스 피달이 지적하듯이 아직 라틴어 원전의 번역에 충실하다 보니 유려함이 없는 문장의 단계에 머물고 있는 것이 사실이다.

그러나 알폰소 현왕의 문학사에 있어서의 기여는《이솝 우화*Fabulas esópicas*》나《천일야화》류의 동양 연원인 교훈적 이야기의 효시가 되고 있는, 오늘의 단편소설의 모태인 이야기 묶음(cuentos, fabliaux, novelli)을 설립하는 데 기여했다는 점이다.

(1) 서구의 단편소설은 동양에서 온다

원래 교훈담에 속하는 이야기류는《이솝 우화》나 인도 산스크리트 문학의 전통이다. 또한 유대교의《탈무드》의 내용도 이 계열에 속한다. 중세에 유행하여 토마스 아퀴나스의 신학에까지 영향을 미친 마이모니데스Maimónides의《탈무드》 번역, 그리고〈혼돈의 길잡이Guía de Perflejos〉는 아리스토텔레스의 이성과 성서적 믿음의 세계가 인간 사고의 자유스러운 광장에서 융화될 수 있는 것으로 이해한다. 이는《탈무드》의 해석과 함께 중세 사상에 많은 영향을 미친 교훈담의 뿌리가 된다. 거기에 못지않게 중요했던 것이 이솝 이야기다. 그는 기원전 5세기에 그리스에 살았던 전설적 인물로 이솝 이야기는 그가 살았던 다음 세기에 데메트리오 팔레로Demetrio Falero가《이솝 우화》라는 이야기책을 펴낸 데에 기원한다. 유럽에서는 1480년 스타인회벨Heinrich Steinhöwel이 독일어와 라틴어로《이솝 우화》를 펴낸 게 서구 전역에 전파되는 계기가 되었지만 이미 스페인 중세에는 그 이전부터 이들의 토막 이야기들이 알려져 있었다.

그러나 우파니샤드 계열의〈판차탄트라Panchatantra〉의 첫 부분 이야기가 번역된 것은 획기적인 일이었다. 현왕은 이미 시에도 관심을 가져〈성모 마리아에게 마치는 노래Cantigas de Santa María〉를 베르세오처럼 써서 출판하기도

한다. 그러나 그가 소설의 시원과 관련이 있는 동양 연원의 이야기집《칼릴라와 딤나 이야기*Libro de Calila e Dimna*》를 번역하게 한 것은 획기적이다. 산스크리트어로 된 〈판차탄트라〉경의 첫 부분을 페르시아어로 번역한 것이 아랍어로 번역되어 있었고 이를 스페인어로 옮긴 것이다. 이야기는 칼릴라의 오빠인 늑대 딤나가 숲속의 사자 왕 앞에서 황소 판서判書 센세바를 모함하는 내용이다. 황소는 사자 왕에게 죽임을 당하지만 늑대도 결국 자신의 모함이 밝혀져 죽게 된다는 이야기다. 그러나 이 책은 이들 주인공들이 자신의 입장을 변명하기 위해서 끌어들이는 동물이 주인공인 교훈담으로 엮여 있다. 그 한 예로 '여자아이로 변한 생쥐' 이야기를 보면 이렇다. 독수리에게 잡혀 가던 생쥐가 강가에 있던 한 승려의 옷자락에 떨어진다. 승려는 그 쥐를 돌보기 위해 신께 부탁해서 여자아이로 변하게 해 달라고 기도한다. 신이 그 말을 들어 주어 여자아이로 변한다. 12년이 흘러 아이가 장성하여 신랑감을 구할 때가 되었다. 처녀 아이는 "누구보다 용감하고 힘도 세고, 귀족이고 세력도 있는 남자"를 신랑감으로 받아들이겠다고 한다. 신랑감을 구하느라 여기저기 많이 쏘다니게 된다. 해는 다 좋은데 해를 가리는 구름보다는 못하고 구름은 또 구름을 몰아가는 바람보다는 못하고 바람은 바람을 막는 산보다 못하고 산은 산을 파헤치는 생쥐보다 못하다. 그래서 소녀는 다시 처음의 생쥐로 변해 수컷 생쥐와 결혼했다는 이야기. 결국 사필귀정을 교훈으로 제시한 설화다.

알폰소 현왕 시대에 현왕의 동생 파드리케의 청으로 번역된 또 하나의 이야기책이《센데바르, 여자의 속임수 이야기*Sendebar o libro de los engaños e los asayamientos de las mujeres*》다. 1253년 스페인어본이 가장 오래된 것으로《천일야화》 계열의 산스크리트 연원의 이야기책이다. 점을 보니 왕자가 일정한 기간 동안 말을 하면 커다란 재난이 닥칠 상이다. 그때 계모가 왕자를 고발한다.

왕자가 자신을 강간하려 했다는 것이다. 그 때문에 왕은 왕자를 사형에 처하겠다고 벼른다. 사형 날짜를 7일 남기고 일곱 현자들이 계모와 토론을 벌인다. 그 내용은 여자의 간사함, 사악함을 꼬집는 이야기들이다. 8일이 지나고 왕자가 말을 해도 좋은 점괘의 날이 온다. 왕자는 자신이 무고함을 고백하게 되고 계모 왕비가 화형당하는 것으로 이야기는 끝난다. 죽음을 미루기 위하여 이야기를 이용하는 기법은 세헤라자데가 왕으로부터 죽음을 피하기 위하여 밤마다 이야기를 해 주는 《천일야화》의 기법과 동일하다.

그도 그럴 것이 센데바르Sendebar(그리스어로 신티파스Sintipas)의 이야기의 1253년 스페인어판은 아랍어판에서 번역한 것이다. 산스크리트어판과 팔리어판이 있어서 거기에서 아랍어로 번역된 듯하나 이 이야기가 유럽에 전파된 것은 앞서 언급한 스페인어 번역 《천일야화》에 섞여서 그중 한 토막 이야기로 알려진다. 《천일야화》의 근원은 옛날 인도차이나 반도의 결혼 풍습에서 기원했다고 한다. 이 이야기책을 구성하는 이야기들은 첫 번째 그룹으로 센데바르 이야기가 나오는 인도 연원의 〈일곱 판관들Los siete visires〉처럼 기원전까지 거슬러 올라가는 것들이 있고, 두 번째 그룹으로는 인간의 자유의지를 내용으로 한 페르시아 왕국의 이야기들, 세 번째가 우리에게 가장 많이 알려진 11세기경 바그다드를 중심으로 한 이슬람 문화권의 이야기들이 있다. 그 마지막 단계가 이집트의 말레무크 왕조(12-15세기) 때의 것들이 있으며, 우리에게 잘 알려진 〈알리바바와 40인의 도적〉, 〈신드바드의 모험 이야기〉 등은 그 후에 덧붙인 것들이라고 한다. 《천일야화》가 본격적으로 하나의 책 형태로 유럽에 소개된 것은 프랑스인 갈랑Galland(1704-1717)을 통해 그 3분의 1정도가 번역된 데 힘입었지만 이미 스페인의 《센데바르》의 이야기처럼 중세 유럽에 이런 이야기들은 토막 이야기 형태로 많이 알려져 있었다.

스페인을 비롯해 서구 단편소설의 연원이 산스크리트 문학을 비롯한 동양을 연원으로 출발한다는 근거는 이 밖에도 많다. 알폰소 왕의 조카 돈 후안 마누엘Don Juan Manuel(1282-1348)의 《정치서*Libro de los Estados*》를 보면 기독교적 해석을 거친 부처의 설화가 나온다. 세속왕 모로반Morován의 아들 호아스Johás 왕자는 어느 날 최초로 장례식을 구경한다. "죽은 시체"를 본 왕자는 종자 투린에게 사람의 나고 죽음의 문제에 대하여 수없는 질문을 퍼붓는다. 대답이 궁해진 투린은 스페인인 훌리오에게 대답을 구한다. 훌리오는 이들 모두를 기독교인으로 개종시킨다. 돈 후안 마누엘은 이 부처의 설화를 《바를라암과 호사팟*Barlaam y Josafat*》이라는 기독교화된 부처설화 책에서 빌려와 다시 쓴다. 이 설화는 원래 힌두어에서 11세기경 그리스어로 번역된다. 후안이라 이름하는(학자에 따라 이를 749년경의 성 후안 다마스세노San Juan Damasceno로 보기도 하지만) 승려가 번역한 걸로 알려져 있다. 산스크리트 경전에 나오는 부처의 이야기를 기독교적으로 각색한 내용은 이렇다. 한 점성가가 왕의 아들이 기독교로 개종하리라는 예언을 한다. 왕은 왕자 호사팟을 별궁에 감금하고 병이니 늙음이니 죽음이 일체 인생에 다가올 수 있음을 모르게 하려 한다. 그러나 왕의 노력에도 불구하고 왕자는 우연히 한 봉사와 문둥병자, 늙은이를 만나 충격을 받는다. 그는 인간이 고해의 바다에 있음을 실감하고 모든 살아 있는 것은 죽는다는 것을 알고 고뇌한다. 마침내 한 기독교 은자 바를라암이 그를 성경의 말로 깨우쳐 준다. 그리고 왕자가 그의 아버지까지 개종하게 한다는 이야기다. 원전의 많은 이야기들은 생략되어 있으나 다른 인도 설화나 교훈담들이 수없이 많이 들어 있는 게 또한 이 책이다. 중세에 이 책은 수많은 라틴어 번역판이 있었고 스페인어 번역판도 많았다(켈러와 링커가 마드리드에서 출판하기도 했다). 어떻든 이 부처의 설화가 후안 마누엘의 《백작 루카노르》 그리고

〈기사 시파르Libro del caballero Cifar〉, 그 뒤 로페 데 베가의 같은 이름의 연극(1618), 그리고 그 후 칼데론Calderón de la Barca의 〈인생은 꿈이다〉에 지대한 영향을 주었음이 알려져 있다.

사실 이 밖에도 이야기를 통한 교훈을 시도한 라틴어 문학으로 12세기에 나온《승려 교훈서*Disciplina clericalis*》가 인기를 모았다. 이 이야기책은 유대교에서 개종한 유대인 페드로 알폰소Pedro Alfonso에 의해 쓰여 중세 문학 일반에 지대한 영향을 끼친다. 교훈적 내용을 이야기 스타일로 옛날이야기를 빌려 서술하는 형식의 소설은 이때부터 현왕 시대를 거쳐 돈 후안 마누엘의《백작 루카노르》까지 큰 인기를 누린다. 딱딱한 교훈은 이런 예, 혹은 옛이야기를 통하지 않으면 추상에 약한 중세인들에게 잘 이해되지 않았을 뿐만 아니라 가르침이 재미가 없어 인기를 끌 수 없었다. 그래서 유행된 이런 잡다한 이야기 묶음 스타일의 책들은 어떤 주된 동기, 죽음을 피한다든지 점괘에 의하여 말을 못 할 처지에 있다든지 하는 상황을 설정하고 현자들이나 동물들의 입을 통해 갖가지 교훈적 내용을 제시한다. 대부분 동양 연원의 이런 교훈적 이야기 스타일은 14세기에 보카치오의《데카메론》이나 초서의《캔터베리 이야기》, 그리고 스페인 단편소설의 효시인 돈 후안 마누엘의《백작 루카노르》까지 소설 문학의 뿌리와 모델이 된다.

(2) 서구 최초의 단편소설Cuento의 성격

후안 루이스의 시대가 바로 돈 후안 마누엘의 시대다. 이 시대는 십자군 운동 이후 기독교의 전횡 시대, 신 중심 시대라고 불리는 중세 사회가 평민이지만 돈 있는 사람, 즉 부르주아 계통의 성립으로 점차 무너지기 시작하는 때다.

때는 14세기, 일찍부터 이탈리아에서는 단테와 보카치오와 페트라르카를 중심으로 르네상스 문학이 발돋움한다. 승려 · 귀족 · 평민이라는 엄격한 중세 3계층의 질서가 돈 있는 상인, 즉 부르주아라는 새로운 미꾸라지의 등장으로 온통 흐려지고 흔들리기 시작한다. 그리고 사람이면 돈과 권력을 쥘 수 있고 능력만 있으면 잘 살 수 있다는 소위 인간주의, 인문주의적 사고가 사회 곳곳에 팽배한다.

스페인은 상권을 유대인이나 아랍인들이 쥐고 있었기 때문에 돈맛을 안 계층이 일반화되지 못한다. 그러나 사람들의 취향은 이미 영혼 중심이나 도덕 중심이라기보다는 실용주의, 향락주의에 기운다.

이런 취향은 문학에도 영향을 미쳐 이미 이야기한 후안 루이스의《좋은 사랑의 이야기》와 지금 이야기하려고 하는 돈 후안 마누엘의《백작 루카노르》(돈 후안 마누엘은 1335년에 책을 끝냈고, 보카치오의《데카메론》은 대략 1348-1353년 사이에 쓰였다)는 피렌체의 작가보다 선정성과 사회 비판적 시각은 약하나 다른 중세 이야기에서 보는 교훈성을 극소화하고 이야기의 재미를 중요시한 점에서는 똑같이 부르주아 취향을 살린 근대 문학적 성격을 띠었다고 평가할 수 있다.

《백작 루카노르》에는 비교한 두 작품에 비해 사랑 이야기가 거의 없다. 이는 작가 후안 마누엘의 귀족성과 위선이 소재의 선택에 영향을 미쳤을 법하다. 하기야 보카치오도 이야기는 음탕하지만 말만은 점잖게(“세상에 점잖은 말로 이야기 못 할 점잖지 못한 이야기가 어디 있겠는가.”) 할 줄 아는 긍지 있는 중세인이었지만 돈 후안 마누엘은 그의 정치가적 야심과 자존심, 그리고 역설적으로 글이나 학문에는 극히 겸손했던 양면을 지닌 마키아벨리적 정치가의 이상적 모델이었다. 그는《정치서》혹은《미완성 책*Libro infinido*》에서 자식들에게 너희들보다 권세 있고 지체 높은 양반은 스페인에 없다고 못 박고 “북쪽 끝 나바르라에서 남쪽 끝 그라나다 왕국까지 남의 땅 안 밟고 갈 수 있다”라고 떵떵거린다.

그러나《백작 루카노르》나《기사와 종자의 책*Libro del cavallero et del escudero*》에서 문인으로 얼굴을 내보일 때는 항상 자신이 별로 아는 게 없고 아무 학문도 배워 본 일이 없다고 겸손을 떤다.

후안 루이스나 후안 마누엘, 이 두 위대한 후안 때문에 스페인의 르네상스의 시작을 일반 사학자들처럼 16세기로부터가 아니라 이탈리아와 같이 14세기부터라고 주장하는 학자들이 생겨나고 있는 것은 사실이지만 사실 문예부흥기의 특징인 그리스와 로마 문학 및 문학 이론의 부흥이라든가 과학의 발달은 아직 스페인 문학에서는 보이지 않았던 때다.

어떻든 이들 두 작가의 작품이 부르주아적 테마, 탈종교적 윤리관, 사회비판적 시각, 그리고 교훈성보다는 재미를 중시한 취향을 승화하고 있는 점들은 벌써 중세의 기운이 서서히 방향 전환을 시도하고 있었다는 증거가 되고 남는다.《백작 루카노르》는《데카메론》이나《좋은 사랑의 이야기》에 나오는 선정적 이야기는 피하고 있다. 그것은 후안 마누엘의 점잖은 귀족 취향에 맞지 않았기 때문이다. 후안 루이스가 서민적이고 음유시인스러운 유머에 차 있다면, 후안 마누엘은 이야기는 좋아하나 중상류층의 실리와 명예 그리고 종교적 도덕성까지를 함께 감안해 좋은 말을 가르쳐 주겠다는 의지가 돋보인다.

후안 루이스는 "누구든지 이 이야기를 듣고 시 쓸 줄을 아는 사람이어든/마음대로 덧붙이거나 고쳐서 읽어도 좋으니"라고 하는 서민적 자유문체론자인 반면 후안 마누엘은 자기 글, 자기 문체에 유달리 신경을 쓴 스페인 최초의 저작권 주장자다. 귀족 후안 마누엘은 귀족답게 글에도 실수나 오류를 범하지 않으려고 애를 썼다. 그래서 그의 책에 어떤 오류를 발견하거든 "독자들은 돈 후안이 만든 책 자체를 보기 전까지는 그에게 잘못을 돌리지 말" 것을 부탁하고 있다. 왜냐하면 "그의 글의 많은 군데가 수정되어 있느니"라는 설명이 붙어 있다. 《정치서》의 〈서문〉에서는 스스로의 문체를 설명하며, "아주 아름다운 라틴어 방언과 아주 좋은 말로 이야기된 〔…〕 말하려고 하는 내용을 명확히 설명하고 가능한 한 가장 간략한 말로 묘사된" 책이라고 주장한다. 《백작 루카노르》의 두 번째 서문 또한 "내가 가능한 한 가장 적합한 말로 이 책을 썼나니"라고 밝힌다. 여기에서 우리는 후안 마누엘이 자기 문체의 적확성·간결성·명확성에 얼마나 신경을 쓰고 있었던지 곧 간파할 수 있다. 그만큼 후안 마누엘은 자기 책과 문체에 집착했었고 그가 죽을 때에도 그의 서고가 있는 페나피엘 수도원에 묻히기를 원했다. 그의 성의에도 불구하고 그의 많은 책은 오늘 전해지지 않고 있지만….

이제 구체적인 작품으로 들어가자. 《파트로니오의 이야기*Libro de Patronio*》 혹은 《백작 루카노르》로 불리는 돈 후안 마누엘의 이야기책은 중세 문학의 기본 가치 개념인 '가르치기, 즐겁게 하기'를 표방한 대표적 단편집이다. 후안 마누엘의 책들은 앞서 말한 책들 외에도 라몬 룰Ramón Llull의 《기사도 지침서*Llibre del orde de la cavayería*》를 본 딴 《기사와 종자의 책》, 《사냥 지침서*Libro de la caza*》, 《무예서*Libro de las armas*》 등 수많은 책들이 있다. 많은 책이 지금은 목록만 전할 뿐 없어진 것들이며 그중 특히 당시의 시작법을 알 수 있을 만한 《노래 짓는 방법*Reglas de trovar*》의 손실은 우리에게 큰 아쉬움을 안겨 준다.

《백작 루카노르》는 중세 단편의 효시이며 산문 문학의 별미다. 두 개의 서문과 총 5장으로 되어 있으며 어느 이야기나 루카노르 백작과 종자 겸 고문인 파트로니오가 주인공이다. 1장만은 잘 알려진 대로 이야기 부분이 많은 것이 특징이고, 2, 3, 4장은 속담이나 금언에 가까운 교훈적 문장이 훨씬 강화되어 소설성이 약한 부분이다. 후안 마누엘의 끊임없는 관심은 사람들이 이 책을 통해 많은 인생의 교훈을 얻도록 힘쓴 점이다. "이 책에서 누구에게 무슨 일이 일어났더라도 그런 예와 비슷한 경우의 다른 사람의 이야기를 여기서 발견하지 못한다면 오히려 이상하다 할 것이외다"라고 장담하고 있다. 이야기 수는 49개에서 51개까지 판본에 따라 다르다.

모든 이야기는 다음과 같이 전개된다. 먼저 루카노르에게 해결해야 할 어떤 문제가 생긴다. 백작은 그 문제를 파트로니오와 상의한다. 파트로니오는 백작의 경우와 비슷한 옛이야기 하나를 들려준다. 그 이야기에서 교훈을 얻어 백작은 문제를 해결하고 마지막에는 돈 후안 마누엘이 작품 속에 등장하여 이 좋은 격언을 독자와 후세를 위해 시로 적도록 한다. 마지막 부분에 두 줄로 나오는 시구(viessos/versos)는 후안 마누엘의 교훈시다. 비록 이 책의 이야기들은 앞서 말한 동양 전통의 수많은 이야기들,《이솝 우화》 등에서 따온 것들이지만 후안 마누엘은 원전의 복잡하고 두서너 이야기가 뒤얽힌 이야기 형식을 되도록 피하고 사실감 있는 명료한 단선의 이야기 스타일로 처음부터 끝까지 차근차근 이야기를 풀어나가는 기법을 쓴다.

교훈의 내용은 대단히 다양하다. 신 중심적 종교관이 지배한 중세 사회에서 영혼의 문제가 관심의 초점이 되는 것은 물론이다. 그러나 돈 후안 마누엘은 "영혼의 구제는 물론 몸에 이롭고 명예와 지체를 지키는 데 필요한" 교훈도 게을리 하지 않았다. 파트로니오의 말대로라면 "신의 일과 세상의 일을 함께 위하는 길을 유지하는 것"이 중요했다. 따라서《백작 루카노르》는 중세인이 세상을 살아가면서 지녀야 할 모든 지식이 편견 없이 재미있게 나열되어 있다고 할 수 있다.

(3) 〈말괄량이 길들이기〉 등 이야기 보따리

《백작 루카노르》에 나오는 이야기는 성격이 다채롭다. 그야말로 말 그대로 이야기 꾸러미다. 인도 연원의 〈우유장사 아줌마 도냐 트루아나〉의 이야기도 유명하다. 한 여인이 양을 키워 우유를 팔러 장에 가는 도중 이런 생각을 한다. 이 우유를 팔아 병아리를 많이 산다. 병아리가 커서 알을 많이 낳는다. 알에서 깬 병아리가 다시 수많은 닭이 되고 그 닭을 팔아 수많은 양을 사고… 이런 생각을 하다가 그만 발을 헛디뎌 이고 가던 우유통을 깨뜨린다는 이야기로서 헛된 공상에 팔려 현실을 망각한 사람을 경고하는 이야기.

많은 이야기는 다 소개할 수 없고 그중 가장 재미있는 두 이야기를 풀어 보면 이렇다.

• • • 아주 성질 사납고 힘센 여자와 결혼한 총각 이야기 • • •

셰익스피어의 〈말괄량이 길들이기〉의 모델이 된 후안 마누엘의 이야기는 여느 때처럼 루카노르 백작 친척이 그에게 충고를 청해 온 데서 시작된다. 그 친척의 이야기인즉, 그 동네에 아주 부자이고 귀족 · 양반인 가문에 딸이 하나 있어 결혼을 했으면 좋겠는데 이 처녀가 하나의 결점이 있었더라. 그 처녀는 세상에서 가장 성격이 거칠고 잔혹한 처녀여서 당해 낼 남자가 없다는 소문이라 걱정이 된다는 하소연이었다. 항상처럼 루카노르 백작은 이런 경우에 어찌했으면 좋겠느냐고 파트로니오에게 다시 충고를 구한다. 이리하여 파트로니오의 이야기가 시작된다.

한 마을에 무어족의 양반이 귀한 아들 하나를 두었더라. 사람 착하고 교양 있어 세상에 그런 총각이 없는데 집이 워낙 가난한지라 장래가 촉망되어도 할 일을 못 할 지경이었다. 마침 같은 마을에 다른 무어족 집안이 있는데 그 집안은 처음 집안보다 훨씬 잘살고 지체가 높아서 마음을 두고 있었다. 그런데 여기 딱 하나 문제는 그 처녀가 너무 사납고 잔혹해서 아무 총각도 그 여자와 결혼할 엄두를 못 내는 점이었다. 생각 끝에 총각은 그 무서운 처녀와 결혼을 해서 집안을 일구고 출세할 결심을 한다. 총각의 청혼 의사를 들은 딸의 아버지는 모든 게 다 좋지만 내 딸과 결혼하면 죽을지도 모르는데 이 일을 승낙해야 될지 모르겠다며 주저한다. 총각은 자신의 결심을 털어놓았고 결혼식을 올렸다.

무어족의 결혼 관습은 우리나라의 예식처럼 첫날밤은 신부 집에서 묵게 되어 있었다. 부모들은 이 밤이 지나면 틀림없이 신랑의 목숨이 온전하지 못할 것으로 생각하고 내심 무척 떨고 있었다. 마침내 밤이 깊어 신랑 신부 단둘이 되자 신랑은 주위를 둘러보고 개 한 마리를 발견했다. 그 개를 보고 명령했다. "개야, 내 손 씻을 물을 가져오너라!" 개가 그 말을 알아들을 리 없었다. 화가 난 신랑은 다시 "좋은 말할 때 물을 가져와!" 호령호령했다. 그 말에도 개가 꿈쩍 않자 칼을 빼서 개에게 달려갔다. 그것을 보고 개가 달아났다. 그는 칼을 빼들고 밥상이며 옷이며 방 안을 온통 난장판을 만들어 놓고 마침내 개를 잡아 죽였다. 목을 치고 다리를 자르고 개를 조각조각 냈다.

성난 얼굴로 자리에 돌아온 신랑은 주위를 둘러보다가 이번에는 고양이 한 마리를 발견했다. 그는 점잖게 고양이더러 손 씻을 물을 가져오라고 했다. 고양이가 못 알아듣고 가만히 있자 그는 더욱 화가 나서 "너 이놈, 내가 내 말을 안 듣는 개한테 한 짓도 못 보았느냐?" 하며 다그쳤다. 고양이가 그 말을 알아들을 리 없었다. 신랑은 다시 칼을 빼어 고양이를 박살냈다. 고양이를 죽이고 난 신랑은 숨을 헐떡거리며 신부 옆에 와 앉았다. 신부는 신랑이 정신이 돌았거나 미친 걸로 알았다. 그는 계속 다시 주위를 두리번거렸다. 그러자 밖에 말 한 마리가 보였다. 신랑은 말에게로 다가가서 손 씻을 물을 가져오라고 명령했다. 말이 가만있자 그는 두말없이 말의 목을 쳤다. 그리고 온 몸뚱이를 조각조각 냈다. 그러고 나서 "이 세상에 감히 내 명령을 따르지 않는 놈이 있으면 모두가 저 꼴이 되고 말 것이라!"라고 소리소리 질렀다.

주위를 한참 두리번거리던 신랑은 주위에 살아 있는 것이라고는 신부 하나뿐인 것을 발견했다. 그는 신부에게 "일어나 손 씻을 물을 가져오시오"라고 했다. 세상에 아무리 사나운 계집이라도 사정이 이쯤 되었으면 알아들을 줄 아는 일. 신부는 그날 밤 신랑이 시키는 대로 고분고분 심부름을 했다. 신랑은 자기 전에 내가 오늘밤은 피로하니 아침에 깨우지 말라고 신부에게 명령하고 잠이 들었다. 아침이 되어 부모들이 엿보니 방 안이 너무도 고요한지라 그날 밤 신랑이 결국 죽었다고 믿었다. 그때였다. 신부가 놀라 문을 열고 소리쳤다. "거기 밖에서 무엇들 하는 거예요. 조용히들 하세요. 만약에 소란을 떨었다가는 당신들도 나도 죽은 목숨이에요!"

이렇게 하여 그 사나운 여자가 착한 여자가 되었고 잘 먹고 잘 살았더라는 이야기다. 이 이야기에는 '애프터'가 있다. 사위가 써서 성공한 방법을 눈여겨본 장인이 사나운 자기 아내에게 같은 방법을 써 보았다. 그러나 그 아내의 말, "지금 말을 백 마리 죽인다 해도 무슨 소용이 있소. 하려면 일찍이 처음에 했어야지. 지금은 당신이나 나나 서로 잘 아는 사이가 아니오?" 이렇게 파트로니오의 이야기를 듣고 후안 마누엘은 책에 교훈을 써서 후대에 전하도록 한다. 그 교훈인즉,

> 처음에 자신이 누구인 줄 보여 주지 않으면
> 뒤에는 아무리 원해도 이미 늦으리.

• • • 마술사 돈 일얀 이야기 • • •

이 이야기는 구성이나 기법이 너무도 뛰어나서 마치 오늘날 중남미 소설과

같은 마술적 사실주의를 이 당시 이미 알고 있던 듯 여겨지기까지 한다. 루카노르 백작에게 매번 도움을 청하러 오는 친구가 있어 파트로니오에게 어찌하면 좋겠느냐고 하자 이런 이야기를 한다.

한번은 산티아고에 술꾼 신부가 하나 있었다. 신부는 톨레도에 사는 돈 일얀이라는 도사가 마술에 능하다는 소식을 듣고 그를 찾아가서 마술을 배우고자 했다. 은혜는 꼭 잊지 않겠노라고 부탁 부탁 해서 그는 마침내 마술을 가르치는 굴 속 암자로 인도되었다. 암자에 들어가기 전에 도사는 종자더러, "저녁으로 꿩고기를 먹고 싶노라. 하지만 꿩을 준비해 놓되 내가 구우라고 할 때까지는 요리를 하지 말아라" 하고 명령했다.

돌계단을 올라 암자로 들어가자 방이 나왔다. 그 방에 수많은 비서들이 책장에 꽂혀 있었다. 그들이 앉자 두 사람이 들어왔다. 그 사람들은 신부에게 절을 하고 산티아고에서 왔는데 거기 삼촌인 주교께서 편찮으시니 곧 와 달라는 전갈을 전했다. 그는 시작한 공부를 그만둘 수가 없어 편지로 위문을 대신했다. 얼마 후 삼촌이 세상을 떠났다는 소식과 함께 그가 주교로 발탁되었다는 통지가 왔다. 도사는 제자의 승진을 축하하면서 그 남은 주교 자리는 자신의 아들에게 물려주었으면 어떻겠느냐고 청했다. 신부는 그 자리는 자기 동생에게 물려주기로 되어 있으니 자기를 따라 산티아고로 오면 당신의 아들에게 자리를 구해 주겠다고 약속했다. 그들은 제자 주교를 따라 산티아고로 갔다. 그러나 얼마 안 되어 신부를 톨로사의 대주교로 추대한다는 승진 명령이 내렸다. 너무나 기뻐하며 도사는 또다시 지금 주교 자리는 자기 아들에게 줄 수 없느냐고 부탁했다. 대주교는 그 자리는 자기 아저씨를 주기로 되어 있으니 다음 기회를 기다리라고 했다. 2년을 톨로사에 대주교로 근무했다. 그러던 중 로마의 교황령에 의하여 그가 추기경으로 추대되었다는 소식이 왔다. 도사는 다시 그 남은 자리는 자기 아들에게 줄 수 없느냐고 했다. 그 자리는 자신의 외사촌 형님에게 주기로 되어 있으니 좀더 기다리라는 게 그의 대답이었다. 추기경이 되고 얼마 후 교황이 서거하고 그가 교황으로 추대되었다. 그러자 돈 일얀 도사는 새 교황에게 가 이제 다시 변명은 말고 약속한 대로 은혜를 갚아 달라고 졸랐다. 화가 난 새 교황은 도사를 이단자로 처형하겠다고 내쫓았다. 도사는 로마에서 떠나기 전에 가다가 먹을 음식이라도 좀 달라고 청했다. 그 청까지도 교황은 거절했다. 그때 돈 일얀은 말했다. "그렇다면 좋소이다. 나한테 먹을 것도 안 주시니 할 수 없이 오늘 오후에 구우라고 했던 꿩고기나 먹어야 되겠구려."

그러니까 지금까지의 주교가 되고, 대주교가 되고, 추기경이 되고, 교황이 되는 이야기는 마술이었다. 이는 신부가 은혜를 갚을 줄 아는 사람인가를 떠보기 위한 도사의 시험이었고… 신부는 물론 마술을 배우기는커녕 꿩고기 한 입도 못 얻어먹고 쫓겨났다는 스토리. 교훈은

> 많이 도와주는데 은혜를 감사할 줄 모르면
> 출세한 뒤에는 더욱 보답을 기대하기 어려운 법.

여기 하나 짚고 넘어가야 할 문체상의 탁월한 점은 교황 이야기가 나오다가 밑도 끝도 없이 최초의 꿩고기 이야기로 스토리를 비약시키는 기법은 최초의 소설가의 문체가 이미 도를 터득했음을 입증하고 남음이 있다. 처음에는 한 주일, 두 주일, 다음에는 2년 등으로 점진적인 시간의 발전을 두어 독자가 무리 없이 현실로 이해하게 한 뒤 단 몇 시간에 일어난 마술 속의 현실로 되바꿔 놓는 후안 마누엘의 입담이나 수법은 이미 위대한 문학가의 경지다.

12장

역시 작은 여자가 좋다

◆

어떤 문학은 고귀한 여자가 좋다고 한다. 그러나 많은 남자가 예쁜 여자를 좋아한다. 예쁜 여자는 역시 작은 여자다. 반딧불처럼 작은 여자는 풀잎처럼 눈물겹다. 풀잎마다 새 아침에는 눈물투성이다. 고런 작은 여자를 아름답다고 노래한 최초의 시인이 스페인 승려 문학의 꽃인 14세기의 후안 루이스Juan Ruiz다. 자신이 승려이면서 마드리드에서 멀지 않은 구아달라 현의 이타 마을의 승정 자리까지 올랐던 속칭 이타 승정Arcipreste de Hita이기에 점잖지 못한 소리로 거의 (그의 책 서문 소리를 원가 그대로 믿으면, 틀림없이) 감옥까지 갔던 재미있는 친구가 오늘 이야기의 주인공이다.

14세기에 이르면서 스페인에도 중세 유럽의 사정과 비슷하게 부르주아 계급이 생겨난다. 스페인의 상업이나 수공업은 유대인과 아랍인들이 점유하고 있었기에 아무래도 그 영향이 후기 중세 스페인 사회의 분위기 형성에 자극제가 되지 않을 수 없었다. 아메리코 카스트로는《스페인의 역사적 현실》이라는 책에서 아랍 문화 · 이슬람 문화의 영향으로 후안 루이스의 작품에는 "도덕적 교훈성과 선정성ejemplarismo moral y sensualidad"이 공존하고 있다고 이야기하지만 그 영향이라는 것이 정의 자체가 모호한 것이라서 나는 후안 루이스가 그냥 그 시대 사람으로 여자 좋아하고 돈 좋아했지만 또한 그의 직업이 직업만큼 영혼 세계를 핵심적 관심으로 살았던 진솔한 중세인으로 보고 싶다.

14세기는 중세의 안정된 기독교적 종교관의 균열과 갈등의 시기였다. 백년전쟁, 경제공항, 페스트, 그리고 서양의 균열이 그것이다. 4세기부터 시작된 동서 교회의 갈등 결과 완전히 다른 크리스천으로 갈라서고 서방 교회 안에서도 교황이 여러 곳에 생기는 불상사가 바로 이때에 일어난다. 이 혼란기에 하느님과 영혼만 믿고 살던 중세인들은 현실적 가치 개념, 돈과 여자의 이야기를 입에 올리고 단테의 〈신곡〉처럼 새로운 신학적 · 인간적 질서와 조화의 창조에 이르는 용트림이 시작된다.

이 시대에 스페인 문학은 승려 문학 혹은 4행시cuardena vía로 불렸던 그때까지의 문학 전통 일반에 대한 수정 및 개혁을 경험한다. 우선 형식 면에서 4행시의 기본 율격 특히 음절수에서 14음절과 16음절을 섞은 것이 후안 루이스의 《좋은 사랑의 이야기》나 아얄라의 〈궁중운기〉에서 빈번해지고 승려들의 옛날이야기 스타일이 오늘 우리들의 이야기로 소재가 바뀐다. 〈궁중운기〉처럼 오늘 이 나라 조정이나 선비들 사이에서 일어나는 비리, 악습, 퇴폐풍조에 대한 풍자나 그 3장에서 보듯 진정한 선비, 진솔한 믿음, 즉 하느님에 대한 갈구가 시인의 가슴에 무르익는 소리가 들린다. 늘 한국 참여 문학의 어느 구절을 듣는 듯한 아얄라 재상의 사회 비판의 목소리를 들어 보자.

> 글깨나 아는 박사님들이 어떻게 사시는가 볼 짝시면
> 아시는 것은 많지만 많은 자들이 잘못하는 것이여.

다들 돈이라고 하는 것에 그 온 정성을 다 바쳐 섬기고 있는 터라 〔…〕

무슨 송사가 나서 그 아시는 분들에게 충고를 구할 짝시면
한참 심각하게 생각을 하다가 눈썹을 내리깔고설랑,
"이거 큰일 났소이다. 이거야말로 정말 힘을 써야겠는데요.
송사가 오래갈 것 같수다. 왜냐하면 전 재판관의 판결이 필요한 거라서.

내 생각에는 여기 뭐가 도와줄 것이 있는 것도 같지만
애써서 책을 많이 강구해 봐야 될 문제올시다.
허나 이 일을 허자면 내 하든 일을 모두 제쳐 놓고
오직 이 당신 송사에만 매달려 연구해야 될 판이니 〔…〕

어떻든 내 친구로서 말하지만 이런 일은 판단이 아주 애매해서
여하튼 내가 이 일을 맡는다면, 내 이 말씀은 확실하게 드리리다.
변호야 확실한 변호로 힘이 되어 드리지요." 〔…〕

그리고 세월이 흘러 송사가 안 끝나다가
그 불쌍한 친구가 져서 벌을 받게 되면
변호사 하는 말, "물론 이번은 내가 졌사외다.
처음에는 내가 판단을 잘못 내렸어요.

하지만 조금 더 노력을 더 해봐요, 이런 일로 굴복하지 말아요.
왕명 하나면 당신 오늘 선고도 바로 풀릴 것이외다.
당신 거 놀고 있는 노새 한 마리 나 주시지요.
20일 안이면 오늘 선고도 재선고가 내릴 것이외다."

궁지에 몰린 사람 치고 마음씨 좋지 않은 사람 없다.
계속 재심을 신청할 양으로 그 노새를 주겠다고 한다.

그 뒤 변호사님 하는 말, "거 그 겉옷 좀 빌려 주시오.
날씨가 지독하게 추워서 혹 내 얼어 죽을까 무섭소이다.

천 냥은 지금 구해 와야 되겠는데 어떻게 해 봐야 될 것이오.
이 일에 지금 지느냐 이기느냐 당신 운명이 걸렸소." 〔…〕

그 불쌍한 사람은 찢어지게 가난한 몰골이 되지만 변호사는 떠난다.
바보 천치 아닌 바에야 그 이상 망할 수가 있겠는가.
죄 많은 인생, 이런 일은 어제도 내일도 오늘도 일어나고 있나니,
내 말을 믿지 않으면 또 그런 낭패를 면치 못할 터.

• 원문 56 •

로페스 데 아얄라 재상Canciller Pedro López de Ayala(1331-1407)은 네 권의 《왕조실록*Crónicas*》을 쓴 역사가이기도 하지만 지금 우리의 관심사는 이 시대의 걸작 중의 걸작 《좋은 사랑의 이야기》다. 그 이유는 아얄라 재상의 〈궁중운기〉처럼 형식과 내용 면에서 종래의 4행시의 율격을 융통성 있게 요리한다거나 당시 금전 만능주의에 대한 풍자(돈이 가진 효능에 대한 교훈)는 물론 사회 풍습에 대한 해학이 너무도 재미있게 문학적으로 부각된 예가 후안 루이스의 단 하나의 작품이기 때문이다. 더군다나 이미 부르주아 계급의 등장과 함께 육욕과 쾌락의 욕구가 팽배한 사회를 대변하듯 '맛있는' 여자, 예쁜 여자 꼬시기 이야기가 아름다운 사랑 이야기와 함께 이 책의 재미를 더한다.

(1) 후안 루이스의 잡동사니 이야기 묶음

《좋은 사랑의 이야기》는 후안 루이스 자서전은 아니다. 비록 대부분이 자신의 실제 경험을 이야기하듯 나라는 사람의 자기 이야기 투로 풀어나가고 있으나

그 속에는《이솝 우화》에서 따온 것과 12세기 라틴어 극본〈팜필루스Pamphilus〉를 번안한 것, 당시의 속요에서 따온 것 등 갖가지 잡동사니 이야기가 한데 어우러져 교훈과 해학의 하모니를 이룬다.

맨 처음 신에 대한 기도, 성모 마리아에 대한 칭송, 아리스토텔레스의 말에 대한 언급이 있다가 이 책을 겉으로 보고 웃지만 말고 안으로 새겨 잘 이해해 달라는 뜻으로 그리스 법률가들과 로마인들의 지식 대결 장면을 끌어 온다.

> 현인들의 말이 있거니, 카톤이 한 마디 하더라.
> 가슴속에 걱정이 있는 사람은 그 속에
> 즐거움을 집어넣어 생각을 밝게 할지라.
> 슬픔도 많으면 나쁜 생각도 많아지는 법.
>
> 알맹이가 있는 소리를 듣고 사람들이 비웃을소냐.
> 그래서 여기 약간의 장난 이야기를 예로 섞나니
> 그런 이야기를 듣고 너무 깊게 생각하지 말지라.
> 노래하고 이야기하는 맛에서 나온 말들이니.
>
> 내 말을 잘 알아듣고 교훈을 새겨들어라…
>
> • 원문 57 •

이런 서론 다음에 무식한 로마인과 그리스 현자의 우문현답 이야기를 늘어놓는다. 로마인들이 법을 가르쳐 달라고 하자 그리스인들이 토론에서 이기면 가르쳐 주겠다고 한다. 로마의 한 불량배가 상대로 용감하게 나선다. 그리스 쪽에서는 훌륭한 현자가 나온다. 현자는 엄지손가락 옆의 검지 하나를 내보이고 앉는다. 로마 놈은 현자에게 세 손가락을 펼쳐 보인다. 현자는 손바닥을 펴 보인다. 로마 놈은 주먹을 들이민다. 마침내 그리스 현자는 로마인들이 현명하다는 판단을 내리고 법을 가르쳐 주기로 판결을 내린다. 이 이야기는 그 뜻이 재미있다. 그리스 현자가 한 손가락을 내보인 것은 '하느님은 하나이시다!'라는 표시였다. 거기에 로마인은 세 손가락을 보였으니 하느님은 삼위일체적 실체임을 보여 주었다고 현자는 해석한 것이다. 실은 로마 불량배의 의중은 달랐다. 그리스인이 한 손가락을 내민 것은 그 검지로 내 눈깔을 쑤시겠다는 뜻으로 받아들였다. 그래서 자신은 두 손가락으로는 두 눈깔을, 엄지손가락으로는 이빨을 박살내 버리겠다고 세 손가락을 내비쳤던 것. 현자가 뜻대로 받아들이겠다고 손바닥을 내민 것을 로마인은 귀싸대기를 치겠다고 받아들였고 자신은 이내 주먹으로 박살내겠다는 표시를 해 보였던 것. 여하튼 후안 루이스가 이 예를 든 것은 다음과 같은 교훈 때문이다.

> "나쁜 뜻으로 받아들이지 않으면 나쁜 말이 없는 법",
> 이해만 잘 하면 다 좋은 말이 될 것이니.
> 내 책을 잘 이해하면 예쁜 각시를 얻을 것이니라…
>
> • 원문 58 •

진지한 말이 나올 듯한 자리에 또 "예쁜 각시를 얻을 것이니라"가 못내 마음에 걸리지만, 여하튼 이것이 후안 루이스의 알쏭달쏭한 유머이며 문체의 맛이다. 물론 "예쁜 각시"는 고운 삶의 의미로 잘 새겨들으면 될 터이니까….

그 다음에 나오는 피타스 파야스Pitas Payas의 이야기도 너무 재미있다. 영국의 화가인 피타스 씨가 예쁜 처녀와 결혼을 해서 행복하게 살았다. 그러던 중 외국에 나갈 일이 생겼다. 그는 예쁜 아내의 배꼽 밑에다 작은 양을 하나 그려 놓고 떠났다. 만약 아내가 부정한 일을 하면 그림이 지워질 것을 생각하고 정조대 대신 그렇게 해 놓고 떠난 것이다. 한 달이 한 해 같은 이 년이 지나도 남편은 돌아오지 않았다. 아내는 정욕을 참다 못해 딴 남자와 재미를 보고 지냈다. 당연 배 밑의 작은 양 그림도 지워질 밖에…. 그러던 중 갑자기 남편이 돌아온다는 소식이 왔다. 급한 김에 작은 양을 그린다는 것이 커다란 양을 그려 놓고 말았다. 남편이 돌아와 검사를 해 보니 이건 자기가 그려 놓았던 작은 양이 아니라 커다란 양이 아닌가! 소리 소리 치며 아내를 나무라니 아내 하는 말, "아니 이 년이 넘었는데 양이라고 큰 양이 안 되란 법이 있나요? 좀더 빨리 돌아오셨더라면 아직 어린 양이었을 걸요."

그 다음은 이 책의 핵심 이야기인 진짜 사랑 이야기가 전개된다. 이 이야기는 다음 절에서 다루기로 하고 다음 후안 루이스의 행장은 산골로 향한다. 거기에서 해괴한 남자 같은 여자들을 만난다. 산속에서 추위와 배고픔에 허덕이며 헤매던 후안 루이스는 높은 산자락 밑에서 한 산골 처녀를 만나는데 그 꼴을 볼 짝이면,

> 그 덩치며 근육질이 말하면 무엇하니,
> 한 마디로 말해서 정말 큰 암말 같은 데다…
> 머리통은 사정없이 크기만 하고
> 머리칼은 짧고 새까만 것이 무슨 밋밋한 까마귀 같고
> 눈은 쑥 들어가고 불그레한 것이 앞이 안 보이거나 잘 못 보는 양
> 발자국은 밟을 때마다 곰발자국보다 크더라…
>
> 귀는 한 살된 당나귀 귀만큼 크고
> 목덜미에는 시커멓고 넓고 털이, 잔털이 숭숭 나 있고
> 코는 아주 긴 것이 무슨 거위코 같고…
>
> • 원문 59 •

이상 계속해서 묘사하고 있는 이 무서운 여자는 후안 루이스가 좋아하는 〈작은 여자에 대한 칭송〉 속의 여자와는 정반대의 형이다. 그래도 춥고 배고픈 터라 그 여자 덕택에 허기나 면할까 했지만 돈 없는 거지를 누가 먹여 주고 재워 주랴! 퇴짜만 맞고 쫓겨나는 꼴이 되었다.

돈 카르날과 도냐 쿠아레스마의 싸움은 중세 특유의 알레고리 문학으로 예수의 사막에서의 40일의 단식기도를 상징하는 단식의 상징 쿠아레스마와 육욕·탐욕의 상징인 카르날 사이의 대결을 지상의 동물과 바다의 동물 사이의 대결로 기사 소설의 결투처럼 재미있게 묘사하고 있다. 마침내 육욕의 상징 돈 카르날이 지고 그의 짐승 부하들이 혹은 죽고 혹은 산으로 도망간 뒤 그 또한 금식기도를 명받는다. 절제주의·금욕주의로 가득한 중세 기독교 정신을 드러낸 알레고리극의 한판이다.

이 책에는 우리에게도 잘 알려진 《이솝 우화》의 '까마귀와 여우의 이야기'도 나온다. 여우가 고픈 배를 움켜쥐고 길을 가는데 나무 위에 까마귀 한 마리가 치즈 한 덩어리를 물고 앉아 있었다. 그걸 본 여우는 곧바로 아부를 시작했다.

> 오 멋진 까마귀님, 그 희고 고상하고 예쁘고 반짝이는
> 자태는 백조와 가까운 친척 같사옵고
> 무엇보다 그 달콤한 노래 솜씨는 어느 새보다도 훌륭하십니다.
> 노래 한 곡조만 부르신다면 세상 어디 스무 마리 새의 노래와 바꾸겠습니까.
>
> ·원문 60·

이 알랑방귀에 기분이 으쓱해진 까마귀 나리가 초성 좋게 한 곡조 목소리를 높였다. 그 바람에 입에 물고 있던 치즈 덩어리가 송두리째 땅에 떨어져 밑에 기다리고 있던 여우 입에 몽땅 들어간 꼴. 뒤에 후회하며 울상이 된 까마귀의

몰골은 말해서 무엇하랴.

《좋은 사랑의 이야기》는 이렇게 수많은 이야기들의 묶음이다. 그 내용을 대별해 보면 지금까지 열거한 여러 가지 에피소드 외에도 교훈적 목적을 가진 금언이나 속담이 많고 세태 풍자 또한 일품이다. 동시에 성모 마리아에 바치는 칭송을 비롯 종교적 성격을 띤 노래 모음과 학생들 노래, 봉사들 노래, 산골 처녀 노래serranillas 등 민요조의 노래들에 이르기까지 서정가요 또한 이 책의 향기로 작용한다.

후안 루이스는 이 책을 통하여 재미있게 가르치는 기법을 사용한다. 그가 염두에 둔 목적은 중세 기독교의 교훈을 심겠다는 의도다. 그러나 딱딱한 교훈은 독자에게 먹혀들지 않는다고 생각, 많은 유머와 풍자를 통해 맛을 더한다. 늘 절제주의적 중세 종교관과 향락주의적 부르주아의 취향이 함께 등장하고 있어 그 진정한 교훈성이 어떤 것인지 분간하기 어려울 때가 훨씬 많다. 비록 후안 루이스의 신앙심의 돈독함은 의심할 나위가 없지만….

(2) 사랑 이야기

책 제목이 이야기하듯 후안 루이스의 걸작은 한 마디로 사랑 이야기 중심으로 엮어져 있다고 할 것이다. 후안 루이스도 모든 남자가 여자를 좋아하는 것은 정칙이며 자신도 젊었을 때 여자 꽁무니를 쫓아다녔다고 고백한다. 그래서 자신의 그런 이야기 등 경험담을 들려주겠다는 게 후안 루이스가 내세운 의도다. 사람들에게 여자 '꼬시는' 방법을 가르쳐 주겠다는 것.

작가의 교훈적 의도는 사실 육적 사랑, "미친 사랑loco amor"을 비판하고 영혼적 사랑, "좋은 사랑buen amor"을 가르치겠다는 것이다. 그러나 그의 교훈적 의도는 독자의 좋은 해석에 맡겨져 있어서 사실 무엇이 작가가 가르치고 싶은

"좋은 사랑"의 의미인지 알아보기 어려운, 너무나도 여자 꽁무니 따라다니기 식의 이야기가 많다. 자신이 승정으로 재직하고 있는 이상 결혼으로 이어진 사랑 이야기는 그 자신의 체험이라고 말할 순 없다. 돈 멜론don Melón과 도냐 엔드리나doña Endrina라는 주인공을 통한 3인칭으로 아름다운 사랑 이야기를 풀어간다.

먼저 후안 루이스는 '사랑 씨don Amor'로부터 여자를 유혹하는 방법에 관한 강의를 받는다. 사랑은 인간을 병들게 하고 죄악의 늪에서 헤어나지 못하게 한다는 후안 루이스의 비판을 듣고 '사랑 씨'는 충고한다.

> 사랑에 대해서는 진실이건 농담이건 나쁘게 말하지 마소,
> 때로 적은 물이 큰 불을 꺼뜨릴 수도 있으니.
> 욕 한번 잘못했다가 커다란 사랑도 잃게 되는 법.
> 조그만 싸움에서 큰 원한이 생기는 법.
> 말 한번 잘못했다가(재수없이) 신하도 주인을 잃는지라,
> 말은 좋게 하는 것이 좋은 걸 더 좋게 하는 법.
>
> • 원문 61 •

그러면서 지금까지 사랑했던 여자에게서 서러움과 냉대밖에 받은 게 없다면 그건 죄라고 다그친다. 사랑도 배워야 하는 거라면서 오비디우스나 다른 자신의 제자들을 들먹이고 여자 사냥하는 법을 가르친다. 첫째로 중요한 것은 여자 고르는 법이니 이런 여자가 좋다고 한다.

> 우아하고 예쁘고 생기에 넘치는 여자를 찾아라.
> 너무 키 큰 여자도 말고 그렇다고 난장이는 더욱 안 된다.
> 가능하면 너무 촌뜨기 여자는 사랑하려 들지 말라.

사랑을 모르니 바보 같아 답답하니라.

적당한 몸매의 여자를 고르되 머리가 작고,
머리칼이 노란 여자를 고르되 약초로 물들인 머리 말고,
눈썹은 길고 훤칠하고 끝이 올라간 여자가 좋다.
엉덩이는 약간 벌어진 여자가 각시감이니라.

• 원문 62 •

그러면서 중매를 붙이는데 좋은 중매쟁이는 여자 친척이 좋고 정 없으면 돌아다니는 동네 노파들 중에서 하나를 고르라고 한다. 중매쟁이는 아름다운 거짓말을 잘 하는 사람이어야 하는데 이는 "냄비도 뚜껑을 덮어야 더욱 보글보글 잘 끓는 이치"와 같단다. 중매쟁이를 통해 여자의 몸매며 행동거지를 잘 알아보는데 예를 들어 "털이 많거나 수염이 난 여자"는 안 된다. "집안에서는 요조숙녀, 침대에서는 아주 미친 여자En la cama muy loca, en la casa muy cuerda"가 최고다. 사랑은 가꿀수록 커지는 것이니 쓸데없이 화내지 말고 섬기라. 또한,

정말 사랑하는 여자에게는 늘 수작을 붙여라.
기회가 왔는데 두려움은 금물이다.
여자하고 있으면서 부끄러워 얼어붙어선 안 되니라.
풀밭에 좋은 꿀이 많은데 손을 게을리 놀리지 말라.

• 원문 63 •

이런 좋은 충고를 다 받고 후안 루이스는 여자 사냥에 나서지만 모든 여자가 뜻대로 통하는 것은 아니다. 그중에 유일하게 찬란히 성공한 사례가 아까 말했듯이 돈 멜론과 도냐 엔드리나의 사랑이다. 여기에서 후안 루이스의 간결하고 함축된 표현은 빛을 발한다.

도냐 엔드리나가 저잣거리로 나오는 저 아름다운 자태 좀 보소!
저 몸매, 우아함, 저 학처럼 곧은 긴 목!
저 머리칼! 저 작은 입! 저 얼굴 색깔! 저 멋진 걸음걸이!
그러자 눈을 쳐들 때 사랑의 화살이 사람을 잡네.

• 원문 64 •

여기에서 돈 멜론이 수작을 거는 장면이 나온다. 저잣거리에는 사람의 눈이 많으니 은근슬쩍 먼 곳 친척이 안부를 전하더라고 수작한다. 그리고 남의 집 문설주나(잘못 개 묶어 놓은 집에 들어섰다가 혼쭐날까 주의하고) 으슥한 곳에 이르면 정열적으로 사랑을 고백한다. 한 번에 여자가 넘어가지 않는 것은 물론이다. 나중에 트로타콘벤토스라는 중매 노파를 통해 일을 성사시킨다. 매파는 갖은 달콤한 설교로 여자를 호려 낸다. 동구 밖 멀지 않은 곳에 자기 집이 있으니 마실을 가듯 그냥 옆집 들르는 식으로 한번 들르라는 것. 물론 거기에 약조대로 돈 멜론이 나타났겠고…. 이 길고 아기자기한 사랑의 이야기는 직접 읽어 보지 않은 이들에게는 일일이 다 설명할 수 없다. 그중 도냐 엔드리나가 사랑에 취한 장면 하나를 소개한다.

입의 입술이 약간 파르르 떨리면서
얼굴 색깔이 붉어졌다 노래졌다.
심장이 팔딱팔딱 바삐바삐 뛰더니
그녀의 손가락으로 내 손가락을 꼬옥 잡더라.

• 원문 65 •

이 구절은 〈아폴로니오의 이야기〉에 나오는 사랑 장면과 함께 '-illo'의 운율을 적시적소에 잘 화음시킨 명구다. 사랑에 가볍게 빨려 들어가는 그 심장의 파동거림, 그 떨림의 감각을 이 각운이 영묘하게 반추하고 있다.

그러나 이 책의 작은 걸작은 역시 〈작은 여자가 가진 자질에 대하여〉다. 별칭 〈작은 여자에 대한 칭송〉으로 통하는 이 노래는 후안 루이스의 유머의 메커니즘과 해학이 돋보이는 수작이다. 후안 루이스는 말의 글자 그대로 의미와 그 말이 창출하는 효과를 충돌시키면서 웃음을 엮어 간다. 그는 맨 처음부터 "작은 여자에 대한 이야기니까 이야기도 작아야 한다e de dueña pequeña e de breve razón" 라고 넉살을 피우지만 말은 갈수록 길어진다. 여자가 작다고 그 여자에 대한 칭송 또한 짧으라는 법 있는가? 후안 루이스의 말은 언뜻 보면 그럴 듯한데 새겨 보면 말도 안 되는 소리들이다. 이런 것들이 우리를 거침없는 폭소로 이끈다. 그의 말 속에서 깊은 뜻을 이해하려고 하는 우리 모두를 따돌리고 사실 그는 마음 좋게 그냥 웃고 있다.

> 겉으로 보면 눈처럼 차갑지만 안은 불덩이보다 더 타오르고
> 밖으로는 차지만 사랑에는 불타오른다.
> 침대에서는 재미있고 아늑하고 즐겁고 웃는 것이
> 집안일에는 사리 밝고 우아하고 조용하고 일 잘하고…
>
> 설탕은 작아도 달기만 하고
> 여자는 작아도 사랑만 그득…
>
> 좋은 고추는 작아도
> 호두알보다 영양이 많고 열이 많나니.
> 여자는 작아도 일단 사랑을 받아들이기만 하면
> 세상 즐거움치고 안 갖고 있는 게 없나니.
>
> • 원문 66 •

이 작품의 기발한 유머는 그 마지막 구절에서 극치에 이른다. 예부터 현자들의 말이 나쁜 짓을 하되 커다란 죄는 짓지 말라고 했거니와 이왕 여자하고 자려면(여자하고 자는 것은 반기독교적 죄악이지만) 작은 죄짓듯 작은 여자하고 자라는 충고(?)다.

> 나는 항상 큰 여자 더 큰 여자를 찾기보다 작은 여자를 좋아했나니
> 커다란 죄를 짓는 것은 피하라고 한 말은 틀린 말이 아니야!
> 나쁜 짓은 조금만 해야지! 옛 현인들도 한 말이어니.
> 따라서 여자 중에 최고는 역시 작은 여자!
>
> • 원문 67 •

13장

앎과 맛과 멋의 풍류객 궁중 시인들

◆

15세기 초반에 궁중 시인들의 작품집으로, 14세기 말 15세기 초반 시인들의 시를 모은《바에나 노래집*Cancionero de Baena*》이 후안 알폰소 데 바에나Juan Alfonso de Baena에 의해서 출간된다. 지금까지 시라면 갈리시아어로 쓰던 시인들(알폰소 현왕은 시는 갈리시아어로 썼다) 사이에 카스티야어로 쓰는 풍류가 유행했다. 여기에는 물론 갈리시아 시가 영향받은 프로방스의 사랑시나 토론시가 주류를 이룬다. 시체는 전통적인 8음절octosílabo을 선호했다.

후안 2세, 엔리케 4세의 통치기간(15세기 전후반)부터 레예스 카톨리코스Reyes Católicos(16세기 초반) 시대까지는 스페인이 지리적 · 종교적 · 정치적 완전 통합 시대를 맞기까지 지방 영주 시대로부터 국가 통합 시대로 발전하는 과도기라고 보아야 할 것이다. 비록 레예스 카톨리코스가 아라곤 왕국의 페르난도와 카스티야 왕국의 이사벨 여왕의 공동 통치에 기반을 둔 것이지만 정치 · 문화의 핵심이 차차 카스티야로 옮겨지는 시기라고 봐도 좋다.

시어가 갈리시아어에서 카스티야어(오늘의 스페인어) 선호로 바뀐 것도 이런 맥락에서 의미가 있다. 이탈리아에서는 이미 단테나 보카치오, 페트라르카를 통해 문예부흥이 자리 잡는다. 스페인 문학도 이들 문학의 영향을 받아 "단테 스타일의 알레고리 문학"이 인기를 끈다. 특히 프란시스코 임페리알 Francisco Imperial은 단테통으로 단테류의 비유법과 11음절시endecasílabo까지 도입한다. 〈신곡Divina Comedia〉의 영향을 받은 〈일곱 가지 덕에 대한 말Dezir a las siete virtudes〉은 갈리시아풍의 사랑타령에서 식자적인 숭고하고 고양된 문체를 개척했다는 데 뜻이 있다. 꿈속에서 한 아름다운 풍경 속에 일곱 가지 덕을 상징하는 사람들이 나타나 이야기를 풀어가는 스타일은 덕을 의인화한 비유법의 예다.

내용 면에 있어서도 궁중시라는 말이 뜻하듯 촌사람이나 소왕국풍의 민요 스타일에서 이제 서울 말투, 서울식 식자의 폼이 드러난다. 이미 후안 루이스도 여자는 촌티 나는 여자보다 도회 여자가 좋다고 한 일이 있지만 궁중시가 선호하는 뮤즈는 귀부인이거나 목장 아가씨다. 목장 아가씨(pastora, serrana)가 보통 목장에서나 산골에서 볼 수 있는 여자라고 생각해서는 큰 착각이다. "정말이지 시골 여자 같지 않은" 여자만 자연을 무대로 서 있을 때 궁중 시인들의 눈에 든다. 후안 루이스의 못난 산골 여자serrana보다는 "새봄에 갓 피어난 장미보다" 더 예쁜 여자가 이들 풍류객들의 뮤즈다.

문인들도 이제는 승려뿐만 아니라 궁중의 문인, 일반 귀족, 학자, 음유시인 등으로 다양해진다. 이탈리아의 새로운 인문주의를 본받아 그리스나 로마의 고전을 읽거나 아니면 선진 이탈리아 문인들의 영향을 받아 아는 척해야만 글 쓰는 사람 축에 들었다. 지난 시절의 왕국의 영웅들이었던 기사들도 이제는 창칼을 버리고 궁중 무도회에서 귀부인들과 어울려야 사람대접을 받는다. 원래 무식쟁이가 많았던 기사 계급, 귀족 계급 들은 이런 부르주아적 문화 속에서 자연 점잖고 세련된 말투에 가끔 여자에게 시도 바쳐야 신사 행세가 가능한 시대였다.

궁중 시인들 중에서 비야산디노Alfonso Alvarez de Villasandino처럼 거지 시인들도 있다. 이들은 기사나 귀족들의 청탁을 받아 대신 귀부인에게 바치는 시를 써 주고 동냥을 얻어 사는 무리들이다. 사랑의 노래를 멋지게 써서 이들의 연애사업을 성사시켜야 먹을 것이 생겼으니 그 기술 또한 세련될 수밖에 없다. 참고로 비야산디노의 이런 멋진 시 하나를 소개하면,

수선꽃 같은 여인이시여,
그 맑은 천사의 눈매여,
그대를 사모하는 이 마음은 오직 아픔뿐이옵니다…

그대의 하늘스러운 여리고 고운 모습
그토록 정숙하고 교양 있는 자태.
장미밭의 장미보다
곱고 아름다운 그대의 혈색은
제 마음을 어지럽게 하고 고뇌에 빠뜨립니다…

이제 아무리 정신을 차리려 해도 소용없습니다.
차라리 그대의 포로가 되게 하여 주소서.
그래서, 귀한 여인이시여
오직 그대의 수정 같은 손에 키스로 인사 올립니다.
5월의 투명한 보름달이시여.

• 원문 68 •

(1) 문무를 겸한 풍류인 산티야나 후작

산티야나 후작Marqués se Santillana, Iñigo Lopez de Mendoza은 16세기 르네상스인의 이상형인 문무를 겸하고 서민적 취향과 식자적 인식을 고루 갖춘 풍류인이

었다. 뜻이 맞지 않으면 왕과도 한판을 서슴지 않았던(당시 후안 2세와의 싸움) 자유인이 그였다. 동시에 학자로서 집에 수많은 도서를 모으고 플라톤을 비롯한 그리스와 로마의 고대 작가들을 번역하는 데도 게으르지 않았던 그다. 라틴어는 물론 이탈리아어 · 프랑스어 · 갈리시아어 · 카탈루냐어에 능통했던 박학다식한 시인이 산티야나 후작이다.

그의 〈편지Prohemio e Carta〉에는 스페인 문학 최초로 호라티우스Quintus Horatius Flaccus의 문학이론을 생각하게 하는 시학이 엿보인다. 그의 말대로면 시란 "교훈적인 내용을 아주 아름다운 보자기로 싸거나 숨겨서 살짝 내보이는 것fingimiento de cosas útiles, cubiertas o veladas con muy fermosa cobertura"이다. 그의 취향은 민중적인 것을 싫어했으나 그는 스스로 〈속담집Refranes que dizen las viejas tras el fuego〉을 만들거나 세르라니야스(산골 처녀 시) 장르를 즐겨 쓴 장본인이기도 하다.

산티야나의 이런 서민적 취향을 대변하는 세르라니야스는 원래 프로방스 시나 그 영향을 받은 갈리시아 시풍에서 온 것이다. 음유시인들이 산골 처녀를 주제로 읊는 짤막짤막한 시행(대개 6음절)의 노래다. 기사가 산골을 여행하고 돌아온 뒤 거기서 만난 아가씨 이야기를 하는 형식으로 원래 시골에서 소 치는 사내 같은 시골 처녀 이야기가 많았으나(예를 들면 후안 루이스의 세르라니야스에 나오는 아가씨들처럼) 산티야나에게서는 이들 여인들이 귀족 아가씨 뺨치는 미녀들이다.

산티야나의 시는 금방 언급한 음유시인 전통의 세르라니야스와 민요에서 따와 시를 붙이는 노래 이야기 등이 초기에 속한다. 또 한편 그는 이탈리아 르네상스의 영향을 받아 소박한 삶의 찬가("축복받을지어다 그대들은Beatus ille" —호라티우스)를 내용으로 하는 식자풍의 시를 짓기도 한다. 예를 들어 그의

〈폰사에서의 작은 연극Comedieta de Ponza〉은 알폰소 5세와 그의 형제들이 폰사 해전에서 패배한 것을 소재로, 마침내 보카치오와 운명의 신Fortuna이 이들의 아내를 위로한다는 비유극이다. 그 위로의 대목이 부귀영화도 쓸데없고 소박한 삶이 최고라는 호라티우스 시의 교훈을 주제로 한다.

괭이로 삶을 영위하며 그대로 만족해서 사는
농부들이여, 복받을지어다!
때때로 집에서 제대로 자지도 못하고
비가 오나 바람이 부나 모두 참고 사는 자들이여!

• 원문 69 •

단테 계열의 비유시 〈연인들의 지옥Infierno de los enamorados〉과 페트라르카를 모방한 〈사랑의 승리Triunfete del Amor〉 등이 신식자 문학적 시도를 보여 주는 작품들이다. 페트라르카를 모방한 소곡이 42개 있는데 스스로 "이탈리아 식으로 쓴fecho al itálico modo" 소네토라고 고백하고 있듯이 11음절의 사랑의 시다. 이탈리아 시인처럼 체험에서 나왔다기보다는 신화적 인물을 등장시킨 사랑 타령으로 아름답고 고결한 이미지의 형상화가 돋보인다고나 할까. 사랑의 감정을 표현하는 데 페트라르카풍의 반어법juego de contrarios을 충실하게 모방한 이 작품을 보라.

사랑의 화살로 내 가슴을 상처낸
그 죽도록 아픈 상처의 고통은
금방 나를 죽이다가도 또 내게 생기를 주오.

나를 기쁘게, 즐겁게, 또한 아프게 하는구려.

죄 없는 벌을 받아도 기꺼이 살아가나니.
불 속에 타면서도, 그곳에서 안식을 구하오.

• 원문 70 •

한때 도덕군자로 군림하게 한 교훈시도 많이 썼는데 아리스토텔레스를 비롯한 고전 작가들의 가르침을 시대인들에게 맞게 대화체로 쓴 것이다. 옛 현자의 입을 빌려 세네카류의 인생의 무상함, 부귀영화의 부질없음, 인간의 존엄성을 갈파한 책이 《운명에 저항하는 길의 대화*Diálogo de Bías contra Fortuna*》다. 기타 수많은 책들이 있으나 식자연하는 라틴어투의 어휘와 상투적 도덕론은 오늘의 독자들에게 지루하게 느껴질 뿐이다.

그제나 지금이나 평자나 독자들에게 산티야나의 문학성을 대표하는 작은 걸작들로 손꼽히는 시들은 역시 처음에 이야기했던 음유시풍의 작품들이다. 섬세하고 고양된 아름다운 자연 속에서 기사와 산골 아가씨가 주고받는 사랑의 대화는 그 재치와 교태가 아직도 나름대로 흥미를 끈다. 산티야나의 민요풍 시는 사실상 궁중 문학의 이상적 자연, 이상적 여인, 이상적으로 아름답고 고상한 사랑의 이야기가 대부분이다. 그의 〈노래Canción〉라는 작품은 산티야나 특유의 자제와 섬세함이 엿보인다.

내가 어떻게 사는지 생각해 보렴,
너도 보았으니.
나의 작별과 떠나는 발걸음이
그토록 슬프던 것을.
생각해 보렴, 그때도 아팠고
지금도 이토록 아픈 이 마음을.
너의 그 대답은

그럴 수가 없었어.
그래도 죄도 없이 이런 고통을…
그토록 슬펐던 거야.
하지만 걱정 마, 여인아,
이런 일 때문에
그때나 지금이나
사랑이 덜 할 수 있겠니?
다만 벌거숭이 상처로
나를 아프게 했었지.
그래서 내 작별인사가
괴롭고 슬펐던 것뿐.

• 원문 71 •

그러나 산티야나의 작품으로 제일 많이 알려진 장르는 역시 '산골 처녀의 시'다. 지명은 모두 마드리드 근교의 산천들이지만 거기 나오는 시골 처녀, 그 풍경은 너무도 이상화되어 있다. "내가 태어나서/오늘 아침 본 처녀처럼/그렇게 고운 처녀는 처음 봤다"로 시작되는 〈로소유엘라 길에서 만난 산골 처녀〉노래는 스토리가 이렇다. 로소유엘라 가는 길목 숲에서 한 처녀를 만났는데, 그 "철 이른 과실에 구미가 당겼다". 이 소 치는 소녀가 가지고 다니는 막대기는 '금 막대기'다.

그 여자를 돌아보고 말을 붙였다.
"아리따운 아가씨,
그래, 그대가 시골 여잔가요?"
"물론 그렇지요, 나리
나한테 할 말이 있으시걸랑

말씀하세요, 무슨 일이신가요?
진실을 말하세요."
내 대답은 그저 이랬다.
"정말이지, 정말이지
시골 여자 같지 않네요."

• 원문 72 •

이 시에서 보듯이 산티야나의 은근한 말투는 여운을 남긴다. 문체로 보아 많은 생략기법을 사용한 느낌이다. 그것은 그 나으리의 점잖은 수작이 "정말이지 시골 여자 같지 않네요"의 말 속에 그 경탄과 진실성으로 향기를 내뿜고 있기 때문이다. 시골 여자면 어떻고 공주면 어떠랴. 그런 신분 이야기는 사실 신사양반에게 상관없는 말이다. 그러나 그는 이 말만 반복하면서 그녀의 아름다움에 대한 경탄과 그 아름다움에 취한 자신의 심경을 전하고 있다.

〈보레스의 산골 처녀Serranilla de Bores〉는 로맨스가 이루어진 경우다. 보레스에 사는 처녀가 '나'를 사랑에 빠뜨렸다고 시작한다. 세상에 그렇게 잘생기고 예쁜 여자는 없다. "장미처럼 신선하고/즐거운 얼굴/그렇게 화색이 좋은 여자"는 본 적이 없단다. 신사는 수작을 건다. "그대의 아름다움은/이제부터 이 산골짜기에/살기에는 너무 좁겠구려./보다 커다란 인기와 칭송을 받을 만하니 말이오." 이에 목동 아가씨는 한 번 퉁긴다. 다른 목동들 가운데 자기와 결혼할 사람 많다고 말이다. 신사는 사랑을 고백한다. "내게는 어느 나이팅게일 소리보다 당신 곁에서 듣는 짐승들 울부짖는 소리가 더욱 달콤하게 들릴" 거라고. 그래서 사랑이 이루어졌는데, 에스피나마 옆에 있는 꽃들이 자기들 사랑을 숨겨 주더라나?

〈로소유엘라〉에서의 나으리의 은근한 수작도 멋있지만 지금 이야기하는

〈피노호사의 산골 처녀Serranilla de la Finojosa〉에 나오는 처녀 총각도 기차게 멋지다. 우리의 '멋'과 대단히 비슷한 미학을 스페인 민속에서는 'garbo'라고 한다. 5백 킬로그램의 시커먼 투우의 죽음의 질주 앞에서 꿈쩍 않고 미소 짓는 얼굴로 살짝 몸을 돌려 피하는 투우사의 몸짓을 그들은 '¡garboso!', 우리말로 '멋지다!'라고 한다. 멋은 조지훈 시인의 설명처럼 파격의 미다. 밀대갓을 비스듬히 써야 멋의 시작이 성립한다. 멋은 우리의 기대와는 놀랍도록 다른 비정격의 몸짓이 이루는 초월적 균형미다. 스페인의 'garbo'의 미학 또한 그렇다. 말이 있어야 될 곳에 미소나 침묵으로 웅변보다 더한 감동을 자아낸다든지, 아니면 흥에 넘쳐 격조를 벗어나 공감을 불러일으킬 때 '멋들어진다'고 한다. 이 신나서, 제 멋에 겨워 흐트러진 발걸음, 그 넘쳐남에도 우리는 멋을 느낀다.

이런 멋이 산티야나의 가장 유명한 산골 처녀와의 수작에 비친다. 이야기는 늘 비슷하다. 이상적인 여인상, 온갖 아름다운 꽃들이 어우러져 핀 초원에서 여로에 지친 나그네 하나가 졸다 길을 잃는다. 지방은 구체적으로 카스티야 계곡이다. 피노호사의 목동 아가씨인 줄을 알았으랴. 그녀의 아름다움에 반한 나그네인지 이 시를 쓴 시인인지 모를 사나이의 말,

봄날 장미꽃이
제 아무리 고와도
그렇게 아름답지 못하리라.
그러니까
(내 문자 안 쓰고 이야기해서)
정말 전에 그 어여쁜
라 피노호사의
소 치는 처녀를 알았다면.

그 아름다운 자태를
너무 보면
내가 사랑의 포로가 될까 봐
눈을 돌리고,
잠깐 물러서 가로되, "고우신 아가씨,
(내 누군가 떠보려고)
어디에 피노호사의
소 치는 아가씨가 있지요?"

그러자 살짝 웃는 얼굴로
가로되, "어서 오세요,
묻는 말의 뜻은
저도 익히 알겠사오나,
그 피노호사의 소 치는 아가씨는
사랑할 마음도 없고
그럴 기대도 안 합니다."

• 원문 73 •

먼저 여인의 모른 척, 남의 일인 척 비껴가는 교태, 그 은근한 눈흘김이 한없이 예쁘고 멋을 느끼게 한다. 거기에 사나이의 넉살(괄호 속의 말들 : "내 문자 안 쓰고 이야기해서", "내 누군가 떠보려고")은 시답잖은 사설이며 멋쟁이의 수작기법이다. 그녀가 너무 좋아 재미로 시답잖게 건드려 보는 사심 없는 몸짓, 말투가 이상한 멋을 연상시킨다.

(2) 중세식 승려작가가 아닌 근대적 식자 문인 후안 데 메나

후안 데 메나Juan de Mena는 누가 뭐래도 당시의 가장 저명한 시인이다. 이미 교회의 그늘에서 자란 작가가 아니라 문학 애호가의 비호 속에서 글쓰기로 독보적인 명성을 이룩한 근대적 의미의 시인이다. 공부를 좋아한 "창백한 얼굴"의 문인이라는 것이 동시대 사람들의 평가다. 이탈리아에서 르네상스의 인문주의를 정식으로 배운 메나는 산티야나처럼 당시 유행한 사랑시에도 일가견이 있었다.

마리아 로사 리다María Rosa Lida는 〈후안 데 메나와 사랑의 서정시Juan de Mena y la lírica amorosa〉라는 글에서 그를 사랑의 "내적 체험을 세련된 기법으로 묘사한" 시인으로 평가한다. 궁중시의 전통이 그렇듯 임에 대한 연민과 고통이 반어법적 말장난으로 빛을 발한다.

내 그대에게 애걸하고 간청하나니
나를 이 고통에서 구해 주시구려.
내가 이 불길 속에 죽는다면
어쩌면 내 죽은 뒤 다시는 날마다
이런 똑같은 후안 데 메나는
되찾지 못할 테니까.

많은 죽을 짓을 찾아서 했지.
그게 내 사는 길이라고 생각하면서
제대로 죽음도 만나지 못하고
죽고 싶은 날들만 날 찾아왔지.

• 원문 74 •

그러나 후안 데 메나의 걸작은 스페인 중세 서사 문학의 금자탑이라 일컫는 〈운명의 미궁Laberinto de Fortuna〉이다. 왕 후안 2세에게 바쳐진 이 작품은 인간의 삶에 드리워진 운명의 그림자를 주제로 한다. 기법에서는 단테의 비유법을 본받아 상징극적 전개를 시도했다.

시인은 문득 전쟁의 여신 벨로나의 수레에 이끌려 운명의 신이 사는 궁전 가까이에 이른다. 거기에서 운명의 신은 세 개의 커다란 바퀴를 보여 준다. 두 개의 바퀴는 움직이지 않는 시간으로 과거와 미래를 상징한다. 또 하나 움직이는 바퀴는 시시각각 변하고 있는 현재다. 미래의 바퀴의 비밀을 알아보려고 하자 그 상징적 연극 장면이 전부 사라지고 만다는 내용이다. 여기 이야기의 극적인 전개는 이들 시간이 당시의 역사적, 혹은 현존 인물의 사실과 비평을 겸하고 있다는 점이다.

메나의 문체는 언제나처럼 라틴어투의 식자냄새를 풍기고 복잡한 수사학으로 기교를 과시한다. 메나가 가장 존경하고 따랐던 루카노르, 그리고 후대의 식자 문학의 수사법의 대가 공고라Luis de Góngora가 다같이 코르도바 출신이라는 점은 이상하게도 그 땅의 전통이 바로크적 시어의 산실이 아닌가 생각하게 한다.

시형식 면에서 12음절을 사용해 장엄하고 웅장한 시취를 이룩함으로써 전통을 설립한다. 동시에 메나는 "감동적이고 힘찬 시표현의 대가"로서 스페인 시사에 기억되고 있다.

(3) 아버지의 죽음 앞에 선 한 진솔한 중세인의 조가

현대에 와서 〈그의 아버지의 죽음에 바치는 조가Coplas por la muerte de su padre〉처럼 모든 시인과 평론가의 경탄을 받은 작품도 흔치 않다. 안토니오 마차도Antonio Machado의 '인생은 강물'이라는 시간 이미지와 페드로 살리나스Pedro Salinas의 경탄에 찬 연구(*Jorge Manrique, o Tradición y originalidad*, Editorial Sudamericana, 1947)가 그 예다. 호르헤 만리케Jorge Manrique는 몇몇 사랑의 시가 있지만 앞에 말한 〈조가〉라는 한 작품으로 불멸의 영광에 이른 시인이다. 그의 사랑의 시들은 일반적으로 〈조가〉에 비하여 진솔성이 부족하다는 혹평들이지만 더러 재치가 번득이는 소품도 있다.

사랑받고 싶으면
같이 있으려고 노력할 일,
빨리 떨어지면 떨어질수록
그만큼 빨리 잊히는 법.

같이 있지 않으면
모든 희망이 없는 일,
부재가 낳는 것은
망각과 변절뿐.

• 원문 75 •

〈그의 아버지의 죽음에 바치는 조가〉는 앞 시의 관념적 용어와 교훈성을 살리면서도 부모를 잃은 자식의 절절한 아픔과 인생에 대한 감동 깊은 관조로 가득 차 있다. 만리케의 목소리는 침착과 격앙의 리듬을 타고 서서히 인생의 의미에 대한 격조 높은 사색으로 독자들을 몰아간다. 시인은 인생살이의 덧없음, 유수 같은 세월의 흘러감, 부귀영화의 무상함 등에 관한 사색을 전개하다가, 죽음 앞에서 우리 모두 벌거숭이인 진실을 깊이 깨닫고 절제와 덕으로 살다가 죽을 때가 되어 하느님 앞에 기꺼이 나아간 아버지의 예를 들어 교훈을 삼도록 권고한다. 〈조가〉는 처음부터 인생의 덧없음에 대한 경고로 시작된다.

잠든 영혼이여 깨어나라,
정신을 차리고 생각하라,
어떻게 인생은 그리 빨리 지나가는지
어떻게 죽음은 그리 소리도 없이
다가오는지를
바라보며, 보라보며.
어떻게 그리 빨리 즐거움은 가고,
다시 생각해 보면 어찌 그리
아프기만 한지,
그래서 늘 우리 생각에는
어느 세월이건 지나간 세월이
더 나았다고 생각되는지.

• 원문 76 •

그 뒤에 시 문학에서 가장 유명해진 '인생은 흐르는 강물'이 나온다. 인생이 강물이라는 이미지는 원래 우파니샤드에서 비롯된다. 그리스의 헤라클레이토스의 모든 것은 흘러간다는 만물유전설을 거쳐 만리케의 이 시에서 구체화된다.

우리네 인생은 흘러가는 강물
바다에 이르면
죽는 것, (…)

이 세상은 다른 세상으로
가는 하나의 길목.

• 원문 77 •

이어서 시인은 중세의 '죽음의 춤'의 테마를 가져온다. 가난한 사람이나 부자나 승려나 왕이나 모두 다 죽음에 이르면 똑같은 것이니 인생을 잘 살아야 된다는 설교로 나간다. 세상의 재물이며 영화가 얼마나 부질없는 것인가를 당시대의 왕들, 기사들, 멋쟁이로 소문난 공주 · 여왕들이 일일이 되뇌며 하소연한다. 어느 천하일색의 아름다움도 늙어지면 추함과 무거운 몸밖에는 남는 게 있느냐고 설파한다. 라틴 문학의 토픽인 '어디로 갔는가ubi sunt'로 사라진 영화와 아름다움의 덧없음을 웅변처럼 절규한다.

그 떵떵거리던 왕 돈 후안은 어떻게 되었는가?
그 유명한 아라곤 왕자들은?
그 멋쟁이로 뽐내던 친구들은
어떻게 되었는가?…

(그 모든 것이 가을되면 말라죽는)
논밭 이랑, 이랑의
푸른 이파리 신세밖에 더 무엇이었던가?…

그 황금으로 번쩍거리던 왕궁
그 반짝반짝하던 식탁의 식기들
금고에 가득하던
천 원짜리, 만 원짜리, 황금 돈들은
지금 어디 가서 찾을 수 있겠는가?…

풀밭에 이슬밖에
더 무엇이었던가?

• 원문 78 •

마침내 그의 아버지의 후덕한 일생과 검소한 나날, 오직 하느님과 영혼의 일만을 귀하게 별러 가던 돈독한 삶의 모범을 격찬하고 기린다. 만리케의 아버지에 대한 존경과 사모의 정이 글 마디마디 느껴지는 것도 이 시의 깊은 성스러움 때문이다. 죽을 때가 돼 하느님이 죽으라는데 살겠다고 발버둥치는 것은 미친 짓이라며 죽음의 사자를 따라 하느님 앞에 간다. 가족 친지에 에워싸여 평화롭게 죽는다.

이렇게 모든 정신을 말짱하게
고이 간직하시고
모든 사리를 알아,
아내와 자식
형제 친지들에 에워싸여
받은 영혼을 다시
그분께 되돌려드렸다,
하늘에 그 영광의
자리를 놓아 주시도록.
그래서 비록 인생은 가셨지만
우리에게 아버님의 추억은
큼지막한 위안을 안겨 주었노라.

• 원문 79 •

만리케의 〈조가〉는 그 절절한 사연의 진솔성과 호소력, 그리고 그 정감과 교훈을 감싼 가장 융통성 있는 민요체sextilla con pies quebrados(8음절의 6행 연의 운율인데 3번째 행마다 4음절임)의 활용에 덧붙여, 추상명사의 자리에 생동감과 사실성을 강조하는 동사원형을 활용함으로써 스페인 시의 금자탑을 세운다.

14장

13·14세기에 나타난 중세 미녀상

◆

중세 문학은 밤낮 "하느님, 하느님!"만 부르짖고 사는 신 중심 사회였다고 생각하기 쉽다. 그래서 우리는 중세에는 여자의 아름다운 육체나 사랑의 재미를 소재로 한 작품은 드물었으리라고 보기 쉽다. 그러나 교회를 중심으로 한 중세 문화 속에서도 후안 루이스의 재담이나 음담 빰치는 재미있는 이야기들이 민간에 많이 퍼져 있었다.

아무리 금욕주의 시대였다 할지라도 같은 종교적 테마 속에서도 성모 마리아에 대한 시가가 단연 많았다는 데서부터 색안경을 써도 좋을 것이다. 불교를 주제로 한 탱화에서 관음보살 같은 그 여성적 곡선과 선정미가 일품이지 않던가. 중세에도 특히 민간에 유행하던 작자 미상의 중에는 여자 이야기, 사랑 이야기, 그리고 군인 서방이 좋네, 승려 애인이 좋네 하는 토론시(프로방스 시가의 종류)가 많았다.

물론 이들 작자 미상의 시가 중에는 중세인들의 삶의 애환을 담은 〈사람의 불행의 글Libro de Meseria de Omne〉(14세기 말)이나 〈죽음의 춤Danza de la Muerte〉

(14세기 말-15세기 초) 같은 작품도 있다. 〈불행의 글〉은 귀족 집에 종살이하는 하인 신세의 비참을 한탄한다. 아무리 좋은 양반이라도 양반과 상놈은 같이 다닐 수 없다는 이야기다. 하인 집에서 주인이 저녁을 드는 일이 있으면 하인은 저녁 준비에 진땀을 빼는 동안 주인은 산과 들에 나가 사냥이나 즐기고 그러다 지쳐 돌아오면 그게 하인 죄인 양 성만 낸다.

> 나리가 지쳐 느릿느릿 집에 들어오더라, 그 조랑말도 지칠 대로 지치고,
> 따라다니던 개들도 배를 탈탈 곯고 사냥매도 먹은 게 없더라.
> 주인이 숙소에 들면 먼저 인상부터 성난 표정이 역력하다.
> 그러면 하인은 어느 쥐구멍에라도 쥐처럼 쪼그리고 있어야 한다.
>
> 하인은 맘이 내키건 말건 주인 앞에 얼굴을 내밀어야 하는데
> 굴레에 끌려가는 황소처럼 마지못해서라도 주인 손에 키스를 하더라.
> 그러고 나서 닭이 있으면—없으면 달리 나가 구해 보든지
> 사오든지 해서 여하튼—사냥매에게 먹여야 되느니.
>
> • 원문 80 •

결국 죄 없는 하인만 생색도 못 내고 죽도록 고생만 한다는 신세타령이다. 마지막에는 결론으로 솔로몬 왕의 말을 인용해,

> 양반과 상놈은 좋은 친구가 될 수 없는 법.
> 가난한 놈과 부자가 같은 땅에 농사지으면 손해만 보나니
> 사자와 같이 있는 양이 어떻게 그렇게 온전할 수 있을소냐.
>
> • 원문 81 •

간절하게 충고하고 있다. 〈죽음의 춤〉도 유럽에 많이 유행한 가요의 하나로

인생이 끝나면 부자나 가난뱅이나 성자나 농부나 죽음의 부름 앞에는 다 똑같은 신세가 된다는 사회 비판적 시안을 담고 있다. 죽음의 신은 신분 고하를 막론하고 선행을 베풀었으면 저 세상에서 복을 받을 것이고 악한 짓을 했으면 벌을 받을 것이라는 인과응보의 최후 심판을 경고하며 모두를 죽음의 올가미로 끌어가고 있다.

이런 예외를 제외하면 많은 시가들은 사랑 타령이다. 이제나 저제나 유행하는 노래는 여자 이야기나 사랑 타령이 인기였다. 르네상스 시기에 즈음하여 많이 출간된 노래모음(Romancero나 Cancionero)에 나오는 작품 외에도 널리 알려진 13세기부터 14세기에 이르는 무명씨의 가사 중에 중세 미녀상들은 우리에게 여간 흥미 있는 게 아니다.

(1) 〈사랑 이야기Razón feita de amor〉에 나오는 "빨갛고 도톰한 입술"

261연으로 어느 학생이 운을 맞춰 쓴 것이라고만 되어 있는 이 무명씨의 작품은 사실 물이 좋냐 술이 좋냐를 다룬 토론시 계열의 시냐 멋진 사랑 신을 그린 작품이냐로, 그 통일성이 없다는 점에서 논란이 많았다. 레오 스피처가 이미 지적했듯이("Unidad y sentido de la Razón de Amor", *Romania*, LXXI, 1950) 토론 형식을 발전시켜 사랑 이야기로 맛을 더한 독창적 작품이라는 평가가 우리에게는 그럴 듯하게 들린다.

맨 처음 이 시를 썼다는 학생의 소개가 나온다. 글 잘 쓰고 여자 좋아한 독일이나 롬바르디아에서 유학까지 한 학생이라는 자랑이 있다가 바로 이야기가 시작된다. 때는 4월, 점심을 먹고 올리브나무 그늘에 있는데 건너편 사과나무 가지 사이 은잔이 하나 보였더라. 거기에는 발그레한 색깔의 좋은 포도주가 가득 차 있었는데 그 잔을 거기 고이 간직한 사람인즉 그 과수원 주인 아가씨가 임을 위해 그리한 것. 그 술 한 잔 먹으면 세상 누구라도 무병장수할 좋은 술이었다. 또다시 보니 다른 사과나무에는 잔 하나가 더 있는지라 다시 보니 거기에는 과수원에서 나는 찬 생수가 가득했더라.

그때 학생 시인은 잠깐 겁이 난다. 혹시 그 물이 무슨 마술에 걸려 있는 물이 아닌가 하고 마침내 풀밭에 머리를 대고 누워 낮잠이나 한숨 자 볼까 눕는다. 더울까 싶어 입은 옷을 훌쩍 벗어 팽개친다. 영원한 생수가 솟는 샘물가로 간다. 세상에 이렇게 맑은 물이 있으랴. 그 물이 너무 차고 맑고 좋아서 거기서 맛보는 시원함으로 주위 아무리 돌아다녀도 더위를 모르더라. 샘물가에는 갖가지 약초들이 냄새도 향기롭게 돋아 있다. 장미꽃, 실비아꽃, 백합꽃, 오랑캐꽃, 갖가지 향기롭고 고운 꽃들이 만발해 있어 누가 그 이름을 다 알랴! 오직 그 꽃들에서 풍기는 향기만 맡아도 죽은 사람도 깨어나리. 물 한 모금만 마셔도 온 몸이 다 얼어 온다. 손에 꽃 한 송이를 꺾어 들고 아름다운 사랑 노래를 하려니, 이게 웬일인가. 건너편에서 아리따운 아가씨가 나타나질 않는가. 세상에 이렇게 아름다운 여인은 내 본 적이 없더라.

> 하얗고 발그레한 살결
> 귓바퀴 위 짤막한 머리칼
> 하얀 이마에 그 생기 찬 윤기
> 사과처럼 상큼한 얼굴.
> 곧고 가지런한 콧날
> 정말 이렇게 잘생긴 여자는 본 일이 없을 터.
> 알맞은 입에 도톰한 입술
> 잘 균형 잡힌 입모양.
> 허리는 가늘고
> 곧고 날씬한 자태.

겉옷이며 속옷은
다른 천도 아닌 비단옷이라.

• 원문 82 •

이 아름다운 아가씨는 머리에 모자를 쓰고 손에는 하얀 장갑을 끼고 귀부인스러운 자태로 내 앞에 온다. 꽃을 꺾으며 높은 소리로 노래를 읊조리며, "오, 임이여, 언제 내가 당신을 만날까! 언제나 사랑했고, 내 평생 영원히 사랑할 임이여!" 임의 점잖은 말소리, 그 고운 모습 한시도 내 곁을 떠난 일이 없건만, 소문을 들으니 서울에 사는 딴 예쁜 여자를 좋아한다는 소식이 있어 내 이토록 수심에 차 있어요라고 읊조린다. 그러나 한 번만 나를 보면 틀림없이 나만을 사랑할 텐데….

마침내 학생 시인은 얼굴을 드러낸다. 살포시 그녀의 손을 잡고 올리브나무 밑에 나란히 앉아 사랑을 속삭인다. 사연인즉 어느 학생이 그 하얀 장갑이며 머리 리본이며, 반지를 선물했는데 한 번도 본 일이 없다는 것. 학생 시인은 그 모두가 자기가 보낸 선물임을 알아챈다. 그리고 그녀 또한 학생 시인이 차고 있는 허리띠가 그녀의 섬섬옥수로 만들어 보낸 선물임을 안다.

그녀는 어깨에서 망토를 벗어던지고
내 입술이며 눈에 키스를 퍼부었다.
나를 너무 좋아해서
말할 바를 모르더라.

• 원문 83 •

이리하여 둘은 달콤한 사랑의 속삭임으로 시간 가는 줄 모른다. 아버지가 돌아올 시간이 되었다며 그녀는 작별을 아쉬워한다. 둘은 굳은 사랑을 약속하고 안타깝게 헤어진다. 이와 같이 달콤한 밀회가 끝나고 그녀가 과수원 밖으로 사라지자 문득 새하얀 비둘기 한 마리 날아와 그녀가 숨겨 놓은 물잔, 술잔을 엎질러 버린다. 여기에서부터 이야기가 바뀌어 처음에 언급했던 술이 좋으냐 물이 좋으냐의 토론시가 전개된다. 물은 성수 세례에 쓰이고 포도주 또한 성례에 쓰이니 다 좋은 것이나 이 이야기와 앞의 아름다운 사랑의 로맨스가 무슨 관계인가가 논란의 대상이다. 물론 레오 스피처는 두 내용의 통일성과 관련해 비둘기의 등장을 전후로 전반부는 사실적 묘사, 후반부는 진실의 내용을 전달하러 오는 하얀 비둘기의 출현을 전후로 한 사랑과 종교, 기사적 삶과 승려적 삶의 상징으로 다시 풀고 있다는 해석을 내린다. 이 작품의 현학적 풀이야 어찌되었든 우리는 아리따운 중세 여인의 몸매의 묘사를 통해 그들의 미녀관과 육욕적 잠재의식의 일면을 엿볼 수 있다.

(2) "양젖 빛깔의 살색을 한" 이집트 성녀 마리아의 처녀 시절

아름다운 여자의 육체 묘사가 나오는 중세 문학은 다음 두 가지 필요성이나 구실에 의거한다. 신 중심 금욕주의 사회에서 육체는 영혼이 현세에서 잠깐 갇혀 있는 감옥이다. 따라서 여체의 묘사나 그 아름다움의 칭송은 반드시 어떤 교훈이나 토론을 목적으로 한 반증으로 나타난다. 아니면《좋은 사랑의 이야기》에서처럼 육욕적인 미친 사랑에 대한 경고 내지 피해야 할 사랑의 예로 육체적인 사랑의 묘사가 가능할 뿐이다.

위에 이야기한〈사랑 이야기〉가 술과 물에 대한 토론시로 끝맺는 것은 스피처의 해석처럼 상징적 뒤풀이라기보다 육적 사랑의 이야기에 대한 도덕적 허구로 교훈성을 갖추기 위한 사족에 불과하다.〈엘레나와 마리아Elena y María〉나〈영혼과 육체의 말다툼Debata del alma y cuerpo〉류의 토론시에서 보듯 토론시는 당연히 영혼 중심적 · 승려 중심적 해답을 전제로 육체와 기사를 끌어들여 재미있게 말다툼 놀이를 한 것들이다. 이 모두가 중세 초기, 즉 13세기를 전후해서 유행했던 프로방스 문학의 토론시류의 시가다.

금욕적 교훈을 핑계로 한 후안 루이스의《좋은 사랑의 이야기》에서 좀더 관능적인 구절을 뽑아 보면 이렇다.

> 눈은 크고 아름답고 발랄하고 반짝이고
> 속눈썹은 길고 눈동자가 맑고 웃는 상이 최고라.
> 귀는 작되 귓바퀴가 얇아야 좋고
> 목은 길고 오뚝해야 사람들이 좋아해.
>
> 코는 날렵하고 치아는 작아야 좋아.
> 이빨이 가지런하고 약간 듬성듬성하면서도
> 새하얗고, 날카롭고, 잇몸은 불그레하고
> 입은 작고 입술은 불그레한 게 좋지.
>
> 하얀 얼굴에 잘생긴 작은 입
> 털 같은 것은 피부에 없고 살결이 매끄러워야지.
> 처음 볼 때는 속옷이 없이 보는 게 최고,
> 이런 몸매를 보면, "이게 최고인 걸!" 느낄 테니까.
>
> · 원문 84 ·

보다 관능적인 부분으로 넘어가면 여자는 체격이 굵어서는 안 되고 팔이 너무 가늘어서도 안 된다고 주의시킨다. 중매쟁이를 잘 골라 친하게 되어야지 원래 매파는 거짓말과 과장을 잘하는지라 속지 말라는 것. 이런 여자가 가장 좋은 여자라는 대목을 보면,

겨드랑이가 약간 슬쩍 젖어 있고
다리가 굵지 않고 허리가 길고
엉덩이가 펑퍼짐하고 발이 작고 동그스름하면
온 저잣거리에 더 이상 좋은 여자는 없는 법!
침대에서는 진짜 미친년, 가정에서는 요조숙녀.

• 원문 85 •

후안 루이스의 이런 충고는 오비디우스를 모방한다는 넉살이 있으나 서문에서 표방한 정신적인 '좋은 사랑'의 교훈과는 무슨 관계인지 아리송해진다. 형식상으로는 이런 것을 너무 밝혀서는 안 된다는 교훈이지만 이미 르네상스 기운과 부르주아적 향락주의에 흠뻑 젖은 느낌이다. 어떻든 기독교적 견지에서 튀어나온 반예증적 구실의 '미친 사랑'의 예는 간간이 다른 성서 문학에서도 나타난다.

또 한 예가 〈이집트 성녀 마리아의 일생Vida de Santa María Egipciaca〉이다. 중세에 많이 알려진 마리아의 처녀 시절의 음란 행적 이야기로 나중에 회개하고 고행으로 죄를 씻는다는 내용이다. 젊어서부터 행실이 좋지 않아 부모의 속을 썩이던 마리아가 마침내 부모의 간섭을 피해 좀더 자유로운 행각을 벌이기 위해 알렉산드리아로 온다. 때는 5월 만물이 꽃 피는 계절에 남자를 낚으러 바닷가로 갔다가 마리아는 예루살렘으로 순례를 가는 배를 만난다. 배 안에서 매춘이 짭짤한 돈벌이가 되리라 맘먹고 배를 탄다. 거기서 재미를 보고 예루살렘에서도 활발한 청춘 행각을 계속한다. 한때 그녀는 교회에 들어가려고 한다. 그때 귀신들이 나와 그녀를 막는다. 그제야 그녀는 자신의 죄를 깨닫고 아파한다. 마침내 회개를 하고 요르단 강으로 고행을 떠난다. 빵 세 조각으로 40일을 때우고 고행을 계속한다. 사막을 여행하던 그 아름답던 옛 모습은 삐쩍 마르고 더러운 형편없는 몰골로 바뀐다. 겉의 아름다움 대신에 마음의 아름다움이 싹튼다. 마침내 수도사 고시마스의 도움으로 고해성사를 받고 성스러운 죽음을 맞는다. 그때 성녀의 나이 47세. 죽은 뒤 일 년 후 고시마스가 그녀의 시체를 발견하고 한 죽은 자의 도움으로 그녀를 매장한다. 젊은 시절 아무리 죄를 많이 지은 여자라도 진정으로 참회하면 구원을 받는다는 종교적 교훈이 담긴 이야기.

그러나 이 작품이 스페인 문학에서 기억할 만한 걸작으로 남는 것은 마리아의 젊은 시절의 용모의 묘사가 13세기 중세 여인의 미녀상을 대변해 주고 있기 때문이다. 시구 205행에서 244행에 이르는 처녀 마리아의 선정적인 아름다운 모습 중 가장 관능적인 대목은 이렇다.

두 귀는 동그랗고
양젓 빛깔처럼 하얘.
두 눈은 새까맣고 눈썹 또한 그러하니
머리칼 사이로 반짝이는 하얀 이마
발그레한 살색은
갓 피어난 장미꽃 같아.
알맞게 적은 입
예쁘고 또렷한 입술선.
수정같이 맑은 목은 너울대는
수선화 꽃대 같고
젖가슴은 갓 익은 사과처럼
싱싱하고 건강해.
팔이며 몸매 모두가
수정처럼 맑고 하얗더라…

• 원문 86 •

(3) 극도로 이상화된 미인과 "젖꼭지가 브래지어를 뚫는 듯한" 여인

14세기 말, 15세기의 여인은 이제 금욕적 교훈의 구실과 종교성의 색채를 달리한 여인들이다. '사랑의 이야기'에 나오는 미녀상이 극도로 이상화를 거듭하면서 나온 프로방스 연원의 궁중 문학의 전형적 귀부인상으로 확립되는 한편 부르주아적 취향의 발달과 함께 극도로 향락주의적 육체미를 드러내는 요녀들이 등장한다.

15세기에 유행하는 감정 소설이나 기사 소설의 귀부인이 이상화된 완전한 진선미의 확신으로 나타나는 미녀상이다. 프로방스 문학의 '사랑의 시'의 모델이나 단테의 베아트리체를 닮은 여인상은 금발이 특징이면서 극도로 도식화된 궁중 미인 스타일이다. 후안 로드리게스 델 파드론Juan Rodríguez del Padrón의 〈사랑의 자유스러운 시종El siervo libre de amor〉에 등장하는 인물은 감정 소설의 최고의 걸작으로 치는 〈사랑의 감옥Cárcel de Amor〉의 여주인공 라우 레올라 라우라처럼 차갑고 냉혹할 정도로 아름다운 사랑의 여신이다. 라우라가 자살해서 죽으면서까지 노래한 신의 걸작인 여인의 아름다움이 그것이다.

기사 소설 〈아마디스 데 가울라Amadís de Gaula〉에서 지극히 아름다운 엘리세나 공주(아마디스의 어머니)와 그의 애인 오리아나의 고귀한 아름다움이 신화화된다. 기사를 움직이는 세 개의 힘이 '약한 자를 돕고, 모험을 즐기며, 귀부인을 섬긴다는 것'이라면 그중에서 가장 중시된 것이 사랑이다. 보석처럼 아름답고 차갑게 빛나는 여인상들이 묘사보다는 주인공의 사랑의 상사몽을 통해 엿보인다.

15세기, 16세기를 누비며 가장 인기 있는 소설 장르로 각광을 받은 이들 기사 소설은 감정 소설과 함께 험난한 모험의 역정, 신비스럽고 서정적인 자연을 주축으로 한 무대, 거기에 영웅의 거룩한 정의와 귀부인을 섬기는 숭고한 사랑의 감정이 곁들여져 온갖 재미를 유발시킨다. 오리아나의 아름다움은 〈셀레스티나〉의 멜리베아, 《돈키호테》의 둘시네아와 더불어 스페인 문학의 가장 이상적인 아름다움으로 전형화된다. 이들 궁중 문학의 여인상으로 총칭할 수 있는 아름다운 여인의 묘사는 〈셀레스티나〉에 가장 잘 나타나 있다.

멜리베아의 아름다움은 아라비아에서 짠 황금 실타래와 같다. 아니 그보다 더욱 아름답고 더욱 반짝인다. 머리채가 발뒤꿈치까지 와 닿고 길게 땋아 내린 머리끝에 댕기를 엮어 달았다. 눈은 파랗고 눈꼬리가 길다. 속눈썹도 길고 겉눈썹은 가늘게 치켜 올라갔으며, 코는 중간쯤 되고 입은 작다. 희고 잘디잔 치아에 도톰하고 발그레한 입술. 얼굴 모양은 동그랗다기보다는 갸름한 편이고, 오뚝 솟은 가슴, 동그랗고 조그만 젖꽃판이 상상을 할 수 없을 정도로 매혹적이다…. 살결은 반짝이고 매끄럽고 눈빛이 무색할 정도로 희다. 얼굴색은 불그레하다. 손은 중간쯤, 작은 편이다. 살이 포동포동 올라 있다. 손가락은 길고 손톱이 불그레하고 길다. 마치 진주 속에 박힌 루비처럼….

멜리베아는 많은 궁중시, 궁중소설에서 나오는 이상화된 미녀의 전형이다. 감정 소설이 이토록 이상화된 미녀를 모델로 한다면 기사 소설에 나오는 사랑의 귀부인 또한 예외일 수가 없다. 앞서 말한 것처럼 기사를 움직이는 세 가지 힘은 '약한 자를 돕고, 귀부인을 사랑하며, 모험을 즐긴다'는 것이기 때문이다. 가르시 로드리게스 데 몬탈보Garci Rodríguez de Montalvo가 수정 첨삭해 출판했다는 〈아마디스 데 가울라〉(1492년 작, 1508년 출판)에서 아마디스의 애인 오리아나는 천하일색이다. 인기 절정에 이르렀던 이 기사 소설은 여러 형태의 사랑의 에피소드를 제공한다. 아버지 페리온과 엘리세나의 존귀한 귀족적 사랑, 궁중 사랑의 전형인 아마디스와 오리아나의 사랑 외에도 갖가지 혼외정사가 벌어진다. 갈라오르의 육체적 사랑의 구가, 길란의 간통이 다채롭게 전개된다.

이들 소설 속의 사랑의 특징은 그 격앙된 사랑 감정의 승화다. 아마디스는 오리아나의 이름만 들어도 기절한다. 그녀가 그를 거절했을 때 그는 산 위에서 갖은 고행을 하며 그녀의 사랑을 구한다. 마침내 페냐 포브레에서 그 많은 고행을 치루고 다행히 결혼에 이르게 되는 기사의 이야기에서 모험보다 사랑이 더 큰 힘으로 영웅을 인도한다. 이들 사랑의 신을 모시는 궁중 연인들에게 여자는 한결같이 만물의 조화가 이룬 걸작이다. 15세기 궁중시를 거쳐 르네상스까지 큰 영향을 미치는 이런 이상적 여인상, 진선미의 총화의 상징은 이미 중세에서부터 널리 퍼지기 시작한다.

이와는 반대로 완전히 육체적 아름다움에만 치중한 문학이 《데카메론》계열의 에로 문학이다. 프란시스코 델리카도의 〈안달루시아의 생기발랄한 미녀La lozana andaluza〉(1528)가 그 예다. 물론 어렸을 때부터 생기발랄하고 아름다워 '로사나'라는 별명이 붙은 그녀지만 아름다움을 파는 매춘부, 그녀의 아름다움의 묘사보다는 독특한 안달루시아 말투의 유머, 재치와 함께 음탕한 그녀의 행각이 〈셀레스티나〉의 창녀들과 함께 스페인 음란 문학의 첨봉을 이룬다. 〈셀레스티나〉와 같이 문체도 대화체로 되어 있어 전개가 다이내믹하고 재미있다.

잡다한 소설에 삽화로 나오는 여인의 묘사보다 로만세에 나오는 찐한 표현들이 더욱 인상적이다. 〈클라로스 백작의 로만세Romance de Conde Claros〉의 백작도 엽색 행각이 제법이다. 클라니냐 옹주 생각에 상사병에 걸린 클라로스 백작이 마침내 궁중에서 그녀를 만나 벌이는 한판 쇼. 그녀가 화장실에 간다는 핑계로 도망가려 하자,

그녀의 손목을 덥석 쥐고

초원으로 간다.
사이프러스나무 그늘
장미덩쿨 밑에서
허리 위로는 달콤한 키스 세례,
허리 밑으로는 사나이와 계집의 고짓.

• 원문 87 •

그러나 도회 여자와 촌놈 사이의 이런 연애 이야기도 제법 맛이 있다. 초원에 곱게 차린 귀부인이 맨발로 나와 있다. 멀리서 손짓하여 '나'(촌놈)를 부르더라. "무엇 때문에 저를 부르시는 거예요?" 퉁명스럽게 촌놈이 대답하자 사랑스런 목소리로 여자가 유혹하더라. "이리 와요, 목동 양반/재미 좀 봅시다/낮에는 낮잠도 자는 법? 벌써 점심시간 아니예요?/한잠 주무시고 가려거든/내가 잘 해 드릴게요." 촌놈은 "제가 머물 시간이 있남요/처자식도 있고 집도 지켜야지요./또 들에는 짐승들이 널려 있는데/이것을 잃어버리면 난 뭐 먹고 살게요" 하며 거절한다. 거기에 나오는 귀부인의 말씀,

잘 가 봐, 이 목동 친구야
그댄 뭘 모르는구먼.
내 몸의 아름다움을
한 번만 보시겠어?
가늘디가는 이 허리
백지처럼 하얀 이 몸매.
살색은 장미밭의 장미라
울긋불긋 예쁘기만 하고
목은 사슴처럼 길고
눈은 비둘기처럼 곱지.

가슴속 젖꼭지는 꼿꼿이 솟은 게
이 브래지어를 뚫고 나올 지경.
그 밖에 더 숨겨놓은 것이야
한 번 보면 미칠걸.

• 원문 88 •

15장

끝없는 여운의 메아리, 로만세와 서정요들

◆

인쇄술의 발달과 함께 15세기와 16세기에 걸쳐 활발하게 채록되어 선집으로 출판된 책들이 '로만세집Romanecero'과 '노래집Cancionero' 들이다. 입과 입을 통해 다듬어지고 세월에 씻기어 주옥처럼 고운 조약돌 같은 이들 이름 없는 작품들은 르네상스 문학에는 물론 현대시, 특히 가르시아 로르카와 알베르티Alberti 등에 지대한 영향을 미치게 된다.

맨 처음 우리가 이야기했던 하르차스나 갈리시아의 민요로부터 카스티야 지방의 노래나 축가들, 기타 노래꾼들이나 아낙네들이 심심풀이로 불렀던 가슴의 멜로디와 사연들이 인쇄술이 일반화되자 가사집으로 처음에는 몇 편씩 나돌다가 묶여진 것들이 《바에나 노래집》, 《스투니가 노래집*Cancionero de Stúñiga*》 등으로 출판되어 나온다. 이외에도 구전으로 전해진 노래들이 19세기 말까지 끝없이 수집되고 연구되어 온 것이다.

이들 민요 중 로만세는 옛날 음유시인들이 밥벌이로 가지고 다녔던 긴긴

레퍼토리에서 세세한 부분은 잊혀지고 가장 쌈박한 대목만 불리어 오다가 채집된 것들이다. 14세기 이후 이들 영웅 서사시는 조각조각 나서 대개 8음절 시구로(여기서 로만세의 율격, 즉 짝수 시행만 각운이 맞는 8음절시가 비롯되었다) 통일된다. 로만세는 이야기가 있는, 그것도 재미있는 사랑의 이야기가 주축이 된 짧은 설화들이다. 스페인의 전설이나 프랑스에서 흘러들어 온 롤랑의 이야기나 〈클라로스 백작의 로만세〉같은 것은 그냥 읽어도 재미있다. 또한 그리스나 로마의 고전에서 따온 것, 혹은 예로부터 그냥 전해 내려오는 설화류를 노래화한 것들이 19세기 낭만주의 연극이나 시의 중요한 테마로 작품화되기도 한다. 그중 짧고 재미있는 것 몇 개를 보자.

그 하나가 〈미사에 나타난 미녀La Bella mal madridada〉인데 아라곤 지방의 '사랑의 축제일, 성 요한의 날'에 처녀 총각이 미사 드리러 가는 장면이 나온다. 거기 예쁘게 치장하고 숄을 걸친 "우리 아가씨"가 나타나는데,

> 그 예쁘디예쁜 입술에는
> 약간 달콤한 미소가 어려…
> 그렇게 성당으로 들어가니
> 햇님처럼 빛나더라.
> 다른 처녀들은 질투가 나 죽을 지경,
> 총각들은 사랑에 미쳐 죽을 지경.
> 합창대에서 합창을 하던 소년도
> 노래 가사를 읽고,
> 미사를 집전하던 신부도
> 설교를 이랬다 저랬다.
> 신부 미사를 도와주던 아이들도
> 뭔 말을 해야 될지 몰라

“아멘”, “아멘” 한다는 것이
“아모르”, “아모르” 하더라.

• 원문 89 •

여기서 ‘아모르’는 물론 ‘사랑’이라는 뜻이다. 얼마나 재미있는 삽화인가. 찬란한 미녀의 출현으로 성스러운 사랑 미사가 되는, 일어날 법한 이야기. 또 하나 처절하고 아름다운 사랑의 테마를 다룬 〈연인과 죽음El enamorado y la muerte〉이라는 로만세도 숙명의 신비를 생각게 하는 묘한 걸작이다.

엊저녁에 꿈을 꾸었는데요,
내 마음에 잊히지 않는 꿈이었어요.
내 사랑하는 임을 꿈꾸었는데
내 품에 임이 안겨 있었어요.
그때 하얀 여자 하나가 들어왔어요,
찬 눈빛보다 더욱 하얀.

• 원문 90 •

그때 총각은 물어본다. ‘사랑하는 임아. 문도 닫혀져 있는데 어떻게 여길 들어왔느냐’고. 그 여인은 차갑게 대답한다. ‘나는 너의 임이 아니라 너를 잡으러 온 죽음의 사신’이라고. 총각은 사랑하는 사람을 꼭 보고 가야 되니 하루만 더 살게 해 달라고, 죽음의 사자는 하루는 안 되고 한 시간만 주겠다고 말한다. 그 길로 총각은 달려간다. 황급히 문을 열라고 다그치는 애인 앞에서 처녀는 부모님도 안 주무시는데 어떻게 문을 열겠느냐고 대답한다. 안타까운 총각의 하소연,

"오늘밤 문을 안 열어 주면,
이제 평생 열어 줄 필요 없을 거야.
죽음의 사신이 나를 데리러 와.
너와 함께 있으면 살 거야."
"창문 밑으로 와요
내가 수놓고 일하던 데로,
명주 실끈을 내릴게요,
위로 올라오시도록.
그 실끈이 모자라면
제 머리채로 더 이어 드릴게요."

고운 명주가 끊어지네,
죽음이 거기 와 있네.
"가자구, 사랑에 빠진 친구야,
벌써 시간이 다 됐어."

• 원문 91 •

그러나 이보다 더욱 여운이 강한 것이 역시 서정요들이다. 원래 이런 이야기나 노래들은 그런 작품을 낳게 한 연원이 있을 법하다. 예를 들어 카나리아에서 15세기 중반에 불린 〈기엔 페라사의 죽음에 대한 조가Endechas a la muerte de Guillén Peraza〉 같은 경우다.

너희 들판들이
슬픈 화산을 터뜨리게 하라.
온 곳에 기쁨은 사라지고
아픔만 있게 하라.
온 모래벌이
너의 꽃을 뒤덮게 하라.

기엔 페라사,
기엔 페라사…
• 원문 92 •

한 전사의 죽음이 카나리아의 들판은 화산으로 터뜨리고 그 꽃밭을 모래 사장으로 뒤덮이게 하는 아픔의 묘사는 그것이 카나리아의 정경이면서 한 시대 한 영웅의 죽음의 이미지로 나타나게 한다. 그러나 대부분의 작품들이 세월이 가고 모두 잊혀 내력을 알 수 없는 강한 감정의 파편으로, 그 진한 여운으로 우리를 아우른다. 낭만주의 이후 현대시에서 이들 소품의 여운미에 커다란 마력을 느끼는 것은 바로 이 때문이다. 작품의 여운이야말로 독자가 자유로운 상상력으로 작품을 재구성하게 하는, 노래하는 사람의 정황과 감정으로 되새기게 하는 현대적 시취이기 때문이다. 여기 몇 개의 작은 걸작들을 소개한다.

내가 제일 사랑하는 임이시여,
새벽 빛을 밟고 오세요.

새벽 길로 오세요,
친구는 데려오지 마시고요.
새벽 빛을 밟고 오세요,
크게 친구분은 데려오지 마시고요.
• 원문 93 •

이 마지막 구절의 "크게 친구분은…" 같은 은근하고 사려 깊은 표현은 민요가 아니고는 그 매력이 되살아나지 않는다. 친구를 데려와서야 되겠는가. 그러나 사랑하는 사람의 마음을 최대로 존경하고 살펴서 "크게…"와 같은 애교

있는 말이 살짝 붙는다.

여운의 마력은 노래의 사연은커녕 그 아픔조차 잘 잡히지 않는 안타까운 몇 구절의 굽이침에도 있다. 이 작은 해오라기의 울음소리를 들어 보라.

사랑에 상처 난
해오라기 하나 가더이다.
홀로 가며 소리쳐 울며
가더이다.

해오라기 보금자리 친
그 강가로
홀로 가며 소리쳐 울며 가더이다.

• 원문 94 •

누가 여기 무슨 아픈 사연이 있었는지 아는가. 사연은 안개 속에 묻히고 저물어가는 강가를 소리쳐 울고 가는 한 울음소리만 처량함을 더할 뿐이다. 해오라기만 아니라 아가씨가 울고 있을 때에는 아픔이 더욱 구체화된다.

눈동자 까만 아가씨 하나
올리브나무 밑에서 울고 있었어요,
잎가지가 파르르 떨려요.

예쁜 몸매의 아가씨 하나
까만 눈에 예쁜 몸매의 아가씨 하나
죽은 임을 못 잊어 울고 있었어요,
올리브나무 밑에서.

잎가지가 파르르 떨리고.

• 원문 95 •

그 울음소리 너무 슬퍼 나뭇잎 가지까지 떨리는 시정! 이런 여운미는 뒤로 가르시아 로르카 같은 현대 시인들에게까지 크게 영향을 미친다. 위 작품과 비교하면서 참고로 가르시아 로르카의 〈경악Sorpresa〉이라는 시 몇 구절을 보자.

길거리에서 죽어 있었어요
가슴에 칼을 맞고.
아무도 아는 사람은 없었어요.
가로등만 떨고 있었어요!
어머니.
길거리 가로등 하나만
그토록 떨고 있었어요!

• 원문 96 •

16장

사랑은 죽음에 이르는 병인가

◆

중세와 근대를 잇는 걸작 〈칼리스토와 멜리베아의 희비극Tragicomedia de Calisto y Melibea〉(1502)은 또다시 사랑을 생각하게 한다. 요즘 신문에는 '살아 있는 것은 모두 사랑을 한다'와 비슷한 책 광고들이 눈에 비친다. 저자가 종교인들이다. 살아 있는 것이 사랑하는 것이라면 사랑은 분명히 죽음에 이르는 병이다. 진정으로 살아 있는 삶을 영위한다는 것은(더러 인간적으로 산다고 하는) 사랑하며 하는 길이며, 그 사랑하며 사는 길이 죽는 길이다. 모든 삶은 죽음을 향하여 열려 있기 때문이다.

페르난도 데 로하스Fernando de Rojas의 칼리스토와 멜리베아의 사랑 이야기는 이즈음에 유행하기 시작한 가장 아름다운 사랑과 비극적 종말의 의미를 되새기고 생각하게 해 준다. 진실은 신화화되거나 신화 속에서 확실해진다. 중세의 전설이나 설화에서 발견되는 사랑 이야기는 대개 자살로 끝맺음된다. 로미오와 줄리엣의 이야기는 셰익스피어를 통해 불멸화된 중세 설화요, 바그너의 음악과 극을 통해 전해진 트리스탄과 이졸데의 사랑이 또한 중세 사랑의 비극이다. 이와 연맥을 같이 하는, 1502년 〈칼리스토와 멜리베아의 희비극〉으로 발표되었다가 1519년부터 지금의 제목으로 불리기 시작한 〈셀레스티나La Celestina〉는 당시의 상업주의적 인생관을 반영하는 사실성과 함께 진정한 사랑은 죽음에 이르는 병인가를 생각하게 하는 또 하나의 비극이다.

로미오와 줄리엣의 이야기는 우리에게 너무 잘 알려져 있다. 두 가문의 해묵은 앙숙 관계는 두 연인 사이를 갈라놓는다. 옛 전설에서 전해져 보카치오와 다 포르토의 소설(1530)을 통해 셰익스피어에게까지 이른 이 슬픈 사랑의 이야기는 줄리엣의 사촌 티벌트를 로미오가 죽임으로써 격화된다. 로렌스 신부에게 비밀리에 결혼 서약까지 한 이들은 결국 헤어진다. 로미오는 도시를 떠나고 줄리엣은 부모의 권고에 못 이겨 싫어하는 사람과 결혼을 해야 하는 처지가 된다. 고민 끝에 마침내 죽은 것처럼 보이는 비약을 먹고 가사 상태에 이른다. 줄리엣이 죽었다는 소식을 듣고 달려온 로미오는 마침내 그 주검 앞에서 음독 자살한다. 줄리엣이 깨어나 보니 사랑하는 로미오가 죽어 있다. 그녀 또한 자살하여 죽는다.

바그너의 〈트리스탄과 이졸데〉의 원천인 중세 설화 트리스탄과 이졸데의 이야기는 이렇다. 콘월의 왕 마크의 조카인 트리스탄은 아일랜드에 가서 삼촌의 아내를 구해오라는 명령을 받는다. 금발의 이졸데 공주를 왕비로 모셔오는 책무였다. 공주를 모시고 돌아오는 도중 여종의 실수로 트리스탄과 이졸데는 함께 사랑의 묘약을 마시게 된다. 둘은 결코 헤어날 수 없는 깊은 사랑에 빠진다. 이 간통 사건으로 트리스탄은 작은 브르타뉴 왕국으로 피신해 다른 여자와 결혼한다. 그녀 이름 또한 '하얀 손의 이졸데'다. 결혼 후에도 트리스탄은 금발의 이졸데를 잊지 못한다. 트리스탄이 결투에 중상을 입고 죽어갈 때 그는 마지막 소원으로 부하에게 금발의 이졸데를 한 번만 보고 죽겠노라고 말한다.

그리고 그녀를 찾아 배에 싣고 돌아오거들랑 흰 돛을 달고 오고 그리 못 하거들랑 검은 돛을 올리고 오라고 명한다. 마침내 부하가 이졸데를 싣고 흰 기를 올리고 돌아오던 날이었다. 트리스탄은 아내에게 지금 들어오는 배가 무슨 깃발을 달고 오느냐고 물었다. 그녀는 질투에 못 이겨 검은 깃발을 달고 온다고 거짓말한다. 트리스탄은 고통을 못 이겨 이내 죽고 만다. 이를 본 금발의 이졸데도 그의 시체 위에 쓰러져 죽는다.

이 두 중세 사랑의 비극과 맥락을 같이 하는 작품이 우리가 지금 이야기하려고 하는 〈칼리스토와 멜리베아의 희비극〉이다. 이 작품은《돈키호테》다음가는 스페인 문학의 걸작으로 손꼽힌다.

《돈키호테》가 그렇듯이 페르난도 데 로하스의 이 희비극은 중세 사랑의 기본 줄기인 선비 사랑(amor cortés 혹은 궁중 사랑)의 전통을 이어받아 중세와 르네상스의 시대적 상황 속에 전개되는 가장 총체적 사랑의 면모를 보여 주는 작품이다. 따라서 앞서 이야기한 두 개의 사랑 이야기와 함께 사랑이 본질적으로 내포하고 있는 죽음으로의 욕망을 분석하기에 좋은 표본이 된다고 하겠다.

1499년작으로 추정되는 16막으로 된 이 작품은 1502년판부터 5막이 더 첨가되어 21막이 된다. 뒤에 22막이 된 것도 있으나 이는 마지막 아버지 플레베리오의 사설을 덧붙인 것에 불과하다. 그 이야기는 이렇다.

명문가의 젊은 칼리스토가 매 사냥을 하다가 매를 쫓아 문득 멜리베아의 정원에 이른다. 멜리베아를 보자 젊은이는 금방 사랑에 빠진다. 그 자리에서 사랑을 고백하지만 거절당한다. 임 그린 상사몽에 잠을 못 이루고 병이 든 칼리스토는 마침내 그를 보다 못한 종자들의 권유로 뚜쟁이 셀레스티나를 만난다. 셀레스티나는 집에 창녀를 많이 두고 일을 할 뿐만 아니라 이런 비밀 연애 알선에는 일가견이 있는 이름난 모사꾼이다. 셀레스티나는 내심 이번

일이 별로 자신은 없지만 그러나 돈벌이가 되는 일이라서 이 일을 맡는다. 몰래 비단 실꾸리며 아녀자들 가용품을 판다는 구실로 멜리베아 집에 접근한다. 몇 번이나 거절하는 멜리베아를 꼬드겨 결국 칼리스토를 한 번 만나게 하는 데 성공한다. 여기에는 비단 실꾸리에 묻힌 사랑의 묘약이 주효했다는 설도 있다.

사실 이 일에서 종자들인 셈프로니오와 파르메노는 따로 꿍꿍이가 있었다. 만약 이 일을 위해 자기 주인에게 선물을 받으면 셀레스티나와 자기들이 반씩 나눠 갖기로 한 계약이었다. 일이 잘 되어가고 수입이 두둑해지자 셀레스티나는 칼리스토에게 대가로 받은 금목걸이를 혼자 가로챌 생각을 한다. 셈프로니오가 속셈을 알아차리고 그녀를 추궁하자 늙은 여우는 딱 잡아뗀다. 엎치락덮치락 실랑이 끝에 셀레스티나가 그들 손에 죽는다. 그들도 마침내 잡혀 죽는다.

이런 어수선한 분위기 속에서 칼리스토와 멜리베아의 밀회는 계속된다. 그러던 어느 밤 멜리베아와 밀회 중이던 칼리스토는 문 밖에서 소란한 소리를 듣는다. 칼리스토는 사다리를 놓고 담을 뛰어넘으려다 실족해서 그대로 떨어져 죽는다. 절망에 몸부림치던 멜리베아는 번민 끝에 부모들이 보는 앞에서 탑 맨 꼭대기로 올라가 투신자살한다. 이 작품은 마지막에 아버지 플레베리오의 사랑과 운명에 대한 저주와 한풀이로 끝난다.

(1) 선비 사랑Amor cortés 이야기인가, 기독교적 교훈 소설인가

그린Otis H. Green은 《스페인과 서구 전통*España y la tradición occidental*》(Madrid, 1969, I, pp. 139-145) 속 〈셀레스티나〉에 대한 글에서 이 대화체 소설이 다루고 있는 주제를 중심으로 이론을 펴고 있다. '선비 사랑'이란 우리가 이미 이야기한 바 있는 프로방스 시로부터 기원한 이상적 사랑, '플라톤적 사랑'의 형태로 궁중 소설의 근간을 이루는 사랑 모델이다. 이미 기사 소설이나 감정 소설, 목가 소설에서 그 모델이 많이 나타난 바 있다. 사랑하는 사람을 진선미의 극치로 모시는 것을, 사랑하는 것을 일종의 인간 수련의 방편으로 생각했던 르네상스인들의 이 사고는 멀리 중세 신플라톤학파의 선구인 플로티노스Plotinos(205-207)까지 그 연원이 거슬러 올라갈 수 있다. 플로티노스의 사랑론은 성 아우구스티누스나 토마스 아퀴나스에게까지 영향을 미치고 종교적 사랑과 혼동되면서 단테의 베아트리체상을 낳는다. 우리가《신곡》에서 보는 천국의 베아트리체는 모든 진선미의 승화이면서 종교적 구원의 모델이다.

그러나 '선비 사랑'에는 기독교와 혼동될 수 없는 요소가 있었다. 그것은 '선비 사랑'의 뮤즈는 사랑하는 사람에게 무정한 사랑의 번민과 아픔이 수반되는 행복을 선사하기 때문이다. 〈셀레스티나〉에서 칼리스토와 멜리베아의 사랑이 왜 결혼이라는 행복한 결말로 끝나지 않았는가에는 이론이 많았다. 마라발Maravall 같은 학자는 당시의 사회상과 작가 페르난도 데 로하스의 열등한 신분, 즉 신 기독교도라는 작가의 신분의식이 반영된 게 아닌가 하는 의심을 품는다. 신 기독교도라는 계층은 소위 양반 축에 못 드는 계층으로, 윗대에서 3대가 기독교도이어야 '양반'인데 그 3대 중에 개종한 할아버지나 아버지가 있는 경우다. 레예스 카톨리코스 세대 이후 '양반'이 아니면 관계에 진출할 수도 없고 신분상 하시와 천대를 면할 수 없었다. 당시의 사회상을 연구한 학자들(예를 들어 Emilio Orozco) 중에는 이 비극에서 칼리스토와 멜리베아가 행복한 사랑을 결혼으로 맺지 못하고 불행에 이른 이유를 이와 같은 신분 차이로 해석하는 경향이 많다. 로하스의 일생을 연구한 질만Gilman은 이 작가는 이미 증조할아버지 대에 개종한, 비교적 양반냄새가 짙은 변호사였다고 말한다. 따라서 이 희비극의 짙은 염세주의나 비극성을 작가의 사회 경험의 반영으로 보기에는 문제가 있다는 것이다. 따라서 오늘날 일반적으로 받아들여지고 있는 이론은 이 두 연인이 결혼하지 못한 이유는 작품의 문학형식상 궁중 소설 계열의 '선비 사랑'을 주제로 하고 있기 때문이라는 것이다. 궁중 소설은 특별한 경우가 아니면 사랑의 범주 안에 결혼을 끌어들이지 않는다. 기사 소설 〈아마디스데 가울라〉에서 기사 아마디스가 연인 오리아나와 결혼하는 경우는 사랑과 소설의 끝을 의미하는 하나의 방편이었을 뿐이다.

앞서 언급한 그린의 연구는 대단히 자세하다. 먼저 그는 칼리스토와 멜리베아의 신분상의 차이로 비극이 빚어졌다는, 그때까지의 평론가들의 해석을 반박한다. 칼리스토가 멜리베아를 숭앙하고 자신을 낮추는 것은 '선비 사랑'의 모델을 따른 것이며 실제 작품 속에서 둘의 신분은 같고 또한 칼리스토가 명문가문임을 강조하고 있다고 말한다. 따라서 두 연인이 신분 관계로 결혼에 이르지 못한 것은 작품을 떠난 억지 해석이라는 것이다. 또한 결혼에 이른 아마디스와 오리아나와의 사랑은 정식 사랑이었으나 칼리스토와 멜리베아의 사랑은 육적인 죄스러운 사랑이었기에 기독교적 윤리에 어긋나서 벌을 받게 한 것이라고 풀고 있다. 여기 코랄레스 에헤아Corrales Egea가 말하듯이 "가장 이상적이고 격정적인 사랑은 […] 결국 결혼을 전제로 하지 않는 사랑에서만 가능하다"는 궁중 소설의 전통적 사고를 따른 것이라는 해석이 열쇠가 된다.

12세기 엘로이즈의 설화는 바로 이런 '선비 사랑'의 모델이다. 엘로이즈는 "결혼보다는 사랑, 구속보다는 자유를" 원한다. 하늘을 두고 그녀는 맹세한다. "카이사르의 아내가 되는 것보다는 아벨라르의 정부가 되는 것이 더욱 영광이라고 생각했어요." 칼리스토와 멜리베아의 사랑 또한 '선비 사랑'의 극단적 종말을 향해 달리고 있다. 이들의 만남은 처음부터 '선비 사랑'의 첫 단계인 "부끄러움, 주저함" 없이 첫눈에 사랑의 하소연을 퍼붓는다. 사랑이 거절당하자 뼈가 마르는 상사병이 따른다. 이 단계에서 여인의 이상화가 시작된다. 멜리베아 또한 사랑 속의 가장 존귀하고 아름다운 귀부인이 된다. 사랑에 미친 주인에게조차 셈프로니오가 놀라 묻는다. "나리는 기독교도가 아니세요?" 칼리스토의 무서운 대답 "나? 난 멜리베아의 사람이야! 멜리베아만을 사랑하고 멜리베아만을 믿고, 멜리베아만을 경배하는 사람이야!" 여기서 그린은 칼리스토에게서 '선비 사랑'의 대표적 증후인 '순수한 정신적 사랑'에 대한 성향을 찾아볼 수 없다고 평한다. 즉 '선비 사랑'은 두 사람 사이의 그리움과 연민을 통한 승화가 중요한데 칼리스토와 멜리베아 사이에는 이 승화 과정이 결여되어 있다는 것이다.

그린은 이 둘의 사랑을 분석하면서 사랑의 육체적 결합을 중요시한 점을 제외한다면 나름대로 칼리스토와 멜리베아의 사랑은 '선비 사랑'의 규칙을 지키고 있다고 결론짓는다. 멜리베아가 칼리스토의 여신이며, 칼리스토 자신은 "사랑의 종"인 점이나 기다림과 그리움의 노래 등이 이를 증명한다. 그러나 이 작품의 근본 의도는 기독교적인 육체적 사랑의 죄와 벌을 교훈으로 제시한다. 칼리스토의 죽음은 두 연인의 육체적 결합이 있던 그 밤 새벽이다. 두 연인의 타락과 죽음 혹은 벌은 거의 동시에 이루어진다. 이것이 그 죄스러운 뚜쟁이 셀레스티나의 행적이나 고해성사 없이 죽어간 죄 많은 연인들의 이야기이면서도, 인과응보의 교훈을 보여 주었다는 뜻에서, 그 무서운 종교재판의 불구덩이에서 구제를 받은 연유다.

그러나 작가의 의도가 그의 후기나 해설에서처럼 아무리 기독교적 교훈성이었다 할지라도, 혹은 둘 사이의 사랑의 전개가 당시의 토픽인 '선비 사랑'의 모델을 다루고 있다 할지라도 일단 페르난도 데 로하스의 붓을 통해 한 작품으로 불멸화한 멜리베아와 칼리스토의 사랑은 구체적으로 작품 속에서 갖는 유기적 관계 속에서 살펴질 수밖에 없다. 죄스러운 육체적 사랑을 벌하는 예로 이 작품을 썼다는 해석은 종교재판이나 당시 사회 앞에서의 변명은 될지언정 이 걸작의 작품성의 단순화다. 그렇다고 '선비 사랑'의 한 예로 보기에는 리얼리즘이 너무 강하다. 종교적으로 로하스는 이미 그 유명한 《속담집*Proververios*》을 낸 셈 톱Sem Tob(14세기 중반)처럼 유대인의 전통을 흡수한 가톨릭 신자였으며 서문에서 알 수 있듯이 고전에 대한 지식이 탁월한 동시에 당시의 변호사로서 현실에 밝았던 점으로 미루어 〈셀레스티나〉는 보다 다각적 시각을 필요로 하는 대작임을 염두에 두어야 할 것이다.

(2) 멜리베아의 사랑은 마약의 효과인가 스스로의 감정인가

트리스탄과 이졸데의 사랑을 일어나게 한 주범은 '사랑의 묘약'이다. 두 남녀의 의사와는 상관없는 마약, 마술의 힘이다. 피터 러셀P. E. Russell에 의하면 칼리스토와 멜리베아를 이어준 사랑의 끈도 셀레스티나가 만든 실꾸리 마술의 힘이다('La Magia de Celestina'). 러셀은 당시에 마술의 힘을 믿는 풍조는 일반화되어 있었다고 말한다. 한 사람을 완전히 반하게 하는 '사랑의 묘약'을 'Philocaptio'라고 부르는데 이 약은 일반적으로 마녀들이나 뚜쟁이들에게 널리 퍼져 있었다고 한다.

셀레스티나는 3막 마지막 부분에서 이 '사랑의 묘약'을 만드는 방법을 설명한다. 처음 뱀의 기름을 짜서 넣은 병 하나와 박쥐의 피로 쓴 주문이 적힌 부적 하나, 염소 피 조금과 염소의 수염 몇 가닥을 사용하는 것이 당시 마술 교과서에 나온 방법이면서 셀레스티나가 멜리베아를 부추기는 데 이용한 비법이다. 이 부적의 효능은 악마가 나타나게 하는 힘이다. 뱀 기름을 멜리베아의 팔 실꾸리에 흘려 악마가 그 안에 들어가게 한다. 뱀 기름은 마술사들에 의하면 아주 독이 많고 악마적 효능이 높다. 그리고 악마들이 활동할 때는 항상 뱀의 모습으로 침투한다는 것이다.

셀레스티나는 유혹의 악마를 실꾸리 속에 감추고 멜리베아 집에 들어간다. 멜리베아의 어머니 알리사는 이상하리만큼 관대하게 그녀를 들어오도록 한다. 셀레스티나가 팔러 간 화장품이며 물건 속에는 그 마술의 꾸러미가 있다. 사실 실꾸리는 똬리를 튼 뱀의 형상이다. 셀레스티나의 일은 멜리베아가 이 실꾸리를 사도록 설득하는 일뿐이다. 사실 셀레스티나에게 이후의 일들은 너무도 순조롭게 풀린다. 멜리베아의 어머니가 늘 딸과 함께 있도록 자리를 비워 주는 것은 물론 멜리베아는 늙은 마녀의 술수에 넘어가 이윽고 칼리스토에 대한 사랑에 빠진다.

10막에서 셀레스티나가 멜리베아의 아픈 데를 묻자 그 대답, "글쎄 뱀 떼가 내 몸속에서 이 심장을 갉아먹어요"라고 한다. 이는 이미 셀레스티나가 간직한 사랑의 악마가 실꾸리에 들어가 마력을 발휘하고 있다는 증후다.

그때 셀레스티나는 멜리베아의 병의 증후를 묻는다. 세 가지인데, 그 하나는 몸의 어느 부분이 제일 아프냐는 질문이고, 둘째는 처음 아프다가 아물면 괜찮을 그런 병이 아니더냐는 질문이고, 셋째는 혹시 무슨 악한 마음을 품은 일이 없더냐는 질문이다. 그 질문에 멜리베아의 대답은 이렇다. "내가 아픈 데는 심장이에요. 왼쪽 젖가슴이 아픈 곳이에요. 온 데가 불에 덴 것처럼 아려요. 둘째는 다시 내 몸인데요. 이렇게 정신없는 일이 세상에 있을 수가 있어요? 이건 말이 아니예요. 얼굴빛이 변하구요, 식욕이 없구요, 잠도 잘 수 없고, 세상에 재미있는 일이라곤 하나도 없는 것 같아요…." 그리고 마침내 이 모든 이유가 칼리스토라는 이름을 들은 뒤부터라는 정곡을 찌르는 대답이 나온다.

그 다음 일이야 셀레스티나가 비싸게 굴어 이쪽저쪽으로부터 돈을 많이 우려 내는 일이다. 셀레스티나의 사랑론은 그 사설이 기막히다. 칼리스토를 몸과 마음으로 만나야 그 병이 낫는다고 멜리베아에게 설교를 한다. 그러나 멜리베아는 이렇게 말한다. "(이 병이 나으려면) 그 기사에게 무슨 돈을 지불해야 되는 거요? 내가 무슨 빚을 진 거요? 내가 전생에 무슨 빚을 진 사람이오? 나를 위해 무엇을 했기에? 내 병에 그 사람이 왜 필요하다는 거예요? 차라리 그런 말을 하느니, 내 육신을 지고 내 심장을 꺼내서 보여 주는 게 오히려 덜 아프겠구려." 그때 셀레스티나가 말한다. "옷깃 하나도 찢지 않고 그대 가슴속에 사랑이 들어 박혔어. 내가 그걸 낫게 하려고 육신을 찢을 필요가 있겠어?" 멜리베아의 질문, "그럼 이 내 고통의 이름이 무엇이야? 이렇게 내 온 몸을 에워싸고 나를 아우르는 이 아픔의 이름 말이야?" 셀리스티나의 대답은 명확하다. "달콤한 사랑이지."

여기까지가 셀레스티나가 사용한 사랑의 묘약의 효과다. 그것은 달콤하지만 하나의 즐거운 고통, 달콤하고 가혹한 상처, 하나의 보드라운 죽음이다. 멜리베아는 그 달콤한 독약을 마실 차비를 한다. 칼리스토를 만난다. 칼리스토와의 만남은 바로 이 "보드라운 죽음"을 맛보기 위한 서곡이었다. 이 두 연인의 만남은 12막에서 처음 성사되고, 14막에서 첫날밤이 이루어진다. 13막에서 셀레스티나가 죽고 셈프로니오와 파르메노가 잡혀 교수형에 처해지는 상황에서 저자에는 벌써 칼리스토와 멜리베아의 부정한 사랑 관계가 소문이 나고 있는 판국이다. 칼리스토는 이 비극 앞에서 한탄한다. "아, 나는 내 가문의 명예가 걱정이로다. 차라리 내가 그놈들(죽은 종자들)이 되어 목숨을 잃을지언정 이 소문은 안 났으면 좋았을 것을…. 그리고 이미 시작한 나의 의도를 성취하는 희망(멜리베아를 얻는 것)을 잃지 않는 것이 불행한 이 순간 가장 큰 걱정이로구나." 사정의 급박함은 칼리스토에게 성급히 멜리베아를 소유하는 조급함을 낳는다. 이들의 부정한 사랑 이야기가 장안의 화제가 되고 칼리스토는 멜리베아에 대한 사랑만큼이나 가문의 파멸이 가까워 옴을 피부로 느낀다. 19막에서 칼리스토는 멜리베아를 마지막으로 만난다. 두 연인의 한바탕 진한 육체관계가 있은 뒤 새벽이다. 밖에서 소란한 소리가 들린다. 칼리스토는 밖에 혼자 있는 종자 소시아를 누가 죽일지 모른다는 생각에 갑옷도 안 입고 맨몸으로 칼을 든 채 사닥다리에 오른다. 그러나 밖의 소리는 별일이 아니었고 칼리스토는 사닥다리에서 내려와야 하는 순간 실족하여 떨어져 죽는다. 칼리스토의 죽음은 우연한 사고지만 이미 서서히 목을 조여 오는 상황으로 육박하고 있었다.

칼리스토의 실족사는 매우 중요하다. 이 죽음이야말로 죽은 자의 의도와는 상관없는 마약 속의 악마의 장난이거나 기독교적 천벌이기 때문이다. 칼리스토의 죽음에 이은 멜리베아의 자살은 의도적 실현으로서의 죽음이다. 그런 의미에서 멜리베아의 죽음은 죄로서의 육체적 사랑에 대한 천벌이라기보다 악마의 장난과 신의 형벌에 대한 정면 대결이라고 할 수 있다. 기독교의 시각에서 멜리베아의 자살은 두 번 죄이다. 그 하나는 하늘이 준 목숨을 제 스스로 끊는 자살의 죄이고, 또 하나는 신에 대한 사랑보다 자신의 사랑을 더 크게 놓은 죄이다.

이야기를 바꿔서 우리는 여기에서 셀레스티나나 사랑의 묘약이 없이 칼리스토와 멜리베아의 사랑이 가능했을 것인가를 생각해 볼 필요가 있다. '선비 사랑'의 법칙에도 뚜쟁이나 마녀의 도움은 아니지만 매파를 이용해 다리를 놓는 습관은 늘 있어 왔다. '선비 사랑'의 전형에 가장 가까운 사랑의 고뇌의 순간 칼리스토는 구태여 셀레스티나 같은 뚜쟁이(이는 종자 셈프로니오의 돈벌이 욕심과 결부된 소개였다)의 도움이 아니라도 접근은 가능했을 것 같다. 왜냐하면 멜리베아가 칼리스토를 처음 거절한 것은 명문 규수의 예의범절과 정절 때문이었지 정작 칼리스토의 신분을 의심하거나 그가 못생겨서는 아니었기 때문이다. 멜리베아는 당시 규중 처녀로서 늘 체면과 정절을 무엇보다도 앞세웠던 아가씨다. 여기에서 칼리스토가 청혼을 하는 정식 방법을 택하지 않은 것은 앞서 말한 '선비 사랑'의 전통에 따라서 사랑의 감정을 무엇보다 중시한 결과다. 이 작품에서 가장 빈번한 주제로 나타나는 철학은 "세월은 강물처럼 흘러간다"(Pleberio, 16막)이거나 "현재를 즐겨라carpe diem"이다. 이런 르네상스적 철학은 동시에 아버지 플레베리오의 자유 연애론에까지 이른다. 16막에서 플레베리오는 멜리베아의 어머니에게 이런 말을 한다. "우리가 딸에게 지금까지 청혼한 사람들을 알려주는 게 좋지 않겠소, 그래서 제 마음에 드는 남자가 누군지 말해 보라고 하게. 이런 일에는 여자나 남자에게 자유를 주는 것이 좋을 것 같단 말이야, 비록 마지막 선택은 부모가 하지만."

나는 이 작품에 흐르는 르네상스적 인간주의 성향이 칼리스토와 멜리베아의 사랑을 구태여 셀레스티나가 없었더라도 성립시킬 수 있는 분위기였다고 말하고 싶다. 이미 육체의 아름다움과 영육의 결합이 사랑의 이상으로 자리해 가는 과정에 멜리베아의 마음이 자리 잡고 있었기 때문이다. 이미 중세적 금욕주의에서 르네상스로 넘어가는 15세기는 셈프로니오와 셀레스티나의 행적에서 나타나는 위선, 즉 겉으로는 충실한 척하지만 속으로는 돈을 탐내며, 겉으로는 정숙한 척하지만 속으로는 내심 육욕에 이끌리는 이중성격이 만연했다. 칼리스토와 종자 셈프로니오의 관계도 마라발이 지적했듯이 옛날의 종처럼 대대로 그 집에서 키워 준 의리나 은덕에서 나온 충성심이 아니라 그 밑에서 자고 얻어먹은 대가로 바치는 봉사다. 칼리스토의 성격은 어떤가. 그는 겉으로는 양반의 행세를 다하고 기독교인으로서 손색없는 명예와 의리를 중시하지만 속으로는 기독교의 금욕주의보다는 세속적 사랑에 더욱 기울어 있고 종자들이 교수형을 당했어도 자기 영리와 육욕에 더욱 취해 있는 위선자다. 멜리베아 또한 예외일 수 없다. 그녀야말로 규중 처녀로서 정절과 명예를 하늘처럼 여기는 아가씨다. 하지만 그 두꺼운 허울 뒤에는 칼리스토 같이 잘생긴 남자에 대한 관심 또한 없을 수 없었던 것이 그녀의 교태에서 나타난다.

칼리스토가 맨 처음 매를 찾아오다 멜리베아의 후원에서 그녀를 만났을 때를 보자. 둘은 이미 한 마을에 살고 있었기에 서로 이름은 익히 들어 알고 있는 처지였다. 칼리스토의 사랑의 고백은 "숨겨 온 사랑의 고통을 고백할 수 있는 이런 좋은 장소"를 만났기에 튀어나온 것이고 그는 이미 그녀가 "플레베리오의 딸"인 것을 알고 있었다. 그녀 또한 칼리스토가 누구인지 모를 리가 없다. 칼리스토의 수작이 시작된다.

> 칼리스토 : 이렇게 만나 보오니, 멜리베아, 참으로 하느님이 위대하신 걸 알겠구려.
>
> 멜리베아 : 뭐가요, 칼리스토?
>
> 칼리스토 : 하느님이 이토록 완전한 아름다움을 그대에게 선사하시고 소생이 이렇게 직접 뵐 수 있는 은총을 베풀어 주셨으니 말이오. 이런 호젓한 장소에서 나의 숨겨 온 사랑의 아픔을 그대에게 고백할 수 있도록 말이외다 〔…〕 성인들은 그들의 행복한 삶에서 떨어져 나갈 두려움 없이 영광 속에 살지만, 그러나 저 같은 살과 얼을 가진 중생은 그대를 뵙지 못하는 무서운 고통이 따를까 봐 두려워하며 이 순간 환희에 차 있사외다.
>
> 멜리베아 : 이렇게 만난 게 그토록 영광이시란 말씀이세요, 칼리스토?
>
> 칼리스토 : 정말이지 영광이고 말고요. 지금 저에게 하느님이 성자들 위에서 황금 의자를 놓고 앉으라 하신데도 이토록 행복하게 여기진 않을 것이외다.
>
> 멜리베아 : 그러시다면 내 더 좋은 선물 하나를 드리리다, 정말로 자꾸 이러

시면.

칼리스토 : 아니, 이 귀가 들은 말이 꿈인가, 생시인가. 어떻게 이토록 존귀한 말씀을 그냥 들을 수가.

멜리베아 : 잘못 들으신 걸 거예요, 감히 당신이 이런 미친 행동으로 나오시면 앞으로 정말 결과가 아주 좋지 못할 거예요. 당신이 말하는 의도를 보니, 칼리스토, 그대 같이 재주 많으신 분이 나와 같은 정숙한 여자를 타락시키려고 작정을 하신 모양이구려….

• 원문 97 •

위 대화에서 멜리베아의 말대답하는 교태를 보라. 내가 번역하면서 생략한 초반부의 그 달콤한 고백을 끝까지 다 듣고, "이렇게 만난 게 그토록 영광이시라구요?" 하는 야릇한 말. 한편으로 비꼬면서도 그다지 싫지 않은 표정이 눈에 선하다. 상대방의 말을 열심히 듣고 따라가며 이죽대는 밉지 않은 멜리베아의 호기심은 말의 뜻보다는 그 억양과 교태에 배어 있음 직하다. 물론 처녀의 정절을 망쳐 놓겠다고 유혹하는 사나이의 청에는 단호한 거절을 표하면서도 뾰로통한 그녀의 표정이나, 유혹의 말을 되받아서 비꼬는 말투가 손뼉 부딪치는 소리를 연상시킨다. 우리 어머니들이 딸에게 경고하던 말이 생각나는가. 남자가 건들면 아무 말 않고 가기만 하면 된다면서, "손뼉도 부딪쳐야 소리가 나는 법!"이라 하시던 따끔한 경고! 멜리베아의 말대답에는 분명 이 손바닥 마주치는 소리가 난다. 멜리베아의 숨은 호기심이 비친다.

셀레스티나가 마술의 실꾸리를 전하고 칼리스토의 중매 심부름을 갔을 때 멜리베아의 반응 또한 묘하다. 멜리베아는 그 예쁘다던 셀레스티나가 이렇게 늙고 추한 데 놀란다. "참으로 늙으셨구려. 사람들이 세월은 못 말린다고 하더니… 얼굴에 그 자국만 아니었더라도 내가 못 알아볼 뻔했구려. 내 기억에는 예뻤던 것 같은… 딴 여자 같네요. 정말 많이 변했구려." 거기에 셀레스티나의 대답, "가는 세월을 못 가도록 잡아 보세요, 아가씨. 그래 나도 안 변하고 그 모양 그 얼굴이 아니겠어요. 그런 말 못 읽으셨어요, '때가 되면 거울에 비친 제 얼굴 못 알아보는 날이 올거다'라는?" 이렇게 슬슬 셀레스티나의 말이 풀린다. 처음에 칼리스토의 부탁이라는 말을 듣고 펄쩍 뛴다. 노파에게 욕을 하면서 노발대발한다. 셀레스티나는 얼른 말을 바꾼다. 실은 칼리스토의 상사병 이야기가 아니라 그 총각의 치통 이야기라고 말이다. "그 내가 말한 양반이 이가 아파서 죽을 지경이어서요…." 그래서 멜리베아의 그 신통한 기도와 머리띠를 쓰면 치통이 낫는다고 해서 왔다는 것이다. 흥분한 멜리베아의 귀에 이 말이 먹혀들기 시작한다. 우선 아픈 사람을 낫게 도와주는 것은 나쁜 일은 아니니 말이다. "어떻든 이제 내 마음은 안심이 되는구려, 아픈 사람들이나 열정이 많아 앓고 있는 사람들을 도와준다는 건 성스럽고 자비로운 일이니까요."

아니다. 멜리베아의 마음이 돌아선 것은 벌써 셀레스티나의 마술의 실꾸리가 효과를 나타냈던지 아니면 멜리베아의 위선의 꺼풀이 계기의 증후다. 그것도 "치통으로 시달리는 사람"을 낫게 하면 되지 왜 거기에 "열정이 많아 앓고 있는 사람"까지 낫게 도와주는 것이 자비로운 일로 들어가는가. 그 뒤 멜리베아의 태도는 눈에 띄게 호의적으로 변한다. 머리띠를 준 것은 물론 그 기도문은 어머니 오기 전에 써 줄 시간이 없으니 내일 몰래 오라고 뚜쟁이에게 약속까지 한다. 셀레스티나의 편으로 보면 일이 너무 잘 맞아떨어지는 셈이다. 멜리베아 편으로 보면 부정한 짓이 아니라 자비로운 일이니 칼리스토를 이제 마음 놓고 도와줄 수 있게 된 것이다. 이제야 비로소 멜리베아의 칼리스토에 대한 호기심과 한 가닥의 연민이 정절주의자인 자신을 배반하면서도 이 배반을 정당화하면서 표출되고 있는 것이다. 이것은 멜리베아와 셀레스티나의 이야기를 엿듣고 있는 하녀 루클레시아의 한탄에서도 들린다. 이윽고 다음에 만난

10막에서는 셀레스티나의 사랑의 묘약이 발효되어 "뱀들이 심장을 갉아먹는" 사랑의 고통에 빠진 멜리베아를 발견할 수 있다.

여기서 우리는 멜리베아의 사랑이 셀레스티나의 실꾸리, 혹은 사랑의 마약의 효능인지, 아니면 멜리베아가 오래전부터 품고 있던 감정이 칼리스토와의 만남, 셀레스티나의 교활한 회유로 자기변명의 출구를 발견하고 폭발한 것인지를 곰곰이 생각해 볼 필요가 있다. 기독교적 사고에 충실하고 마술을 믿었던 당시 독자들에게는 이 모든 이야기가 쉽게 간교한 셀레스티나의 마술 때문인 것으로 이해되었을 것이다. 그러나 유대적 전통에 익숙했고 고금의 철학에 해박했던 작가 로하스의 의도만을 곧이곧대로 믿고 작품 해석을 그르칠 수는 없다. 로하스는 직업이 변호사인 아마추어 작가다. 그의 문체는 1막, 2막을 거듭하면서 갈수록 더욱 세련되어 가고 사실적이며 원인 결과가 확연한 달필이 되어 간다. 더구나 셀레스티나의 주저와 갈등의 묘사 등에서 보여지는 작중 인물의 심리에 대한 통찰, 종자들의 비꼬는 말투 등을 통한 대사의 명암의 처리 등에서 누구보다 뛰어난 게 로하스다. 로하스는 이 작중 인물들을 사랑하게 되면서 (《돈키호테》의 세르반테스처럼) 처음의 의도를 뛰어넘는다. 멜리베아는 단순한 마술의 힘으로 사랑에 빠진 희생자가 아니라 자신 속에 숨어 있던 사랑의 감정을 스스로 감지하고 적극적으로 표출한 사랑의 화신이 된다.

(3) 근대 소설적 상황 속의 사랑과 인생

아메리코 카스트로는 〈셀레스티나〉를 근대소설의 효시로 보고 종래의 전통 '선비 사랑'이나 문학 규범을 뛰어넘은 실존주의적 작품으로 본다. 그는《 문학적 논쟁으로서 셀레스티나*La Calestina como contienda literaria*》(Madrid, 1965, pp. 95-155)에서 〈셀레스티나〉는 기독교적 교훈소설도 사회 비판도 도덕론도 아니다라고 주장한다. 좁은 기존 문학의 관습과 범주를 넘어서서 소설을 인간 실존의 적나라한 광장으로 끌어올린 걸작이라고 평가한다.

〈셀레스티나〉는 아직도 문제가 많은 작품이다. 첫째, 대화 형태로 쓰여진 것을 보아 연극이냐 아니냐가 문제였지만 부피가 너무 커서 연극으로는 공연될 수 없었으리라는 점에서 여럿 앞에서 읽기 위해 대화체로 쓴 소설이라고 평가된다. 원작자 문제도 아직 논란이 많다. 1499년 부르고스본에 이어 1502년 21막으로 나온(이 책의 1506년 이탈리아어 번역본밖에는 없지만) 〈칼리스토와 멜리베아의 희비극〉에 페르난도 데 로하스라는 작가 이름이 나오고 첫 막은 전에 있던 것을 그대로 썼다고 말하고 있지만 정말 그 말이 사실인지 많은 작가 있었는지 아직도 해답이 없다.

여러 작가가 있으리라고 추정하는 연구가들은 첫 번째 막과 다음에 첨가되는 막들 사이의 문체적 변화를 지적한다. 예를 들어 첫 막에는 칼리스토가 시내에서 매 사냥을 하는 얼토당토 않은 장면이 문제시된다. 2막부터는 비교적 인과관계가 확실한데 첫 막이 이러하다는 것은 다른 작가의 손이 개입되었을 수도 있다는 것이다. 그러나 이러한 문제 제기는 〈셀레스티나〉를 지나치게 사실주의적 작품으로 몰아세우려는 의도에서 기인한 것으로, 로만세에 나오는 매나 새는 대부분 사람의 메신저 역할로 나타나고 있는 걸로 보아 하나도 이상한 일이 아니다. 또한 앞과 뒤가 문체상의 차이가 있는 것은 아마추어 작가의 문장력의 성숙도의 결과일 가능성이 더 높다.

로하스는 새로운 상황이나 작중 인물의 출현에 따라 문체를 대단히 융통성 있게 운용한다. 종자와 셀레스티나의 출현으로 식자적 언어에서 속어체로 바뀌는 것은 너무 당연한 귀결이다. 종자들이 셀레스티나를 죽이면서 법적인 문제가 생기자 그의 문체는 직업적인 법률가의 어투를 띤다. 또한 멜리베아가 죽은 뒤 플레베리오의 한탄은 고금의 철학과 운명의 가혹함을 다 아는 한 늙은 현자의 인생론일 수밖에 없지 않겠는가.

〈칼리스토와 멜리베아의 희비극〉은 한마디로 인연과 악연의 쌍곡선이다. 만남도 헤어짐도 우연이다. 만남의 즐거움도 죽음의 아픔도 인간의 인지 능력을 벗어나는, 알 수 없는 미궁 속의 장난이다. 신이 아닌 인간은 이 커다란 행복이 어떻게 하루아침에 그토록 커다란 불행으로 탈바꿈하는지를 이해할 수가 없다. 이러한 인간 실존의 미궁 속에 내던져진 실체들이 칼리스토이고 멜리베아이고 플레베리오이다. 멜리베아의 자살은 이 이해할 수 없는 미궁 속에 사랑의 빛을 찾아 절망적으로 감행한 저항의 몸짓이다. 멜리베아의 자살은 죽어서 천당에 가서 함께 만나 잘 살겠다는 희망적 바람 때문이 아니다. "오, 내 사랑이여, 칼리스토여! 날 기다려 주어요, 내 곧 갈게요. 날 기다린다면 거기 잠깐 멈춰요…. 아버님, 사랑하는 아버님, 이 세상에서 저를 사랑하셨다면 우리 둘의 무덤을 함께 써 주세요, 우리들이 유골이라도 함께 있게 해 주세요." 멜리베아는 무덤에서라도, 그 유골로라도 함께하고 싶다는 절망적 소망이다.

칼리스토의 죽음이나 멜리베아의 자살에는 어떠한 '선비 사랑'의 달콤한 이상주의로도 치유될 수 없는 실존의 인식이 있다. 칼리스토가 사닥다리에서 실족하여 죽는 것도 사실은 죄 많은 육욕의 대가가 아니라 빤히 예상될 수 있었던 한 연인의 번뇌와 쇠약함이 빚은 결과다. 셀레스티나가 죽고 셈프로니오와 파르메노가 교수형을 당한 비극에 이어 자신들의 부정한 사랑이 들통이 나고 가문이 파경에 이르리라는 걱정과 충격 속에 조급하게 저지른 첫날밤의 광란. 또 같은 긴장과 번민 속에 다시 하룻밤을 지새우고 난 칼리스토의 몸과 다리가 성할 리 있었으랴! 사랑의 경험도 충격인데 그 많은 번민과 공포 속에 칼리스토인들 어찌 한 몸이 흔들리지 않을 수 있었겠는가. 그 몸으로 멜리베아와 온 밤을 지새우고 사닥다리를 올라간 그 다리는 실족을 하고도 남으리만큼 이미 안정을 잃고 있었다!

〈셀레스티나〉는 중세 문학의 범주 속에서는 예상하기 어려운 작품이다. 무엇보다도 모든 종교적 해석과 도덕성, 당시 사회상을 통한 해석이 역부족일 수밖에 없는 살아 숨 쉬는 픽션의 공간이다. 사랑의 유혹과 그 절절함, 그리고 살아 있기에 죽어야 하는 역설의 광장인 실존의 무대에서 짙은 고뇌와 비극적 감정으로 육박하는, 우나무노Miguel de Unamuno의 《생의 비극적 감정*Sentimiento trágico de la vida*》을 연상시키는 어두운 피 냄새가 여기에 있다.

2부

황금세기 문학

1장

스페인 문학의 '황금세기'는 무엇이며 무엇을 의미하는가

스페인 문학사에서 소위 '황금세기Siglo de oro'는 시기는 대강 16세기부터 17세기까지, 즉 스페인 르네상스에서 바로크 시대까지를 가리킨다. 학자에 따라서는 2세기에 걸친 문학 현상을 표현하는 말이 "Siglo de oro"라는 한 세기를 가리킨다는 것에 신경을 써서, 시인 가르실라소Garcilaso de la Vega 시대(?1501-1534)로부터 칼데론Calderón de la Barca(1600-1681) 시대까지로 못 박기도 하나 대부분의 학자들은 세르반테스를 비롯한 위대한 문학가가 가장 많았던 16, 17세기 근대 문학의 전성기를 '황금세기'라고 부르고 있다.

길예르모 디아스 플라하Guillermo Díaz-Plaja는 그의 《스페인, 한 존재의 양식 *España, un modo de ser*》이라는 책에서 이 스페인 문학의 '황금'의 나무의 시기를 봄, 여름, 가을, 겨울로 편리하게 나누고 있다.[1)]

가) 봄의 시기: 유럽의 황제이면서 스페인 왕이었던 카를 5세Karl V(스페인

1) Cfr. Guillermo Díaz-Plaja, *España, un modo de ser*(Barcelona: Editorial Teide, 1972), pp. 103-105.

왕으로는 카를로스 1세)의 통치 기간인 1516년에서 1556년 사이를 일컫는 말로, 이탈리아를 비롯한 유럽의 르네상스 영향을 받아들이면서, 그때 발아하기 시작한 에라스무스 사상을 비롯한 종교개혁의 기운을 흡수하기 시작한 시절을 말한다. 이때가 스페인 국민정신이 발흥하고 봄기운이 넘치던 시기였다는 것이다.

나) 여름 시기: 펠리페 2세Felipe II(영어로는 필립 2세, 필리핀이라는 이름은 이 '필립 황제의 섬'이라는 의미에서 비롯됨) 통치 기간인 1516년에서 1598년까지, 이탈리아의 영향으로 시작된 르네상스 문학 기운이 스페인 풍토에서 자양을 흡수해 충분히 성숙하는 시기이다. 루이스 데 레온 사제Fray Luis de León나 에르레라 Fernando de Herrera의 시들이 이 시기에 포함된다. 가톨릭교의 또 다른 종교개혁으로 위대한 신비주의misticismo가 탄생하는데 그 신비주의 문학의 금자탑을 성녀 테레사Santa Teresa de Jesús(아빌라의 테레사), 성 후안 데 라 크루스San Juan de la Cruz가 정열적인 신앙심의 발로인 자서전과 아름다운 시로 장식한다.

다) 가을 시기: 펠리페 3세의 시기로, 1598년에서 1621년이다. 르네상스 문학의 최대 성숙이 이루어지는 시기로 세르반테스와 로페 데 베가 등의 세계적으로 위대한 문학이 무르익을 때다. 이때의 문학은 깊은 스페인 문화와 정신의 세계성을 유감없이 발휘한다.

라) 겨울 시기: 펠리페 4세가 통치하던 1621년에서 1665년, 카를로스가 통치하던 1665년에서 1700년으로 바로크 문화 시기다. '황금'의 나무에 깡마른 열매와 불길, 해골과 딱딱한 관념의 조직이 보일 때다. 스페인 바로크 작가들은 어쩌면 현대 문학의 서곡을 알리는 높은 천재성ingeniosidad과 인공적 극치의 아름다움, 쇼펜하우어가 감탄한 지혜의 보고 그라시안Baltasar Gracián 같은 천재적 콘셉과 기발한 발상을 낳기도 한다. 은유의 귀재 공고라나 천재적 독창

성의 시인, 소설가 케베도Francisco de Quevedo, 그리고 독일 낭만주의에 지대한 영향을 미친 〈인생은 꿈이다La vida es sueño〉의 극작가 칼데론이 이때의 눈꽃들이다.

그러나 스페인 문학의 이 찬란한 황금의 나무는 정치나 문화적으로 긴 세월의 동서 문화의 자양분을 충분히 섭취하고 자란 나무다. 그리고 바야흐로 제때를 맞아 광활한 세계에 가지를 드리우고 활짝 날개를 편 문화의 꽃과 열매들. 이미 언급한 디아스 플라하 교수가 스페인 문화의 특성을 동서 문화의 접합, 내지는 동서의 교량 문화로 보고, 특히 황금세기 문학이 스페인 제국의 "해가 지지 않은 대제국"을 향한 정치적·문화적 세계성의 실현으로 보고 있는 점은 주목할 만하다.

이베리아 반도에는 알타미라 동굴에서 보듯 석기 시대로부터 켈트족, 이베로족이라는 원주민이 있었다. 지중해의 민족의 흥망성쇠에 따라 페니키아인들, 그리스 사람들, 카르타고 사람들이 이베리아를 침범했고, 기원전 218년부터 로마 제국의 지배하에 들어갔다. 그 뒤 로마 제국하에서 세네카 같은 위대한 철학자가 태어났다. 이렇듯 스페인은 로마 제국의 문화의 중심지가 되었고, 기독교 주도 문화의 근간을 세웠다. 그러나 또다시 410년 게르만족 계통인 서고트족의 지배를 받았다. 그리고 마침내 711년부터 1492년 그라나다의 함락까지 약8세기에 걸친 이슬람의 지배하에 있었다. 그동안 계속되어 온 이슬람으로부터의 독립운동Reconquista, 혹은 십자군 운동(이슬람 대 기독교)은 스페인 문화가 이슬람과의 오랜 기간 은원恩怨의 교류와 싸움을 통해 형성되었음을 잘 말해준다. 로마 지배가 6세기, 이슬람 지배가 8세기 동안 지속되었으니 스페인 제국의 정체성 형성에 이슬람의 영향이 더욱 컸다고 볼 수 있다.

따라서 디아스 플라하의 "스페인은 서양이 되기로 결심한다España decide

ser Occidente"[2]는 표현은 의미가 있다. 오늘 유럽에 속해 있는 스페인을 생각할 때 이 말은 낯설게 들리지만, 당시에 스페인의 서양으로의 편입은 자연스러운 역사 발전이라기보다는 오히려 종교적 · 문화적 결단의 소산이었음을 짐작케 한다. 중세의 상황으로 볼 때 스페인은 북으로 유럽과 접하고 남으로 아프리카, 중동, 즉 대大 사라센 제국과 접해 있는 상황이었다. 이슬람교도들이 스페인에 들어오게 된 8세기, 이슬람 세력은 거의 세계를 지배하고 있었다. 이슬람은 오늘의 투르키스탄의 탈라스 강 근처에서 고구려 유민 고선지 장군이 이끈 당나라 군대와 격돌하여 751년 승리를 이끌어 냄으로써,[3] 서쪽의 스페인 피레네 산맥으로부터 동쪽의 중국 만리장성 너머까지 세계를 한 손아귀에 쥐고 있었다. 말하자면 스페인 문화는 이슬람 때문에 중세 때부터 자의 반 타의 반 이미 동서를 아우른 세계 문화와 호흡하는 상황에 있었던 것이다.

어떻든 스페인의 중세 사회에서는 이슬람교도와 유대인, 기독교인이 평화롭게 공존했다. 스페인의 옛 수도인 톨레도에는 이슬람의 메스키타 사원, 유대교의 시나고그, 그리고 기독교 성당이 있다. 13세기 라몬 룰Ramón Llul이라는 카탈루냐 출신 작가는 〈한 신사와 3인의 현자의 책Libro del gentil y de los tres sabios〉이라는 글에서 한 세속인이 유대교 현자의 신앙 이야기와 기독교 현자의 설교, 이슬람교 현자의 설교를 모두 열심히 예의 바르게 듣고 있는 것을 묘사한다. 작가는 물론 그 신사의 눈에 어떤 종교가 가장 좋게 보였다고는 이야기하지 않는다. 스페인 중세 사회에는 기독교인이나 유대교인, 이슬람교인이 함께 살며 서로 타 종교를 공히 인정하는 관용tolerancia의 정신이 일반적으로 존재했음을 보여 주고 있다.[4]

---

2) Ibid., p. 79.

3) 정수일, 《실크로드》(창작과 비평사, 2001), 156, 259, 433, 435, 571쪽 참조.

이렇듯 평화로운 중세 사회가 10세기 전후 십자군 운동을 시작으로 1492년 이슬람 제국의 마지막 거점이었던 그라나다가 기독교인들에 의해 함락됨으로써 스페인에서 기독교인들이 기치를 높이 올리게 된다. 이베리아 반도가 이때 카스티야 왕국의 이사벨 여왕과 아라곤 왕국의 페르난도 왕의 결혼으로 통일된 대국의 모양을 갖춘 뒤였다. 교황 알렉산드로스 6세로부터 '가톨릭 왕들Los Reyes Católicos'이라는 칭호를 받은 왕 부부는 스페인을 대표하여 북중남미를 비롯 세계를 기독교의 복음으로 가득 채우기 위한 숭고한 사명을 받아들인다. 1492년은 이사벨 여왕의 도움을 받은 제노바 출신의 콜럼버스가 속칭 신대륙을 발견하여 여왕에게 바치는 해이기도 하다. 그 후 북중남미에서 계속된 스페인 정복자, 개척자들의 활동으로 스페인은 계속해서 영토를 확장한다.

가톨릭 제왕의 딸 후아나Juana la Loca의 아들 카를 5세가 그 할아버지 막시밀리안 1세Maximiliano de Habsburgo 황제의 독일 땅과 홀랜드(오늘의 네덜란드) 등 전 유럽에 많은 영토를 보유한 제왕에 오른다. 그리고 그가 카를로스 1세라는 이름으로 스페인 왕으로 등극하자 스페인은 명목상 유럽의 모든 기독교를 총괄하는 대제국의 중심지가 된다. 스페인 영토는 오늘의 이베리아 반도 외에 아라곤 왕국의 페르난도 왕이 가져온 이탈리아의 시칠리아, 세르데냐, 나폴리, 아프리카의 튀니지, 북중남미의 방대한 대륙까지 뻗어 있었고 16세기에는 밀라노를 점령한다. 황제 카를 5세의 포르투갈 공주와의 결혼으로 포르투갈이 스페인 제국에 병합되면서 아시아의 많은 식민지까지 스페인의 수중에 들어가는데, 그 후 스페인 제국을 위하여 태평양의 많은 군도를 점령한 마젤란Fernão de Magalhães(1480-1521, 포르투갈 출신)과 16세기 중반에 필리핀을 정복한 레가스피Miguel López de Legazpi(1510-1572) 등의 노력으로 스페인 제국은 "해가

4) Cfr. Guillermo Díaz-Plaja, op. cit., pp. 80-82.

지지 않는" 명실상부한 대제국으로서의 면모를 갖추게 된다.

그러니까 스페인 제국의 16세기, 카를 5세, 펠리페 2세의 시대는 디아스 플라하가 말하는 '봄', '여름'기로서 정치적 · 종교적으로 세계를 "하나의 제왕, 하나의 제국, 하나의 칼un monarca, un Imperio y una espada"(Hernando de Acuña) 아래 지배하게 되는 시기라고 할 수 있으리라. 이 시기 문학의 가장 세계적인 위대한 유산은 성녀 테레사와 성 후안 데 라 크루스가 이룩한 신비주의 문학이다. 이어 17세기의 '가을'과 '겨울'기는 스페인 제국이 이룩한 정치 종교적 세계 통일의 꿈이 쇠퇴하면서 문학과 예술의 세계화가 두드러지는 시기다. 모든 현대적 문학 장르와 예술 가치가 이때 탄생된다고 할 수 있다. 이 시기 세르반테스는 《돈키호테》를 썼으며 로페 데 베가의 《신연극론*Arte nuevo de hacer comedias*》으로부터 신연극이 탄생하였고, 신비주의 시와 함께 공고라나 케베도의 바로크 시는 말라르메도 인정한 현대시의 모델이 된다.

역사적으로 이베리아 반도의 이슬람 시대로부터 동서 문화의 자양분을 받고 자란 스페인 문화는 16세기 미주 대륙 점령, 동양 정략 등으로 서세동점西勢東漸을 주도하는 세계 문화 주도 세력으로 성장한다. 스페인 문화의 세계성이 확고하게 성립된 시기가 바로 이 '황금세기'이다. 이때는 동서 문화와 민족의 교류와 융화가 낳은 문학이 찬란하게 꽃핀 시기였고 동시에 현대 문학 장르와 그 틀이 정립되는 시기였다.

2장

문무를 겸한 선비들의 대화 시대, 르네상스

◆

이탈리아에서 15세기부터 발흥한 르네상스가 스페인에 도착한 것은 15세기 중반이지만 이베리아 반도에 신 중심적 세계관을 벗어난 인문주의나 그리스 로마 문학 모방의 페트라르카 시풍의 바람이 불기 시작한 것은 16세기부터다. 1526년 후안 보스칸Juan Boscán(?-1542)이 그라나다에서 베네치아의 대사 나바제로Andrea Navagiero의 권유로 이탈리아 11음절 시구 형식을 스페인 시 형식으로 시험해 보는 게 어떻겠느냐는 권유를 받아들여 직접 실험해 본 것이 이탈리아풍의 시를 스페인어로 이식한 최초의 예이며 이는 가르실라소의 명시를 통해 정식 스페인 시 율격으로 자리 잡게 된다.

중세는 교회를 중심으로 한 승려 계급이 종교 · 교육 · 사회 일반을 지배했다. 그 다음 세속 세력의 중심으로 왕과 왕의 측근, 기사 계급이 있었고, 세금과 노역 등 사회의 하부구조를 담당하는 평민 계급이 밑바닥을 이루고 있었다. 유럽을 여행하다 보면, 도시 한가운데 자리 잡은 제일 높은 성당, 성당 맞은편의 시청이나 왕궁, 그 사이에 들어선 공원이나 분수로 꾸며진 광장plaza, 도시의 가장 자리에 다닥다닥 붙어 있는 촌락들을 볼 수 있다. 이런 모습으로 중세의 정치 · 사회 구조를 한눈에 파악할 수 있다. 축제나 큰 행사가 있을 때 대주교가 모든 것을 주관하고 왕이나 시장이 베란다에 나와서 광장에 모인 청중에게 연설을 하던 장면을 연상시킨다.

십자군 운동 이후 생겨나기 시작한 중세 사회는 자연 신 중심 사회일 수밖에 없었다. 스페인 내에서는 이슬람교와 기독교, 유대교가 평화로이 공존했으며, 기독교 중심의 카스티야 사회도 위로는 승려, 그 다음 왕과 귀족들, 평민들이 스스로의 계급을 신이 부여한 한계로 인정하고 안정을 유지하고 있었다. 그러나 14, 15세기에 이르러 무역이 가장 발달한 이탈리아에서 이상한 계급 파괴 현상이 일어났다. 지금까지 제일 하층 계급에 속해 있던 평민들 중 무역과 장사를 해서 돈을 많이 번 계층이 생겨나기 시작한 것. 소위 부르주아burqués/burguesía 계급의 탄생인데, 중세에는 방랑객, 하위 평민층burgo 정도로 알려져 있던 부류의 사람들이 네덜란드, 이탈리아 북부 등에서 부를 쌓아 사회의 실세로 부상했다. 그들은 자신들의 신분 상승과 명예를 위해 때로는 귀족들의 작위도 사고 승려들의 직위도 사들였다. 그러면서 평안하던 종교 신앙 중심의 중세 사회에서 이제는 머리 잘 써서 돈 벌어야 잘 살 수 있다는 믿음, 즉 이성과 지혜에 대한 믿음이 자리하기 시작한다.

이들 신흥 부르주아 계급들이 시인과 예술가를 키우고 보호하는 것이 자신들의 현실적 부와 명예를 영속할 수 있는 최고의 방법이라고 생각했다. 훌륭한 화가를 키워 자신들의 초상화를 그리게 하면 불멸의 작품이 되어 자신의 명성이 두고두고 빛나게 될 것이며, 좋은 시인, 작가의 작품에 자기에게 바치는 헌사, 헌시 등이 나오면 그 책과 함께 자기 이름이 청사에 남을 것이라는 꿈이다. 이런 소망으로 말미암아 소위 '메세나' 제도라는 부르주아에 의한 예술가 보호 장치가 등장했다. 이탈리아에서 비롯된 메세나 제도는 페트라르카는 물론 레오나르도 다 빈치 등 르네상스의 찬란한 꽃들을 키워 내게 된다.

르네상스 시기에는 중세의 전통적이고 종교 중심적 사고가 시들해지면서 부르주아 계급적 취향, 즉 개인주의와 육적 쾌락에 대한 관심이 표면으로 등장한다. 이미 14세기에서부터 이타 대승정Arcipreste de Hita의 《좋은 사랑의 이야기*Libro de buen amor*》나 보카치오의 《데카메론*Decamerón*》, 페르난도 데 로하스 Fernado de Rojas의 〈라 셀레스티나La Celestina〉가 그 서곡을 알렸고, 프란시스코 델리카도Francisco Delicado의 〈예쁘고 활기에 찬 안달루시아 아가씨의 초상 Rertrato de lozana andaluza〉(1528)에서는 코르도바에서 한 바람둥이 아버지에게서 태어난 예쁜 아가씨가 제노바 장사꾼의 애첩이 되고, 로마 환락가에서 120명이 넘는 난봉꾼들과 놀아나는 장면을 생생히 묘사한다.

이처럼 중세적 세계관에서는 '영혼의 감옥'으로 이해되었던 육체, 현세, 물질세계에 대한 관심이 높아지고, 인간이 이 세상과 우주의 중심이라는 인간중심적antropocentrismo 관점이 힘을 얻게 된다. 맹목적 신앙보다는 이성적 판단을 중시하고 현세의 젊음과 쾌락을 중시하는 로마 시인 호라티우스로부터 나온 "오늘을 즐기세, 이 시간을 즐기세carpe diem, carpe horam…", "노세, 노세, 젊어서 노세"식 주제가 시인들에게 인기를 끌게 된다. 그리고 지금까지 에덴동산의 타락 이후 원죄에 물든 악과 야만의 터전으로 생각되었던 자연이 인간 생활이나 특히 사랑의 이상적 공간으로 탈바꿈하면서 목가 시, 목가 소설이 인기를 끌게 된다. 이와 같은 "선한 자연"에 대한 사고는 세르반테스의 《돈키호테》에 나오는 '황금시대Edad dorada'의 꿈을 낳았으며, 모든 인간이 자연 속에서 평화롭게 네 것 내 것 없이 나누어 먹고 살던 이상향의 향수로 남았다. 이런 생각한 뿌리를 같이 했던 것이 또한 자연 속에서의 소박한 칭송으로 알려진 호라티우스의 "(농부들이여) 축복받을지어다 그대들은"이라는 테마의 유행을 낳았다.

따라서 우리는 서양의 중세와 르네상스를 판가름하는 잣대로 신중심주의teocentrismo에서 인간중심주의로 넘어갔다는 이분법을 사용한다. 말하자면 중세가 '신 중심 시대', 즉 신의 독자적 언어가 지배하는 시대였다면 르네상스는 모든 가치 개념의 대화 시대로 보는 것이 좋다. 즉 신 중심 시대에서 신과 자연이 대화하고 자연과 인간이 대화하는 대화와 평등의 시대로 넘어왔다는 것이다. 돈키호테는 "신과 자연이 우리 모두를 자유롭게 탄생시켰다Dios y naturaleza nos hizo libres"고 했다. 지금까지 신은 가장 선하고 자연이나 자연인은 악이라는 무서운 이분법이 있었다. 이제는 신과 자연이 자연스럽게 서로 말을 트기 시작한다. 르네상스의 종교개혁파들은 전지전능한 절대 권력자 신에 대한 복종만을 강요했던 신앙 태도에서 벗어나 합리적인 사고를 통해 지나친 예식이나 격식의 파괴를 주장한다. 소위 부르주아로부터 비롯된 개인주의 의식의 연장이라고 볼 수 있는데, 모든 허례허식과 외적인 격식을 떠나 신앙인 개인 개인의 깊은 믿음의 목소리에 더욱 귀를 기울일 것을 권고한다. 성 후안 데 라 크루스는 "하느님을 아는 첫 번째 관문은 자기 자신을 아는 것El primer paso para el conocimiento de Dios es el conocimiento de sí mismo"이라고 했다.[5] "자신의 본성을 보면 곧 부처가 된다(見性成佛)"는 말을 연상시키는 성 후안의 이 말은 신과의 만남을 위한 제일 첫 번째의 노력은 인간인 자신을 알아야 너와 나의 참 대화, 너와 나의 참사랑의 길이 열린다는 뜻이다. 영과 육의 대화, 영과 육의 혼연일치가 신과 인간의 합일을 이루어낸 신비주의의 신비가 아니었을까?

5) Cfr. José Antonio Maravall, "La Época del renacimiento", Francisco López Estrada, *Historia y crítica de la literatura española*(Barcelona: Edición crítica), p. 51.

문학에 있어서도 르네상스는 수사적 표현과 자연스러운 감정의 대화를 통한 조화를 꾀했다. 고전을 통하여 신화적 소재와 수사 양식을 배우며 감정과 사고에 알맞게 조화시켜 쓰는 것이 그들의 시법이었다. 페트라르카로부터 그리스 로마 신화를 소재로 본뜨고 베르길리우스의 목가를 모델로 삼아 목가시égloga를 읊조리는 것이 최상의 시라고 보았다. 자연과 인간이 어우러지는 '즐거운 자연locus amoenus'에서 사랑 이야기를 하는 것이 가장 아름다운 시라고 보았다. 르네상스인들의 고전 해석은 독특한 데가 있었다. 그들이 그토록 즐겨 쓴 사랑 시의 '플라톤적 사랑'이란 플라톤의 《향연*Simposium*》에서 그 이름을 따오지만, 막상 사랑의 수행 방법으로는 신플라톤주의 선구자 플로티노스의 이론을 가미한 것이다. 그리하여 "이데아에 대한, 학문에 대한 사랑의 모델"로서의 "가장 단순하고 영원불멸의 사랑"을 의미했던 플라톤적 사랑은 작품에서 구현된다. 레온 에브레오León Hebreo의 〈사랑의 대화Dialoghi d'amore〉나 가스틸요네Castiglione의 《선비론*Il Cortegiano*》에서는 여성을 귀부인으로 모시며 냉대와 고뇌 속에서 인격을 수양하는 수도 행위가 고명한 선비의 최고의 미덕으로 제시된다. 어디 그뿐인가. 르네상스인들의 대화에 조화에 대한 열망은, 가스틸요네의 가장 이상적인 선비 스타일에 나타나듯, "문무를 겸해야ducho en armas y en letras" 가장 멋진 사나이로 여기는 것에서도 명백히 나타난다. 보스칸이나 가르실라소, 세르반테스가 다 군인이었듯이 르네상스 문인의 전형적인 직업이 무사였던 것도 소위 문무를 겸한 이상적 선비를 꿈꾸던 소망을 실천한 것으로도 볼 수 있다.

특히 스페인에 있어서의 '레나시미엔토el Renacimiento español'는 대화를 통해 종교적 전통성과 당시의 세속적 인간주의, 서민적인 것과 식자적인 것, 토속적인 것과 세계적인 것, 현실주의와 이상주의의 대화를 통한 균형과 조화를 피한 것이 특징이었다. 이탈리아에서 르네상스를 수입하고 11음절 시구가 유행했다고는 하나, 중세의 전통적인 민요조나 로만세 율격(로만세는 8음절, 짝수 시구에 각운 -rima가 있는 전통 시 형식을 말함)을 고집하는 가스틸에호 Castillejo(1490-1550)나 오르스코Horozco(1510-1580) 같은 시인들도 있었다. 비록 공고라처럼 식자 시인이었다 할지라도 이따금 민요조를 흉내 내는 멋진 풍류를 구사하는 것이 당연하게 여겨졌던 것도 스페인 레나시미엔토의 하나의 특징이라고 할 수 있으리라.[6]

6) Cfr. José García López, *Historia de la literatura española*(Barcelona, 1984), 18a. edición, pp. 158-160.

3장

르네상스를 물들인 가슴 아픈 사랑의 서정시들

◆

펠리페 4세의 황후를 사랑하다가 8월 어느 뜨거운 여름밤에 칼에 찔려 죽은 빌야메디아나 백작Conde de Villamediana(1582-1622)의 시구 중 "가슴 아파하는 모습은 사랑을 하고 있다는 확실한 증거de amar sufrir es cierto indicio"라는 말이 나온다. 시인 구티에르레 데 세티나Gutierre de Cetina(1520-?1557)도 멕시코의 어느 마을에서 어쩌면 남의 애인인지도 모를 묘령의 여인에게 노래를 바치다가 칼에 찔려 죽는다. 이 모두 가슴 아픈 사랑의 밤의 역사들이다. 이렇듯 르네상스 시인들은 거의 모두가 사랑의 가슴앓이를 앓는 시인들이었다.

이들 시인의 대표격인 페트라르카도 라우라라는 묘령의 여인을 평생 짝사랑하다며 고뇌와 갈등에 찬 시구들을 남겼다. 그는 1327년 4월 6일 산타 클라라 교회에서 라우라를 처음 보고 반한다. 그 뒤 그녀가 죽었다는 소식을 들은 1348년까지 21년 동안 그녀를 짝사랑하면서 수많은 절절한 시구를 남겼다. 선배를 본받아서였는지 스페인 대시인 가르실라소 데 라 베가도 자신을 배반하고 다른 남자와 결혼한 이사벨 프레이레에 대한 가슴 아픈 사랑의 사연을 많은 시로 남긴다. 그녀의 무덤에 마지막 시를 바친 뒤 35세의 젊은 나이에 전쟁터에서, 굴러 떨어지는 돌에 맞아 압사한다.

르네상스 시인들을 모두 짝사랑의 주인공 혹은 사랑에 배신당하거나 거절당한 비극적 실체들로 부각시킨 이유는 이들이 19세기 이전의 최초의 낭만주의 시인들이었다는 것을 말하기 위해서다. 보통 말하기를 "르네상스의 비평은 고전주의였다면 문학 작품은 낭만주의"였다고 한다.[7] 중세의 종교적인 금욕주의에서 벗어난 르네상스 시인들은 조심스럽게 사랑에 눈뜨기 시작했으며, 이들은 이상적인 플라톤적 사랑에 몰두하거나 '선비 사랑'의 전통을 이어받아 고민과 고통으로 점철된 사랑의 쾌락으로 사는 마조히즘을 실천하기도 했다.

어떻든 오늘날 우리가 사랑의 감정으로 이해하고 있는 기본 패턴은 이들 르네상스 시인들로부터 개발되고 정착된 것들이다. 르네상스 시인들의 사랑 지상주의는 "노세, 노세, 젊어서 노세" 혹은 "카르페 디엠carpe diem"의 유행을 낳기도 했지만 동시에 모든 것 다 버리고 자연의 품속으로 돌아가 소박한 삶을 즐기라는 "축복받을지어다 그대들은"의 유행을 낳기도 했다.

(1) '노래집Cancionero' 나오는 전통적 사랑 노래의 부활

르네상스 시대에 이탈리아 영향이 컸다고는 하지만 오로스코의 〈처녀와 촌놈La doncella y el villanchón〉 같은 민요조의 노래에서는 중세의 '노래집Cancionero/romancero'의 전통이 그대로 이어졌다. 또 나름대로 지지층이 있었고 멋과 맛과 재미가 있었다.

---

7) Cfr. Vernon Hall Jr., *A Short History of Literary Criticism*(New York Univ. Press, 1963), p. 47.

입 맞추고 사랑해 주고 했지요
처녀가 촌놈에게요,
입 맞추고 사랑했지요, 하지만
촌놈은 한구석에 꼭 박혀 있었지요.

순 무식한 시골 촌놈에게
사랑에 빠진 그 처녀는
사랑에 아파하는 연인의 말로
아주 진심으로 말을 했지요.
촌놈에게는 그게 아무 관심이 없고
그녀의 말도 듣지 않았어요.
입 맞추고 사랑해 주고 했지요
그 처녀가 촌놈에게요.

처녀는 사랑도 해 주고
수없이 애교도 피우고 칭찬도 하고
수없이 모두 다 잘해 주었었지요,
그래도 그 무식한 놈은 달아났지요.
여자보다 더욱 자기가 원하는 건
자기 망태나 가득 채워 가는 거라나요.
입 맞추고 사랑도 해 주었지요
그 처녀가 그 촌놈에게요,
입 맞추고 사랑도 해 주었지요,
촌놈은 한구석에 꼭 박혀 있구요.

• 원문 98 •

르네상스는 부르주아의 생성지가 도시였던 만큼 도시적 문화의 성격을 갖는다. 여기 이 '처녀'는 분명히 도시물을 좀 먹고 사랑의 맛을 안 여자지만 순박한 시골 촌놈이 그까짓 것에 무슨 관심이나 있을쏘냐. 그저 자기 자루나 망태만 가득 채워 가는 것이 유일한 관심일 뿐. 사실 르네상스가 소박한 자연 속의 목가 세계를 그렸다고 하지만 그것은 다분히 가꾸어진 정원 같은 '즐거운 장소 locus amoenus'로서의 자연이었고 그곳의 목동이나 목장 아가씨는 다들 도회 아가씨 모습들을 하고 사랑에 울고 웃는 장소로 자연을 택한, 다분히 예술적인 가공인물들이었다. 여기 이 소박한 민요가 재미있는 것은 때 묻지 않은 이 촌놈의 무식성이 이해가 가고, 그런 촌놈을 사랑한 처녀의 모습이 너무 애처롭기 때문. 마치 시골 환경 속의 도시 여자가 더욱 예뻐 보이듯이….

가스틸에호도 아주 애교 있고 재미있는 소녀의 목소리로 노래를 지었다.

〈노래〉

여기는 보기만 하고
그리워하는 일만 있네요;
여기서는 그냥 그리움만 안고
죽어가는 수밖에는 없어요.
어머니, 손에 손잡고 원무를 추는데
여기 있던 한 신사가
한 바퀴 돌 때마다
나에게 윙크를 했어요.
저는 그냥 순진했으니,
그냥 아무것도 아니려니 했었죠.

어머니, 이 춤판에 있던
한 신사 하인이
한 바퀴 돌 때마다

제 소매를 잡았어요.
저는 그냥 순진해서,
그냥 아무것도 아니려니 했죠.

• 원문 99 •

이렇듯 중세의 민요조가 르네상스에 와서 부쩍 관심을 끈 것은 지금까지 찬송가와 설교 외에는 그저 무미건조한 것이 중세 문화로 여겨졌던 분위기에서 더러는 이렇게 맛깔스럽고 아기자기한 매력이 넘치는 사랑 노래가 있음을 발견하고부터였다. 이들 전통파들은 구태여 신식풍의 노래나 소네토soneto가 아니어도 우리식 사랑 노래가 더욱 깊고 맛이 있다고 믿었다. 그러나 이들의 사랑 타령 또한 이탈리아의 여파였던 것도 사실이다.

후안 보스칸이 페트라르카와 "이탈리아의 훌륭한 작가들이 사용한 소네토와 기타 다른 시작법sonetos y otras artes de trovas usadas por los buenos autores de Italia"을 모방하여 스페인어로 시작을 시도하고, 이것이 가르실라소에 의하여 아름다운 스페인어 시 형식으로 자리 잡기 시작하면서 스페인 시의 황금시대의 문이 활짝 열린다.

보스칸의 시들은 초기 전통적 8음절 시로 시작해서 페트라르카식 11음절의 소네토들과 역시 이탈리아 시인의 '노래집Canzoniere'에서 본받은 많은 노래canción들을 창작한다. 그러나 보스칸 초기 시의 시 정신의 바탕은 스페인 민요의 '선비 사랑amor cortés'의 슬픔이 배어난다.

그대 아니고 누구에게 사랑과 덕德을 함께 갈구하는
나의 이 사랑의 시구들을 바치오리이까,
이 모든 것을 다 갖추고 계시는 귀부인이시여…

부디 이 사랑의 말들이 부드럽게 보이거든
부드러운 그대의 그 차분한 마음으로 받아들여 주옵소서.
아니시라면 응당 그러하시듯 그냥 그렇게 받아 주시지요.
그리고 그럴 때 사랑하는 마음 늘 그러하듯이
그 뒤 울음으로 그대를 지나치게 귀찮게 하여도
그 슬픈 울음소리를 너무 나쁘게 생각하지 마소서.

· 원문 100 ·

여기 이 노래Copla에 나오는 "덕"이니 "부드러운 차분함", "울음" 등은 중세 민요 전통에서 비롯된 선비 사랑의 '행복한 고민bendito sufrir'의 전형적인 표현들이다. 사랑하는 사람이 주는 사랑에의 고통은 참기 어려운 비애요 쓰라림이지만 그것은 동시에 사랑이 주는 가장 소중한 보물이다. 그것은 죽을 것 같은 고통이면서 동시에 생명의 희망을 주는 마술적 힘이다. 이것이 선비 사랑의 전형적 패러독스. 사랑하는 사람의 냉대와 무관심을 끝없이 참고 견디며 아무런 보답도 보상도 바라지 않는 순수한 사랑의 마음이 그려진 것이 보스칸의 노래들이다.[8)]

오르테가 이 가세트에 의하면 선비 사랑의 계율은 11세기 말 12세기 초에 프랑스에서 생겨났다. 이것은 남자가 여자를 자신보다 훨씬 우월한 실체로 기리고 존경하는 사랑의 형태를 말한다. 삼국시대 향가 〈헌화가〉나 이슬람 전통에서 보듯 동양에는 여자를 모시고 존경하고 사랑하는 미덕이 있어 왔다. 모리스 비숍Morris Bishop를 비롯한 아메리코 카스트로Américo Castro 같은 대학자도 이런 여성 모시기 사랑 전통이 동양 문화, 특히 안달루시아에서 발달한

---

8) Cfr. Otis H. Green, "Amor cortés y visión platónica en la poesís de Boscán", *Historia y crítica de la literatura española*, pp. 122-123.

이슬람 문화로부터 프로방스를 거쳐 중세 프랑스에서 유행했으리라는 데 의견을 같이 하고 있다. 모리스 비숍은 말한다

〔선비 사랑〕은 분명히 이슬람의 지배하에 있던 스페인에서 온 것이다. 그 사회에서는 여자들이 상당한 자유를 누렸으며 그녀들 중 어떤 여자들은 시인인 경우가 많았다. 이런 분위기에서 사랑을 순수하고 숭엄한 경지로 보는 신비적인 사랑의 법칙이 발전되었다. 아랍 문학에는 실연과 이별에 우는 연인들로 가득 차 있다. 여자에게 버림받았으면서도 끝까지 성실하고 지조를 지키는 남성들 말이다. 그런 연인들의 시는 대부분 사랑의 시였으며 이런 시들이 프랑스의 음유시인들의 주제와 스타일에 영향을 미친 것이다.

그러나 스페인의 아랍 문학 전문가 에밀리오 가르시아 고메스Emilio García Gómez는 선비 사랑이 아랍 지배하의 안달루시아 시가의 영향일 수 있다는 의견을 수용하지 않으면서도, 9세기 후반 바그다드에서는 플라톤적 사랑이 아랍 문학에서 처음으로 체계적으로 나타나고 있다고 말한다.[9] 이미 8세기부터 알라신과의 합일을 꾀하는 플라톤적 사랑의 모델을 사랑의 수행 방법으로 하는 수피즘sufí/sufism이 아랍 세계에 많이 퍼져 있던 상황이고 보면, 선비 사랑의 요소나 플라톤적 사랑은 늘 서로 영향받고 혼용되었던 것 같다. 이러한 역사로 보아 어떤 형태로든 아랍 영향하에 있었다고 보는 게 좋을 듯하다. 여기 하나 재미있는 것은 신라의 처용 또한 아랍의 수피였을 가능성이 높다고 이미 언급한 바처럼,[10] 아랍의 선비 사랑이나 신플라톤주의가 신라에 도입되었

---

9) Cfr. Hernán Lara Zavala, *Las novelas en el Quijote*(UNAM, 1988), pp. 41-43.

10) 민용태, 《세계 문예사조의 이해》(문학아카데미, 2001), 104-105쪽 참조.

거나, 아니면 그런 여성 숭배 사상이 이미 신라에 존재했음을 짐작할 수 있다. 〈헌화가〉에서, 예쁜 아가씨가 절벽에 피어 있는 철쭉의 아름다움에 감탄하는 모습을 보고 그곳을 지나가던 노인이 잡고 있는 암소를 놓고 "꽃 꺾어 바치오리이까?"라고 한 것은 분명히 '선비'다운 미덕을 보여 주는 것이다.

구티에르레 데 세티나(1520-?1557)의 그 유명한 '짧은 연가Madrigal'도 11음절과 7음절을 섞어 쓴 이탈리아 시 형식이지만 내용은 전형적인 선비 사랑 노래이다.

맑고 고요한 눈동자여,
다정하게 바라봐 주신다 해도 기림을 받을 텐데
저를 보시면 왜 뾰르통한 눈으로 보시나요?
더욱 자비스러운 눈길로 보아 주시면 그럴수록
그대를 바라보는 사람에게 더욱 예쁘게 보일 텐데,
그렇게 화난 표정으로 보지 말아요,
그렇다고 그대의 아름다움이 덜해 보이나요?
아, 미칠 것 같은 사랑의 고뇌여!
맑고 고요한 눈동자여,
꼭 그런 눈길로 저를 보아야 한다면, 그렇게라도 그냥 보아만 주세요.

• 원문 101 •

세비야에서 태어나 군인으로 유럽 곳곳을 전전하다가 멕시코에서 한 여인과의 사랑 문제로 칼싸움 끝에 죽게 된, 가장 낭만적인 시인 세티나, 그의 시의 테마는 항상 사랑이었다. 이 사랑의 소곡에는 당시 이탈리아 '소연가'에 유행한 "맑고 고요한chiari/sereni" 눈동자가 나온다.[11] 그러나 이 사랑의 노래에는

11) Cfr. Rafael Lapesa, "Castillejo y Cetina. Entre poesía de cancionero y poesía

세티나 특유의 진솔한 마음이 묻어난다. 임의 눈길과 마음을 잡고 싶어 하는 간절한 소망과 함께, 사랑받지 못하는 것을 알면서도 사랑할 수밖에 없는 선비 사랑의 달콤한 고뇌가 있다. 조심스러운 갈망을 애절하게 표현하며 가슴 조이고 있다. 짝사랑하는 사람의 고뇌와 연민…. 그러나 그 눈동자를 바라보지 않고는 살 수 없기에 다른 모든 소망과 희망을 접고 "그냥 그대로 보아만 주세요" 하는 마음 사림이 안타깝다.

(2) 페트라르카식 사랑의 갈등 그리고 플라톤적 사랑

그러나 이런 선비 사랑은 이미 페트라르카에서부터 '플라톤적 사랑'의 이상화를 따른다. 즉 끝없는 자기 수양의 길에서 사랑의 고뇌를 품고 사는 자가 연인이며 이것은 흔히 숭고한 전사의 모습과 비교된다. 페트라르카는 사랑을 갈등과 '전쟁'으로 묘사했다. 사랑은 가장 큰 행복이며 불행이고 "빛과 그리고 그림자"였다. 이런 페트라르카의 사랑의 패러독스와 갈등의 표현은 수사법상 '반어법 놀이juego de los contrarios'라는 새로운 유행을 낳는다. 어떻든 페트라르카의 사랑의 고뇌는 마침내 연인 라우라에 대한 사랑과 자신의 종교적 믿음과의 갈등, 명예에 대한 갈망과 가난하고 소박한 삶에 대한 소망 사이의 갈등으로 발전한다. 르네상스의 시에 나오는 전쟁이나 감옥의 이미지는 주로 사랑의 갈등과 고뇌를 상징한다. 세티나의 다음 소네토도 고행에 가까운 플라톤적 사랑 수행의 아픔과 사랑의 감정이 야기하는 전쟁에 가까운 갈등, 자기 투쟁의 고민이 잘 묘사되어 있다.

사랑이 나의 날개를 움직이네, 사랑의 사념이

italiansizante", *Historia y crítica de la literatura española*, pp. 152-154.

아주 높이 나의 날개를 달고 날아오르네.
이렇게 올라가면서도 때때로 나는 그대에게 이르기에는
아직 나의 고통이 너무 짧고 부족한 것을 느끼네.

높이 날아감이 스스로 대견스럽다가도 어쩌면 두려운 것은
하지만 그 뒤 곧 나에게 깨달음이 오기 때문,
그것은 내가 죽도록 날아올라도 불멸의 영광에
이르기에는 아직도 고통이 부족하다는 명확한 사실.

어떤 자가 자기의 능력을 넘어 만용을 부리다가
그 거만한 행위로 죽음을 맞게 된 바다에
영원한 이름을 남긴 일이 있었다면,

나에 대해서는 사람들이 말하리라. "여기 한 사나이가 죽었도다
운이 나빠 하늘에 이르는 데는 성공하지 못했으나
생명이 부족했을 뿐, 용기가 부족해서는 아니었느니…."

• 원문 102 •

마지막 두 3행시 연에서 바다의 명장과 사랑의 명장 자신의 용기를 비교한 구절들을 보라. 사랑의 고뇌와 용기를 전쟁으로 비유한 페트라르카가 없었다면 과연 이런 시가 가능했을 것인가. 세티나의 사랑은 '만용'보다는 겸손과 인내로 목숨을 다 바쳐 임을 모시는 것이었다고 말한다. 구태여 하늘에 올라 불멸의 영광을 얻고 그녀와의 합일에 이르지는 못했다 할지라도, 그것이 구태여 용기가 부족해서 접근하지 못한 것은 아니라는 시인의 말에는 일생을 다 바쳐 사랑한 한 '사나이'의 진솔성이 묻어난다.

플로티노스의 신플라톤주의 영향을 받은 플라톤적 사랑은, 이미 말했듯이,

사랑의 모델로 정착한다. 레온 에브레오의 '사랑의' 대화가 가스틸요네의《선비론》을 통해 진정한 사랑수행의 모델로 거듭난 것이다. 이는 르네상스 이후 기사 소설 속의 귀부인에 대한 사랑의 모델로, 기타 다른 소설류의 사랑 형태, 혹은 많은 사랑 시의 내용과 형식으로 자리 잡는데, 그 기본 태도는, 처음에는 먼저 한 여인의 육체적 아름다움에 취하고 반할 수 있으나 그것에 머물지 말고 그녀의 정신적 아름다움과 지조honestidad, 덕virtud에 반할 것이며, 나아가 임의 높고 아름다운 지혜와 진실을 흠모하여 마침내 그녀와의 황홀한 합일에 이르는 신비주의를 수행하는 것이었다. 임과의 만남의 정소를 '하늘'로 '불멸의 영광'으로 보는 것은 플라톤의 '이데아'의 반영이며, 플로티노스는 그 높은 곳에 하나라는 황홀한 합일의 경지를 놓고 있었다. 이런 플라톤적 사랑은 아주 자연스럽게 신과의 합일이라는 기독교의 신비주의로 옮겨갈 수 있는 형태였다.

세티나의 소네토에 나오는 고통이나 고행의 말들, 하늘로의 상승의 이미지들은 임을 그 높은 곳에 모시며 육체적 유혹, 정신적 유혹을 끝없이 뿌리치고 임의 사랑을 얻기 위해 끊임없이 정진하는 모습에서 나온다. 아무리 고통스럽고 힘들다 할지라도 오히려 노력이 부족하다고 생각하며 임을 모시기에 온 정성을 다하는 태도가 바로 플라톤적 사랑의 태도다. 따라서 임을 진선미眞善美의 총화로 보며, 그녀를 하늘의 광명으로, 그리고 내가 있는 땅을 어둠으로 보는 플로티노스의 미학적 이미지가 늘 시에 등장한다. 황금세기 시인들이 임의 이름을 많은 경우 '빛Luz'으로 불렀던 것에서 '루시아Lucía'나 그와 비슷한 이름을 짐작할 수 있으나 '빛'이라는 이름은 플라톤적 빛과 어둠의 설계에서 말미암은 것들이다. 루이스 데 레온 사제의 전형적인 플라톤적 사랑 시를 보자.

오, 예의 바름이여! 오, 다정하게 맞아들이는 모습이여!
오, 저 하늘의 지혜여! 오, 저 순연한 아름다움이여!
오, 저 정숙한 생각이여, 용기와 다정함을
함께 지니고 있는 저 진지한 가슴이여!

오, 광명이여, 사랑의 신이 앉기 좋아하는 자리여!
오. 저 입, 아름다움이 사는 저 입!
오, 저 한 없이 부드러운 말씨 ! 오 천사 같은
저 자태! 오 저 손! 오, 저 현숙한 말소리!

오직 그대에게, 온 세상의 즐거움과 기쁜 삶
자신의 위안, 행복하고 아름다운 자신의 명운을
모두 다 걸고 있는 자로서는

그대로부터 추방당하는 날에는
아, 더 이상 무엇이 남아 있을 것인가, 두려움과
밤과 쓰라림과 통곡, 그리고 죽음밖에는?

• 원문 103 •

임을 진선미의 총화로 본다는 것은 임의 육체적 아름다움을 부정하고 오직 추상적 아름다움을 기리며, 임의 덕德을 기리되 그 지극한 선善을 취하고, '하늘의 지혜'를 구하되 참眞을 추구하는 것을 말한다. 즉 지덕체智德體의 갈고 닦음을 통하여 참된 임과의 황홀한 하나됨을 추구하는 것이 플라톤적 사랑이다.

위 소네토에는 최고의 지덕체의 상징으로, 삶의 희망 및 모든 것을 걸고 임을 사랑하는 구도자적 연인의 자세가 보인다. 어둠에서 빛을 향하듯, 고통에서 행복을 추구하듯, 슬픔에서 기쁨을 향하듯 임을 바라보는 눈길은 진솔하기만 하다. 따라서 사랑이 없는 삶은 밤이요 쓰라림이요 통곡의 연속이고 죽음뿐이다.

르네상스에 유행한 소네토나 11음절 시구, 그리고 사랑의 관한 테마는 이렇듯 대부분 페트라르카, 벰보 등 이탈리아 시인들을 거쳐 황금세기 스페인에 유입되지만 그것은 곧 스페인 시화되고 각 시인의 천재성에 따라 독특한 면모로 바뀌어 간다. 예를 들어 보스칸의 경우 이탈리아 시의 형식과 내용의 도입에 앞장서지만 차차 나름대로의 시체로 다듬어 간다. 보스칸의 장시 〈레안드로와 에로의 이야기Historia de Leandro y Hero〉는 자신이 스페인어로 번역한 카스틸리오네의 《선비론》에서 말하는 '중용中庸/regla del justo medio/o de buena medianía'의 도를 이야기한다. 특히 여주인공 에로Hero는 부모들이 자신을 믿고 완전한 자유를 주자, 항상 이성la razón의 빛을 잃지 않고 극단을 피하여 스스로 사리에 맞는 중용의 길을 걷는다. 부모들은 그녀가 신플라톤주의를 실천하는 착한 딸로서 자신의 삶 속에서 늘 균형과 조화를 잃지 않으리라는 것을 안다.

> 그런 위치를 부모들이 그녀에게 주었다,
> 부모들 뜻은 거기에 보초를 두고 지키거나
> 보상을 바라거나 곤궁하게 지키고 살라는 것이 아니라
> 그녀의 마음과 뜻이 바로 자신을 지키는 보초라는 것.
> 그녀의 삶은 자유로웠다. 그러나 방탕한 것은 아니었다.
> 자기가 원하는 것은 무엇이든지 할 수 있었다,
> 그러나 사리에 맞는 일 외에는 하지 않았다.
> 그녀는 이러한 부조화 속에서 조화를 구했다.
>
> • 원문 104 •

어느 아침 에로는 레안드로를 보고 반한다. 둘 사이에는 아무도 떼어 놓을 수 없는 뜨겁고 순수한 사랑의 감정이 싹튼다. 육적인 욕망을 제어해야 하는 플라톤적 사랑은 "육체는 영혼과 함께 가야 하는 법/그 육체를 괴롭히라, 그것은 너의 영혼의 몸이니…"라고 절규하는 영육의 결합의 갈구로 변한다. 레안드로는 밤에 강을 건너 오가며 탑의 창문에 등불을 밝히고 기다리던 에로와의 사랑을 성취시킨다.

그린은 보스칸의 시의 〈영육의 사랑amor mixtus〉을 선비 사랑과 플라톤적 사랑이 혼합된, 육체와 정신이 하나가 되는 가장 인상적인 보스칸의 시 세계라고 격찬한다.

고전적 법칙이 시대와 융합하고 이탈리아풍이 보스칸화한 매력적인 시가 탄생한다.

나에게로 돌아와요. 그리고 내 속에서 복수를 해요
저 바람과 바다와 밤을 복수해요;
그토록 애써 고생한 만큼 보상을 받아요,
고통받은 만큼 보상을 받아요,
나에게서 보상을 받아요, 모든 나를 바치오리이다.

* * *

더 많은 말을 했다: 나의 두 눈은
저 많은 빛, 저 높은 곳을 바라보기에 지쳤어;
하지만 불멸의 영혼이 사는 부분은 결코
그녀가 먹고 사는 자연의 음식에 질 수는 없어.

· 원문 105 ·

마침내 보스칸은 선비 사랑도 플라톤적 사랑도 페트라르카적 사랑의 갈등과 전쟁도 아닌 영혼과 육체가 함께하는, 이상과 현실이 함께하고 영원과 현재가 함께하는 '중용적 삶'을 노래한다. 나이 쉰에 스무 살 정도 되는 안나 히론데 레볼예도라는 처녀와 결혼하고 친구에게 서간문을 보낸다. 세상에 부러울 것이 없는 행복한 삶을 이렇게 노래한다.

세상살이 성공 중에 가장 훌륭한 것은
중용을 성취하는 것일세,
중용을 얻으면 모든 걱정이 다 해결되지.

그래서 나도 이 길을 따르려고
한 여자를 만나 결혼했는데, 이제 이 여자는
내 영혼의 처음이면서 마지막일세.

이 사람이 나에게 곧 새로운 생명을 주고
어떻게 행복하게 나를 돌봐 주는지
나의 온 마음과 뜻을 다 만족시켜 준다네.

시방 행복이라는 것은 그저 내 안에서 느끼는 것
진실에 바탕을 둔 든든하고 튼튼한 것이고
또한 모든 느낌에 맛있게 와 닿는 것.

전에는 내가 행복하다 보면 걱정이 생기곤 했었지,
그래서 마침 입맛에 맞을 때쯤 되면
벌써 거의 상한 상태로 내게 오곤 했었지.

지금은 행복이란 그저 누릴 만한 것이고
쾌락은 진짜 쾌락이어서 항상 좋은 것이지.
이제 좋은 것은 더 이상 나쁜 것과 섞여서는 안 되지.

만족한 사람에게는 모든 것이 다 만족스러워,
그래서 나에게 있어서도, 내가 해 온 일 덕분에
이제 무어든 좋아하거나 원하는 것은 다 이루어진다네.

전에는 사랑의 터전이 전쟁의 침대였지만
이제 침대는 나에게 영원한 평화의 침대일 뿐.
두 영혼이 한 가슴속에서 하나되어 있다네. 〔…〕

• 원문 106 •

보스칸은 여기에서 자신이 생각한 진정한 행복의 길, 즉 아리스토텔레스의 'mesóthe', 호라티우스의 'mediocritate', 거기에 이어 카스틸리오네의 《선비론》에서 배운 '좋은 중간buena medianía'의 삶을 자신의 체험을 통해 설파하고 있다. 젊은 여자와의 결혼이 중용의 길인지는 알 수 없으나, 어떻든 "나의 영혼의 처음이면서 끝인 여인", 즉 진정으로 사랑하는 여인과 결혼한 것은 행복의 지름길이었을 수 있다. 그리하여 "나의 온 마음과 뜻을 다 만족시켜 주는" 삶을 사는 것은 분명 행복한 삶이다. 즉 몸과 마음, 뜻에 다 맞는 지덕체의 욕구를 다 만족시켜 주는 삶은 분명 행복한 것이나, 그것이 나의 중용적 삶의 결과로 왔다는 이야기는 좀 자만이 심한 게 아닐까?

윤리적으로 따져 보면 분명히 자기 자랑이나 자화자찬自畵自讚에 속하는 서간문의 서론이지만, 정작 시의 내용은 소박한 삶 속에서의 진정한 행복이 무엇인가를 감동 있게 전달한다. 말하자면, 자신이 사랑하는 한 여자와 결혼하고 난 뒤부터, 그때까지 허영과 야심, 근심 걱정과 회의에 시달리던 마음이, 이제 사랑하는 여인과 초야에 묻혀 살면서 가난한 삶 속에서 균형과 조화를 찾는 평안하고 행복한 중용의 상태로 바뀌었다는 이야기. 호라티우스의 자연 속의 삶을 칭송한 "축복받을지어다 그대들은"의 테마를 주제로 "속인 속물들과 이러쿵저러쿵 논하는 사람들과 말하느니/차라리 거기에 가서 소들과 양들과 염소들과/철학을 이야기하는 것이 더 좋으리라Allí podrá mejor filosofarse/con los bueyes y cabras y ovejas,/que con los que del vulgo han de tratarse"고 역설하는 시인의 자연주의 철학이 놀랍다. 이제 좋은 것은 좋은 것이고 맛있는 것은 맛있는 것일 뿐, 나중에 보니 그것이 독이었다느니, 썩은 것이었다느니 하는 일은 없다. 따라서 젊은 시절의 페트라르카가 노래한 것처럼 갈등이요 고뇌요 전쟁이었던 사랑이 이제는 하늘 보고 땅 보는 "영원한 평화의 침대"에서, "두 영혼이 한 가슴속에서 하나 되어 있는 것"이라는 걸 알았다고 고백한다.

4장

스페인 서정시의 왕자, 진정한 사랑의 시인, 가르실라소 데 라 베가

◆

가르실라소 데 라 베가Garcilaso de la Vega(?-1536)를 일컬을 때 가장 많이 나오는 말이 '스페인 시인의 왕자Príncipe de los poetas castellanos', 혹은 '진정한 사랑의 시인auténtico poeta del amor'이라는 칭호다.[12] 비록 33세의 젊은 나이에 전쟁터에서 죽었지만 시인이 남긴 '목가 시Eglogas'를 비롯한 적지 않은 서정시들은 스페인 문학사에 있어서 누구나 인정하는 새로운 근대시의 모델로서 자리했기 때문이다.[13]

시인 가르실라소의 시를 읽을 때마다 세르반테스도 말한 "시인은 견자見者, poeta-vate"라는 말이 떠오른다. 이미 자기가 전쟁터에서 죽을 것을 예감한 것 같은 말이 나온다.

---

12) Cfr. Antonio Gallego Morell, "La poesía en el siglo XVI (1)", *Historia de la literatura española*, vol. 1, coordinada por José María Díez Borque(Madrid: Guadiana de Publicaciones, 1974), pp. 569-588(Nuestro profesor dice concretamente en la p. 588): "como auténtica poeta del amor—lo que en nuestro siglo encarna Pedro Salinas—〔…〕".

13) Cfr. ibid., pp. 579-582.

〈첫 번째 애가哀歌〉

오, 비참한 운명이여! 오, 인간으로 산다는 것이
이렇게 힘들고 불행한 것인가,
이렇게 고생 고생하며 걸어가야 하는 길인가!

그리고 지금 우리 시대는 훨씬 더
운이 없어서, 이 시대가 나아가는 길은
하나의 불행에서 다른 불행으로 모습을 바꾸는 것뿐.

이제 우리 중 누구 하나, 지나치게 많은
이 전쟁들, 위험들, 추방들을 당해 보지 않은 자 있는가?
그리하여 이 엄청난 수난이 지겹지 않는 자 있는가?

누구 하나 적의 칼끝에 자기 피가 쏟아지는 것을
보지 않은 자 있는가? 누구 하나 수천 번 자기 목숨을
잃을 뻔하다가, 실수로 빠져나온 경험이 없는가?

얼마나 많은 사람들이 집과 아내와 기억을 잃었고
재산은 다 남들에게 넘어가는 그런 일이
앞으로도 또 얼마나 많을 것인가?
이렇게 해서 얻은 것은 무엇인가? 무슨 영광?
무슨 상금이나 감사장이 있었는가?
우리의 역사를 읽어 보는 사람은 대답을 알리라.

거기 우리의 뜻을 바로 잡아 주시는 분 앞에 가면
그제서야 비로소 바람에 날리는 먼지처럼
우리의 피로가 풀리게 되는 것을 보리라.

• 원문 107 •

가르실라소는 황제 카를 5세를 모셨으나 어느 날 갑작스러운 황제의 진노로 다뉴브 섬으로 추방당했고, 황제를 따라 수많은 전쟁에 참여하였으며, 1535년 튀니지에서 부상을 입었고, 마침내 1536년 프로방스 전투에서 무이Muy 성을 공략하다 굴러 떨어지는 돌에 맞아 압사했다. 목가적인 평화로운 삶을 갈구했던 이 불행한 시인은 항상 전쟁의 화염 속에서 살았고 전쟁터에서 죽었다. 가르실라소는 평생 동안 사모한 뮤즈 이사벨 프레이레의 죽음(1534)을 보고 죽고 싶은 생각을 했으며 자신의 죽음을 예감했던 것 같다.

그 이유는 가르실라소의 시들에서 사랑하는 사람의 죽음이 등장하고, 거기에서 자신도 죽어 하늘나라에서 다시 만나고 싶다는 소망이 곳곳에 나타나고 있기 때문이다. 〈목가 I〉에서 가르살라소의 분신, 목동 네모로소Nemoroso는 애인 '이사벨 프레리레Isabel Freyre'의 '철자 바꾸어 짜맞추기anagrama'로 만든 이름 '엘리사Elisa'에게 바치는 노래에서 이렇게 부르짖는다.

성스러운 엘리사여, 지금은 그 불멸의 발로
하늘을 밟고 누비고 다닐 사랑하는 여인이여,
가만히 있어도 너는 하늘의 운행을 다 보겠지.
그런데 왜 나를 잊고, 어서 빨리 나도
이 육체의 베일을 찢어발기고 자유로워지는 날이
하루 빨리 오도록 청하지 않는 것이냐?
그리하여 제3의 아름다운 저세상에서
너와 손에 손 잡고
또 다른 평원을 찾고
또 다른 산들, 또 다른 강들을 찾고
꽃 피고 그늘진 또 다른 골짜기들을 찾아보자꾸나.
그런 곳에서 휴식하면서

내 두 눈 앞에 항상 너를 두고 볼 수 있도록
다시 너를 잃을 놀라움, 두려움도 없이…

• 원문 108 •

어디 그뿐인가. 그가 전쟁터에 나가 죽기 전 애인 이사벨 프레이레의 무덤에 가서 아나그램의 이름으로, 〈엘리사의 무덤에 바친다〉는 소네토를 남긴다.

오, 나에게 고통만을 안겨 주고 간 운명의 신이여
그대의 가혹한 벌칙을 내 얼마나 뼈아프게 느꼈던가!
상처를 주는 그 손으로 송두리째 나무를 자르고
그 꽃이며 열매까지 모두 땅에 산산이 흩트려 버렸지.
잠깐 사이에 나의 사랑은 이렇게 누워 있구나
그리고 나의 세상의 모든 희망도
저 가증스러운 잿더미로 화해서
나의 탄식에도 절규에도 귀를 막고 있구나.

이 무덤에 오늘 뿌려지는 눈물과
그동안 뿌렸던 눈물을 모두
받아 다오, 그것이 그곳에서 무슨 소용이 있으랴만,

그리하여 마침내 그 영원한 어두운 밤이
너를 보아 아팠던 나의 이 두 눈을 감겨 주고
너를 볼 수 있는 다른 두 눈을 내게 줄 때까지.

• 원문 109 •

여기에도 분명히 시인은 죽고 싶은 자신의 심정을 솔직하게 고백하고 있다.

우리 속담에 말이 씨 된다고 했던가. 분명히 이사벨이 죽고(1534) 난 뒤에 쓴 것으로 보이는 '엘리사'에게 보내는 이 두 시에서 우리는 시인 가르실라소가 죽은 이사벨을 따라 죽고 싶은 심정이었던 것을 알며, 어떤 의미에서 그의 진짜 죽음이 무의식적 자살은 아니었을까 생각하게 한다.

그러나 시인은 죽어서도 시로 말한다. 우리가 이사벨 프레이레에 대한 시인의 간절한 사랑도 감동적인 그의 시를 통해서 알 수 있다. 페트라르카와 베르길리우스, 산나차로의 영향이 지대했음에 불구하고 오늘 가르실라소의 시가 우리의 심금을 울리는 것은 자신의 깊은 내적 체험을 잘 다듬어진 스페인어화된 11음절 율격과 시어로 훌륭히 재창조해 냈다는 데 있다.

특히 제3연에서 시구는 소위 '가파른 시행 건너뛰기encabalgamiento abrupto'를 사용하여 "눈물을 받아다오"라는 말이 내포하는 절규와 절망을 피 토하듯 읊조리고 있다. '시행 건너뛰기'란, 시에서 한 시구가 산문에서 한 문장에 상당한다(소리와 의미의 최소 단위로서)고 볼 때, 시에서는 운율적 제약으로 한 시구 안에 한 의미와 구문을 정리하지 못하고 다음 시구까지 넘어가야 하는 경우가 생기는 현상을 말한다. 위 3연의 예를 들어 보자.

산문으로 정리해 보면, 이 3연의 3구절은 한 문장으로, 맨 먼저 나와야 할 말은 마지막 구절의 "받아 다오recibe"다. 그러나 이 말은 시행 2개를 건너뛰어 있으며, 이렇게 되면 이 시 읽기는 힘들고 가파른 뛰기를 감행하고 있다. 이런 시를 읽을 때 독자는 마지막 "받아 다오"에 다다를 때까지 숨을 죽이고 긴장하며 읽어 가다가 마침내 큰 소리로 폭발하듯 "받아 다오"를 읽게 되며, 이런 구문의 변형은 시적 감정이나 의미를 드라마틱하고 격정적으로 고양시키는 표현미를 얻는다. 물론 우리말의 어순으로 보면, 우리말에는 목적어가 앞에 오고 동사가 뒤에 오기 때문에 자연스럽게 들릴 수도 있으나, 스페인어 어순에서는 대단히 '가파른 시행 건너뛰기'에 속한다.

가르실라소 데 라 베가의 시의 문체를 자세히 연구한 다마소 알론소Dámaso Alonso는 이 시인이 가장 많이 사용하는 기법이 '부드러운 시행 건너뛰기encabalgamiento suave'이며, 정적인 풍경에서 갑작스러운 움직임이 있다거나 우리 시의 경우처럼 억압된 감정의 폭발이 있을 때 '가파른 시행 건너뛰기'를 사용하여 효과적으로 표현하고 있다고 말한다.[14] 우리는 이 3연에서 애인의 무덤 앞에서 그동안 긴 세월 참고 참았던 눈물이 폭포처럼 쏟아지는 것을 본다. 그리고 "그것이 그곳에서 무슨 소용이 있으랴만"으로 다시 흐느낌과 좌절로 주저앉고 만다.

(1) 가장 인간적인 사랑의 고뇌와 아픔

가르시아 로페스는 가르실라소에게 가장 영향을 많이 미친 시인이 페트라르카임에는 틀림이 없으나 이탈리아 시인의 라우라에 대한 사랑 노래에는 지나치게 눈물과 울음이 많은 반면 스페인 시인의 이사벨에 대한 사랑에는 "귀족스러운 감정의 자제"와 불행한 운명 앞에서의 세네카적인 체념이 있어, 오히려 깊은 사랑의 진지함의 맛을 더 하고 있다고 말한다.[15] 가르실라소 또한 당시의 모든 시인들처럼 플라톤적 사랑이나 연인의 이상화 · 추상화의 유행을 몰랐던 것은 아니나 그는 일찍부터 시인의 내적 삶이나 시인이 직접 경험한 절절한 사랑의 느낌을 시화하는 영감의 시인이었다. 그의 시가 사랑의 느낌의 진솔성으로 감동을 주는 것도 바로 그 때문이다.

---

14) Cfr. Dámaso Alonso, *Poesía española*(Editorial Gredos, 1981; Primera edición, 1950), pp. 71-73.

15) Cfr. José García López, op. cit., pp. 168-169.

앞에서 인용한 소네토와 함께 이사벨 프레이레의 죽음을 보고 쓴 또 하나의 애탄을 들어 보자.

> 나의 불행한 운명이 만나게 했던, 오, 그 다정한 옷깃이여!
> 하늘이 원할 때는 그토록 다정하고 즐거웠던 여인!
> 그 모습들이 모두 내 기억 속에 함께 있구려,
> 내가 죽을 때까지 평생 잊지 못할 기억으로.
>
> 지난 시간 속에서는 그대 때문에 나는
> 그토록 행복했는데, 그것이 지나고 어느 날
> 나에게 이토록 엄청난 고통의 모습으로
> 다시 나타날 것을, 그 누가 말해 줄 수 있었으랴?
>
> 어떻든 그 어느 순간 나를 함께 데려갔고
> 또한 내게 그 모든 행복을 마감하고 다 가져갔으니,
> 나에게 남기고 간 이 아픔마저 함께 가져가 다오.
>
> 그러지 않으면 나는 그대가 나에게 그토록 많은
> 행복을 준 것이, 결국 평생 슬픈 기억 속에 내가
> 죽어 가는 모습을 보려고 그랬다고 의심하고 말 테니까.
>
> • 원문 110 •

눈물에 찬 체념과 관조의 모습이 안타깝다. 그렇게 다정하고 즐겁던 모습이 이제 와서 보니 그게 모두 나의 불행이었구나! 그토록 행복한 순간들이 이제 와서 이렇게 무서운 고통으로 나타나다니, 인생의 일을 누가 알겠는가. 한때 나에게 행복을 가져다주고 이제 그것을 다 가져가 버렸으니, 내게 남긴 이 오늘의 아픔까지 마저 가져가 다오. 그러면서 마지막에는 눈물겨운 협박과

사랑의 투정까지 해 보인다. 이렇게 오늘 나를 아프게 하고 슬픈 기억 속에 죽어가게 하려고 네가 일부러 나를 사랑하고 행복하게 했던 것이 아니냐? 나를 사랑한 너의 진짜 목적에 바로 그런 잔인한 의도가 숨어 있었던 것이 아니냐? 네가 빨리 이 나의 아픔과 슬픔을 가져가지 않으면 나는 그렇게 믿고 말 것이야…라는 협박 아닌 협박. 협박이라기보다는 투정에 가까운, 이미 죽은 사람 앞에서 너무 뒤늦은 이 서글픈 물음은 우리 모두를 다시 한번 가슴 아픈 '눈물의 계곡valle de lágrimas'16)에 빠뜨린다.

가르실라소의 작품은 많지 않다. 절친한 친구 사이였던 그와 보스칸이 죽고 나서 보스칸의 부인 아나 히론 데 레볼예도Ana Girón de Rebolledo가 1543년 출판한 2인 문집에 가르실라소의 작품이 실려 있다. 초기에 전통 율격으로 쓴 시 몇 편에다가 보스칸에게 보내는 서간체 시epístola 1편, 2편의 '애가elegías', 5편의 '노래canción', 38개의 소네토, 그리고 '3편의 목가3 églogas'가 있다. 이 중 '애가'와 이사벨에 바치는 두 편의 소네토는 앞서 소개했고, 가르실라소 시 중 가장 훌륭한 작품으로 정평이 나 있는 '3편의 목가'를 살펴보기로 하자.

시인의 노래 중에는 〈니도의 꽃Flor de Gnido〉이라는 한 나폴리 귀부인에게 바치는 시도 있지만 그의 대부분 사랑의 시의 뮤즈는 이사벨 프레이레다. 엘레나 데 수니가Elena de Zúniga와 결혼하고 나서 얼마 뒤, 1526년경 포르투갈 태생의 귀족 아가씨 이사벨 프레이레를 알게 되었고 깊은 사랑에 빠졌다. 3년 뒤에 그녀는 다른 남자와 결혼하게 되고 시인은 깊은 상처를 받는다. 그 후 이탈리아에서도 다른 여자와 관계가 있었던 것으로 추정되나, 1534년 이사벨의 죽음은 또다시 시인의 묵은 사랑의 상처에 기름과 불을 붙인다. 따라서 이사벨

16) 기독교 인생관에 의하면 이 세상은 "눈물의 계곡"이다. 마치 불교에서 세상을 고해苦海라 부르는 것과 같다.

프레이레라는 뮤즈를 떠나서 가르실라소의 명작의 감동은 없다.

'3편의 목가' 중 1편은 이사벨에 대한 실연의 아픔과 죽음의 애도로 얼룩져 있다. '목가égloga'라는 문학 형식은 라틴 문학의 테오크리투스나 베르길리우스의 '목가 시들Bucólicas'에서 기원한 것으로, 자연이나 목장의 한적한 분위기에서 대화 형식으로 목동들이 주로 사랑에 대하여 주고받는 노래나 이야기 장르였다. 연극에서 후안 델 엔시나Juan del Encina(?1469-?1529) 등이 연극에 사용한 일은 있으나 가르실라소가 작품들을 통해서 시 형식으로 완성시켰다.

여기에서 목동은 소 치고 양 치는 아이들이라기보다는 한가하게 사랑의 하소연이나 늘어놓는 한량들이다. 특히 가르실라소의 〈첫 번째 목가〉 속의 주인공 살리시오Salicio나 네모로소Nemoroso는 각기 이사벨에 대한 사랑의 두 순간의 심정을 대변하는 가르실라소의 분신들이다. 짝사랑과 실연에 마음 아파하는 살리시오는 바로 가르실라소Garcilaso라는 이름을 '철자 바꾸어 짜맞추기anagrama'로 만든 이름이다. '이사벨Isabel'이라는 이름을 '엘리사Elisa'나 '벨리사Belisa'로 바꾸어 시에 쓰는 것과 같다. 시인 가르실라소는 '목가'라는 형식을 통하여 목동들의 입을 통하여 자신의 사랑의 체험과 아픔을 노래하게 한다. 시의 처음과 끝에 자연 풍경이나 목장의 정경이 나오는 것은 아름다운 사랑의 이야기를 전개하기 위한 문학적 장치에 불과하다. 거기에는 전형적 '즐거운 장소locus amoenus'의 묘사가 전개된다.

〈첫 번째 목가〉

벌겋게 달아오른 해가 파도 속에서
떠오르면서 산들의 꼭대기를 비출 때,
신선하고 푸른 초원을 가로질러 소리 내며
흐르는 맑은 물이 있는 곳

푸른 풀밭의 높은 너도밤나무 밑에
비스듬히 누운 살리시오는
지나가는 물
흘러가는 물소리에 맞춰
곡소리 좋은 노래로
부드럽고 달콤하게 사랑의 아픔을 노래했다,
자기에게 고통을 준 그 죄스러운 여인이
바로 거기 자기 앞에나 와 있는 듯이,
그리하여 바로 앞에 있는 듯이,
그녀와 이야기하듯, 이렇게 말했다.

• 원문 111 •

이것이 〈첫 번째 목가〉의 시작 부분이다. 맑은 물, 초원, 풀밭, 나무, 나무숲, 그리고 나무 그늘 등은 '즐거운 장소'의 필수 요소들이다. 그러나 양이나 소나 목동들의 일에 관한 이야기는 전연 없다. 이렇게 사랑 노래, 하소연이 끝나면 또다시 자연풍경이 묘사된다.

목동들의 슬픈 울음소리는 끝날 줄을 몰랐다
듣는 것은 오직 산뿐이었어도
노래와 노래는 끝없이 이어 나갔다.
해가 산을 넘어가자, 황금빛으로 수놓은
빨간 구름이 보이자, 비로소
하루가 벌써 다 간 것을 알았다.
어둠이 달음박질하듯 바삐바삐
높디높은 산의
수풀이 많은 산자락으로
달려오고 있는 것이 보이자, 둘은

꿈에서 깨어난 듯 문득 정신을 가다듬고
빛도 거의 없이 햇살이 마지막 달아나고 있을 즈음,
각기 짐승들을 데리고
천천히 집으로 돌아갔다.

• 원문 112 •

이상이 목가라는 분위기를 배경으로 보여 주는 정경들이라고 한다면 그 안에서 벌어지는 사랑의 이야기는 한없이 아름답고 슬프고 아플 수밖에 없다. 주변의 모든 자연이 그들의 슬픈 노랫소리에 동조하고, 흘러가는 물도 길을 멈추고 귀를 기울이기 때문이다. 아니면 그 아름다운 자연과 한때 임과 함께 즐거웠던 시절이 대조되어 그들의 슬픔과 외로움을 더욱 부채질하기 때문이다.

살리시오는 가르실라소가 이사벨로부터 배반당하듯(?) 다른 남자에게 애인을 빼앗긴 연인이다. 목동은 자기의 목가 생활의 경험을 비유해서 이 슬픈 사연을 이야기한다. 이 목가의 배경인 톨레도의 타호 강의 한 개천에 그는 늘 양 떼를 몰고 가 물을 먹이곤 했는데, 하루는 거기 가 보니 무슨 일인지 물길이 다른 곳으로 바뀌었더라는 것. 그는 그 뜨거운 여름날에 달아나는 물길을 좇아 헤매고 있는 꼴이 되었으니…. "한없이 흘러라, 눈물이여, 한없이 흐르고 흘러라." 살리시오의 비탄에 빠진 짝사랑의 목소리는 절규에 가깝다.

오, 나의 사랑의 하소연에도 대리석보다 냉혹한 여인이여!
내가 불타는 휠휠 타는 사랑의 불길에도
눈보다 차가운 여인, 갈라테아여!
나는 죽어가고 있어. 그리고 심지어 산다는 것도 두려워.
산다는 것이 당연히 두려울 수밖에 없는 것은
네가 나를 두고 떠나기 때문이야.

너 없이 산다는 게 인생이 무슨 소용이 있겠어.
나의 이런 처지를 누가 볼까
부끄러워,
너로부터 버림받고,
지금은 나도 내 자신으로부터 달아나고 싶어.
한순간도 떠날 수 없이
항상 그 안에 살았던 그 영혼의
주인이 되기를 너는 끝내 거부하는가?
한없이 흘러라, 눈물이여, 한없이 흐르고 흘러라.

• 원문 113 •

1534년, 이사벨이 죽었다는 소식을 듣고 처음 두 목가를 썼다고 한다. 실연에 이은 사랑하는 사람의 죽음으로 인한 시인의 피를 토하는 내면의 소리가 들린다.[17] 르네상스 문학에서 실연의 심정을, "나의 이런 처지를 누가 볼까/부끄러워"라고 하는 부끄러움의 표현은 멀리는 기원전 1세기 로마 시인 티불루스Tibullus로부터 가까이는 페트라르카 등의 시에서 보듯 일반적이다. 선비 사랑이나 플라톤적 사랑으로 연인을 귀부인으로 모시던 전통으로 보아 이런 부끄러움은 부덕不德의 소치로 임을 잡아둘 수 없었음에 대한 참회의 뜻도 내포되어 있으리라. 그러나 사랑하는 사람에게서 버림받은 고독한 남자의 신세가 남들에게 그렇게 자랑스러울 것은 또 뭐가 있겠는가.

페트라르카적 반어법, '불'과 '얼음', '삶'과 '죽음', 그러나 죽어가면서도, 그대 없이 산다는 것이 오히려 더 두려운, 삶에 대한 공포. 죽음보다 삶이 더 두려운 사랑의 패러독스…. 그녀가 항상 안에 들어가 살고 있었기에 숨 쉬던 나의

17) Cfr. Antonio Gallego Morell, op. cit., p. 582.

영혼, 그녀 없이는 한순간도 살 수 없었던 나의 영혼을 버리고 떠나가다니, 이렇게 껍질만 남아 살아간다는 것이 오히려 더 두려울 수밖에 없었으리라.

그러나 그 무엇보다도 인간적으로 더욱 견딜 수 없었던 것은 영원히 나만을 사랑한다고 속삭이던 그녀가 다른 남자의 품으로 떠났다는 사실이었다.

너의 그 다정한 말소리는, 지금 누구 귀에 들리고 있는가?
너의 그 맑은 눈동자는, 지금 누구에게 돌아갔는가?
그렇게 인정사정없이 누구로 나를 바꿔쳤는가?
너의 그 부서진 사랑의 언약을 어디에 다시 주고 있는가?
너의 아름다운 두 팔로 목걸이련듯
꼭 감싸 주던 그 목은 지금 어느 목인가?
아무리 돌로 된 가슴이라도
견딜 수 있는 가슴이 있겠는가,
나의 사랑하는 담쟁이 덩굴이 나에게서
뜯어져 나가, 다른 담장에 붙어 있는 보고,
나의 포도 덩굴이 다른 느티나무에 얽혀 있는 것을 보고?
그것을 보고 목숨이 다할 때까지
통곡으로 부서져 내리지 않을 가슴이 어디 있겠는가?
한없이 흘러라, 눈물이여, 흐르고 흘러라.

나의 울음으로 돌들도 그 천성天性의 딱딱함을
부서뜨리고, 다들 부드러워지는데,
나무들도 고개를 숙이는 듯하고,
새들도 노래하다 내 말을 듣고
목소리를 바꾸어 아픔을 함께하고
노래하며 죽어가는 나를 알아보는구나.
지친 몸을 기대고 누워 있던 맹수들도

그 조용한 잠을 떨치고 일어나
나의 슬픈 울음소리를 듣는데,
오직 너만이 무정하게
네가 사랑하게 만든 내 사랑에 눈도 돌리지 않고
냉혹하게 굳어 있으니,
한없이 흘러라, 눈물이여, 흐르고 흘러라.

• 원문 114 •

"너의 그 다정한 말소리는 지금 누구의 귀에 들리고 있는가?"와 같은 직설적 표현이 이토록 시적인 것은 바로 시인의 뼈에 사무친 아픔의 진솔성이 독자의 가슴에 와 닿기 때문이다. 여기 나오는 시 표현들은 모두 육감적이고 에로틱하다. 그만큼 그것을 잃었을 때, 귀를 잃은 듯, 팔을 잃은 듯 아프다. 귀에 입술을 대듯 다정하게 가까이 귀에 대고 속삭이던 그 목소리는 참으로 에로틱하다. 나의 목을 "두 팔로… 감싸 주던" 너 또한 에로틱하다. 그 다음은 곧 입맞춤이 나올 듯 직정적이다. 담장의 담쟁이 덩굴처럼, 느티나무의 포도 덩굴처럼 팔과 손들이 깊이 파고드는 스킨십은 또 어떤가? 그만큼 그것을 잃었을 때 살을 에는 아픔이었던 것을 아는가.

두 번째 연에서는 자연의 모습이 다소 과장되어 있으나, 두 팔을 잃고 가슴을 잃은 시인의 아픔을 바탕으로 바라보면 과장도 오히려 더 슬프다. 시인은 "돌로 된 가슴이라도 부서지지 않고 견딜 수가 있으랴"라고 말했다. 그런 비극적 정경을 보고 견딜 수 없어 밖의 돌들이 부서진다. 그 다음 풍경들은 마치 반 고흐의 그림 속 사물들이 모두 불꽃의 형상이듯 모두 시인의 아픈 마음에 동조하는 슬픈 표정들이다. 여기 재미있는 것은 주변의 모든 자연이 참으로 인간적인데, "오직 너만이 무정하게 〔…〕 냉혹하게 굳어 있으니…", 네가 오히려 비인간적이다.

가르실라소는 이사벨과의 자연스러운 사랑의 감정이 성공으로 끝나기를 바랐으리라. 그러나 1529년, '자기 신분과 맞지 않은 남자hombre fuera de su condición'와 어쩌면 상대방의 좋은 조건 때문에, 결혼하게 되자 사랑의 감정이 자연스럽게 결혼으로 이어지기를 바랐던 시인은 더욱 절망에 빠진다. 그리고 5년 뒤 이사벨이 애를 낳다 죽게 되자 또다시 그 죽음 또한 자연사가 아니고 자연의 법칙을 어긴 셈. 이런 시인의 체험이 그녀를 돌보다 더욱 돌에 가까운 비인간적인 비정의 모습으로 그리게 했으리라.

그러나 안토니오 갈예고는 가르실라소의 이런 사랑의 심정에는 다분히 마조히스트적 성향이 있다고 꼬집는다. 시인은 오히려 이런 실연을 아픔을 즐기는 경향이 있다는 것. 그 증거로 갈예고는 시인의 한 소네토의 마지막 연을 인용한다.

이런 고통을 내가 소중하게 생각하는 것을 보고
사람들은 정신 나간 짓으로 보리라,
고통 속에 내가 스스로 파괴되는 것을 보고…
그러나 나는 이것을 유일한 행복으로 여기나니…
• 원문 115 •

그러나 꼭 마조히스트여야 사랑의 아픔을 놓고 떠나지 못하는가. 너무나 사랑했기에 그 실연의 아픔조차 아름답고 아깝게 느껴지는 사랑의 마음을 어찌 그런 관념적 정의로만 설명할 수 있겠는가. 선비 사랑에도 사랑의 아픔을 사랑의 즐거움으로 알고 섬기는 전통이 있듯이, 대가를 바라지 않는 아가페적 사랑에는 늘 외로움과 아픔만이 사랑의 향기가 아니었던가?

이사벨이 죽은 뒤의 가르실라소의 아픔을 상징하는 네모로소의 비탄 또한 하늘을 찌른다. 전통적인 "어디 있는가Ubi sunt"의 반복된 표현으로 우리의 심금을 울린다.

지금 그 맑은 눈동자는 어디 있는가?
그 눈길이 향하는 곳이면 어디에나
나의 영혼을 뒤에 매단 듯 끌고 다니던…
그 섬세하고 하얀 손은 어디 있는가?
나의 모든 감각에 온갖 승리와 패배의
느낌을 가득 전해 주던 그 손길…
황금이 아무 보물도 아니라는 듯이
황금을 아주 무색하게 할 만큼 반짝이던 금발들,
그 머리칼은 어디로 갔는가? 그 부드러운 가슴은 어디로 갔는가?
황금빛 지붕을 멋지게 으쓱대며
떠받들고 있던 그 기둥은 어디로 갔는가?
이 모든 것들이 지금은 이미
불행하게도
저 차갑고 쓸쓸한 딱딱한 땅속에 갇혀 있구나.

• 원문 116 •

그 손을 잡았을 때는 하늘을 얻은 듯 승리감에 차고 그 손을 놓았을 때는 껍질만 남은 듯한 패배감에 시달리던 그 섬세하고 부드러운 손길은 어디로 갔는가. 그리고 황금이 무색하게 찬란한 빛을 발하던 그 금발 머리…. 당시 시에서는 흔히 나오는 과장이요 비유지만 황금세기 시의 수사학을 이해하기 위해서는 중요한 표현이다. 눈은 별(estrellas → ojos), 치아는 진주(perlas → dientes), 입술은 카네이션(labios → claveles), 이마는 백합(lilio → frente)일 때 머리칼은 황금

(oro → cabello)이었다. 황금세기에는 은유들을 모아 놓은 사전이 있을 정도로 전형화된 시적 표현들이 판을 쳤는데, 대부분은 대충 이해가 가겠지만 한국인들에게 '황금'이 머리칼은 의미한다는 것은 좀 이해가 안 갈 수 있다.

사실 르네상스는 책 문화의 시작과 함께 시각 중심주의 문화가 시작된다. 중세에는 더러 검은 머리, 작고 통통한 감각적인 여자가 인기였지만, 이때부터 시각성이 높은 햇살 같은 금발이 단연 여성미의 최고로 등장한다. 레오나르도 다빈치의 〈모나리자〉가 신비하다는 것도 금발의 시대에 여운 있는 검은 머리 여인의 깊은 선정성의 매력에 말미암은 것이리라. 어떻든 아름다운 여인의 머리는 '황금oro'이라는 말로 대치되었고, 이는 단독으로 쓰이기도 했지만, 이번 경우처럼 "황금빛 햇살이 무색한 정도로", 혹은 "햇살의 황금을 경멸하듯" 따위로 쓰였다.

그러나 가르실라소나 그 뒤에 오는 바로크 시대의 시인 공고라 같은 시인들은 "황금을 아주 무색하게 할 만큼 반짝이던 금발들" 같은 제1차적 은유를 한 발자국 더 뛰어넘어 제2차적 은유를 만들어 내곤 했다. 그것이 바로 "황금빛 지붕을 멋지게 으쓱대며/떠받들고 있던 기둥"이라는 은유인데, 여기에서 '황금빛 지붕'은 머리 위 금발 머리카락이고 '기둥'은 매끈한 몸매를 의미한다. 이것은 '황금'이 '금발'이라는 1차적 은유에서 한 발자국 더 나아간 것이다. 황금세기의 훌륭한 시인들은 1차적 은유와 함께 2차적 은유를 활발하게 사용하면서 그 어렵고 아름다운 바로크 시에로의 행진을 계속한다.[18]

(2) 타호 강가 아름다운 자연 속 아름다운 요정의 죽음

이미 이야기했듯이 그리스와 로마 문학으로부터 이어받은 전통의 하나가 목

18) Cfr. Dámaso Alonso, *Poesía española*, op. cit., pp. 371-374.

가 시나 소설이다. 로마의 베르길리우스로부터 이탈리아 산나차로의 목가 천국 〈아르카디아〉까지, 가장 아름다운 사랑과 정신적 휴식의 장소로서의 아름다운 자연을 찾는 욕구가 산출한 것이 목가 문학이다. 중세의 신 중심적 가치관이 신과 인간, 자연과 인간의 대화와 조화라는 새로운 가치관을 창출함으로써 레오나르도 다빈치의 그림에 소나무가 등장하고 문학에도 로맨틱한 목동들의 모습이 비치기 시작한다. 그러나 이들 목가 문학 속의 목동이나 자연은 자연 자체의 아름다움보다는 인간의 사랑이나 휴식을 위한 쾌적한 장소로서의 자연의 느낌이 주종을 이루었다. 여기에서 한 발자국 더 나아간 것이 가르실라소의 자연이다.

가르실라소의 자연 묘사는 목가 시의 이상화된 자연 묘사를 넘어 시인의 나고 자란 톨레도의 타호 강변의 아름다움을 구체화시킴으로써 개성과 깊이를 달리하는 대단히 낭만적인 풍경시를 연출한다. 특히 〈세 번째 목가〉에 쾌적한 타호 강변의 여름 풍경이 묘사되는데, 스페인의 뜨거운 여름 햇살을 피할 수 있는, 숲이 빽빽한 짙은 나무 그늘이 강조되는 것이 인상적이다.

> 타호 강 가까이 호젓하고 좋은 곳에
> 새파란 수양버들뿐인 숲이 하나 있다,
> 온통 빽빽하게 담쟁이 덩굴이 에워싸고
> 나무 둥치를 타고 꼭대기까지 기어올라
> 위에서 얽어매고 밑으로 늘어뜨린 것이
> 뜨거운 햇살도 그 푸르름 속을 파고들지 못한다.
> 물소리 또한 초원을 소리로 씻어내니
> 보는 사람 눈과 귀가 다 즐겁더라.

• 원문 117 •

이렇게 11음절 시구endecasílabo가 8개 있는 시연estrofa 형식을 '옥타바 레알octava real'이라고 부르는데, 가르실라소가 만든 7-11-7-7-11음절 시구 '리라lira' 형식과 함께 황금세기 시인들이 퍽 많이 쓰던 형식들이다. 이 밖에도 많이 쓰던 형식으로는 아주 자유로운 운율 형식으로, 7음절과 11음절의 시구를 아무런 다른 제약 없이 자유롭게 섞어 쓰던 '실바silva'라는 형태도 많이 유행했다. 11음절 시구를 보스칸이 이탈리아에서 도입하고 가르실라소가 대단히 스페인적인 율격으로 완성시켰다고 하는 내용이 스페인 르네상스 문학론에 제일 먼저 나오는 이유는 그만큼 11음절이 스페인인들의 귀에 친숙한 율격으로 자리 잡았기 때문이다. 소네토가 항상 11음절 시구로 씌어진 것을 물론 심지어 스페인 신부들의 설교에 11음절 리듬이 제일 많다고 할 정도다.

어떻든 외국시를 대하거나 번역할 때 자칫 지나치기 쉬운 것이 원시의 운율감이나 음상징simbolismo fonético적 요소들이다. 아마 한국 독자 중에는 가르실라소 시에서 대단치도 않은 시처럼 보이는 것들을 너무 격찬하는 게 아닌가 생각하는 사람도 있을지 모르겠다. 그것은 가스실라소의 시구의 '부드러운 음악성suave muiscalidad'이 그의 마음속 깊은 사랑과 고요 속에 빛을 발하는 아름다운 풍격의 배경 음악으로 우리의 마음을 휘어잡고 있음을 몰랐기 때문이리라. 왜냐하면 외국시를 옮길 때 제일 먼저 손상되는 것이 원시의 운율과 음악성이기 때문.

가르실라소의 11음절 시구의 음조ritmo tónico는 6음절에 악센트가 떨어지는 것들이 가장 많고, 각운rima도 평범하게 끝나는 것들이 대부분이어서 천천히 걸어가는 조용하고 품격 있는ritmo señoril 음색을 보여 준다. 각운이란 각 시구의 보통 맨 마지막에서 두 번째 음절, 11음절 시구의 경우 열 번째 모음에 악센트가 떨어져야 하는 것이 가장 중요하고, 이를 '리듬의 축axis rítmico'이라

부른다. 그리고 그 모음 다음 나머지 부분을 '여운cadencia'이라고 하는데, 결국 한 시구의 각운은 리듬과 축과 여운으로 이루지는 셈이다. 재미있는 것은 일반 스페인어 단어가 모두 그렇듯이 악센트 다음 한 음절로 끝나는 말은 '평범한 말palabra llana'이고, 악센트 음절로 곧장 끝나는 시구나 말은 '날카로운 말, 각운(palabra aguda, rima aguda)', 끝에서 세 번째에 '리듬의 축'이 떨어지는 각운은 'rima esdrújula'라고 한다. 따라서 가르실라소 시구의 음조에 대하여 설명한 '평범한 각운'이라는 말을 다시 풀면, 시구의 대부분이 10음절에 "리듬의 축"을 두고 있고 그 다음 한 음절의 '여운'으로 끝나는 시구들이 모두 다르다는 말이다.

우리가 번역한 위의 시 원문에 대한 전문가 다마소 알론소의 문체적 설명을 이해하려면, '말 순서 바꾸기hipérbaton'를 통한 시 표현의 묘미를 알아야 한다. '시행 건너뛰기encabalgamiento'나 '말 순서 바꾸기'나 스페인어의 구문 상의 변칙을 이용한 수사법이라는 점에서 비슷하다. 특히 '말 순서 바꾸기', 혹은 '도치법倒置法'으로 불리는 수사법은 소월의 시 〈진달래 꽃〉 마지막 시구에서 대표적으로 사용되었다. "나보기가 역겨워 가실 때에는/죽어도 아니 눈물 흘리오리다." 마지막 시구의 '아니'라는 부사의 위치가 바로 '말 순서 바꾸기'의 예다. 부사 '아니'는 당연히 동사 '흘리오리다'의 앞뒤에나 올 수 있는 말이다. 이 말이 마치 '눈물'을 수식하는 형용사처럼 "아니 눈물"로 배치됨으로써 그 '아니'라는 말을 엄청 강조해서 읽어야 하는 부담을 받게 된다. 동시에 시인이 사랑하는 사람을 그리면서 가는 이의 마음을 상하지 않게 하기 위해 눈물을 '아니' 흘리고자 하는 안간힘이 더욱 애처롭게 메아리친다.

위의 시의 두 번째 시구 "de verdes sauces hay una espesura"(새파란 수양버들뿐인 숲이 하나 있다)가 '말 순서 바꾸기'의 경우인데, 스페인어 문법상 "de verdes sauces"(파란 수양버들들)이 "una espesura"(숲 하나)보다 늘 뒤에 와야 한다. '숲

하나'를 본문처럼 맨 앞에 놓음으로써 '파란 수양버들'의 짙푸름이 엄청 강조되고 있는 것. 스페인과 구문 법칙이 다른 우리말로 이를 옮기기는 불가능한 일이라, "새파란 수양버들뿐인"이라는 표현으로 그 강조점만을 살려 번역하였다.[19] 이 시구의 시 표현의 더 큰 묘미는 '같은 소리 반복aliteración' 현상이다. 지금 시구만 보아도 's'음과 그 유사음 'ce'와 같은 소리가 끝없이 반추된다. 이것은 우선 구문상 '말 바꿔 쓰기'로 강조된 "새파란 수양버들뿐인" 숲의 이미지를 더욱 강조시키면서 동시에 또 다른 시적 상상을 불러일으킨다. 예를 들어 짙푸른 수양버들 숲을 스쳐가는 바람 소리를 연상시킨다든지, 심지어는 그 새파란 숲이 더욱 짙푸르러서 푸르름이 "스스스…" 하는 마찰음을 내는 것 같은 착각을 불러일으킨다. 음상징적 요소라고 하는 것은 바로 이런 소리 현상을 일컫는 말인 것이다.

더 나아가서 다마소 알론소는 이 '옥타바 레알'의 일곱 번째 시구의 '같은 소리 반복', 음조 현상을 이렇게 설명한다.

> "el agua baña el prado con sonido"(물 소리 또한 초원을 소리로 씻어내니)라는 시구의 독특한 매력을 관찰하자. 우리는 또다시 율격의 필요성에 따라 말과 말소리들을 뒤흔들어 창조한 선택된 소리 유사성을 생각할 수밖에 없다. 어찌하여 이 시구가 우리에게 황홀하도록 투명하고 신선한 느낌을 주는 것일까. 맨 먼저 이 11음절 시구는 거의 전부가 '궁짝 궁짝'(약강 약강), 즉 항상 두 번째 음절에 악센트가 떨어지는 음조인 것을 알아야 한다.
>
> - ´- - ´- - ´- - - - ´- -
>
> él água báña el prádo con sonído
>
> 약강조의 3악센트가 모두 'á'에 떨어지는 것을 주의하자. 이 'á' 모음은

19) Cfr. Dámaso Alonso, *Poesía española*, op. cit., pp. 55-60.

줄줄이 이어지는 물결의 3정점에 놓여 있다.

á á á í

--^--^--^------^--

그러니까, 11음절 시구 시작부터 밝고 툭 트인 느낌[20])을 주며 출렁이다가 시구 마지막에서 모음을 바꾼다.[21]) 왜냐하면 정확하게 밝고 미끄러지는 듯한 느낌("el agua baña el prado"은 오직 비단처럼 부드러운 그런 움직임뿐인데)에 새로운 요소가 덧붙여 증가되는데, 그것이 'í'라는 은빛 수정 같은 소리다.[22])

우리가 가르실라소를 '스페인 시인의 왕자'라고 부르거나, 11음절 시구를 완전히 스페인화한 시인이라고 하는 이유가 바로 이런 표현미 높은 절구들을 기적처럼 수없이 산출한 천재성 때문이다.

〈세 번째 목가〉의 매력은 바로 이런 타호 강의 아름다운 정경을 구경하러 강 속에 살던 요정 하나가 밖으로 나왔을 때 그 절정에 이른다.

나무 그늘 시원한 장소, 거기 산들산들한 바람
꽃이 핀 풀밭의 그 부드러운 향기가 요정의
마음에 들었다. 그녀는 그 시원하고 호젓한 곳에
날다가 지친 새들이 내려와 쉬는 것을 보았다.
그때 하늘 한가운데 올라온 해가

---

20) 우리말의 '아'소리가 밝은 소리이듯이, 스페인어의 'a' 또한 밝고 평온한 느낌을 준다.

21) 말하자면 '리듬의 축'을 'í'로 끝낸다. 소리 상징으로 볼 때 'a'가 밝고 낮은 소리라면, 여기 악센트가 가장 강한 리듬의 축을 높은 비상의 느낌을 주는 'í'음으로 끝냄으로써, 물결이 잔잔히 흐르다가, 깊어지는 듯하더니(-doconson-이 보여 주듯, 악센트가 없는 어둡고 깊은 느낌의 모음 'o'의 연속으로) 갑자기 솟구친다.

22) Ibid., pp. 60-61.

땅 기운을 말리고 있었다.
고요 속에 들리는 것은 오직
수런대는 벌들의 속삭임.
• 원문 118 •

이 시의 절정감은 "하늘 한가운데 올라온 해가/땅 기운을 말리고 있었다"로부터 시작한다. 그전의 습기 찬 짙푸른 나무와는 대조적으로 "땅 기운을 말리고 있었다"라는 구절은 그곳이 정말로 시원하고 기분 좋은 장소임을 알 수 있다. 톨레도의 뜨거운 햇살 아래 한여름을 지내 본 경험이 있는 사람은 그런 짙은 수양버들 그늘 아래 섰을 때의 그 기적 같은 상쾌함 · 쾌적함을 알리라. 때는 해가 하늘 한가운데 올라 있는 정오, "고요 속에 들리는 것은 오직/수런대는 벌들의 속삭임"에서 우리는 벌 소리를 통하여 더욱 깊어지는 정적감의 극치와 함께, 뜨거움도 차가움도 떠난 황홀한 열락의 벌 소리, 그 '속삭임'을 듣는다. 앞 연의 두 번째 시구에서처럼, 여기 6, 7, 8시구의 소리 중 그 많은 's'음들과 그와 유사한 'ci', 'escucha-' 등 마찰음의 반추는 또다시 고요 속의 쾌적함의 극치를 더해 주는 표현의 절정이다.[23] 마치 수런대는 벌 소리가 황홀경의 극치에서 나오는 소리처럼….

가르실라소의 테마 중 사랑 다음으로 많은 것이 자연 묘사다. 특히 〈세 번째 목가〉 속의 자연은 앞에서 살펴보았듯이 톨레도 강변의 개성 있는 쾌적한 장소에 대한 비전이 돋보인다. 아름답고 편안한 자연 속에서 고요와 조화를 즐기

---

23) 특히 여기 's'음의 '같은 소리 반복'은 베르길리우스의 《목가*Bucólica*》(I, 53-55)의 "saepe leui somnun suadebit inire susurro" 모방이라고 다마소 알론소는 지적한다. 그러나 톨레도 시인의 시는 시인의 개성이 녹아나는 타호 강 주변의 뜨거운 햇살 속의 시원함과 쾌적함의 극치를 표현한 점에서 완전히 다르다. Cfr. op. cit., p. 79.

는 요정들의 모습에서 어디서 어디까지가 신화적 요정의 움직임이고 어디가 자연의 자연스러운 움직임인지 모른다. 물속에서 움직이는 요정들의 모습이나 물이 굽이치는 모습이 너무 비슷하여 물 흐르는 모습을 요정의 이미지로 표현한 것인지 요정의 모습이 물 흐름인지 아리송할 정도.

그러나 사랑이 항상 행복한 것은 아니듯이 자연에는 항상 꽃만 피어 있는 것은 아니다. 가르실라소의 사랑처럼 사랑에는 부조화와 비극이 도사리고 있기 마련. 여기 이 톨레도의 조화롭고 아름다운 자연 속에도 수양버들인지 머리 푼 요정들인지의 울음소리가 들린다.

모두들 머리를 풀고 요정들은
가냘픈 한 요정의 죽음을 울고 있었다,
그녀의 일생은 때 아닌 한창 꽃다운
나이에 꺾여져 나간 꽃가지처럼 보였다.
물 가까이, 꽃이 피어 있는 한 장소에
풀밭 위에 목이 잘려 누워 있었다,
마치 하얀 백조가 달콤한 일생을
마감할 때 파란 풀밭에 누워 있듯이.

• 원문 119 •

이것이 요정 니세Nise의 자수에 수놓인 그림 이야기인데, 그녀는 카스티야 목동들 사이에 이미 잘 알려진 슬픈 사랑의 이야기를 전하고 싶었다고 말한다. 이 이야기는 〈첫 번째 목가〉에 나오는 네모로소와 엘리사의 비극적 사랑 이야기라는 말인데,[24] 말을 바꾸면 다시 가르실라소의 이사벨에 대한 비극적 사랑

24) Cfr. Elías L. Rivers, "La Egloga III y la paradoja del arte natural", *Historia y crítica de la literatura española*, op. cit., pp. 145-147.

의 종말을 간접적 · 신화적으로 승화시킨 그림이라고 볼 수 있다.

우리는 이미 가르실라소가 페트라르카와 다른 점을 이야기했다. 페트라르카의 사랑의 시에 신음소리와 울음소리가 진하다면 가르실라소의 탄식은 금방 자제와 체념으로 여과되고 승화된다. 카스티야의 양반다운 감정 자제가 슬프도록 남성스러워 보이는 것도 이 때문이다. 톨레도 시인의 소네토 중 "오늘을 즐기세carpe diem" 테마의 전형으로 알려진 이 조그만 걸작도 마지막 연, 마지막 구절의 눈물 한 방울 없는 체념과 관조가 독자 모두를 얼어붙게 한다.

그대의 모습에 얼굴빛이 흰 백합이나
장미 빛깔을 띠고 있는 동안,
불타오르다 정숙해지는 그대의 눈길이
사람 가슴을 불 지르고 잠재우는 동안
황금 핏줄 중에 가장 빼어난 황금
머리칼이 바람에 날려 하얗고 아름다운
오똑한 목 언저리로 어지러이
흐트러져 흔들리며 나부낄 때
그대의 즐거운 봄 동산으로부터
달콤한 과일을 거두라, 성난 세월이
그 아름다운 정상을 눈으로 뒤덮기 전에.
얼어붙은 바람이 장미를 시들게 하리라,
가벼이 지나가는 나이가 모든 걸 바꾸어 놓으리라.
세월이 자기 습관을 바꿀 수는 없으니까.

• 원문 120 •

5장

종교극에서 민간극, 코믹 민간극에서 리얼리즘 연극으로

◆

여러 문학 장르 중에서 르네상스의 대화 정신을 가장 잘 반영한 것이 연극이다. 따라서 중세 어느 때보다 이때 연극이 대중들의 호응을 받아 융성했고 로페 데 베가, 셰익스피어를 중심으로 연극이 문학 장르의 꽃으로 군림한 것도 이때였다. 중세에서는 성탄절이나 부활절을 맞아 성당에서 특히 합창단을 중심으로 공연되던 성극聖劇 같은 것들이, 16세기 '마당 극장corrales'을 중심으로 귀족과 서민들이 한데 어울려 즐기는 형태였다면, 17세기 칼데론의 시대에는 궁중의 대축제 때 연극이 공연되고 궁중 극장이라는 것이 생기면서 무대 장치도 화려해지게 된다. 구체적으로 1622년경부터 왕들은 왕궁에 '마당 극장' 형태를 본 만든 공연장소나 극장들을 짓게 함으로써 대극장 공연의 서막을 장식한다.[25]

중세 연극은 성당에서 축제 때 공연하는 소위 '성극Autos'에서 시작되었다. 프랑스에서는 성모 마리아의 행적을 내용으로 한 '기적들Milagros', 예수의 탄생

---

25) Cfr. Pablo Jauralde Pou, "El Teatro en el siglo XVII", *Historia y crítica de la literatura española*, op. cit., pp. 203-209.

과 동방 박사의 방문을 주제로 한 '신비들Misterios'이 여기에 해당된다. 그 밖에 덕德/Virtud, 악습Vicio, 죽음의 신la Muerte, 신앙la Fé, 희망la Esperanza을 상징하는 인물들이 나와서 다투는 비유극적 성격을 띤 '도덕극Moralidades'이 인기를 끌었다. 그러나 스페인 문학에서 가장 오래된 텍스트로 알려진 것은 〈동방 박사의 성극Auto de los Reyes Magos〉이다.

약 12세기 말에 쓰인 대본으로 보이는 이 성극에서는 당시 서민풍의 소박한 대화가 일품이다. 예수의 탄생을 알리는 신비한 별을 보고 다들 못 믿겠다고 말한다. 가스팔은 "모든 사람의 주인이신/창조주가 태어났다고?/이 말이 무슨 말이야, 사실이 아니겠지,/다 이런 소리는 아무 쓸모없는 소리야¿Nacido es el criador/que es de las gentes senior?/Non es verdad, non sé qué digo,/todo esto non vale un figo…". 거기 있던 헤로데스 왕도 그 말을 듣고, "짐도 그 분을 경배하러 거기 가겠네io alá iré i adorále é"라고 동방 박사들에게는 말해 놓고는 위선자처럼, "내 위에 또 왕이 있다고?/세상에 이런 일은 본 일 없네¿Rei otro sobre mí?/Nunquas atal non vi"라고 의심한다.

이런 종교적 성격의 공연 외에도 일반 서민들 사이에는 해학극 성격의 '비방놀이juego de escarnio'나 재담 있는 놀이꾼들의 만담 같은 것도 떠돌아 다녔으리라 짐작된다. 황금세기에 그토록 유행한 소극笑劇들, 예를 들어 로페 데 루에다 Lope de Rueda(16세기 초-1565)의 '파소paso'나 '막간극entremés' 같은 것들도 이런 중세 민간극 전통에서 나왔으리라는 것이 통설이다.[26)]

중세 연극으로부터 르네상스 연극으로 넘어가는 과도기에 후안 델 엔시나 Juan del Encina(1469-?1529)의 연극이 있다. '목가극égloga'이라는 장르를 개발하여 시골 사람들, 목동들이 어우러진 토속 분위기에서, 사건은 별로 없는 생생한

26) Cfr. José García López, op. cit., pp. 63-67.

현장 대화의 느낌을 무대에 끌어온다. 그는 초기에 이처럼 중세 전통에 입각한 종교적이고 세속적인 테마를 다루다가 로마 여행을 다녀온 뒤 후기 작품에서는 주로 사랑의 테마가 많고 신화적 요소가 자주 나오는 르네상스 연극 분위기로 전환한다. 후기작에 속하는 것이 세 편의 '목가극'인데, 사랑으로 인한 자살, 혹은 자살한 애인 팔라시다를 따라서 자살하려는 목동 빅토리아노를 구하기 위해 비너스가 애인을 부활시켜 해피 엔드로 끝나는 것들이 이것이다.

초기 목가극으로 대표적인 〈크리스마스 목가극Egloga de Navidad〉을 보면, 목동 넷이 예수가 태어났다는 소식을 듣고 수선을 떨다가, 결국 모두 벨렌으로 가서 마구간에서 태어난 아기 예수를 보러 가자고 한다. 목동 후안이 가기 전에 크리스마스 캐럴을 배워 가자고 제안하는데, 거기 나오는 성모 마리아에 대한 멋진 구절 하나.

열다섯의 숫처녀
가무잡잡한 처녀가 너무 멋져서
수천 수만 목장들 다 찾아봐도
그렇게 참하고 예쁜 아가씨는 없지.
세상에 이런 일은 없었지.

• 원문 121 •

엔시나 외에도 고메스 만리케Gómez Manrique(1412-?1490)나 루카스 페르난데스Lucas Fernández(1474-1542) 같은 극작가들이 중세 전통을 이어 주로 예수 탄생을 주제로 한 연극이나 부활절 성극을 써서 공연하곤 했는데, 이들의 연극이 관심을 끄는 것은 단조로운 종교적 내용보다는 토속적이고 사투리 섞인 목동들의 구성진 말투가 서정성을 살리고 있기 때문이다. 16세기 초반에 활동한 토르레스 나아르로Bartolomé de Torres Naharro(?-1531)는 이탈리아 르네상스 영향으로 호라티우스의 연극론을 따라 연극은 반드시 5막이어야 한다는 이론을 소개하고, 8편의 '희극Comedias'을 남겼다. 그러나 이 시대 연극의 거장은 역시 포르투갈 태생의 질 비센테Gil Vicente(1465-?1536)다.

(1) 중세의 전통극과 르네상스 연극의 조화, 질 비센테

질 비센테는 포르투갈어로 많은 성극Autos을 썼다. 그중 걸작으로는 '저승으로 가는 배 3부작Trilogía das Barcas'인데, 〈지옥행 배Barca do Inferno〉와 〈연옥행 배Barca do Purgatorio〉는 포르투갈어로, 〈천당행 배Barca da Gloria〉는 스페인어로 썼다. 중세의 '죽음의 사자의 춤Las Danzas de la Muerte'의 전통을 이어받아 각계각층의 사람들이 죽음의 사자의 부름 앞에서 떨고 변명하는 장면이 많이 나오는데, 여기에 나오는 사회적이고 종교적인 내용의 인간 삶의 삽화가 인상적이다. 그러나 대부분의 질 비센테의 작품이 그렇듯이 몇몇 드라마틱한 상황이 자아내는 긴장감과 서정적 아름다움이 우리의 주목을 끈다.

그는 풍속극적 성격을 가진 웃기기 '소극farsa'도 쓰고, 애국주의적 성격을 띤 대작 알레고리 희비극들도 썼지만, 그중 스토리도 재미있고 또한 서정성이 뛰어난 〈돈 두아르도스의 희비극Tragicomedia de don Duardos〉의 아름다운 이야기는 이렇다.

원래 '브리마레온'이라는 기사 소설을 바탕으로 이루어진 이 사랑 이야기는 영국 왕자 돈 두아르도스가 콘스탄티노플 황제의 공주 플레리다와 사랑에 빠지는 사건으로부터 시작된다. 왕자는 그녀의 사랑을 얻기 위해 자기 신분을 속이고 그녀 집 정원사로 들어간다.

그 이유는 사회적 신분이나 권력을 떠난 순수한 사랑 감정으로 둘 사이의 관계를 성립시키고 싶었기 때문이다. 신분을 떠나 농부나 정원사와 공주와의 사랑이 과연 가능할 것인가. 어떻든 돈 두아도스는 다른 정원사들에게 보물이 숨겨져 있는 곳을 안다고 속이고 접근한다. 정원사들은 왕자를 자기 자식이라고 숨겨 주고 함께 지내도록 해 준다. 돈 두아르도스는 플레리다와 말을 나눌 수 있게 되고, 그녀는 차츰 그에게 관심을 갖는다.

돈 두아르도스 : 저는 제가 눈이 먼 것을
　아옵니다, 귀부인 아씨,
　또한 눈이 멀고, 기쁨 하나 없이
　불길 속에 온 마음이 불타고 있다는 것도
　부정할 길이 없사외다.
플레리다 : 말은 옷 입은 차림새대로 하셔야지요,
　아니면 말씀하시듯이 차림새를 갖추든지….
돈 두아르도스 : 옷을 잘 입는다고
　슬픈 사람이 즐거워지지는 않지요.
플레리다 : 백작들도 그대처럼
　센스가 있었으면 얼마나 좋을까.

· 원문 122 ·

이미 플레리다의 정원사에 대한 관심은 예사롭지 않다. 그만큼 왕자 정원사의 '선비 사랑'에나 나오는 시적 수사가 공주를 감동시킨다. 시간이 갈수록 플레리다는 정원사의 신분이 농군이 아니라 기사나 선비가 아닌가 의심한다. 어떻든 모두가 다 가고 난 뒤, 돈 두아르도스의 슬픈 독백이 시작된다.

그대는 잠을 자지만 나는 눈을 뜨고 있소이다,
그리고 나의 희망 또한

잠들어 있소이다.
나 홀로, 아씨, 하느님도 없이
영혼도 없이, 숨도 못 쉬고
변함없는 마음으로
이렇게 밤을 지키고 있소이다.
혹시 위안이 찾아오면
난 그 위안을 철천지원수처럼
이렇게 놀려 줍니다.
"위안이라는 아가씨, 저리 꺼지시지요,
저하고 시간 낭비 마세요,
좋아하지 않으니까요."

• 원문 123 •

그러나 순수한 사랑으로 어떤 사회적 신분 차도 뛰어넘을 수 있으리란 기대는 결국 물거품이 되고, 왕자라는 신분을 밝힘으로서 해피 엔드로 끝난다. 플레리다는 돈 두아르도스가 몰래 준 사랑의 묘약을 마신다. 그리고 왕자와 함께 도망가는 스토리다. 그러나 질 비센테의 연극이 갖는 진짜 매력은 인물묘사. 사건을 중심으로 아름답게 펼쳐지는 이 연극의 묘미는 짙은 서정성에 있다. 그 서정성은 때때로 민간에서 전해 내려오는 민요나 노래를 상황에 맞도록 개작하여 분위기를 살리는 데서 나오기도 한다. 나중에 로페 데 베가도 작품 속에 좋은 민요를 많이 사용하였지만, 질 비센테의 연극 속의 민요들은 서정적 여운이 짙기로 유명하다. 프란시스코 인두라인Francisco Ynduráin 박사는 말한다. "질 비센테가 포르투갈의 노래나 카스티야의 민요를 사용한 묘술이나 마력은 어떤 연극의 극적인 상황과는 별도로 그것을 떠나서 순순한 서정적 가치가 있을뿐더러, 극 중의 스토리와 어우러져 오히려 그 흥을 더욱 북돋운

다."[27] 예를 하나 들어 보면,

과수원에 장미가 돋아났어요.
나는야 거기 갈래요
거기 가서 밤꾀꼬리 노래하던 걸
보고 싶어요.
강가 언덕에서
처녀가 레몬을 따네요.
나는야 거기 갈래요
거기 가서 밤꾀꼬리 노래하던 걸
보고 싶어요.
처녀가 레몬을 땄더래요
자기 임에게 주려고요.
나는야 거기 갈래요
거기 가서 밤꾀꼬리 노래하던 사연을
알고 싶어요.

• 원문 124 •

이 지극히 간단한 서정요를 통해 어느 과수원에서 '장미'가 피고 사랑 이야기가 있었음은 짐작할 수 있다. 보아 하니 그 과수원은 강가에 있었던 듯싶고, 레몬이 주렁주렁 열려 있었던 모양이다. 거기에 한 처녀가 자기 임에게 주려고 레몬을 딴 것까지는 알겠는데, 끝에 가서 갑자기 시제가 과거로 바뀌고 말았다. "처녀가 레몬을 땄더래요/자기 임에게 주려고요."

그 다음은 어떻게 되었단 말인가. 우리도 "거기 가서 밤꾀꼬리 노래하던

27) Cfr. Francisco Ynduráin, "La dramaturgía de Gil Vicente", *Coloquio y Letras*, núm. 2(1971), p. 20.

사연을/알고 싶어요"다. 임이 배를 타고 강으로 떠났는가, 아니면 죽기라도 했는가. 어떤 이별이나 비극이 예상되는 것은 사실이지만 그 이상은 알 수 없다. 이런 강력한 여운…. 이것이 현대 시인 라파엘 알베르티Rafael Alberti에게까지 영향을 미친 질 비센테 민요의 매력이다.

질 비센테의 연극은 한편으로 중세 전통에 뿌리박은 서민적 서정과 '선비 사랑'이나 궁중 소설 분위기의 세련된 귀족성이 그의 두 축을 이루고 있다. 이것은 또한 중세와 르네상스의 조화로운 융합으로, 종교적 테마나 원시적 기법, 서정성, 빈번한 민요의 사용 등이 중세적이라면, 신화적 인물의 등장, 현세의 칭송, 자연 찬가, 개인적 사랑 감정의 존중 등은 다분히 르네상스적이라고 할 수 있다.

(2) 로페 데 루에다의 소극 '파소'와 세르반테스의 '막간극'의 리얼리즘

이상하리만큼 현대성을 지닌 연극이 황금세기에 많이 탄생한다. 그것은 실제로 당시 가장 각광을 받았던 로페 데 베가에 의해서가 아니라 오히려 그때 공연도 되지 않았던 세르반테스의 '막간극entremés'들이라는 사실.[28] 재미있는 것은 고전에 대한 모방 열기로 탄생했던 본격적인 르네상스 연극의 시어로 쓴 '비극Tragedia'이나 '희극Comedia'보다 오늘 우리의 눈에는 당시 서민들 사이에나 인기를 얻었던 소극이나 막간극들이 훨씬 리얼하고 친근감 있게 다가온다는 점이다.

세르반테스는 어린 시절에 로페 데 루에다의 연극을 보고 무척 감동했다고 전해진다. 루에다는 재미있는 '목가극'도 많이 공연했고, 특히 1551년과 1561

28) Cfr. Eugenio Asensio, "Los entremeses", *Historia y crítica de la literatura española*, op. cit., p. 647.

년 사이 발야돌리드나 세비야, 톨레도 등지에서 많은 공연을 한 것을 알려져 있다. 그는 대부분 운문 형식으로 연극을 쓰던 시대에 주로 산문 대화를 통한 익살스런 작품을 많이 썼던 걸로 더 유명하다. 어떻든 '파소'라고 불리는 그의 짤막짤막한 코미디물들은 두서너 명의 주인공들이 나와 맛깔스레 대화를 나누는 형식이다. 주로 농군들이나 민간인 사이에서 유행하는 주제들로 허황한 사건들을 골라 관객들을 웃긴다.

그중 하나가 〈올리브 문제를 놓고 벌린 파소〉라는 작품이다. 나오는 사람들은 바보 늙은이 토루비오와 그의 부인 아게다 데 토루에가노, 그들의 딸 멘시구엘라, 이웃 사람 알로하가 전부다. 주인공 이름들도 우리의 시골 영감이나 '삼순이', '삼돌이'처럼 듣기만 해도 흙냄새가 나고 웃기는 것들. 첫 장면부터 수선을 떠는 시골 영감의 목청 큰 호들갑이 눈에 보이듯 선하다.

> 토루비오 : 아이구 맙소사, 저 산자락에서 엄청 폭풍이 불어 닥쳤지. 글쎄, 금방 구름이 내려앉고 하늘이 무너져 내리는 줄 알았구먼! 그런데, 어이, 이봐아, 저 우리 여편네라는 사람 이 저녁 먹을거리로 또 뭘 준비해 놓았을꼬? 아니 저런 염병헐 여편네 봤나! 여보오! 멘 시구엘라 가시내야! 다들 어디 사모라나 삼천포에 가서 자고 있능감?, 여보, 아게다!
>
> 멘시구엘라 : 아이고 아부지! 그러다가 우리 문짝 다 부셔 버릴라고 그러요?
>
> 토루비오 : 저 주둥이 좀 보게, 저 주둥이 좀 봐! 네 어머니는 어디 있냐, 이 아가씨야?
>
> • 원문 125 •

시골 영감 토루비오의 욕 잘하는 걸쭉한 말투가 짐작이 가는가? 이렇게 수선을 떨다가 마침내 딸과 아내, 이웃 사람까지 다 나온다. 문제는 아버지가 올리브나무 순 하나를 심어 놓고 밥을 달라는 것이었다. 아내의 말이, 지금 올리브나무를 심었으니, 앞으로 5, 6년 뒤에는 올리브 열매가 주렁주렁 달릴 것이고, 그걸 따다 시장에 내다 팔면 많은 돈을 벌 텐데, 가만 있자… 한 가마니(여기서는 celemín이라는 단위)에 금화 두 냥, 2레알은 받아야겠지? 아내의 말에 남편은 펄쩍 뛰면서, 남들은 훨씬 많이 받는데, 우리도 비싸게 팔아야 한다고 우긴다. 아내는 기어이 금화 두 냥을 고집하고, 남편은 14, 혹은 15냥dinero은 더 받아야 한다고 하고 싸움이 붙는데, 딸은 중간에 끼어, 어머니 말을 따르자니 아버지가 소리치고, 어머니 말을 따르자니 아버지가 고함을 치고….

그때 이웃에 사는 사람이 와서, "어디 그 올리브 열매가 얼마나 좋은 올리브이기에 이토록 싸움질인고? 어디 한번 봅시다"라고 끼어든다. 금방 올리브나무 순을 심어 놓았는데, 앞으로 5, 6년 뒤에나 바라볼 수 있는 올리브 수확으로 싸움이 일어난 것을 알고는, "세상에 놀랄 일도 많구만요! 올리브나무 제대로 심어 놓지도 않았는데, 벌써 싸움부터 일어났구먼요¡qué cosas vemos en esta vida que ponen espanto! Las aceitunas no están plantadas, ya las hemos visto reñidas"라고 웃고 끝낸다.

이런 이야기는 옛날 인도 연원의 설화 중 '우유장사 아주머니la lechera' 스토리 유형으로 중세에 많이 퍼져 있었다. 지금 이 우유를 팔아 병아리를 사고, 병아리가 닭이 되어 알을 많이 낳으면 소를 사고, 그 많은 소들을 팔아… 하다가, 머리에 이고 가는 우유 통을 떨어뜨려 깨고 말았다는 어처구니가 없는 이야기. 허황한 공상만 하다가는 망한다는 교훈이 담긴 설화다. 루에다는 이런 중세 설화에서 많은 이야기들을 따 와서 재미있는 단막극 '파소'를 만들어 내곤 했는데, 그중 또 하나 웃기는 이야기가 〈하우하, 혹은 도둑들의 파소〉다.

멘드루고라는 사람이 감옥에 있는 자기 아내에게 먹을 것을 갖다 주려고 가는데, 길가에서 배고픈 거지들이 그 음식을 빼앗아 먹으려고 진을 치고 있다. 거지 중 파나리소라는 이름을 가진 친구가 세상에 존재하지도 않은 환상적인 '하우하라는 고장'을 들이대면서 수작을 거는데,

멘드루고 : 어떻게요? 그〔하우하〕 고장이 어떤 데인데요?
온시헤라 : 아주 기가 맥히게 좋은 고장이지요. 거기서는 사람들이 잠을 자는 대가로 일당을 준대요.
멘드루고 : 참말로요?
파나리소 : 그럼, 정말이에요.
온시헤라 : 이리 와요, 여기 잠깐 자리를 잡고 앉아서, 우리가 그 하우하라는 고장의 황홀한 이야기들을 들려주리다.
멘드루고 : 어디라구 했지요, 나리?
파나리소 : 사람들이 일을 한다고만 하면 때리고 벌주는 땅 말이지요.

• 원문 126 •

그런데 문제는 감옥에 갇힌 여편네가 뚜쟁이였고, 바로 그 먹고 살자고 벌인 일로 감옥까지 가게 되었던 것. 그 남편이야 뚜쟁이 여편네 때문에 먹고 살다가 여편네를 감옥까지 보낸 처지였으니, 거지인지 도둑놈들의 그 '천국' 같은 '하우하'의 이야기가 얼마나 솔깃했겠는가. 사실 며칠 굶은 그 거지에게 정작 관심이 있는 것은 멘드루고가 가지고 가는 그 음식 훔쳐 먹는 일뿐.

온시헤라 : 이봐. 하우하라는 곳에는 모든 길거리들이 계란 노른자로 포장이 되어 있는데, 노른자와 노른자 사이 긴 베이컨 띠들을 두른 케이크가 있지.
멘드루고 : 구운 베이컨들이겠지?
온시헤라 : 구운 것이고 말고… 그리고 고것들이 다들 입을 벌리고, "절 삼켜 주세요, 절 삼켜 주세요" 하는 거야.
멘드루고 : 아이구, 그냥 목으로 삼키는 기분이에요.

파나리소 : 잘 들어봐, 이 바보 양반아.

멘드루고 : 잘 듣고 말구요. 어서 말해 봐요.

파나리소 : 이봐. 그 하우하라는 곳에는 길이 30피트나 되는 소금구이 적사가 있는데, 거기 수많은 닭이며, 거위며, 꿩이며, 토끼며, 자고새가 얹혀 있거든.

멘드루고 : 아니구, 고것들 내가 얼마나 맛있게 먹을까!

파나리소 : 닭들 옆에 나이프가 있고, 그냥 들어서 잘라 먹기만 하면 돼. 고것들이 다 입을 벌리고, "절 먹어 삼켜 주세요, 절 먹어 삼켜 주세요" 하고 있으니까.

• 원문 127 •

이렇게 정신없이 '하우하' 이야기로 혼을 빼면서 불쌍한 멘드루고가 감옥에 있는 자기 아내에게 가지고 가던 먹을 것을 다 훔쳐 먹는다. 요즘 사람들에게야 먹는 것이 그렇게 구미에 당기지는 않겠지만, 당시 배고프던 사람들에게는 온 강물이 꿀단지이고, 하늘에서 내리는 눈이 온통 흰떡 가루이고, 온 길거리가 전부 계란 노른자로 뒤덮여 있다면 하고 상상하는 것만으로도 금방 사람들의 입에서 침이 넘어가는 시절이 있었다. 그런 시절의 이야기로, 누가 들어도 거짓말인 그런 이야기에 속아서 가지고 가던 음식 솥단지까지 홀랑 도둑들 입에 다 갖다 바친 바보 양반이 참 웃기기도 했겠다. 환상 소설에나 나올 법한 이런 허황한 이야기들에 최면을 걸듯 리드미컬하게 같은 말을 자꾸 반복하며 그 불쌍한 멘드루고를 꼬셔 가는 모습이 로페 데 루에다의 범상치 않은 연극 기법을 짐작케 한다.

세르반테스가 죽기 전 1615년 마드리드에서 출간한 《8편의 희극과 8편의 막간극*Docho comedias y ocho entremeses*》에 들어 있는 '막간극'들은 자기 스스로가 어렸을 때 본 루에다의 '파소'를 기억하고 있듯이, 틀림없이 그의 단막 소극의 모델을 따서 만든 것이라는 게 가르시아 로페스의 주장이다.[29] 루에다의 경우처럼 대부분 산문으로 쓴(8편 중 6편) 이들 단막극들은 맛깔스런 대화와 유머가 일품이다. 이들 막간극에 빠질 수 없는 전통적인 웃기는 인물들, 허풍쟁이fanfarrón나 바보bobo o simple 역할들을 세르반테스의 연극에서는, 종이나 하인, 시골 늙은이만 맡는 것이 아니다. 〈정성스러운 보초La guarda cuidadosa〉에서는 불쌍한 군인이 허풍쟁이 짓을 한다거나, 예쁜 하녀 크리스티나가 때로는 바보 역할을 한다. 그녀는 주인에게 기절초풍할 소리를 한다.

크리스티나 : 제가 지난번 마지막으로 벼룩시장에 갔을 때, 성당지기가 저를 능욕했어요.

여주인 : 내가 여보 당신에게 몇 번이나 말했어요, 이 계집애가 집 밖으로 나돌아서는 안 된다구요! 이 애가 이젠 다 커 가지고, 우리 눈을 조금이라도 벗어나면 안 좋은 일이 생긴다니깐요. 이제 이 애 아버지가 뭐라고 하겠어요? 우리한테 맡길 때는 지푸라기나 먼지 하나 없이 깨끗하게 이 아이를 넘겨주었는데 말이에요. 이 못된 것아, 그래 그놈이 너를 능욕하러 어디로 데려갔니?

크리스티나 : 어디 데려간 게 아니구요, 그냥 거기 길 한가운데서 그랬어요.

여주인 : 아니 어떻게 길 한 가운데서…?

크리스티나 : 저기 톨레도 가街 한 가운데서, 사람들이 다 보고 하느님도 보는 앞에서 저를 더러운 것, 불결한 것, 파렴치하고 생각이 없는 년이라고 욕하구요, 이런 말도 아닌 다른 추잡한 욕설들을 수없이 저에게 퍼부었어요. 모든 이런 일들이 저 군인 아저씨를 질투해서 한 소리였어요.

남주인 : 그건 그렇고 너와 그 사람 사이에 다른 일은 없었어? 길거리에 욕질하며 모욕한 거 빼놓고?

---

29) Op. cit., p. 278.

크리스티나 : 그러고 나서 뭐 별일 없었지요. 그 사람에게도 화가 곧 사그러드니까요.

• 원문 128 •

세르반테스의 '막간극'은 루에다의 '파소'에서 보는 중세적 전형의 티를 완전히 벗고 누구나 '바보'가 되고 '시골 영감', '촌놈', '허풍쟁이'가 되는, 보다 리얼한 인물상으로 탈바꿈한다. 출간 연대(1615)로 보아 《모범 소설들*Novelas ejemplares*》(1613) 뒤에 나온 것들이어서인지, 세르반테스의 막간극은 오늘날의 소설과 연극 사이처럼 차이가 훨씬 좁혀진, 똑같은 리얼리즘에 바탕을 둔 문학작품의 성격을 갖는다.

내가 출판 연대를 구실 삼아 이들 두 장르의 유사성을 말하는 것은 사실 문제가 있다. 왜냐하면 16, 17세기 출판 상황을 살펴보면 출판 연대와 창작 연대의 차이가 있었기 때문이다. 가르실라소의 경우도 그의 시는 죽은 뒤에 출판되었을 정도니까…. 다만 여기서 우리는 다시 한번, 근대적 소설 창시자로서의 세르반테스의 천재성이 그의 연극에서도 역력히 드러난다고 말할 수 있다. 말을 바꾸면, 요즘 몇몇 평론가들이 이야기하듯 근대적 성격의 연극의 원조 또한 세르반테스가 아닌가 하는 생각이 든다는 것. 그만큼 작중 인물들의 성격과 상황 묘사가 리얼하다.

여기서는 돈은 없지만 용감하고 멋쟁이인 군인 한 사람과 성당지기가 식모 크리스티나를 놓고 구애의 경합이 붙었다. 서로 자기 잘났다고 자랑을 하는데, 주인은 크리스티나에게 그녀가 마음에 드는 신랑감을 고르라고 말한다. "부끄러워할 것 없어요. 왜냐하면 결혼하고 먹는 것은 남의 뜻에 따르는 것이 아니라 자기 취향대로 해야 하니까No la tengas; porque el comer y el casar ha de ser a gusto propio, y no a voluntad ajena." 여기서 우리는 르네상스의 자유연애론을 듣고 있다. 실제로 당시 귀족 사회에서는 부모들이 시키는 대로 결혼했다. 다만 크리스티나와 같은 하류층에서는 자유연애 결혼이 자주 있었으며, 특히 세르반테스의《돈키호테》에는 연애 결혼이 해피 엔드로 끝나는 것들이 더러 있다. 예를 들어 부자 농군 카마초와 결혼하게 되어 있었던 키테리아란 아가씨는 결국 자기를 진정으로 사랑했던 바실리오와 결혼하고, 돈키호테 또한 이 결혼에 찬사를 보낸다.[30)]

어떻든 이 사랑 싸움은 생활이 안정된 성당지기의 승리로 끝나고, 구애에 실패한 군인은 여자라는 것들이 남자의 진가를 보지 않고 돈만 알고 사람을 택한다고 불평한다. 성당지기라고 해야 범죄자들 피난처인 성당에서 빌어먹고 사는 처진데, 그런 사람을 택하다니 눈이 멀었다고 꼬집는다. 성당지기는 좀더 여유 있다. 군인이라는 것들은 봉급을 못 받게 되면 나이만 들어가고 돈은 한푼도 없다. 그저 용감한 것 하나로 천하의 예쁜 공주라도 얻을 수 있다고 생각하시지만, 나는 그저 가만히 있어도 여자들이 따르지 않는가. 이렇게 사실성과 유머를 곁들인 문체는 현대적인 연극의 성격을 닮았다.

〈이혼 재판관의 막간극Entremés del juez de los divorcios〉도 재미있다. 여기에는 당시의 사회상을 알아볼 수 있는 다양한 직종, 다양한 인물들이 등장한다. 늙은이와 결혼한 젊은 여자, 군 출신 농땡이 남편과 결혼한 귀부인 도냐 기오마르, '내과 의사라고 해서 결혼했더니 환자의 붕대나 감아 주는 외과 의사였으니 반은 사기 결혼'이라고 주장하는 여자 들이 그들이다. 당시 외과 의사가 제대로 의사 대접을 못 받고 이발사 정도로 취급되었다는 구체적인 증거도

30) Cfr. Cervantes, *Don Quijote de la Mancha*, edición de Felipe B. Pedraza Jiménez (Diputación de Ciudad Real, 2005), pp. 594-599.

여기에 보인다.

마지막에 이혼을 청하러 나온 지게꾼의 이야기는 악자 소설novela picaresca에 나오는 주인공 같다.

> 재판관님, 저는 지게꾼으로 일하는 사람이옵니다. 무슨 거짓말을 하겠습니까. 하지만 오랜 기독교인이고 양반이옵지요. 어딜 봐도 엄연한 양민이올시다. 사실 이따금씩 술을 먹거나, 사실 술이 저를 먹는다는 말이 더 맞겠습니다만요, 그 단점 하나만 아니라면 우리 짐꾼 동우 협회 이사쯤은 되었을 거구만요. 하지만 이 문제는 또 사연과 이유가 많아서 그냥 제쳐 두고라도요, 재판관님, 제가 드리고 싶은 말씀은요, 한번은 주신酒神의 횡포로 어지럽고 엄청 아파 있었을 때, 타락의 길을 가던 한 여인과 결혼을 약속했었지요. 정신을 차리고 깨어나서도, 전 그 약속을 지켰습니다. 그러니까 그 여자를 죄의 구렁텅이에서 건져 내어 결혼을 했다는 말이지요. 그 여자를 저잣거리에서 장사하게 했어요. 그런데 이 여자가 얼마나 거만하고 성질이 정말 고약한지, 이 사람 노점에 온 사람치고 싸우고 가지 않는 사람이 없어요.
>
> • 원문 129 •

그래서 결국 돈 한푼도 못 벌고, 손님들과 싸움 말리다 굶어 죽게 생겼으니 이혼을 하게 해 달라는 것이다. 이 정도면 무슨 단편소설로 써도 될 법한 이야기인데 한 등장인물의 사연에서 다루고 있다. 결론은 물론 대단히 가톨릭적이고 도덕적인, "최상의 이혼보다 최하의 화해가 낫다que vale el peor concierto más que el divorcio mejor"는 충고다.

총 여덟 편 중 여섯 편이 일반 산문으로 쓰인 세르반테스의 '막간극'들은 비록 한 번도 공연된 일이 없다는 설명이 붙어 있지만, 바보니 악자니 하는 전통적 단막극의 기법과 신소설적 재미와 리얼리즘이 특징이다. 로페 데 베가나 셰익스피어의 연극과는 달리 세르반테스의 막간극이 오늘날의 우리에게도 낯설지 않은 까닭은 바로 이러한 돋보이는 현대성 때문이다.

6장

'모기 새' 등 신기한 미주대륙 · 아시아 탐방 기록들

◆

"해외 탐험 실록Crónicas ultramarinas"이나 "인디아의 역사Historia de las Indias"로 불리는, 문학적 가치로나 인류학적 · 역사적 가치로 보아 스페인 황금세기에 가장 뛰어난 산문 문헌은 멕시코 및 북미주, 중남미 여러 나라와 필리핀 및 태평양 군도의 탐험과 침략의 역사들이다. 중남미나 아시아의 스페인 식민지를 "인디아", 즉 인도로 부른 이유는 콜럼버스의 오해에서 비롯된다. 1492년 어느 날 하이티의 섬에 처음 도착한 콜럼버스는 그 땅이 자기가 가기를 꿈꾸던 인도의 어느 섬인 줄 알았다. 마르코 폴로의 《동방 견문록》을 읽고 "황금의 땅 인도"를 찾아 나선 것이 콜럼버스의 탐험 길이었기 때문에 탐욕에 눈이 먼 그의 눈에는 그곳이 인도로 보였던 것이다. 그래서 미주 대륙 원주민을 '인디오indio', 혹은 영어로 '인디언indian'이라고 했는데, 이 '인디오'란 말은 서구인이 아닌 미주 대륙 원주민이나 아시아 사람들을 총칭하는 용어로 사용된다.

카를 5세 황제 때에는 수없이 많은 중남미 역사나 탐험기들이 발표된다. 예를 들어 곤살로 페르난데스 데 오비에도Gonzalo Fernández de Oviedo(1478-1557)의

《인디아 여러 나라들의 일반 역사 개관*Sumario de la historia natural*[31] *de las Indias*》(1526)은 그 대표적인 책으로, 그가 직접 보고 들은 멕시코 중남미의 자연, 풍속, 의식 등을 상세하게 묘사한다. 1513년 미주로 가서 산토 도밍고 요새의 수호대장alcaide de la fortaleza de Santo Domingo으로도 있었던 작가는 이 역사책의 성공으로 나중에 정식 "인디아 여러 나라의 실록 작가"로서 임명되어, 다시 《인디아 여러 나라의 총 역사*Historia Natural y General de Indias*》라는 대서들을 1535년부터 펴내기 시작한다. 그 내용 중에는 이상한 장례 예식, 미라 만들기 등 갖가지 환상적이고 신비한 사실들이 많이 묘사되어 있다. 특히 '모기 새pájaro mosquito'를 설명하는 대목은 이렇다.

> 굉장히 작은 새들이 있는데, 그 크기가 너무 작아서 어떤 것들은 새 전체 모습이 엄지손가락 머리보다는 작다. 깃털을 벗기면 이미 말한 크기보다 작아서, 그 절반이 조금 더 되어 보인다. 이 작은 새는 크기가 작을 뿐 아니라, 나는 속도가 굉장히 빠르고 날쌔서, 공중에 날아가는 걸 보면 그 날개들이 무슨 풍뎅이나 벌의 날개 정도로밖에 보이지 않는다. 모두들 다 그 새가 날아가는 걸 보고는 벌이 날아가는 거라고 생각하기 일쑤다. 새들의 보금자리도 자기들 크기만큼 상대적으로 작다. 내가 이들 새 중 하나를 본 일이 있는데, 새와 보금자리를 함께 금을 다는 저울 위에 놓고 무게를 재 보니, 모두 합쳐 6캐럿, 그러니까 총 1,064밀리그램이었다. 물론 깃털이 없다면 무게가 훨씬 덜 나갈 수밖에 없으리라.
>
> • 원문 130 •

데 오비에도 외에도 사제 바르톨로메 데 라스 카사스Fray Bartolomé de las

31) 여기서 "historia natural"이라는 말은 오늘의 '역사' 개념으로 '자연사'라는 뜻이 아니라 '기독교의 영향을 받지 않은 역사'라는 의미를 내포한다.

Casas(1474-1566) 같은 분이《인디아 여러 나라의 총 역사*Historia General de las Indias*》(1552-1561)라는 역사책을 냈다. 특히 그는 멕시코 치아파스의 주교로 있으면서 처음《인디아 여러 나라들의 파괴 상황에 대한 간략한 보고*Brevísima relación de la destrucción de las Indias*》라는 저서를 내고 원주민과 그 문화 보호의 차원에서 우려를 표시했다. 특히 스페인 침략자들의 잔인성과 인디오들의 선량함을 대조시킴으로써 반스페인적인 소위 "흑색 문건leyenda negra"의 대표적인 저서로 알려졌다.

당시 세풀베다Juan Ginés de Sepúlveda 같은 스페인 학자들의 반론도 만만치 않았고 다소 과장이 있었다는 것도 인정이 되지만, 그러나 성직자로서 양심 있는 반인종주의적이고 박애적인 견해를 피력했다는 점은 높이 평가할 만하다. 그는 "인디오들도 상당히 아름다운 사람들이었다Que los indios eran de belleza notable"라고 하면서 원주인들의 건강하고 탄력 있는 신체구조와 민첩성까지 설명한다. 또한 '코쿠요cocuyo'라고 불리는 반딧불이를 묘사한다.

> 그곳〔Baiona, 오늘의 Santo Domingo〕에는 벌레들인지 밤새들인지, 인디오들은 "코쿠요"〔중간 음절이 긴 발음〕라고 부르는, 우리 카스티야 지방에서는 반딧불이라고 부르는 것들이 있다. 어쩌면 이것들은 날아다니는 풍뎅이 같은 것인데, 그것들의 배때기는 빛이 가득하다. 상당히 큰 것들이어서, 살아 있는 것 하나, 아니면 둘 정도를 손에 들고 있으면, 작은 글씨의 기도서라도 읽으면서 새벽 예배를 볼 수 있을 정도다. 나도 실제로 그렇게 예배를 본 일이 있는데, 내 생각에는 마치 촛불 두 개를 놓고 보는 것과 똑같았다.
>
> • 원문 131 •

아구스틴 데 사라테Agustín de Zarate는《페루의 역사*Historia del Perú*》(1555)에서 잉카 제국의 설립과 역사, 그리고 1541년 정복자 피사로Francisco Pizarro의

죽음까지 자세하게 기록한다.[32] 호세 데 아코스타 신부Padre José de Acosta의 《인디아 여러 나라의 도덕과 자연의 역사*Historia naturla y moral de las Indias*》(1590)는 스페인인들이 도착하기 전 페루와 멕시코의 사회 · 풍습 · 지리를 체계적으로 적었다. 프란시스코 로페스 데 고마라Francisco López de Gómara는 멕시코 점령가 에르난 코르테스Hernán Cortés가 전해 준 대로, 《인디아 여러 나라의 총 역사》(1552-1561)에서 멕시코 침략사를 데 라스 카사스의 "흑색 문건"과는 전연 다른 애국적 견지로 생생하게 서술한다. 베르날 디아스 델 가스틸요Bernal Díaz del Castillo는 《새로운 스페인 정복의 사건들의 진실한 역사*Verdadera historia de los sucesos de la conquista de Nueva España*》에서 직접 전투에 참가했던 소박한 전사의 시각으로, 소름 끼치던 당시 상황을 묘사한다.

> 이미 말했듯이 날마다 우리 동료들이 희생되는 것을 보아 왔고 또 이렇게 보니까 나도 오늘내일 언젠가는 똑같이 저런 꼴이 되겠구나 하는 공포감이 밀려왔다. 내가 이미 말했듯이, 전에는 우리 동지 열 명을 저렇게 죽이더니, 이번에도 일흔두 명의 우리 동료들의 가슴들을 톱으로 썰고 펄떡이는 심장들을 꺼내고, 팔 다리들을 잘라, 입으로 먹는 것을 보았기 때문이었다. 나도 벌써 두 번이나 잡혀 저렇게 희생될 뻔했다. 천만다행으로 그들로부터 도망칠 수 있었지만 〔…〕
>
> • 원문 132 •

이 밖에도 수많은 사람들이 멕시코와 중남미 여행기, 역사들을 썼고 이런 종류의 책들은 대부분 당시 베스트셀러로 인기를 누렸다. 이 중에는 학식이 높은 역사가들도 많았지만, 베르날 디아스의 경우처럼 정복 체험담들도 인기

32) Cfr. ibid., pp. 396-401.

만점이었다. 특히 스페인 시인 가르실라소의 한 친척과 잉카 제국의 아타우알파Átahualpa의 사촌 누이 사이에서 태어난 아들 잉카 가르실라소El Inca Garcilaso(1539-1616)의 《진정한 해설들*Comentarios reales*》은 자기가 어린 시절에 들은 잉카 제국의 신화나 이야기들을 상세하게 그대로 기록하고 스페인인들의 정복사를 비교적 정확하게 서술했다는 평가를 받는다.

바로 이때 포르투갈과 스페인인들의 동방 정복이 시작되는데, 우리는 마젤란과 레가스피를 생각하지 않을 수가 없다. 마젤란과 레가스피 둘 다 스페인 제국을 위하여 태평양 군도를 항해하고 필리핀을 발견, 정복한 뒤 거기에서 죽은 동방 정복자라는 공통점을 가지고 있다. 특히 포르투갈에는 아시아에 대한 기록이 엄청나게 많다. 주앙 데 바호스João de Barros(1496-1570)는 《포르투갈인들의 해외 정복의 역사*Historia de las conquistas portuguesas en ultramar*》(1552-1615)라는 책을 썼는데, 내용은 주로 아시아 정복의 역사다. 이 책은 서사시의 대가 카모이스로 하여금 〈우스 루지아다스Os Lusíadas〉라는 걸작을 쓰는 데 영감을 주었다고 한다. 그는 《아시아》라는 3권의 방대한 역사서를 썼는데, 그 마지막 4권은 후안 바우티스타Juan Bautista에 의하여 1645년 마드리드에서 출간된다. 그리고 페르낭 로페스 데 카스타녜다Fernão Lopes de Castanheda는 《포르투갈인들에 의하여 발견되고 정복된 동양 인디아의 역사*Historia del descubrimiento y de la conquista de la India por los portugueses*》(1551-1561)를 출간한다. 루이스 데 구스만Luis de Guzmán의 《1540년부터 1600년까지 일본과 중국, 기타 동방 여러 나라에서의 예수회 선교의 역사*Historia de las misiones de la Compañía de Jesús*》도 있고, 1565년부터 1577년까지 마카오의 부통치자로 있던 루이스 프로이스Luis Frois의 《일본 연감》(1582- 1597), 《일본역사》(1549-1593) 등 아시아에 대한 기록은 수없이 많다.[33]

"로페 데 베가의 연극에 있어서 동양 이미지들Las Imágenes del Oriente en el teatro de Lope de Vega"를 연구한 우형강 박사는 16, 17세기는 포르투갈과 스페인에 있어서 "극동에 대한 이야기들의 붐 시대"라고 말한다.[34] 정확한 연구와 역사적 근거에 의한 책들도 많았지만 동시에 거의 환상 소설에 가까운 보고들은 이야기책들도 엄청 인기를 누렸다. 1547년 프란시스코 자비에르로부터 시작한 수많은 선교사들의 동양 선교와 그들의 본국에 보내는 편지들에는 동양에 대한 자료들이 풍부하게 들어 있었다. 17세기에는 동양이 서양인들에게 이미 신화와 환상의 대륙이 아니라 필리핀 같은 스페인 제국의 땅이 있는 곳이며 일본에서 기독교 순교가 일어나고 있는 현실의 땅이었다.

위에 언급한 루이스 구스만의 책에 의하면, 시대적으로 우리의 임진왜란을 전후하여 일본은 가끔 스페인을 방문한다. 예를 들어 1584년 11월에는 네 명의 일본 양반이 마드리드에 도착한다. 펠리페 2세 황제를 알현하려고 마차를 타고 궁중으로 갈 때는 이들을 보려고 사람들이 너무나 몰려들어서 호위병들의 도움이 없이는 궁에 들어갈 수조차 없을 지경이었다고 전한다.[35] 더욱 재미있는 것은 1614년 10월 23일 일본 대사 하세쿠라와 19명의 부하들이 멕시코를 거쳐 세비야에 도착했는데, 그들의 모습이 옛날 동방박사 이상으로 인상적이었던 모양이다.

자료에 따르면, 이들 일본인들의 모습이 사람들에게는 물론 대단히 관심

---

33) 민용태, 《서양 문학 속의 동양을 찾아서》, 2판(고려원, 1997), 16-19쪽 참조.

34) Cfr. Hyung Kang Woo, *Las Imágenes del Oriente en el Teatro de Lope de Vega*, tesis doctoral inédita(Univ. Complutense de Madrid, 1994), pp. 52-63.

35) Cfr. Luis de Guzmán, *Hitoria de las misiones de la Compañía de Jesús*(Bilbao, 1891), pp. 427-429.

을 끌었다고 한다. 말하자면, 자기 나라 습관대로 무장을 한 하인 몇 명이 하세쿠라 대사를 호위하고 있었다. 대사는 40쯤 되는 작고 똥똥하고, 넓은 안면에 짧게 자른 콧수염이 있는 양반이었는데, 옷은 비단 우의雨衣 같은 것을 입고 있었다. 특히 주의를 끈 것은 귀족 중의 한 사람의 모습인데, 나중에 베드로라는 이름으로 세례명을 받은 자로, 2각의 모자를 쓴 승려 복장을 하고 있었다. 또한 군인이라고 하는 자들은 댕기머리처럼 긴 머리를 등 뒤에 달고 다니는 모습이 특히 눈에 띄었다.

• 원문 133 •

이런 분위기에서 세르반테스가 중국 사신 이야기를 하는 것은 그렇게 낯선 상상이 아니었다. 그는 1615년에 발표한《돈키호테》2권, 레모스 백작에게 보내는 헌사에서 중국 황제가 자기를 초청했다고 넉살을 부린다.

글쎄 한 달 전쯤 해서 중국의 대황제께서 제게 중국어로 서신을 보내 오셨더군요. 특별히 사신을 보내 제게 가지고 온 편지에는 중국에 스페인어를 읽고 가르치는 학교를 세우고 싶다나요. 그리고 거기서 읽힐 책이 바로 저의 "돈키호테의 이야기"라는 거예요. 그냥 청한다기보다는 거의 애걸하다시피 내게 그 책을 보내 달라고 했더군요. 동시에 나더러 그 학교의 총장으로 와 달라는 부탁이었어요.

• 원문 134 •

오늘 스페인 문학 학자들에게 황당한 이야기로 들리는 세르반테스 특유의 이런 넉살은 사실 충분한 사실성에 근거한 상상이었음을 알 수 있다. 그만큼 스페인 문학에서의 동양에 대한 호기심이나 이해가 오늘 우리가 생각하는 것보다는 훨씬 앞서 있었기 때문이다. 1592년에 스페인 신부 후안 코보Juan Cobo에 의하여 필리핀에서《명심보감明心寶鑑/*Beng sim po cam*》이 스페인어와 한자 대역본으로 출간되었고 1602년에 유교의 사서四書가 모두 스페인어로 번역될 정도였으니 그들의 지식 수준이 어느 정도였던가를 충분히 짐작하고도 남는다.[36)]

36) 민용태, 앞의 책, 20-21쪽.

7장

루이스 데 레온 사제의 전원생활의 찬가

이탈리아 문학의 영향을 받고 자란 스페인 르네상스 문학이 독자적 개성으로 무르익어 가는 시기의 대표적 작가이며 시인이 루이스 데 레온 사제Fray Luis de León(1527-1591)다. 스페인 문학은 균형 잡힌 절제 있는 고전주의의 성격을 띠며, 스콜라 철학과 기독교 사상의 심도 있는 조화로 새로운 서정의 세계를 개척한다. 특히 종교재판에 걸려 1572년부터 1576년까지 갖은 고초를 겪으며 감옥에서 보내야 했던 루이스 데 레온 사제에게 로마 시인 호라티우스의 "축복 받을지어다 그대들은" 테마로 대표되는 전원생활의 찬가가 가장 마음에 와 닿았던 것 같다.

루이스 데 레온은 살라망카 대학에서 여러 전공을 맡았던 저명한 교수였다. 그 당시 16세기 초 카를 5세 황제 때 스페인의 종교 상황은 에라스무스 사상을 비롯한 종교 개혁 분위기가 스페인에도 많이 퍼져 있다가, '트렌토 공의회Concilio de Trento'(1545-1563) 이후 반종교개혁Contrarreforma으로 돌아서고 있었다. 루이스 데 레온은 초기에 구약 성서 연구서《살로몬의 아가서雅歌書의 해설과 직역*Traducción literal y declaración del Libro de los Cantares de Salomón*》이라는 책을 낸 일이 있는데, 사회 분위기가 갑자기 반종교개혁으로 돌아서자, 루이스를 시기하는 대학의 동료 교수들이 이 책을 구실로 그를 "유대교적" 기질이 있는 교수라고 종교재판에 고발한 것이다. 그리하여 그는 이단적 성격이 있는 그 책의 전파를 막지 못한 죄로 감옥살이를 하다가 마침내 어렵게 풀려난다.[37] 그때 쓴 그의 '8음절 10구décima' 시 〈감옥을 나오며Al salir de la cárcel〉는 이렇다.

여기 시기와 거짓이
나를 가두어 두었던 곳.
이 악에 찬 세상으로부터
물러나는 현자의 초라한
신세가 참 행복하구나.
즐거운 들판 한가운데
가난한 집과 식탁 하나,
오직 하느님과 속마음을
나누며, 혼자서 자기 삶을
사노라, 남을 시기하지도
시기받지도 않으며.

• 원문 135 •

여기 이 은퇴한 은자의 삶은 흔히 우리 동양시의 전원생활의 찬가와 비슷한 냄새가 난다. "즐거운 들판 한 가운데/가난한 집과 식탁 하나"가 특히 그렇다. 동양의 전원 속 생활 찬가가 속세의 영욕에 대한 비판과 자연과 하나 되어

37) Cfr. Dámaso Alonso, op. cit., p. 167.

사는 노장老莊적 달관의 자세가 보인다면, 여기에서는 잃어버렸던 순수한 마음을 찾고 "오직 하느님과 속마음을/나누며" 살겠다는 적극적 자기 수도의 자세가 다르다. 이런 태도는 물론 호라티우스의 에피쿠레이즘적 자연 예찬론과도 다른 자연관이다.[38] 루이스 데 레온의 자연 속의 삶의 칭송은 자연과 신이 하나 된 순수와 조화의 원형과의 속마음 나누기의 삶을 기린다는 점에서 훨씬 초월적이다.

루이스 데 레온 사제의 〈은퇴한 삶Vida retirada〉은 위 시의 내용으로 보다 더 구체화했다고나 할까. 여기에는 마치 우리의 어떤 고전 시가를 듣는 것 같은 속세를 떠난 은자의 삶의 안온함과 득도의 경지가 엿보인다.

속세의 소음을 피해 도망 나와
세상에 몇 안 되는 현자들이 걸었던
숨겨진 오솔길을
따라가는 은자의 삶은
참 편안하기도 하여라!
높은 자들의 떵떵거리는 신분에도
마음이 흐려지지 않고
무어족 고명한 건축사가 지은, 벽옥의
기둥으로 떠받친 황금빛
지붕도 부러워하지 않는
명성이 드높아 자기 이름을
선전하듯 떠들어 대도 관심이 없고,
아부쟁이 혀가 아무리 알랑거려도

---

38) 가르시아 로페스도 나와 비슷한 생각이다. Cfr. José García López, op. cit., pp. 207-208.

진정한 진실이 아니면
아무 관심이 없노라.
허영의 손가락으로 지목받는
사람이 되었기로 내가 만족할 게 뭐 있는가,
이 바람 같은 영욕을 찾아
숨도 못 쉬고, 참으로 안타깝게
죽을 고생으로 헤매야 된다면?
오, 산이여! 오, 강이여! 오, 샘물이여!
오, 안전하고 즐거운 은밀한 곳이여!
이 풍랑 많은 바다로부터 도망쳐
배도 거의 다 부서진 채
생명스러운 그대의 안식처로 돌아오노라.
깨어지지 않는 꿈 하나,
즐겁고 자유롭고 순연한 날만을 바라노라.
돈이나 혈기만을 추구하는 자의
쓸데없이 엄숙한
찌푸린 이맛살을 보고 싶지 않노라.
남의 뜻을 따르는 자에게는
항상 따라다니기 마련인
심각한 근심 걱정들이 나를 깨우게 하지 말라.
그보다는 누구에게도 배운 일 없는 달콤한 노랫소리로
새들이 나를 깨우게 하라.
나는 나와 함께 살고 싶노라,
하늘에게서 받은 은혜로운 행복을 누리며
혼자서, 증인도 없이,
사랑도, 질투도, 증오도
두려움도 희망도 없이 살고 싶노라.
산자락 한 곳에

내 손으로 가꾼 과수원이 하나 있나니,
봄이 되면 예쁜 꽃들로 덮이고,
그걸 보면 확실한
열매가 열릴 희망이 보일지라…
허영의 배만을 믿고 사는
자들은 그들의 보물만을 챙기라고 하라.
북풍 남풍 몰아칠 때
이런 일은 믿을 수 없다고
우는 모습은 내가 상관할 일이 아닐지니,
폭풍과 싸우던 돛대가
삐걱이고, 밝은 대낮이 눈먼 밤으로
바뀌리라. 하늘로
어지러운 함성이 퍼지고
사정없이 바닷물이 불어날 때,
나에게는 아주 가난한
식탁 하나, 다정한 평화만 가득 차려진
밥상이면 족하리. 그리고 밥그릇이야,
좋은 황금으로 만든 금밥그릇은
성난 바다를 두려워하지 자에게나 드리고…
남들은 위험스러운 권력을
끝없이 목마르게 갈구하며
비참하게 애타게 온몸을
불사르고 있는 동안, 나는 그냥 나무 그늘에 누워
노래나 부르고 있을 테니,
그늘에 누워, 영원한
월계수와 담쟁이로 만든 관을 쓰고,
하늘과 자연의 영명하고 조화로운 연주와
그 달콤한 소리에

열심히 귀를 기울이고.

• 원문 136 •

이 시 번역에 있어서 의도적으로 상당한 의역을 한 부분이 마지막 연의 "하늘과 자연의 영명하고 조화로운 연주와/그 달콤한 소리에al son dulce, acordado,/del plectro sabiamente meneado"라는 시구들이다. 원문의 직역이라면 "능숙하게 잘 켜는 현금의/조화롭고 달콤한 소리에"라고 했어야 할 것이다. 그런데 이렇게 번역을 할 수 없었던 것은 그 "능숙하게 잘 켜는 현금의" 연주자가 누구냐는(원문에는 밝히지 않은) 것이 이 시의 핵심적 요소였기 때문이다. 그것은 바로 '하늘'이요 하느님이시다. 루이스 데 레온의 하느님, 즉 신은 가장 영명하고 위대한 음악가el gran Maestro이시며, 우주의 조화를 관장하시는 분이다. 그리고 자연과 세상은 하느님의 손에 의하여 켜지는 하프나 현금의 음악이다.

루이스 데 레온의 친구이며 같은 살라망카 대학 음악 교수였던 "프란시스코 살리나스에게A Francisco Salinas" 바치는 시를 보면 신은 위대한 음악가인 것이 분명하다.

어떻게 이 위대한 음악가가
이 광대한 현악기를 이용하여
노련한 솜씨와 음직임으로
이 영원한 사원을 떠받고 있는
성스러운 소리를 창출해 내는 것을 본다.

• 원문 137 •

피타고라스의 천체론에 의하면 지구를 포함한 우주의 행성들은 "불"(제우스의 집)이나 태양을 중심으로 돌면서, 태양과의 거리에 따라 각기 다른 갖가지

조화로운 소리를 낸다. 이것은 마치 고대 그리스의 하프 악기나 "광대한 현악기" 같은 모습이다. 피타고라스는 우주를 혼돈이 아닌 조화와 리듬이 있는 "코스모스Cosmos"로 본다. 그런 "성스러운 음악"이 갖가지 신들과 영혼들이 사는 이 우주라는 "영원한 사원"을 "떠받고 있는" 바탕이고 질서라고 본다. 우리 창생들이 이 음악 소리를 듣지 못하는 것은, 대장장이가 자기 망치 소리를 듣지 못하듯이, 우리는 인간의 육체라는 감옥의 갖가지 소음을 거느리고 그 크막한 우주 음악 속에 살고 있기 때문이다.

피타고라스의 천체론을 기독교의 신학으로 보면 이들 음악을 연주하는 "위대한 음악가"는 바로 하느님이다. 루이스 사제가 속한 성 아우구스티누스파의 성자는 우주의 조화를 "어떤 형언할 수 없는 음악가의 위대한 시와 노래velut magnum carmen cuiusdam ineffabilis modulatoris"라고 말한다.39) 루이스 데 레온이 하프cítara니 현금lira/pléctro이니 하는 말은 예술적 영감을 의미함과 동시에 우주와 자연의 조화, 형언할 수 없는 신의 아름다운 속삭임을 상징한다. 내가 위의 시에서 의역한 "하늘과 자연의 영명하고 조화로운 연주"라고 한 것은 우리말의 '하늘'이라는 자연과 영성을 내포하는 말로 대치함으로써, 지나친 기독교 사상의 냄새를 없애고(원문에도 직접 언급이 없는) 우주와 대자연의 도道를 따른다는 동양인적 공감대의 다리를 놓기 위함이었다.

사실 루이스 데 레온 사제가 속했던 성 아구스티누스파나 성 프란체스코파

39) Cfr. Dámaso Alonso, op. cit., pp. 175-186. 연구가에 따라서는 이 연이 루이스 데 레온의 것이 아니라는 설이 있으나, 나는 다마소 선생과 함께 이 연의 형식과 내용이 루이스 데 레온의 시적 상상력에 가장 맞는 것이므로 루이스의 것으로 보아도 무리가 없다는 쪽이다. 다마소 알론소 교수가 루이스 데 레온은 지상의 음악과 천국의 음악이 모두 하느님의 음악을 닮았다는 사고를 가지고 있었다고 자세히 알려 준 바, 따라서 신을 "위대한 연주가"로 보는 것은 당연하다.

등은 만물애호나 방생放生을 주장하고 "형언할 수 없는 우주의 현묘玄妙한 조화"를 중시하는 점에서 우리 불교나 도교의 자연관, 우주관과 매우 흡사하다. 루이스 데 레온의 이 "은퇴한 삶"을 비교적 광범위하게 번역한 것은 서양의 풍류와 동양의 그것이 얼마나 가까이 있는가를 구체적으로 느끼게 하기 위함이다. 그만큼 우리 현자의 혜안과 시 세계가 서구의 그리스 로마 전통과 스페인 전통, 르네상스 정신의 총화라고 할 수 있기 때문이다. 구체적으로 피타고라스나 플라톤, 히브리 문학, 구약성서, 성 아우구스티누스, 토마스 아퀴나스는 물론 우리가 번역한 '8음절 10구décima'의 노래에서 보듯 그는 스페인 전통 민요에도 관심이 많았다. 로마 문학으로 특히 베르길리우스와 호라티우스를 좋아했으며 그들의 목가 시, 소박한 전원생활의 찬가가 "은퇴한 삶"이다. 여기에서 루이스 데 레온의 전원생활을 택한 것은 호라티우스의 자연 쾌락주의를 넘어, 현실의 삶에 부대끼면서 잊고 살던 영혼의 고향, 하늘과 우주에서의 현묘한 조화를 다시 느끼고 만끽하며 하느님과 속마음을 나누고 살겠다는 적극적 수도 자세다.

이미 설명했듯이 그의 "살리나스에게" 바치는 시는 피타고라스의 사상이 바탕에 깔려 있다. 다마소 알론소는 이 시를 이해하기 위하여 세 가지를 알아야 한다고 말한다. 그 하나가 피타고라스파에게 영혼은 조화라는 것. 둘째, 그들에 의하면 영혼은 어떤 벌을 받아 몸에 얽매이게 되었으며, 따라서 인간의 영혼은 몸이라는 감옥 속에서 산다는 것. 셋째, 피타고라스파는 그 영혼을 정화시키기 위하여 음악을 사용하였다는 점 등이다. 루이스 데 레온 사제는 이 시에서, 속세에 살며 몸속에 갇혀 살다가 잊고 살았던 영혼이 정신을 차리고 조화를 얻어 순화된다고 말한다. 그 상태는 불교의 열반처럼 모든 번뇌와 고통의 소멸 상태를 생각하게 한다.

여기에서 영혼은 달콤함의
바다를 항해하다, 마침내
그 바다에 푹 빠져들어
세상의 어떤 이상한 떠돌이 변화도
듣지도 느끼지도 못한다.
오, 행복한 기절이여!
오, 참 생명을 주는 죽음이여! 오, 달콤한 망각이여!
이 천하고 낮은 감각의 세계로
절대 다시 되돌리지 말고, 그대의 안식처에서
영원히 살아갈지니.

• 원문 138 •

내가 여기서 가톨릭 사제의 신비적 황홀을 구태여 불교의 열반이니 하는 표현으로 해설하려 하는 것은 루이스 데 레온의 시세계가 그만큼 범종교적 달관의 경지를 말하고 있다는 점을 강조하기 위함이다. 열반nirvana은 어쩌면 행복한 죽음이다. 여기에서도 영혼은 신의 음악, 우주의 조화의 달콤함에 취하여 육체의 죽음, 즉 해탈解脫을 체험한다. 하늘 세상에서의 초심初心으로 돌아간 영혼에게 색色/sámsara의 세계, 현상 세계, "세상의 이상한 떠돌이 변화의" 세계의 소리는 들리지 않는다. 그것은 "행복한 기절", "참 생명을 주는 죽음"이다. 시인은 그 황홀경에 빠져, 이 "천하고 낮은" 육체의 현상 세계로 다시 돌아오지 않고 싶지 않은 열망을 산다.

루이스 데 레온의 시는 한마디로 하늘 세상에 대한 끝없는 향수의 일기들이다. 그 하늘 세계는 우리 영혼의 고향이다. 그곳은 피타고라스의 리듬과 조화의 세계이며, 플라톤의 이데아와 참이 사는 세상이며, 하느님의 참사랑과 평화, 화해가 지배하는 곳이다. 시인은 "고요한 밤Noche serena"에 밤하늘을 바라보며 향수에 잠긴다.

수없이 많은 빛들로 치장한
밤하늘을 바라보다가,
땅을 내려다 볼때,
밤에 휩싸여, 잠과
망각 속에 파묻힌 모습을 볼 때,
내 가슴속 사랑과 아픔이
하나의 불타는 열망을 일깨운다.
나의 눈길이 분수가 되어
긴 핏줄을 쏘아 올린다.
마침내 나의 혀는 고통스러운 소리로 말한다.
"위대함의 거처여,
광명과 아름다움의 사원이여:
나의 영혼은 그대의 그 높은 곳에서
태어났건만, 오늘은 이 낮고 어두운 감옥 속에
갇혀 있다니 이 무슨 불행인가? (…)"

• 원문 139 •

이것은 피타고라스와 성 아우구스티누스의 하늘이다. 우리의 영혼은 저 높은 하늘, 저 "광명과 아름다움의 사원"에서 태어났다. 오늘 우리는 눈을 떠도 보지 못 하는 어두운 밤, 그 밤의 잠과 망각 속에 묻혀 산다. 우리의 그리움이나 향수는 막연한 센티멘털리즘이 아니다. 우리가 태어났던 "영원한 봄eterna primavera"의 천국으로 다시 돌아가고 싶은 마음이 우리에게 그리움의 습벽으로 남아 있다. 그 하늘나라에 대한 열렬한 그리움을 시인은, "나의 눈길이 분수가 되어/긴 핏줄을 쏘아 올린다"고 표현한다. 이 얼마나 적절하고 절절한 이미지인가.

이 열렬한 하늘에 대한 그리움, 그 조화의 음악가 하느님에 대한 사랑 때문에 긴 세월 동안 루이스 데 레온 사제는 신비주의 시인poeta místico으로 불려왔다. 이런 주장을 대표하는 학자가 메넨데스 펠라요다.[40] 이 대가가 주장하는 신비주의자로서의 고백의 결정적인 대목은 이것이다.

오, 그 소리! 오, 그 목소리! 그 소리의
어느 작은 부분이라도 나의 감각에 내려와
감각 밖으로 나의 영혼을 꺼내어,
그 모든 혼을, 오, 사랑이여!
그대와 한 몸이 되도록 만들어 주기를…
그때는, 오, 다정한 서방님, 그대가
어디에서 쉬고 계신지 알게 되리니,
그때는 이 영혼도—모든 그대의 양 떼 무리와 함께—
고통받던 이 감옥에서 풀려나
이제는 더 이상 길을 잃고 방황하는 일은 없을지니…

• 원문 140 •

하느님을 "다정한 서방님dulce Esposo"으로 부르는 것은 신비주의 문학의 전형적 표현이다.[41] 그러나 여기에는 신비주의 체험 특유의 에로티시즘이 부족하다고나 할까…. 그런 점에서 다마소 알론소를 비롯한 그 뒤의 학자들은 루이스 사제의 시 세계의 신비적 관조의 측면은 인정하나 그를 신비주의적 체험을 살았던 신비주의자로 보지는 않는다. 그러나 그의 하느님에 대한 사랑

40) Cfr. Dámaso Alonso, op. cit., p. 189.

41) Cfr. Dámaso Alonso, op. cit., pp. 189-191.

이 영원히 짝사랑으로 끝났건, "서방님"과의 만남이 이루어졌건(그렇다면 신비주의 시인이 되겠지만), 하느님에 대한 그의 그리움, 뜨거운 갈망, 가슴 아픈 번뇌의 몸부림은 어느 신비주의 시인 못지않은 하느님 사랑의 모델이었음을 의심할 수는 없을 것이다.

루이스 데 레온 자신은 자신의 시에 대하여 그렇게 대단치 않은 것으로 생각했다고 전해진다. 또한 엔트위슬W. J. Entwistle 같은 학자는 루이스 사제의 시가 호라티우스 등 다른 시의 모방이나 차운次韻이 많으며 독창적인 이미지가 없다고 혹평한다. 판들L. Pfandl 교수는 "루이스 데 레온의 시는 에르레라의 시와는 반대로 시인이기 전에 현자였다. 말하자면 에르레라처럼 자신을 버리고 완전히 서정적 감정에 충실하여 시적 형태를 만들어 가는 시인이 아니었다. 루이스 시인에게 시는… 그 자체가 하나의 은둔이요 자성의 방법이며 고통 속의 위안이었다"[42]고 말한다.

루이스 사제는 실제로 〈완벽한 유부녀La perfecta casada〉(1583), 〈욥서 Libro de Job〉, 〈그리스도의 이름들에 대하여De los nombres de Cristo〉(1583) 등 좋은 산문을 많이 쓴, 해박한 지식을 소유한 교수요, 종교인이었다. 그러나 그의 시가 고전의 모방이고 독창성이 없다는 혹평이나, 시인이라기보다는 현자인 데가 많다는, 혹은 신비적 체험이 없는 종교시의 시인이라는 평가 등은 오히려 그가 얼마나 높은 풍류를 가진 진솔한 시인이었는가를 다시 생각하게 한다. 종교인에게는 종교가 우선이어야 하고 학자에게는 학문이 우선이어야 하는 것이 참 진솔성이다. 고전 모방은 호라티우스를 비롯한 고전적 문학가들에게는 창작의 미덕이었다. 고전에서 수사법 등 전통과 영속성을 배우고 현재와 자신

---

42) Cfr. Cristóbal Cuevas, "La poesía en el siglo XVI(II)", *Historia de la literatura española*, vol. 1(Madrid: Guadiana, 1974), pp. 641-650.

의 감정, 체험을 가미하여 중용의 미덕으로 창작하는 것이 호라티우스나 르네상스 문학의 시학이었다. 루이스 데 레온은 시를 쓸 때만큼은 모든 야심과 욕망을 버리고, 야인으로서 심심풀이로 글을 썼다. 그런 무관심성으로 위안 삼아, 안식처에 은거하듯 시를 대했다는 루이스 데 레온 사제의 풍류야말로 지고지순한 예술이었다.

8장

화려체 사랑의 시인 에르레라와 기타 다른 시인들

◆

보통 스페인 문학사의 저자들은 르네상스 시대의 시를 루이스 데 레온 사제를 중심으로 한 '살라망카 파La escuela salmantina'와 페르난도 데 에르레라Fernando de Herrera(1534-1597)를 중심으로 한 '세비야 파La escuela sevillana'로 나누어 설명하곤 한다. 이런 구분은 대단히 도식적이며 큰 의미가 없다고 생각된다. 첫째는 이들 시인들이 모두 플라톤적 사랑 테마나 '카르페 디엠'(오늘을 즐겨라), 아니면 전원생활의 찬가를 다루고 있는 점에서 별 다른 차이가 없고, 둘째는 각자 시인들의 개성이 뚜렷해서 구태여 어느 파라고 말하기가 어렵다는 점 때문이다. 예를 들어 발타사르 델 알카사르Baltasar del Alcázar(1530-1606)의 시에서는 에르레라와 같이 세비야에서 태어났다는 점을 빼놓고는 세비야 파의 화려체 수사와는 정반대인 문체가 사용된다.

알카사르는 젊은 시절 가르실라소 유의 사랑의 시를 썼다. 그러나 나이가 들면서 민요풍의 가벼운 내용과 율격(8음절)으로 재치와 유머 넘치는 독특한 시를 개발했다. '레돈딜야스redondillas'[43] 연 형식으로 쓴 〈유쾌한 저녁 식사

Cena jocosa〉란 시는 특히 유명하다. 이 시는 이렇게 시작된다.

내가 사는 하엔이라는 곳에,
돈 로페 데 소사라는 분이 사시는데,
이네스여, 그대에게 내가 그분에 대하여
세상에 들어 보지 못한 정말 희한한 이야기를 들려주지.
이 양반께서는 한 포르투갈 출신의
종을 데리고 있었지… 하지만 어떻든
이네스여, 괜찮다면 우선
저녁 식사부터 시작하도록 하시지.
우리가 함께 저녁을 먹을
밥상은 이미 차려 놓았겠다,
포도주 잔도 제대로 놓여 있고,
이제 잔치는 시작만 하면 되겠구먼.
포도주는 새 것으로 시작해야지,
자, 내가 먼저 이 병에 성호를 긋고 〔…〕

• 원문 141 •

이렇게 시작한 시는 계속 맛있는 술과 음식 이야기만 나온다. 정작 식사 전에 시작한 돈 로페 데 소사라는 분의 이야기는 음식 맛 이야기에 밀려 더 이상 말이 없다. 문체를 분석해 보면, 포르투갈 종 이야기를 하다가 갑자기

43) 'redondilla'라는 시 형식은 민요조에서 많이 쓰는 연의 형태로, 우선 "-illa"라는 어미는 'serranilla'(산골 처녀를 주제로 한 민요조 시 장르)나 'letrilla'(민요나 속담을 후렴으로 사용한 짧은 민요 시) 같은 장르 이름에서 보듯 민요 형식임을 알 수 있다. 다만 '레돈딜야'는 연 형식 이름으로, 8음절 시구가 4개인 것을 뜻한다. 각운은 첫 구절과 네 번째 구절이 똑같이 끝나고 두 번째와 세 번째가 똑같이 끝난다. 즉 A-B-B-A 형식.

저녁 식사 이야기로 넘어가는 대목은, 갑자기 변하는 내용과는 달리, -éro, -és, -és, -éro에서 보듯 각운의 리듬의 축이 모두 é로 끝나는 연속성을 강조한다. 거기에다가, "péro cenémos, Inés,/si te paréce, piméro./La mésa tenémos puésta"에서 악센트가 모음 'é'로 반복, 동음반복isovocalismo/isofonía 현상을 보여, 연속적이고 경쾌한 억양과 느낌을 더한다. 이런 리듬은 따로 특별한 소리 상징의 의미를 갖는다기보다는, 시인 알카사르 같은 세비야인 특유의 재치와 억양이 듣는 이의 웃음을 자아낸다는 것. 말하는 내용은 끊기는데, 노래와 말의 리듬은 유창하고 유쾌하니 무언가 맞지 않고 우습게 느껴진다. 결국 술이 들어가다 보니, 밥상에 켜 놓은 하나의 촛불이 둘로 보이고 술기가 게슴츠레 올라올 즈음, 그 유쾌하고 맛있는 저녁 식사 시는 이렇게 끝난다.

이네스여, 이제 우리가 이렇게
정말 맛있게 저녁을 잘 마쳤으니,
전에 꺼냈던 지난 이야기로
다시 되돌아가 보는 게 좋겠지.
그러니까, 누이동생 이네스여,
그 포르투갈 종이 그만 아파서 몸져 누었다지 뭐야…
시계가 벌써 열한 시를 치네, 나는 자야겠네,
그 이야기는 또 내일로 미루지.

• 원문 142 •

무언가 "맞지 않고 우습게 느껴지는" 것 또한 이야기의 이런 끝맺음이다. 그러니까 그 희한한 양반의 '포르투갈 출신의 종'(누가 어디 출신이냐고 물었나?)이 무엇 때문에 무슨 병으로 아파 누웠으며, 그것이 지금 식사와 무슨 상관이라는 말인가. 물론 아무 상관이 없다. 맛있게 잘 먹었으면 그것이 유쾌한 식사지… 마치

이태백이 "나 술 취했으니 잘라네/자네도 갔다가 마음 내키면/또 거문고 들고 오게나" 하는 식의 여유요, 풍류요, 멋이다. 사람들은 쓸데없이 인생을 중요하게 생각하고 진짜 사는 맛을 놓친다. 마치 심심풀이 삼아 시작한 "하엔 출신 양반"의 이야기가 맛있는 식사보다 중요한 것처럼. 그럴 때 사람들은 들었던 숟가락을 내려놓고 다음 이야기를 기다린다. 그런 우리의 상식과 관습을 깨는, 다분히 오늘의 포스트모더니즘 냄새가 나는 재미있는 시다. 다음 시 또한 아주 에로틱하면서 아주 점잖은 알쏭달쏭 매력이 넘치는 시다.

〈사랑의 포로〉

세상에 세 가지 것이 사랑으로
내 마음을 꼭 붙들어 매고 있는데,
예쁜 이네스와 맛있는 하몽,
그리고 치즈로 구운 가지 요리가 그것.
이 이네스란 아가씨는, 연인들이여,
나에게 얼마나 강력한 마력을 지녔는지,
세상에 이네스가 아닌 것은
모두 다 싫어하게 만들었지.
한 일 년 동안을 나로 하여금
정신 못 차리게 했었지. 그러던 어느 날
나에게 새것으로 맛있는 하몽과
치즈로 구운 가지 요리를 해 주었지.
물론 이네스가 첫손가락에 꼽히지만,
어쩌다 이것들을 다 놓고 어떤 것이
가장 내 속마음에 와 닿느냐고 물으면
판단이 잘 안 설 때가 있단 말이지.
맛이나 크기나 무게에서는

난 차이를 느낄 수가 없어.
어쩔 때는 이네스가 좋고, 어쩔 때는 하몽이
어쩔 때는 치즈로 구운 가지 요리가 좋거든.
이네스는 예뻐서 당연히 좋고
하몽은 그 유명한 아라세나 것이니 좋고
치즈와 가지라고 하는 것들은
예로부터 스페인인의 전통 음식.
그리고 그 무게가 정말 다 똑같아서
냉정하게 판단을 해 볼 때,
모두가 한가지지, 이네스나 하몽이나
치즈로 구운 가지 요리나.

• 원문 143 •

여기서 '하몽'은 물론 섹시한 여자의 넓적다리를 연상시키는 용어이기도 하다. 시인이 아무리 그 "맛있는 하몽" 이야기를 하면서, 마지막 연에서처럼 "하몽은 그 유명한 아라세나 것"이니 그토록 맛있고 좋았다고 발뺌을 해도, 읽을수록 시인이 말하고자 하는 뜻이 알쏭달쏭하다. 차라리 시인이 이네스에 대한 사랑은 정신적인 사랑이었지만 어쩌다 섹스를 경험해 보니 섹스가 좋은지 그녀가 좋은지 잘 모르겠더라고 말하면 더욱 솔직한 표현이 될지 모른다. 그렇게 말하면 시적 여운은 완전히 사라지겠지만…. 여기서 하몽이나 치즈로 구운 가지 요리는 에로티시즘의 이미지나 연상이 점차 더욱 강화하는 효과를 갖는다. 시인은 물론 끝까지 아니라고 발뺌을 하겠지만…. 정작 대 놓고 음탕하다고 욕할 수도 없고, 그렇다고 그럴 수도 있겠다고 수긍하기에는 무언가 찜찜한, 정말 아리송한 맛과 여운을 남기는 노래다.

세비야 파 시인들의 태두, 페르난도 데 에르레라는 당시 '시성el divino'이라는 별명이 붙을 정도로 유명했다. 특히 스페인 제국이 지중해 해상권을 놓고 터키 제국과 맞붙어 이겼을 때 에르레라가 쓴 〈레판토 해전의 승리를 축하하며Por la victoria de Lepanto〉라는 애국시는 유명하다. 물론 터키인을 비롯한 우리 아시아인에게 "타락한 아시아, 음란과 악에 빠진Asia adúltera/en vicios sumergida" 자라고 욕하는 말도 나오지만, 신의 복음을 세상에 전파하기 위해 선택받은 민족 스페인인들의 장거를 축하하는 시는 장엄하고 힘에 넘친다.

때는 "전 영토에 해가 지지 않는 대제국" 전성기인 카를 5세, 펠리페 2세 때인 만큼 애국시들도 퍽 유행했다. 펠리페 제왕을 수행했고, 직접 칠레 정복에 참여했던 알론소 데 에르실야Alonso de Ercilla(1533-1594)의 〈아라우카나 Araucana〉(1560-1589)도 칠레 아라우코 골짜기의 인디오들과 싸운 스페인인들의 영웅적(?) 전쟁 기록을 생생하게 묘사한 37편의 노래들이다. 특히 추장 카우폴리칸의 죽음을 그리는 묘사는 그 "위대한 영혼aquel grande espíritu"에 대한 흠모와 존경의 빛이 역력하다. 추장은 날카로운 대창으로 심장을 뚫고 찢어도, "조용한 얼굴과 표정으로/입술이 뒤틀리거나 눈썹 하나 찡그리지 않고,/잠잠하게 머물러 있었다que con sereno término y semblante/sin que labio ni ceja retorciese,/sosegado quedó"고 말한다.[44)]

그러나 어떻든 에르레라가 세비야의 하층 가문에서 태어나 유명해진 것은 헬베스 백작el Conde de Gelves 집에서 열리는 문학회에서 두각을 나타낸 때문이었다. 당시 풍습대로 귀부인을 섬기며 플라톤적 사랑의 시를 바쳤는데, 그 뮤즈가 바로 헬베스 백작의 부인 도냐 레오노르였다. 시인은 그녀를 '루스Luz', '룸브레Lumbre', '야마Llama' 등의 이름으로 불렀는데, 이 이름은 '빛', '불', '불길'을 뜻하는 말이다. 물론 이런 이름은 당시 플라톤적 사랑의 뮤즈 이름으로

44) Cfr. José García López, op. cit., pp. 217-218.

많이 썼는데, 이는 플로티노스가 최상(하나)의 세계를 빛으로 보고 현상 세계를 어둠으로 표현했기 때문이다. 이런 신플라톤주의의 영향을 받은 플라톤적 사랑의 높은 귀부인의 이름으로는 항상 이런 명칭이 사랑받았다. 특히 에르레라는 이루어질 수 없는 사랑에 대한 염원 때문에 플라톤적 사랑의 자기 수양적 고행보다는 오히려 '선비 사랑'의 경우나 페트라르카의 사랑의 갈등과 우수, 체념의의 냄새가 훨씬 짙은 개성적 사랑의 소네토를 많이 남겼다.

아름답게 돌아가며 이마를 에워싸는
순연한 황금 실오라기들, 거기 횡포한 군주가
자기 손으로 매듭을 짜고, 찬란하고
다정한 빛 속에 불타고 있다.
그러나 차가운 겨울이 뜨거운 여름의
꽃들을 이기고 모습을 드러낼 때,
그 자줏빛 색깔은 어느덧 사라지고
그 불타는 광휘는 은빛으로 변하리라.
그러나 그렇다고 사랑이 자리를
바꿀쏘냐, 사랑은 용기와 예의, 지혜와
영혼의 고결함이 확실히 지키는 것이니,
천사 같은 그대의 영원한 아름다움의
은혜로운 덕과 정결한 가슴이, 불꽃 같은 나의 여인이여,
이 나를 태우는 불이요 나의 감옥이외다.

• 원문 144 •

위 시에는 르네상스 사랑의 시의 3대 토픽이 다 들어 있다. 그 하나가 '카르페 디엠'으로, "그 자줏빛 빛깔은 어느덧 사라지고/그 불타는 광휘는 은빛으로 변하리라"라는 시구에서 드러난다. 그러나 그녀를 섬기는 시인의 마음은 변

하지 않는 플라톤적 사랑이다. 귀부인을 섬김으로써 몸과 마음을 닦고, 용기와 예와 지혜를 배운다. 그러나 그런 나의 사랑의 마음도 페트라르카처럼 고뇌와 갈등이 전부다. 그대의 아름다움은 나로 하여금 어쩔 수 없이 횡포스럽게 그대에게 사랑에 빠지게 하지만, 그대의 모든 변덕과 변화를 참고 견디어도 그대의 마음은 내게 돌아오지 않고, 그렇다고 그대를 향하여 불타오르는 내 가슴의 불길은 잠들 줄을 모르니, 이것이 바로 감옥이요 지옥이 아니겠는가.

에르레라는 가르실라소의 시를 연구하고 비판할 만큼 완벽주의자다.[45] 그만큼 그의 시도 형식이나 내용 면에서 나무랄 데 없는 훌륭한 수사와 독창성으로 무장하고 있다. 시대적으로 르네상스에 속하면서도 이미 공고라와 같은 바로크적 은유와 찬란한 색채감이 그의 시의 특징이기도 하다. 플라톤적 사랑의 시로 가장 훌륭한 소네토 한 편을 보자.

> 여기 있는 이 조용한 여인 루스에게는 성스러운 사랑의
> 숨결이 있습니다. 마음에 불을 지르고 동시에 불을 끄는
> 그 고결한 가슴은 창생의 굴레 속에 살지만
> 높은 신들의 영광의 올림푸스를 향합니다.
> 그대 머리칼의 황금과 황금빛 울타리들,
> 거기에는 영원한 핏줄의 하늘의 황금이 보입니다.
> 천사와 같은 인어의 조화로움이
> 진주들과 산호 사이에서 숨 쉽니다.
> 저 아름답고 순수한 베일의 그림자를
> 벗기면, 어떤 새로운 황홀, 어떤 불멸의 위대한
> 모습이 찬란하게 나타날까요?

---

45) Cfr. José Manuel Blecua, "Herrera y la obra bien hecha", *Historia y crítica de la literatura española*, tomo 2, pp. 451-453.

지금 이 아름다움만을 바라보는 것만으로도
나의 이 약한 시력에는 눈이 부셔 아프고 보이지 않지만,
크막한 아름다움을 찾아 하늘로 따라 갑니다.

• 원문 145 •

시인 에르레라의 플라톤적 사랑은 관념적 비전이 아니다. 플라톤 사랑의 기본 구도를 떠나지 않으면서 대단히 주관적인 아픔과 고뇌의 이미지들이 있다. 에르레라는 이 소네토에서 감각적 유혹과 정신적 매혹을 벗어나, "커다란 아름다움"을 섬기며 그녀가 있는 하늘까지 찾아가는 고행의 길임을 실감있게 표현하고 있다. 루스의 아름다움은 보는 이의 마음을 불태우고 사랑에 빠지게 하지만 함부로 접근할 수 없는 "성스러운 사랑"을 손짓한다고 말한다. 그녀의 황금빛 머리칼은 햇살보다 더욱 반짝이며, 그녀의 영혼이 하늘에서 태어났음(플라톤)을 암시한다. 그녀는 비록 인간의 탈과 베일을 쓰고 있지만, 그 베일을 벗으면 황홀한 불멸의 신의 혼을 지녔으리라. 지금 그녀를 바라보기만 해도 눈이 부셔, 이 불완전한 중생의 약한 시력을 아프게 한다. 그러나 고통과 번뇌를 달게 받으며, 사랑이라는 고행의 길을 걷고 또 걸어 하늘에 있는 그녀의 절대적 아름다움에까지 찾아가겠다는 시인의 고백….

에르레라 시의 또 다른 특징은 세월의 무상함과 숙명적 비극성, 삶의 애잔한 소망과 실의 등이 색깔로 등장하는 '애가哀歌/elegía'풍의 시 정신이다. 〈돈 페드로 데 수니가의 죽음에 바치는 애가La elegía de la muerte de don Pedro de Zúñiga〉는 인간 실존의 비극성이 절절히 묻어난다.[46] 산다는 것의 소망과 좌절, 세월의 허망함과 슬픔을 잘 표현한 것이 에르레라의 다음 소네토다. 찬란한 은유의

46) Cfr. Oreste Macrí, "Manierismo y barroco en Herrera", *Historia y crítica de la literatura española*, tomo 2, pp. 455-459.

사용과 고전적 주제의 남용으로 바로크적 냄새가 짙은 다른 작품들에 비하여 이 시는 시대를 뛰어넘어 세상을 우리 모두에게 공감을 주는 진솔성이 있다.

힘들게 나날을 살아가며, 항상 어느 하루를 기대하지만
그것도 거짓 쾌락이 되고, 해가 가고 해가 달아나고
그 긴 세월 속에서 수천의 행복스러운 상처 또한 생겨나
또다시 나의 끈질긴 잘못된 길을 재촉하게 된다.
언젠가 즐거운 날이 오리라 믿고 가지만
그 발걸음은 너무도 불확실하고 너무도 이상해서
가는 길이 또다시 실망과 좌절로 끝나고
좌절을 딛고 일어서 다시 길을 시작한다.
처음에는 또 다른 희망을 발견한다,
전보다 크지는 않지만 전과 똑같은 희망,
그리고 똑같은 소망으로 끈질기게 버티지만,
끝없이 나에게 상처만 주려고 하는 운명의
음모와 변덕 때문에 또다시 상처만 입은 채
확실한 종말을 바라고 기다리며 지쳐 간다.

· 원문 146 ·

20세기 '27년세대'의 순수 시인 루이스 세르누다Luis Cernuda(1904-1963)가 격찬한 "비전문적인 의미에서의 깊은 자아의 교감을 통한 신비주의의 길을 연 시인 알다나Aldana abre ahí el camino de nuestros místicos, entre los que pudiera considerársele, y no como el menor, a la manera de Juan de Vadés, un místico al que sin irreverencia llammaríamos no porfesional"의 시는 개인의 내적 성찰intimsmo을 통한 신비주의적 비전을 제시했다는 면에서 라이너 마리아 릴케처럼 대단히 현대적이라고 할 수 있다. 자신이 성직자도 아니었으며 군인으로 죽은 프란시스코 데 알다나

Francisco de Aldana(1537-1578)의 시는 플라톤이나 신플라톤주의적 정신세계로 충만해 있다.[47] 성 후안 데 라 크루스의 경우처럼 하느님과의 만남의 기쁨으로 가득한 것은 아니지만, 신의 성총을 바라는 시인의 마음자리는 신비에 싸여 있다.

〈금욕적 욕망〉

결국 결국 계속 죽어 가는 인생의 긴 역정 끝에
인생도 운명도 그렇게 많이 바뀌고
이 길 저 길 미친 듯이 헤매며
모두 거머쥐려다가 아무것도 얻은 게 없는
여기 저기 왔다 갔다 수없이 오가며
쓸데없이 거의 숨도 못 쉬고 달려온 나그넷길,
오, 신이시여!, 그 좋은 길을 두고 그렇게 잘못 가다가,
내 스스로 나를 잘못 인도한 장본인이 되어,
마침내 깨닫게 되는 것은, 세상의
기억 속으로부터 사라지는 것이, 세상에 숨겨진
가장 좋은 길이라는 것. 삶의 보상은 죽음과 망각이니까.
그리고 스스로를 이기고 한구석에 묻혀
살리라, 거기에서, 지금까지 살아온 삶의 유일한 보상은
오직 하느님 하나뿐이라는 소망 하나만 간직하고.

• 원문 147 •

루이스 데 레온 사제처럼 은둔하여 하느님과 교류하며 살고 싶은 소망 하나로 사는 알다나의 자세는 명상과 기도로 사는 종교인의 그것이다. 신비주의

47) Luis Cernuda, "El misticismo de Aldana", *Historia y crítica de la literatura española*, pp. 467-471.

자체가 신플라톤주의의 양향을 받은 것이 사실이라고 한다면, 시인 알다나의 시 정신은 이미 신비주의에 가까이 있었다. 피타고라스나 플라톤의 생각처럼 하늘에서 조화와 진실의 화신 영혼이 왔다면, 다시 이 무거운 육신을 벗고 하늘로 올라가 하느님과 만나 살고 싶은 소망은 당시 모든 사람의 뜻이면서 시인 알다나에게는 더욱 절실한 현실일 수 있었다. 특히 알다나의 〈몬타노에게 보내는 서간문에서De la epístola a Montano〉라는 시에는 "하느님의 다정한 목소리에 답하는 메아리되어 살고픈" 시인의 염원이 참으로 오롯하다.

속인들이 좇아가는 보통 인생 역정에서
벗어나서, 나는 이제 나의 참스러운
조국을 향해 가는 길로 바로 걸어갈 작정이라네.
내 가슴의 비밀의 문으로 들어가
그 속에서, 나의 내부의 사람이 어디에 있으며 어디를 가며,
살아 있는지, 아니면 무얼 했는지 이야기할 걸세.
그리고 어느 높고 고독한 보금자리에서
더 이상 헛된 실수가 나를 놀라게 하는 일이 없도록
나의 인생, 나의 이름, 나의 존재를 다 묻을 생각이네.
그리고 한 번도 여기 태어난 일이 없었던 사람처럼,
거기 있을 걸세, 메아리처럼, 영혼이 듣는
하느님의 다정한 목소리에 답하는 메아리처럼.
그러니까 잘 생각해 보면, 영혼이라는 것이
무엇이겠는가, 우리를 부르는 영원한 아름다움의
목소리에 소리 내어 답하는 메아리가 아닐까?

• 원문 148 •

우리가 스페인 16, 17세기 문학을 '황금세기' 문학이라고 부르는 이유는 이

들 시인 작가 중 가르실라소나 세르반테스처럼 특출한 문인이 있는 것도 사실이지만, 대부분의 시인들이 각자 독특한 개성과 향기를 가지고 있어, 세월을 두고 이들에 대한 평가는 달라지기도 하는 것이 보통이다. 루이스 세르누다의 각별한 추천이 아니라도 다시 읽어 보는 알다나의 시의 경지는 그 깊이나 시언의 진솔성에서 남다른 호소력이 있음을 짐작하게 한다.

9장

황금세기의 산문 문학과 소설, 기사 소설에서 악자 소설까지

◆

르네상스는 인문과학의 발달을 가져왔다. 알폰소 발데스Alfonso Valdés(1490-1532)는 카를 5세 황제의 비서로 제왕의 제국주의를 옹호하고 종교 개혁을 주장했다. 에라스무스의 영향을 많이 받은 그는《락탄시오와 한 가톨릭 부사제와의 대화*Diálogo de Lactancio y un Arcediano*》에서 로마의 약탈을 감행한 제왕을 옹호하고 교황과 로마 원로원의 종교적 해이를 지탄한다. 그는 맹목적 신앙의 강요보다 풍속의 순화가 더욱 시급한 명제라고 말한다.《메르쿠리오와 카론의 대화*Diálogo de Mercurio y Carón*》에서는 중세의 "죽음의 춤Danzas de la Muerte"에서처럼 죽음의 사자 카론이 죽은 사람들을 지옥의 늪 에스티히아Estigia까지 배로 끌고 가면서 기독교의 도덕 개혁의 필요성을 역설한다.

알폰소의 쌍둥이 동생인 후안 데 발데스Juan de Valdés(1490-1541) 또한 에라스무스와 편지를 통해 교류하면서 그의 영향을 많이 받는다. 그의 종교 개혁적 성향은 당시 종교 재판의 표적이 되었으며, 그의 종교 이론은 그가 죽은 뒤 이단으로 몰렸고, 그의 제자들도 모두 개신교로 전향해야 했다. 대표적으로

《110가지의 신에 대한 사고들*Las ciento diez divinas consideraciones*》에서는 하느님에 대한 끊임없는 신앙으로만 구제받을 수 있다고 주장한다. 그는 스페인어의 문제에도 많은 애착을 보이고 두 권의 책을 썼다.

안토니오 데 게바라 사제Antonio de Guevara(?1480-1545)는 "왕자들의 시계Relox de príncipes"라는 상상적 이야기를 통해 기독교 세계의 왕자가 갖추어야 될 덕목들을 열거한다. 또한 호라티우스의 전원생활의 찬가를 연상시키는《시골의 칭송과 궁중 생활의 배척*Menosprecio de corte y alabanza de aldea*》에서 이야기하듯 재미있게 궁중 선비들의 부귀영화를 노리는 허영을 비웃고 농촌 생활의 행복을 과장해서 칭송한다.

그러나 이런 종교 개혁적 사상가들과는 달리 세르반테스에게도 영향을 미친 후안 우아르테 데 산 후안Juan Huarte de San Juan의《재질과 자질의 검토*Examen de ingenios*》(1575)는 이제마 선생의 4상이론을 연상시키는 "4기이론4 humores"을 전개시킨다. 이런 이론은 물론 후안 우아르테가 처음이 아니고 그리스의 의학자 아리스토텔레스, 갈레노, 히포크라테스에서부터 나온 것으로, 우주의 4원소, 즉 불 · 흙 · 공기 · 물에 바탕을 둔 '뜨거운 형caliente', '차가운 형frío', '마른 형seco', '젖은 형húmedo'은 우리 4상의 태양 · 태음 · 소양 · 소음을 생각하게 한다.[48] 이는 세르반테스의《돈키호테》의 인물 창조에 직접 영향을 미쳤다.[49] 예를 들어, 돈키호테는 '마른 형'의 특징인 '성질 사납고colérico', '뜨거운 형'의 특징인 '다혈질sanguíneo'이어서 광기가 있고 천재적이다. 산초는 '젖은 형'으로

---

48) Cfr. Juan Huarte de San Juan, *Examen de ingenios para las ciencias*, edición de Guillermo(Madrid: Cátedra, 1989), p. 723. 실제로 이제마 선생의 이론과 유사한 것도 많으며 앞으로 연구가 필요한 테마라고 사료된다.

49) Cfr. Juan Bautista Avalle-Arce, "Locura e ingenio en don Quijote", *Historia y crítica de la literatura española*, pp. 686-693.

콧물이 많고 뚱뚱하며 기억력이 좋다. 세르반테스의 아버지가 의업에 종사했던 만큼 그 또한 심리학이나 의학에 관심이 없을 수가 없었고, 그가 《돈키호테》를 쓰기 시작할 무렵의 베스트셀러가 후안 우아르테의 책이었으니, 그가 물론 읽었을 것이다.

이렇게 다분히 현학적이고 교육적인 저서들 외에도 산문으로 쓴 많은 역사물이나 기타 저작물들은 소설 못지않은 유머러스한 것들도 많았다. 예를 들면, 프란시스코 빌야로보스Francisco Villalobos(?1473-1549)의 《의학에 관한 대화 *Diálogos de medicina*》 같은 책은 악자 소설 못지않은 저급한 이야기와 유머로 인기를 끌었다. 그러나 정작 산문 문학의 백미는 소설이다. 르네상스가 부르주아 계급의 탄생과 함께 생겨났다면 그 한가한 사람들의 취미가 소설책 보는 것이었고 그만큼 소설도 다양한 형태가 있었다.

(1) 기사 소설, 목가 소설, 기타 여러 가지 소설류

16세기에 가장 인기 있었던 문학 장르가 있다면 중세에서부터 시작된 기사 소설들이었다. 14세기 초 무명씨의 작품 〈기사 시파르El caballero Cifar〉를 시작으로 1508년에 출판된 역시 무명씨의 작품 〈골 지방의 아마디스Amadis de Gaula〉가 본격적인 붐을 주도한다. 펠리시아노 데 실바Feliciano de Silva가 이런 유의 작가로서 가장 유명했는데, 어떤 책은 12집까지 시리즈로 출판된 것들도 있었다. '아마디스' 주인공 시리즈에 이어, '팔메린' 시리즈도 유명했고, 황금세기 초기의 이상과 꿈에 부풀어 있던 스페인인들의 취향에 잘 부합되는 장르였다.

그러나 펠리페 2세 때에는 꿈과 이상이 영그는 계절이어선지 기사 소설의 쇠퇴기를 맞는다. 스페인 '무적함대'가 영국과의 싸움에서 패전하자 황당한 환상과 용맹성이 매력을 잃게 된 것인지도 모른다. 특히 "기사 소설을 반박하기 위하여 썼다"는 세르반테스의 《돈키호테》(1605-1615) 이후에는 기사 이야기가 완전히 없어진다. 그러니까 〈라 만차의 돈키호테〉가 마지막 기사 소설이 된 셈.

기사 소설은 사라져 갔지만 이상적 자연 속에서 이루어지는 사랑의 이야기들은 여전히 인기를 누렸다. '목가 소설novela pastoril'이라는 장르가 그것인데, 가르실라소의 목가 시가 보여 주듯, "푸른 초원, 수정 같은 시냇물, 조용한 숲…" 따위로 묘사되는 전형화된 아름다운 자연 속에서 세련된 고상한 목동들이 자신들의 사랑의 고뇌를 이야기하거나 노래하는 내용들이다. 여기에는 물론 사랑 지상주의의 전형적 주제인 플라톤적 사랑, 선비 사랑의 고행 등이 빠질 수 없다. 이런 이야기는 로마 시대 베르길리우스로부터 시작되어 보카치오를 거쳐 산나차로의 〈아르카디아〉에 와서 전성기를 맞는다.

스페인 문학 가운데서는 포르투갈 태생의 호르헤 데 몬테마요르Jorge de Montemayor(1520-1561)의 《디아나에 관한 7권의 책》(1559?)이 가장 유명하다. 시레노가 디아나Diana와 사랑에 빠졌는데, 그가 떠나 있는 사이 그녀는 델리오와 결혼을 한다. 돌아온 시레노는 고민에 빠지고 결국 목동들과 산을 해매면서 사랑의 아픔을 토로한다. 마지막에는 필리시아라는 마법사가 준 마법의 물이 시레노와 디아나 사이를 다시 맺어 준다. 결국 해피 엔드로 끝나는 이 소설은, 주제나 사건들이 재미있다기보다는 지극히 이상화된 아름다운 자연 묘사가 특징이다.

> 아름다운 요정들은 아주 대단히 만족하여 그들을 동반하고 울창한 숲 사이로 길을 걸어갔다. 해가 지기 시작할 무렵에 그들은 아주 아름다운 산골짜기가 있는 곳으로 나왔다. 골짜기 한가운데로 콸콸 소리를 내며 흘러가는 물줄기가 있고, 시냇물 이쪽 저쪽으로 오리나무며 수양버들들이 아주 빽

빽하게 수놓은 듯 늘어서 있었다. 그 나무들 사이로 다른 더 작은 종류의 나무들이 많이 있었는데, 작은 나무들은 더 큰 나무들을 휘감고 올라가, 다른 나무들의 파란 가지들 사이에서 자기들의 황금빛 꽃들을 얼기설기 엮어 놓았는데, 그 모습이 사람들 눈에 대단히 좋아 보였다.

· 원문 149 ·

이렇게 섬세하고 정감이 넘치는 풍경 묘사, 세상에 가장 아름다운 나무들, 시냇물들은 다 가져다 놓은 듯한 이상적인 장소의 그림은 목가 소설의 가장 큰 매력으로, 당시 엄청 인기를 누렸던 비결이었다. 오늘 독자들의 인내력으로는 감당하기 어려울 만큼 느린 문체나 자세한 묘사들은, 한가한 것이 양반이고 그 미덕으로 여겨졌던 당시의 취향의 산물이라 할 수 있으리라. 세르반테스도 《돈키호테》의 서문을 "한가하신 독자여Desocupado lector"라는 말로 시작하고 있지 않은가. 요즘 같으면 독자에게 대한 모독으로 들릴 수 있을 것 같은 "한가하신"이라는 말은 사실 존경과 칭송의 말이었다.

1492년 그라나다의 함락까지 약 8세기 동안 아랍 무어족의 지배를 받았던 스페인은 무어족과 스페인인들 사이의 이야기를 다룬 '무어족 관계 소설novela morisca'이라는 독특한 소설 장르를 탄생시켰다. 인종차별과는 달리, "멋지고 선비스러운 무슬림el musulmán caballersoo y galante"이라는 이미지로 나오는 이들 소설 중 가장 먼저 나온 것이 《그라나라의 왕가 아벤세르라헤와 아름다운 하리파 이야기*Historia del Abencerraje y de la hermosa Jarifa*》(1565)다. 안테케라의 수비대장 돈 로드리고에게 포로로 잡힌 무어족 아빈다르라에스는 곧 결혼을 앞두고 있었다. 이 사실을 안 돈 로드리고는 3일의 휴가를 주고 그를 떠나가게 한다. 무어족 신랑은 그 약속을 지키고 3일 뒤에 신부와 함께 다시 나타난다. 그걸 보고 스페인 양반은 그들을 환대하고 선물을 주어 석방한다는 대단히 우호적인 신사 대 신사의 이야기.

또한 그리스 문학에서 유행했던 사랑과 모험 이야기, 비잔틴 소설novela bizantina도 이때 스페인에 유행했다. 사랑과 관련된 사연으로 바다와 육지를 떠돌며 모험과 모험에 부딪치다 어렵게 만남을 이룬다는 유의 소설을 비잔틴 소설 스타일이라고 하는데, 스페인 문학에서 그 대표적인 작품이 세르반테스의 〈페르실레스와 세히스문다의 고생길Los trabajos de Persiles y Segismunda〉(1617)이다. 사랑과 시와 신비로 가득 찬 우여곡절 많은 이 소설은 세르반테스가 죽기 전에 남긴 마지막 소설이었다.

이 외에도 이탈리아 단편 소설류가 스페인에서도 가끔 선을 보였는데, 후안 데 티모네다Juan de Timoneda의 《나그네들의 위안이나 식후 환담*Sobremesa y alivio de caminantes*》(1569)이라는 책이나 《거짓말 이야기*Patrañuelo*》(1567)가 그것들이다. 그러나 이런 책들보다 본격적인 스페인 단편 소설의 효시는 세르반테스의《모범 소설들》이었다. 그는 서문에서 이탈리아 모델의 번역이나 모방이 아닌 스페인 말로는 최초로 자신이 '단편 소설novela'을 썼다고 말하고 있으며, 그는 돈 후안 마누엘의 짧은 단편 소설도 아니고 장편도 아닌 오늘 우리의 단편과 비슷한 최초의 소설 형식의 모델을 제시한 셈이다.

(2) "라사릴요"와 악자 소설들

16세기 중반에 무명씨의 소설로 출간된《행운과 불행으로 이어진 라사릴요 데 토르메스의 일생*Vida de Lazarillo de Tormes y de sus fortunas y adversidades*》(1554)이 대단한 인기를 얻으며 '악자 소설novela picaresca'이라는 상당히 리얼하고 현대성이 짙은 소설 장르를 탄생시킨다. 이런 소설 장르의 유행은 '기사 소설'이나 '목가 소설', '비잔틴 소설' 등 이상이나 환상성이 짙은 이야기류가 판치던 당시 소설 풍토에서는 대단히 이질적인 현상이었다.

우리가 '악자惡子'라고 번역한 "pícaro"라는 말은 "구걸이나 도둑질 등 갖가지 부도덕적 방법으로 세상을 살아가는 저질의 천한 사람"을 가르키는 것으로, '악자 소설'은 그런 주인공의 인생 이야기를 적은 소설 장르를 일컫는다. 더러 영미 문학권에서 스페인어 표현을 직역하여 "피카레스크 소설"이라고 번역한 것을 우리말로 그대로 옮기는 것은 주인공의 신분이 '피카로pícaro'라는 의미가 빠지기 때문에 '악자 소설'이라는 표현보다는 좋지 않다.

어떻든 '라사릴요'라는 '피카로'의 이야기를 1인칭으로 재미있게 엮어 간 소설책의 성공으로 '악자 소설'이 생겨난다. 굶주림과 배고픔을 이기기 위하여 먹고 사는 것이 가장 큰 문제인 한 하류 인간의 고단한 삶을 실감 있게 전개해 나간 것이 이 소설이다. 주인공 라사로는 길 가다가 이름 없는 어느 말벗을 만나 조근조근 자기 인생 이야기를 들려준다. 부모들이 어느 물레방앗간에서 일할 때 거기 있는 토르메스라는 강가에서 태어났기 때문에 '라사릴요 데 토르메스'라는 이름이 붙여졌다고 한다. 아버지가 도둑으로 벌을 받고 도망가자, 어머니 혼자 라사릴요를 키우기 힘들어 어느 봉사에게 소경 길잡이나 하라고 아이를 맡긴다. 그 봉사는 이 험악한 세상에 먹고 사는 법을 가르친다는 구실로 라사로를 엄청 구박한다. 한번은 포도주 좀 훔쳐 먹었다는 이유로 라사로의 얼굴을 박살낸다. 이를 복수하기 위해 라사로는 소경을 구렁창에 빠뜨리고 달아난다. 그의 두 번째 주인은 탐욕 많은 승려였는데, 아이는 전 주인인 소경을 모실 때보다 더욱 배를 곯는다. 라사로는 실수로 주인의 머리통을 박살낸다. 라사로는 다시 도망간다. 이번에 찾은 주인은 웃기도록 허영심 많은 양반으로, 마침내 빚쟁이들에게 쫓겨 라사로를 놓고 어디론가 사라진다. 라사로의 새로운 주인들은 신부, 사기 장사꾼, 교회지기, 포졸 등 여럿이다. 끝에 가서 그는 톨레도에서 일을 하나 얻는데, 그것은 길거리를 돌아다니며 방을 외치고 다니는 직책이었다. 그때 마침내 그는 남들이 흉을 보건 수군대건 상관하지 않고 한 대승정의 여종과 결혼을 한다.

이렇듯 파란 많은 삶을 살아온 주인공을 움직이는 유일한 힘은 배고픔뿐이다. 먹고 살기 위해서는 어떤 일이라고 해야 하는 라사로의 인생은 한 번도 평탄할 수가 없다. 인정 없는 거리에서 가난하고 천한 주인공은 끝없이 허우적대지만 결과는 늘 또 다른 고생뿐. 그럼에도 불구하고 주인공 라사로는 이상하리만큼 인간적이다. 첫째 행적으로 보아 부모가 윤리적으로 대단히 타락한 무리들임에도 불구하고 아들 라사로는 부모를 비판하거나 원망하는 일이 없다. 라사로는 자기 주인들을 비난하고 약점을 들추어 내면서, 또 한편으로 상당히 너그러운 동정심을 보이기도 한다. 현실을 빈정대고 비웃고 꼬집지만, 그것은 일종의 한풀이 같은 것일 뿐 복수심이나 적개심에 불타는 일은 없다. 그에게는 항상 너그러운 이해심과 유머가 떠나지 않는다.

악자 소설은 본질적으로 리얼리즘을 주축으로 하는 이야기 형태다. 당시의 스페인 사회의 일상적 측면을 많이 다루고 있는 점이라든지, 특히 사건이나 물건들을 묘사하는 기법이 대단히 자세하고 치밀하다. 스페인 문학의 한 전통이기도 하지만, 주인공들의 심리 묘사, 심리 상태에 대한 통찰력 또한 뛰어나다. 전체적으로 이야기가 이어지는 소설 형태라기보다는 하나하나 에피소드가 서로 연관성이 거의 없으면서도, 모두 다 주인공 라사로가 먹고 살기 위해서 벌이는 투쟁인 만큼 통일성이 있다. 소설의 문체는 일상적인 회화체여서 대단히 자연스럽고 직설적이며 재미있다. 이 소설의 많은 재미는 거의 블랙 유머에 가까운 역겨운 현실의 자세한 묘사 같은 데서 나온다. 한번은 소경과 라사로가 불에 순대와 무를 구워 먹은 일이 있었다. 순대가 잘 익어가자 소경은 라사로에게 포도주를 가져오라 시켰고, 그사이에 심부름을 가면서 라사로는 그 순대를 얼른 집어 한입에 삼켜 버렸다. 소경이 순대가 없음을 알고 라사로를 다그쳤지만, 라사로는 절대 그런 일 없다고 딱 잡아뗐다.

> 그는 벌떡 일어섰지요. 그리고 나의 머리를 잡더니 냄새를 맡기 시작했어요. 그리고, 좋은 사냥개가 그러듯이 무슨 낌새를 알아차린 모양이었어요. 진실을 보다 확실히 밝혀내려고 했지요. 그는 엄청 신경질이 나 있었던 터라, 두 손으로 나를 붙들고 내 입을 원래 크기보다 더욱 훨씬 더 크게 벌렸지요. 그러고는 인정사정없이 그의 그 길고 날카롭게 생긴 큰 코를 내 입에 집어넣었습니다. 마침 그때 화가 나서 그 코가 한 뼘쯤은 더 커져 있었던 터라, 코끝이 내 목젖 있는 데까지 올라왔지요.
>
> 이리하여, 나도 엄청 겁이 났던 데다가, 그 짧은 시간에 그 검은 순대는 아직 뱃속에서 자리 잡지도 않았던 터이고. 가장 중요한 것은, 그 치밀하신 코가 나를 거의 반쯤 질식시키려고 덤비니 엄청 놀랄 수밖에요. 이 모든 일들이 합쳐져, 결과적으로 사건의 진실과 그 맛있는 순대가 다 모습을 드러내고, 원 주인에게 모두 되돌려 주는 일이 벌어졌습죠. 그것이 어떻게 되었나 하면요, 그 흉악한 봉사가 내 입에서 그 코끼리 코 같은 코를 꺼내기 전에, 내 배가 얼마나 놀라고 당황했던지, 훔쳐 먹은 것 모두를 그 코에 쏟아 부었지요. 그리하여 아직 잘 씹히지도 않았던 시커먼 순대와 그의 큰 코가 한꺼번에 동시에 내 입에서 튀어 나왔습죠.
>
> • 원문 150 •

어떤가. 속이 메스꺼우리만큼 자세한 묘사는 사실주의를 넘어 블랙 유머에 가까운 독특한 문체를 이룬다. 현대 문학의 발예 인클란Ramón Vallle-Inclán의 '기괴주의esperpento'나 위대한 소설가 카밀로 호세 셀라Camilo Jóse Cela의 '경악주의tremendismo'가 갖는 기형적 현실 변형의 문체들은 다 스페인 문학의 이런 전통에서 말미암았다. 우리는 지나치게 잔인하거나 추하거나 아름답지 못한 현실들을 보면 그냥 눈을 가리거나 지나치려고 하는 습관이 있다. 이런 데포르마시옹deformación의 문체들은 우리의 이런 습성을 정면으로 공략하고 현미경처럼 더욱 자세하게 묘사함으로써, 현실보다 낯선 기괴한 현실을 만들어 보여주거나 그 비극성, 그 추함을 고발하고, 아니면 라사릴요의 경우처럼 사람을 웃기는 효과를 얻는다. 라사릴요의 이야기의 재미는 거의 대부분이 이런 하찮은 일일지라도 필요 이상으로 너무 자세하게 묘사하면서 생겨난다.

라사릴요가 봉사의 곁을 떠날 결심을 굳힌 것은 포도주 훔쳐 먹기가 들통이 나면서 봉사가 내리친 술통에 맞아 얼굴이 박살나는 비극을 겪었기 때문이다. 장난기 많은 라사릴요는 식사 때마다 봉사가 혼자 마시는 포도주의 유혹에 빠진다. 처음에는 봉사가 보지 못하니까, 옆에 있는 술통을 슬쩍 들어 마셨는데, 얼마 못 가서 들통이 난다. 다음에는 밀대로 빨대를 만들어 술통에 집어넣고 쪽쪽 빨아먹었는데, 그것도 곧 들키고 만다. 그 다음의 술법은 이렇다.

> 저는 이미 포도주에 맛 들여 있었던 터라 포도주가 먹고 싶어 죽을 지경이었습죠. 그 밀대 기법이 이젠 통하지도 않고 쓸모없게 되자, 저는 술통 밑바닥에 조그만 수도꼭지, 말하자면 은밀한 구멍 하나를 내기로 했습니다요. 구멍을 만들고 아주 얇은 양초 조각으로 아주 얇게 봉해 놓았지요. 그리고 식사 시간이 되면, 거짓말로 춥다고 하면서, 저는 불쌍한 소경의 두 다리 사이로 파고들었지요. 거기 들어가면 그 앞에 놓인 조그만 화로에 몸을 덥힐 수가 있었으니까요. 그리고 그 불기운을 받아, 붙여 놓았던, 아주 조금이었던 양초가 곧 녹고, 구멍으로 포도주가 방울방울 흘러 내 입으로 들어오기 시작했지요. 내가 입을 얼마나 잘 붙여 대고 있었던지. 빌어먹을, 그 술 한 방울 새지 않았습죠. 불쌍한 봉사가 술을 마시려고 할 때는 그 안에 아무것도 남아 있지 않았어요. 그분은 깜짝 놀라서, 욕을 해 대면서 술통과 술을

내던졌지요. 어째서 이런 일이 일어났는지 모르겠다고요.

'아저씨, 제가 마셨다는 소리는 안 하시겠지요?' 내가 말했지요. '아저씨는 술통에 손 한번 뗀 일도 없었잖아요.'

봉사는 몇 번이고 술통을 돌려보고 검사를 한 뒤 구멍을 찾았지요. 그리고 속았다는 것을 알았어요. 하지만 마치 그걸 알아차리지 못한 것처럼 내숭을 떨었지요. 그리고 어느 날, 늘 그러했듯이 제가 술통을 빨고 있었을 때였지요. 물론 저를 혼내려고 작전을 꾸며 놓았다거나, 그 음흉한 봉사가 다 알고 있다는 것도 모르고, 늘 하는 방식대로 저는 앉았지요. 제 얼굴을 하늘로 향하고, 그 맛있는 술을 좀더 맛있게 즐기기 위해 두 눈을 약간 감고, 그 달콤한 술 방울들을 받아먹고 있을 때였지요. 그 순간을 초조하게 기다리던 봉사가 지금이 바로 저에게 복수할 기회가 온 것을 알았습니다. 그리하여 두 손으로 그 달콤하고 쓰라린 술통을 치켜들어 온 힘을 다해 제 입을 향해 내려쳤지요. 제가 말했듯이 온 몸의 힘을 다 쏟아서요. 이렇게 해서 아무 대비도 못 하고, 오히려 다른 때처럼 별 생각 없이 즐거운 마음으로 그러고 있던 불쌍한 라사로에게는 그야말로 온 하늘과 하늘에 있는 모든 것들이 내 위로 그냥 쏟아져 내리는 것 같았습니다.

• 원문 151 •

이런 자세한 사실적 묘사와 그 재미의 미학은 현대 소설의 모델이 된 것이 분명하다. 그보다도 반세기 뒤에 다시 악자 소설의 전통을 계승한《악자 구스만 데 알파라체의 생애*Vida del Guzmán de Alfarache*》(1599)는 세르반테스의《돈키호테》이전에 이미 무서운 리얼리즘의 소설이 있었음을 말해 준다. 악자 소설은 기사 소설 같은 허무맹랑한 이상주의 소설이 아니라 스페인 당시의 현실에 뿌리박은 다소 과장된 리얼리즘 소설이라고 할 수 있다.

이런 '피카로'라고 하는 자들은 흔히 천한 집안 출신이거나 사생아로 태어난 양아치들이다. 종자 생활이나 사기, 도둑질로 남을 등쳐 먹고 사는 무리들이니만큼 그들이 활동하는 생활 주변은 늘 사회의 밑바닥이다. 사회의 덕을 본 적이 없으니 그들은 한결같이 사회를 증오하고 사람을 불신하며 자신들의 부정한 행위에 대해서 일말의 양심의 가책도 느끼지 않는다. 오히려 사건을 저지르고 난 뒤에 도덕적으로 얼마나 나쁜 짓을 했는가를 자랑하듯 털어놓고, 사회가 자기를 이렇게 만들었으니 어쩔 수 없다는 식의 자기변명을 늘어놓는다. 그들의 비겁성은 특히 자기와 비슷한 처지의 다른 거지나 종자들, 사기꾼들을 비난하고 욕할 때 드러난다. 특히 구스만 데 알파라체는 어렸을 때 가출한 도시형 양아치로 종자로 일하면서 계속 도둑질과 사기를 일삼으며 도망다니는 신세다. 이탈리아에서 거지 짓을 하다가 스페인으로 돌아와 마드리드에서 한 협잡꾼의 딸과 결혼한다. 구스만은 늘 사회나 도덕에 대하여 아는 척을 많이 하는 식자형이다. 아내가 죽자 승려가 될까 생각한다. 그러나 다시 결혼하고 세비야로 도망갔다가 마침내 죄수로 전함 끄는 사역에 시달리게 된다. 이때 어떤 음모를 발견하고 고발해서 자유의 몸이 된다는 스토리.

마테오 알레만의 서설은 스페인 17세기의 암울한 사회상을 반영한다. 구스만은 인생이란 전쟁이라고 못 박는다. 인간은 근본적으로 악하며 아무도 믿어서는 안 된다. 사람을 믿게 되면 반드시 배신당한다. 세상은 다 거짓이고, 허무하고 환상이며 부질없다는 17세기 바로크적 허무주의를 보여 준다. 악자 구스만의 이런 극단적인 허무주의와 염세주의는 자신에 대한 통렬한 자아비판으로 나타난다. "나는 원래 악한 자이기 때문에, 아무것도 좋게 보지 않는다Yo, como soy malo, nada juzgo por bueno", "나는 오랑캐꽃을 독으로 바꾼다. 하얀 눈 위에는 더러운 얼룩을 묻히고, 신선한 장미를 학대하고 생각으로 우그러뜨린다convierto las violetas en ponzoña, pongo en la nieve manchas, maltrato y sobajo con el pensamiento la fresca rosa". 이 소설의 매력은 주인공의 이런 절망적인 인생관과 현실관이다. 구역질 나는 어두운 실존주의 냄새가 이런 강렬한 자아인식 속에 짙게 메아리친다. 비센테 에스피넬의《기사 종자 마르코스 데 오브레곤의 생애 *Vida del escudero Marcos de Obregón*》(1618)도 악자 소설적 재미와 갖가지 파란만장한 모험 이야기로 인기를 끌었던 소설이다. 이 밖에도《돈키호테》와 같은 해(1605)에 출판된《악녀 후스티나*La pícara Justina*》등 악자 소설류의 풍속 소설들이 그 당시에 많이 유행했다.

10장

신비주의와 성 후안 데 라 크루스의 시

신비주의와 금욕주의는 모든 종교에 존재하는 수도 양식이다. 신이나 절대자, 진리와의 하나됨을 향한 염원은 세상 모든 종교와 철학의 지상 목표였다. 브라만교나 불교의 명상가들, 신플라톤주의 수도자들, 이슬람의 수피들이 대표적인 경우다. 기독교에서는 하느님과의 하나됨을 추구하는 신비주의파들이 신플라톤주의 영향과 함께 중세로부터 15세기까지 끊임없이 존재해 왔다. 12세기 성 베르나르도, 13세기 성 부에나벤투라, 14세기 독일인 에크하르트, 타울레르, 그리고 수소, 네덜란드의 라위스브룩, 15세기에 카르투시오 교단의 디오니시오, 그리고 "그리스도의 모방"을 주창한 토마스 아 켐피스가 그들이다. 그들은 한결같이 종교 생활의 형식적이고 지적인 면을 떠나 보다 정서적이고 내적이고 개인적인 하느님과의 만남과 대화를 추구했다. 이들 신비주의가 스페인 신비주의에 영향을 미쳤음은 말할 나위도 없다.

하느님은 일반 죄인에게나 신앙인에게나 언제든 은총을 베풀고 자신의 모습을 보여 줄 수 있다. 그러나 보통 엄격한 금욕 생활만이 하느님과의 만남을 위한 정해진 수련 과정으로 생각되어 왔다. 신비주의 체험은 세 가지 과정, 즉 금욕을 통한 영혼의 정화 과정purgatio, 성신의 은총으로 하느님의 현신을 맞이하는 계시 과정illuminatio, 그리고 하느님과의 내밀한 합방 과정unio으로 나누어진다. 이 마지막 과정은 모든 감각을 잃은 무아지경無我之境으로 영혼은 성령과 한 몸이 된다. 이런 체험을 표현하는 것이 신비주의 문학으로, 특히 16세기 펠리페 2세 때 꽃을 피운 스페인 신비주의는 그 찬란한 결실만큼 다른 나라의 신비주의와는 성격도 많이 다르다.

첫째, 성총을 받기 위한 수도 자세에서 수동적 명상과 적극적이고 열정적인 행동을 함께 요구한다. 성녀 테레사는 "주님께서는 실적obra을 원하신다"면서 영혼들을 구제하기 위한 자선 운동과 고독한 명상을 함께 수행한다고 했다.

둘째, 스페인 신비주의자들의 무서운 개인주의가 특징이다. 전지전능한 하느님과 나의 일 대 일의 마음의 결합이 목표다. 이 사랑의 마음은 하느님이 자유롭듯 '나'도 지극히 자유롭다. 말론 데 차이데Malón de Chaide(1530-1589)는 하느님의 은총에 대하여 이야기하면서, "이때 인간은 한없이 자유로워서 하느님이 자신을 원할 때 '나'는 원하지 않을 수도 있다Es el hombre tan libre que puede no querer cuando Dios quiere"고까지 말한다.

셋째, 하느님이 만드신 자연이나 외적인 감각 세계, 지적 세계에서가 아니라 바로 자신의 영혼의 한가운데서 하느님을 찾는 수도 자세다. 성녀 테레사는 "자신의 영혼의 내부의 한 중심에… 바로 하느님이 계신다En el centro interior del alma… está el mismo Dios"라고 말한다. 마치 불교의 "자신의 본성을 보면 곧 부처가 된다"는 말처럼 자기 마음 닦기를 가장 중시하는 것이 스페인 신비주의다. 하느님의 인간성을 생각하고, 하느님의 번뇌와 고통을 '나'의 아픔처럼 느끼고 생각하는 자세로부터 신비주의 명상이 시작된다.

이런 신비적 체험 세계를 표현하는 문학 역시 신비스러운 비유, 은유와 상징에 휩싸인 형언할 수 없음의 몸부림의 언어들이다. 특히 하느님과의 극적인 만남의 순간의 묘사는 성 후안의 "어두운 밤noche oscura"이나 성녀 테레사의 "나비la mariposa"처럼 알 수 없는 상징이나 이미지가 나온다. 그리고 절정감을 표현할 때의 역설적 표현들, "행복한 고통gozosa pena", "달콤한 순교 martirio sabroso", "소리 없는 음악música callada", "어둠의 빛줄기rayo de tiniebla" 등이 쏟아져 나온다.

물론 신과의 사랑도 사랑이니만큼 사랑의 시인 가르실라소의 영향을 받거나 민요를 많이 모방하였다. 이미 16세기 중반 트렌토 공의회 이후 스페인 제국이 반종교개혁의 금욕주의 분위기로 바뀌면서, 세바스티안 오로스코 Sebastián de Horozco나 많은 시인들이 가르실라소 시나 민요들을 성스럽게a lo divino 개작하여 부르는 것이 유행하였고 바로 이 계열에 속하는 것이 성녀 테레사나 성 후안 데 라 크루스San Juan de la Cruz(1542-1591)의 시라는 것이다.[50] 보통 성녀 테레사의 시구로 알려져 있지만 성 후안의 시집에도 나오는[51] "나는 내 안에 사는 것이 아나니,/그렇게 높은 삶을 바라기에/죽지 못해 죽겠노라 Vivo sin vivir en mí,/ya tan alta vida espero,/que muero porque no muero"라는 유명한 구절은 전의 음유시인들의 사랑의 시나 민요에 흔히 "죽지 못해 죽겠노라"가 흔히 유행했던 것을 가져다가 성스러운 의미로 바꿔 쓴 것이라는 것.[52] 종교적 의미에서는 이 세상에서 사는 것이 영혼이 육체에 갇혀 사는 감옥 생활이니,

---

50) Cfr. Dámaso Alonso, op. cit., pp. 219-235.

51) 다마소 알론소 선생의 추측으로는 동료 성 후안의 텍스트를 성모가 잠깐 섞어 썼으리라 추측된다. 이들 신비주의 성인들이 저작권 따위에 신경을 썼을 리 없다. 위의 책, 236쪽 참조.

52) Cfr. ibid., pp. 235-238.

살아도 내 안에 사는 것이 아니고, 빨리 육체로부터 해방되어, 하루 빨리 하느님 곁으로 가고 싶은 소망 하나로 사는 것이 성자들의 삶이 아니겠는가. 이 연의 마지막 구절을 "나는 죽기 않기 때문에 죽노라"로 해석할 수도 있으나, 그렇게 되면 너무 안이한 위안으로 바뀌어 안타까움이 없기 때문에 "죽지 못해 죽겠노라"로 해석했던 것.

신비주의 산문 문학은 성녀 테레사의《인생의 책*Libro de su Vida*》,《교단 건립에 관한 책*Libro de las Fundaciones*》,《내부 성곽, 혹은 성스러운 방들의 책*Libro de las Moradas o Castillo interior*》 등이 대표적인데, 특히《내부 성곽, 혹은 성스러운 방들의 책》은 성녀 테레사가 1577년에 쓰고 루이스 데 레온 사제가 1588년에 펴낸 책으로, 자신의 영혼의 성스러운 내적 체험을 고백한 글이다. 영혼을 "모두 금강석으로 만든 성un castillo todo de diamante"으로 묘사하고, 거기는 수많은 "방들moradas"이 있는데, 그 한 중간 방에서 영혼과 하느님의 아주 은밀한 합방이 이루어지는 것으로 묘사한다. 처음 세 방은 정화 과정의 방들이고 다음 세 방은 계시 관정, 마지막 일곱 번째 방이 합방의 방이다.

그 밖에 루이스 데 그라나나 사제Fray Luis de Granada(1504-1588)의《기도와 명상의 책*El libro de la Oración y Meditación*》,《죄인들의 지침서*Guía de Pecadores*》, 〈신앙의 상징의 서론Introducción del Sómbolo de la Fé〉 등도 신비주의 산문 문학의 백미다. 특히 대표작인 〈신상의 상징의 서론〉은 1부가 하느님이 창조하신 창생의 아름다움, 2부가 기독교의 위대성, 3부가 구원에 관한 글인데, 특히 1부의 하느님의 창조의 신비를 알려 주는 자연에 대한 성찰과 애정 어린 자세한 묘사에는 불교의 방생과 자비에 버금가는 사랑이 어려 있다.

그러나 종교적 의미를 떠나 순수 문학적 가치로서도 대단히 뛰어난 것이 성 후안 데 라 크루스의 시다. 그것은 18세기 영국의 형이상학 시를 비롯한 세계 근대 문학에 지대한 영향을 미쳤기 때문이다. 스페인 문학에서도 이미 낭만주의와 상징주의를 앞서 가는 오묘한 시 표현의 극치를 보여 준다. 특히 프란시스코 인두라인 박사는 데 라 크루스의 시학이 주로 알레고리(비유)에 의존하고 있다고는 하지만 많은 시어는 신학적 해석을 넘어 독자 개인의 자유로운 상상력을 수용하는 모호성을 바탕으로 하고 있다고 역설한다.[53] 성 후안은 친절하게 자기 시의 비유에 대하여 자세한 주석까지 달고 있지만 그의 시야말로 오늘 "종교 사이의 대화"가 이슈로 떠오르고 , 혹은 통합 종교론이 다시 고개를 드는 시점에서 어느 누구에게나 공감을 주는 대표적인 시라고 할 수 있을 것이다.

크리스토발 쿠에바스 교수는 신비주의 시의 성공을 "정신적 언어와 시 언어의 유사성"에서 찾으려고 한다. 그는 실제로 시적인 영감과 신비주의 감정은 심리적인 면에서 대단히 비슷한 양상을 보여 준다고 말한다. 그것은 둘 다 이성보다는 감성에, 추리보다는 직관에 뿌리를 두고 있기 때문이다. 시와 신비주의는 감각적 세계를 초월하여 숨겨진 본질의 세계를 직접 체험하고 싶어 하는 앎의 형태인 점에서 동일하다. 다른 한편으로 시적 현상이 두 영혼의 만남을 뿌리로 하듯이 신비주의 또한 하느님과의 만남의 열념이 이룬 신비 아닌가. 또한 자연이 창생의 모습을 통하여 하느님이나 그리운 임의 모습을 찾는 것은 신비주의자나 시인에게서나 다 똑같다.[54] 어떻든 사랑의 시인이 아닌 시인이 있을 수 없듯이, 신과의 사랑의 시, 신비주의 시는 시인의 최고의

53) Cfr. Francisco Ynduráin y Cristóbal Cuevas, "Poesía y Prosa en San Juan de la Cruz", *Historia y crítica de la literatura española*, tomo 2, pp. 518-534. 인두라인 박사는 "그렇다, 성 후안이 우리 시에서는 상징주의 시를 처음 시도한다…"라고 구체적으로 말한다. 같은 글, 521쪽.

54) Cfr. Cristóbal Cuevas, op. cit., pp. 655-657.

꿈이요 소망일 수 있으리라. 그런 의미에서 성 후안의 시는 최고의 사랑의 시의 모델이다.

(1) 성 후안의 신비주의 속의 밤의 이미지

〈영혼의 어두운 밤〉

어느 하루 어두운 밤에
사랑의 그리움과 안타까움으로
부풀어 오른 밤에, 아 정말 행복한 일이었지!
우리 집이 이미 다 고요해진 밤에
아무도 모르게 나는 밖으로 나왔지.
깜깜한 밤길을 안심하고,
은밀한 사닥다리 모양을 한 길을 따라서,
아 정말 행복한 일이었지!
깜깜한 발길을 은밀하게,
우리 집도 이미 고요해진 밤에
그 행복한 밤에
아무도 나를 보지 않게, 은밀하게,
내 눈에도 아무것도 안 보이고
나를 인도하는 빛이라고는 오직
내 가슴속 불타는 불빛 하나.
이 불빛이 나를 인도하였지
대낮의 햇빛보다 더욱 확실하게
내가 마음속으로 너무 잘 아는 그분이
나를 기다리고 있는 곳,
사람 아무도 없는 그곳으로.
아 나를 인도한 밤이여!

여명보다 훨씬 더 다정했던 밤이여!
사랑하는 임과 임이 함께 만나
하나되게 한 밤이여,
내가 임과 한 몸 되어 태어나게 한 밤이여!
꽃 핀 나의 가슴 위에,
모두 다 오직 그이만을 위해 간직했던
가슴 위에, 그이는 잠들었지,
나는 그를 쓰다듬고 어루만졌지,
삼나무 이파리들이 부채질하며 바람을 보냈지.
성곽 위 초소의 바람이
내가 그의 머리칼을 쓰다듬을 때,
그 고요한 손길로
내 목에 상처를 냈지,
그러자 나의 모든 감각이 멈추었지.
그대로 있었지, 모든 걸 다 잊고,
사랑하는 임의 품에 얼굴을 기대고.
모든 것이 멈추었지, 그대로 나는 남아 있었지,
나의 모든 걱정은
백합꽃들 사이에 다 잊혀 두고.

· 원문 152 ·

여기 "밤"은 "대낮의 햇빛보다" 더욱 밝은 밤이다. 빛과 어둠 사이 "여명"보다 더욱 다정하게 길을 밝히고 인도해 준 고마운 밤이다. 물론 이 어두운 밤길을 비춰 준 "가슴속 불타는 불빛"은 어쩌면 깊은 사랑과 기도에서 흘러나온 눈 감은 자의 내면의 빛이다. 신비주의 시인은 하느님과의 사랑에 눈이 먼, 눈을 뜨고 있어도 항상 밤을 사는, 사랑과 믿음의 불빛 하나로 임을 향하는 그런 지극 정성의 연인이다.

이 시에서 우리는 쉽게 한밤중에 임을 만나러 집을 나온 아가씨의 발걸음을 본다. 집안 사람들이 모두 잠든 한밤중에 몰래 집을 빠져나와 마음으로 그리던 임이 기다리는 장소로 나간다. 여기에서 우리는 보통 연애 경험과는 다른 만남임을 안다. 보통 데이트라면, 중매가 아닌 바에야, 아는 사람, 마음을 통한 사람과의 만남이겠고, 약속 시간이 있을 터인데, 여기에는 그 아무것도 없다. 또한 깜깜한 밤이니 손전등이라도 들고 나섰어야 한다. 그런데 그 아무것도 보이지 않는 밤에, 아무것도 없이, 마음으로 짝사랑하던 그 사람을 만나러 간다. 이런 행위는 사랑과 믿음 하나로 칠흑 같은 어둠 속이나 절벽에 몸을 던지는 엄청난 모험이다. 그래서 시인은 "아 정말 행복한 일이었지¡oh dichosa ventura!", 혹은 "아 정말 운이 좋았었지"라는 감탄을 되풀이하고 있는 것.

어느 종교의 신비주의에서나 거기에서는 반드시 이런 '밤'에 기적에 가까운 모험이 나타난다. 불교에서 '화두話頭'를 주고 깨달음을 유도하는 것도 비슷하다. 인간의 상식이나 지혜, 상상력으로 깨우칠 없는 깜깜한 밤길을 주고 걸어가 보라는 것. 불립문자不立文字의 정신 또한 성 후안의 "여명보다 훨씬 다정한 밤", 여명보다 훨씬 밝은 깨달음의 밤을 선사하려는 가르침이다. 부질없는 상식과 관념, 이 말 저 말에는 참眞이나 공空이 깃들지 않는다. 이 모든 헛된 생각을 잠재우는 밤이 있어야, 그 밤 속으로 몸을 던지는 용기와 믿음, 열념이 있어야 그 밤이 곧 여명을 품고 있음을 본다. "내가 임과 한 몸 되어 태어난 밤"은 바로 성불成佛하는 순간을 나타내는 시구로도 무리가 없는 표현이다. 더구나 마지막 시구들은 열반의 황홀경을 연상시키는 아름다운 정경이다.

세속적 에로티시즘의 시로서도 지극이 아름다운 것이 성 후안의 시 세계다. 특히 "나의 모든 걱정은/백합꽃들 사이에 잊혀 두고"라는 시구는 참으로 맑고 순결한 공자의 '사무사思無邪'의 경지다. 그러나 성 후안의 신비주의 시는 하나의 문학 작품처럼 은유나 이미지, 상징으로 해석할 수 없는 측면이 있다. 예를 들어 여기 "백합꽃들"은 순수나 황홀경의 이미지로만 해석해서는 안 된다. 그것은 어쩌면 성 후안의 신비적 체험 속에서 실제로 본 꽃일 수 있기 때문이다. 성 후안의 시는 신학적 진실이나 실상일 수 있다. 문학 연구가 쉽게 접근할 수 없는 또 다른 한계가 있는 것이 신비주의 문학인 것.

(2) 〈정신의 송가〉와 신비적 에로티시즘

성 후안의 〈정신의 송가Cántico espiritual〉는 대화체로 쓴 노래로 신비주의 시인들이 가장 선호하는 가르실라소가 창안한 '리라' 형식으로 노래한다. 7, 11, 7, 7, 11음절에 A-B-A-B-B 형식의 각운을 가진 리라는 경쾌하고 자유로워서 루이스 사제의 "은퇴한 삶"을 비롯 성 후안 데 라 크루스의 시에 가장 많이 사용되었다. 신비주의 시에 있어서는 하늘의 하느님el Cielo과 땅의 교회la Iglesía와의 결혼, 합방의 은유인 만큼 땅의 신자는 여성의 임amada으로 하느님은 남성 임amado으로 불린다. 합방이 이루어진 상태는 '아내esposa', '남편esposo'으로 부른다. 〈정신의 송가〉는 그리움과 사랑에 가득 찬 '영혼alma'의 안타까운 하소연으로 시작한다.

> 어디로 숨으셨나요,
> 임이시여, 저만 신음하게 남겨 두고?
> 저에게 상처만 주고
> 사슴처럼 달아나셨지요.
> 소리치며 임을 따라 좇아 나갔지만, 그대는 떠나갔더이다.
>
> • 원문 153 •

임의 사랑의 화살을 맞고, "소리치며 임을 따라 좇아 나갔지만, 그대는 떠나갔더이다"라고 말하는 영혼의 소리. 세상 곳곳을 돌아다니며 모든 창생들에게 임 간 곳을 물어보지만, 그분이 가는 곳마다 눈길 하나로 꽃을 피우고 온 들판을 아름다운 옷으로 입히고 갔다는 애매한 소리만 듣는다, 그때 이미 모든 것을 임을 위해 다 바치기로 한 '아내esposa'는 하느님 남편을 향하여 소리친다.

> 아, 누가 나의 아픔을 낫게 해 줄까요!
> 이제 당장 정말로 여기 몸을 드러내도록 하세요.
> 오늘부터 이제 더 이상 저에게
> 그대 소식 가져오는 사람은 보내지 마세요,
> 그들은 제가 원하는 답을 전할 줄 몰라요.
> 그리고 여기 저기 떠돌아다니는 모든 것들은
> 그대에 대한 수천 가지 아름다움을 제게 이야기들 하지만,
> 그렇지만 그 모든 말들이 오히려 제게 더 상처만 주는 걸요.
> 다들 뭐라고 더듬거리며 속삭이는 뭔지 모를 말들이
> 저를 더 죽을 지경으로 만들어요.
>
> • 원문 154 •

여기 스페인 시의 절구 중의 절구가 나온다. "다들 뭐라고 더듬거리며 속삭이는 뭔지 모를 말들un no sé qué que quedan balbuciendo." 물론 우리말로 이렇게 번역해 놓고 보면 크게 맛이 다를 것 없지만, 원문의 "un no sé qué"(뭔지 모를)라는 아리송한 낭만적 표현은 그 뒤 낭만주의 시를 비롯하여 긴 전통으로 스페인어 시에 쓰인다. 그리고 사물들이 무언가를 말하려고 더듬거리는 소리를 소리상징을 이용하여 "…qué que quedan…" 하면서 "qué"(무엇?)라는 말처럼 들리는 소리를 반복하고 있는 것은 엄청난 표현미로 우리에게 다가온다. 말하자면

어떻게 형언할 수 없어 더듬거리는 자연의 안타까움의 언어가 금방 귀에 들리는 듯하다.

사랑하는 임을 찾아 나선 영혼의 목소리는 불 같다.

그대의 몸을 직접 드러내세요,
그대의 모습과 아름다움만은 치워 주기를…
사랑의 아픔은 직접
몸으로 만나지 않고는
아픔이 나아지지 않지 않아요
아, 수정 같은 샘물이여,
너의 그 은빛 겉 표면 위에
너는 문득 내 마음속 깊이
그리고 새겨 둔, 그토록 사모하는 분의 눈동자를
그려 보이는구나!
저것들을 저리 비켜 주세요, 사랑하는 임이여,
제가 직접 날아서 가리다.

• 원문 155 •

그러자 모든 것을 다 버리고 온 몸을 던져 날아오르는 영혼을 반기는 높은 님의 말소리.

〈남편〉

어서 돌아와요, 비둘기여,
상처받은 수사슴이
날아오는 그대의 기운을 맡고
언덕으로 나타나서

신선하게 그대를 맞아요.

• 원문 156 •

영혼과 하느님의 만남의 노래는 이렇게 해서 신랑과 신부, 새로운 남편과 아내의 정스러운 사랑의 속삭임으로 변한다. 여기에서 신부, 혹은 아내를 "비둘기"로 부르는 것은 성 후안 자신이 해설하듯이 성서의 노아의 방주에서 따온 비유alegoría다. 시인은 말한다.

> 여기까지 보여 준 바와 같이, 사랑에 빠진 영혼의 안타까움과 고통의 홍수의 물바다 위를, 이 영혼의 작은 비둘기가 어디 발붙이고 쉴 곳 하나 없이 사랑의 대기 속으로 날아오고 있었지요. 우리가 말한 이 마지막 비상을 보고 자비로우신 노아 아버지께서는 은혜로우신 그의 손을 펼쳐 비둘기를 잡아, 그의 사랑과 자비의 방주에 넣었습니다. 그리고 이것이 우리가 금방 노래한 때에 나온 말이었지요. 어서 돌아와요, 비둘기여.
>
> • 원문 157 •

또 하나 이 노래에서 "상처받은 수사슴"이란 말은 맨 앞에서 노래한 "저에게 상처만 주고/사슴처럼 달아났지요"와는 상반된 표현이다. 앞뒤에서 하늘의 임을 "사슴"으로 표현한 것은 일치하나, 앞에서는 "상처만 주고" 가더니, 뒤에서는 "상처받은 수사슴"이 되어 나타난다. 이것은 사랑의 화살의 상호성相互性/reciprocidad이다. 나도 너도 서로에게 사랑에 빠진 안타까운 각각의 사랑의 상처요, 그 피, 그 불길이다. 신비주의에 의하면, 하느님은 나의 가슴에 갇힌 포로요, 하느님은 동시에 나를 해방시켜 주는 육체라는 감옥의 간수다. 신비주의 사랑의 이런 상호성은 하느님과 나와의 남편, 아내로서의 진정한 사랑이 서로의 자유로운 의지libre albedrío와 평등, 그리고 깊은 내면의 개인주의에 뿌리박고 있음을 보여 준다.

성 후안의 〈송가〉는 임과의 합방으로 진정한 부부관계에 이른다.

나의 임은 저 높은 산들,
숲에 뒤덮인 호젓한 골짜기들,
이상한 섬들,
소리내어 흐르는 강물들,
사랑에 취한 대기의 윙윙대는 소리,
여명이 밝아 오는 때의 동녘과 똑같은
고요한 밤,
소리 없는 음악,
소리 나는 고독,
즐거움과 사랑에 취하게 하는 저녁상.
우리들의 꽃핀 침실은
사자들의 동굴들로 이어져 있고,
자줏빛으로 펼쳐져 있고,
평화로 일으켜 세운 채
수천의 황금 방패들로 장식되어 있고,
그대의 발자취를 따라
젊은 여인들이 길로 나돌아 다니지,
번갯불의 반짝임 따라,
잘 익은 술
흘러나오는 성스러운 향유를 찾아.
내 임의 내부의 술 창고에서
나는 술을 마셨지. 그리고 내가
이 들판으로 나왔을 때는
이제 아무것도 아는 게 없었지,
이전에 따라다니던 가축들도 잃어버렸지.

거기에서 내게 자기 젖을 주셨지,
거기에서 내게 아주 맛있는 지혜를 가르쳐 주셨어,
그리고 나는 실제로 나의
모든 것을, 남김없이 그에게 다 주었지,
거기에서 그의 아내로 되기로 약속했지.

• 원문 158 •

이런 시를 읽으면 우리는 어디서 어디까지가 시적 표현이고 어디까지가 신비적 경험의 표상인지 아리송해진다. 시적 표현으로서 분명한 것은 이 시가 가르실라소 데 라 베가가 창안한 '리라' 시 형식(7-11-7-7-11)을 사용하고 있다는 것과 목가 시 투, 목가적 이미지를 바탕으로 하고 있다는 정도. 그러나 막상 시의 내적 형식으로 가까이 가면, 모두가 알레고리이고 신학적 뿌리에 근거를 둔 비유들이다. 거기에 성 후안의 하느님과의 만남, 합방의 직접적 신비 체험이 섞여 있기 때문에, 이 작품을 전부 문학적으로 해석하는 것은 무리일 수밖에 없다.

우선 성 후안이 제시한 성서적 해석 또한 대단히 주관적인 것을 볼 수 있다. 예를 들면 "나의 임은/저 높은 산들"에 대한 해설을 보자. "산들은 다 높이가 있다, 산들은 다 풍성하고, 넓고, 아름답고, 매력적이며, 꽃이 피고, 향기가 있다. 이들 산은 나에게 나의 임이다."

한용운의 "임만 임이 아니다. 사랑하는 것은 모두 임이다"라는 말이 생각난다. 그만큼 넓은 의미로서의 임에 대한 비유로 "높은 산들"을 쓴다. 그냥 넓다기보다는 "이들 산은 나에게 나의 임이다"라고 하듯 엄청난, 어쩌면 나의 믿음에서 나오는 그 엄청난 주관성이 "나의 임은 저 높은 산들"이라고 부르게 한다. 이 표현뿐이 아니다. "숲에 뒤덮인 호젓한 골짜기들" 또한 나의 임이다. 거기에 대한 해설 또한 무서운 주관성이다.

"호젓한 골짜기들은 고요하고, 즐겁고, 신선하고, 그늘이 많고, 달콤한 물들이 가득하다. 각양 각종의 나무숲들과 새들의 노랫소리가 우리 느낌과 마음을 기쁘게 즐겁게 한다. 그 호젓함과 고요가 우리에게 안도와 휴식을 가져다준다. 이런 골짜기들이 나에게는 나의 임이다."55)

어떤가. 특히 마지막 구절, "이런 골짜기들이 나에게는 나의 임이다"라는 말에서 우리는 무서우리만큼 확신에 찬 은유가 아닌 비유를 발견한다. 은유는 일반적 유사성이나 관습적 수사에 의거한다. "나의 임"과 "골짜기" 사이에는 그 모습이나 어떤 점을 보아도 유사성이 성립하지 않는다. 다만 신학적 비유의 측면에서 하느님이 하늘이 되거나 목동, 목자가 되듯이, 나의 임이 "호젓한 골짜기"가 될 수 있다. 그러나 여기 비유는 성서학이나 신학적 비유가 아니다. 이는 성 후안의 믿음과 사랑의 체험에서 나온 비유다. 따라서 일반 은유처럼 무엇을 일컫기 위하여 동원된 이미지가 아니다. "노아의 방주"의 비유처럼 성서에서 예를 찾아볼 수 있는 비유도 아니다. 이것은 성 후안의 은밀한 신비의 체험 속의 확실하고 구체적인 현실이다.

그러나 우리는 성 후안의 신비 경험 속으로 함께 들어갈 수가 없다. 그래서 우리는 일반적 수사 용어로 '무서운', '엄청난' 주관성이라는 수사를 붙였다. 성 후안의 텍스트를 하나의 시로 볼 때, 이들 시어들은 쉬르레알리슴의 자동필기법을 뛰어넘는 초상징성의 언어들이다. 이들 산이니 골짜기니 섬이니 강이니 다 같이 신이 창조한 자연이라는 공통분모가 있을 뿐 더 이상 은밀하게

---

55) 여기 나오는 성 후안의 시나 해설들은 모두 우리가 늘 사용해 온 Dámaso Alonso, *Primavera y flor de la literatura hispánica*, I, op. cit, pp. 319-332에서 인용해 번역한 것이다.

이들을 엮는 형상적 유사성은 거의 없다. 가장 피상적으로 자연을 명명한 산문적 서술일 수는 있어도 그 이상 시적 연결이나 연상은 어렵게 되어 있다. 그렇다고 이것이 시라면 시인 성 후안의 해설을 읽으면 시를 감상할 수는 없는 노릇이다.

우리가 '초상징성의 언어'라고 명명한 것은 그러나 이들 표현이 의미 없는 글자의 나열이 아니라는 말이다. 상징성은 시인이나 독자의 성실성과 믿음에 바탕을 둔 자유로운 연상의 광장이다. 성 후안의 시에는 믿음과 종교성이라는 무서운 성실성이 있다. 따라서 이 시의 독자나 학자는 시인과 비슷한 믿음과 사랑으로 이들 각각 이질적인 자연의 풍경 속에서 임의 입김과 체온을 느껴야 한다. 그리고 동시에 상징이 갖는 추상적 의미를 넘어 다시 구체적 신비의 사실로 이들 시어들을 감상해야 한다. "이상한 섬들"이라고 하는 것들이 어떻게 나타나는지 성 후안의 묘사를 보자.

> 이상한 섬들은 바다로 에워싸여 있다. 이들 섬들은 바다들 너머 너머에, 사람들과의 소통이 없는 아주 멀리 떨어진 곳에 있다. 거기에서는 여기서 보는 것들과는 전연 다른 사물들이 나고 자란다. 사람들이 한 번도 본 일이 없는 성질과 형태들을 가진 아주 이상한 것들이어서, 그것들을 본 사람들에게는 대단히 새롭고 놀랍다. 영혼이 하느님에 대해서 알고 있는 보통 지식과는 너무나도 멀고 이상한, 놀랍고 새로운 이상한 소식들이어서 이상한 섬들이라고 부른다. (…)

우리에게 너무 충격적인 것은 너무 에로틱한 합방의 묘사들이다. "님의 내부의 술 창고에서 술을 마셨지"라든지 "거기에서 내게 젖을 주셨지", "맛있는 지혜를 가르쳐 주셨어" 등에서 보듯, 밀교 탄트리즘을 뛰어넘은 에로티시즘이 신비의 액즙으로 묘사된다. 여기에서 우리는 영육이 혼연일체가 된 하느님과의 만남의 달콤함을 본다. 그리고 우리의 일상적 에로티시즘의 극치와 승화의 가능성이 어떤 것인가를 다시 생각하게 한다.

11장

17세기와 바로크 문학

◆

1915년 뵐플린Heinrich Wölfflin이 회화에 있어서 르네상스 예술과 바로크 예술의 성격을 규정하면서 17세기 문화 예술을 규정하는 말로 '바로크barroco'라는 용어가 쓰이기 시작했다. 원래 포르투갈어로 '기괴한 진주'를 가리키는 "barroco", 스페인 말로는 "barrueco"라는 말이 인기를 얻어 한 시대의 예술 현상을 가늠하는 용어로 쓰인 것. 뵐플린의 정의에 따르면, "르네상스의 고전성 예술은 선적linear이고, 평면적 · 폐쇄적 · 다각적이고 밝으며, 바로크 예술은 회화적이고, 깊으며 개방적이고 총괄적이고 어둡다는 것".[56]

에우헤니오 도르스Eugenio d'Ors는 이런 구분을 세계사의 전반적 문화 예술 현상의 카테고리 개념으로 적용시켜, 예로부터 고전적 예술과 인생관, 그리고 반고전적, 즉 바로크적 예술과 인생관이 큰 줄기로 있어 왔음을 시사한다. "고전적"인 것은 "이성적이고 균형과 조화"를 중시한다면, "바로크적"인 것은 "비이성적, 불균형적 기괴성"을 특징으로 한다는 이론이다. 이 외에도 바로크

56) José Antonio Maravall, *Historia y crítica de la literatura española*, III, p. 7 재인용.

예술을 반종교개혁 운동과 동일시하는 주장도 제시되었다.

어떻든 초기에 논란도 많았고 회의론도 만만치 않았던 이런 주장들은 결국 17세기 문예사조의 특징을 바로크로 부른다는 점에서는 대부분 일치한다. 학자에 따라서는 헬무트 하츠펠트Helmut Hatzfeld(1964)처럼 "매너리즘Manierismo 시대, 바로크Barroco 시대, 바로키즘Barroquismo 시대"로 세분하고, 각 시대에 각각 공고라, 세르반테스, 칼데론을 배치하기도 하지만,[57] 일반적으로 받아들여진 이론은 아니다.

바로크 시대의 문학의 성격을 말하기 위해서는 이런 도식적 해석보다는 각 시인 작가의 기발한 천재성과 뛰어난 미학적 성취도를 깊이 성찰하고 그것이 현대 문화 예술 형성에 얼마나 기여를 하였는가를 살펴보는 것이 좋다. 이들 문학의 기발한 천재성ingeniosidad과 첨단의 수사법이야말로 바로크적 성격을 말해 주는 좋은 이정표가 될 것이기 때문이다.

르네상스가 현실을 중시하고 인간이 우주의 중심이라는 낙천주의를 살았다면 바로크 시대는 "인생은 꿈La vida es sueño"이고 하나의 덧없는 헛된 망상이라는 환멸적 사고desengaño가 지배한다. 인간성에 대한 회의와 현세에 대한 극단적 회의가 반종교개혁 분위기의 17세기 스페인의 모습이다. 르네상스가 가장 인간적이고 조화로운 문학예술의 모델로 그리스와 로마의 고전을 찾았다면 바로크 문인들은 이제 극단적인 기괴한 수사에서 재미를 느낀다. 이 시대의 문학예술은 어쩌면 가장 스페인적인 기질이 기발하게 예술로 접목되는 시기이기도 하다.

서구 근대 문학의 바탕이 된 스페인 바로크 문학은 그 시학에 있어서도 고전 문예사조의 오랜 전통이 된 아리스토텔레스의 자연 모방론을 뛰어넘는다.

57) Ibid., p. 13.

"놀랍게 아름다운 것은 인공적인 것…, 또 다른 악기가 우리의 더욱 좋은 느낌을 유혹한다Lo artificioso que admira… otro instrumento es quien tira, de los sentidos mejores"(Góngora)는 지극히 현대적인 탐미적 예술론이 등장한다. 공고라는 전통적이고 자연스러운 민요의 가락에 바로크 스타일의 인공적 수사를 가미함으로써 지금까지 보지 못한 색다른 시학을 창조한다.

꽃들 사이에서 노래한다고 모두가
꾀꼬리새인 것은 아니지요,
여명의 여신을 향해 종을 치는
은종들도 있구요.
내가 좋아하는 햇님들에게
인사를 알리는
황금 나팔들도 있구요.

즐거운 목소리라고 모두가
깃털 달린 바다 요정 노래만은 아니지요,
요정들의 물끼 젖은 거품들은
파란 포플러나무 숲.
그 부드러운 외침소리에
문득 발을 멈추게 되거든,
꽃들 사이에서 노래한다고 모두가
꾀꼬리인 것만은 아니지요…

놀랍게 아름다운 것은 인공적인 것,
달콤하게 위안을 주는 것은
저 날아가는 바이올린이나
다른 부산한 금조琴鳥가 아니라,

또 다른 악기가 우리의
더욱 좋은 느낌을 유혹하지요.
꽃들 사이에서 노래한다고 모두가
꾀꼬리새인 것은 아니지요…

• 원문 159 •

민요조의 이 시는 자연의 아름다움을 노래한다고 다 아름답게 들리고 매력적인 것이 아니다라고 말한다. 꽃들 사이에 노래하는 꾀꼬리 노랫소리만 아름다운 것이 아니라 종소리, 나팔 소리도 아름답다. 아름다운 자연을 노래해서 시가 반드시 아름다운 것은 아니다. 가장 달콤하고 아름다운 느낌은 오히려 인공적인 수사에서 나온다. 공고라는 이렇게 해서 신화적 설화를 가장 어려운 은유와 라틴어식 식자어로 치장하여 시 속에 인공적으로 감각미의 천국을 만든다.

바로크 문학이 오늘 우리에게 중요한 것은 세르반테스로부터 시작된 소설을 비롯, 대부분의 현대적 문학 장르와 개성적 특질들이 이때로부터 시작되기 때문이다. 세베로 사르두이는 오늘의 중남미 문학을 바로크 문학의 연장 선상에서 신바로크주의el neobarroco로 명명하고, 은유와 함축을 좋아하는 인공적인 면, 텍스트 달리 읽기가 중심이 된 패러디적인 면을 분석하면서 이 모두가 공고라로부터 시작된 바로크 문학 요소임을 설파한다.[58] 그러면 스페인 바로크 문학은 어떤 특질들을 가지고 있었는가.

(1) 기발한 착상과 은유, 과장과 기괴성을 찾아서

호세 가르시아 로페스는 바로크 예술을 특질로 개성과 개인적인 기준의 중요

58) Cfr. Severo Sarduy, “El barroco y el neobarroco”, *América latina en su literatura*, décima ed.(México: Siglo veintiuno, 1986; primera ed. 1972), pp. 167-184.

성을 그 첫 번째 요소로 든다. 바로크 시인들은 시인들처럼 고전 문학의 은유나 신화를 답습하고 있으나, 그들은 개인적인 천재성을 발휘하여 보다 기발하고 새로운 표현을 개척하려고 안간힘을 쓴다. 그중에도 시인들의 과장은 정도를 넘어서 코가 큰 사람을 "코에 붙어 태어난 사람Erase un hombre a una nariz pegado" 이라고 부를 정도다. 이렇듯 케베도의 과장은 보통 상상력의 한계를 뛰어넘는다. 예를 들어 한 승려의 모습을 묘사한 대목을 보자.

> 두 눈은 목덜미의 이웃이 되어 바짝 붙어 있어서, 무얼 볼 때는 꼭 무슨 광주리 속을 통해서 보는 듯 했다. 그 눈들이 그렇게 움푹 들어가고 어두워서, 그런 곳은 상인들의 점포나 차리는 데 딱 좋은 그런 장소였다. 코는 로마와 프랑스 사이에 빠져 있었는데, 감기로 삭고 헐어서 다 문드러진 모습이었다. 물론 돈이 들기 때문에 무슨 성병 때문이 아니었다면 말이다. 턱수염은 이웃에 사는 입이 무서워 늘 창백해져 있었다. 그 입으로 말하면, 철저한 배고픔 때문에, 옆에 있는 뭐라고 먹어치우려고 항상 위협하고 있었기 때문이다. 이빨들은 몇 개인지 빠진 것들이 있었는데, 내 생각에는 할 일 없이 하도 빈둥거리고 놀기만 하니까 몇 놈 추방해 버린 것 같았다. 목 줄기는 타조처럼 길었다. 울대뼈가 툭 튀어나온 것이, 하도 굶주려서 어쩔 수 없이 손수 먹을 것 좀 구하러 나선 몰골이었다.
>
> • 원문 160 •

이만하면 바로크적 과장이 어느 정도인가 짐작이 가는가. 중국의 "백발이 삼천 자나 된다(白髮三千丈)"는 황당무계한 과장보다 더욱 사실적이어서 더욱 말도 아니게 보이는 이런 수사는 웃음과 기괴성을 즐기는 바로크인들에게는 오히려 자연스러운 문학이었다. 상식과 안정을 잃어버린 그들에게는 어떤 과장도 한없이 무상無常하고 덧없고 꿈같은 현실을 따라잡을 수는 없다고 믿었는지도 모른다.

따라서 문학 세계는 만화에 가까운 기괴함과 최자연적 이름다움의 산실이다. 금방 인용한 예에서 보듯 세상은 뒤틀리고 괴물화된 모습으로 나타난다. 괴물이란 표현도 좋아하는 것도 그들이다. 세르반테스는 로페 데 베가의 뛰어난 천재성을 칭찬하며 "자연이 낳은 괴물Monstruo de la naturaleza"이라고 했다. 외눈깔 거인 폴리페모Polifemo가 공고라 시의 주인공으로 등장하는 것도 결코 우연이 아니다. 그들은 또한 상상의 한계를 뛰어넘은 초월적 아름다움을 향해 치닫는다. 빨간 입술로 웃는 아름다운 여인의 웃음을 "진홍빛 번개relámpagos… de púrpura"라고 한다. 말하자면 초현실에 가까운 회화적 변형이나 최상의 심미적 아름다움의 표현이 17세기 시인들의 꿈이요 이상이었다.

르네상스가 영속적 본질의 세계를 표현하면서 다소 정적인 성향을 나타냈다면 바로크 예술은 근본적으로 다이내믹한 변화의 모습이 주가 된다. 그들에게 세상은 끝없는 변화와 피상적 현실의 소용돌이가 주가 된 무대다. 눈에 보이는 세상은 모두 겉모양일 뿐이고 거짓이며 삶은 곧 죽음을 향하여 가는 길일 뿐이다. 공고라는 말한다, 지금 너의 젊음의 수정과 보석 같은 아름다움이 곧,

> 은銀이나 변질한 오랑캐꽃으로 변할 뿐만 아니라
> 더 나아가서, 너와 그 아름다움 모두가
> 흙이 되고 연기가 되고, 먼지. 그림자, 아무것도 아닌 것이 되리라.
>
> • 원문 161 •

인생은 덧없는 것, 어린 시절 "기저귀는 곧 죽은 자에 입히는 수의壽衣/pañales y mortaja"였다고 케베도는 말한다. 시간이 이렇게 뜻 없이 소리 없이 흘러

간다면 공간은 대조와 역설의 무대다. 현실은 환상이고, 가장 작은 것은 가장 큰 것, 가장 세련된 것은 가장 추한 것, 빛은 그림자이고 행복은 고통이다. 페트라르카의 사랑관, 즉 사랑은 가장 달콤한 꿀이며 가장 쓰고 쓰라린 고통이라는, 사랑을 표현하는 "역설의 수사법juego de contrarios petrarquistas"은 르네상스로부터 바로크 문학까지 가장 영향을 많이 미친 테마가 된다. 로페가 사랑에 대하여 말한다.

〈사랑하는 사람에게서 보는 역설들〉

기절초풍했다가 용감해졌다가, 화를 냈다가
쌀쌀하다가 부드럽다가, 너그럽다가 피하기도 하고,
기분 좋아했다가 다 죽은 것 같다가, 살았다가 죽었다가,
성실하고 배신하고, 비겁하고 용기 있고,
행복 외에는 중심도 휴식도 찾지 못하고,
기쁘게 보이다가 슬프게 보이고, 겸손하면서 오만하고,
분노하고 용기를 갖다가 도망 다니고,
만족하더니 굴욕을 느끼고 의심하고,
확실한 속임수임에도 일부러 모른 척 피하고,
독약을 부드러운 술로 마시고 살며
몸에 좋은 것을 잊고 상처를 사랑하며,
하늘은 지옥 속에 있음을 믿으며,
환멸스러운 현실에 생명과 영혼을 바치는
이것이 사랑이다, 당해 본 사람은 그걸 알지.

• 원문 162 •

가르시아 로페스는 스페인 바로크의 특성을 다음 일곱 가지로 요약한다.

1. 독자의 감성과 지혜를 자극하고 감탄을 자아내게 하기 위한 기괴한 것, 새로운 것을 갈구한다.
2. 고전적 법칙을 존중하던 르네상스 문학의 전통을 버리고 개인의 평가와 기준, 심지어 변덕까지 문학 작품에 끌어들인다.
3. 모든 한계를 뛰어넘는 과장을 좋아한다.
4. 삶과 예술에 대한 다이내믹한 비전을 제시한다. 비꼬고 뒤틀고 빠른 몸짓과 스타일을 예술에 반영한다.
5. 극단적으로 다른 요소들을 병치한다. 한 테마에 집중하여 전체를 통일시킨다.
6. 인공적 기교와 수사를 적극적으로 받아들인다. 소수를 위한 어려운 예술을 선호한다.
7. 사실을 일방적으로 묘사하는 성향을 갖는다. 표현주의적 변형과 허황한 이상주의가 돋보인다.[59]

(2) 식자연주의Cultearnismo와 콘셉주의Conceptismo

시인 루이스 데 공고라에서 비롯한 "Culteranismo"을 '식자연주의識者然主義'라 옮긴다. 원래 "culterano"라는 말은 "culto"(식자)에 대하여 비꼬는 듯한 '식자인 척하는'이라는 뜻이다. 초기에는 시를 쓰면서 일부러 라틴어에 가까운 문자 쓰기를 좋아하거나 어려운 은유만을 골라서 쓰는 시인이나 시체詩體를 조롱하고 비웃기 위해서 나온 말이기 때문에 '식자연주의'라고 번역하는 것이 좋을 듯해서이다. 당시 이런 시들을 비꼬는 시인이나 시들이 무척 많았다. 예를 들면, 로페 데 베가 같은 경우인데, 나중에 자신도 '식자연'한 시체에 감염되었음에도 불구하고 우선 그들을 조롱하는 재미로 이런 소네토를 쓴다.

59) José García López, op. cit., pp. 268-269.

〈식자 시인들을 반박하며〉

—보스칸 시인, 우리가 좀 늦었구먼. 잠자리가 있을까?
—거기 그 진지에서 불러 보시지, 가르실라소 시인.
—누구시오?—시단詩壇에서 온 두 기사올시다.
—무사 각축장 야간 행사 장소가 없사옵니다.
—이 하녀가 하는 소리가 무슨 소린지 모르겠구먼.
아씨, 그게 무슨 말이지요?—발걸음을 재촉하시지요,
거짓 낙조가 지옥의 변방들을 드러내고
태양이 그 장밋빛 부분을 제거해 가고 있군요.
—여보, 당신 지금 제 정신이요?—유랑하는
손님께서 분별력을 부정하셨군요. —얼마 되지 않은
요 몇 년 사이에, 우리말에 이런 말이 생겨났다니…
보스칸 시인, 우리가 길을 잃은 것 같네.
우리 고향 카스티야가 어딘가 물어보게, 내가 지금 미쳤거나
아니면 아직도 그 요상한 말 쓰는 비스카야에 있는 거 아니어?

• 원문 163 •

모두가 다 알아듣는 평범한 말을 거부하고 일부러 어려운 문자나 은유를 써 가며 어렵게 말하는 시인들을 풍자한 시다. 〈페스트병처럼 번지는 공고라의 '고독들'의 시풍에 대한 처방으로서의 해독제Antídoto contra la pestilente poesía de las Soledades〉를 쓴 후안 데 하우레기Juan de Jauregui(1583-1641)를 비롯한 많은 시인들도 끝내는 공고라의 영향에 스스로 말려들 만큼 '식자연주의'는 그 독소만큼이나 커다란 매력과 마력을 지녔던 시풍이었다.

식자연주의는 특히 풍성한 라틴어적 어법과 은유를 사용하여 일상에서 볼 수 없는 최상의 감각적 아름다움의 세계를 시 속에 구축하려 했던 일종의 탐미주의Esteticismo였다. 이들은 소재 면에서 있어서도 현실이나 일상생활에서

볼 수 있는 일들을 멀리 하고 고대 신화나 요정들의 이야기에서 테마를 따왔다. 르네상스가 그러했듯이 그리스와 로마의 고전 문학에서 영감을 찾는 것이 보통이었다. 그러나 이들 시인들은 여기에 바로크적 성격을 가미하여 엄청난 과장과 기괴한 수사법, 은유로 뒤범벅을 만들어, 지극히 어렵고 낯선 모습으로 독자에게 제시되었다.

바로크의 어원이 된 "barroco, barrueco"가 기괴한 진주, 희귀한 보물을 의미했다면 바로크 시인들은 평범하게 자연스러운 것보다 억지로 만든 것처럼 뒤틀어지고 기묘하게 생긴 것이 참으로 진귀하다고 여겼는지 모른다. 이미 공고라의 시에서 인용했듯이 그는 이런 인공적인 것이 차라리 더욱 매력적이고 경이로운 아름다움을 지녔다고 말했다. 이를 시학으로 구체화시키면, 시적 아름다움은 자연에 대한 느낌이나 자연스러운 표현에서 오는 것이 아니라, 오히려 인간에 의하여 갈고 다듬어진 고전적 테마, 고전어, 은유나 기타 수사법으로 재창조된 언어의 조형에서 가장 잘 나타난다고 보았다. "내가 시를 쓰는 게 아니라 말이 시를 쓴다"라고 말한 말라르메가 공고라를 가장 존경한 것도 바로 그들이 이런 시학에서 일치하고 있었기 때문이리라.

은유 때문에 이들 시인들에게 "금발"이나 "꿀"은 "황금oro"이었고, 여인의 빨간 입술은 "홍보석 루비의 문들puertas de rubí"이 되었다. 따라서 가장 아름다운 여인은 희귀동물의 동물원이요 진귀한 보석 가게였다. 공고라의 시에서 폴리페모가 아름다운 갈라테아를 칭송하는 부분을 보자.

> 오, 아름다운 갈라테아여, 여명이 꺾어 내린
> 카네이션 꽃보다 더욱 부드러운 여인이여,
> 물속에 살다가 달콤하게 죽어 간다는
> 그 새의 깃털보다 더욱 하얀 여인,

자기의 파란 망토를 엄숙하게, 그 많은
눈으로 치장한 그 새와 같이 화사한 여인이여,
공작새가 사파이어의 하늘을 그 많은 별들로
치장했다면, 그대여, 그대는 그대의 그 두 눈에
가장 예쁜 두 별을 품고 있는 여인이시여!

· 원문 164 ·

그리스, 로마의 신화적 소재나 내용을 갖가지 은유나 이미지로 풀어내는 것이 '식자연주의'이고, 이들 시인들이 추구하는 것은 가장 감각적인 절대적 아름다움의 세계를 구축하는 것이었다고 한다면, 콘셉주의Conceptismo 또한 기발한 착상과 예리한 표현을 추구했다는 점에서 그 수사법상 일치하고 있음을 보여 준다. 콘셉주의의 내용은 인생무상, 덧없는 세월의 흘러감, 부질없는 인생살이의 고뇌, 꿈 같은 세상, 연극 같은 인생이 주가 되었다. 그러나 이런 내용을 표현하는 데 가장 중요한 것은 새롭고 참신한 콘셉. 따라서 콘셉주의의 바탕은 생각이나 말들, 관념들 사이의 기발한 유사점, 일치점, 합일점의 발견이었다. 그들에게 기발한 착상이나 연상이 가장 중요했다. 콘셉주의자들 또한 희한한 은유와 환유, 유사어, 유형어 등의 말놀이에 그라시안 같은 작가는 엄청난 관심을 쏟았다.

식자연주의가 초기에 많은 저항을 받았다면 반대로 콘셉주의는 기발한 표현과 독창적 콘셉을 특히 좋아하는 스페인 사람들의 취향에 맞았기 때문에 대단히 많은 작가들의 호응을 받았다. 케베도 같은 시인의 기발한 풍자시나 그라시안의 예리한 통찰력을 보여 준 에세이, 교훈서 등은 이런 콘셉주의 수사법이 아니었으면 빛을 발휘할 수가 없었으리라. 콘셉주의는 시에서뿐만 아니라 연극, 악자 소설, 역사, 에세이, 그리고 식자연하던 은유파 시인들에게까지

폭 넓게 영향을 미쳤다. 식자연주의가 좁은 소수의 시의 영역에서 빛을 발했다면 콘셉주의는 바로크적 성격을 가장 잘 반영하는 스타일로 널리 일반 작가들에게 예외 없이 환영받는 문체였다.

콘셉주의를 대표하는 시인은 케베도다. 그의 시는 항상 역설과 반명제, 패러독스로 가득 차 있다. 그러면서도 삶과 죽음, 사랑과 아픔의 숙명적 패러독스를 반어법적 표현을 통해 깊은 감정의 시어로 승화시킨다. 페트라르카로부터 온 사랑의 역설과 갈등의 테마를 반어법으로 표현하는 전통을 이어받아 케베도가 풀어 쓴 콘셉주의의 꽃인 이 사랑의 소네토를 보자.

〈사랑하는 사람에게서 보는 역설들〉

근심과 고통을 참고 견디는 데는 나는 돌인가 보다
다시 부드러워져서 사랑하게 되는 걸 보면 나는 양초인가 보다,
그렇게 행복하게 태어난 고통을 사랑하는 데는 나는 도사가 다 되었고
상처를 받으면서도 그만 두지 못하는 걸 보면 나는 바보 천치,
비겁하게 지고 물러나지 않으려 벌벌 떠는 겁쟁이,
나 자신에게 지지 않으려고 애쓰는 용감한 사나이,
정신을 잃을 정도로 나의 아픔을 느끼는 걸 보면 사람,
깨어나서도 다시 정신 차리지 못 하는 걸 보면 짐승.
그대의 쌀쌀하고 차가운 냉대를 받으며
벌건 불덩이 속에서 버텨 내는 걸 보면,
나는 불의 신神 두꺼비, 그대의 변덕들을 다 받아 준다,
그러나 이 나의 눈동자 속의 어린아이들이
그대의 두 눈이 없어지자, 두 강물 속에
울며 사는 요정들이 되고 말았구나.

• 원문 165 •

케베도 특유의 반어법적 말놀이지만 사랑에 대한 깊은 성찰과 경험에서 우러나온 진솔성이 묻어난다. 사랑을 하면서 그리움과 아픔을 참고 견뎌 보지 않은 자 있으랴. 그러나 다시 돌아와 품에 안길 때 우리는 금방 녹아 흐르는 양초처럼 부드러워지곤 했었지. 이해할 수 없는 일을 이해하려고 노력도 해 보았고, 속으면서도 절대 포기하지 않는 극기와 근성도 시험해 보았지. 짝사랑이든 배신이든, 그러나 사랑은 쉽게 포기하기 힘든 것. 그대의 쌀쌀하고 차가운 눈동자였을지라도, 그러나 그나마 그 모습이 보이지 않게 되자 나의 이 두 동자는 항상 눈물 속에 사는 님프가 되었나 보구려.

이 소네토의 마지막 구절은 '눈동자'라는 의미와 '어린아이'라는 뜻을 동시에 갖는 "las niñas"라는 말을 사용하여 이별 뒤의 슬픔을 예쁜 이미지로 승화시킨다. "이 나의 눈동자 속의 어린아이들이"는 "이 나의 눈의 눈동자들이"라고 번역할 수 있는 말이었다. 그러나 "어린아이"라고 옮길 때 사랑하는 이의 눈의 철없음이 강조되어 좋다. 그와 함께 어린아이가 님프로 변하는 것은 영원한 슬픔의 상징으로 남는 뜻이어서 더욱 좋다.

이렇듯 케베도의 콘셉주의는 독창적 관념 사이의 연상 작용, 서로 이질적 사물이나 말 사이의 기발한 유사성의 발견 등으로 현대 상징주의에 어필하는 정서적 은유나 이미지들을 발전시켰다. 그의 언어유희는 때때로 무서운 비판과 해학의 칼날이었고 동시에 가장 깊은 인간 고뇌와 실존적 감정의 형상화에 기여했다. 위에 보는 사랑의 역설과 고뇌의 표현 또한 누구에게나 공감을 불러일으키는 주관적 보편성이 있어 대단히 현대적이다.

12장

세르반테스와 《돈키호테》

《돈키호테》 2권 앞에 나오는 마르케스 토르레스가 쓴 "허가증"에는 모든 세계인이나 특히 프랑스 사람들이 얼마나 세르반테스Miguel de Cervantes Saavedra(1547-1616)와 그의 작품을 좋아하는지를 말하고, 죽기 얼마 전의 그 위대한 작가의 근황을 묻는다. 토르레스 이야기는 이렇다.

> 그분은 나이가 들었고 군인이며 양반이지만 가난하다고 대답하자 그들 중 하나가 정중하게 "그렇게 훌륭한 사람을 에스파냐는 국고를 써서라도 부자로 잘 먹고살게 해 주지는 않습니까?"라고 물었다. 그 신사분들 중 한 사람은 아주 예리하게 이렇게 말했다. "돈이 없어서 그가 글을 쓰고 살 수밖에 없다면, 앞으로도 그의 살림이 넉넉지 않도록 하느님께 기도라고 해야겠군요. 그래야 그가 작품들을 써서, 그는 비록 가난하지만 세상 모든 사람을 부자로 만들어 주지 않겠습니까?"[60]

60) 세르반떼스, 《돈 끼호떼》, 2권, 민용태 옮김(창작과비평, 2005), 14쪽(이하 '《돈 끼호떼》, 2권'으로 표기하겠음).

이 아이러니와 조소 섞인 간단한 일화를 통해 세르반테스의 가난한 생애, 그리고 주변의 냉대, 몰이해가 죽을 때까지 그를 따라다닌 그림자였음을 짐작할 수 있다. 그 당시 세르반테스는 새로이 그를 돌봐 주기로 한 베르나르도 산도발 이 로하스Bernardo Sandoval y Rojas 주교가 "날마다" 보내 주는 동냥 음식으로 먹고살고, 그리고 그의 집세나 생활비는《돈키호테》2권을 바친 레모스 백작el conde de Lemos이 부담하고 있었다.[61] 이렇게 병들고 찢어지게 가난한 삶이었지만 왕과 나라는 그를 끝내 모른 척했고 오늘날도 우리는 세르반테스가 어디 묻혔는지 그 무덤조차 모른다. 앞서 말한 프랑스 사람의 말처럼 가난과 불행이 위대한 작가를 만든다면 세르반테스가 그 대표적인 인물이라 할 것이다.

외과 의사인 아버지 로드리고 데 세르반테스Rodrigo de Cervantes와 어머니 레오노르 데 코르티나스Leonor de Cortinas 사이 7남매 중 넷째로 태어난 미겔 데 세르반테스 사아베드라는 1547년 마드리드 가까운 신흥 교육 도시 알칼라 데 에나레스Alcalá de Henares에서 태어났다. 그가 어린 시절을 어디서 보냈는지는 확실치 않다. 다만 그의 중·고등학교 교육은 마드리드의 한 예수파orden jesuíta 학교(Colegio Imperial de Jesuitas)에서 시작되는데, 그는 거기에서 당시 스페인 에라스무스 학파의 거두인 로페스 데 오요스Juan López de Hoyos를 만난다. 시인 세르반테스의 이름이 발견되는 것은 로페스 데 오요스의 제자의 작품으로서다.

그러나 세르반테스의 불행은 한 결투에서 마드리드 '건달andante en esta corte' 안토니오 데 세구라라는 친구에게 상처를 입힌 사건으로 시작되었다. 그 당시

61) Cfr. Cristóbal Zaragoza, *Cervantes, vida y semblamza*(Madrid: Mondadori España, 1991), p. 350.

마드리드에서는 케베도나 칼데론도 그랬듯이 남자 대 남자의 결투란 흔한 일이었고, 어렸을 때부터 무사나 군인의 길을 가려고 했던 성질 급한 세르반테스(돈키호테처럼)에게 모욕이나 명예 훼손 같은 일은 참을 수 없는 일이었다. 그리하여 결투가 벌어졌는데, 재수가 없으려고 결투 장소가 왕이 거처하는 궁전 근방이었던 것. 이 일로 세르반테스에게 내려진 판결이란 "파렴치 죄로 오른팔을 자를 것con vergüenza le fuese cortada la mano derecha"과 벌금을 낸 뒤 10년 동안 국외로 추방할 것이었다.[62] 이렇듯 어처구니없이 가혹한 형벌이 내려지자 세르반테스는 1569년 이탈리아로 도망간다.

세르반테스의 나이 스물한 살 때 그는 아쿠아비바스 주교를 모시고 이탈리아로 간다. 그리고 1571년에는 오스만 튀르크 제국과 지중해 해상권을 놓고 벌어진 레판토 해전에 영웅적으로 참여한다. 이 해전의 승리로 스페인 제국은 명실상부한 세계의 주인으로 일어서지만, 세르반테스는 가슴과 왼팔에 심한 부상을 입고 평생 외팔로 살아야 하는 신세가 된다. 그는 외팔이라는 것 때문에 사람들로부터 늙어서까지 비웃음을 받지만, 자신은 죽을 때까지 그 부상을 자랑스럽게 생각했던 것이 글 곳곳에 나타난다. 그 다음에도 몇 번 더 군사 원정에 참여하다가, 스페인으로 귀국 도중 형과 함께 아프리카 아르젤에서 베르베리아 족 해적의 포로가 된다. 이들 해적들은 보상금을 노리고 납치한 것인데, 보상금이 오지 않을 경우 노예로 팔아먹었다. 형은 보상금으로 풀려났지만 세르반테스에게는 구원의 희망이 거의 보이지 않았다. 그는 동료들과 모의하여 네 번이나 탈출을 시도하였으나 모두 실패한다. 결국 노예로 팔려 오스만 튀르크 제국의 수도 콘스탄티노플로 가기 직전, 트리니다드 종단 신부들의 구원으로 5년 이상의 긴긴 포로 생활을 마감한다. 그때 세르반테스의

62) Cfr. ibid., pp. 30-90.

나이 서른세 살. 이는 영웅적인 군인과 기사로서의 그의 행적이 마감되는 순간이기도 했다. 그 뒤에 또다시 수많은 감옥 생활과 굴욕, 지독한 가난의 세월이 그를 기다리고 있었으니까.

그는 마드리드에서 결혼하고, 그의 첫 목가 소설《갈라테아 여인*La Galatea*》을 출판한다. 그리고 그는 "무적함대 식량 조달원"이란 직함을 가지고 안달루시아 각 지방을 돌아다닌다. 이때 공금 횡령죄로 세르반테스는 두 번이나 세비야 감옥에 간다. 한 번은 재무부를 위해 거두어들인 세금을 저금해 두었던 은행이 파산하면서 그가 책임을 져야 했고, 다른 한 번은 재무부에 공금 이송이 지연된 사건으로 감옥에 가게 된 것. 그가《돈키호테》를 쓰기 시작한 것은 바로 이 세비야 감옥에 있을 때였다는 것이 정설이다. 즉 인생에 대한 실의와 좌절이 극도에 달했을 때, 그는 이 불의와 부조리의 사회에서 자유와 정의, 사랑과 시를 위하여 싸웠던 자신의 모습이 스스로 보기에도 우스꽝스러웠을 것이다. 처음 나오는 돈키호테의 시대착오적인 희화적 모습은 다름 아닌 세르반테스의 자신의 자조적 자화상이 아닐까?

세르반테스가 1605년《기발한 시골 양반 라 만차의 돈키호테*El ingenioso hidalgo Don Quijote de la Mancha*》를 냈을 때 그는《갈라테아 여인》이란 소설을 발표하고 난 후 20년 동안 활동이 없었던 이미 잊혀진 소설가였으며, 공금 횡령죄로 두 번에 걸쳐 감옥살이를 한 실패한 인생이었다. 모든 걸 다 포기하고 버리면 오히려 더 편안해진다고 했던가.《돈키호테》의 서문에 나오는 세르반테스의 목소리는 겸손하다 못해 오만 방자하기까지 하다.

> 한가하신 독자여, 굳이 말씀드리지 않아도 아시겠지만, 저는 제 지혜의 산물이라 할 수 있는 이 책이 사람이 상상할 수 없으리만큼 가장 아름답고,

가장 사려 깊고, 가장 멋진 책이기를 소망합니다. 그러나 만물은 자기와 가장 닮은 것을 창조해 낸다는 자연의 섭리를 저도 어길 수는 없으니, 저처럼 배운 데 없는 빈약한 재주가 만들어 낸 것이라고 해야 깡마르고 주름살투성이에 세상 어느 누구도 상상하지 못한 거친 생각들로 가득 차 제멋대로 사는 한 작자가, 지상의 모든 불편이 도사리고 있고 모든 구슬픈 소리가 모여 있는 감옥에서 지어낸 하찮은 이야기밖에 더 되겠습니까?

〔…〕 저는 돈키호테의 아버지 같기는 하지만 사실은 의붓아버지여서, 요즘의 시류를 따르지 않으려 하니, 친애하는 독자여, 다른 이들처럼 거의 눈물까지 글썽이면서 혹 자식의 결함이 보이더라도 모른 체 해 달라거나 용서해 달라고 간청하는 짓은 않겠습니다. 이 아이의 그대의 친척도 친구도 아니고, 그대는 자신의 몸속에 자신의 마음을 그대로 지니고 있으며, 왕이 자기 땅의 주인이듯 그대로 그대 집의 주인이시니, '내 이불 속에서는 왕도 죽인다'는 속담처럼 모든 판단에 그대 자유 선택과 자유 의지를 따르십시오. 그대는 이 이야기에 대해 아무런 의무와 존경심도 가질 필요가 없으며, 마음 내키는 대로 어떤 말씀을 하셔도 좋습니다. 나쁘게 말했다고 그대를 비방할 리도 없고 좋게 말했다고 상을 줄 리도 없을 테니까요.[63]

그러나 끝없는 가난과 함께 세르반테스의 불행은 끝나지 않았다. 발야돌리드에서 살 때 자기 집 앞에서 벌어진 살인 사건으로 그는 또 사건에 말려든다. 세르반테스의 말년은 다시 마드리드로 돌아와서 시작된다. 가난과 병마에 시달리면서도 숨 쉴 사이 없이 책을 써 낸다. 소설《돈키호테》의 성공은 엄청났고 외국에서까지 속속들이 번역이 되고 있었지만 막상 세르반테스의 수중에 들어오는 수입은 거의 없었다. 그저 후원자 레모스 백작이 보내 주는 생계 지원비 정도가 고작이었다. 말년의 세르반테스의 작품 활동은 그야말로

63) 세르반떼스,《돈 끼호떼》, 1권, 민용태 옮김(창작과비평, 2005), 15-16쪽(이하 '《돈 끼호떼》, 1권'으로 표기하겠음).

경이적이다. 1613년《모범 소설들》을 펴내고, 1615년《여덟 극작품과 여덟 막간극들*Ocho comedias y ocho entremeses*》, 그리고《돈키호테 2권*Segunda parte de El Ingenioso Caballero Don Quijote de la Mancha*》을 출판한다. 그리고 병이 깊은 몸으로 모험 소설 〈페르실레스와 세히스문다의 고생길〉(1617)을 끝내고, 1616년 4월 22일, 당년 68세의 나이로 마드리드에서 죽는다. 영국의 대극작가 셰익스피어의 사망 일자와 같은 날에 죽지만, 영국의 경우 그레고리 13세가 개혁한 달력에 의한 날짜이므로 실제 같은 날 죽은 것은 아니다.

(1) 돈키호테와 함께 울고 웃는 세르반테스

"돈키호테는 세르반테스다"라고 말한 적이 있다.[64] 물론 세르반테스가 노망해서 방랑기사로 떠돌아다닌 적은 없지만. 젊었을 때부터 싸움판에서 컸고 많은 세월을 영웅적 군인으로 싸우다 왼팔을 잃고 아르젤의 포로로 끝난 세르반테스의 일생이 닭장 속에 갇혀 고향으로 돌아오는 1권 끝의 돈키호테나, 결투에 져서 고향으로 끌려오는 2권 끝의 돈키호테와 초라하기로는 다를 바 없다.

미겔 데 우나무노Miguel de Unamuno는 "모든 문학은 자서전이다"라는 말을 한다. 말하자면, 어느 작가의 작품이라도 작가의 체험이나 상상의 소산 아닌 게 없다는 당연한 말이다. 주관성이 강한 시작의 경우는 물론이고 허구인 소설의 경우라도 작가가 직접 보고 들은 경험을 토대로 하거나 자신의 일생을 패러디하는 경우가 많다. 특히 돈키호테의 경우는 피상적으로는 세르반테스와 전연 딴 사람의 이야기 같지만 알고 보면 그 나이, 성격, 그리고 그 따스한 속마음 등 비슷한 데가 더 많다. 특히 아르젤 감옥에서 네 번이나 탈옥을 시도하다

64) 민용태 편,《세르반떼스, 돈 끼호떼 그리고 동양》(열음사, 1991), 103-107쪽 참조.

죽도록 두들겨 맞고도 포기하지 않은 자유주의 골수분자인 점도 돈키호테와 세르반테스가 닮은 점. 혹자에 따르면《돈키호테》에 가장 많이 나오는 단어가 "자유libre/libertad"라고 하니까 말이다.

돈키호테라는 인물은 알칼라Alcalá de Henares에서 태어난 세르반테스처럼 라 만차의 어느 곳 출신이며 나이는 똑같이 쉰 살 남짓하다.《돈키호테》1권이 나올 때 세르반테스는 나이 58세였고, 10년 뒤 2권에서 돈키호테가 죽은 뒤 6개월 뒤 세르반테스 또한 숨을 거두게 되니까, 작가는 작중 인물과 운명을 같이 한 셈이다. 사실《돈키호테》가 아니면 세르반테스는 그냥 이름 없는 작가로 남을 뻔했고 또《돈키호테》하나로 급기야 세계적인 작가로 추앙받게 되었으니 작가와 작품도 같은 운명이다.

돈키호테는 글자 그대로 세르반테스의 분신이다. 소설 속에 숨어 있는 분신이 아니라 작가와 대화하고 함께 울고 웃는 분신이다. 세르반테스 소설 속에 세르반테스가 나온다.

> "미겔 데 세르반테스라는 사람의《갈라테아 여인》이란 책인데요." 이발사가 말했다.
>
> "아, 그 세르반테스란 친구는 오래전부터 나와 아주 절친한 사이지. 내가 알기로는, 그 사람은 시 쓰는 일보다는 불행에 더 이력이 나 있는 것 같아. 이 친구 책은 무언가 독창성이 보이긴 해. 하지만 시작만 해 놓고 무엇 하나 끝내 놓은 게 있어야지, 속편이 나올 거라고 했으니 어디 기다려 봐야지. 그때 수정을 좀 해서 내면 지금까지 냉대하던 행운의 신이 이 친구에게 자비를 베풀지도 모르지…."[65]

---

65)《돈 끼호떼》, 1권, 95-96쪽.

물론 자기를 "돈키호테의 아버지 같기는 하지만 사실은 의붓아버지여서"라는 넉살도 자식애에 눈먼 친아버지 역할보다는 보다 객관적인 대상이나 대화 상대로 돈키호테를 대하겠다는 의도다. 따라서 많은 작가들을 등장시켜 자신은 '제2의 작가'로서의 의견을 말하고 원작자인 시데 아메테나 그 번역자의 의견도 싣고 있는 것이 《돈키호테》다. 우리의 기사는 몬테시노스 동굴 속에서 기상천외의 희한한 장면들을 구경하고 나온다. 한 사흘을 그 안에서 지내고 왔다고 하자, 그 아래 내려간 지 "한 시간이 좀 넘었는데요"라고 산초가 대답한다. 돈키호테는 사나흘을 지냈다고 하고 밖에서 기다리던 산초와 그 사촌에게 한 시간 좀 넘었다고 우기다가 다음 장으로 넘어간다. 거기 바로 작가들의 의견이 나온다.

> 첫 작가인 시데 아메테 베넹헬리가 쓴 이 위대한 역사 이야기의 원본을 번역한 사람이 말하기를, 몬테시노스 동굴 모험 장에 이르러 책의 여백에 아메테는 자필로 이런 말을 써놓았다고 한다.
>
> '나도 이해가 되지 않고 설득이 되지 않는 건 그 용감한 돈키호테에게 앞 장에 쓰인 그대로 모든 일이 일어났을까 하는 점이다. 그 이유는 이제까지 일어난 모든 모험은 있을 법하고 실감 나는 것들이었는데, 이 동굴 이야기는 이성적 한계를 너무 벗어나서 진짜 사실로 받아들이기에는 수긍하지 못할 구석이 많다. 그렇다고 돈키호테가 거짓말을 했다고 하기에는 그는 가장 확실한 진짜 양반이고, 이 시대의 가장 고상한 선비인지라 불가능한 상상이다. 화살로 쏜다고 해도 그는 거짓말 한마디 못할 위인이다. 한편 그가 이야기를 하고 그 모든 상황과 환경까지 언급했으니, 그 짧은 시간에 그렇게 어마어마한 엉터리 사기극을 만들어 낼 수는 없었을 것이다. 이 모험 이야기가 근거가 희박해 보이더라도 내 죄가 아니므로 사실이다 거짓이다를 천명하지 않고 그냥 쓰겠다. 그대, 독자여, 그대는 진실하니까, 그대 생각대로 판단하시라. 나는 더 이상 간섭해서도 안 되고, 할 수도 없다. 비록

그가 죽을 때 마지막에 그 이야기를 취소했으며, 그가 읽은 역사책에 나오는 모험담들과 잘 어울리고 잘 맞아떨어진다고 생각되어 그 이야기를 지어냈다고 말한 것이 확실하긴 하지만 말이다.'[66]

이렇듯 자유로운 대화 상대로 작가들은 돈키호테를 이야기했고 세르반테스 또한 돈키호테를 그렇게 대했다. 이미 세르반테스의 생애에서 나는 "돈키호테의 시대착오적인 희화적 모습은 다름 아닌 세르반테스 자신의 자조적 자화상"이라고 했다. 이것이《돈키호테》를 감옥에서 처음 쓰기 시작했을 때의 세르반테스의 심경이었을 것이다. 자신 또한 기사 소설들을 엄청 좋아해서 읽었고, 그런 이상과 명예를 좇아 레판토 해전에도 참전했으나 그에게 돌아온 것은 포로 생활, 감옥살이, 가난과 고독뿐이었다. 낭만주의가 돈키호테를 "사랑과 관대함이라는 이상을 실현하기 위해 싸우다 현실과 충돌하고 비참하게 좌절하는 비극적 인간상"으로 보았다면 그것은 그냥 그대로 세르반테스 생애의 꿈과 이상, 그 좌절을 말한다고 할 수 있다.

그러나 돈키호테는 부조리한 현실과 충돌하여 이상을 향하여 돌진하는 투사라기보다는 살아 있는 한 인간으로서의 실존적 고뇌와 약점을 가진 인물이었다. 세르반테스의 '자조'는 이렇게 작중 인물에 사랑을 느끼기 시작하면서 심도 있는 인간 탐구의 모델로 자리한다. 돈키호테가 1권 4장에서 장사꾼들에게 수없이 얻어터지고 죽을 지경이 되었을 때, 그에게 다가온 동네 사람에게 "오, 만투아 백작님!" 혹은 "돈 로드리고 나르바에스 나리" 하면서 정신 나간 소리를 하니까, 그 농부가 이렇게 말한다.

---

66) 위의 책, 274-282쪽 참조.

"이보시오, 나리, 정말 이러시겠소? 나는 돈 로드리고 데 나르바에스도 아니고 만투아 백작도 아니고, 나리 댁 이웃에 사는 페드로 알손소요. 나리도 발도비노스도 아빈다라에스도 아니고, 우리 동네 훌륭한 어르신 키하나 영감님 아니시오."

"나도 내가 누군 줄 아오." 돈키호테가 대답했다. "그리고 나는 지금 내가 말한 사람들보다 더욱 훌륭한 사람이 될 수 있다는 것도 알고 있소. 〔…〕"[67]

그렇다. 돈키호테는 현실과 꿈도 이상도 구분할 줄 모르는 미치광이 영감이 아니다. 그는 자기가 기사 소설에 미쳐 미친 소리를 하고 있다는 것도 안다. 그러나 기사 소설 속 세상 같은 꿈과 이상을 꿈꾸고 사는 것도 자신이라는 것을 알고 있다. 현실과 이상을 함께 사는 사람, 현실과 이상의 꿈의 충돌을 깊이 느끼고 살아가는 사람, 사랑과 자유, 관대함과 자비가 살아 있는 그런 이상적인 세상에 대한 꿈을 저버릴 수 없기에, 고달픈 몸과 현실의 냉대를 감수하고 방황하며 살아가는 실존적 인간상이 돈키호테며 우리 모두다.

《돈키호테》는 재미있는 소설이다. 한 마디로 웃기는 소설이다. 그러나 돈키호테 앞에서의 세르반테스의 웃음은 이제 자기 비웃기가 아니라, 삶의 역설과 그 고통을 사는 자의 고독과 고통, 좌절에 대한 이해심 깊은 자애와 공조의 웃음이다. 메넨데스 피달이 돈키호테가 "하나의 이상을 죽이러 온 것이 아니라 그 이상의 모습을 바꾸고 더욱 고양시키기 위하여 온 것"이라고 한 이유가 여기에 있다.

(2) 열린 소설, 《돈키호테》

미셸 푸코는 《말과 사물들》에서 《돈키호테》가 언어에 대한 고전적 사고와 근

67) 위의 책, 81쪽 참조.

대적 생각의 한계와 전환점을 마련한 작품이라는 말을 한다. 옛부터 언어가 사물과 기호의 유사성 놀이였다면, 돈키호테의 수많은 모험과 방황은 바로 그 유사성 찾기가 무용함을 드러낸 드라마였으며, 거기에서 말과 사물들 사이 유사성을 떠난 새로운 관계가 설립되는 근대화의 길을 찾는다는 말이다.[68]

푸코의 생각은 17세기로부터 언어가 사물을 가리킨다는 인식을 떠나 단순히 "가리키는 것significante", "가리켜지는 것, 의미significado"의 구조로 바뀐다는 것. 16세기, 즉 르네상스 때만 해도 사물과 그것을 지칭하는 언어 사이에는 어떤 원초적 · 실존적 관계가 있을 것을 기대했다. 따라서 이야기를 듣고 책을 읽으면서 그런 이야기나 소설을 낳게 한 실제 영웅이나 원형적 현실이 그대로 존재하리라 믿었다. 푸코는 돈키호테가 이런 인식의 전환기를 대표한다고 말한다.

돈키호테는 기사 소설에서 읽은 사실이 현실로 존재한다고 믿는다. 따라서 현실 속에서 기사 소설 속의 사실과 같은 것을 찾아 기사같이 행동한다. 즉 돈키호테는 우선 기사 소설 속의 기사, 즉 걸어 다니는 책이다. 돈키호테는 자기가 아는 책 속의 사실과 비슷한 것을 현실 속에서 찾으려 몸부림친다. 그는 자기가 읽은 사실이 사실임을 자기 눈으로 보고 확인해야 한다. 돈키호테는 안타깝게 기사 소설 속의 세계를 현실 속에 투영하여, 조금만 비슷해도 그것이 곧 현실로 다가올 기사도의 현실로 이해하려 한다. 객줏집은 성주가 사는 성이 되고, 하녀나 창녀들은 공주가 되고, 염소 떼는 군대가 되고 세숫대야가 투구로 보이는 것도 돈키호테의 이런 안타까운 갈망의 소산이다. 그러나

68) Cfr. Michel Foucault, *Las palabras y las cosas*, Traducción de Elsa Cecilia Frost(México: Siglo veintiuno editores, 1989; primera edición 1968), p. 53.

이것이 사실이 아닌 걸로 판명될 때 그는 항상 자신을 시기하는 마법사의 장난으로 돌리고 고집을 꺾지 않는다.

《돈키호테》 2권에서는 상황이 바뀐다. 돈키호테는 자신에 관한 책 1권을 읽은 사람들을 만나고 그들이 자기를 알아보는 것을 발견한다. 말하자면 첫 번째의 책에서 돈키호테에게 모델로 쓰였던 기사 소설을 대신하여 이제는 《돈키호테》 1권이 《돈키호테》 2권 속 인물들의 행동의 모델이 된다. 돈키호테는 자신에 관한 책을 읽지 않았다. 그러나 그는 사람들이 말하는 자신의 행적에 관한 것들을 듣고 판단하고 변명하고 수정한다. 심지어 위작 《돈키호테》 2권에서 돈키호테가 초라한 몰골로 사라고사 무술 대회에 참여했다는 이야기가 있다는 소리를 듣고 그 에벨야네다라는 위작 작가를 엿먹이기 위해 일부러 자기 행방을 바꾼다.

> 그게 사실이라면 바로 그런 이유로 해서 본인은 사라고사에 발도 들여놓지 않겠소이다. 그렇게 함으로써 이 새 시대의 역사가 이야기가 거짓이라는 것을 온 세상에 공공연히 알리겠소이다. 그렇게 되면 사람들은 그 작자가 말하는 돈키호테가 내가 아님을 알아차리겠지요.[69]

《돈키호테》 1권을 읽은 사람들은 책 속의 주인공을 실물로 알아보고 그를 초대하고 또 그를 가지고 조롱하고 놀린다. 위작 《돈키호테》 2권은 세르반테스의 《돈키호테》 2권의 야익 형성에 직접 영향을 미친다. 푸코는 말한다. "이 소설의 1권과 2권 사이에서, 이 두 책의 틈새에서, 오직 책의 힘으로, 돈키호테라는 인물은 현실이 되었다. 이런 현실은 오직 언어의 힘으로 생겨난 현실이

69) 《돈 끼호떼》, 2권, 676쪽.

며, 전적으로 말과 말 사이에서 존재하는 현실이다. 돈키호테라는 인물의 진실은 이 세상과 말들 사이의 관계에 있는 것이 아니라, 이야기와 이야기, 말과 말 사이 그 자취들이 엮어 가는 희미하나 끝없이 이어지는 언어 관계 속에 있다. 좌절된 서사시의 허구가 언어의 생성력으로 되살아난 것. 말들은 다시 기호의 본질 속에 스스로 갇히게 된다. 《돈키호테》는 근대 작품의 효시다. 우리는 그 작품 속에서 정체성과 차이점을 가르는 잔인한 이성이 끝없이 그 증후들과 동질성을 찾아 놀이를 벌이는 것을 본다."[70]

《돈키호테》라는 소설로부터 언어는 사물을 가리키고 이야기는 사실을 근거로 한다는 오랜 통념이 깨어진다고 푸코는 말한다. 근대 소설의 효시인 《돈키호테》는 이상하리만큼 성숙한 형태인 이야기 놀이, 말놀이적 틀을 바탕으로 태어난다. 이것은 세르반테스 말을 따르면 "엉터리 허무맹랑한 기사 소설에 빠진 사람들을 신물 나게 만들기 위하여"[71] 더욱 엉터리 기사 소설을 썼다는 이야기가 된다. 그러나 《돈키호테》가 그런 신빙성 없는 엉터리 이야기 묶음이라면 어떻게 17세기로부터 지금까지 세계에서 가장 위대한 소설로 인정받았을 것인가. 여기에서 우리는 푸코의 해석이 지나치게 구조주의적 설명에 치우치다가 세르반테스 소설의 미학을 소홀히 했음을 본다.

세르반테스는 《돈키호테》를 쓰면서 항상 "한가하신 독자" 혹은 "고명하신 독자"[72]를 향하여 글을 쓰고 있음을 있지 않는다. 세르반테스도 살아 있는 사람이었고 그의 소설을 읽는 독자들도 소설의 허구 상황 밖에 있는 존재들이다.

---

70) Cfr. Michel Faucault, op. cit., p. 55.

71) *Don Quijote de la Mancha*, edición de Felipe B. Pedraza Jiménez y Milagros Rodríguez Cáceres(Diputación de Ciudad Real, 2005), p. 932.

72) 《돈 끼호떼》, 1권, 15쪽; 《돈 끼호떼》, 2권, 21쪽 참조.

비록 월터 옹의 말처럼 결국 그 독자나 "작가의 청중도 항상 허구"[73]일 수밖에 없다손 치더라도, 허구와 현실 사이 원근법遠近法이 존재함을 잊어서는 안 된다. 왜냐하면 세르반테스가《돈키호테》의 마지막 부분에서 강조하듯이 자기 소설은 "엉터리 허무맹랑한 기사 소설"보다는 훨씬 사실성이 짙은, 현실 가까이 있는, 진실에 가까운 상황을 소설화했다고 강조하기 때문이다.

《돈키호테》의 문체에 가장 많이 나오는 말 하나가 "사실 그대로", 혹은 "우리가 하는 이야기가 하나도 거짓이어서는 안 되는" 방식으로 쓴다는 것. 그러나 세르반테스의 그 말은 대단히 모호하고 역설적이다. 다음 문장을 분석해 보자.

> 우리 이야기의 주인공은 나이가 쉰 가까이 되었지만 골격이 튼튼하고, 군살이 없는 데다 얼굴이 삐쩍 마르고, 아침에는 일찍 일어나고, 또 사냥을 하는 게 취미였다. 이분은 성씨가 키하다인가 케사다인가 하는 분인데, 이분에 대해 글을 쓴 작가에 따라 이름이 여러 가지여서 확실하지 않지만 가능한 자료로 추측하건대 성은 케하나가 진짜이지 않을까 사료된다. 하지만 이런 이야기들이 무슨 상관이겠는가. 중요한 것은 이분이 정통 시골 귀족이며, 지금 우리가 하는 이야기가 하나도 거짓말이어서는 안 된다는 것. 이 정도면 충분하지 않은가.[74]

그러니까 작가가 "하나도 거짓말" 없이 한 이야기는 하나도 확실하지 않은 말들이다. 처음부터 돈키호테는 "라 만차의 어느 마을, 지금 그 마을 이름은

73) Cfr. Walter J. Ong, "The Writer's Audience Is Always a Fiction", ***Contemporary Literary Criticism***, ed. Robert Con Davis(New York: Longman, 1989), pp. 83-99. 특히 p. 93에서《돈키호테》2권 속에 독자의 반응이 또다시 소설이 되고 있음을 지적한다.
74)《돈 끼호떼》, 1권, 42-43쪽.

잘 생각나지 않는" 곳 출신이다. 거기에다 이름은커녕 성조차 끝내 불분명한, "가능한 자료로 추측하건대 성은 케하나가 아닐까 사료"되는 애매 몽롱한 위인이다. 이것이 하나도 거짓 없이 한 이야기라면 결국 세르반테스의 이야기는 확실한 것이라곤 하나도 없는 이야기라는 말이 된다. 그 불확실한 분은 세르반테스처럼 나이가 쉰 살 남짓하고, 아침에 일찍 일어나고, 사냥을 좋아하시는 분이다. 그런 사람은 당시 라 만차 지방뿐만 아니라 세계 어딜 가도 흔해빠진 인간형이다. 결국 당시 무명작가에 가까웠던 세르반테스가 어느 무명의 시골 영감에 대하여 가장 확실하게 쓸 수 있는 것은 불분명한 이야기일 뿐이라는 말이 된다. 말을 정리하면, 이 무명의 영감은 스스로에게 붙인 허구적 기사 이름 "돈키호테"라는 이름 빼놓고는 사실상 하나도 확실한 게 없는 생명적 실체다. 그 사람에 대하여 가장 그 사람답게 "하나도 거짓말" 없이 이야기하는 방법은 불분명할 수밖에 없다는 것.

어디 그뿐인가. 막상 돈키호테에 관한 이야기도 처음부터 작가가 많아서, "이분에 대하여 글을 쓴 작가에 따라" 혼선이 빚어진다. 세르반테스가 언급한 작가만 해도 아랍인 역사가 시데 아메테 베넹헬리Cide Hamete Benengeli, 이 아랍 원본을 번역해 준 번역가, 제2의 작가라고 자칭하는 세르반테스 자신, 그리고 라 만차의 어느 실록 작가가 있다.[75] 말하자면 《돈키호테》는 불특정 다수의 작가가 불특정 다수의 수많은 독자들에게 들려주는 상당히 불확실한 이야기다. 그러다 보니 이 우스꽝스러운 위인의 전기는 너무 재미는 있지만, 그러나 더욱 확실한 것을 알려면 대단히 자유로운 상상력이 요구되는 그런 소설이다.

《돈키호테》는 근대 소설의 효시면서, 처음부터 대단히 겸손한 이야기꾼의 손에서 태어난 셈. 요즘 우리 문학에 많이 알려진 '대하소설'의 "전지전능한

75) 민용태, 〈복합적 시각의 마술〉, 《서·중남미 문학론》(전예원, 1989), 110-111쪽 참조.

작가의 견지"보다 몇 발자국 뒤로 물러선 자세다. 사실 19세기 사실주의 소설의 봉기 이후 가장 흔한 작가의 견지가 '성서'의 작가, 혹은 신과 같은, 소설 속의 전지전능한 신의 견지다. 주인공이나 주변 인물을 다 알고 죽이고 싶으면 죽이는 능력이 작가에 있다고 믿는 작가의 견지는 어쩌면 가장 위선적이고 비인간적일 수 있다. 1920년대 이후 서구 현대소설의 개혁은 이런 작가의 견지의 비판으로부터 시작되었다.[76] 따라서 《돈키호테》는 그 탄생 형태에서부터 반성서적인 자연인적 견지에서 자연 독자를 향한 텍스트로 출발한 것이다. 왜냐하면 돈키호테의 생각에는 "하느님과 자연이 자유롭게 태어나게 한 자들을 종으로 만든다는 게 혹독한 일 같아서다".[77] 작가도 독자도 진정으로 자유로울 때, 자유로운 상상력으로 어느 미치광인지 돈키호테인지의 행각과 모험을 여러 가지로 생각해 볼 때, 참으로 재미있고 열린 이야기 세상의 문이 열릴 것이기 때문이다. 세르반테스는 말한다.

> 그러나 저는 이 돈키호테의 아버지 같기는 하지만 사실은 의붓아버지여서, 요즘의 그런 시류를 따르지 않으려 하니, 친애하는 독자여, 〔…〕 그대는 이 이야기에 대해 아무런 의무나 존경심을 가질 필요가 없으며, 마음 내키는 대로 어떤 말씀을 하셔도 좋습니다. 〔…〕 이 글을 읽으면서 우울한 사람은 웃고, 잘 웃는 사람은 더 웃으며, 바보는 화내지 않고, 점잖은 사람은 기발함에 감탄하며, 엄한 사람은 비난하지 않고, 진지한 사람도 칭찬하도록 〔…〕.[78]

---

76) 민용태, 〈인간적인 예술의 비인간화와 새로운 사실주의〉, 《세계문예사조의 이해》(문학아카데미, 2001), 282-288쪽 참조.

77) 《돈 끼호떼》, 1권, 292쪽.

78) 위의 책, 16-34쪽.

세르반테스는《돈키호테》의 마지막에서 "오직 나만을 위해 돈키호테는 태어났고 나는 그를 위해 태어났다. 그는 행동할 줄 알았고 나는 그것을 적을 줄 알았다. 오직 우리 둘만이 한 몸이라고 할 수 있으니…"[79]라고 말하면서, 돈키호테의 '행동'과 나의 '쓰기'의 언행일치言行一致적 '한 몸' 만들기가 자기의 소설학이었음을 천명한다. 이 말은 물론 시데 아메테의 말일 수도 있으나, 이는 돈키호테와 시데 아메테가 하나 되고, 허구인 시데 아메테가 실제 세르반테스와 하나 되는 순간이며, 작가와 독자가 똑같이 자유로운 공동창작자로서 하나 되는 순간이다.

내가 말하는 세르반테스의 '언행일치 소설학'은 역설이다. 그것은 자신이 신이나 성인이 아닌 이상 불가능한 인간이라는 인식에 바탕을 두기 때문이다. 세르반테스는 자기가 아무리 돈키호테에 대하여 잘 알아도 그의 행적을 그대로 적기란 신이 아닌 이상 불가능하다는 것을 안다. 그래서 많은 작가를 초대하지만 그것으로도 불충분하다. 그래서 많은 독자의 상상과 지혜의 힘을 빌리려 한다. 이야기가 모호해질 때마다 "현명하신 독자여"가 많이 등장하는 것도 바로 이 때문이다. 세르반테스의 '언행일치'에 대한 열망은 이처럼 모든 사람들의 지혜와 상상력을 동원하는 가장 인간적인 겸손과 성실성으로 실천에 옮겨졌다. 그리고 마침내 허구가 진실이 되고 진실이 환상이 되는 우주여행의 효시가 되었다.

(3) 세르반테스의 시와 연극들

세르반테스는 시인으로서 작가 활동을 시작한다. 1569년 여왕 이사벨 데 발로이스Reina Isabel de Valois의 죽음에 바치는 비명으로 소네토 한 편, 애가 한 편,

79) 위의 책, 829쪽.

그리고 다섯 편의 민요조 시redondillas가 있다. 그 뒤 유명 인사나 작가들에게 보내는 수많은 소네토와 해가 지지 않은 스페인 대제국의 황제 〈펠리페 2세의 무덤에 바치는 조가Al túmulo de Felipe II〉 등 애국시, 헌시 들이 있다. 세르반테스는 자신의 소설이나 연극에도 시를 삽입하는 것을 대단히 좋아한다. 그러나 그의 시는 그의 산문의 풍성함이나 위대성에 미치지 못 한다. 세르반테스 자신이 좋아했던 가르실라소의 서정에 미치지 못할뿐더러, 많은 경우 해학과 아이러니 같은 산문적 취향이 세르반테스 시의 매력이라면 매력이다. 세르반테스도 스스로 이런 점을 알았던지 이런 시를 쓴다.

나에게 시인으로서의 기질이 있는 것 같아
뜬 눈으로 밤을 새며 항상 애쓰고 노력하지만
하늘이 나에게 주고 싶지 않았던 재주인가….

• 원문 166 •

위 시가 나오는 《파르나소 시단 여행*Viaje del Parnaso*》(Madrid, 1614)은 파르나소가 있는 곳까지 여행하면서 마침내 아폴로 신 앞에 모인 당시의 모든 시인들을 열거하고 칭송하는 장시다. 가장 흥미 있는 것은 죽기 2년 전 세르반테스의 고독 · 가난 · 슬픔의 심경을 읽을 수 있다는 점. 세르반테스는 당시 스페인 시인들로부터 제대로 대접받지 못하고 있다는 것을 복수하듯 메르쿠리오Mercurio의 입을 통해 자신에 대한 칭찬을 늘어놓는다.

그대 가슴에 숨은 희귀한 창작자로서의
그 초인간적 본능을 아폴로 아버지께서
괜히 그대에게 준 것이 아니었음을 나는 알고 있노라.
그대의 작품들은 로신안테가 엉덩이에 싣고

세상 방방곡곡을 다니며 알리고, 모든 이들을
시기와 질투에 몸부림치게 만들 것이니라.
자 들어가시라, 희귀한 이여, 창조자여, 안으로 드시라.

• 원문 167 •

"로신안테가 엉덩이에 싣고 다니는" 것은 기사나 기사 소설이겠고, 세르반테스는 역시 연극과 소설에서 뛰어난 이야기꾼으로서의 재능을 보여 주었다. 세르반테스 연극은 1615년에 나온《여덟 극작품과 여덟 막간극들》에 발표되는데, 여기 실린 대부분의 작품들은 "한 번도 공연된 일이 없는nunca representados" 이라는 부연된 설명이 없어도 대부분 공연된 일이 없는 것들이다. 초기 연극 중 대표적인 작품은 〈포위된 누만시아El cerco de Numancia〉인데, 로마 침략자들에 에워싸인 누만시아인들이 죽기를 각오하고 저항하는 영웅적인 스페인 정신을 그리고 있다. 전형적인 16세기 인문극teatro humanístico 계열의 작품으로 비유적 인물인 '전쟁', '두에로강', '명성' 같은 작중인물들이 등장한다. 세르반테스는 초기의 연극들이 "일반적으로 청중들이 좋아하고 박수를 받았다"고 작가 스스로 공연에서의 성공을 말하고 있으나 평자들은 이것이 아직 '마당극장corrales'이 유행하기 전 가족과 친구들 사이에서의 상연된 낭독 위주의 공연일 가능성이 높다고 본다.[80] 대부분은 소실되어 전해오지 않으나 오늘날 그의 '막간극'이 갖는 리얼리즘과 해학적 재미에 미치지 못한다고 보인다.

세르반테스는《돈키호테》1권에서 아리스토텔레스식 '연극 3일치론las tres unidades'을 지키지 않는 로페 데 베가의 연극과《신연극론》을 비판한다.[81]

80) Cfr. Jean Canavaggio, "El teatro (de Cervantes)", *Historia y crítica de la literatura española*(por Francisco Rico), pp. 639-646.
81)《돈 끼호떼》, 1권, 704-795쪽 참조.

연극 공연이 실감을 주려면 공연에서 보여 주는 사건이 벌어지는 시간이 "해가 떠서 해가 질 때 까지" 정도여야 하며, 장소는 한 장소, 한 궁전, 그리고 비극이거나 희극이거나 하나의 긴장관계를 다룬 사건이어야 한다는 것이 아리스토텔레스의 '연극 3일치론'인데, 17세기 (세르반테스에 의하면) 연극의 '귀재' 로페는 그런 고전 법칙에 맞는 연극을 할 수는 없다고 《신연극론》에서 주장한다.

> 나는 세인世人들의 박수를 이끌어 낸 자들이
> 발명한 기술과 예술로 극을 쓴다,
> 왜냐하면 세인들이 돈을 주고 보니까, 그들을
> 즐겁게 하기 위해선 속어로 말하는 게 당연하니까.
>
> • 원문 168 •

그러나 세월이 가고 로페의 연극이 크게 성공한 것을 보자 세르반테스도 로페의 자유스러운 연극론을 받아들인다. 그 결과가 우리가 위에서 언급한 "극작품과 막간극들"이다. 그중에서 요즘에 와서도 공연에 성공을 거둔 〈아르젤의 감방들Los baños de Argel〉은 세르반테스가 아르젤의 포로 생활에서 겪은 포로들의 삶을 그리고 있다. 〈행복한 건달El rufián dichoso〉은 사창가를 무대로 벌어지는 사건으로, 마침내 크리스토발 데 루고 사제의 개과천선과 죽음을 그린다. 그러나 평자들은 세르반테스의 최고 연극으로 〈페드로 데 우르데말라스Pedro de Urdemalas〉를 든다. 집시들과 건달들 사이에서 벌어지는 재미있는 사건들을 주제로 하고 있다. 재미있고 마음씨 고운 주인공은 사랑하는 벨리카의 신분을 알게 되자 마침내 그녀에 대한 사랑을 포기한다는 아름다운 스토리다. 코믹한 내용과 서정요들이 한층 분위기를 고조시킨다.[82] 일반적으로

82) Cfr. José García López, op. cit., p. 277.

세르반테스의 연극은 스토리의 다양성보다는 주인공들의 캐릭터, 심리적 갈등과 심도 있는 통찰력이 돋보인다는 평이다.

그러나 그의 연극보다 오늘 우리에게 더욱 흥미로운 것은 그의 막간극들이다. 스페인 고전 연극 중에서 가장 리얼리즘이 강하고 현대성이 뛰어난 연극이 세르반테스의 '막간극'이다. 로페 데 루에다의 '파소'의 영향을 받은 것으로, 모두가 산문으로 쓰인 짤막한 단막극에다 당시 서민 사회나 하층 계급의 재미있는 풍속도라고 할 수 있다. 이 중에서 가장 뛰어난 작품들이 〈황홀경의 인형극El retablo de las maravillas〉과 〈성실한 보디가드La guarda cuidadosa〉다.

〈황홀경의 인형극〉은 우리에게 "벌거벗은 임금님"으로 알려진 오래된 설화 계열에 속한다. 스페인 문학에서는 중세 돈 후안 마누엘의《백작 루카노르》에 나오는 〈비단 짜는 사람들Los tejedores〉 이야기에 나온다. 정작 비단은 보이지 않는데, 죄를 짓지 않고 양심적인 사람들에게만 이 "마법의 비단el paño mágico"이 보인다고 속인다. 사람들은 그 말을 믿고 모두 보이지 않는 비단이 "참으로 아름답다!"고 감탄한다. 똑같은 설화 틀을 이용하여 세르반테스는 비단 대신 눈에 뜨이지 않는 인형들이 등장하는 인형극을 등장시킨다. 당시 사회의 타성과 위선을 신랄하게 풍자하는 해학적 연극으로, 사람들에게 보이지 않는 인형극을 "황홀하게" 구경하게 하는〈황홀경의 인형극〉이 세르반테스의 작은 걸작품이다.

〈성실한 보디가드〉는 가난한 군인과 성당지기가 크리스티나라는 아름다운 하녀를 놓고 벌이는 사랑 싸움. 둘 다 크리스티나 집 주위를 맴돌며 그 집에 들어가는 모든 사람들을 질투한다. 거기 들어가는 장사치며 구두장이 등 모든 이들을 혹은 따돌리고 혹은 회유하여 들어가지 못하게 한다. 대부분의 세르반테스의 막간극들이 그렇듯이 스페인 사회의 각종 직업, 각종 인간형들이 모두 등장하여 엮어 가는 코믹하고 재미있는 드라마다.

주인들의 생각과는 달리 크리스티나는 너무 착하고 순진할 뿐. 여기에서 세르반테스의 긴장을 야기하는 기발한 대화술과 재미있는 말장난이 돋보인다. 한편 이 막간극에서 우리는 당시에 서민 사이에서 이미 자유연애론이 유행하고 있었음을 알 수 있다. 주인들은 크리스티나에게 이 둘 중에 가장 마음에 드는 남자를 고르라고 한다. 크리스티나는 당시 습관대로 "어르신들께서 저를 길러 주셨으니 알맞은 사람을 신랑으로 골라 주시라Vuesas mercedes, que me han criado, me darна marido como me convenga"고 한다. 거기에서 나온 주인마님의 말: "부끄러워 말고 골라라, 먹는 거하고 결혼하는 것은 남의 뜻보다는 자기 취향대로 하는 거니까No la tengas -la vergüenza-; porque el comer y el casar ha de ser a gusto propio, y no a voluntad ajena".

〈이혼 재판관의 막간극〉도 퍽 재미있는 막간극이다. 당시 스페인 사회에서 가장 문제 많은 부부들이 이혼을 청하며 재판소에 모여든다. 그 전형적인 불화의 쌍쌍들은 늙은이와 결혼한 젊은 여자 마리아나, 한 놈팡이 건달, 퇴역군인과 결혼한 도냐 기오마르, 사창굴에서 구해 낸 창녀와 결혼했다 이혼 소송을 하는 노무자, 그리고 사기 결혼을 했다고 이혼을 청하는 민하카 등이다. 특히 이 마지막 여자의 말은 의사에 대한 당시의 시대상을 반영한 것이라 흥미롭다.

> 우리 남편이 그 네 가지 이유로 이혼을 청한다면, 저는 4백 가지 이유로 이혼을 청하겠사옵니다. 첫째는 이 사람을 볼 때마다 저는 사람이 아니라 악의 화신 루시퍼를 보는 것 같은 생각이 듭니다요. 둘째는 이 사람과 결혼할 때 저는 속아서 결혼한 겁니다. 왜냐하면 이 사람이 진짜 내과의사라고 해 놓고는 알고 보니 외과의인 거 있죠. 환자들 상처나 꿰매 주고 다른 병들 치료하는 사람 말이요. 이런 일 하는 사람하고 진짜 의사하고는 그 정확한

가치가 절반 차이는 나지요.

• 원문 169 •

우리는 리얼리즘이 강한 이들 막간극에서 외과의의 아들이면서 가난한 군인이었던 세르반테스 자신의 자서전을 보는 것 같은 서글픈 느낌이 든다. 〈성실한 보디가드〉나 〈이혼 재판관의 막간극〉 외에도 그의 작품에 나오는 모든 군인은 전부 가난뱅이 놈팡이요 돈 한푼 없이 건들대는 건달들이다. 이런 비참한 신세였던 세르반테스의 가정생활 또한 평탄하지 못했을 것은 당연한 일이다. 거기에 이사벨이라는 사생아 딸까지 있었으니, 부부 사이가 어찌 순조로울 수 있었으랴.

그러나 1584년에 결혼한 도냐 카탈리나 데 팔라시오스Doña Catalina de Palacios와 1616년 사망 때까지 온갖 고초와 가난을 함께한 것은 이 〈이혼 재판관의 막간극〉의 충고 때문이었으리라.

가끔 사람들이 빠지기 쉬운 단순한
오해로 눈이 멀지 않았다면,
사랑의 날 사랑싸움은
일 년 내내 화평하라는 것.
그러다 보면, 죽은 줄 알았던
명예도 좋아함도 되살아나나니,
최고의 이혼보다 더 나은 건
최악의 화해라네

질투의 분노는
너무 크고 가혹하지만,

아름다운 여인 때문에 생긴
질투는 질투가 아니라 천국.
사랑의 신은 가장 노련하고
현명하시니, 신의 충고를 따르면,
최고의 이혼보다 더 나은 건
최악의 화해라네.

• 원문 170 •

(4) 목가 소설과 연애 소설, 납치 등 파란만장한 인연의 무늬들

《돈키호테》가 기사 소설, 목가 소설, 무어족 소설 등 모든 소설 장르의 백화점이라면, 막상 소설가로서의 세르반테스의 최초의 관심은 몬테마요르 스타일의 목가 소설에 있었다. 《갈라테아 여인》이 그것인데, 거기에는 당시의 토픽인 플라톤적 사랑과 실연에 고민하는 목동들의 하소연, 극도로 이상화된 자연 풍경 묘사 등이 있다. 세르반테스 자신도 《돈키호테》 1권에서 인정했듯이 문체나 문학성에서 크게 성공한 작품은 아니지만 세르반테스의 서정적 취향을 충분히 반영한 소설이라고 볼 수 있다.

세르반테스는 생전에 《갈라테아 여인》의 2부를 끝마칠 생각을 한다. 돈키호테도 세르반테스도 이상을 불태웠던 젊은 시절의 덧없는 꿈에서 깨어나자 편안하고 평화스러운 목동생활로 돌아가고자 한다. 돈키호테가 자기는 이름을 '키호티스Quijotiz', 산초 판사는 '판시노'라고 하고 산과 밀림, 초원을 누비며 살자고 한다.[83] 돈키호테의 그 말은 산초까지 감염시킨다. 그가 부질없는 방랑 기사 행각을 뉘우치며 우울증으로 죽어갈 때, 산초는 울부짖는다.

83) 《돈 끼호떼》, 2권, 758-766쪽 참조.

> 아이구, 나으리, 제발 돌아가시지 마세요, 주인나리. 제발 제 충고 좀 들으시고 오래 오래 사세요. 사람이 태어나 이 세상에서 저지를 수 있는 가장 미친 짓은 아무도 죽이지 않았는데 그냥 아무 이유도 없이 죽어 가는 겁니다요. 다른 손이 목숨을 끊는 것도 아니고 단순히 우울 증세로 죽으시다니요. 이보세요, 게으름 피우지 마시구요, 그 침대에서 벌떡 일어나세요. 그리고 우리가 약속한 대로 목동 옷을 입고 우리 들판으로 나갑시다요. 어쩌면 어느 덤불 뒤에서 마법에서 풀려난 둘시네아 아씨를 만나게 될지도 몰라요.
>
> • 원문 171 •

그렇다. 세르반테스가 좋아한 시인 가르실라소의 꿈도 그가 〈제1목가 Egloga primera〉에서 울부짖듯, 죽은 엘리사와 하늘 초원에서 "너와 손에 손잡고/또 다른 평원/또 다른 산들, 또 다른 강들을 찾아/꽃이 피어 있고 그늘이 있는 또 다른 골짜기에서contigo mano a mano/busquemos otro llano/busquemso otros montes y otros ríos/otros valles floridos y sombríos" 영원히 행복한 삶을 누리는 것이었다. 세르반테스 또한 죽을병에 걸려 병마에 시달리면서도 어쩌면 이 지겨운 고생과 "눈물의 계곡"을 떠나 또 다른 하늘 풀밭을 찾아 평안하게 쉬고 싶었는지도 모른다. 그러기에 〈페르실레스와 세히스문다의 고생길〉의 레모스 백작에서 보내는 헌사에서, "혹시 네가 운이 좋아, 운이라기보다는 기적이겠지만, 하늘이 목숨을 좀더 주신다면 이들 책들도 보시고, 귀하께서 그토록 좋아하시는《갈라테아 여인》도 끝내는 것을 보실 겁니다만Si a dicha, por buena ventura mía, que ya no sería ventura sino milagro, me diese el Cielo vida, las verá, y con ellas el fin de 'La Galatea' de quien se está aficionado vuesa Excelncia"이라고 말하면서 마지막 가냘픈 소망을 내보였던 게 아니겠는가.

어떻든 돈키호테의 목동생활이나 세르반테스의 목가 소설에 대한 소망은 현실적으로 이루어지지 못했다. 그럼에도 불구하고 세르반테스가 문학을 통하여 구현하고자 하는 마지막 꿈은 그것이 하늘이든 땅이든 꿈과 현실이 마주하고 미소 짓는 목가적 평화로운 삶이었다. 그가 마지막으로 끝낸 소설 〈페르실레스와 세히스문다의 고생길〉도 비잔틴 소설풍의 파란만장한 모험 소설이고, 환상 소설에 가까운 사랑과 시와 신비로 가득 찬 스토리들이지만, 이 소설의 가장 값진 문학적 성취는 목가적 이상 세계의 풍경 묘사에 있다고 하겠다.

왕자 페르실레스와 공주 세히스문다는 각각 페리안드로, 아우리스텔라라는 이름의 자매로 행세하면서 북구의 여러 나라를 여행하며 복잡한 사건에 휘말리고 고생 고생하다가 마침내 스페인을 거쳐 로마에 이르러 결혼에 골인한다는 이야기다. 이 소설에는 세르반테스 특유의 리얼리즘보다는 상상과 환상을 한껏 발휘한 허구의 세계가 빛을 발휘한다. 《돈키호테》가 슬픈 현실 앞에서 좌절하는 사랑과 이상주의의 패배를 그린 것이라면, 〈페르실레스와 세히스문다의 고생길〉은 꿈과 이상, 환상의 승리를 보여 주는 소설이다. 이 마지막 소설의 꿈과 환상은 어떤 현실의 도전에도 굴하지 않고 순수한 낙천성으로 해피 엔드를 장식한다.

그러나 이 소설의 장점은 이미 말했듯이 초기 목가 소설에서 보여 준 것과 같은 지극히 서정적이고 신비한 자연 풍경 묘사에 있다. 여기 페리안드로의 꿈 이야기를 들어 보자.

> 우리는 모두 배에서 내렸다. 그리고 아주 기분 좋은 강가를 거닐었다. 강변의 모래는 아무런 과장도 필요 없이 그냥 그대로 모두가 조그만 진주들이나 금싸라기로 된 것들이었다. 조금 안으로 더 들어가자 파란 초원들이 우리 눈에 들어왔다. 거기 풀들이 파란 것은 풀이어서 파란 것이 아니라

모두가 에메랄드였기 때문이었다. 그 푸르름 속에는 늘 시인들이 말하듯이 수정 같은 물이 흐르는 것이 아니라 액체 금강석으로 만든 물줄기가 흐르고 있었다. 그 강물이 온 초원을 가로질러 가는 모습이 수정 뱀들이 기어가는 듯했다. 이윽고 우리는 여러 가지 다른 종류의 나무숲을 발견했는데, 나무들이 너무 아름다워 우리의 마음을 사로잡고 모든 감각을 즐겁게 했다. 어떤 나무들에는 고추처럼 보이는 루비들이 달린 가지가 걸려 있거나, 아니면 루비 알들처럼 보이는 고추들이 매달려 있었는데…. 거기에는 모두가 봄이요, 모두가 초여름이요, 모두가 걱정 없는 여름이고, 모든 것이 믿을 수 없을 만큼 극도로 즐거운 가을이었다. 우리가 바라보는 것마다 모두 우리의 오감을 즐겁게 하는 것들. 그 아름다움과 절경이 우리 눈을 즐겁게 하고, 서서히 흐르는 샘물, 시냇물 소리와 수없이 많은 새들의 노랫소리가 우리의 귀를 즐겁게 했다.

• 원문 172 •

그러나 세르반테스의 또 다른 걸작은《모범 소설들》이라 할 수 있다. 그것은 첫째, 작가 자신의 말대로 "스페인어로 쓴 최초의 독창적 단편소설"일 뿐만 아니라 근대 단편소설의 효시라는 점이다. 세르반테스는 이탈리아의 '데카메론' 스타일의 '단편소설novela'을 염두에 두고 자기가 스페인어로는 '최초로'라는 말을 썼지만, 결과적으로 19세기 이후 현대 리얼리즘적 요소를 모두 갖춘 단편소설의 전형을 제시했다고 할 수 있다. 말하자면, 근대 소설은 목가 소설이나 기사 소설과 같은 환상이나 이상주의를 벗어나 소설의 기법이나 내용 면에서 사실에 의거한 사실성에 밀착시킴으로써 생겨났다. 세르반테스가《돈키호테》는 "기사 소설에 대한 반박una invectiva contra los libros de caballería"으로 쓰였다고 하는 것도 결국 환상과 거짓을 버리고 사실성을 가진, 심도 있는 인간 진실을 그려 내겠다는 뜻에서 근대 리얼리즘 소설 탄생 선언이라고 볼 수 있는 것.

학자들은 근대 소설의 시원을《행운과 불행으로 이어진 라사릴요 데 토르메스의 일생》을 비롯한 악자 소설류와 세르반테스의《돈키호테》, 그리고《모범 소설들》에서 찾고 있다. 오르테가 이 가세트는《돈키호테》가 근대 소설의 효시인 것은, 그때까지 종래의 소설들은 신화적 어제나 역사적 어제el ayer mítico o histórico를 이야기하는narrar 장르였지만, 세르반테스로부터 소설이 "오늘을 묘사하는describir el hoy" 이야기 스타일로 바뀌었기 때문이라고 말한다. 어떻든 리얼리즘이 소설의 내용과 형식으로 자리 잡으면서 근대 소설이 탄생했다는 이야기. 세르반테스의《모범 소설들》에는 악자 소설이 주로 사용하는 '독단적 리얼리즘realismo dogmático'과 세르반테스의 '열린 소설'적 특징인 '객관적 리얼리즘realismo objetivo' 중 다각적 시각을 중시하는 후자가 두드러진 요소로 나타난다.84)

카살두에로는 좀더 '독단적'인 작가의 견지에서 쓰인 '구스만 데 알파라체Guzmán de Alfarache'를 모델로 설명한다. 세상은 "구역질나는 쓰레기통muladares y partes asquerosas"이며 속임수이고, "이 세상에 사람이 산다고 하는 것은 전쟁이다milicia es la vida del hombre en la tierra"라고 독단적 설교를 늘어놓는 악자 소설에 비해, 세르반테스의 소설은 다각적이며 생명적인 변화와 대화를 존중하는 자유의 광장이라고 말한다. 그러나 돈키호테도 처음은 현실주의자이기보다는 분명히 '독단적' 이상주의자였고 소설이 진전하면서 산초의 물질

84) Cfr. Carlos Blanco Aguinaga y Joaquín Casalduero, "Las novelas ejemplares", *Historia y crítica de la literatura española*, tomo 2, pp. 631-639. 여기에서 평자들은 악자 소설적 리얼리즘과 세르반테스적 리얼리즘을 구분하기 위해 '독단적'과 '객관적'을 구분하고 있지만, 결과적으로 이는 세르반테스의 소설 양식의 풍성성을 입증하는 말 밖에는 다른 뜻이 없다. 악자 소설적 요소 또한《모범 소설들》속에서 무척 비중이 크기 때문이다.

주의와 대화에 나서는 양태다. 어떻든 우리가 '열린 소설'론에서도 이야기했듯이 세르반테스는 작가의 다양한 시각을 포용하고 있다.

> 소설을 쓴다고 하는 것은 세르반테스에게 형상을 설명하고, 규정하고, 결정하고, 판단한다는 것을 의미하는 것이 아니다. 그보다는 우리가 감지하는 형상대로 보이는 세상을 창조하는 것이 소설 쓰기. 그 세계는 창조된 이후부터 창조주로부터도 자유롭다. 그것은 항상 단편적 세상이다. 그러나 그 단편 하나하나가 그대로 완벽하다. 그것은 우리가 사는 세상처럼 우리 밖에서 만들어지지만, 동시에 그 속에서, 우리들 하나하나와 다른 사람들과의 상관관계에서 우리는 모양 지어진다. 세르반테스에게 소설 쓰기는, 어떤 의미에서 창조된 세상 속에서 살아가고 행동하게 내버려 두는 일이다. 그 세상은 어느 누구도 아직 만족할 만큼 규명해 내지 못한 늘 반쯤은 진실이고 반쯤은 거짓들인 세상.
>
> • 원문 173 •

《모범 소설들》은 두 가지 부류로 나눌 수 있는 단편소설집으로, 그 하나는 지금까지 이야기한 리얼리즘에 바탕을 둔 주로 하부 사회를 소재로 하는 단편들이고 그 나머지는 이야기도 복잡한 이상주의적 비전을 가진 사랑 이야기나 귀족 계급 주인공들을 소재로 한 것들이다. 책 출판은 바로크 시대, 1613년에 나온 것이지만 긴 시간을 두고 쓰인 단편들을 모은 것들이기 때문에 각각 성격이 다른 소설들이 함께 자리하고 있다. 예를 들어 〈린코네테Rinconete〉라는 작품의 1606년본과 1613년본은 현저하게 다르다. 1606년 텍스트에는 어느 창녀의 일생 이야기가 장황하게 나오는데, 1613년 단편에는 단 몇 줄밖에 언급이 없다.[85] 《돈키호테》의 1권과 2권이 문체나 구조 면에서 차이가 나듯이,

85) Cfr. ibid., p. 638.

첫 번째 리얼리즘이 강한 부류는 비교적 후기에 쓰인 작품이어서 《돈키호테》 2권처럼 더욱 잘 짜이고 문체가 훨씬 생동감 넘치는 반면에 르네상스적인 사랑 테마나 우여곡절 많은 단편들은 보다 전에 쓰인 작품으로 사료된다.

예를 들어, 〈자유로운 연인El amante liberal〉은 포로들의 사랑 이야기이고 〈두 아가씨들Las dos doncellas〉은 여자 주인공들이 당시의 풍습대로 남장을 하고 자신들의 약혼자를 찾아간다는 스토리다. 세르반테스의 단편에는 여자 납치 이야기가 대단히 많다. 〈영국인 스페인 여자La española inglesa〉도 안달루시아의 한 어린 소녀가 유년기에 영국인들에게 납치되어 아가씨가 되었는데, 수많은 유여곡절 끝에 결국 자기의 안달루시아 여인적 기질을 보여 줌으로써 사랑하는 애인과 결혼한다는 해피 엔드 스토리. 〈집시 여인La gitanilla〉도 어렸을 때 납치되었던 고을 원님의 딸로 집시로 살던 여인이 나오고, 〈핏줄의 힘La fuerza de sangre〉도 소녀 때 납치되어 겁탈당한 여인이 긴 세월 끝에 마침내 납치범 귀족과 우연히 만나게 되고 결혼하게 된다는, 인연의 힘을 생각하게 하는 소설이다.

세르반테스에 있어서 이들 소녀 납치 테마는 신분 상승, 신분 격하를 통한 상황 전환으로 이야기의 재미를 배가시키려는 전통적 기법 중 하나다. 특히 〈집시 여인〉의 재미는 집시 중에서도 가장 집시적인 프레시오사Preciosa의 노래와 춤과 멋과 매력이 모든 사나이의 마음을 사로잡는 부분에 있다. 이 작은 집시 소녀는 자신의 정체성에 자신을 갖는다. 그녀가 춤 잘 추고 노래 잘 하고 점도 잘 치는 것을 본 장교가 그녀를 왕에게 데려가 주겠다고 말하자 이렇게 대답한다.

> 거기서는 저를 광대로나 원할 걸요—프레시오사가 답했다—, 하지만 전 그런 건 할 줄 몰라요. 그러다간 다 망치게 될 거예요. 저를 그냥 얌전한 여자로 모셔 간다면, 가도 좋겠지요. 하지만 어떤 궁전에서는 점잖고 얌전한 사람들보다는 광대들이 더 인기가 좋지요. 저는 그냥 이대로 집시로

있는 게 좋아요. 집시로 가난하게 살며 운명 따라 하늘 따라 떠돌아다니는 거요.

• 원문 174 •

비록 그녀는 어렸을 적에 어디선가 납치되어 늙은 집시 할머니에게서 집시로서 사는 법을 배웠지만, 그녀의 천성적 아름다움과 천재적 기질은 어느 집시보다 훌륭한 매력을 발산한다. 마침내 어느 귀족 청년이 그녀에게 홀딱 반해서 모든 것을 다 걸고 청혼을 한다. 결국 왕자님이 나타나, "프레시오사의 천한 신분을 나의 위대한 위치로 끌어올려 나와 똑같이 되고 나의 부인이 되게para levantar a mi grandeza la humildad de Preciosa, haciéndola mi igual y mi señora" 하겠다는, 신분 상승을 보장한 청혼을 한다. 소위 신데렐라 콤플렉스가 현실로 성취되는 날이다. 그러나 프레시오사는 집시의 자존심을 버리지 않는다. 자유와 사랑을 유일한 신으로 모시고 사는 것이 집시다. 그녀는 왕자의 사랑의 마음을 시험하기 위해, 그가 모든 걸 다 버리고 2년간 함께 집시로서 생활할 것을 조건으로 내건다. 결국 그 안드레스라는 청년은 집시로서의 생활을 훌륭하게 소화해 낸다.

일이 묘하게 되려고 무르시아에서 청년은 아무 죄 없이 고발을 당하고 거기에서 감옥에 갈 위험에 처한다. 그러나 인연의 신은 두 연인을 금방 행복으로 이끈다. 거기 무르시아의 영주가 옛날에 집시에게 잃은 어린 딸이 바로 지금 프레시오사였던 것. 그녀는 되찾은 아버지에게 신랑 안드레스의 진짜 신분을 밝히게 되고, 둘은 행복하게 결혼해서 잘 살게 된다는 스토리이다. 재미있는 것은 새로 탄생한 귀족 신혼 부부가 살게 될 집 또한 프레시오사를 어려서부터 키운 늙은 집시 할머니 집이라는 것이다.

이렇게 해서 "집시, 집시, 집시, 집시 여인…"이라는 낭만주의 상징으로서의 집시의 신화가 탄생한다. 즉 세르반테스의 〈집시 여인〉의 모델로 빅토르 위고는 《노트르담 드 파리*Notre-Dam de Paris*》(1831) 속 에스메랄드라는 집시 소녀를 창조한다. 프로스페 메리메Prosper Mérimée는 1845년에 집시 여인 〈카르멘〉이란 단편을 발표하는데, 이런 집시 모델 또한 세르반테스의 〈집시 여인〉으로부터 나온 것이다. 무대는 세비야, 카르멘을 감옥으로 데려가야 할 검찰 소장 돈 호세가 그녀에게 반해 급기야 집시처럼 밀수업자, 산적으로 타락한다. 그러나 카르멘은 투우장이 루카스에게 꼬리를 치고 질투의 화신이 된 돈 호세는 카르멘을 죽인다는 비극적인 스토리이다. 이 스토리는 또다시 비제Georges Bizet의 오페라 〈카르멘Carmen〉(1875)을 통해 우리에게 잊을 수 없는 정열의 나라의 매력과, 마력과 낭만의 상징 집시 여인의 이미지로 부각된다.

신분 상승, 신분 격하의 서스펜스 이야기로 또한 〈고명한 식모 아가씨La ilustre fregona〉가 유명하다. 물고 물리는 인연의 꼬리를 이야기로 풀어가는 세르반테스의 이야기꾼 기질이 여지없이 발휘되는 순간에 우리는 '고명한 식모 아가씨'를 만난다. 이 소설은 사실 카르리아소와 아벤다뇨라는 두 친구의 두 이야기가 한데 얽혀 있다. 처음은 톨레도에서 두 친구가 하나는 물장수, 하나의 식당 보이로 일하는 이야기부터 나온다. 아벤다뇨는 '고명한 식모 아가씨' 콘스탄사에게 사랑에 빠진다. 그러나 사실 두 친구는 옛 수도 부르고스에 사는 귀족 가문의 자식들로서 살라망카에 공부하러 간다는 핑계로 집을 나와 톨레도에 머물게 된, 심심풀이 가출 소년들이었다.

귀족 아들인 아벤다뇨는 신분상 식모 따위와 결혼할 수 없다는 것을 알기 때문에 혼자 고민했고, 콘스탄사 또한 그때 아반다뇨 같은 말이나 돌보는 천한 머슴과는 사귈 생각이 없었다. 그러나 사랑의 신인지 인연의 손길인지 이들의 불가능한 사랑은 해피 엔드로 끝난다. 한 여인숙에서 아벤다뇨의 아버지와 카르리아소의 아버지, 그리고 아들들이 만나는데, 식모 콘스탄사는 다름 아닌 카르리아소의 따님이었다는 것. 물론 아벤다뇨도 천한 신분이 아니라는 것이 밝혀지고, 두 쌍은 각각 행복하게 결혼하여 고향 부르고스에서 평안하게 잘 살게 되었다는 이야기. 이와 비슷하게 파란곡절 많은 사랑 이야기가 〈코르넬리아 아씨La señora Cornelia〉다.

(5) 반쯤은 진실이고 반쯤은 거짓인 세르반테스 소설의 진솔한 리얼리즘

카살두에로는 세르반테스의 소설 세계가 "늘 반쯤은 진실이고 반쯤은 거짓" 인 세상이라고 말한다. 우리가 《돈키호테》를 '열린 소설'이라고 한 것처럼 그의 소설은 작가와 독자가 서로 머리를 맞대고 생각해 보는 알쏭달쏭한 우리 세상살이의 이야기들이다. 작가가 전지전능한 신처럼 소설 속의 모든 인물과 사건을 조종하고 결정하는 것이 아니다. 아직도 모르는 것이 너무 많은 소설 환경 속의 한 사람, 한 단편적 현실을 만날 때, 독자 또한 다시 생각하고 판단하고 상상해 보게 된다. 세르반테스는 소설 속에서 거의 무책임하리만큼 자기 이야기의 주장과 줄기를 흔들거나 부드럽게 제시한다. 믿어도 좋고 믿지 않아도 어쩔 수 없지만 너무 신기하고 재미있는 이야기가 세르반테스를 통해 흘러나오는 이야기.

〈린코네테와 코르타딜요Rinconete y Cortadillo〉나 〈개들의 대화La novela y el coloquio de los perros〉와 같은 악자 소설 냄새가 짙은 재미있는 당시 세태 묘사나 풍속화들도 〈라사릴요〉처럼 자기 인생 역정을 자기가 자기 해석으로 멋대로 털어놓은 스타일이 아니다. 〈린코네테와 코르타딜요〉는 도둑질이나 건달 생활로 살아가는 두 망나니들이 세비야의 모니포디오 마당 근처에 아지트를 둔 도둑패들과 만나면서 벌어지는 사건들을 담담하게 제시한다. 사회의 하부

층 사람들의 삶을 다루는 점에서 악자 소설과 비슷하나, 어떤 일정한 악당의 인생 역정을 그린다기보다는 세비야 불량배들의 소굴에서 살아가는 망나니들의 희한한 사고와 생활상을 유머러스하게 객관적으로 묘사하고 있다.

린콘이 안내자에게 물었다.

—당신께서는 다행히 도둑이신가요?

—그렇소이다—그가 대답했다—하느님과 좋은 사람들을 위해 봉사하지요. 비록 정통 수련을 다 마친 사람은 아니옵니다만…. 저는 아직 견습 과정에 있거들랑요.

그 말에 코르타도가 물었다.

—세상에 도둑들이 하느님과 좋은 사람들을 위해 봉사하려고 일한다는 말은 제가 처음 듣습니다.

그 말에 그 청년이 대답했다.

—나리, 저는 신학 문제는 잘 모르니 말할 수 없구요, 제가 아는 것은 사람은 누구나 자기 직업에서 하느님을 기리고 모실 수 있다는 거지요. 더구나 모니포디오는 거기 모든 소속 조직원들에게 명령을 내려놓았거든요.

—무슨 명령인지 성스럽게 좋은 내용 같군요. 도둑들이 하느님에게 봉사하게 하니 말이에요.

—대단히 성스러워서—청년이 말을 받았다—우리 직업상 더 좋은 법은 없으리라 생각되어요. 두목이 명령한 것은, 우리가 도둑질한 것들 중에서, 우리 도시에 있는 대단히 성스러운 성상의 등불용 올리브기름을 모으기 위해 무엇이든 약간의 동냥을 바치라는 겁니다.

• 원문 175 •

〈유리 석사El licenciado Vidriera〉도 너무 영리해서 미친 천재 이야기인 점에서 돈키호테를 연상시킨다. 주변으로부터 이해받지 못하고 소외된 인간형이라는 점에서도 둘은 일치한다. 둘 다 공부를 너무 많이 하고 책을 너무 많이 읽어서 현실에 적응하지 못하고 방황하는 인간상이다. 문文으로 살 수 없어, 돈키호테처럼 무사로 "용감무쌍한 군인"으로 이름을 날리고 죽은 점에서도 돈키호테를 연상시킨다.

그러나 '유리 석사'가 미친 것은 공부밖에 모르는 그 고운 청년을 유혹하려는 꽃뱀인지 귀부인인지의 농간 때문이었다. 여자가 사랑의 마약이랍시고 준 약을 먹고 탈이 나서 거의 죽을 지경에 이르렀다가 병이 낫자 그는 자신이 유리로 된 깨지기 쉬운 연약한 실체라는 광기에 빠진다. '유리 석사'의 광기가 상징하는 것은 무엇일까? 그것은 우선 인 문학의 꽃인 시적 진실을 사는 인간으로 보인다.

그의 미친 소리를 좋아하는 주변 사람들은 그에게 어딘가 시인다운 데가 있음을 본다. 그리하여 시인들에 대하여 어찌 생각하느냐고 묻는다. 그는 현재 시인들은 하나도 좋아하지 않지만, "시라는 학문은 너무 좋아하고 존경한다"고 말한다. "왜냐하면 그 안에 모든 다른 학문들이 다 들어 있기 때문이다. 시라는 것은 모든 학문을 다 사용한다. 모든 지식으로 치장하고 갈고 닦아서 그 훌륭한 작품들을 발표하게 된다. 따라서 그런 작품들은 세상에 좋은 교훈을 주고 즐겁게 하며 훌륭하게 만든다pero que admiraba y reverenciaba la ciencia de la poesía porque encerraba en sí todas las demás ciencias; porque de todas se sirve, de todas se adorna, y pule y saca a luz sus maravillosas obras, con que llena el mundo de provecho, de deleite y de maravilla"고 말한다.[86)]

미쳤을 때 그토록 인기가 있던 그는 마침내 광기가 깨어나자 정부에 필요한 인물이 되지 못하고, 결국 네덜란드 전투에 나가 무사로서 이름을 날리다 죽었다는 씁쓸한 이야기다. 세르반테스처럼, 돈키호테처럼 주변의 끝없는 냉대

86) Cfr. "Novela del licenciado Vidriera", *Novelas ejempares* 11, pp. 57-59.

와 조롱 속에서 시들어 가는 사랑과 인간성에 대한 희망과 좌절의 냄새가 짙은 작품이다.

〈개들의 대화Novela y coloquio que pasó entre Cipión y Berganza, perros del Hospital de la Resurrección…〉는 〈사기 결혼Novela del casamiento engañoso〉이란 소설과 연결된 소설이다. 이 두 단편은 모든 사건이 발야돌리드 시에 있는 '부활 병원Hospital de la Resurrección'과 관련이 있다는 것을 빼 놓고는 각각 다른 이야기들이다. 〈사기 결혼〉은 육군 소위 캄푸사노가 부잣집 귀부인과 결혼하려다 오히려 속아 창녀와 결혼했다가 그나마 있던 재산도 빼앗기고 매독까지 걸려 발야돌리드 시에 있는 '부활 병원'에서 죽도록 고생하다 나왔단 이야기다. 캄푸사노가 석사 페랄타에게 들려준 이야기인데, 그 이야기가 끝나자 소위는 또 더 놀라운 이야기가 있다면서 그 병원에서 개들이 대화하는 소리를 들었다고 말한다. 그가 적어 놓은 이야기라는 것이 다음 단편 〈개들의 대화〉인데, 영리한 두 개들이 말을 할 줄 알게 되자 서로가 살아 온 일생을 이야기하며 대화를 나눈다는 구도다. 연극처럼 대화 형식으로 쓴 단편인데, 그 시작부터 개들이 자신들의 이성적 능력과 언어 능력에 감탄하면서 이야기가 이어진다.

> 베르간사 : 시피온 형님, 형님이 말하는 걸 듣고 나 또한 형께 말하고 있는 것을 알다니, 전 믿기지가 않네요. 우리 개들이 말을 한다고 하는 것은 자연 법칙의 한계를 벗어나는 일 같아서 말이지요.
>
> 시피온 : 그건 사실일세, 베르간사, 이건 기적 중의 기적이라고 할 수 있을 거야. 지금 우리가 말을 할 뿐만 아니라, 그 말도 사리에 맞게 말을 하니까 말이야. 우리 개는 전연 이성이 없는 것인데, 마치 이성적 능력이 있는 것처럼 사리에 맞춰 말을 하다니…. 인간과 야성의 동물이 차이가 있는 것은 인간은 이성적 동물이고 야성의 동물은 이성이 없다는 것이지.

베르간사 : 형님 하는 말이 다 맞아, 시피온 형님, 나도 알겠어. 그대가 말하고 나 또한 그대를 알아듣고 하는 걸 보면, 나는 새삼 다시 놀라고 다시 경탄할 수밖에 없구먼.

• 원문 176 •

개들의 이런 자기 성찰적 대화와 감탄은 세르반테스 소설학의 핵심이다. 자기가 말을 하고 자기 말 능력에 감탄하는 것은 자기가 쓰고 자기 작품을 다시 감상하는 것처럼 재미있다. 보통 소설에서는 작가인 자기는 숨고 허구 속의 사실만 진실처럼 실감나게 제시한다. 말하자면 작가는 신처럼 모습을 나타내지 않고 소설 속에서 전지전능한 신처럼 행세한다. 그러나 《돈키호테》 속의 작가나 〈개들의 대화〉 속의 작가는 전지전능하지 못한 한 인간의 모습으로 낮게 자리한다. 그리고 작중 인물이나 작품, 허구와의 대화를 시도한다. 물론 이 대화에는 얼마든지 독자의 판단과 상상이 끼어들 수 있다. 오히려 그런 독자와의 대화의 장이 참 소설이고 허구라고 보기 때문이다. '허구'는 우선 거짓이다. 그런데 그 또한 인간의 상상과 환상, 현실 성찰로 만들어진 '허구'이기 때문에 인간 삶의 또 다른 진실이다. 인간이 인간의 삶의 총체적 실상을 잘 모르는 데가 더 많기 때문이다. 거짓이라고 말한 게 오히려 참보다 더욱 진실될 수 있다. "죽어도 너 없이는 못 살아!"라고 소리치는 사랑의 말. 얼마나 참스러운 거짓인가. 그러나 그런 상상과 환상은 작가의 전유물이 아니다. 반드시 모든 독자와의 대화와 상상 속에서만 진실성을 획득한다. 세상에 거짓말 같은 사실이 많듯이 문학은 그 어려운 진실의 틈바구니를 노린다.

우선 〈사기 결혼〉과 〈개들의 대화〉의 작가들은 누구인가. 먼저 숨은 작가는 물론 세르반테스다. 그러나 그가 돈키호테의 의붓아버지, 혹은 제2의 작가라고 했듯이, 이들 소설 속에서의 세르반테스의 권위는 항상 뒷전이다. 그것은 소설 속의 화자들의 권위 또한 엉망이기 때문이다. 첫 이야기는 캄푸사노와 페랄타의 대화이지만 이야기 줄거리는 캄푸사노의 '사기 결혼' 체험이니, 이 육군 소위가 주 이야기꾼이다. 그러나 페랄타라는 독자가 수동적인 것만은 아니다. 자기 여인숙으로 초청해서 이야기를 듣고 의견을 말할 정도니, 그 독자 또한 제2의 작가다. 〈개들의 대화〉 이야기는 역시 캄푸사노가 듣고 쓴 것이나, 그 소설을 읽은 사람은 페랄타다. 여기에서는 잠을 자는 캄푸사노가 숨은 작가이고 우선 독자인 페랄타가 〈개들의 대화〉를 읽고 감동하고 판단하는 대리 작가 역할을 한다. 페랄타가 읽기를 끝내자 곧바로 캄푸사노도 잠이 깨었다. 석사 페랄타가 말한다.

> —비록 이 대화는 한 번도 실제 있었던 일이 아니고 거짓으로 만들었다 할지라도, 내 생각에는 아주 잘 쓰인 글 같사외다. 따라서 소위님께서는 다음 2부까지 계속 쓰셔도 좋을 것 같네요.
>
> —그런 의견이시라면—소위가 대답했다—저도 기운을 내서 더 쓸 준비를 해야겠군요. 아까 그 개들이 말을 했는가 안 했는가 하는 토론은 더 이상 귀하와 문제 삼지 말고 말입니다.
>
> • 원문 177 •

그러나 모든 거짓말이 다 재미있고 흥미로운 것은 아니다. 모든 거짓말이 다 참으로 감동을 주는 것은 아니다. 소설이 되고 문학이 되기 위해서는, 석사의 말처럼 '잘 쓰인 글'이 되기 위해서는, 그 '거짓말'에도 진솔성, 성실성이 깔려야 한다. 작가의 성실성은 숨겨져 있으니까 알아보기 힘들다 할지라도 화자들, 예를 들면 캄푸사노나 베르간사의 말이나 말투에는 진솔성이 묻어난다. 이들 이야기꾼의 진솔성은 자만이나 자기변명보다는 자기 잘못 인정이나 부정확성, 자기 성찰적 자세를 바탕에 깔고 있다.

소위는 부자이고 귀부인처럼 보이는 도냐 에스테파니아를 꼬시고 결혼해서 떵떵거리고 살겠다는 꿈으로 그녀와 가까스로 결혼한다. 반전을 통해 뜻밖의 결론을 얻는다. 그녀가 살던 큰 집은 그녀 집이 아니었고, 그녀는 기둥서방과 동거하던 창녀였다. 화자 캄푸사노의 고백이 이어진다.

> 제가 불평할 거야 없지요. 마음에 상처를 받았을 뿐입니다. 자기 잘못을 모르고 죄를 지었다고 그 죄과와 벌이 아프지 않는 것은 아니지요. 제가 사기를 치려다가 오히려 사기를 당한 걸 저도 잘 압니다. 제가 제 도끼날에 제 발등을 찍힌 꼴이니까요.
>
> • 원문 178 •

〈개들의 대화〉 속 개들 또한《이솝 우화》속의 동물들처럼 당연하게 인간처럼 말하고 행동하는 것이 아니다. 이미 인용한 개들의 자기 언어 능력에 대한 스스로의 놀라움과 경탄도 경탄이지만, 이들 단편들 속 화자 어느 누구도 개들이 말을 한다는 것을 곧이곧대로 믿지 않는다. 호랑이 담배 피우던 시절의 이야기나 우화가 아닌 바에야 개가 말한다는 것을 믿을 사람이 없듯이. 캄푸사노나 페랄타나 끝까지 확신하지 못한다. 다만 그런 논란은 젖혀 놓고 이야기하자고 하고 또 그런 말로 끝낸다. 말하자면 여기 일부러 거짓말하는 사람은 아무도 없다. 다만 심심풀이로 들어 보라는 화자와 독자 사이의 놀이일 뿐.

> 하지만 아무리 제가 잘못 들었다손 치고 제가 본 사실이 꿈이었고, 그것은 엉터리 거짓말이라고 끝까지 우긴다고 할지라도, 페랄타 양반, 귀하는 이런 개들의 대화가 쓰인 글을 보고 재미있어 하지 않으시겠어요? 개들이든지

누구든지 간에 하여튼 이렇게 이야기한 것들을 보면 말입니다.

—당신께서—그 석사가 말을 받았다—개들이 말하는 것을 들었다는 사실로 부질없이 더 이상 나를 설득하려고만 하지 마십시오. 내 아주 기꺼이 그 대화를 들어드릴 테니까요. 육군 소위님의 훌륭한 재능으로 적고 기록한 것이니, 저는 이미 좋을 거라고 판단을 내렸습니다.

—어떻든 여기 또 하나 말씀드리지 않은 게 있습죠—소위가 말했다—제가 신경도 예민하고, 기억도 미묘하고 섬세하고 한가로운 상태였던지라(그 전에 내가 아몬드와 건포도를 너무 많이 먹은 탓이지요), 아주 열심히 듣고, 모든 걸 줄줄 외워서 적었어요. 제가 들었던 말 하나 하나 거의 그대로 그 다음 날 적어 놓은 거지요. 글을 치장하려고 수사적 용어로 색깔을 입힐 생각도 하지 않고요. 재미있게 읽으라고 말을 덧붙이거나 뺀 것도 없습니다.

• 원문 179 •

여기에서 화자인 육군 소위의 참인지 거짓인지 모를 개들의 이야기에 대한 소설은 엄청난 겸손과 엄청난 유혹과 설득의 연속이다. 그것은 마치 창녀를 귀부인 줄 알고 속이려다가 오히려 자기가 사기당하고 만 자신처럼, 어쩌면 페랄타를 속이려다가(개와 대화하는 것을 들었다고), 도리어 자신이 자신의 사기, 자기의 허구에 속고 마는, 엄청나게 진실한 거짓말쟁이의 글이다. 자기가 만든 여자 조각상에 자기가 반해 버린 피그말리온의 신화처럼, 소설이라는 허구의 진솔성은 자신이 쓴 허구에 자신이 먼저 빠진, 그 거짓말 없는 거짓을 믿는 태도의 성실성에 있다.

막상 캄푸사노가 이야기를 시작할 때는 "아무리 제가 잘못 들었다손 치고… 엉터리 거짓말…" 운운할 때와는 전연 딴판이다. 모든 걸 사실 그대로 다 듣고 그 말 그대로 진솔하게 적었다고 역설한다. 재미있으라고 말을 덧붙이거나 미사여구로 치장하지 않았다고 털어놓는다. 여기에서 독자는 개들의 대화가 거짓 허구라는 처음 생각을 다시 되짚어 생각하게 된다. 혹시 정말 그런 초현실적 일들이 진짜 벌어진 것은 아닌가. 개들 자신도 그들의 말하는 능력을 이상하게 생각하니까, 반대로 우리의 의구심은 긍정적으로 변하기 시작한다. 정말 그런 기적 같은 환생, 즉 사람이 개로 태어나는 일이 있었던 것은 아닐까.

바로 그때 마녀 카마차가 자기들 어머니 몬티엘라와의 불화 때문에 자식들을 개로 둔갑시켜 버렸다는 이야기가 나온다. 카니사레스라는 마법사가 들려준 이야기인데, 카마차가 죽을 때의 예언이 그 개들이 다시 사람으로 태어나기 위해서는 그들 눈으로 이런 일이 일어나는 것을 볼 때라고 했다는 것이다.

> 그 개들은 다시 그들의 진짜 모습으로 태어나리라
> 그들이 신속하고 열심히 이런 일을 보게 될 때에.
> 이런 일을 할 수 있는 어떤 강력한 손길이
> 우뚝 선 오만불손한 자들을 넘어뜨리고
> 쓰러져 있는 아랫사람들을 올려 세울 때.
>
> • 원문 180 •

더욱 재미있는 것이 이런 예언을 비유alegoría로 이해해야 하는 것이냐 "글자 그대로en el literal"로 이해해야 하는 것이냐의 문제도 생각해 보게 한다는 것이다. 우리는 언제나 잘된 사람이 망하고 망한 사람이 다시 일어서는 것을 날마다 보아 왔으니, 그렇다면 이미 우리는 사람으로 다시 태어났어야 옳다. 글자 그대로 이해해도 그런 일을 우리는 수없이 보아 왔으니, 우리는 사람이 되었어야 한다. 이도 저도 아니라면 그 마법사나 점쟁이, 무당들은 전부 순사기꾼들! 인생이 볼링게임처럼 세워 놓은 걸 자빠뜨리고 자빠진 것을 다시 세운다는 말이 아니냐고 말한다. 지금 개들인 자신들이 사람처럼 말을 하고 있듯이.[87] 까마차의 예언이 참인가 시(비유)인가? 인생인가 허구인가? 아니면 인생이나 허구 속에는 항상 허구와 참이, 상상과 현실이, 만고풍상, 전화위복이 항상 존재한다는 이야기일까.

여기 하나 중요한 것은 전화위복을 말한《역경易經》처럼 어느 한쪽을 말하지 않고 변화 원리의 총체를 조망하고 있는 세르반테스의 눈이다. 망한 사람이 일어서고 일어선 사람이 죽는 것은 세상의 일이다. 개가 사람이 되고 사람이 개가 되는 것도 불교의 인연설이 가장 많이 들먹이는 환생설이다. 비록 개의 대화 속 설명으로는 겉모양을 바꾸는 '둔갑술tropelía' 정도를 말하고 있지만, 그러나 불교에서처럼 '인생무상人生無常'이나 "인생은 꿈maya"이라고 말하는 걸 보면 이것은 환생설 못지않은 우주관이다. 베르간사의 말을 들어 보자.

> 자네 말을 듣고 나니, 지금 여기까지 우리에게 일어난 일이나 지금 일어나고 있는 일이 꿈이라는 생각이 들고 확신이 생긴단 말이야. 그리고 우리가 개라는 사실, 그러나 개라고 해서 지금 우리가 가진 말하는 행복을 누리지 말라는 법도 없고, 가능한 한 최대한 많은 시간을 인간처럼 대담을 나눌 수 있는 이 커다란 황홀감이 참 좋아.
>
> • 원문 181 •

87) Cfr. ibid., pp. 346-347.

13장

은유의 보석상자, 공고라의 시

◆

이미 말했듯이 르네상스의 가르실라소의 시학을 최대로 강화한 은유의 보석상자가 공고라Luis de Góngora(1561-1627)의 시였다. 아랍 전통의 뿌리가 남아있는 화려한 수사 문학의 본고장 안달루시아의 코르도바에서 태어난 것이 어쩌면 그가 보석 같은 은유의 다채색의 시학을 창출하게 된 연유였는지 모른다. 앞서 본 세비야의 시인 에르레라의 색감 넘치는 사랑의 소네토들을 기억하는가.

그러나 막상 공고라를 바로 앞서간 화려한 수사학의 시인들이 있다. 예를 들어 페드로 데 에스피노사Pedro de Espinosa를 보자. 그의 《스페인 유명 시인들의 사화집*Flores de poetas ilustres de España*》(1605)에서 보여 주듯, 이미 그라나다나 안테케라의 시인들의 화려한 은유나 섬세하고 세련된 아름다운 풍경 묘사는 공고라의 시적 취향을 앞서 보여 준다. 에스피노사의 최대의 걸작 〈헤닐의 우화Fábula de Genil〉 속 감각적인 찬란한 색깔 묘사를 보자.

하얀 백합들과 함께 파란 명아주꽃들
비단향꽃무들로 치장한 청색 꽃들
그리고 거기에 작고 큰 카네이션꽃들은
루비를 씨 뿌려 놓은 꽃밭 같다
• 원문 182 •

여기에 루이스 카릴요 이 소토마요르Luis Carillo y Sotomayor의 오비디우스식 식자풍의 사랑 이야기(《아시스와 갈라테아의 우화Fábula de Acis y Galatea》). 심지어의 영향과 그의 라틴어식 현학적 표현을 선호하는 취향까지 보태면 우리는 공고라의 시가 어떤 풍토에서 여물어 갔는지를 가늠해 볼 수가 있다.[88]

같은 시대 세비야의 시인, 인류 학자 로드리고 카로의 〈이탈리카의 폐허에 바치는 노래Canción a las ruinas de Itálica〉(1595-1618)도 걸작이다. 이것은 스페인 시가 명실 공히 모두 황금빛으로 무르익은 황금기에 왔음을 증명하고 있다. 로마의 마지막 영광을 대변하는 도시 이탈리카, 세비야(옛 이름 Hispalis) 근교에 기원전 205년에 에스키피온Escipión el Africano에 의하여 세워졌던 로마-스페인 제국의 이 찬란한 도시는 1세기경에 전쟁으로 불타고 말았다. 전성기에 커다란 체육관과 화려한 극장이 서 있었던 이 문화의 도시에는 지금 아무것도 없이 불탄 흔적만 앙상하게 남았다. 이곳에서 인생무상과 세상 영광의 덧없음을 경악과 아픔으로 울고 있는 카로의 표정을 보라.

그러나 우리의 고통에 새로운 사설을 찾아
마음을 쏟을 필요가 어디 있으랴?
작은 예 하나로도 충분하다, 현재 이 모습만으로,
아직 여기 연기가 보인다, 여기 불길이 보인다,

88) Cfr. José García López, op. cit., pp. 300-301.

아직 오늘 통곡소리가 들린다, 오늘 그, 목쉰 목소리가.
그 위대한 천재성, 종교성은
주변 사람들의 마음을 움직여
놀란 마음으로 말하게 한다,
고요한 밤에 슬픈 목소리 하나 들린다,
울면서, '이탈리카가 망했어요'라고 한다, 그리고
비탄에 잠긴 메아리 여신이 '이탈리카'를 되찾는다,
믿지 못하겠다는 듯 맞서며 밀림의 수많은 이파리들이
'이탈리카'를 되뇌인다. 그리고 그 사랑스러운
'이탈리카'라는 이름을 듣고, 그 커다란 폐허에서
수천의 고귀한 그림자들이 다시 신음소리를 낸다.
속세의 사람들에게도 아직 그토록 가슴 아프게 하는구나!
• 원문 183 •

이 마지막 구절들의 '이탈리카'라는 메아리는 고전 시에서 보기 힘든 대단히 훌륭한 음상징音象徵의 묘妙를 발휘한다. 우선 "아직 여기 연기가… 불길이…" 할 때부터 우리는 지금 그 폐허 위의 안개나 단풍을 연상한다. 그러나 그 비극적 현장의 기억은 끝내 "이탈리카가 망했어요!" 하는 한밤의 비참한 목소리를 듣게 한다. 물론 그 슬픈 목소리는 사방에 메아리쳤으리라. 메아리의 여신은 어떻게 그 아름다운 도시가 말할 수 있느냐고 사방을 메아리치며 되찾게 되리라. 그때 밀림의 수많은 이파리들이 바람에 수런대며 "이탈리카"를 부른다. 그 많은 목소리의 밀림은 이탈리카가 망했다는 것을 도저히 믿을 수 없다는 듯이 계속 수런대며 그 이름을 되뇌인다. 어떤가. 이 풍경과 이탈리카 패망의 아픔의 적절한 화음과 교감이 무섭도록 감동적이지 않는가.

로드리고 카로는 "이탈리카"라는 아픈 이름을 반추하면서, 주변 풍경 전체를 그 패망의 아픔으로 메아리로 둔갑시켰다. 밀림의 수많은 이파리들의 수런

거리는 소리까지 "Itálica, Itálica…"라는 소리로 운다는 것 아닌가. 그리고 그 위대한 도시의 패망에 저항하며, 그 영광의 도시가 아직 살아 있음을 웅변으로 들려준다고 시인은 말한다. 이렇게 창조된 음상징 기법은 카로의 천재성의 산물이다. 20여 년에 걸쳐 몇 번이고 수정하면서 얻은 보옥 같은 시어들. 케베도와 공고라가 유일하게 위대한 시인이 아님은 이런 세비야 시인의 시로도 증명이 된다.

공고라의 일생은 평범하다. 살라망카 대학에서 그럭저럭 공부를 하고 코르도바 대성당의 합창단과 배우 생활을 한다. 말년에는 성직자가 되어, 황제 3세의 예배원의 사제로 마드리드에서 근무한다. 그때에 그는 당시 문단 친구들과 교류를 갖게 된다. 마침내 그는 서울 생활에 염증을 느끼고 고향 코르도바로 돌아가 66세에 생을 마감한다(1627). 늘 신경질적이고 사치와 낭비가 심했다고 알려져 있다.

공고라의 시작품들은 주고 두 종류로 구분된다. 그 하나는 전통적 민요조를 사용하여 창작한 민요시letrillas/romances이고, 다른 시는 11음절 시구로 창작한 식자시풍의 시들이다. 주로 소네토와 장시 〈전원 찬가Soledades〉(1613),[89] 〈폴리페모와 갈라테아의 사랑 이야기Fábula de Polifemo y Galatea〉(1612)가 그것들이다. 공고라의 시가 난해시의 표본으로 유명해진 것은 바로 이 두 편의 장시들이

89) "Soledades"를 말 그대로 옮기면 '고독한 사연들' 정도. Leo Spitzer K. Vossler의 연구 〈스페인의 고독의 시La poesía de soledad en España〉에 따르면 갈리시아어나 포르투갈어의 "saudade"(그리움)이라는 뜻도 스페인어의 "soledad"가 내포하고 있다고 한다. 공간적 의미로 볼 때 이런 장소는 밀림도 아니고 고독한 은신처도 아니다. 산과 물이 있고 목장과 사냥터가 있고 농촌이 자리한, 도시와는 먼 전원이다. 그런 곳에서 도시 생활에 지친 한 나그네가 발견한 사랑 이야기가 이 장시의 내용이다.

보여 주는 찬란한 은유의 마술 덕택이다. 그에게 새는 "낭랑한 깃털의 달콤한 방울들esquilas dulces de sonora pluma"이고 바다는 "물거품의 별장el pabellón de espuma"90)이다. 기름은 "액체로 된 황금líquido oro"이고 하얀 식탁보는 "실로 짠 눈nieve hilada"이다. 공고라로부터 인간의 자연스러운 감정의 발로가 아니라 "인공적인 것이 감동을 주는lo articificioso que se admira", 은유와 수사에 바탕한 시학이 발동한다.

공고라의 '인공적인' 언어는 수사적 표현뿐만이 아니라 식자어와 신화적 소재까지를 포함한다. 중세의 라틴어 방언에서 설립된 이탈리아어, 스페인어, 프랑스어 등은 이미 단테 시절부터 원 라틴어에 가까울수록 가장 아름다운 방언이라는 기준이 있어 왔다. 마치 한문이 좋은 글이고 언문은 낮은 글이라고 생각했던 우리 선인들처럼 말이다. 따라서 공고라와 그의 추종자들은 라틴어식 표현이나 그에 가까운 스페인어가 시적이라고 보았다. 그리하여 속된 표현보다는 고상한 표현을 한답시고 일부러 색채감 · 음악성이 뛰어난 라틴어식 표현을 일삼았다. "총각mozo"보다는 "청년joven/adolescente", "하얀blanco"보다는 "순백純白의cándido", "듣기 좋은melodioso"보다는 "초성 좋은canoro" 따위의 식자어가 훨씬 아름답다고 생각했다. 이들이 시에서 다루는 인물이나 이야기도 모두 그리스나 로마 신화에서 따온 것들이며, 구전 서사시나 일상사의 이야기 따위는 천한 것으로 보았다.

그리스와 로마의 고전의 부활을 꿈꾸고 고전적 조화의 세계, 자연과 인간의 조화를 이상으로 삼았던 르네상스 문학에 비해 바로크 문학은 조화와 균형보다는 긴장과 기발한 것을 찾는다. 그러나 요즘에는 일반적으로 바로크 문학과

90) Cfr. Luis de Góngora, *Antología poética*, comentada por Antonio Carreira, segunda edición corregida(Madrid: Editorial Castalia, 1987), pp. 200-210.

'식자연 문학'·'콘셉 문학'으로 분류했던 기존의 방식을 고수하기보다 미술이나 조형 예술에서 사용하던 '마니에리즘manierimso'과 바로크로 구분하는 것을 더 좋아한다. 그리고 식자연 문학의 선구자로 공고라를 내세웠던 평론가들은 이제 마니에리즘의 시인으로 공고라를 꼽는다. 마니에리즘은 어원상 틀에 박힌 상투적 표현 예술을 일컫는 매너리즘mannerism과 뜻을 같이 한다. 왜냐하면 "마니에리즘에는 늘 어딘가 적으나마 상투적이고 형식적이고 인공적이고 기괴한 것만 찾는 괴벽이 있기" 때문이다.

이런 괴벽이 바로크 문학에도 한 특성으로 자리하는데, 그러나 요즘 비평에 따르면 마니에리즘은 바로크와 분명히 다른 점이 있다. 아놀드 하우저에 의하면, 바로크는 자연스러움을 추구하는 자연주의이며, 모든 예술성이 물질적 세계의 감각과 느낌으로부터 출발한다. 수사나 장식적 요소가 다양하나 통일성이 있으며, 생명적이고 감성적인 강한 충동에서 비롯된 예술이다. 다분히 낭만적 성격에 뿌리박고 있는 바로크 시학은 근본적으로 민주적이며 많은 독자나 관객을 필요로 한다. 반대로 마니에리즘은 절묘하고 지적·인공적이며, 소수 엘리트층을 향한다. 기괴하고 억지스러운 몸짓들을 포착하는 이들 작품은 하나의 소우주적 구조 속에서 기능을 발휘한다. 각 부분이 어떤 통일성을 지향한다기보다는 부분 부분의 의미나 이미지의 매력으로 승부한다. 결국 불신과 회의, 인생무상, 마술을 비롯한 전통적 가치의 파괴…. 이런 사회적 요소들이 빚어낸 소외la alienación가 심리적 특징으로, 모두 나르시스트들이며, 정도의 차이는 있지만 어떤 비현실적이고 환상적인 불모적 정체성에 뿌리를 둔다. 색마 돈 후안이나 회의주의자 파우스트, 햄릿 같은 인물들이 이에 속한다고 한다.[91]

91) Cfr. ibid., p. 30.

(1) 공고라의 장시 〈전원 찬가〉와 〈폴리페모와 갈라테아의 우화〉 등

공고라의 턱없는 낭비벽이나 사치성, 괴팍성은 유명하다. 그것은 그의 난해하고 화려한 시학의 미궁으로 들어가기 전에 이미 그가 마니에리스트임을 웅변해 준다. 〈전원 찬가Soledades〉의 바다에서 조난당한 나그네도 현실에서는 발견하기 힘든 목가천국 같은 숲과 전원에 불시착한 행운아다. 사랑하는 사람에게 버림받고 바다에 빠져 헤매다가 다다른 목장에서 다시 사랑을 만나는 이야기는 너무나 유토피아적이다. 예쁜 농촌 아가씨를 만나 결혼하는 장면도 이렇게 묘사한다.

> 마침내 그 많은 농부들이 모여들어
> 성급하게
> 신랑 신부를 끌어낸다. 신랑은 꽃다운 나이에
> 나이보다 많은 꽃다운 재산도 있는 청년.
> 신부는 꽃들의 화려함 바로 그것,
> 아름다운 햇살로 만든 천체 바로 그것.
> 두 사람의 목을 잇는 리본 끈을
> 수많은 섹시한 사랑의 요정들이 끌고 나갔다.
>
> • 원문 184 •

세상에서 가장 아름답고 호화로운 목장, 전원에서의 삶이 〈전원 찬가〉에 나타난다. 결혼의 신 '이메네오Himeneo'를 비롯하여 미네르바, 비너스 등 수많은 신화의 주인공들이 등장한다. 숲은 예쁜 요정들의 천지요 하늘은 "사파이어로 만든 파란 들판campos de zafiro"이다. 인공적 언어로 구축된 인공적 목가천국이 〈전원 찬가〉의 세계이며 여기에 현실에 대한 고뇌나 인간 냄새 나는 인물은 찾아 볼 수 없다.

11음절과 7음절을 자유롭게 섞어 쓴 '실바silva' 형식이 〈전원 찬가〉 리듬의 주류를 이루고 있다면, 그보다 1년 전(1613)에 쓴 〈폴리페모와 갈라테아의 우화〉는 11음절 시구를 여덟 개씩 묶은 '옥타바 레알octava real'이 기저를 이룬다. 원래 호메로스가 이야기한 신화 속 외눈깔 거인들 키클로페스Cyclopes 중 우두머리 폴리페무스Polyphemus가 미녀 갈라테아에게 반한 사랑의 로맨스를 오비디우스의 〈변신Metamorphosis〉 13장 738-897절에서 시화시킨다. 이를 빌려 와 다시 장시로 쓴 것이 공고라의 〈폴리페모와 갈라테아의 우화〉다. 오비디우스의 이야기에는 아시스Acis라는 미소년이 갈라테아를 유혹하는데, 이에 질투의 화신이 된 폴리페무수, 즉 우리의 폴리페모의 분노가 하늘을 찌른다. 오비디우스의 스토리를 따서 쓴 공고라의 장시는 라틴어 작품의 160행(6음절 시구)을 480행(11음절)에 헌사까지 늘어놓는 대작으로 바꾼 것이다.

이 신화는 처음 아름다운 화산이 있는 시실리의 풍경 묘사로부터 시작한다. 여기에 거인 폴리페모와 갈라테아가 사는데, 갈라테아의 아름다움은 모든 요정의 시새움의 대상이었다.

14
여명의 여신이 순백의 백합들 사이에서
진홍빛 장미 꽃이파리를 갈라테아 위에 떨어뜨린다.
사랑의 신은 어떤 것이 가장 자기 색깔일까,
진홍빛 눈길일까, 빨간 눈일까 잠깐 의심한다.
그녀 이마의 그 고운 빛은 저 아름다운 홍해의
진주와도 비교가 안 될 지경, 눈먼 사랑의 신이
화가 나서 진주의 광휘 따위는 자개 같은 그녀의
귀에 귀걸이 모양으로 달랑거리게 한다.

• 원문 185 •

갈라테아에게 반한 젊은 아시스는 그녀의 교태 어린 몸짓에 오매불망 사랑의 아픔을 겪는다. 아름다운 숲 속에 사랑의 보금자리를 마련하고 그녀를 쫓아다닌다.

39
더욱 마음을 주는 척 몸을 피하지 않고
행복에 찬 총각의 마음을 더욱 부추긴다,
가끔 다정하게 가끔 미소를 지으며
잠도 못 자게 쉬지도 못하게 미치게 한다.
바위 한 쪽 오목한 곳, 시원한 곳에
그늘진 발을 치고, 돌들을 껴안고
나무 둥치를 기어오르는
담장이덩굴이 파란 커튼이 되었다.
〔…〕

41
비둘기들의 목쉰 사랑 노래가 젊은이를 자극한다,
그러나 갈라테아는 살짝 살짝 피하면서
덤벼드는 젊은이에게 한계를 두고
새들의 사랑 노래에 화합하기 거부한다.
물결과 과일 사이에서 아시스는 늘 탄탈루스처럼
과일도 물도 못 먹고 굶는 지독한 고통 속에서
그 큰 천당을 눈앞에 두고 적잖은 지옥이니,
저 달아나는 수정, 눈송이 같은 자몽들…

43
사랑의 신 큐피드가 비둘기들에게 두 부리의
루비들을 합쳐도 된다는 허락을 하자마자,
그 용감한 젊은이는 연지빛 카네이션 꽃잎
두 이파리를 빨기 시작한다. 비너스의 축제

파포가 만든 꽃들을 니도가 생산하니,
까만 제비꽃, 하얀 비단향꽃무들이
사랑의 신이 만든 아시스와 갈라테아의
신혼 잠자리 위에 비처럼 쏟아진다.

• 원문 186 •

다마소 알론소도 "스페인 문학에서 가장 에로틱한 구절"이라고 말한 42연의 묘사는 공고라의 센슈얼리즘이 얼마나 물기에 젖어 있는가를 잘 보여 주는 대목이다. 비둘기의 입술은 딱딱한 루비, 그러나 갈라테아의 입술은 생기에 찬 카네이션 꽃이파리들이다. 연지빛 꽃이파리를 빠는 아시스. 그 사랑의 잠자리 위에 까망 하양 꽃이파리들이 비처럼 쏟아진다. 여기 꽃잎이 비처럼 쏟아지는 것은 첫날밤 잠자리 위에 꽃들을 뿌리는 결혼 예식뿐만 아니라 성 쾌락의 극치감으로 이어지는 대단히 에로틱한 이미지다.

다만 이 에로틱한 장면의 묘사에서 우리는 공고라의 이미지들이 현대의 상징적 이미지와는 차이가 있음을 본다. 왜냐하면 오늘 상징주의 시에서는 입술을 "루비"로 그렸다 "카네이션"으로 그렸다 할 수는 없을 것이기 때문이다. 그것이 비둘기의 입술이든 여자의 입술이든 이미지들의 통일성 결여로서 사랑의 상징적 의미를 산출하는 데는 좋지 않아 보이니까. 사실상 이 점이 공고라의 시가 마니에리즘에 속하며, 시인의 내적 체험에서 비롯되었다기보다는 당시 은유 전통의 소우주 속에서 파악되어야 할 시어들이라는 점을 시사한다. 다마소 알론소가 분석하고 말하듯, 가르실라소로부터 유행한 은유의 제2, 3차 되치기가 공고라 시어의 소우주다.

어떻든 아시스가 갈라테아를 유혹하는 안타까운 장면들은 뛰어나다. 그녀의 아양 떠는 교태라든지 오매불망 그녀만을 좇아다니는 총각의 속 타는 심정은 섬세하다 못해 절절하다. 사랑의 욕망을 비둘기 소리에 비유하는 전형적 표현을 바탕으로 총각의 접근을 피하고 빼는 갈라테아의 몸짓이 아시스를 환장하게 만든다. 그 상황을 제우스의 아들 탄탈루스가 신들의 비밀을 누설한 죄로 고문당하는 장면으로 묘사한다. 주렁거리는 과일나무 가지가 드리워진 호수에 빠뜨리고 물도 과일도 못 먹게 했다던 지옥 같은 고문은 갈라테아를 눈앞에 두고 차지하지 못하는 아시스의 안타까움과 다를 바 없다. 여기에서 "달아나는 수정"은 물의 이미지면서 동시에 갈라테아의 벌거숭이 몸에 대한 묘사이고 "눈송이 같은 자몽들"은 과일이면서 갈라테아의 가슴이나 엉덩이를 연상시킨다.

그러나 아시스와 갈라테아의 에로틱한 사랑 못지않게 폴리페모의 노래 또한 슬프고 우렁차다. 자기의 사랑의 하소연을 들어주지 않은 갈라테아에게 "귀먹은 바다의 딸이야, 내 아픈 신음소리가 그대의 귀에는 비바람 앞에 바위구려Sorda hija del mar, cuyas orejas a mis gemidos son rocas al viento"라고 울부짖는다. 웅대한 자신의 능력을 자랑하는 대목은 우리 선인들의 호연지기浩然之氣를 연상케 한다.

앉아서도, 아무리 높은 야자수라 해도
그 달콤한 과일 하나 내 건장한 손이 놓친 일 없으며,
일어서면, 나라는 사람의 그림자만 해도 수없이 많은
양 떼가 시원히 한여름을 나도록 하나니,
높은 산이 쓸데없이 나와 키 재기를 하려고
구름 왕관까지 만들어 써도 뭐 별수 있겠느냐?
지금 이 바위 위에서 나는 손가락 하나로
저 하늘에 내 사랑의 불행을 쓸 수 있나니

• 원문 187 •

(2) 민요조의 시와 소네토에 배어든 삶의 체취들

그러나 공고라의 모든 시가 신화와 상투적 시어 되살려 쓰기 같은 마니에리즘의 모범 교과서인 것은 아니다. 그가 식자연주의 선구자요 마니에리즘의 대표적인 시인임에는 틀림이 없으나, 그의 시의 상당 부분을 차지하는 속담이나 후렴에 바탕한 레트릴야스letrillas나 로만세는 일상적 삶의 쓰고 단 체취와 현실감이 살아 있다.

후카르 솔밭들에서 나는
산골 처녀들이 춤추는 걸 보았지,
돌 위에 떨어지는 물소리에 맞춰
잎가지에 부는 바람 소리에 맞춰.
물속에 집을 짓고 사는 요정들
요정들의 하얀 합창단이 아니었어.
숲이 섬기는 다이아나 여신을
따르는 요정들도 아니었어:
그 산의 영광스러운 마을
쿠엥카에서 온 산골 처녀들
처녀들의 발바닥을 입 맞추려는듯
그 산자락을 두 강물이 입 맞추고
서로 손에 손을 꼭 잡고 즐거운
우정의 원무를 짜고 춤을 추는데,
세월이 가도 우정은 변치 말자는 듯
어쩌면 세월의 변덕이 두려운 듯,
　아 산골 처녀들 참 춤도 잘 춰라!
　참 춤도 잘 추어라!

곱슬곱슬 따 올린 머리칼은 햇살보다

더욱 빛나고, 아라비아 황금보다 더욱 반짝이니,
어느 꽃들이 이보다 더욱 아름다우랴,
어느 강물 은 실타래가 이보다 더 아름다우랴.
희망의 옷이 아니라면, 하늘 색 옷을
입었다고 하리, 하늘색 사파이어도
에메랄드도 무색해 할 파랗고 파란 옷깃.
치맛자락이 팔락이며 가끔씩 발이 보이고,
리본을 맨 발, 자개 박힌 눈송이들이 보여라.
그녀들의 움직임은, 조그만 주춧돌 위에
얌전하게 수정 기둥을 세워 올리는데,
　아 산골 처녀들 참 춤도 잘 춰라!
　참 춤도 잘 추어라!
　〔…〕
쿠엥카의 산골 처녀들
솔밭에를 갔다네,
어떤 애는 잣 따러,
다른 애는 춤추러.
잣 까며 춤추며,
예쁜 산골 처녀들,
솔방울 잣, 치아의 잣,
진주 놀이가 아니라면
사랑 화살 놀이 즐기네,
어떤 애는 잣 따고,
다른 애는 춤추고.
가지와 가지 사이,
눈먼 사랑의 신이
처녀들을 더 잘 보고파
햇님에게 눈을 청해도

햇님의 눈도 아랑곳 않고
발로 밟고 춤추네,
어떤 애는 잣 따고
어떤 애는 춤추고.

• 원문 188 •

이런 시를 보면 공고라는 마니에리즘의 시인이라기보다는 훌륭한 바로크 시인임을 웅변으로 증명한다. 산속에 춤추는 이 처녀들은 님프나 요정이 아니라 마드리드 근교 산악지대인 쿠엥카 처녀들이다. 쿠엥카를 안고 도는 두 강물 줄기의 입맞춤 이미지는 자연 성찰에서 나온 수사다. 그 예쁜 처녀들의 발바닥에 뽀뽀라도 하고 싶어 강줄기가 거기 산자락에 입 맞춘다는 말은 공고라다운 과장에서나 있을 수 있다. 더구나 쿠엥카에서 나는 그 아름다운 파란 옷감을 입고 나온 쿠엥카 처녀들의 묘사는 이미 사실주의에 가깝다.

"쿠엥카의 산골 처녀들/솔밭에를 갔다네/어떤 애는 잣 따러/다른 애는 춤추러"가 어찌 엘리트층 독자만을 위한 노래이랴. "뽕도 따고 임도 따고…" 같은 민요처럼 넓은 대중을 위한 것이 아니겠는가. 그만큼 공고라의 민요조 시에는 자연 성찰의 눈과 가슴이 있다. 그리고 아름다운 소녀들에 대한 시인의 참스러운 선망과 사랑이 넘쳐난다. 너무 예쁘고 사랑스러워, 사랑에 눈먼 시선으로 눈이 빠지도록 바라보건만, 나의 눈길은 아랑곳 않고 춤만 추는 아름다운 소녀들, 솔밭에 쏟아지는 햇살을 밟고 춤을 추는 소녀들…. 이 정경이 어찌 탐미주의의 차가운 시선일 수만 있겠는가.

"남들이야 웃건 말건/내 배만 따뜻하면 되지Andeme yo caliente, y ríase la gente"도 당시 토픽인 호라티우스의 "Beatus ille"(축복받을지어다 그대들은—농부, 목동…)"에 속하는 소박한 삶의 칭송 계열에 속하지만 참 재미있는 소품이다.

남들이야 정치를 이야기하고 왕이 어떻느니 난리지만 내 식탁에야 늘 부드러운 빵과 버터만 있으면 된다는 이야기. 남들이야 고대광실 황금 잔에 진수성찬을 말하지만, 내 화로에 감자, 고구마, 도토리, 밤만 가득하면 최고 아니냐.

다음 대목에서는 공고라가 두서너 번 로만세로 쓴 일도 있었던 그리스의 가장 낭만적인 사랑 이야기들이 언급된다. 바빌론의 소녀 티스베가 피라무스를 사랑했는데, 애인이 사자와 싸우다 잡아먹힌 걸로 잘못 알고, 소녀 또한 그를 따라 자살했다는 사랑의 비극이 그 하나이고, 또한 레안드로라는 청년이 애인을 만나러 헬레스폰토Helesponto라는 바다를 건너다 빠져 죽었다는 비극이 다른 하나이다. 공고라는 그런 무서운 사랑보다는 따뜻한 방 안에서 포도주나 마시고 케이크나 먹겠다고 한다.

한밤중에 레안드로는 애인을 만나러
바다를 헤엄쳐 건너며
사랑의 불길 속에 불타라 하라,
나는 내 포도주 통의 항만을 지나
거기 빨갛고 하얀 물줄기를 마실지니,
사람들이야 웃건 말건.
사실 사랑의 신은 잔인도 해서
피라무스와 그 연인의 침대는
칼 하나, 거기 그와 그녀가
죽음으로 합방하라 하라,
내 사랑 티스베는 케이크이고
거기 칼은 내 이빨일 것이니,
사람들이야 웃건 말건.

• 원문 189 •

공고라는 사랑에 대해 상당히 부정적이었던 것 같다. 이는 물론 페트라르카로부터 이어받은 "사랑은 전쟁", 갈등과 고뇌라는 생각으로부터 왔을 수도 있다. 그러나 자신의 괴팍한 성격 때문에 여자와의 관계가 순탄치 않았을 경우도 생각해 봄 직하다. "날 내버려 두게. 횡포한 사랑의 신이여,/날 내버려 두게나"를 후렴으로 쓴 민요시에는 사랑의 신을 "도망병 대장forajido capitán"이라고 욕한다. 고통을 무릅쓰고 "그대의 불안한 깃발을tus inquïetas banderas"를 좇았건만 남은 것은 아무것도 없었단다. 인생의 황금기 10년을 허송세월한 사랑의 농부에게 남은 것은 황무지와 모래 벌밖에 없었단다.[92] 시를 위한 시, 노래를 위한 노래일 수 있지만, 공고라를 내적 고뇌가 없는 수사의 장인으로만 볼 수 없는 것은 다음 걸작 소네토가 있기 때문이다.

〈속임수 같은 인생의 짧음에 대하여〉

정해진 목표물을 날카롭게 물어뜯은
날쌘 화살촉도 그렇게 빠르지는 못했으리라,
말 없는 모래 위를 달리는 전차 경기 쌍두마차도
더 이상 조용하게 개선하지는 못 했으리라.

우리의 나이는 그보다 빨리, 그보다 은밀하게
그 종말을 향해 치닫고 있나니, 이를 의심하는 자 있다면,
아무리 맹수 같은 벌거숭이 이성을 가진 자에게도,
날마다 떠오르는 해는 한번 지나가는 떠돌이별일지니.

한 줌 재로 화한 호화롭던 카르타고 도시여,
네가 그걸 모르겠는가? 부귀영화를 좇던 리시오여,

92) Cfr. Dámaso Alonso, *Primavera y flor de la literatura hispánica*, II, op. cit., pp. 4-5.

자꾸 그림자만 좇고 허영만 껴안다 보면 위험할지니,

시간 시간이 너를 용서하지 않으리라
하루하루를 줄질하고 있는 시간 시간이
한 해 한 해를 갉아먹고 있는 하루하루가.

• 원문 190 •

덧없이 빠르게 지나간 것이 인생이라고 하지만 적절한 비유와 언어로 이렇게 가슴 아픈 인간 실존의 고통을 잘 표현한 작품은 없으리라. 보르헤스나 옥타비오 파스의 작품을 비롯해 스페인어 시를 좋아하는 사람치고 이 시에 감탄하지 않는 이는 없다. 특히 보르헤스는 맨 첫 구절의 's'소리 반복alitearción을 날쌘 화살촉 스쳐가는 소리라고 실감 있게 해석한다. 어디 그뿐인가. "Pelígro corres, Lício, si porfías en seguír…"에서의 연속되는 'í' 강음은 'í'음 자체가 갖는 날카로움, 불안함, 위험함의 상징이라 할 수 있고 속세의 부귀영화만을 좇음이 얼마나 위태로운 짓인가를 실감 있게 경고한다.

그러나 이 소네토의 명구는 "하루하루를 줄질하는 시간 시간", "한 해 한 해를 갉아먹고 있는 하루하루"라는 이미지다. 특히 이 마지막 구절, 아무도 모르는 사이에 하루하루가 새앙쥐처럼 한 해를 다 갉아먹고 말았구나 하는 뒤늦은 후회와 자책감…. 공고라 같은 천재적 시인 아니라면 이처럼 적절하고 절절한 언어가 나올 수 있었겠는가. 이런 창조적 이미지와 언어가 상징주의 거장 말라르메를 감탄하게 만들고 20세기 '27년세대' 스페인 시인들의 좌표가 되게 한 힘이 아니었을까.

14장

뼈아픈 관념과 해학, 케베도의 문학

17세기 바로크 시의 현대성은 오늘날의 방황하고 있는 문학에 그 진솔성의 마지막 보루가 어디인가를 일깨워 준다. 프란시스코 데 케베도Francisco de Quevedo(1580-1645)의 시가 바로 그 훌륭한 예다. (공고라가 말한 대로) "인공적인 것이 아름답다Lo artificioso que admira…"는 바로크 시학을 따르는 "콘셉주의Conceptismo"의 대표적 시인으로 알려진 케베도는, 새로운 구분의 잣대를 들이대 보면 공고라의 마니에리즘에 비해 바로크 문학의 선구자라고 확신할 수 있다. 그의 문학은 당시의 비평가들에게도 이미 시대를 뛰어넘을 위대한 시인의 것으로 보였다. 그만큼 그의 시 표현의 독창성은 뛰어났던 것: "이 시(케베도의 시)는 시의 일반 수사법에 있어서 별로 좋지 않다고 판단되는 말이며 구절들을 사용해 가며 감정적으로 씌었다는 것에 주의해야 한다. 그런데 시어들이 이런 식으로 배치되어 있기 때문에, 그와 같은 단점들이 오히려 또 다른 일종의 심각성과 진솔함을 전달하기도 한다. 시인은 몇몇 글에서 이 점에 주의를 하고, 별로 잘 쓰지도 않는 말을 반복하여 자주 씀으로써 그 거칠음과 좋지 못한

여운을 융화시키고 있다".[93)]

17세기 비평가 곤살레스 데 살라스는 주로 케베도 시의 독특한 문체文體에 대해 이야기하고 있다. 그러나 전형과 수사를 좋아했던 바로크 시대의 케베도 시의 내용과 형식은 이미 오래전부터 시인 개인의 내적 사고와 감정, 그리고 그에 따른 시 표현의 묘妙를 이룩한 현대시의 고전이 되고 있었다. 현대시가 낭만주의 이후 시인의 내적 체험의 형상화에 관심을 두면서 시작되었다면, 케베도는 그 시대의 주어진 형식에 의존하던 시풍을 벗어나 이미 자기 표현을 위한 독창적 시학을 개척했던 것.

케베도는 낭만주의 시인들처럼 감정 표현을 시라고 생각하지 않았다. 그는 "관념주의" 시인이다. 그는 시 속에서도 시 밖에서도 관념을 떠날 수 없는 지성인이다. 느끼는 것보다 더 많이 생각하는 부류의 사람. 이런 스스로의 사람됨을 크게 떠나지 않는 관념 속의 실존적인 목소리가 케베도의 또 다른 진솔함인 것이다.

르네상스 시대 이후 오늘의 문학에 이르기까지 문학은, 늘 작품 속의 목소리를 연출하고, 그것이 작가의 살아 있는 목소리로 치부해 왔다. 실제, 많은 시인들이 자신의 시 속에서는 목동의 목소리를 냈지만 시 밖에서는 신부이거나 군인, 교수, 관리였다. 모든 "쓰기"가 허구라는 해체 문학적 비전에까지는 이르지 못했다 하더라도, 최소한 시인은 자기가 살고 있는 환경과 신분과 거기에 걸맞은 사고와 느낌을 시로, 또한 시 속의 목소리로 진솔하게 표현하는 것이 타당할 법한 일이었다.

---

93) González de Salas의 "Musa IV"에서, 'Idilio'라는 작품에 붙인 주. Dámaso Alonso, *Poesía española*, quinta edicióm, tercera reimpresióm(Madrid: Gredos, 1981), pp. 548-9에서 재인용.

"강력한 느낌의 자연스러운 넘쳐흐름"을 시라고 말한 낭만주의의 태두 워즈워스까지도 자신은 늘 애너벨 리를 사랑하는 소년이거나 이니스프리 섬을 갈망하는 아이였다. 시인들의 꿈이라는 이유의 허구들, 그것은 우선 독자들에게 시의 목소리와 시인의 목소리를 혼동하게 한 만큼은 도덕적으로 위선자들이었다. 쉽게 말해서 언행일치言行一致, 지행합일知行合一이 안 되는 언어를 사용하는 것이 시인의 특권이라는 이상한 사람들…, 이것은 시와 삶이 하나가 될 수 없음을 아파하는 고통스런 자각도 없었다는 점에서, 그냥 자기 작품 속의 배우들 중 하나였다.

케베도에게서 우리는 예사롭지 않는 진솔성을 발견한다. 그것은 케베도가 낭만주의풍의 자기 고백조의 시인이어서가 아니다. 케베도는 오히려 그 반대다. 전해 내려온 시 전통과 사고, 관습을 계승하면서, 그 속에서 시인의 실존적 열망과 고뇌의 신음을 뼈 속으로 전달한, 참스러운 보통 사람이란 점에서 그러하다.

케베도의 시는 당시 유행하던 테마나 시적 사고의 연장선상에서 보아도 크게 무리가 없다. 그에게는 스토아 학파나, 특히 세네카로부터 영향을 받은, 삶에 대한 이해와 인내, 쾌락과 고통, 열정에 대하여 초연하고자 하는 노력이 있다. 동시에 페트라르카로부터 영향을 받은, 갈등의 사랑 감정, 사랑의 고통과 행복, 지옥과 천국의 이미지가 맞부딪치고 있다. 그러나 동시에, 그 전통과 전형, 관념 사이에서, 그 또한 한 인간이기에 겪어야 했던 자기만의 뼈아픈 실존의 절규가 있다.

(1) "사랑에 불타는 먼지"가 되기를 바라다

스페인을 정열의 나라라고 한다. 안달루시아나 플라멩코, 투우를 보고 프랑스 낭만주의자들이 붙인 말이 아직도 유효하게 쓰인다. 그러나 스페인의 지성인들은 자신들을 이런 시각으로 바라보는 것을 매우 싫어한다. 헤겔의 관찰대로라면, "스페인인은 자존심이 강하고 명예를 존중하며…" 사는 사람들이다. 안달루시아가 아닌 스페인 중심부의 카스티야 사람들은 누구도 "가난하지만 명예로운pobre, pero honrado…" 사람들이다. 점잖고 사리 밝은 위인들이다.

그러나 다시 보면, 스페인은 역시 정열의 나라인가보다. 신 카스티야Castilla la Nueva의 수도에서 가까운 알칼라 데 에나레스에서 태어난 세르반테스, 수도 마드리드 태생인 케베도나 칼데론도 모두 극단적인 관념주의자들이면서, 동시에 무척 정렬적인 작풍과 작중 인물을 제조하는 메이커들이었기 때문이다.

돈키호테의 둘시네아에 대한 사랑은 어디까지가 멋대로 지어 낸 여인의 이야기이고, 어디까지가 진짜로 예쁘다고 사랑하는 여인의 이야기였는지 구분이 안 간다. 우선 돈키호테는 기사가 꼭 사모하는 연인을 가져야 한다는 필요성에 의하여, 소년 시절에 짝사랑한 일이 있었던 "알돈사"라는 처녀를 모델로 삼아 "둘시네아"라는 이름을 붙인다. 돈키호테는 그 "둘시네아"라는 여인 때문에 수많은 여인들의 유혹을 뿌리친다. 산초가 그 "알돈사"라는 여인이 "둘시네아"인 것을 알아채고, 그녀가 남자같이 험악하고 못생긴 여자라고 비웃자, 돈키호테는 대답한다.

> 자네는 아마릴리스니 필리스…, 그 많은 문학 작품의 연인들이 정말 뼈와 살을 가진 여인들이라고 생각하는가? 물론 아니지. 그러나 대부분의 경우는 사랑에 취한 사람처럼 보이기 위해, 사랑할 만한 덕과 용기를 가진 사람처럼 되어야 시를 쓸 수 있기 때문에, 짐짓 연인인 것처럼 모시는 것뿐이야. 그러하니, 나도 그 알돈사 로렌소라는 알량한 처녀가 예쁘고 정숙하다고

생각하고 믿으면 되는 거야…. 그리고 나는 그녀가 세상에서 가장 고귀한 공주님이라고 늘 생각하는 거지.[94]

돈키호테의 연인 둘시네아는 이렇게 작가, 혹은 주인공이 상상과 관념으로 빚은 여인이다. 그리고 그녀를 사랑한다고 정열적으로 믿고 성실히 모시는 노력이 그녀를 진정한 연인이 되게 한다. 이런 태도는 우리가 "뼈와 살을 가진 여인"을 사랑할 때도 마찬가지다. 우리의 눈과 생각과 느낌과 관념으로 사랑하는 사람을 선택하고, 보고, 좋아하고, 사랑하고. 우리 사이는 연인 사이라고 믿기 때문이다. 여기 사랑의 진솔함을 가늠하는 것은 그가 얼마나 정열적으로 그렇게 믿고 사랑하고 섬기느냐에 달려 있다.

사랑이나 여자나 세상은 칼데론의 〈인생은 꿈이다〉에서처럼 하나의 허상이고 꿈일 수 있다.

인생은 무엇인가? 하나의 열정熱情.
인생은 무엇인가? 하나의 환상,
하나의 그림자, 하나의 허구,
그래서 가장 큰 행복은 작은 것,
그리고 모든 인생은 꿈,
그리고 꿈은 꿈일 뿐.[95]
• 원문 191 •

이것이 세히스문도의 절규다. 사랑 또한 하나의 허구, 하나의 관념일 수 있

---

94) *Don Quijote de la Mancha*, texto y notas de Martín de Ríquer(Barcelona, 1968), pp. 245-6.

95) Dámaso Alonso, *Primavera y flor de la literatura hispánica*, II(Madrid, 1966), p. 235.

다. 그러나 그 "열정"의 강도만큼 그것은 인간 실존에 생과 사를 뛰어넘는 절실한 그 무엇일 수 있다. 바로크 문학의 염세주의는 현실 세계, 즉 "살과 뼈를 가진" 세계를 부질없는 허상의 스쳐 지나감으로 본다. 살아 있다는 것은 곧 죽어 간다는 것이며, 어린아이의 "기저귀는 곧 수의pañales y mortaja"가 되리라. 하물며 인생에 있어서 사랑이야, 죽으면 다 끝나는 한자리 꿈이 아니겠는가.

그러나 아무리 그렇게 생각되고, 그렇게 믿으려 해도, 믿을 수 없는 피의 소리, 그 저항이 또한 사랑의 감정이다. 너무도 인간적인 케베도의 "관념주의" 시에는 바로 이런 극도의 페시미즘을 뛰어넘은 핏방울들이 우리의 감동을 자아낸다.

〈죽음을 넘어선 영원한 사랑〉

꼭 감길 수는 있겠지, 이 나의 눈을, 죽음의 마지막 그림자가,
나로부터 마침내 이 하얀 날을 앗아갈 그림자가.
풀어 놓을 수는 있겠지, 이 나의 마음을, 지금은 한창 사랑의 열기에
안타까움에 어쩔 줄 몰라 떨고 있는 이 마음을.

그러나 못할 거야, 차마 그 불타오르던 기억까지 그냥 이 곳에
남겨두고 떠나진 못할 거야, 그냥 강 저쪽 언덕에.
나의 불길은 아무리 차가운 물이라도 헤엄쳐 갈 줄 아나니,
아무리 무서운 계율이라도 깨뜨릴 줄 아나니,

사랑에 갇혀 사는 것이 하늘 같은 기쁨임을 알았던 이 영혼,
그 많은 불길을 오히려 북돋아 주기만 하던 이 핏줄들,
물불 모르고 그토록 영광스럽게 불타오르던 나의 골수들.

그 몸이나 껍질은 좋고 가겠지, 그러나 그 사랑은 그렇게 못할 거야.

재가 되겠지. 하지만 아무것도 아닐 순 없을 거야.
먼지가 되겠지, 사랑에 불타는 먼지가.[96)]

• 원문 192 •

첫 연에서의 죽음의 절대성에 대한 가슴 아픈 긍정, 다음 연, "그러나 못할 거야"에서의 강한 도치법倒置法/hipérbaton의 용수철처럼 튀는 사랑 감정의 용솟음, 그 강한 저항의 목소리…, 그것은 이윽고 울음 섞인 사랑의 초월적 위대성에 대한 추억과 절규로 메아리친다. 그러나 시인은 다시 죽음의 무서운 파괴력을 떠올린다. 모든 것을 재로, 먼지로, 허무로 바꾸는 죽음의 신의 횡포를 잘 알고 있다. 또 거기 아프게 일었다 잦아드는 먼지를 기억한다. 그리고 그것이 끝내 잠들 수 없는 "사랑에 불타는 먼지"일 것이라고 생각한다.

원 시의 어순語順에서 오는 리듬에는, "세상에 이토록 안타까운 사랑을, 세상에 어떻게, 무엇이…"라는 강한 물음표를 내재하고 있다. 시어의 관념적 의미의 관조와 차분함과는 대조적으로, 어간語幹에 스며든 엄청난 저항의 힘으로, 혹은 반복되는 도치법으로, 혹은 말소리의 강력함("Cerrar podrá…")으로 반추된다.

이 뜨거운 사랑의 감정은, 절대 죽어 없어질 수 없다는 강력한 저항은, 그러나 마지막 연의 앤티클라이막스anti-clímax적 낮은 목소리에서 뼛속을 파고드는 울음 섞인 믿음으로 마감한다: "사랑에 불타는 먼지가"…. 여기서 "먼지"가 부재不在의 모습이라면, "사랑에 불타는 부재", "사랑에 불타는 허무虛無"라는 역설이 떨고 있다.

비슷한 테마로 다시 우리의 가슴을 쥐어짜는 소네토가 또 있다.

---

96) Dámaso Alonso, op. cit., p. 72.

〈잿더미 뒤에도 살아 숨 쉬는, 영혼에 새겨진 사랑〉

나의 죽음이 나의 사랑의 소산所産이라면,
얼마나 행복한 해산解産이 되랴,
나의 목숨을 뚫고 사랑이 태어나다니,
사랑이 죽음에서 태어나다니, 이 아니 영광이랴!

내 가슴을 태우는 불을 영혼에 안고
나 어디든 그대로 가리라. 내가 잠든
무덤 속에서라도, 그 차가운 잿더미와 함께
고이 그 불길을 간직하리라.

무정한 죽음의 저편, 나의 그림자 속에
그러나 나의 사랑은 살아가리라,
망각의 강 건너편에서, 추억은 살리라.

운명의 횡포와 망각으로부터, 그녀의 아름다움과
나의 불타는 순수한 사랑의 말이 살아남으리니,
사랑하였음으로, 나의 없어짐 또한 나의 영광이리.

• 원문 193 •

이 같은 뜨거운 역설이 케베도 시의 맛이다. "죽도록 사랑해서…"라든지 "죽어도 당신을 잊을 수 없어…" 하는 사랑의 감정들이, 케베도의 시에서는 단순한 감정을 넘어선 차분한 관조의 눈길로, 아니면 사랑을 위한 초연한 순교자적 목소리로 자리한다.

안토니오 마차도(1875-1939)는 바로크 문학, 특히 '관념주의'를 가장 혹독하게 비판한 시인이다. 그는 "지적인 것은 노래하지 않는다La inteligencia no canta"라고 말한다. 시인의 삶의 체취가 묻어 있지 않다면 어떤 시어도 감동의 시어일 수 없다는 "자기 성찰 중심의 시학을 가졌던 시인poeta intimista" 마차도는 관념주의 시인들의 추상적 언어 게임, 말놀이를 가장 싫어했다.

그러나 오늘 우리는 케베도의 시를 보면서 마차도가 얼마나 오해하고 있었는가를 깨닫는다. "지적인 것", 즉 관념이 노래할 때, 뼈의 신음 소리를 듣듯, 우리의 뼛속을 파고드는 감동을 일으킨다. 그것은 지극히 감정 표현을 절제하는 지성인, 아니면 스페인 귀족의 남성스러운 풍모에서, 안으로 안으로 감추어 오던 사랑의 불길을 관념적인 차가운 말 속에서 감지할 때의 감동과 같다.

사랑하다가, 사랑 때문에 죽는다면 행복하리라는 평범한 우리의 느낌을 케베도는 자신의 목소리로 절대화한다. 케베도의 사랑의 시는 낭만주의 시처럼 사춘기 소년소녀의 목소리를 가장한 감성과 정렬의 절규가 아니다. 여물대로 여문 사고와 관념과 감정을 동시에 가진 한 지성인의 삶과 죽음에 대한 관조에서 나온 뜨거운 진솔함이다. 낭만주의의 사랑의 감정이 흔히 시인 자신의 실제 자살이나 죽음을 유발했다면, 케베도는 진정한 사랑을 위해 죽는다는 것이 얼마나 사랑의 승리일 수 있는가 하는 뜨거운 역설을 골수(medulas, 시인이 가장 좋아하는, 라틴어 냄새 짙은 시어)로 체감하고 있다.

케베도는 페트라르카의 사랑의 시의 전통을 이어받는다. 즉 사랑은 애증愛憎의 갈등이며 역설의 전쟁으로 본다. 이탈리아 시인으로부터 이어받은 사랑 감정의 반어법적 패턴들, "얼음처럼 차가운/불처럼 뜨거운(hielo/fuego)", "포옹/감옥(abrazzzos/prisiones)", "가장 큰 행복/가장 큰 고통(el mayor bien/dolor)" 등이 그의 사랑의 시의 기본 틀을 이룬다.[97] 그러나 사랑 감정의 페트라르카적 패러독스는 케베도에 이르면 인간 실존의 뜨거운 부조리로 바뀐다. 사랑은 피할 수

---

97) Cfr. Dámaso Alonoso, op. cit., pp. 502-509.

없는 "경악"의 산실이다.

〈경악驚愕의 내부 왕국〉

은폐된 영혼의 방 안에, 상처 하나
말없이 누워 있다. 말없이 누워, 걸신 들린 듯
허겁지겁 나의 목숨을 불태운다: 나의 피를 말리며
골수까지 퍼진 불길을 부채질한다.

불길은 걸신 들린 듯 나의 생명을 마신다.
이윽고 나는 사위어 가는 사랑의 재가 되어,
아름다운 화재火災의 시체가 되어,
죽어 가는 밤, 그 연기 속의 빛으로 반짝인다.

나는 사람들을 피한다. 대낮은 소름 끼친다;
긴 긴 목소리로 검은 통곡을 터뜨린다,
귀먹은 바다를 향해 불타는 나의 고통을 전한다.

한숨을 노래로 여기며 사노니,
혼돈이 온 나의 영혼을 휩쓴다.
나의 심장은 그대로 경악의 영토.

• 원문 194 •

사랑의 고통을 먹고 기꺼이 죽어가는 이 "경악"스런 마음의 풍경! 안으로 불타오르는 사랑의 불길에 생명을 태우면서도, 오히려 더욱 사랑할 수밖에 없는 역설적 감정의 고뇌…. 이것은 라우라에 대한 짝사랑으로 몸부림치던 페트라르카의 절규이면서, 케베도에 와서는 인간 실존에서 나오는 탄식이기도 하다.

관념주의는 산다는 것을 죽어 가는 것으로 보았다. 삶에 대한 사랑 또한 이룰 수 없는 짝사랑이요 끝내 치유되지 않는 상처일 수밖에 없었다. 죽음을 넘어선 사랑을 꿈꾸었지만, 그것은 더 큰 고뇌를 불러오는 또 다른 함정이었다. 강력한 삶에의 의지는 그 열망만큼 죽음을 앞당기는 불길로 타올랐다. 그것은 사랑의 불길이기에 "아름다운 화재火災"이지만, "시체"만을 남기고 사라지는 "경악"스러운 게임…. 그래서 "나의 심장은 그대로 경악의 영토"라고 울부짖는다.

(2) 죽음 앞에서의 삶, 그 실존의 몸부림

케베도의 실존 의식이 바로크 문학의 일반적인 의식 세계와 동떨어진 것은 아니다. 삶의 덧없음, 인생의 짧음 등을 주제로 한 작품들이 "관념주의" 시의 일반적 특징이기 때문이다. 케베도의 사랑 감정이 페트라르카의 사랑의 시의 패턴을 바탕으로 삼았다면, 이 시인의 실존 의식 또한 시대적 의식의 반영임에 틀림이 없다. 케베도 시의 독창성과 진솔성은 이런 전통과 상식의 뿌리 위에 피워 올린 향기 짙은 영원한 꽃이라는 데 있다.

케베도의 "관념주의"는 당시의 사회나 시대와 무관한 말놀이, 관념 놀이가 아니다. 그는 누구보다 그 시대를 철저하게 깊이 있고 폭넓게 느끼며 산 사람이다. 케베도의 좌절로 얼룩진 일생과 그 무서운 해학諧謔의 시들이 이를 증명한다. 해가 지지 않는다는 대 스페인 제국에도, 16세기 말 영국과의 싸움에서 "무적함대Aramada Invencible"의 침몰과 함께 서서히 어둠이 내리기 시작한다. 17세기 스페인은 대제국의 운명이 국민 정서로 보아 전반적으로 염세주의를 맞는다. 이미 홀란트(지금의 네덜란드)가 스페인으로부터 독립해 나갔고, 전 세계를 지배하던 스페인 제국이라는 거구가 무너지기 시작한다.

〈모든 것들이 죽음을 예고하는 모습이구나〉

나의 조국의 성벽들을 둘러보았다,
한때는 튼튼했던 성벽들이, 세월의
흘러감에, 이제는 지치고 허물어져 내려,
그 좋던 기력조차 시들은 모습이여.

들판으로 나왔다. 들에는 태양이
얼음에서 갓 풀려난 시냇물을 마시는데,
짐승들은, 산이 커서 산그늘이 대낮의 빛을
온통 앗아가 버렸다고 툴툴대고 있었다.

집으로 들어왔다. 집이라고 해야 낡고 낡아
늙은 방의 앙상한 껍질뿐;
나의 지팡이는 더욱 휘고, 힘이 없었다.

나의 칼도 세월을 이기지 못함을 느꼈다.
둘러 둘러보아도, 죽음을 말해 주는 것들뿐
석양의 나그네 눈 둘 바를 모르더라.

• 원문 195 •

이 시는 조국의 쇠망의 모습과 시인 자신의 늙음을 한 가지로 울고 있는 애절한 작품이다. "석양의 나그네"라는 말은 내가 일부러 붙인 말이다. 원시의 내재율이 상징하는 여운을 이런 설명이 아니면 그대로 살리기가 힘들었기 때문이다. 그 내재율이란, 이 시에서 쓰인 동사들이 한결같이 "(나는) 둘러보았다miré…", "나왔다Salíme…", "느꼈다sentí…" 등 과거완료시제를 반복하고 있는 점. 정처 없는 이 나그네의 발길은 가는 곳마다 "다 그것은 과거였어…"라는 듯, 끊긴 길에 이르고 있다.

한때는 "튼튼했던" 영광스러운 조국의 모습은, 곳곳마다 허물어지고 시들한 몰골뿐. 그는 들판을 나가 본다. 조국과 자신의 어제와 오늘이 한눈에 비쳐지는 회상의 풍경. 여기서 유일하게 시제가 "마시고 있었다bebía"와 같은 불완료 과거로 묘사된다. 이것은 과거와 현재가 한데 어울려 있는 시간의 풍경, 즉 공간의 시간인 만큼 모두가 동시성同時性으로 표현된 것. 이 풍경을 풀어서 이야기하자면, 2연의 처음 두 시구는 조국의 봄, 혹은 아침 장면이고, 다음 두 시구는 가을, 혹은 저녁의 이미지들이다. 처음은 태양이 찬란했던 제국의 영광과 꿈에 부풀던 과거의 민중들의 모습이고, 다음은 불만에 찬 오늘의 스페인 민중들의 투덜대는 장면인 것. 민중들("짐승들")은 제국("산")이 너무 커서, 너무 문제가 크고 많아("산그늘"), 결국 "대낮"의 영광과 "빛"을 앗아가 버리고, 국민만 못살게 만들었다고 투덜댄단다.

시인은 쇠퇴한 조국의 모습을 더 이상 보고 싶지 않아 집으로 돌아온다. 자기 집 또한 "낡고 낡아/늙은 방의 앙상한 껍질일 뿐". 자기 자신의 모습 또한 초라한 한 늙은이로 남았다. 떵떵거리던 그 큰 소리도, 권위를 자랑하던 "지팡이"도 "더욱 휘고 힘이 없다." 젊은 시절의 그 큰 힘도 "칼"도 나이를 못 이겨 아무 힘이 없는 것을 발견한다. 안팎으로 쇠퇴한 풍경에 에워싸여 시인은 힘없이 사방을 둘러본다. "석양에 길 잃은 나그네, 갈 곳 몰라 하노라" 하던 우리 옛 시조 가락보다 케베도의 처지는 더욱 황량하다: "둘러 둘러보아도, 죽음을 말해 주는 것들뿐,/석양의 나그네, 눈 둘 바를 모르더라".

죽음 앞에서의 케베도의 모습은 다른 서구의 어느 크리스천의 태도보다 진솔하고 감동스럽다. 하느님에게서 받은 목숨, 하느님에게로 되돌리는 순간은 숙연하면서 희망적일 수 있다. 마침내 하느님 곁에서 영원한 휴식을 취할 수 있을 테니까. 신비주의 시인들의 죽음에 대한 열망은, 그들의 하느님에 대한 사랑을 사는 신앙생활의 모두다. 성녀 테레사의 시 〈죽지 못해 나는 죽겠노라 Muero porque no muero〉를 생각해 보라. 하루 빨리 죽어 하느님 곁으로 돌아가고 싶은 열망이 그녀의 삶을 지탱하고 있지 않던가.

케베도 또한 진실한 크리스천이다. 그러나 그의 죽음 앞에서의 태도는 그 누구보다 인간적이다.

〈다정하고 예절스러운 죽음에 대하여〉

벌써 공포스럽고 소름 끼치는 최후의
그날이 심장 속에서 고동친다;
검고 차가운 그 마지막 순간이
두려움과 어둠에 차서 다가온다.

고통의 옷을 입었지만, 죽음은
즐거운 휴식과 고요한 안식을 가져오는 것.
냉혹한 그 모습은 고통을 주기보다는
오히려 다정하고 예절스러운 태도.

이 곤궁한 삶 속에 얽매어 있는 영혼을
자비롭게 구제하러 오는 죽음에 대한,
아, 이 철없는 공포는 어찌하자는 것이냐?

간청을 해서라도 오시게 하라, 나의 행복을 마련하시니,
그리고 감사한 마음으로 있거라, 그렇게 놀라 떨지만 말고,
어서 내 삶을 마감하고, 내 인생 정리하시도록.

• 원문 196 •

시인은 죽음이 가져오는 안식과 평화를 믿는다. 죽음은 어쩌면 이 "곤궁한 삶"을 구제하러 오는 구세주일 수 있다는 것을 잘 안다. 사실 죽음의 순간을 맞는다는 것은 누구에게나 두렵고 고통스러운 일이지만, 그러나 그것은 오히려 이 힘든 삶으로부터 해방되는 위안일 수 있다. 착한 크리스천인 케베도는 이런 사실을 누구보다도 잘 안다.

그러나 "이 철없는 공포는 어찌하자는 것이냐?" 여기에서 우리는 케베도 내부의 끝내 잠들지 못하고 갈등하는 또 한 목소리를 듣는다. 그 어떤 위안의 비전에도 안주하지 못하는 또 다른 내가 나를 괴롭히고 있는 것. 이것은 어쩌면 모든 이성과 믿음을 떠나서, 지금까지 나의 삶을 지탱해 온 생生의 목소리 때문인지도 모른다. 우나무노의 《생의 비극적 감정*Sentimiento trágico de la vida*》에 나오는 해석을 따르면, "생은 있는 상태를 계속 지속하고 싶은 욕망을 갖는다". 죽음이 어떤 행복을 가져다준다고 할지라도, 그것은 일단 지금 나의 계속 살아가고 싶은 욕망에는 이반離反된다. 여기에 이성la razón의 목소리와 생la vida의 목소리의 끝없는 갈등, 그 "비극적 감정"이 빚어지는 것.

케베도는 죽음 앞의 공포에 떨고 있는 자신을 끝없이 타이른다. 그러나 그 어떤 위안의 자장가에도 끝내 잠들지 못하는, 생의 공포에 찬 작은 목소리…, 그래서 시인은 속으로 울부짖는다: "이 철없는 공포는 어찌하자는 것이냐!" 죽음에 저항하는 생의 목소리는 이 시에서 아주 낮고 작게 들린다. 지금 말한 이 시구와 마지막 부분, "그렇게 놀라지만 말고no asustado"에서, 마지막까지 떨고 있는 "나"를 끝내 위로하지 못하는 안타까움이 서린다. 거의 모든 시구들이 죽음의 평화와 위안을 노래하고 있다. 또한 죽음이 내 인생을 정리하고 행복을 가져다주리라는 위안까지 있다. 그러나 이 소네토의 마지막 연은 역설적으로 그 "위안"의 말에 가라앉지 못하는 불안의 그림자가 짙게 깔려 있다.

그 “불안”은 이 마지막 연이 모두 자신을 향한 명령과 간청으로 일관하고 있다는 데서 엿볼 수 있다. 간청을 하는 것은 그 청請을 받아들이지 못하는 저항의 목소리가 지배적이라는 반증이 된다. 그 명령은 바로 그 저항하는 “나”를 향한 명령이다. 그 살아 있는, 살고 싶은 “나”는, 죽음이 주는 안식과 위안을 끝내 수용할 수가 없다. “그래도 나는 살고 싶다!”라고 내 속의 내가 소리치고 있는 것. 그래서 나는 죽음 앞에 아직 놀라 떨고 있다. 이 부정할 수 없는 자아의 실존의 상황 앞에, 시인은 애걸하듯 부르짖는다. “그렇게 놀라지만 말고”.

케베도를 관념주의의 대표적인 시인이라고 했다. 그러나 그의 “관념”은 생의 절정감의 다른 모습이다. 관념이 뼈고, 살아 있는 모습이 살이라면, 케베도의 “뼈”는 그 “살”의 절실한 사랑과 고뇌가 최고로 응축된 형태일 뿐. 때문에 케베도는 그 어느 시인보다 인간적이다. 너무도 인간적이어서, 뼛속까지 아픈 극치감을 가진 시인이다. 극치감이나 오르가즘이 꼭 쾌락을 말하는 것은 아니다. 아픔이 극에 달하면, 생의 마지막 의미와의 대결이 불가피해진다. 그 깊은 내적 투쟁의 비극적인 산물이 그의 시다.

그는 인생의 덧없음과 짧음이라는 테마를 가지고 다음 시와 같은 무서운 실존의 상황을 연출한다.

〈산다는 것의 짧음과, 살았다는 것의 허무함을 그리다〉

아, 인생이여! 아무도 대답이 없는가?
지난 세월, 여기 내가 살았었다고…
운명이 나의 인생을 다 뜯어먹어 버리고,
내가 미쳐서 사노라, 시간 가는 줄 몰랐구나.

어떻게 어디로 간 줄도 모르게
건강과 나이는 다 달아나 버리고…
살 날은 남지 않았는데, 살아 왔던 날만 보이고,
세상의 온갖 재수 없는 일만 나를 에워싸는구나.

어제는 가 버리고, 내일은 오지 않고,
오늘은 한 순간도 머물지 않고 가고 있나니,
나는 어떤 과거형, 어떤 미래형, 어떤 피곤한 현재형일 뿐.

오늘과 내일, 어제라 하는 것 속에,
어린아이 기저귀와 염하는 옷이 함께 들어 있었던 것을…
나는 시방 어떤 죽은 사람의 현재 진행형일 뿐.

• 원문 197 •

이 소네토는 케베도의 관념이 얼마나 뼈아픈 인간 실존의 시적 표현으로 성공하고 있는가를 보여 주는 걸작이다. 내가 "나는 어떤 과거형, 어떤 미래형, 어떤 피곤한 현재형일 뿐"이라고 번역한 구절은, 원문 에, "그는 …이었다un Fué", "그는 …일 것이다un Será", "그는 …이다Un Es"를 명사구로 만든 비문법적 절구다. 풀어서 해석하자면, "나는 …이었던 그 사람(그것)이다", "나는 …일 그 사람(그것)이다", "나는 …이라고 하는 그 사람(그것)이다"라는 무인칭적 자기 묘사로 일관한다. 즉 오늘 자신이라고 하는 사람은 과거에 있었던 어떤 것, 미래의 어떤 것, 현재의 어떤 것에 대한 명칭인데, 여기 하나 오늘 확실한 것은 "피곤한 현재형"이라는 의식뿐이다. 이런 엄청난 허무감은 케베도가 아니면 이처럼 실감나게 표현할 수가 없었으리라.

엄격하게 말하면, 이 시는 허무주의자의 관념을 표현하고 있지는 않다. 인생의 허무함 앞에서의 그 "피곤한" 느낌과 철저한 절망감을 무섭도록 차가운 관념어로 포장하고 있다. 늙어 아무리 죽음 앞에 있어도, 나는 아직 살아 있다는 의식이 있다. 나는 살고 싶다는 욕망도 있다. 그러나 다시 생각해 보면, 이 같은 나의 생의 의식은 하나도 나의 일로 체감되지 못하는 현실이 또한 늙음이다. 늙음이라는 자체를 떠나서도, 살았다는 것 자체가 이토록 의미 없을 수 있을까. "내가 살았다"라고 할 것이 하나도 없는, 무자비한 세월의 횡포와 인간 실존의 구도….

"나는 시방 어떤 죽은 사람의 현재 진행형"이라는, 통곡보다 뼈아픈 절망의 차가운 뼈마디를 만져 보라. 이미 오늘도 없고 "나"도 없는 것의 "현재 진행형"이 나를 대신해서 살아가고 있는 것이 나의 살아 있음이라니….

(3) 케베도의 부조리 해학, 그리고 악자 소설 《협잡꾼 일생 이야기》

케베도의 뜨거운 사랑의 시나 진진한 실존의 소리 못지않게 유명한 것이 그의 해학이다. 로페와 함께 공고라를 공략하는 저 유명한 시구, "너의 노래 속에 뭘 잡으려고 하는가/그 노을 조각들을 가지고, 한밤중의 바보 공고라여…?¿Qué captas nocturnal en tus canciones,/Góngora bobo, con crepusculallas… ?" 같은 직접적 희롱도 있을 만큼 케베도의 입은 험하다. 상상을 초월하는 과장과 말놀이가 현실을 무섭게 변형시키다. 코가 큰 사람을 비유한 〈어떤 코에게A una nariz〉라는 유명한 소네토 몇 구절을 보자.

> 큰 코에 붙어서 태어난 사람이 하나 있었지요,
> 그야말로 최상급 코가 하나 있었지요,
> 유대인 율법사나 저승사자 코였지요
> 턱수염이 없는 갈치 같은 것이었지요.
>
> • 원문 198 •

번역이 거의 불가능한 말장난이지만, 스페인어의 무서운 표현력을 최대로 이용한 해학이다. 세상에 얼마나 큰 코를 가졌기에 사람이 "코에 붙어서 태어난" 것처럼 보였으랴! 그의 이런 기발한 효력을 가진 언어가 산문으로 꼬집고 사정없이 비판할 때는 얼마나 무서운 힘을 발휘했겠는가. 그의 해학의 화살은 가장 사소한 악습에서부터 가장 추잡한 비리까지 사회 전반에 미친다.

정치에 관한 책《신의 정치, 그리스도의 정부, 사탄의 횡포*Política de Dios, gobierno de Cristo, tiránia de Satanás*》(1626)와《마르쿠스 브루투스의 일생*Vida de Marco Bruto*》(1644)도 썼다. 이 책들은 스페인 제국의 쇠망을 예감한 케베도가 당시 정치인의 부패나 풍습의 타락, 위대한 영웅주의의 몰락을 무섭게 비판하는 글들이 담겨 있다. 라틴 고전의 번역에도 손을 댔는데, 세네카의 〈서간문〉과 베르길리우스를 비롯한 많은 시인들의 번역 작품이 있다. 그에게 영향을 가장 크게 미친 사람은 스페인 출신의 로마 철학가 세네카인데, 그의 금욕주의적 저서인《요람과 무덤*La cuna y la sepultura*》(1635)과《세상의 네 가지 페스트*Las cuatro pestes del mundo*》(1651)는 기독교적 도덕성과 스토아 철학이 한데 어우러진 절제와 조신의 도덕론이다.

당시 사회나 풍습에 대한 비판과 해학을 담고 있는 저서로는 1627년에 출간된《꿈들*Los Sueños*》이 있는데, 꿈이나 환상이라는 장치를 통해 사회의 다양한 인간형이나 악습을 조망하는 글들이다. 등장인물들의 직업도 다양하여 시인, 종자, 하인 구두장이, 사형수, 의사, 이발사, 신화 속의 인물들까지 안 나오는 족속들이 없는데, 악자 소설 못지않은 해학과 비판의 눈초리가 빛난다. 특히 지옥의 묘사나 "해골들의 꿈" 같은 글은 옛 몸에서 빠져 달아나는 영혼들의 모습들을 적나라하게 묘사한다.

문학 비평도 물론 케베도가 좋아하는 장르였다. 공고라의 어려운 은유시를 비판하는 《식자들 항해 나침판*La aguja de navegar cultos*》(1631)이라든가, 말도 안 되는 라틴어나 라틴어식 말을 쓰며 현학적으로 보이려는 여인들을 위한 교리 문답서라는 설명이 붙은 《라틴어식 말투로 잘난 척하는 여자*La culta latiniparla*》(1629)라는 책도 재미있다. 예를 들어 "제 발이 작아요tengo pie pequeño" 라는 말 대신에 "저의 발은 간결합니다tengo pie lacónico"라고 해야 한다는 식의 억지 식자어 사용을 비웃고 있다.

그러나 창작으로 가치가 있는 책은 악자 소설 《협잡꾼 일생 이야기*Historia de la vida del buscón*》(1626)이다. 익명으로 출간된 이 책은 케베도가 끝까지 자기 이름으로 출판되는 것을 용납하지 않았다지만[98] 당시에 대단한 인기를 누렸다.

모든 악자 소설의 주인공들이 다 그렇듯이 출신은 천하고 먹을 것도 없는 집이어서 배고픔이 악자의 행동반경을 좌우한다. 아버지가 이발장이인 것을 자신은 "양 볼 털 깎이, 수염 재단사裁斷師Tundidor de emxillas, y Sastre de barbas"라고 한다고 소개한다. 자기 어머니는 귀족 가문Christiana vieja 출신이라고 떠벌렸지만 동네에서는 사람 대접을 못 받았다고 한다. 얼굴은 아주 예쁘게 생겨서 많은 사람들의 입에 올랐지만, 직업은 뚜쟁이에 가까웠다.

> 〔…〕 (어머니는) 처녀들을 재교육, 재건설시키고, 흰 머리를 덮어서 머리카락을 부활시킨다는 명성이 있었다. 어떤 사람들은 그녀를 남자 마음 붙이기 도사라고 불렀고, 어떤 사람들은 정신 나간 사람들의 마음 이어주는 마음의 골절사라고 했지만, 쌍말로 말하자면 뚜쟁이요, 모든 사람 돈을 털어내 빈털터리 만드는 여자였다.
>
> • 원문 199 •

98) Cfr. Domingo Ynduráin, "Palabras preliminares", *Historia de la vida del buscón* (Madrid: Espasa-Calpe, 1979), p. 10.

이미 여기에서도 나타나듯이 이 소설의 재미는 뒤틀린 사건과 상황의 우여곡절도 있지만 그보다 뛰어난 것은 상상을 뛰어넘는 과장스러운 묘사와 말놀이에 있다. 현대 전위 예술의 "표현주의"의 모델이라고 할 만한 기괴한 변형과 초자연적 묘사로 언어의 마술을 시험한다. 이미 석사 카브라의 굶주린 기괴한 모습은 먼저 인용했었고, 이제 그의 밤 먹는 모습을 보자.

〔…〕 석사 카브라께서 자리에 앉고 기도를 했다. 그리고 처음도 끝도 없는 영원한 식사가 시작되었다. 제기祭器같이 생긴 나무 그릇에 국을 가져왔는데, 국물이 너무 맑아서 그걸 먹는다는 것이 나르시스가 우물 속에서 고행하는 것보다 더 힘들었다. 그릇 바닥에 있는 홀로 고아가 된 콩 하나를 잡으러 여위고 창백한 손가락들이 헤엄치며 안타깝게 그 속으로 뛰어드는 것이 보였다.

• 원문 200 •

이만하면 그 과장의 맛이 느껴지는가. 우리의 김삿갓이 방랑 중에 어느 양반집에서 건더기 없는 국물만 대접하자, "주인께서 객이 어찌 청산 좋아하는 걸 알고 이렇게 손수 청산을 바치셨는고?" 하였다는 일화가 생각난다. 그보다 여유와 풍류는 덜 하지만, 그 처절한 배고픔과 가난이 해학과 함께 손에 잡히지 않는가.

케베도의 상식의 한계를 넘어선 부조리에 가까운 묘사 기법은 의미 없는 것(영어의 "Non-sense")이 진짜 우리를 웃기는구나를 몸으로 체험하게 한다. 석사 카브라의 눈이 얼마나 움푹 들어가고 어둡기에 "장사치들이 포장 치고 장사하기에 알맞은 곳…tan hundidos y escuros, que era buen sitio el suyo para tienda de mercaderes…"으로 보였겠는가. 그가 기명 증권을 읽을 때의 배고픔이 어느 정도였으면, "내 배고픔이 극도에 달해서 그 말들의 절반은 내 아침 식사로

다 먹어치웠지요era de tal menera mi hambre que me desayuné con la midad de las razones, comiéndomelas"라고 했겠는가.

케베도로부터 지금까지의 악자 소설 스토리는 말놀이, 묘사와 과장으로 재미의 맛을 달리 하게 된다. 그리고 바로크의 수사법이나 말놀이의 기법이 어느 정도로 상상을 초월한 비약을 가능하게 하는가를 보여 준다. 오늘의 문학 예술을 신바로크Neobarroco/Neobaroque라고 부른다면 그 선구자를 바로크에서 찾고 있는 것도 바로 이런 기발한 문학이 있었기 때문이다.

15장

가장 정력적이고 정열적인 작가 로페 데 베가의 극과 시

◆

17세기 서양 연극을 대표하는 작가가 영국에 셰익스피어 하나라면 스페인에는 로페 데 베가Lope de Vega(1562-1635)와 칼데론 데 라 바르카 두 사람이 있다. 로페 데 베가는 그의 친구 페레스 데 몬탈반Pérez de Montalbán에 의하면, 공연된 극작품 수만 해도 1,800편, 그리고 약 4백 편의 성극聖劇/auto sacramental을 썼다고 하니 그야말로 세르반테스 말대로 세계에 유례가 없는 "자연이 낳은 괴물monstruo de la naturaleza"이라 할 수 있다. 지금 남아 있는 작품만 해도 426편의 극작품과 42편의 성극이 있으니, 당시에는 셰익스피어를 능가하는 대작가로 이름 날렸음을 짐작하고도 남는다.

비록 세르반테스의 《돈키호테》나 칼데론의 〈인생은 꿈이다〉와 같은 대결작을 산출하지는 못했다 하더라도 그 많은 작품을 쓰고 심지어 원고에 수정한 흔적까지 발견되는 걸 보면 엄청난 재능과 정력, 정열의 소유자였음은 의심할 여지가 없다. 해가 지지 않는 대 스페인 제국의 쇠퇴와 함께 염세주의가 판치던 당시 스페인 풍토에서 가장 활기차고 유머 넘치는 인기 작가가 로페였다.

그의 연극의 주인공들 못지않게 유명한 바람둥이였던 로페는 여배우 엘레나(시 속의 Filis)와의 스캔들로 추방되기도 하고, 부인 이사벨(시 속의 Belisa)와 살다가 그녀가 죽자 다시 화나라는 여인과 재혼을 한다. 그러면서도 미카엘라와 사랑에 빠지기도 한다. 두 번째 부인도 죽고 그의 아들 카를로스까지 죽게 되자 절망과 우울증에 빠진 로페는 52세의 나이에 수도원의 승려로 들어간다. 그러나 다시 마르타(시 속의 Amarilis)라는 여인과 사랑을 하게 되는데, 마지막에 그녀가 눈이 멀고 광기가 들자 그는 또다시 절망에 빠진다. 게다가 딸 안토니아까지 가출을 하자, 화병이 생겨 73세를 일기로 마드리드에서 눈을 감는다.

로페는 서양 근대 극장의 원형인 마당극장 "코르랄레스corrales" 시대의 대표적인 작가였다. 1580년경 로페가 극작가 활동을 시작할 무렵 스페인에는 세 종류의 연극 공연장이 존재했다. 그 하나가 크리스마스나 부활절 같은 종교행사에 교회가 주도하여 호화롭게 펼치는 축제 마당. 두 번째는 궁정 축제나 연회가 있을 때 궁정에서 극장을 지어 놓고 공연을 벌이던 궁정 극장이 있는데, 17세기 펠리페 4세 때 절정을 이루었다. 그리고 그 당시 가장 인기 있었던, 오늘날 극장의 전신인 큰 저택의 안마당이나 마을 공터에서 가설 극장을 지어서 공연하던 "코르랄레스"였다.

마당극장은 막을 올리는 앞 커튼이나 무대 장치도 거의 없었다. 따라서 배우들이 하나하나 여기가 어디라는 것을 알리고, 칼싸움을 하다 넘어질 때도 그냥 넘어지는지 죽는 것인지 설명을 해야 했다. 예를 들어, 농부 페리바녜스가 그 지역 영주를 죽일 때도, "영주를 찌른다"라는 표시가 있고, 영주의 대사는, "아이구, 내가 죽는구나. 자비를!¡Jesús! Muerto soy. ¡Piedad!"[99] 하고 외친다. 관객

99) Cfr. Lope de Vega, "Peribañez y el Comendador de Ocaña", *Cuatro Comedias*, ed.

석은 원래 귀족들이 빌려 살던 방들의 발코니가 가장 상석이었다. 그리고 지금처럼 무대 앞에 관람석이 있었고, 그 주변 입석mosqueteros들은 젊은이들이나 학생들 자리였다. 중간에는 여자들을 위한 관람석으로 "남비석男非席/cazuela"이 마련되어 있었다. 공연은 주로 오후 세 시나 네 시에 시작되었으며, 두 시간 반 정도 공연이 진행되었다. 막과 막 사이는 요즘의 코미디나 만담 같은 "막간극entremeses"이나 노래, 혹은 춤으로 메워졌다. 햇살이 뜨거우면 천막을 치고 비가 많이 오면 공연이 중단되기도 했다.

한 작품이 오랫동안 무대에 올려지는 법은 거의 없었으며, 주로 이삼 일마다 작품을 바꾸었다. 처음에는 극작가라는 존재가 없었고, 주로 학생들이나 글을 쓴다는 사람들에게 작품을 쓰게 하고 극장 흥행사들autores이 값을 치르고 샀다. 연극이 대단한 성공을 거둘 경우엔 열두 편씩 모아서 출판을 하기도 했는데, 대부분의 경우는 공연만 하고 출판되는 일은 흔치 않았다. 이런 사정 때문에 로페의 작품을 비롯한 많은 극작품들이 사라져 후대에까지 전해진 것이 많지 않다.

(1) 고전 연극 형식의 개혁자 로페 데 베가 연극의 가치와 한계

로페가 마당극장 시대의 대표적인 스타 극작가였다면, 그에 의하여 스페인 고전 연극이 모양 지어지고 또 개혁되었다고 할 수 있다. 먼저 로마의 호라티우스로부터 연극은 더도 말고 덜도 말고 5막이어야 한다고 규정되었던 것이 결정적으로 3막으로 줄어든 것은 로페 데 베가로부터다. 감동적이고 재미있는 것을 좋아하는 스페인 관객들, "앉아 있는 스페인 사람들의 고약한 성질머리la cólera del español sentado" 때문에 그는 주로 3막 끝에 주로 늘 극적인 반전desenlace

John M. Hill(New York: Indiana Univ., 1941), p. 109.

sorrpendente을 넣어 해피 엔드로 끝내기를 좋아했다.

대화는 산문보다는 시구를 선호했으며, 로만세에서 쓰는 이야기 투의 8음절을 이야기를 이끌어 가는 데 주로 사용했다. 물론 극의 상황이나 분위기에 따라 운율을 다양하게 사용했는데, 사랑의 대화에는 "레돈딜야스(redondillas, 8음절 4행, ABBA 각운)"를 쓰고, 사랑의 아픔이나 하소연에는 "데시마(décimas, 8음절 10행), 그리고 독백에는 소네토 형식을 썼다. 그러나 로페의 연극은 심리적 묘사보다는 스토리나 사건의 긴박성 · 다양성에 더욱 큰 비중이 실려 있다. 예를 들어 〈마드리드의 원기El acero de Madrid〉에서는 벨리사와 사랑에 빠진 리사르도는 자기 종자 벨트란을 의사로 둔갑시켜 애인 벨리사에게 접근하게 한다. 벨리사는 테오도라 아줌마의 무서운 감시 속에서 집에 갇혀 지내는데, 월경이 안 나온다며 거짓 환자 노릇을 하고, 거짓 의사나리께서는 그녀에게 밖에 나가 산보도 하고 햇볕도 쬐야 원기를 회복하고 병이 낫는다고 처방한다. 그리하여 그녀가 산보를 나온 틈을 타 리사르도는 사랑을 성취하게 된다는 이야기. 여기에서 감시를 하는 테오도라 아줌마의 눈을 속여 숲 속을 산보하는 벨리사에게 리사르도가 접근하는 우스꽝스러운 상황이나 거짓 의사의 엉큼한 수작과 거짓 진단…, 이런 것들이 로페 연극의 맛을 더한다.[100)]

로페는 서구 고전 연극 전통의 개혁자다. 그는 청중들이 돈을 주고 보는 연극이니까 청중의 구미에 맞는 연극을 해야 한다는 구실로《신연극론》에서 아리스토텔레스로부터 전해 오던 연극의 3일치 법칙을 파괴하기로 한다.《시학》에서 아리스토텔레스는 연극이나 문학이 자연이나 현실의 그럴듯한verosímil 모방이어야 한다는 생각에서, 무대극은 공연 상황과 작품 내용이 엇비슷해야 한다

100) Cfr. Lope de Vega, "El acero de Madrid", *Primavera y flor de la literatura hispánica*, II, pp. 97-115.

고 주장한다. 말하자면, 연극 공연은 고작해야 두 시간, 세 시간 정도이니까 무대에서 다룰 수 있는 사건의 진행 시간은 "해가 떠서 해가 질 때까지"의 시간 정도를 넘어서는 안 된다. 그렇지 않으면 눈을 뜨고 시간을 보는 관객을 우롱하는 결과일 것이기 때문이다. 또한 연극 속 사건이 일어나는 장소도 궁전 정도의 한 장소여야 한다는 것. 주인공이 "여기는 나폴리 궁전"이라고 말하면 무대 위가 나폴리 궁전이 된다. 그런데 3막에 주인공이 나와 "여기는 서울"이라고 하면 아무도 믿지 않는다는 것이다. 그리고 세 번째는 한 작품이 비극이면 비극, 희극이면 희극이지 희비극 따위처럼 두루뭉술하게 섞어 놓아서는 안 된다고 했다. 로페 데 베가는 고전 연극의 이런 고리타분한 법칙을 따르다가는 성질 고약한 스페인 관객에게 욕먹고 배척되기 십상이라고 생각했다. 그는 따로 법칙이 없는 재미있고 자유로운 공연물이 연극이라는 생각을 발표한다. 그가 희비극을 옹호한 것도 이런 맥락에서다.

로페의 연극 개혁의 주요한 요소는 그가 창안한 인물 타입, "웃기는 자el gracioso"의 사용이다. 주로 종자들이 이런 역할을 맡는데, 종전 연극의 "바보el bobo"나 목동의 웃기는 역할에서 나온 것. 이들은 주인공 역할의 상황 설명은 물론 돈키호테나 산초처럼 이상성과 현실성, 사랑과 아이러니 등 작중 인물의 심리적 복합성을 나타내는 데 중요한 기능을 발휘했다. 주인공이 하는 행위를 따르다가 그와 다른 상황, 혹은 그의 속임수를 살짝 청중에게 고자질하거나 비웃는, 무대에 있는 주인공들 모르게 "따로 말하기aparte" 기법은 이들이 자주 쓰는 수단이었다.

로페 베가 연극이 국경과 시대를 뛰어넘지 못한 결정적 이유는 그가 지나치게 당시대 스페인 청중의 구미와 취향에 맞는 예술을 최상으로 생각하였기 때문이다. 그는 스페인 제국의 전통과 이상을 그의 연극 속에서 구현하고자

하였다. 그의 작품에는 수많은 인물과 인물형, 성격과 타입, 환경과 상황이 등장하지만 이 모두가 스페인적인 것과 다 직결되어 있다는 특징이 있다. 서사시적인 테마와 종교적 테마, 명예를 주제로 한 연극들도 있지만, 이들이 모든 인간의 궁극적 문제를 다루고 있다기보다는 당시 스페인 사람들의 취향, 스페인의 역사 · 전통 · 명예에 맞는 내용들이었다.

로페는 스페인의 복고풍 향수를 자극하는 아름다움과 드라마틱한 상황만을 중시한다. 칼 포슬러의 해석에 따르면, 오래된 가치 개념들이 관심을 잃어가고 있는 시점에서 지난날을 바라볼 때, 로페는 케베도처럼 어떤 교훈적 시각으로 역사와 과거를 보는 것이 아니라, 항상 향수에 젖은 "순수한 환상적 재미"로 지난날을 다루고 있다고 지적한다. 로페는 자신이 낙관주의적 자질 때문에 스페인과 가치의 쇠퇴를 감지하지 못했다고 말한다.[101)]

스페인이 세계 가톨릭을 대변하는 강력한 영향력을 행사한 황금세기에 그 스스로가 사제가 되기도 했던 로페는 당연히 종교적 테마를 즐겨 무대에 올렸다. 물론 성극을 비롯하여 성서에 나온 사건들, 성자들의 이야기를 주로 다루었으나 심각한 종교적 고뇌나 지적인 갈등보다는 항상 서민적이고 대중적인 인간 감정이나 정서의 차원에서 종교심이 다루어졌다. 그런 의미에서 주인공들의 참회나 신의 자비, 기적 등이 자주 등장하는 것도 지극히 자연스러운 결과라 할 것이다. 또한 여기에 빠질 수 없는 것들이 비극적인 순교 테마와 이교도들의 개종이다. 〈일본에서의 순교자들Los mártires de Japón〉(1621)은 일본에서 순교한 알론소 나바르레테 사제의 일화와 일본인들의 개종, "타이코Tayco"라는 이름의 도요토미 히데요시의 추방 등 역사적 사건을 다루고 있으

101) Cfr. José García López, op. cit., pp. 328-331; citado por dicho autor en la p. 331, ibid.

나, 많은 부분은 로페 특유의 상상과 창작에 의한 것이다.[102)]

그러나 로페 데 베가가 가장 많이 다루었고 당시 가장 성공한 테마는 "명예 honor"의 문제다. 주로 아름다운 처녀에 대한 성희롱이나 겁탈로 인하여 야기된 가문이나 애인의 명예 문제인데, 이는 반드시 복수를 통한 응징으로 해결하게 되어 있는 것이 특징이다. 메넨데스 펠라요는 당시 사람들은 명예를 "자신들의 목숨보다 먼저 생각하는 사회적 가치 수호와 자신들의 사랑하는 사람을 지키는 일로 생각했다"고 말한다.

> (명예는) 오직 왕에 대한 존경 앞에서, 즉 조국의 공동 재산 앞에서만 고개를 숙였다. 그것은 조용하고 결의에 찬 인내심으로 완수되는 스토아 철학적 절제와 영웅심의 발로였다. 모욕에 대한 벌은 적당히 빠르게 진행되어야 하며, 그 모욕이 공공연한 것이었느냐 아직 알려지지 않았느냐에 따라 복수 또한 대중 앞에서인가 비밀로 하는가가 결정되었다.[103)]

당시 사회에서는 이 명예 문제가 양반이나 귀족들에게만 상당되는 이야기였지만 서민들을 좋아하는 로페의 성향은 시골 사람이나 누구라도 "양반 cristiano viejo"이면 명예를 지킬 권리가 있는 것으로 만들었다. 특히 농부나 시골 사람이 자기 딸이나 어떤 처녀를 농락한 바람둥이 사또comendador를 죽이는 연극이 로페에게 많은데, 이런 살인죄를 용서해 주는 것은 늘 왕이다. 이것은 12세기 중세로부터 왕에 대한 존경과 사랑이 스페인 사회의 응집력의 원천이었고, 특히 스페인 제국의 통합을 이룩한 '가톨릭 왕들'은 기존 귀족이나

102) Cfr. Lope de Vega, *Los mártires de Japón*, ed. Christina H. Lee(Newark: Juan de la Cuesta, 2006).

103) Citado por José García López, op. cit., pp. 331-332.

기사, 교회 세력들을 제압하고 백성들을 규합하기 위해 늘 민주적으로 서민들 편에 섰던 역사적 현실이 이런 훌륭한 왕의 이미지를 성립시킨 연유이기도 하다.

(2) 〈푸엔테 오베후나Fuente Ovejuna〉와 대표적 연극들

사회주의 국가들에서까지 인기 있었던 로페 데 베가의 작품은 압제자에 대한 민중 봉기로 이해되었던 〈푸엔테 오베후나〉다. 어원으로 보면 '양 떼의 샘물'이라는 뜻을 가진 이 마을 이름은 역사적으로 '가톨릭 왕들' 시절의 '시우다드 레알Ciudad Real'의 어느 마을을 일컫는다. 그 당시 이 마을의 농민들이 그들에게 지배권을 행사하던 "칼라트라바 종교단체La Orden de Calatrava"의 횡포에 대항해서 투쟁하고 싸웠던 데서 이야기가 비롯된 것. 〈세 종교 단체의 실록Crónica de las tres órdenes〉(1572, de Grancisco de Rades)의 스토리를 그대로 따른 연극[104]으로 한 마을 전체가 폭군이고 바람둥이인 사또를 죽인 사건은 거의 신에 가깝던 왕의 권력이 아니었다면 상상할 수 없는 일.

아름다운 라우렌시아는 총각 프론도소의 애인으로, 이야기는 새로 부임한 사또의 환영식으로 시작된다. 우연히 길거리에서 본 라우렌시아에게 반해 사또가 수작을 걸지만 거절당한다. 그러자 종자들을 데리고 사또가 또다시 그녀와 파스쿠알라를 희롱한다. 어느 날 사또는 사냥을 나갔다가 빨래하러 나온 라우렌시아를 만나 더욱 강력하게 접근하나 거기 있던 애인 프론도소 때문에 또다시 실패한다. 사또는 프론도소를 구금하고 라우렌시아를 유혹한다. 푸엔테 오베후나 주민회의에 머리를 산발하고 라우렌시아가 나타난다.

---

104) Cfr. Juan Manuel Rozas, "Fuente Ovejuna", *Historia y crítica de la literatura española*, III, op. cit., p. 352.

거기에는 자기 아버지 에스테반까지 있었다.

에스테반 : 내 딸아!
라우렌시아 : "내 딸"이라고 하지도 마세요.
에스테반 : 왜 그러니, 사랑하는 딸아? 왜 그래?
라우렌시아 : 왜 그러다니요, 이유가 많아요,
가장 큰 이유는 폭군들이 나를 훔쳐 가도
복수도 않고 그대로 내버려 두니까요,
배신자들이 나를 괴롭혀도 혼내 주지 않으니까요.
나는 아직 프론도소의 여자는 아니니까
남편으로서 나의 복수를 해 달라고
아버지께서 말하실 수 없어요. 그러니
여기 이 복수는 아버지의 몫이에요.
아직 결혼식의 밤이 오지는 않았으니까,
복수는 남편의 의무가 아니라 아버지의 몫이에요.
〔…〕
모든 사람 눈앞에서 페르난 고메스 사또가
나를 자기 집으로 끌어갔어요.
비겁한 목동들처럼 순한 양을
늑대에게 맡겨 놓았었어요.
내가 본 것이 내 가슴에 들이댄 칼뿐이었겠어요?
무서운 광기로 무섭게 욕을 해대며
위협에 위협을 가하며, 소름 끼치는
죄를 저질렀어요, 자기의 미친 욕망을
채우기 위해 저의 정조를 빼앗으려구요!
흐트러진 제 머리칼을 보면 몰라요?
여기 얻어맞은 자국, 핏자국이 안 보여요?
당신들이 자존심 있는 양반들이에요?

당신들이 부모들이고 친척들이에요?

• 원문 201 •

라우렌시아의 이 피투성이 울부짖음과 하소연 앞에서 아버지와 프론도소는 물론 모든 마을 사람들이 들고 일어난다. 사또는 누구의 손에 죽은지도 모르게 목숨을 잃는다. 여기 불명예를 복수하는 메커니즘은 이렇다. 자식이 욕을 당하면 부모, 즉 아버지가 복수를 해야 명예가 회복된다. 아내가 욕을 당하면 당연히 남편이 책임져야 한다. 한 마을에서 한 집안이 불명예스러운 일을 당하면 온 마을이 그 불명예를 걸머지게 된다. 이것이 집단 명예의 연대성이다. 온 마을이 일어나 폭군 사또에게 복수하는 것은 집단 명예 회복의 차원에서 정당방위다.

이사벨 여왕, 페르난도 왕 앞에서 푸엔테 오베후나 백성은 모두가 자신이 사또를 죽였다고 나선다. 어린아이까지 자기가 죽였다고 나서는 마당에 살인자는 나타나지 않는다. 갖은 고문과 학대에도 꿈쩍하지 않고 재판관이 "누가 사또를 죽였는가?"라고 물으면, "푸엔테 오베후나가 죽였습니다, 나리"로 일관한다. 결국 재판관은 마을 사람을 전부 죽이든지 살려 주는 수밖에는 없다고 고한다. '가톨릭 왕들'은 그곳 백성들의 영웅적 행위와 희생정신을 높이 사서 모두에게 사면을 베푼다.

로페 데 베가는 일반 서민이나 농부들의 명예 테마를 수없이 무대에 올린다. 작가 자신이 미천한 집안에서 자라난 탓도 있지만, 그의 취향은 항상 민속적이고 평민적이었다. 〈페리바녜스와 오카냐의 사또〉에서도 주인공이 갓 결혼한 자기 예쁜 아내를 겁탈하려던 사또를 방 안에 숨어 있다가 죽이는 사건이다. 예쁜 남의 아내, 페리바녜스의 아내에게 흑심을 품은 사또는 그 농부를 대장으로 임명하여 먼 곳으로 파견시키고 자기의 욕심을 채우려 한다. 그 밤에 악사들이 부르는 노래가 아리송하다.

투우가 네 문 앞에서 나를 넘어뜨렸어,
예쁜 새색시야.
너는 "에그머니나" 소리도 없이 입을 다물었지.
네 결혼식의 송아지가
너의 문 앞에서 나를 넘어뜨렸어;
내가 떼굴떼굴 구르는 걸 보고
온 동네 사람이 다 웃었지.
너만이 심각하게, 비웃듯이
예쁜 새색시야,
"에그머니나" 소리도 없이 입을 다물었지.

· 원문 202 ·

사또의 불행을 예고하는 것 같은 이 민요는 사실 새색시 잔혹한 무정함 때문에 오히려 사또에게 연민을 갖게 한다. 농부가 "투우"이고 "나"가 사또라면, 이 노래는 그야말로 "슬픈 영화sad movie"다. 너에 대한 사랑을 못 잊어 너의 결혼식에 갔던 내가 너의 신랑 "투우"에게 처참하게 얻어맞는 비극이기 때문이다. 거기에다 혹시 결혼 전의 너와 나의 관계가 탄로 날까 봐 "에그머니나" 소리도 못 지르는 너의 그 앙큼함은 얄밉다 못해 가증스럽기까지 하다.

실제 이 "슬픈 영화"의 스토리는 1막 결혼식에서 사또가 길거리 투우에 끼어들었다가 크게 기절하는 것으로부터 시작한다. 신부 카실다와 기절한 사또가 한 방에 있는데, 새로 오신 높은 분을 보고 감탄과 교태에 찬 신부의 말소리,

아이, 스페인의 꽃인 위대한 분에게

이런 불행한 일이 일어나다니…!
오, 우아하신 멋쟁이 기사님!
오 용감한 투우사님!
그대가 바로 그 벌거숭이 칼로
그라나다의 무어족들을 겁주던 그분이신가요?

• 원문 203 •

그 다정한 목소리에 사또는 깨어나고, 그는 "땅에 죽어 자빠진 줄 알았더니, 눈을 뜨니, 천국이었구료…. 그대 같은 천사를 보니…" 하면서 사랑에 빠진다. 보라, 누가 먼저 꼬리를 쳤는가. 이렇게 기절해 있는데, 간호해 주는 천사 같은 손이 누구에겐들 어찌 천사로 보이지 않았겠는가. 그러나 이렇게 시작한 사랑은, 이렇게 투우에게 걸려 넘어지고 시작된 결혼식에서의 슬픔 사랑의 감정은 그토록 안타깝게 애쓰고 노력하고 수작한 보람도 없이 이번에는 정말 그 신랑이란 투우의 칼에 목숨을 잃는다.

실제로 사또는 농부며 하인인 신랑 페리바네스의 칼에 맞아 죽으면서도, 자신이 응당 죽어야 할 짓을 한 것이니 부하들에게 복수하지 말라고 당부한다. 그리고 자기를 죽인 페리바네스를 용서한다고 말한다.[105] 여기에서 우리는 "투우"가 신랑이 아닌 숙명적 비극의 씨앗, 사랑과 욕정의 상징인 것을 알게 된다. 사또가 신부를 사랑하다 죽은 것도, 사랑과 질투 때문에 신랑이 사또를 죽인 것도 모두 사랑이다. 사랑은 죽음과 한 배라는 안달루시아의 전통적 한과 저주duende andaluz가 로페로부터 시작되어 20세기의 가르시아 로르카에게까지 이른다.

황금세기 연극 중 가장 아름다운 작품이라는 평가를 받는 〈페리바네스와

105) Cfr. op. cit., pp. 109-110.

오카냐의 사또〉는 극 중 아름다운 자연 묘사와 함께 감동스러운 인간 열정의 비극성의 상징으로 우리에게 메아리친다.106) 사실 카실다의 무서운 정조 지키기나 한 농부의 용감한 자기 명예 지키기는 작품 속에서는 왕으로부터 살인죄 사면을 받을 만큼 부각되지만, 막상 이 작품의 진정한 깊이는 사랑과 죽음, 그 비극적 변주의 진실과 아픔이 오히려 더욱 오랜 여운으로 남는다.

똑같이 사랑과 죽음의 저주스러운 운명극이 〈올메도의 신사El caballero de Olmedo〉(?1620-?1625)다. 안달루시아의 구전 세기디야seguidilla, "이날 밤 한 신사를 죽였다네, 메디나의 자랑, 올메도의 꽃Esta noche le mataron/al Caballero,/la gala de Medina,/la flor de Olmedo"에서 영감을 얻은 작품이 로페 데 베가의 상상을 통해 삼각 관계 사랑의 드라마로 극화된다. 그러나 돈 알론소의 죽음은 가장 아름다운 사랑이 숙명처럼 죽음을 불러옴을 말한다. 그는 말한다.

> 아, 내가 얼마나 바보였던가,
> 저 배신의 두 눈동자를 믿은 것이,
> 저 거짓 다이아몬드를,
> 어린애같이 내게 윙크하던 두 눈동자,
> 결국 나를 속이고 나를 죽일 저 눈동자를 믿은 것이.
>
> • 원문 204 •

이렇게 아름다운 이네스의 두 눈동자는 "바라보는 사람마다 다 죽이는cuanto miraba matando" 숙명적 비운의 눈짓이었다. 올메도의 신사는 죽음의 신에 이끌리는 것처럼 이네스의 아름다움에 빠져 들었고 끝내 죽음에 이르게 된다. 중세

---

106) Cfr. Edward M. Wilson, "El lenguaje de Peribañez", *Historia y crítica de la literatura española*, III, op. cit., pp. 360-361.

의 가장 아름다운 사랑의 비극 〈칼리스토와 멜리베아의 희비극La tragicomedia de Calisto y Melibea〉(F. Rojas)의 영향이 비쳐지는[107] 로페의 이 비극적 사랑 이야기는 낭만주의 정열의 고장 안달루시아의 한의 상징이 되고, 진정한 사랑은 죽음의 유혹을 뿌리칠 수 없다는 탐미주의 지표가 된다.

결론적으로 로페 데 베가가 의도한 연극은 시공을 뛰어넘는 데 실패한다. 너무나 스페인적이었기에 국경을 뛰어넘는 데 힘을 발휘하지 못했고, 명예나 자존심 같은 스페인의 오랜 전통적 가치에 연연하다 보니 시간을 뛰어넘어 공감을 얻는 데 실패했다. 로페는 당시 스페인의 가장 위대한 베스트셀러 작가였다. 처음에는 세르반테스의 칭송을 받았으나, 둘 사이는 끝내 문학계 내의 원수로 남았다. 이 원한 관계는 두 작가의 극복할 수 없는 문학적 차이, 즉 찢어지게 가난했던 세르반테스와 떵떵거리고 잘살았던 로페, 세르반테스의 인간 중심적 영원성과 로페의 인기주의 시한성의 한계를 웅변으로 증명해 준다.

로페 데 베가의 연극의 현대성은 작가의 의도를 뛰어넘는 그의 천재적 직감의 향기와 높은 서정성에 있다. 그의 작품 속 사랑의 테마의 비중은 "바보 귀부인La dama boba"[108]에서 보이듯 인생의 가장 큰 스승이라는 생각이 깃들어 있다. 아니면 사랑은 죽음을 부르는 숙명의 목소리…, 로페의 이런 시적 직감은 오히려 작품 속에 끼워 넣은 민요나 서정시 속에서 빛난다.

(3) 소설 〈라 도로테아엔〉와 여운 짙은 서정요들

나는 로페 데 베가의 문학이 가장 향기 높을 때가 그의 문학이 가장 서민적이고

107) Cfr. Francisco Rico, "La poesía dramética de 'El Caballero de Olmedo'", *Historia y crítica de la literatura española*, III, op. cit., pp. 347-350.

108) Cfr. Alonso Zamora Vicente, "El poder del amor: Las dos hermanas de La dama boba", ibid., pp. 368-372.

민속적, 민요적일 때라고 본다. 로페가《신연극론》에서 고전적 연극 형식을 버리는 이유를, 자기도 고전에 맞춰 식자스럽게 쓰고 싶지만, "속인들이 돈을 내고 보니까, 그들의 비위를 맞추기 위해, 바보 같은 말로 말하는 것이 옳다 porque, como las paga el vulgo, es justo/hablarle en necio para darle gusto"라고 말한다. 그러나 이렇게 말하는 로페가 가장 위선적이었으며, 사실 그는 뿌리부터 서민적이고 인간적이었다. 그는 식자연하는 공고라를 비웃었지만 그 또한 식자체에다 식자적 테마를 즐겼다. 그의 일생은 혼외 여자들로 가득 차 있지만 연극 속에서는 처녀의 순결과 명예honor 문제를 지나치게 중시하고 좋아했다. 로페는 "양반cristiano viejo"이 아닌 면이 많은데 평생 양반 행세를 했고, 자신의 재주를 믿고 지나치게 인기에 연연한 점이 부질없는 욕망이고 위선이었다. 바로 그런 점이 로페로 하여금 시대와 국경을 뛰어넘지 못하게 한 요인이다.

로페의 사랑의 자서선이라고 하는 〈라 도로테아〉가 그의 대표 소설로 칭송받는 것도 나이 들어 로페가 자신 앞에 그만큼 진솔해졌기 때문이다. 페르난도는 젊은 로페 자신이고, 도로테아는 배우면서 로페의 애인이었던 엘레나 데 오소리오, 즉 시 속의 "필리스"다. 칼 포슬러의 말처럼 "당시 스페인에서는 문학이 인생이 되고 인생이 문학이 되던 시대"[109]였다. 로페는 로하스의《라 셀레스티나》의 대화체 소설 기법을 차용하여 산문으로 쓴다. 로페로서는 시로 시화시키는 것보다 산문으로 쓰는 것이 더욱 사실에 가깝기 때문이라고 한다.[110] 어떻든 젊은 시절의 초고를 늙어서 다시 수정하고 완성한 이 소설은 괴테의《파우스트》처럼 평생을 두고 창작한 로페의 야심과 집념의 산물이라

---

109) Cfr. citado por Edwin S. Morby y Alan S, "Trueblood: La Dorotea", *Historia y crítica de la literatura española*, III, op. cit., p. 187.

110) Cfr. ibid., p. 191.

고 할 수 있다. 즉 자신의 사랑의 경험에서 느꼈던 기쁨과 아픔, 배신과 절망과 고독, 우수를 그의 이전 소설 〈라 아르카디아La Arcadia〉(1598)에서처럼 목가적 분위기에서 풀어나간다. 어떻든 〈라 도로테아〉는 에드윈 교수의 취향에 따르자면 당시대의 《돈키호테》 다음 가는 좋은 소설이란다.[111)]

그러나 위대한 로페 데 베가, 오늘날에도 사람의 심금을 울리는 로페를 유명하게 만든 것은 그 많은 연극도 소설도 아닌 이들 장르 속의 시, 그리고 시 속의 시인 로페이다. 로페는 허구성보다는 직정적直情的인 시라는 장르 속에서 훨씬 진솔하고 자유로웠다. 식자적 성향을 가진 로페의 작품도 〈라 도로테아〉처럼 말기에는 인간적 고뇌로 깊어진다. 그의 사랑의 시도 슬픔이나 절망 속에서 더욱 감동을 자아낸다.

젊은 시절의 소네토들이나 로만세들이 "소네토다운 소네토Soneto sonetil"에서 보듯 재치와 재주 자랑 같은 찬란한 은유, 말놀이가 특징이라면 말년이 가까워 오면서 그의 시는 깊이와 우수를 더해 간다. 중년기의 애인 "루신다(본명 Micaela Luján)"에게 보낸 서간체 시는 이별 뒤의 그리움과 아픔이 구구절절 묻어난다.

〔…〕
루신다, 다정한 친구 너의 손길이 없이
너의 아름다운 가슴의 옷깃이 없이
산다는 것은 낮부터 밤까지 울음뿐,

내가 없는 보금자리가 이제 다 부서졌다는
생각만 해도, 내 온 마음이 갈라지고,

111) Cfr. ibid., p. 189.

내 좁은 목에 수천의 마디가 생기고

〔…〕
세상의 망각의 물을 모두 다 마셔도
나를 잡고 있는 너의 인연의 끈으로부터
나는 달아날 수가 없는가 보구나,

이생에 더 많은 고통을 막으려 해도…
별들 따라 사랑하는 사람은 불쌍하지,
나는 할 수 없어, 너의 손길을 찾아오노라,

이곳에서, 혹시 내가 내 시로 명성을 바란다면,
모두 다 네 덕택, 너만이 나의 이마에
월계수 가지를 가져다줄지니, 그 월계관 위에서
죽어도 너 혼자 승승장구 승리자로 남아 다오.

· 원문 205 ·

로페 데 베가의 초기나 중기 시 중에서는 민요조의 작품들이 뛰어나다. 더러는 연극 속에 섞여 나오고 더러는 단독으로 출판된 로만세나 민요들이 많은데, 소위 새로 창작한 민요조의 노래나 로만세들Romances nuevos은 여운이나 상징성이 두드러진다. 작지만 상징성이 뛰어난 이 시를 보자.

〈소녀가 내게 오렌지를 던져요〉

발레시아에서 크리스마스 때
소녀가 내게 오렌지를 던져요,
참말이지, 내가 오렌지를 받아 던지면

오렌지 꽃이 되어 그녀에게 필 거예요.
한 가장무도회에 갔지요
그리고 소녀 창 밑에 머물렀어요;
소녀의 아침이 동이 트고
소녀의 눈 속에서 해를 보았어요.
그 창가에서 나에게 선물로
작은 오렌지들을 던졌어요;
어려서 사랑은 모르니까
모두가 장난으로 생각하는 거죠:
참말이지, 내가 오렌지를 받아 던지면
오렌지 꽃이 되어 그녀에게 필 거예요.
발렌시아에서 크리스마스 때
소녀가 내게 오렌지를 던져요.
참말이지, 내가 오렌지를 받아 던지면
오렌지 꽃이 되어 그녀에게 필 거예요.

• 원문 206 •

이런 평범한 민요조의 노래 속에 비범한 로페의 눈빛이 반짝인다. 먼저 "오렌지"와 "오렌지 꽃"은 가까운 것 같아 보이지만, 실제로 오렌지가 오렌지 꽃으로 피는 것은 불가능에 가까운 먼 시간을 요한다. 따라서 독자는 "오렌지 꽃"을 연상이나 상징으로 풀 수밖에 없다. 그것을 도와주기 위해 "오렌지 꽃"으로 읽어야 할지 "인연"으로 읽어야 할지 모르는 "azar"이라는 말이 연상을 부추긴다. "인연의 꽃"으로 소녀와 나 사이의 사랑이 싹트리라는 연상이 이렇게 이루어진다. 그렇다, 오렌지를 던지고 또 받아 던지고 웃다 보면 둘 사이 사랑이 싹틀 수밖에…. 어린 소녀와의 사랑은 오렌지 꽃처럼 순수하고 향기로우리라.

〈보리 베기 노래Cantar de siega〉도 여운 짙은 사랑 노래다.

제 얼굴이 하얐어요
처음 보리 베러 들어갔을 때는,
햇볕을 쬐였지요. 그래서 이제는 까무잡잡해요.
저는 늘 하얐구요
보리 베러 오기 전까지는요.
하지만 보리밭 햇살이 내 가슴속
불덩이가 하얀 것을 싫어했나 봐요.
제 나이가 동틀 녘에는
반짝이는 백합꽃이었는데요,
햇볕을 쬐였지요, 그래서 이제는 까무잡잡해요.

• 원문 207 •

여기서 "까무잡잡하다morena"가 "섹시하다"를 연상시킨다는 것을 모르면 물론 재미가 없다. 우리 동양인은 햇볕에 그을리는 것을 아주 싫어하지만 서양 여자들은 여름 햇볕에 그을려 약간 까무잡잡한 것을 가장 예쁘고 섹시하게 여긴다. 특히 안달루시아 여성들의 매력은 아랍 피와의 혼혈로 눈동자가 새까맣고 동그란 "모레나"들이기 때문에 "모레나"는 예쁘고 섹시한 여자를 연상시키는 말이 되었다.

이 시에서는 사랑을 모르던 하얀 소녀가 보리를 베고 총각들과 어울리면서 사랑을 알게 되었다는 이야기. 어느 나라 민요나 뽕도 따고 임도 보는 것이 처녀들의 바깥나들이다. 보리 베러 나간다는 핑계로 남자를 만나고 일이 이루어진 것은 동서가 다를 게 없다. 다만 날씨가 늘 따뜻하고 햇볕이 뜨거운 스페인에서는 그늘 있는 삼밭huertas이나 상추밭, 과수원 등으로 데려가는 것 llevar/llevarse al huerto이 곧 성적으로 유혹하는 것을 의미할 정도로 그런 일이 잦았던 듯싶다. 이 민요에서는 한 소녀가 햇볕을 쬐어 까무잡잡해졌다는 너무도 당연한 소리가 우리에게 미소를 자아내게 한다. 그런 여운과 매력이 로페 민요시의 독특한 맛이다.

로페는 상징을 만드는 데 천재적 자질을 가진 사람이다. 무엇이든 반복하면 상징이 되는 것을 일찍부터 터득했다고나 할까. 원래 클로버는 이베리아 반도에 흔한 꽃으로 보드라운 향기가 특징이다. 이것을 "선정적 여성미"의 상징으로 끌어올린 시인이 로페 데 베가다.

클로버 꽃, 어머나, 참 냄새도 향기로워라!
클로버 꽃, 어머나, 이 향기!
〔…〕
그 많은 사랑을 바꾼
혼자 사는 처녀의 클로버 꽃;
다시 결혼할 날을 기다리는
혼자 사는 과부의 클로버 꽃:
겉으로는 소복에 하얀 고깔모자
속치마는 빨강.
클로버 꽃, 어머나, 참 냄새도 향기로워라!
클로버 꽃, 어머나, 이 향기!

• 원문 208 •

클로버 꽃이 누구에게나 좋은 꽃이다. 네 잎 클로버는 행운을 가져다준다는 속설도 있다. 그러나 로페 이전에는 이 꽃이 성적 매력을 가진 꽃은 아니었다. 로페는 섹시한 여자의 향기에서 클로버 꽃향기를 느낀다. 반대로 말하면, 로페는 모든 섹시한 여자에게 클로버 향을 낚아챈다. 다시 결혼할 날만 기다리는 혼자 사는 과부의 몸에서 풍기는 향기는 클로버 꽃향기다. 겉옷은 하얀 소복이지만 빨간 속치마가 보인다.

그러나 이 대시인, 대극작가의 웃음과 허세는 세월이 무너지면서 또 다른 서글픈 진실성으로 가슴을 파고든다. 정력과 정렬의 화신 로페 데 베가의 극작가로서의 화려한 명성과 바람둥이로서의 찬란한 이력 뒤의 뒤안길이 있었다. 그가 속세를 버리고 승려로 들어갔던 것은 연극이 아니라 그의 사랑하는 아들 펠릭스가 죽어서였다. 그때 그 아버지의 뼈가 으스러지는 아픔과 그 아픔을 참는 말소리를 들어 보라.

> 당신의 축복으로 태어난 이 저의 내부의
> 사랑스러운 열매를, 오 영원한 세상의 왕이시여!
> 그대의 제단 앞에 고개 숙여 바치옵니다.
> 이 세상 모든 것 중에서 가장 훌륭한 제물은
> 초라하고 사랑스러운 순수한 가슴이
> 가장 값지고 고귀한 공물이라고 하지요.
> 페니키아의 이상야릇한 향수들도 아니고
> 아라비아 사바의 그 향기로운 술도 아니고,
> 그렇게 향기로울 거리고는 없는 제물로
> 오늘 당신께 소심껏 바치옵는 것은
> 카를로스라고 불리었던 저의 가슴이옵니다.
> 저에게 남은 가장 작은 것을 바치듯 이 아이를 바치옵니다.
> 주여, 원래 당신의 것이었던 것을 당신께
> 돌려드림이 바치는 것이 무어가 있느냐고 하시겠지요.
> 〔…〕
> 아들아, 나는 온 힘을 다해 네가 태어난
> 가장 좋은 조국을 마련해 주었다. 그리고 네가 죽은 뒤에도
> 성자들 사이에 행복한 무덤을 마련해 주었구나,

이제 네게 남은 것은 부디 하느님께 기도하여
나의 아픈 마음을 기쁨으로 바꾸게 해 달라고 하렴.
그리하여, 너의 아름다운 기억의 빛을 어두운 밤으로
뒤덮으려 드는 이 나의 혈기를 잠재우고,
네가 나의 기억 속에 살게 하라.
어느 날 나에게 고통을 안겨 주었던 이 기억이
나에게 영광을 줄 날이 올 것을 기다리나니,
영혼이 갇혀 사는 이 남의 땅을 내가 떠나는 날
고통뿐인 이 땅에 너 혼자 남겨 두고
혼자 떠나지 않게 되었음이 즐거울 것이니…

• 원문 209 •

로페가 승려로 수도원에 들어갔다가 다시 나온 것도, 다시 마르타에게 사랑에 빠진 것도, 그 많은 불행과 이별과 죽음 때문에 많이 운 것도, 그리고 마침내 그의 딸 안토니아까지 어느 놈팡이와 도망친 것도 끝내 그를 우울증에 빠뜨리고 죽게 만드는 원인이 되었다. 우리는 로페의 후기 몇 작품에서 그가 얼마나 평화와 자유를 갈구했고, 전원 속에서 조용하게 일생을 보내고 싶었는가 하는 소박한 소망을 읽을 수 있다.

오 고귀한 자유여!
이 넓은 땅의 커다란 재산과도
어느 황금과도 비할 바 없는 자유여!
남쪽 바다가 그 자개 사이에 숨겨둔 진주 같은
고귀한 것보다도 더욱 아름답고 행복한 보물이여!

• 원문 210 •

그리고 우리는 마침내 로페 내부의 가장 깊은 고독과 소망의 목소리를 듣는다. 마치 승려가 공수래공수거空手來空手去를 말하듯, 《돈키호테》의 산초도 섬 통치를 마치고 "빈손으로 갔다가 빈손으로 나왔다Desnudo entré, desnudo me hallo"고 말한다. 가톨릭 승려였던 로페 또한 "나 홀로 고독한 곳에서 와서 고독한 곳으로 간다A mis soledades voy,/de mis soledades vengo"[112]라고 말한다. 이 세상 누구도 부러워할 것 없는 조용하고 평화로운 소박한 삶을 바란다. 비록 그는 평생 자신의 열정과 혈기, 야망에 시달렸지만 그럴수록 그의 내부의 목소리는 안정과 평화를 갈망했다. 특히 사랑의 결실인 두 자식의 불행은 아버지를 더욱 어두운 절망의 구렁텅이에 빠뜨렸고, 그는 1635년 73세를 일기로 파란 많았던 세상을 떠난다.

112) *Primavera y flor de la literatura hispánica*, II, op. cit., pp. 24-55.

16장

새마 돈 후안 테노리오의 탄생과 로페 데 베가 후계자들

로페 데 베가는 후계자 칼데론만큼 세계적으로 위대한 작품을 남기지는 못했지만, 당시 스페인 연극의 형식과 기틀을 굳혔고 중흥을 불러일으켰다. 그의 후계자들은 3막 연극에 "웃기는 자el gracioso"를 등장시키는 로페의 연극 형식을 충실히 이어받았고 칼데론의 〈인생은 꿈이다〉라든가 〈살레메아 시장〉처럼 국내외에서 수많은 극작가들이 로페에게서 작품 내용이나 소재를 제공받았다.

앞에서 말했듯이 로페의 약점은 지나치게 서민적이고 시대성에 민감했던 감성적인 측면이었다. 그는 스페인 전통 속에서 다양한 소재와 내용을 개발하고 개척했으나 그 풍부한 시적 감성과 상상력은 많은 사람에게 공감을 주는 세계성이나 영원성을 얻는 데는 실패했다. 그의 찬란했던 연극보다는 오히려 그의 서정시가 오늘날 우리의 관심을 끄는 이유는 연극에서처럼 관객의 취향이나 인기에 좌우되지 않고 자신의 예리한 감성이나 솔직한 삶의 내부을 녹여 만든 작품들이기 때문이다.

이 시대의 극작가 치고 로페의 영향을 받지 않은 작가는 없다. 로페가 발렌시아에 있을 때 영향을 받은 작가는 길옌 데 카스트로Guillén de Castro(1569-1631)다. 그의 대표작 〈시드의 젊은 시절Mocedades del Cid〉(1618)은 프랑스 극작가 코르네유Pierre Corneille(1606-1684)의 유명한 극작품 〈르 시드Le Cid〉(1636) 이야기의 바탕이 된다. 즉 시드가 히메나의 아버지를 죽인 사건, 이를 복수하기 위해 왕에게 청원을 하다 그 원수 시드와 결혼하게 되는 사연은 로만세에서 영감을 받은 카스트로에게서 나온 이야기다. 물론 시드의 이야기는 코르네유의 손에서 부모에 대한 효도와 사랑 사이의 갈등으로 보다 깊어지지만….

루이스 벨레스 데 게바라Luis Vélez de Guevara(1579-1644)도 〈죽은 뒤 통치하다Reinar después de morir〉와 같은 서정성 짙은 아름다운 작품들을 썼다. 이네스 가스트로라는 아름다운 아가씨가 왕자와 연애를 했으나, 정식 약혼녀의 고발로 부왕의 명에 의하여 사형에 처해진다. 그러나 아버지가 죽고 왕위에 오른 왕자는 이네스 아가씨를 황후로 기리도록 궁중에 선포한다. 이 감동스러운 드라마의 백미는 진한 우수에 찬 장면과 서정성 넘치는 대사에 있다.

이 밖에도 호세 데 발디비엘소José de Valdivielso(1562-1638)의 그 많은 성극들 역시 로페의 영향이다. 그 대표작 〈탕자El hijo pródigo〉(1622)는 탕자의 감동적인 참회극이다. 루이스 키뇨네스Luis Quiñones de Benavente(?-1651)는 세르반테스 이후 가장 뛰어난 막간극 작가다. 물론 그도 로페처럼 풍속극의 재미와 풍자를 막간극의 핵심 요소로 발전시킨 작가다.

안토니오 미라 데 아메스쿠아Antonio Mira de Amescua(?1577-1644)는 〈악마의 종El esclavo del demonio〉(1612)에서 영국 극작가 크리스토퍼 말로Christopher Marlowe(1564-1593)가 창조한 〈파우스트 신화The tragical history of doctor Faustus〉(1588, 1601)를 다시 극화한다. 말로 또한 초기작은 스페인 극작가 멕시아Pedro de Mexia의 영향을 받아 징기스칸의 후손이라고 자칭한 탬벌레인을 모델로

하여 〈대 제왕 탬벌레인Tamburlaine the Great〉을 쓴다. 나이 서른에 암살당한 말로는 신비로운 인물로, 더러는 그가 죽지 않고 셰익스피어 집에 숨어서 이 대문호의 작품들을 거의 모두 대필해 주었다는 전설이 있을 정도다. 어떻든 후에 괴테의《파우스트》로 재탄생하기 전에 이미 말로에 이어 아메스쿠아에게서 다시 파우스트적 인물이 다루어진 것은 당시 영국이나 프랑스 연극과 스페인 연극이 얼마나 밀접한 관계에 있었는가를 말해 준다.

〈악마의 종〉에서는 도둑놈 돈 힐이 리사르다의 누이에게 반해 버린다. 돈 힐은 그녀의 사랑을 얻기 위해 악마에게 영혼을 판다. 그리고 그 앞에 나타난 그녀의 모습을 보고 껴안는데, 막상 그가 껴안은 것은 그녀가 아니라 그녀의 해골이었다. 돈 힐은 참회한다. 그때 그의 수호천사가 악마와 싸워 영혼 매매 계약서를 찾아온다. 그리하여 그가 참회와 큰 깨달음을 얻고 성聖 질 데 포르투갈Don Gil de Portugal이 되었다는 이야기. 결국 인간의 자유의지libre albedrío가 악마의 유혹보다 더욱 강하다는 교훈은, 같은 시대에 색마 돈 후안 테노리오를 창조한 티르소 데 몰리나Tirso de Molina, Fray Gabriel Téllez(1584-1648)의 〈잘못된 신앙으로 벌받은 자El condenado por desconfiado〉(1636)에서 더욱 드라마틱하게 되살아난다.

(1) 티르소 데 몰리나의 연극과 심리적 통찰력

〈잘못된 신앙으로 벌받은 자〉는 인도나 아랍의 인연이나 운명에 관한 오랜 설화에서 비롯된다.[113] 즉, 악인이 될 운명을 가지고 태어난 사람은 아무리

113) Ramón Menéndez Pidal의 연구에서 인도 전설이 나온다. Ciriaco Morón Arroyo는 피달의 연구보다는 성 후안 데 라 크루스의 신비주의와 연관이 깊은 것으로 본다. Cfr. Morón Arroyo, "La doctrina de 'El condenado por deasconfiado'", *Historia y*

신의 구원을 받기 위해 노력을 해도 지옥으로 떨어진다는 내용의 설화이다. 이것을 티르소 몰리나는 보다 깊이 있게 기독교적으로 해석한다. 가브리엘 텔예스 사제(티르소 원명)는 가톨릭 사제로, 운명은 없으며 모든 것은 신의 뜻이다라고 믿는 사람이다. 다만 참 인간의 신앙심은 스스로의 마음속 깊이 자리한 자유로운 선의지libre aledrío에 뿌리를 두어야 하며, 돈이나 성공을 바란다거나 천당에 가기 위한 기복적祈福的 목적에서 나온 마음이어서는 안 된다는 것이다.

사막의 암자에서 10년 동안 기도만으로 살고 있는 은자 파울로는 밤이나 낮이나 하느님께 구원의 길을 가르쳐 주십사 기도한다. 이런 기복적 기도는 행복이나 사랑을 이루기 위해 영혼을 판 파우스트의 결탁 의지와 다를 바 없다. 하느님의 사랑에 대한 마음속으로부터 우러나온 기도가 아니기 때문이다. 그의 구원 욕심은 하느님의 시험대에 오른다. 어느 날 악마가 천사의 얼굴을 하고 나타나 "엔리코라는 사람의 모든 것을 따라서 하라, 그 사람과 똑같은 운명을 갖게 되리라"라는 계시啓示를 준다. 은자는 그 엔리코라 이름하는 사람을 찾아 나폴리로 떠난다. 거기에서 우연히 만난 사람은 흉악한 산적에다 살인범이었다. 엔리코와 운명을 같이 한다면 자신도 지옥에 갈 것이 뻔했다. 비탄에 빠진 그는 마침내 무서운 결심을 한다.

> 주여, 용서하소서, 혹시 제가
> 복수를 잘못하고 있다면 말이올시다.
> 주께서는 벌써 저에게 벌을 내리셨습니다;
> 주님의 말씀은 확실한 것이고

crítica de la literatura española, III, op. cit., pp. 870-874.

더 이상 물러설 곳이 없습니다.
결과가 그렇다면, 저는 이 세상에서
행복한 삶을 누리고 싶습니다,
(지옥에 가는) 슬픈 종말이 나를 기다리고 있으니까요.
엔리코의 행적을 그대로 따르오리다.

• 원문 211 •

파울로는 산적이 되어 날뛴다. 한번은 체포되었는데 그 도적 속에 엔리코가 있었다. 파울로는 다시 은자의 복장을 입고 엔리코를 바로 잡아 죄악의 구렁텅이에서 끌어내 보려고 한다. 자신을 구원하기 위해서는 우선 엔리코부터 개심시켜야 된다고 생각했기 때문이다. 그러나 파울로는 그를 설득하는 데 실패한다. 때때로 목동의 모습을 한 신의 자비로운 목소리에도 아랑곳하지 않고 파울로는 절망 속에서 산적 생활을 계속한다.

엔리코는 그 나쁜 짓을 하면서도 늘 자신을 걱정하던 그의 늙은 아버지 아나레토의 사랑과 충고를 기억한다. 끝내 엔리코는 사형에 처해진다. 그는 죽기 전에 자신을 찾아온 아버지의 사랑과 간청을 받아들여 참회하고 죽어서 영혼을 구제받는다. 그러나 파울로는 무기를 든 시골 사람들에게 잡혀, 참회나 고해성사도 못 하고 죽는다. 파울로는 하느님이 자신을 용서하지 않으리라 확신하고 영혼의 구원을 포기함으로써 끝내 벌을 받는다. 이 작품은 "잘못된 신앙인"이 빠지기 쉬운, 신의 계시를 너무 쉽게 믿는 광신도들, 그런 믿음에 집착하는 편집증, 특히 자신의 믿음과 구원을 위해 먼저 남을 설교하고 개심시키려 하는 위선적 신앙인들에게 무서운 경고를 하고 있다.

그러나 티르소 데 몰리나의 최대 걸작은 역시 〈세비야의 난봉꾼, 석상의 초대객El burldor de Sevilla y convidado de piedra〉(1630)이다. 몰리에르, 모차르트, 바이런,

슈트라우스 등에게 영향을 끼쳤고, 세계 문학예술의 영감의 원천이 된 "돈 후안 테노리오", "돈 주앙", "돈 지오바니" 등으로 불린 이 바람둥이, 색마, 최고의 로맨티스트의 탄생은 몰리나의 천재적인 심리 통찰력에 힘입는다.

카스티야 왕의 승정원장, 오늘날의 비서실장의 아들 돈 후안은 스페인 국내에서 하도 바람을 피우고 말썽을 부리자, 그 아버지가 사람들의 눈을 피해 국외인 나폴리로 보낸다. 그러나 나폴리에 도착한 첫날 밤, 그것도 나폴리 왕이 있는 궁전에서 공작 부인의 딸 이사벨라를 겁탈한다. 겁탈이라고는 하지만, 이사벨라의 애인인 옥타비오 행세를 하고 침실에 들어가 결혼 약속 뒤 동침을 하고 나오는 형식이다.

> 이사벨라 : 불 하나 켤까 봐요.
> 돈 후안 : 그건 왜?
> 이사벨라 : 제가 누리게 된 행복에 대하여 이 영혼까지 확신을 하고 싶어서요.
> 돈 후안 : 불을 켜면 내가 꺼.
> 이사벨라 : 에그머니나! 이봐요, 당신 누구예요?
> 돈 후안 : 누구긴? 이름 없는 한 남자지.
>
> • 원문 212 •

돈 후안의 뻔뻔스러우리만큼 멋들어진 대답, "누구긴? 이름 없는 한 남자지"가 빛난다. 이 말투에는 어딘가 저항과 조소가 서려 있다. 어쩌면 세상의 도덕과 권위와 위선에 대한 냉소 어린 저항이 보인다. 1630년 출판되기 전부터 이미 "그렇게 멀리 보고 저를 믿습니까?¿Tan largo me lo fiáis?"라는 조소적인 제목으로 여러 번 공연되었던 이 작품은 당시 사회의 가부장적 여성 억압, 귀족들의 봐주기식 부정, 반종교개혁 분위기에서 나온 지나친 금욕주의에 대한 반발로 보기도 한다.[114)]

위 이야기에서도 돈 후안은 자기 삼촌인 나폴리 주재 대사 돈 페드로의 도움으로 그 어려운 처지에서 금방 도망친다. 궁중에서 귀족들 사이에 겁탈이란 명예honor가 걸린 사건이 벌어지자, 입장이 난처해진 나폴리 왕은 일 처리를 스페인 대사에게 맡기고, "짐은 못 본 걸로 해" 하면서 자리를 뜬다. 돈 후안과 돈 페드로만 남게 되자. "삼촌, 나 조카야…" 하면서, "나는 젊어. 삼촌도 젊을 때가 있었지 않아. 삼촌도 사랑에 대해 아니까, 이 나의 사랑을 용서해 줘"라고 설득한다. 이렇게 해서 삼촌은 조카를 도망치게 하고 도리어 그 죄를 그녀의 애인 옥타비오 공작에게 덮어씌운다. 당시 애인 사이라고 할지라도 결혼 전 성 관계는 범죄였음으로(서로 결혼하게 되면 죄가 풀리지만), 사랑에 속아 미칠 지경이 된 옥타비오는 죄인이라는 억울한 굴레까지 쓰고 감옥에 간힌다.

한편 바다를 통해 나폴리를 빠져나간 돈 후안과 종자 카탈리논은 그만 물에 빠져 죽을 지경이 된다. 그러나 마침 그곳에서 낚시를 하던 어부 처녀 티스베아에게 발견된다. 종자와 돈 후안은 그녀의 도움을 받고 살아난다. 기절했다 깨어난 돈 후안은 금방 티스베아의 아름다움에 빠진다. 승정원장의 아들이라는 소리를 들은 티스베아 또한 멋쟁이 총각에게 마음이 쏠린다. 그리하여 또다시 사건은 이루어지고 그 뒤 돈 후안은 종자와 함께 새벽에 도망친다.

왕은 포르투갈을 다녀온 돈 곤살로라는 신하와 이야기를 하다가 문득 그의 예쁜 딸 도냐 안나와 돈 후안을 자기 손으로 결혼시키겠다고 약속한다. 왕이 직접 결혼을 주선하다니 더 이상 영광이 없다. 곧 딸 안나에게 이 반가운 소식을 전하겠다고 말한다.

2막에서는 왕이 나폴리에서 돈 후안이 저지른 나쁜 짓을 안다. 왕은 돈 후안

114) Cfr. ibid., p. 329; Bruce W. Wardroppe, "El burlador de Sevailla al mito de don Juan", *Historia y crítica de la literatura española*, op. cit., pp. 875-883.

의 아버지와 함께 사건 처리를 고심하다가, 이왕 일이 그렇게 되었다면 나폴리 왕에게 말해서 돈 후안과 그 이사벨라를 결혼시키고 죄 없는 옥타비오를 풀어 주라고 하겠다고 한다. 그리고 "아까 약속한 안나와의 결혼은, 그 아버지에겐 미안하지만 취소토록 하지… 어떻든 돈 후안도 벌은 받아야 되니까, 오늘 밤 시골인 레브리하로 유형을 떠나라고 하도록…"이라고 말한다. 이리하여 모든 것이 왕의 도움으로 다 해결되어 간다.

세비야에 온 돈 후안은 바람둥이 친구 모타 후작을 만난다. 둘이 바람피우던 여인들의 안부를 묻다가, 문득 모타 후작에게 말하지 못할 어려운 일이 생겼다고 말한다. 왕이 자기 애인 안나를 어떤 다른 총각과 결혼시키려 한다는 것. 이것은 사실 왕이 돈 후안 자신과 그녀를 결혼시키겠다는 것이었는데, 그것도 모르고 돈 후안은 자기가 모타 후작을 도와주겠다고 한다. 일이 묘하게 되려고, 돈 후안은 길을 가다가 어느 방문에서 은밀히 자기를 부르는 소리를 듣는다. 한 여인이 모타 후작에게 편지를 전해 달라고 부탁한다. 그 내용인즉 밤 11시에 자기 방문을 열어놓을 터이니 후작더러 들어와 사랑을 하자는 것. 그날 밤 모타와 돈 후안은 안나 집으로 간다. 모타를 밖에 세워 놓고 용감한 돈 후안이 먼저 들어가 보기로 한다. 문제는 그 기다리는 시간이 너무 길어진 것…. "거짓말, 당신은 모타 후작이 아니지?" 하는 안나의 고함 소리가 들리고 안에서 난리가 난다. 아버지 돈 곤살로가 딸의 고함 소리에 놀라 나온다. 복도에서 돈 후안과 맞닥뜨린다. 칼싸움 끝에 돈 후안이 안나의 아버지를 죽인다. 여기에서 돈 후안은 친구를 배신하는데, 나이 든 어른과 불평등한 결투로 상대를 죽이는 배신을 하게 된다. 돈 곤살로는 죽으면서, "돈 후안은 배신자여, 비겁한 자"라고 소리친다. 꼭 복수를 하겠다고 하며 죽는다. 거리에서 머뭇거리던 모타 백작이 살인범으로 체포된다.

레브리하로 추방당하여 가던 돈 후안은 도중에 결혼 행렬을 만난다. 예쁜 신부 아민타를 보고 가만 있을 돈 후안이 아니다. 신랑 바트리시오에게 아민타는 자기 애인이었으며 이미 자기 것이 되었었노라고 말한다. 자기가 잠깐 떠난 사이 자기를 잊을 줄 알고 그대와 결혼한 것이라고…. 결국 신혼 첫날밤에 신랑이 아닌 돈 후안이 아민타가 있는 침실에 들어선다. 그는 자신이 귀족이며 부자이며 그녀를 사랑한다고 속인다. 혼인 빙자 간음죄라고 할까. 새벽에 다시 짐을 싸는 돈 후안.

돈 후안은 다시 세비야로 돌아온다. 어느 성당으로 몰래 들어오다가 문득 새로 쓴 묘지 앞에 묘비명이 눈에 띈다: "여기 주님의 가장 충실한 기사가/한 배신자의 복수를 기다리노라". 돈 후안은 그 무덤이 자기가 죽인 돈 곤살로의 것임을 알아본다. 그리고 "배신자"가 바로 자신을 가리킴을 깨닫고 그는 마음껏 비웃는다. "죽은 자가 복수는 무슨… 복수하려거든 오늘 밤 내 숙소에서 저녁을 초대할 것이니, 그때나 나타나시라고 해…." 그런데 이게 웬 일인가. 죽은 석상이 저녁상 앞에 나타난 것. 식사를 마친 석상은 이제 자기가 초대할 차례라고 하면서 다음 날 밤에 자기 무덤가로 오라고 한다.

돈 후안이 범한 모든 여자들이 그와 결혼을 하겠다고 세비야로 몰려든다. 왕은 혼란에 빠진다. 결국 왕의 결정은 돈 후안을 "레브리하스 백작"으로 봉하고 이사벨라 후작 딸과 결혼시킴으로써 일을 마무리하려 한다. 둘은 왕의 결정을 받아들인다. 돈 후안은 결혼식에 가기 전에 석상의 초대에 다녀오기로 한다. 공포에 떨고 있는 종자를 달래며 죽은 자의 식사 초대에 나가서, 석상의 손에 이끌려 지옥의 불구덩이에 떨어진다. 불교에서와 같은 인과응보Quien tal hace/que tal pague의 법칙에 따라 그 많은 죄를 진 돈 후안은 지옥에 가게 된다는 것이 가브리엘 텔예스 가톨릭 사제가 보여 주는 교훈과 결론이다.

(2) 돈 후안은 누구인가?

이 작품에 나오는 돈 후안은 작품 속에서 벌어지는 사건들과 모타 후작과의 이야기 속에서 언급되는 사건들에서 보여지듯 색마로서 충분한 이력을 증명한다. 그것도 귀족이건 평민이건 가리지 않고 젊고 예쁜 여자이면 무조건 탐하는 호색한이 돈 후안이다. 돈 후안과 더불어 인간의 5대 전형을 이루는 인물들은, 1601년 출간된 마를로의 파우스트—자신의 욕망을 채우기 위해 악마에게 영혼을 판 탐욕주의자, 그리고 1605년 이상주의자 돈키호테와 함께 셰익스피어의 회의주의적 지성 햄릿, 그리고 얼마 뒤에 창조된 칼데론의 〈인생은 꿈이다〉의 주인공 세히스문도—현실과 꿈 사이에서 인생의 이정표를 묻는 실존적 지성…. 이렇게 인간의 5대 전형이 17세기 초에 모두 탄생한다. 이 5대 전형 중에서 가장 인기를 끌었고, 또한 그 뒤 수많은 예술가들에 의하여 재창작된 인물이 돈 후안이다.

우선 몰리나의 "세비야의 난봉꾼"으로서의 돈 후안은 한마디로 지나친 행운아다. 부정과 사기, 배신과 배경, 백으로 뒤죽박죽된 시대와 사회 환경 속에서 무엇 하나 거칠 게 없는 풍운아가 돈 후안이다. 끝까지 왕의 철저한 비호를 받는 "왕자병"의 주인공. 지체 높고 돈 많고 미남에다 칼까지 잘 쓰는 젊은이 돈 후안. 이런 남자에게 빠지지 않고 속아 넘어가지 않을 여자는 없다. 단 한 여자, 안나만이 제정신을 차리고 당하지 않았을 뿐. 아이러니하게도 피해를 가장 적게 입힌 이 안나 아버지 때문에 돈 후안은 지옥의 불구덩이로 떨어진다. 석상의 마지막 초대에서 사자死者 돈 곤살로가 죽이려 하자 돈 후안은 소리친다.

돈 후안 : 당신 딸은 겁탈하지 않았어. 내 속임수를 이전에 먼저 알았다구.

돈 곤살로 : 그건 문제가 아냐. 이미 너의 의도가 행동에 옮겨졌었어.

• 원문 213 •

돈 곤살로가 돈 후안을 죽이고 지옥의 불구덩이에 빠뜨린 것은 자기 딸의 겁탈 미수에 대한 단순한 앙갚음이라기보다는 칼라트라바 대승정대장el Comendador mayor de Calatrava으로서 지나치게 성을 탐하는 색마를 벌하는 종교적 의미가 더 크다. 물론 비겁하게 자신의 잘못도 모르고 어른의 나이도 무시한 채 칼싸움에서 자기를 죽인 원수에 대한 복수이기도 하다. 그렇게 복수하겠다고 묘비명에까지 쓰고 있으니까 말이다.

그럼에도 불구하고 돈 후안의 입장에서 보면, 젊은 시절 한때 젊은 혈기를 못 이겨 여자를 탐한 정도이니만큼, 칼로 죽이려 하거나, 죽은 뒤에 지옥에 빠뜨리기보다는 보다 크게 너그럽게 용서해 줄 수도 있는 사건이었다. 이사벨라 후작 딸을 범하고 스페인 대사인 자기 삼촌과 맞닥뜨렸을 때, 돈 후안이 삼촌에게 이해를 구하는 말도, "삼촌도 젊을 때가 있었지 않아. 그러니까 내 이 사랑을 용서해 줘"다. 어떻게 보면 바람둥이 돈 후안은 특별한 인물이 아니라 우리 젊은 시절의 낭만주의의 상징이요, 그 시절의 격렬한 성 충동의 상징이다. 그때 죽지 않고 살았더라면 더욱 도덕적이고 성숙한 모습으로 좋은 지도자가 될 수도 있는 그런 인물이 돈 후안이었다. 가문도 좋고 왕의 사랑을 받을 만큼 배경도 든든했으니까.

돈 후안에게는 그의 왕자병만큼 산 사람이나 죽은 자 앞에서까지 한결같이 오만불손하고 으스대는 못된 기질이 있었다. 그는 잘난 아버지와 든든한 왕의 후의를 믿고 누구 앞에서나 함부로 설치는 철없는 왕자였다. 그러나 한편으로는 그런 사회의 불의와 종교의 위선을 마음속 깊이 혐오하는 저항아가 돈 후안이다. 그는 쇼펜하우어 이전의 염세주의자요 니체 이전의 생명 중심적 인생관의 소유자였다. 서구의 지식사회와 종교를 지배해 온 죽음 원리 중심의 아폴로 Apollo신적 진실을 거부하고 생명을 긍정하는 디오니소스Dionysos, 즉 "주신酒神 숭배신앙"의 축제와 예술의 신을 부활시켜야 한다고 주장한 이는 니체였다. 돈 후안에게는 죽음보다 삶이 중요하고 죽은 사람보다는 산 사람에게 더 관심이 간다. 종자가 귀신이 나타난 것 같다고 할 때 돈 후안의 말투를 보라.

> 죽은 사람에게 무슨 공포를 느낀다는 거냐!
> 저게 살아 있다면 어쩔 뻔했어?
>
> • 원문 214 •

그리고 귀신을 만난 뒤 공포로 땀에 뒤범벅이 된 자신을 나무라며 그는 자신을 향하여 소리친다.

> 하지만 모든 것은 상상이
> 만든 생각들일 뿐이야;
> 공포나 죽은 자를 두려워하는 것은
> 비겁 중에서 가장 치사한 비겁이야,
> 높은 지체와 살아 있는 몸뚱어리,
> 힘과 이성과 영혼까지
> 멀쩡한 사람도 무섭지 않은데
> 누가 죽은 사람 따위를 겁냈단 말인가?
>
> • 원문 215 •

그렇다. 돈 후안은 죽음 앞에서 삶의 가치와 생명성의 우위를 지키는 수호자다. 생명성이 가장 넘칠 때가 젊은 시절이다. 성욕 또한 가장 왕성할 때다. 돈 후안은 그 시절을 살고 있다. 따라서 돈 후안은 강력한 생명성, 성의 욕구를 거부하는 일체의 사회적 도덕을 거부한다. 죽음 뒤의 심판을 경고하는 금욕적 교회의 목소리에 저항한다. 친구를 밥 먹듯이 배신하고 끝없이 여자를 속인다. 침실 문을 열게 하기 위해 "옥타비오", 혹은 "모타 후작"을 사칭하고 침실에 들어간다. 들어가서도 결혼을 약속하거나 온갖 수작으로 욕심을 채우기에 몰두한다. 물론 새벽이면 곧장 달아날 계획을 다 세워 놓고…. 돈 후안의 사회 도덕이나 종교에 대한 태도는 반항을 넘어 정면 도전이다. 그만큼 돈 후안은 철두철미하게 젊음, 성, 생명 중심적 인생관의 소유자다. 그리고 그런 살아 있는 인생관을 옹호하기 위해 목숨을 바친 순교자가 돈 후안이다.

돈 후안의 사랑은 지나치게 빠르다. 빠르게 정복하고 급히 달아난다. 호아킨 카살두에로Joaquín Casalduero는 돈 후안을 덧없이 빨리 가는 세월, 육욕의 덧없음, 여성의 아름다움이나 육체의 빠른 쇠퇴의 리듬으로 본다. 여성은 돈 후안을 유혹한다. 그러나 그것은 곧 사라진다. 다만 돈 후안은 그 아름다움의 덧없음을 모른다. 끝없이 추구한다. 그리고 그 덧없음에 끝없이 쫓기는 신세가 된다. 유혹자인 동시에 그 희생자인 돈 후안, 이것은 기독교적 내세관이나 정신성의 결핍에서 오는 육욕에 대한 갈증과 그 괴리의 상징이다.[115)]

이미 로마 시인 호라티우스의 "오늘을 즐겨라, 이 순간을 즐겨라carpe diem, carpe horam"도 황금빛 머리칼이 금방 백발이 되는 현세의 덧없음을 강조한다. 황금세기에 유행한 이 주제와 충고를 최대로 활용한 예가 돈 후안이라고 할 수 있다. "그렇게 멀리 보고 저를 믿습니까¿Tan largo me lo fiáis?"라고 하는 돈 후안의 오만불손한 말이 "모든 아름다움, 사랑은 지금이 아니면 다 사라집니다. 이 아름다움을 칭송하고 즐길 시간은 오직 오늘, 이 순간뿐입니다!"라고 말하는 듯하다. 일 끝나고 새벽이면 사라지는 돈 후안의 발걸음도 이미 세르반

115) 민용태, 《세계의 명작을 찾아서》(문학아카데미, 1995), 162쪽에서 재인용.

테스가 지적한 육체적 사랑의 속성이다.

> 젊은이들에게 있어서 사랑은 대부분 사랑이 아니라 육욕이다. 육욕적 사랑은 궁극적으로 쾌락을 목표로 하기 때문에 일단 욕망을 성취하게 되면 금방 끝난다.
>
> ·원문 216·

돈 후안은 죽음보다는 삶, 죽음 원리보다는 생명 원리를 숭앙한다. 생명 원리와 성적 요구가 가장 왕성할 때가 젊은 시절, 돈키호테와 그 또래 소녀들의 나이이다. 성적 욕구만큼 사랑의 소망이 가장 강력한 때이기도 하다. 그렇다면 돈 후안의 사랑은 세르반테스의 말처럼 단순한 곧 사라질 육욕의 발자취에 그쳤던 것일까?

당시 알려진 가장 아름다운 사랑 이야기는 모두 두 연인의 죽음으로 끝난다. 칼리스토와 멜리베아의 사랑이 그렇고 로미오와 줄리엣의 사랑이 그렇게 다 비극으로 끝난다. 만약 돈 후안의 욕망이 사랑을 만났더라면 그것은 두 연인의 죽음이 되었을 것이다. 그러나 돈 후안이 죽은 뒤 남은 연인들(?)은 너무나 행복한 해피 엔드를 맞는다. 모두들 자기 원래 애인들과 결혼하게 되니까. 속없는, 아니면 속도 좋은 옥타비오 공작은 과부 아닌 과부가 된 이사벨라 후작 딸과 다시 혼인을 한다.116)

이런 간단한 비교에서 우리는 돈 후안의 사랑 행각의 진정한 희생자는 누구인가를 알 수 있다. 오직 돈 후안 한 사람이다. 내가 한 이 말은 이 연극에서 진정으로 사랑하고 고뇌하고 죽은 사람, 즉 진정 사람 같은 사람은 돈 후안 단 한 사람이라는 말처럼 들린다. 마지막 장면에서 돈 후안의 아버지 돈 디에

116) Cfr. ibid., pp. 423-426.

고는 아들의 죄를 사죄할 뿐 눈물 한 방울 보이지 않는다. 돈 후안을 무조건 비호했던 왕 역시 당연한 인과응보라고 하면서 눈 하나 깜짝 않는다. 하룻밤이나마 돈 후안과 만리장성을 쌓았던 연인들(?)은 모두 한결같이 너무너무 기뻐한다. 돈 후안과 결혼하게 해 달라고 궁으로 올라올 때는 언제고, 그 신랑 돈 후안이 죽었다니까, 그리고 그 흠집 난 몸으로 본래 애인과 결혼한다니까 그렇게들 좋아하는 좋은(?) 사람들….

우리는 뜻하지 아니한 곳에서 돈 후안의 절대 고독을 만난다. 지금까지 돈 후안에 대해서는 수많은 해석이 있어 왔다. 돈 후안은 쉽게 사랑에 빠지는 사람, 아니면 한 번도 사랑에 빠진 일이 없는 자, 아니면 끝없이 쾌락을 탐하는 탐욕의 위인, 아니면 "여자의 맛을 모르는" 불감증, 유혹자, 유혹의 피해자, 남성성의 상징, 남성성에 가장 반대되는 남자….[117]

나도 그동안 수많은 페이지를 돈 후안에 대한 해석과 연구에 불살랐다. 나는 특히 남성성의 매력과 몸부림, 그 비극으로 보는 쪽이었다.[118] 그럼 오늘 나는 돈 후안을 어떻게 보는가?

지금까지의 이런저런 관점을 종합하여, 죽음 중심이 아닌 살아 있는 생명 원리의 수호자며 그 순교자로 본다. 특히 그토록 갈구했던 사랑에 실패한 고독한 방랑자가 돈 후안이다. 즉 백퍼센트 남성인 그가 자기실현을 위해 안타깝게 찾았던 것은 백퍼센트 여성일 수밖에 없다. 그러나 세상에 그런 여자는 존재하지 않았다. 끝없이 방황하다가 끝내 나락에 떨어진 지상에서 가장 고독한 남자, 가장 고독한 인간, 가장 고독한 생명체….

백퍼센트 남성이 돈 후안이라는 이야기는 이미 《성의 문화사》에도 나온다.

---

117) Cfr. José García López, op. cit., p. 345.

118) 민용태, "돈 후안과 성의 환상", 《성의 문화사》(문학아카데미, 1997), 63-84쪽.

우선 생물학적으로 수컷의 성은 쾌락보다는 생식성이 천문학적으로 강하며, 그런 의미에서 일부다처주의자다. 남자는 한 번 사정에 1억 개의 정자가 나온다. 이를 정자 은행에 저장해 대리모를 만나면 한 번 사정에 1억 인구의 아버지, 즉 왕이 될 자격이 있는 셈. 나의 아내가 일단 내 아이를 배면 그 뒤 어느 남자를 수천 번 만나도 10개월 뒤에는 내 아이 밖에 나오지 않는다. 그러나 남자인 나는 어떤가. 이미 말한 정자 1억 개의 사정 능력을 날마다 발휘할 수가 있다. 내 아내가 내 한 아기를 갖고 있는 동안 남자인 나는 10개월 동안 매일 밤마다 인구 1억을 산출할 수 있다.

남자의 바람기가 모든 종교나 도덕에서 여자의 그것보다 많이 용납이 가능했던 것은 남자 성의 그 생식적 능력 때문이었다. 성 바울도 "이 땅에 생식하여 번성하라"라는 성경의 말에 뿌리를 두고, "정 견딜 수 없으면 결혼하라"라고 한다. 따라서 기독교적 결혼과 성은 전적으로 그 생식성에서만 종교적으로 용납된다. 부부라도 성행위를 재미로 밤마다 하는 목사가 있다면 그것은 종교적으로 문제가 있다. 더군다나 기독교를 믿는 유부녀가 남편을 너무 좋아한다거나 밤마다 찾는다면 또한 문제가 많다. 여자의 몸은 언제나 임신을 할 수 있는 상태가 아니기 때문이다. 말을 바꾸면, 여자는 생식적 목적이 아닌 쾌락적 · 비종교적 성행위를 할 위험한 성이기 때문이다.

그런 의미에서 돈 후안이 여자를 밝힌 것은 생물학적으로 성적으로 단순히 남자였기 때문이다. 또 "젊었기" 때문이다. 그의 생식성이 가장 왕성한 때였기 때문이다. 그래서 그 생식성이 초봄 텃밭인 가임성 여성, 이팔청춘을 안타깝게 찾았다. 거기에 씨를 뿌리기 위해서였다. 이 땅을 번성하게 하기 위해서, 타고난 남성 백퍼센트의 자기실현 욕구와 뿌리 깊은(?) 신앙심…, 즉 돈 후안은 그 많은 여자들과 자면서 이 땅의 번식과 번영, 미래를 꿈꾸고 가꾼 것이다.

말하기 좋아하는 학자들이 안타깝게 여자를 찾는 돈 후안을 성 불감증, 혹은 발기 불능의 회복을 위한 몸부림이나 콤플렉스로 보는 것은 텍스트를 통해 증명할 수 없는 억지 추측들이다. 또한 가부장적 질서 속에서 사회에 저항하고 억압받는 여성들을 해방시키기 위한 속임수요 저항 행위였다고 보는 것[119]은 지나친 해석이다. 왕이나 신하들, 아버지의 부정과 불의, 돈 후안이 겁탈한 여자들의 부자와 결혼하려는 신데렐라 콤플렉스, 공작 따님처럼 돈 후안과 자고도 애인 옥타비오와 잤다고 하니까 입을 다무는 애인을 감옥 보내는 무섭도록 기회주의적인 귀족 여자의 위선…, 시대의 불의를 반영하는 내용이 많다는 것은 맞다. 그러나 돈 후안은 그런 것을 이용했을 뿐 저항하거나 반항하거나 불평한 일조차 없다. 오직 돈 곤살로가 자기를 죽이려 하자 죽였고, 자기를 지옥의 불구덩이로 끌어넣자 "당신 딸은 겁탈하지 않았어!"라고 진실로 변명한 것뿐.

텍스트 밖에서 〈세비야의 난봉꾼〉 이후로, 돈 후안 때문에 수많은 유복자 유복녀가 태어났을 가능성이 훨씬 더 많다. 돈 후안은 정력, 정자 많은 젊은 남자였으니까. 또한 그가 씨를 뿌린 새봄 텃밭들도 얼마든지 새싹을 싹 틔울 준비가 되어 있었으니까. 그러나 돈 후안의 사랑은 마침내 갈 곳을 잃고 한 여자와의 결혼이라는 무덤을 찾고 있었다. 쇼펜하우어는 "결혼은 사랑의 무덤"이라고 말했다지만, 돈 후안은 스스로 사랑을 포기하고 왕이 정해 준 대로 이사벨라와 결혼하여 그의 방황을 마무리 지으려 한다. 바람둥이 돈 후안의 결혼 결정에는 색욕의 포기에 따른 절망이나 사회적 도덕이나 관습으로 돌아오는 데 따른 슬픔이 없다.

---

119) Bruce W. Wardropper y Angel Valbuena Prat, op. cit., p. 883.

카탈리논 : 왕께서 어떻게 받아 주시던가요?

돈 후안 : 우리 아버지보다 더욱 많은 사랑을 보여 주셨어.

카탈리논 : 이사벨라는 만나보셨구요?

돈 후안 : 똑같이 만나봤지.

카탈리논 : 어떻던가요?

돈 후안 : 천사 같았지.

카탈리논 : 잘 대해 주었어요?

돈 후안 : 여명에 그 파란 감옥을 터뜨리고
 나오는 장미 송이처럼,
 우유와 혈기로 목욕을 한
 그런 얼굴이었어.

카탈리논 : 결국 오늘 밤이 결혼식이지요?

돈 후안 : 틀림없지.

• 원문 217 •

여기에서 우리는 돈 후안이 그토록 방황하며 찾아다녔던 이상적인 여인의 얼굴을 발견한다: "여명에 그 파란 감옥을/터뜨리고 나오는 장미 송이처럼/우유와 혈기로 목욕한/그런 얼굴". 이것은 전에 나폴리 궁전에서 그가 안고 잤던 이사벨라가 아니다. 이것은 자기 명예와 체면 때문에 옥타비오 공작과 잔 것처럼 내숭을 떤 이사벨라도 아니다. 돈 후안이 자기가 자기실현을 위해 그토록 안타깝게 찾아 헤매던 참 여자의 모습이다.

나는 돈 후안을 남성 백퍼센트의 남자 전형이라고 했다. 그러나 이것은 단지 생물학적으로 수컷이고, 성적으로 젊고 훌륭해서 백점을 준 것은 아니다. 그보다는 여자가 가장 사랑하고 싶은, 세상 남자들도 모두 다 그렇게 되기를 꿈꾸는 이상형의 남성이라는 뜻이다. 인류학적으로 남자는 힘이 장사처럼 세고, 용기가 있고, 지혜가 뛰어난 남성을 영웅으로 받들었다. 노예 시장에서도 기준은 엇비슷해서, 남자 종은 말을 보듯 이빨을 보아 젊음을 따졌고, 힘세서 일 잘 하는 놈이 가장 비쌌다. 여자는 역시 예쁘고 건강하고 애 잘 낳는 얼굴이면 최고! 인류는 여자에게 얼마나 영리한가, 공부를 얼마나 많이 했는가를 따지지 않았다.

결혼에는 매매혼이 가장 많았는데, 남자는 일을 많이 해 양을 많이 치고 돈을 많이 벌어야 예쁘고 애 잘 낳는 여자를 사올 수 있었다. 남자는 힘과 가치로 남성성을 인정받았다. 여자는 육체성·생명성이 가치를 좌우했다. 육제가 예쁘고 애를 잘 낳을 상이, 요즘 말로 섹시한 여자가 최고였다. 돈 후안은 용감하고 잘생긴 데다, 왕의 비호를 받는 귀족으로서의 권력, 명검객으로서의 완력腕力, 부자의 아들로서의 금력金力 등 멋있는 남자가 갖춰야 할 모든 조건을 다 가지고 있었다.

따라서 동양의 음양의 원리로나, 전기 +−의 원리로도 강한 양극인 돈 후안이 강한 음극을 끌어당길 것은 뻔한 이치. 그래야만 전기 저항이나 소모, 스파크가 없이 양극이 안정되고 평화로웠을 것. 그러나 돈 후안이 범한 모든 여자들은 순수 육체성보다는 권력욕이나 계급 상승욕이 많은 티스베아나 아민타 같은 여자들이거나, 아니면 지나치게 체면과 명예욕의 화신들이었다. 돈 후안은 방황할 수밖에 없었다. 자기가 자기 남성 백퍼센트를 실현하기 위해 찾은 여자에게는 여성성보다는 권력, 금력, 체면 등 사회적 잇속으로 가득 찬 괴물이 도사리고 있었기 때문이다. 돈 후안은 텍스트 이전의 많은 여성 편력에서 여자의 이런 점을 많이 경험하고 일부러 조롱하고 싶었었는지 모른다. 그는 이미 여자들과 자게 될 때부터 카탈리논에게 타고 달아날 새벽 말을 준비하게 했으니까. 제목을 "세비야의 난봉꾼El burlador de Sevilla"이라고 했지만, 이럴 때 "세비야를 조롱한 자"라는 번역이 더욱 실감이 나리라.

나는 여기에서 지금까지 어느 학자도 제대로 보지 못한 티르소 데 몰리나의 인간 심리에 대한 무서울 정도의 통찰력과 돈 후안의 고뇌, 극기의 노력을 살펴보기로 한다.

나는 이미 죽은 자와의 저녁 식사에서 온 몸이 땀에 후줄근하게 젖을 정도로 공포에 떨던 돈 후안을 기억한다. 그러나 돈 후안은 공포에 떠는 자신에게 굴복하지 않고, "공포나 죽은 자를 두려워하는 것은/비겁 중에 가장 치사한 비겁이야"로 자신을 다그친다. 죽은 자 따위보다, 높은 지체, 힘과 이성, 영혼을 가진 멀쩡한 산 사람을 높이 산다. 이 말은 대단히 중요하다. 이 말은 돈 후안이 육욕의 화신, 여자에 미친놈이 아니라 멀쩡한 산 사람이라는 것을 말하고 있기 때문이다. 티스베아에게 말할 때처럼 "사랑 때문에 미치"기는 해도 멀쩡하게 이성을 가지고 살고 싶은 것이 돈 후안이다.

어여쁜 아가씨, 제발 하느님께라도 빌어야겠네요,
물에 그대로 빠져 죽게 해 달라고,
정신 멀쩡해서 죽게요,
그대 안에 빠져 미쳐 죽기보다는요.

• 원문 218 •

그렇다. 돈 후안은 귀신에 홀리거나 여자에 빠져 정신없는 놈이 되기보다는 정신 똑바르고 이성이 있는, 영혼을 가진 힘 있는 자가 되고 싶어 한다. 여기에서 이 "영혼"이라는 말은 돈 후안에게 너무 안 어울려 보이는 말이지만, 가브리엘 텔예스 사제가 함부로 갖다 붙였으리라고는 생각되지 않는다. 영혼은 하느님의 것이기 때문이다. 현세에서는 육신이라는 감옥 속에 살지만 영혼은 죽을 때 육신을 벗어나 하느님 계시는 하늘나라로 간다.[120] 그런데 그 "영혼"을 망각하지 않고 멀쩡하게 가지고 있기를 바랐던 자가 돈 후안이다? 그렇다면 돈 후안은 사랑에 미친 순간까지도 "정신 멀쩡하기"를 바랐고 "영혼"을 제대로 지키기를 원했던 사람이다. 여기에서 우리는 또 한 번 돈 후안의 내적 싸움, 즉 육욕의 감옥 속에서 영혼의 소리를 기억하는 극기의 몸부림을 본다. 그가 죽기 전에 죽은 돈 곤살로에게 고해성사를 하게 해 달라고 애걸[121)]한 것도 형식적으로 내뱉은 말이 아니다.

몰리나의 〈잘못된 신앙으로 벌받은 자〉에서 아버지에 대한 사랑과 배려로 살인 산적 엔리코가 마지막에 구원받은 것을 생각하면, 돈 후안도 아버지의 사랑과 충고를 알고 있었다는 점이 또 한 번 돈 후안의 내적 갈등을 짐작케 한다…. 눈물을 흘리는 아버지를 보고서 "다들 늙으면 눈물이 많아지는 법 condición de viejo propia"[122)]이라고 할 때도, 왕이 어떻게 대하더냐의 물음에, "우리 아버지보다도 더 많은 사랑을 보여 주셨어con más amor que mi padre"[123)]라고 대답할 때도, 겉으로는 종자 앞인지라 상관없는 척, 비웃는 척했지만, 속으로는 항상 아버지 사랑을 기억하고 있었던 것이 분명하다.

따라서 돈 후안은 육욕으로 인해 지옥의 불에 떨어질 것을 알면서도 그것을 택한, 생명적 진리를 위하여 죽은 순교자다. 돈 후안과 티스베아의 사랑은 불길 속에서 불의 뜨거움을 느끼면서 이루어진다. 돈 후안은 죽을 때도 지옥의 불길 속에서 죽는다. 그가 단순한 색마이고 바람둥이였기 때문에, 지옥의 불길을

---

120) 당시 기독교 신학뿐 아니라 인 문학에서까지 "영혼 불멸"은 한결같은 주장이었다. Cfr. Guillermo Fraile, *Historia de la filosofía española*(Madrid: BAC, 1971), pp. 309-311. (Sobre "Antoniana Margarita", por Gémz Pereira).

121) Ibid., p. 423.

122) Ibid., p. 380.

123) Ibid., p. 418.

향하고 있었기에 불을 느꼈던 것은 아니다. 그보다는 뜨거운 사랑을 누구보다도 갈망하였기에, 어느 사회의 법칙, 어느 신앙보다도 성과 사랑이라는 생명의 욕구를 저버릴 수 없었기에, 자기 싸움에서 결국 생명의 손을 들어 주었기에 그러한 불길을 느껴야 했던 것이다.

그러나 사실 돈 후안은 억울하게 죽는다. 안나를 겁탈하지도 않았는데 안나 때문에, 실수로 죽인 그녀 아버지 때문에 지옥의 불구덩이로 떨어진다. 크게 설득력이 없는, 마치 불교의 업보karma와 같은, 세인에게는 항상 아리송한 "인과응보" 때문이다. 더군다나 돈 후안은 죽기 전에 왕과 아버지의 명을 받들어, 자기가 범한 이사벨라와 결혼함으로써 죄를 씻게끔 되어 있었다. 또한 돈 후안의 마음도 이제 방황을 끝내고, 이사벨라의 얼굴에서 자기가 그토록 찾았던 육체성 · 생명성의 모델을 발견했던 순간이었다: "우유와 혈기로 목욕한 얼굴". 이 얼굴은 다른 여자들처럼 잇속이나 명예욕으로 똘똘 뭉친 여자의 얼굴이 아니었다. "파란 감옥처럼", 꽃을 머금은 꽃송이처럼, 그러나 새아침이면 이내 꽃망울을, 그리고 새 꽃을 무수히 생산할 그런 장미….

따라서 마지막 돈 후안의 결혼 결심은 어떤 절망이나 슬픔에서 나온 결정이 아니었다. 돈 후안이 사회의 관습과 도덕을 받아들이고, 하느님과 왕 앞에서 성대한 결혼식을 올리겠다고 약속한 것으로서 이미 모든 죄가 용서될 수 있는 찰나였다. 돈 후안은 분명히 이사벨에게서 진심으로 사랑을 느낀다. 돈 후안의 성적 방황은 여기서 일단 끝난 것. 그렇다면 진정한 이 참회의 순간에 무슨 날벼락 같은 지옥의 불인가.

그래서 "세비야의 난봉꾼" 이야기는 어느 특별한 성도착증 환자의 이야기도 아니고, 백퍼센트 남성의 비극도 아니고, 생명 원리, 성을 위해 목숨을 바친 순교자 이야기도 아니고, 남자가 있으면 여자가 있듯, 한때는 우리 모두 다

젊어 사랑을 꿈꾸었듯, 그냥 보통 인간의 이야기다. 운이 나쁘면 더러 죽는 사람이 있기도 하듯이…. 마지막으로 처음 장면이 떠오른다. 나폴리 궁전에서 함께 자고 난 뒤, 이사벨라가 촛불을 켜 들고, "아니 이게 누구예요?" 했을 때의 돈 후안의 멋진 대답: "이름 없는 한 사나이지". 왕이 이 꼴을 보고, "당신 누구야?"라고 묻자, 돈 후안: "누구긴 누구겠어요?/한 남자와 한 여자지¿Quién ha de ser? Un hombre y una mujer".

(3) 독특한 캐릭터의 창조자 루이스 데 알라르콘의 〈수상스러운 진실〉

루이스 데 알라르콘Ruiz de Alarcón(1581-1639)의 〈수상스러운 진실La verdad sospechosa〉(1621?/1630? 출판)은 프랑스 작가 코르네유의 〈거짓말쟁이Le menteur〉 모방 모델과 함께 많은 유럽 극작품에 영향을 미친 훌륭한 극작품이다. 거짓말을 많이 하면 결국 애인을 잃고 자기가 원하지 않는 여자와 결혼하게 된다는 교훈적 이야기지만, 주인공 돈 가르시아의 진실한 사랑을 얻기 위한 결코 밉지 않은 거짓말은 오히려 우리 독자를 "수상스럽게" 유혹한다.

알라르콘은 멕시코 출신으로 스페인에서 관료, 작가 생활을 한 사람이다. 작은 키에 꼽추였기에 당시 케베도, 공고라, 로페 등 동시대 작가들에게 비웃음도 많이 산 비운의 작가다. 그런 환경이 그로 하여금 그의 작품의 독특한 캐릭터 창조에 도움이 되었을 수도 있다. 예를 들면, 비호감 타입의 인물이 훌륭한 덕을 갖추었다거나, 돈 가르시아 같은 가장 매력적인 인물이 거짓말쟁이라는 커다란 도덕적 결함을 가졌다거나 하는 역설적 캐릭터들이 그의 극작품에는 많다.

로페 계열에 속하면서도 리얼리즘의 냄새가 짙은 독특한 캐릭터 창출은 로페를 능가하는 세계성을 가졌다. 몸은 꼽추지만 정신적 아름다움을 과시하고 싶었던 알라르콘은 돈키호테의 충고를 가장 잘 받아들인 작가인 것 같다. 돈키호테는 산초가 여자들이 왜 그렇게 나리님을 좋아하는지 이해가 가지 않는다고 하자, 사람에게는 육체의 아름다움과 영혼의 아름다움이라는 것이 있는데, 자기는 몸은 늙었지만 마음은 아름답기 때문에 여자들이 따른다고 말한다.

> 영혼의 아름다움은 지혜나 정직성, 좋은 품행, 관대함, 교양에서 드러나고 빛이 나지. 그리고 이런 모든 점은 추한 육체에도 깃들어 있을 수 있고. 실제로 그러하기도 해. 사람이 육체가 아니라 마음의 아름다움에 눈을 주게 되면 충동적이고 뛰어난 사랑의 감정이 생겨나기 마련이야.[124)]
>
> • 원문 219 •

알라르콘은 그의 연극에서 도덕성과 영혼의 아름다움을 무척 강조한다. 보통 사람의 심리를 파헤치고 엄숙한 교훈을 이끌어 내는 연극을 많이 썼다. 그의 작품에는 돈 가르시아와 같은 거짓말쟁이, 〈벽들이 듣는다Las paredes oyen〉(1628)에서처럼 남의 말하기 좋아하는 험담꾼, 〈약속의 증명La prueba de las promesas〉에서처럼 배은망덕한 자, 악자, 돈 도밍고 같은 그로테스크한 족속들이 많이 나온다. 결론은 늘 돈 가르시아처럼 주인공의 폐습으로 화를 당하거나, 〈악에도 어딘가 선한 구석이 있는 법No hay mal que por bien no venga〉(1653)의 돈 도밍고와 돈 후안처럼 수난당한 왕을 구해 내는 충성스러움으로 사기와 도둑 행각과 괴짜 시각을 승화시키고 결혼으로 해피 엔드에 이른다는 교훈적인 내용들이 많다. 아무리 나쁜 놈들이라도 "선한 일을 하면 하늘의 복을 받는다善者天報之以福"는 명심보감 첫 구절의 내용과 비슷한 교훈이라고나 할까?

124) 《돈 끼호떼》, 2권, 656쪽 참조.

"악에도 어딘가 선한 구석이 있는 법"이란 제목은 원래 속담에서 따온 것. "No hay mal que no venga por bien, cata para quién"이라든가, "No hay mal sin bien, cata para quién"(악 없는 선은 없다, 누구에게 한 짓인가를 잘 보라) 같은 속담이 코르레아스Correas의 속담집에 나온다. 셰익스피어도, 칼데론도 좋아했던 이런 속담은 이미 그리스와 로마 시대부터 유행한 금언들이다.[125)]

이 작품은 타락한 군인, 악자이며 사기꾼인 돈 후안이 귀족 아가씨 도냐 레오노르를 사랑해서 그녀와 벽 하나 사이를 둔 바로 옆집을 얻으려 한 데서부터 시작한다. 1년 집세로 선불 금화 1백 냥cien ducados을 요구하는 고급 집을 돈 한 푼 없이 얻으려니 또 사기가 필요할밖에…. 그렇다고 돈깨나 뿌리면서(그 돈도 다른 친구들에게 빌린 거지만) 따라다닌 미녀를 이제 와서 돈 후안이 놓칠 수도 없는 일. 그는 빌리지도 않은 집을 자기가 산 집처럼 꾸며, 마침 집을 필요로 하는 돈 도밍고에게 빌려 주고, 그 돈으로 힘을 모아 레오노르 아버지의 집 금고를 털 계획을 한다. 모든 것을 엿보던 애인, 레오노르는 돈 후안이 그 집을 사서 빌려 준 걸로 알고 더욱 그에게 마음이 쏠린다. 돈 후안은 돈이 없으면 그녀를 꼬실 수 없다는 걸 익히 알고 있다.

한편 돈 도밍고 데 돈 블라스Don Domingo de Don Blas(이 연극의 또 다른 제목이기도 하다)란 친구는 괴짜 귀족, 우스꽝스러운 부자다. 옛날 알폰소 왕을 따라 메리다에 가서 무어족을 무찌를 때, 한 무어족 족장의 환심을 사서 후계자로 인정받고 많은 재산을 얻는다. 부자이고 귀족인 그는 사실 베레모 같은 실크해트와 허리에도 오지 않는 망토를 걸친 해괴한 모습의 신사. 돈 도밍고로부터

125) Cfr. Ruiz de Alarcón, "No hay mal que por bien no venga", *Cuatro Comedias*, edición y comentario de John M. Hill y Mabel Margaret Harlan(W.W. Norton and Co., 1941), op. cit., pp. 179-323, Especialmente la nota "Title", p. 277.

전세 계약을 하고 돈을 받으러 온 것은 돈 후안의 종자다. 사기꾼 종자는 돈 도밍고가 주는 대로 허겁지겁 돈을 받고 집을 나온다. 괴짜 돈 도밍고는 빌린 집에 개들이 많다니까 총을 사서 다 쏴 죽이라고 소리 소리 지른다.

돈 후안과 돈 도밍고의 불화는 치정 싸움이다. 괴짜 부자는 레오노르와 그녀 친구 콘스탄사 둘을 마음에 둔다. 돈 도밍고는 돈 후안이 자기에게 집을 두 번 판 순 사기꾼이라는 걸 레오노르에게 고자질한다. 그렇지 않아도 악자이자 사기꾼인 돈 후안과 결혼하는 것을 극구 반대하던 아버지 돈 라미로의 딸인지라, 이 사기 사실을 알고 돈 후안에게 완전히 등을 돌린다. 돈 후안의 종자 또한 딸 레오노르를 사랑한다면서 그녀 아버지 집에 도둑질하러 가자는 돈 후안을 극구 말린다. 두 여자를 마음에 두었던 돈 도밍고는 마침내 자기 상대를 콘스탄사로 정한다. 그리고 길에서 만난 돈 후안에게 자기 결심을 알리고 레오노르에게 접근하지 않겠다고 약속을 한다.

일이 꼬이려고 이때는 레온 왕좌를 두고 세자 돈 가르시아와 늙은 왕 알폰소가 암투를 벌이고 있을 때였다. 세자는 늙은 아버지에게 이제 그만 자리를 아들에게 물려 달라고 폭동을 일으킨다. 그 왕세자의 편에 레오노르의 아버지 라미로가 있다. 라미로의 집을 털려고 밤에 그 집에 들어갔던 돈 후안과 그의 종자는 그 집에서 돈 도밍고와 맞닥뜨린다. 돈 후안은 레오노르를 잊겠다던 돈 도밍고가 그녀에게 구애하러 온 것으로 오해한다. 그러나 사정은 달랐다. 왕세자가 라미로와 폭동을 모의하려고 라미로의 집으로 돈 도밍고를 부른 것.

그러나 돈 도밍고는 "임금의 신하는 두 임금을 섬기지 않는다君臣不事二君"는 충신이었다. 왕세자의 과욕에 반대했다고 말한다. 돈 후안은 도둑질도 잊고 돈 도밍고의 충성심에 감동하고 동의를 표한다.

오 위대한 선비여!
오 그 으뜸가는 용기와 충성심이여!
어떤 성스러운 정령이,
어떤 하늘스러운 입김이 그대의 입술에
이 나를 살리는 그렇게 현명한 충고를 불어넣어 주었는가?
이것은 나의 눈먼 광기에 대하여
충심으로 참회하게 만들고
벌도 없이 혼을 내주는구려!
내 죄 때문에 내가 잃은 것을 그대 덕택에 내가 찾았구려,
태어날 때 좋은 사람이었던 것을 이제 죽더라도 지키리다.

• 원문 220 •

그리하여 둘은 늙은 왕을 위해 싸우고 승리한다. 악하고 쓸모없는 삶을 살아왔던 이 두 망나니들은 위기에 처한 국왕을 구한 모처럼 착한 선비, 충성심 곧은 신하들이 된다. 타고난 선한 천성을 되살리고 각자 원하던 배필, 돈 후안은 레오노르에게, 돈 도밍고는 콘스탄사에게 왕의 축복을 받으며 시집 장가 간다.

도덕적 순화의 좋은 예를 작품화한 알라르콘의 〈악에도 어딘가 선한 구석이 있는 법〉이라는 연극은 내가 인용한 공자의 말들 때문이 아니라도 유교 냄새가 오히려 어울리는 세계관을 가지고 있다. 음양陰陽적 관점에서 볼 때 더러는 "재앙이 복이 되듯轉禍爲福" 악이 있으면 선이 있고, 선이 있으면 악이 있으니, "하루라도 선을 생각하지 않으면 늘 악한 생각이 다시 일어나니라一日不念善諸惡改自起"라는 교훈이 여기에 들어맞는다. 이미 1592년에 마닐라에서 스페인 신부 후안 코보에 의하여《명심보감》이 한서 대역본으로 출간되어 보급되었고 1602년에는 유교의 경서인 사서四書/Cuatro libros de Confucio가 번역되었다고는 하지만,[126] 알라르콘이 그런 영향을 받았다고는 여겨지지 않는다. 다만

이런 속담이 예로부터 동서에 많았던 점, 특히 그의 멕시코 원주민적 기질(그는 한때 멕시코 막걸리pulque 심사관직도 가진 일이 있었다)[127] 등이 그의 생각을 편협한 "반종교개혁"적 편협성에서 벗어나게 한 요소인 듯하다. 어떻든 "어떤 성스러운 정령Qué espíritu divino"은 "성령espíritu santo"이 아니어서 가톨릭 냄새가 덜 나고, "하늘스러운 입김Qué aliento celestial"은 "하늘, 하느님el Cielo"이 아니어서 맹자의 성선설性善說에 가깝다는 생각이다.

알라르콘의 이런 유사 유교적 사고는 이미 세르반테스의 성선설적 자연의 이미지와 인간 자유론에서 엿보인다. 돈키호테는 죄를 짓고 군함에 감금되었던 죄수들을 다 풀어 주며 이렇게 말한다. "내 생각에는 하느님과 자연이 자유롭게 태어나게 한 자들을 노예로 만드는 것은 혹독한 짓으로 보이기 때문이오 porque me parece duro caso hacer esclavos a los que Dios y naturaleza hizo libres".[128] 지금까지 가톨릭 세계에서 자연이나 자연인을 말할 때는 꼭 에덴동산의 원죄 이후 "타락한 자연la naturaleza caída"의 이미지나 '야만인, 악인'이라는 뜻으로 썼는데, 여기 세르반테스에게서는 신Dios과 자연naturaleza이 하나로, 문법적 홀수 hizo로 이해되고 있다. 인간과 자연이 하느님의 자손이고 하느님의 모습imago Dei을 본 따 만들었다면 원래 자연은 하느님과 하나이고 하느님처럼 선의지善意志의 산물이었다. 가톨릭 신학이 말하는 영혼만 선하고 육체라는 감옥, 악惡이라는 이분법은 에덴동산의 타락 이후의 생각일 뿐, 돈 후안의 마지막 참회의 말은 여기에서 말하는 나뿐만 아니라 인간이 원래 선하게 태어났음을 시사한

---

126) 민용태, 《서양 문학 속의 동양을 찾아서》(고려원, 1997), 20-21쪽 참조.

127) "Don Juan Ruiz de Alarcón", *Primavera y flor de la literatura hispánica*, II, op. cit., p. 162.

128) op. cit., p. 116.

다. 그래서 나는 위 알라르콘 작품의 번역에서, "태어날 때 좋은 사람이었던 것을 이제 죽더라도 지키리다"라고 옮겼던 것. 물론 이런 성선설적 자연관은 나중에 루소의 "자연으로 돌아가라!"는 부르짖음에까지 영향을 미친다.

그러나 알라르콘의 걸작은 역시 〈수상스러운 진실〉이다. 이 연극의 주인공 돈 가르시아는 살라망카 대학 학생으로 거짓말이 특기다. 하루 전 대학에서 마드리드로 돌아온 아들에 대하여 그의 가정교사에게 물어 보자, 학문도 깊고 교양도 있고 좋은 점이 참 많으나, 유일한 단점이 거짓말을 밥 먹듯이 한다는 것. 아버지는 그런 아들의 비도덕적 자질에 대하여 무척 걱정한다.

돈 가르시아는 마드리드에서 종자 트리스탄과 함께 금은방에 들렀다가 우연히 망토를 쓰고 산책 나온 어여쁜 세 아가씨를 만난다. 하신타, 루크레시아, 이사벨이 그녀들이다. 그중 하신타가 넘어지자 돈 가르시아가 다가가 손을 잡고 일으켜 세운다. 한눈에 반한 돈 가르시아, "바로 이 손으로 하늘을 만지다니…Con mi propia mano así, el cielo…" 하고 감동한다. 그리고 금방 꼬이기 위한 말을 시작하는데, 벌써 1년 이상 사모하고 있었다느니, 처음 만난 건 저 유명한 페루 포토시 광산에서 벼락부자가 되어 돌아온 1년 전 어느 날이었으나 사랑을 고백할 기회가 없었다느니, 이 금은방의 무슨 보석이든지 선물하겠다느니…. 그러나 결과는 미련만 남기고 돌아서는 그녀 하신타….

돈 가르시아는 사실 자기가 만난 망토를 쓴 여인 이름이 누군지 모른다. 종자를 시켜 급히 이름을 알아 오라고 하자, 그 아가씨들을 마차에 태우고 왔던 마부가 일러 주길, "우리 주인 아씨가 제일 예쁜데/이름이 도냐 루크레시아 데 루나랍니다Doña Lucrecia de Luna/se llama la más hermosa,/que es mi dueño"라고 하더라는 것. 이때로부터 오해는 시작되고, 실제 이름이 "하신타"였던 가르시아가 본 여인은 그의 머릿속에 "루크레시아"라는 사랑의 이름으로 각인된다.

친구 돈 후안과 우연히 만나는데, 그 또한 하신타에게 반해 있는 총각. 그 총각은 엊저녁에 누가 자기 애인과 어느 놈이 강가에서 저녁 먹으며 음악을 들었다는 소문을 듣고 질투에 미쳐 있었다. 그 말을 듣자마자 돈 가르시아는 친구를 은근히 약 올리기 위해 그 저녁을 자기가 산 것처럼 꾸며 댄다. 돈 후안은 돈 가르시아가 자기가 좋아하는 하신타에게 빠져 있는 것을 알고 무서운 질투를 느낀다.

한편 돈 가르시아의 아버지와 하신타의 아버지는 두 사람을 결혼시키기로 약속하고 있었다. 그 결정을 하신타에게 전하자 그녀는 자기가 마지막 결심을 하기 전에 한 번 더 돈 가르시아를 몰래 자기만 보고 싶다고 했다. 가르시아를 본 뒤 그의 거짓말(1년 전부터 그를 사모해 왔다. 페루에서 벼락부자가 되어 돌아왔다 등)을 알지만, 하신타는 가르시아만 좋다면 결혼할 생각을 가진다. 그런데 가르시아는 청혼녀가 자기가 금은방에서 본 루크레시아로 알고 있는(사실은 하신타 그녀였지만) 그 예쁜 처녀가 아닌 것이 참을 수 없는 일. 그래서 아버지의 결혼 권고를 피하기 위해 또 환상적인 거짓말을 한다: 살라망카에서 한 처녀가 애까지 배어 할 수 없이 결혼을 약속했다는 거짓말.

가르시아의 아버지는 아들이 이미 처가 있다는 사실을 알고, 할 수 없이 하신타 아버지에게 이 사정을 통고한다. 하신타는 어느 창문 뒤에서 자기 이름을 숨기고 루크레시아라는 이름으로 가르시아에게 말하기를, 그가 결혼했기 때문에 자기도 결혼 못 한다고 전한다. 그러나 가르시아 아버지는 아들이 살라망카에서 결혼했다는 것은 거짓이었음을 알아낸다. 가르시아는 계속 하신타를 루크레시아로, 루크레시아를 하신타로 오해하며 혼란에 빠진다.

아버지의 결혼 독촉을 견디다 못해, 가르시아는 자기가 사랑하는 이름 루크레시아에게(마음속으로는 하신타인 줄 알고) 사랑 고백, 청혼 편지를 은밀하게 보낸다. 돈 후안도 약혼녀 하신타와 결혼이 성사되게 된다. 하신타와 루크레시아가 함께 있는 장소에서 청혼식이 있는데, 가르시아도 후안도 둘 다 하신타 앞으로 청혼하러 다가간다. 그때 루크레시아는 가르시아에게서 받은 청혼 편지를 내민다. 소스라치게 놀란 가르시아…, 가르시아의 거짓말에 질려 있던 아버지는 아들이 편지의 약속대로 루크레시아와 결혼하지 않으면 죽여 버리겠다고 위협한다. 사랑하는 하신타를 눈앞에 두고 할 수 없이 루크레시아와 결혼하는 돈 가르시아…, 이것이 거짓말을 한 죗값이고 그 벌이란다.

거짓말 말라는 충고는 "늑대야! 늑대야!" 하고 외치기 좋아하던 양치기 소년의 비극에서부터 수없이 많이 들어 온 교훈이다. 알라르콘의 〈수상스러운 진실〉이 훌륭한 연극인 것은 이런 이야기 뒤에 숨어 있는 또 다른 진실 게임이다. 우선 제목 "수상스러운 진실La verdad sospechosa"부터 수상스럽다. 그 첫 번째 뜻은 돈 가르시아의 "진실"이라는 것이 늘 수상스럽다는 의미이다. 다 거짓말이니까. 그러나 아리스토텔레스로부터 한 사람, 한 주인공의 역사나 상황, 그의 거짓말 버릇이 문학화되지는 않는다. 우리 모두가 공감하는 "일반성verosimitud/universalidad"이 있어야 하기 때문이다. 그렇다면 이 연극은 돈 가르시아의 예를 통해 거짓말 하면 자기가 좋아하지 않은 여자와 결혼할 수 있다는 따끔한 교훈을 준다는 뜻인데, 그런 해석은 너무 평이하다. 오히려 이 제목의 숨은 의미로 "모든 진실은 수상스럽다La verdad es siempre sospechosa"로 읽는 것이 더욱 현대적이지 않을까?

이미 프랑스 학자가 〈《수상스러운 진실》의 시적 정의〉라는 글을 통해 이 작품에 교훈성보다는 다른 의미가 있음을 지적한다. 우선 가르시아의 거짓말 버릇은 특별한 벌이 필요하다기보다는 주의 정도면 됐고, 거짓말 때문에 택했다고 하는 루크레시아가 세월이 가면 오히려 더 좋은 배우자였음을 자각할 때가 올 것이라는 이야기. 그 이유로, 1막에서 보듯 다른 변덕쟁이 날라리 마드리드 아가씨들보다 루크레시아는 말수가 적고, 성실하기 때문이라고 말한다. 돈 가르시아가 사랑을 고백했을 때도 이를 믿고 착실하게 청혼 자리에 나온 고분고분한 여자다. 빤짝 예쁘기만 한 하신타보다는 좋은 배우자로서, 성실한 아내로서 더 좋은 선택이었다는 주장이다.

돈 가르시아가 거짓말을 잘 하는 이유로 아버지의 신임이 없는 둘째 아들이었기 때문이라고 해석한다. 정직하고 훌륭했던 첫째 아들을 잃고 더 못난 둘째 아들에게 희망을 걸어야 했던 아버지는 늘 가르시아를 못 미더워했다는 것. 살라망카 유학에서 금방 돌아온 아들에 대해 슬쩍 가정교사에게 물어 보는 아버지의 태도 또한 문제가 있다. 따라서 돈 가르시아는 늘 열등감 콤플렉스에 시달렸고, 그래서 늘 마음이 불안정했으며, 거짓말을 자주 하게 된 것이라고 설명한다.[129)]

그러나 돈 가르시아의 열등감 콤플렉스나 심리적 불안정성은 텍스트 분석상 수긍이 잘 가지 않는다. 우선 돈 가르시아는 처음부터 끝까지 금은방에서 처음 본 하신타를 변함없이 끈질기게 끝까지 사모했다는 점에서 그렇다. 마드리드에서 처음 본 처녀를 천상의 미녀를 만났다고 본 돈 가르시아의 결정은 당당하고 단호하다.

> 결국 난 (저 여자가) 누구든지 간에,
> 난 그녀를 사랑해. 사랑으로 잘 모실거야.
>
> • 원문 221 •

---

129) Cfr. Louis Fot Hergill-Payne, "La justiacia poética de 'La verad sospechosa'", *Historia y crítica de la literatura española*, op. cit., pp. 884-888.

결국 하신타로 밝혀지는 그 여자가 넘어지자 가르시아가 손을 잡아 일으킨다. 그리고 곧바로 사랑의 결심이 행위로 이어진다. 그 일은 성격상 상당한 거짓말이 필요했던 것. 종자 트리스탄이 마드리드 여자는 돈을 좋아한다니까, 페루에서 온 벼락부자가 됐고, 참으로 사랑한다고 하려다 보니, 1년 내내 사모했노라는 말이 나온 것.

가르시아의 이런 거짓말은 사실을 안 하신타에게도 수긍할 수 있는 걸로 받아들여진다. 물론 거기에는 이해심 많은 하녀 이사벨의 협조가 있었지만…. 하녀 이사벨은 가르시아가 벼락부자란 것은 여자들이 다 돈을 좋아한다 생각해서 나온 말일 거라고 이해한다. 그리고 1년 전부터 사모해 왔다는 문제에 대해서 덧붙인다.

> 이사벨. 잘 생각해 보면, 아씨,
> 모두 다 사실일 수 있어요;
> 그때(1년 전) 아씨를 볼 수도 있었겠죠,
> 이내 마드리드를 떠났고, 그리고 지금
> 살라망카에서 돌아오고.
>
> • 원문 222 •

그 이후 가르시아의 모든 거짓말은 하신타를 사랑하기 때문에 할 수 없이 나온 수작일 뿐이다. 누군지 모르는 여자와 결혼시키려고 하니까, 하신타와 결혼하기 위해서 살라망카에서의 결혼설을 만들어 낸다. 그것도 들통 나니까, 그의 마지막 구원처인 하신타(가르시아가 알고 있는 이름은 루크레시아)에게 결혼해 달라고 청혼서를 보낸 것. 말하자면 가르시아의 모든 거짓말은 하신타를 사랑하기 때문에 나온 말들이며, 가르시아의 죄라면 그녀를 사랑했다는 죄밖에.

그렇다면 가르시아의 불행은 자신의 거짓말에서 비롯되었다기보다는 단순한 오해에서 나온 것. 사실 가르시아가 사랑한 여자는 천상천하 가장 아름다운 여자이지 구태여 "하신타"라는 이름의 구체적 고유명사가 아니어도 좋았다. 거기 그 세 아가씨들은 사실 얼굴도 다 내보이지 않은 망토 속의 여인들이었다. 하신타가 가르시아의 마음의 애인이 된 것은 손을 만져 보지도 않은(뒤에 넘어진 그녀를 잡아 일으키지만) 천사 같은 상태에서였다. 천사가 고유명사로 살지 않듯이, 가르시아의 눈에는 "Jacinta" 또한 그 이름의 원뜻대로 무척 향기롭고 한없이 예쁜 "히아신스 꽃"이었다.

미셸 푸코는《말과 사물들》에서 알라르콘과 동시대인 벨라스케스의〈메니나스〉라는 그림에 대해서 이야기한다. 프랑스 철학자는 시대마다 문화가 다르고 사물을 보는 눈이 다르고 "인식치épistémè"가 다르다는 것을 말하기 위해〈메니나스〉의 경우를 끌어 온다. 말과 사물의 관계를 보는 눈이 16세기, 르네상스로부터 확연하게 달라졌다는 것을 증명하기 위해서다. 예를 들어, 구약 성서에서의 말은 곧 사물이었다. "빛이 있으라! 그리고 빛이 있어 참 좋았다!"에서의 "빛"이라는 말은 곧 우리를 비추는 빛이다. 그때 말과 사물은 하나였다. 신 중심 시대인 중세 때까지만 해도 " 문학은 신학"(보카치오)이라고 할 정도로,[130] 성서와 세상, 성서와 역사, 성서와 문학, 말과 사물, 이름과 사람, 사진과 현실은 다 같다는 생각이 일반적이었다. 그런 통념이 16세기로부터 17세기에 깨어진다는 것.

말과 사물, 사진과 현실, 이름과 사람의 메울 수 없는 균열을〈메니나스〉그림에서 본다. 그것은 공주와 그녀 친구들을 그리는 그림 속에 그 사진을 찍은 사진사 같은 화가가 그림 속에 들어 있기 때문이다. 또한 뒷문 쪽으로

130) 민용태,《세계 문예 사조의 이해》(문학아카데미, 2001), 106-111쪽 참조.

또 다른 화가가 그림 그리는 장면을 들여다보고 있다. 이런 그림은 지금까지 우리가 사진을 보고 사람을 알아보고 초상화를 보고 공주의 얼굴을 편안하게 감상하는 시각을 바꾸어 놓는다. 지금까지 우리는 우리 사진을 신이 그린 그림처럼 우리 얼굴과 똑같다고 생각해 왔다. 우리는 한 번도 내 초상화가 어떤 사진사나 화가의 눈으로 본 조작일 수 있다는 생각을 하지 못했다. 벨라스케스의 〈메니나스〉에서 미셸 푸코와 함께 우리는 신이 그린 초상화나 그림은 없음을 안다. 사람 하나하나에 꼭 맞는 신이 준 이름은 없음을 안다. 사물과 말 사이, 사람과 이름 사이, 그 메울 수 없는 본질적 간격, 혹은 본질적 빈 터un vacío esencial의 발견이 17세기 고전적 인식방법episteme으로부터 일반화된다.[131)]

아리스토텔레스의 원칙에 따라 연극이 현실의 가장 그럴 듯한 모방이라고 한다 하더라도, 알라르콘의 연극 속에서 움직이는 사람들의 사고에는 동시대의 벨라스케스나 미셸 푸코의 해석 같은 시대적 인식치가 작용한다고 보아야 한다. 말하자면 우리가 편안하게 전통적으로 생각해 온 것처럼, 얼굴을 보면 사람을 알고, 이름을 들으면 사람의 운명을 안다는 식의 사고는 이미 그때 통하지 않았음을 알아야 한다. 바꾸어 말하면, 이름은 이름일 뿐이고 실제 그 사람과는 아무런 유사성이나 관련이 없을 수도 있다는 인식이 필요하다.

따라서 하신타를 루크레시아로 알았다는 것이 가르시아의 불행의 씨앗이 된 것은 아니다. 원래 "Jacinta, Jacinto… 향기롭고 예쁜 관상용 꽃"에 내가 붙인 꽃 이름은 "Jacinta"여도 "Lucrecia"여도 하나도 달라질 게 없었다는 말. 내가 가장 예쁘다고 보고 사랑스럽다고 본 여자가 있었다는 것이 중요하지, 그것에 꼭 맞는 여자나 고유명사는 아예 불가능했다는 것이 옳다. 사실 1막에

131) Cfr. Michel Foucault, *Las palabras y las cosas*, traducción de Elsa Cecilia Frost, 19 edicón en español(México: siglo veintiuno, 1989), pp. 1-25.

서 마차에 탄 처음 본 아가씨가 하신타인지도 불분명하다. "난 저 여자를 사랑해. 사랑으로 모실 거야" 했을 때의 그 여자가 넘어진 하신타가 아닐 수도 있다. 비록 마차 발걸이에 걸쳐 탄 여자가 하신타였다는 시사는 있지만, 루크레시아가 탔다가 바뀌 탔어도 아무런 문제가 없는 장면이다. 즉, 애초부터 가르시아는 세 여자 중 아무나 사랑할 수 있었다.

트리스탄 : …잘 봐요, 나리, 그 여자 뒤에 지금 따라 나오는
　저 여자도 나리의 여명의 태양일 수 있고
　나리 별의 서광일 수 있는데요.
돈 가르시아 : 그 여자도 참 예쁘구먼.
트리스탄 : 그럼 그 옆
　하녀는 덜 예쁜지 봐요.
돈 가르시아 : 꽃마차는 사랑의 무지개야,
　쏘는 화살마다 사랑의 화살이구먼.

• 원문 223 •

어느 아가씨여도 좋은 아가씨 중에서 자빠져 가르시아의 손에 잡힌 것이 하신타다. 여기에서 가르시아는 둘의 만남이 우연이 아니라 필연이기를 바란다. 자기만 사랑하는 것이 아니라 하신타도 자기를 사랑해 주기를 바란다. 우연한 이름이 아닌 실존적 인연의 이름을 갖고 싶어 한다. 즉 자기 사랑의 이름을 알고 싶어 한다.[132] 그렇게 해서 얻은 이름이, 가르시아의 깊은 소망을

132) 1막 4장에서, 가르시아가 하신타의 손을 잡아 세우면서, 우연히 잡은 손이 아니라, 그녀가 좋아서 온 마음으로 주는 손을 만져 보고 싶다는 식의 구애를 한다. 이때 가르시아는 이미 사랑의 이름을 구하고 싶은 강한 의지를 나타낸다. Cfr. ibid., p. 165.

알 리 없는 무책임한 마부와 종자가 얻어 온 이름이 루크레시아다. 이렇게 루크레시아는 정체를 알 수 없는 인식의 미궁에서, 그 많은 혼란한 사랑의 화살 속에서, 가장 아름답고 사랑스러운 화살의 이름, 별의 이름이 된다.

우리가 〈수상스러운 진실〉을 보면서 가르시아가 진짜 하신타를 몰라보고 거짓말하고 거절하는 것을 보면서 안타까워하는 것은 사실 연극의 재미를 위한 것이다. 여기서 중요한 것은 그 많은 거짓말을 동원하면서까지 가르시아는 한 여자에 대한 사랑을 저버리지 않는다는 사실이다. 그 본래 이름이 하신타이건 루크레시아이건…, 이것이 시간과 인간관계 속에서 불변하는 돈 가르시아의 사랑을 위한 투쟁이고 정체성 투쟁이고 그 성실성이다. 가르시아가 거짓말쟁이가 아니라 세상은 모두 겉모양뿐이고 허상이고 거짓이고 이름이 뒤죽박죽이다. 그 "본질적 빈 터"에서 미궁의 놀이가 사랑하는 여자에게 이름 붙이기다. 어제 안 여자는 오늘 모르는 여자라는 트리스탄의 시각과, 이런 여자 저런 여자 많기도 많은 여자들 중에서 가르시아는 변하지 않는 자기만의 한 여자를 정하고, 그 이름을 굳히고, 그것을 지키기 위해 투쟁한다.

결론은 중요치 않다. 그 변하지 않는 사랑의 이정표가 하신타이건 루크레시아이건 이 세상에서 가장 향기롭고 아름다운 꽃은 이미 가르시아의 것이다. 돈 가르시아는 이름을 알 수 없는 아름다움의 미궁에서, 변화무쌍, 무상無常한 사랑의 빈 터에서, 그 많은 거짓말을 투자하여 단 하나의 영원불변한 사랑의 빛을 벼려 냈으니까. 따라서 그 뒤 돈 가르시아는 루크레시아와 사랑과 행복으로 잘 산 것은 물론이고….

17장

칼데론 연극의 세계성, 범종교성

◆

로페가 마당 극장corrales의 대가라면 칼데론Pedro Calderón de la Barca(1600- 1681)은 궁중 극장의 스타다. 로페가 스페인적 스페인 연극을 튼튼하게 살찌웠다면 칼데론은 완전한 세계성을 가진 상징극을 완성시킨다. 초기에는 선배의 연극 스타일, 역사 소재까지 하나하나 영향을 받았다면, 1635년경부터는 전적으로 바로크 스타일인 자기 연극을 완성시켰다. 긴장감 넘치는 테마에 시적이고 상징적인 언어, 상징적인 광대한 무대와 교묘한 장치로 근대 연극의 시작을 알리는 훌륭한 극작품들을 선보였다.

마드리드에서 태어나 81세를 일기로 마드리드에서 숨을 거둔 페드로 칼데론 데 라 바르카는 83세를 산 괴테 이전의 가장 무병장수한 작가 중의 하나다. 로페의 삶이 정열적이고 역동적이어서 파란곡절이 많았다면, 칼데론의 일생은 비교적 순탄하고 평화로웠다. 오랜 기간 궁중에서 사랑받는 작가로, 50세에는 승직을 맡아 왕의 예배나 도우면서 편하게 살았다. 로페가 그 많은 작품을 썼지만 더러 즉흥적이었다면, 반대로 칼데론은 연구하고 정성스럽게 다듬는 작가였다. 기도와 명상을 통하여 영감을 얻고, 열심히 갈고 닦아 주옥 같은 작품을 빚어냈다.

연극 대화는 바로크 문체의 대표적 스타일인 식자연주의와 콘셉주의 언어로 채워졌다. 위트 있는 말놀이, 반어법, 과장법이 많고, 늘 공고라처럼 은유와 상징으로 말을 이어가는 시적인 대화들이 주를 이루었다. 〈인생은 꿈이다La vida es sueño〉(1635)는 처음부터 은유 투성이다. 시냇물은 "꽃들 사이 깨어져 부서지는 은빛 뱀sierpe de plata que entre las flores se quiebra"이고 물고기는 "비늘로 만든 배bajel de escama"이고 말은 "비늘 없는 물고기pez sin escama"다. 첫 장에 나오는 로사우라의 말, 첫 구절을 들어 보자.

> 바람과 함께 동무되어 달려온
> 독수리같이 사나운 말,
> 불꽃 없는 번개여, 색깔 없는 새여,
> 비늘 없는 물고기여, 타고난
> 본능을 잃은 짐승이여, 너는 벌거숭이
> 이 바위산으로부터 어느 혼란스러운 미궁으로
> 굴러 떨어져, 어디를 향하여 이렇게 끌려가는 것이냐?
> 이 산에 머물거라,
> 여기에서 짐승들도 태양의 수레를 타고 쉬도록.
> 나는 운명의 법과 발이 이끄는
> 길밖에 없이, 운명 따라
> 허겁지겁 눈 먼 발걸음으로
> 꼬이고 비틀어진 이 험한 산길을 내려가겠노라.
> 우뚝 솟은 이 높은 산이 태양의
> 이맛살을 찡그리고 주름지게 하는구나.

· 원문 224 ·

이것이 남장을 하고 애인을 찾아 폴란드에 도착한 로사우라의 독백이다. 멀리 러시아에서 말을 타고 험악한 산정에 다다른 로사우라는 자기 말에게 말한다. 자기 말을, 발은 말이고 머리는 독수리인 그리스 신화의 말 히포그리포라고 부르며, 갖가지 은유로 말을 묘사한다. 불꽃 없는 번개, 색깔 없는 새, 비늘 없는 물고기…, 이런 표현은 그리스 신화 언급에 이르기까지 예외 없이 공고라 식이다. 또 말들더러 이 산에 머무르라고 하면서, "여기에서 짐승들도 태양의 수레를 타고 쉬도록donde tengan los brutos su Faetonte"이라고 말한 것은 또 무엇인가. 파에톤Faetón/Faetonte은 태양의 아들이며, 태양의 수레를 이끄는 수레꾼이다. 직역하면, "짐승들이 태양의 수레꾼을 갖도록"이다. 이런 식 자연주의 표현은 칼데론의 대화에서 어렵지 않게 발견된다.

그러나 "말"을 어지러운 미궁 속을 달려온 "운명의 발길로" 본 것은 오래된 상징이다. 그리고 이 산에서 더욱 불행한 운명의 별점을 가지고 태어난 왕자 세히스문도를 만날 것이므로, 이 상징적인 말들은 미리 정신적 분위기까지 만들므로, 연극 표현상 대단히 적절한 것이다. 로사우라인 "나"와 "말"이 가는 길 모두가 눈 먼 운명의 법칙이 이끌어 가는 길이다. 이 험한 산의 우뚝 솟은 봉우리는 태양의 이맛살을 찡그리게 하는 더 큰 숙명의 고통을 간직하고 있다. 그곳이 바로 세히스문도의 운명이자 그가 감금되어 있는 탑.

칼데론은 성극이나 신화극, 도덕극에서 이런 은유나 상징을 수없이 많이 구사했다. 그리고 무대장치는 완전히 바로크풍의 화려한 시설과 가구로 아름답게 꾸몄다. 칼데론은 궁중 공연을 많이 했으며, 마드리드 최초의 왕궁극장 "부엔 레티로Buen Retiro" 개관 축하연에는 〈가장 큰 마력, 사랑El amyor encanto, el amor〉이라는 연극을 올렸다.

궁중 축제Fiestas Reales에서 연극을 펼칠 때는 화려한 무대를 위해 훌륭한 건축가나 장치 전문가들을 초청해 무대 효과가 뛰어난 상징적인 장치를 설치하곤 했다. 현란한 그림이 걸렸고, 훌륭한 시각적 효과를 주는 아름다운 정원이 나오고, 요정이나 귀신 등 초자연적 혼령들이 나오는 환상적 장치며, 공중을 날아다니는 성들이 만들어지기도 했다. 거기에 음악과 춤이 어우러져 한밤의 휘황찬란한 축제가 궁중에 펼쳐졌다. 칼데론은 특히 음악이나 합창을 연극의 요소로 잘 활용했기 때문에 모든 연극이 눈과 귀를 황홀하게 했다. 이런 웅장하고 화려한 무대에서 〈세상은 커다란 극장El gran teatro del mundo〉이라는 아이디어가 나왔고, 무대가 만들어져 연극이 공연되었다.[133]

우리가 흔히 성극을 내용으로 하는 오페라 같은 데서 보는 거대한 무대, 화려한 장치들은 바로 이런 궁중 정원이나 무대 환경에서 나온 것들이다. 영화나 오페라에서 보는 커다란 극장이나 무대의 거대한 장면들을 연상하면 알 수 있다. 왜냐하면 이런 오페라나 발레가 15세기 이탈리아에서 처음 생겨나서, 16, 17세기 이런 무대화 과정을 거쳐 프랑스로 넘어가 꽃피웠기 때문이고, 이들 모두 비슷한 환경에서 극화되고 무대화된 전통을 가지고 있기 때문이다.

칼데론의 연극 내용은 대부분 로페에게서 이어받은 것들이다. 그러나 로페가 역사나 풍속 혹은 사실성에 신경을 많이 쓴 반면에 칼데론의 연극은 훨씬 정돈되고 상징적이며 깊이가 있다. 즉 깊은 철학이나 도덕성이 작중 사건이나 주인공의 행동들을 좌우하는 짜임새 있는 연극들이다. 어떤 경우는 등장인물들이 비유적인 것들로, "바람", "사랑의 신 큐피드", "대양el Océano"처럼 추상적 실체들과 알레고리아들이 많다. 알레고리아alegoría는 칼데론에게 "존재하지 않는 것과 함께 존재하는 것을 옮기는 거울일 뿐La alegoría no es más que un espejo

133) Cfr. Emilio Orozco Díaz y Domingo Ynduráin, "El gran teatro del mundo", *Historia y crítica de la literatura española*, III, op. cit., pp. 807-814.

que traslada lo que es con lo que no es…"이다.

연극의 내용들을 보면, 성극이나 〈세상은 커다란 극장〉 같은 신학적 비전들, 아니면 〈살라메아의 촌장〉같은 명예나 사회적 내용을 다룬 것, 〈가장 큰 괴물, 질투El mayor monstruo los celos〉 같은 심리극, 기독교 전통이나 세네카나 스토아 학파적 절제주의의 영향이 보이는 것들도 많다. 또한 당시 궁중이나 도시의 젊은이들의 얽히고설킨 사랑 싸움, 연애 이야기를 다룬 "망토 입고 칼 찬 연극Comedia de capa y espada"도 로페에 이어 칼데론의 전공이었다. 사랑하는 총각 방에 아무도 모르게 선물을 놓고 나와 홀리게 하는 〈귀신 아씨La dama duende〉(1626), 〈문이 둘인 집은 처녀 도둑 지키기가 어렵다Casa con dos puertas mala es guardar〉(1629), 〈4, 5월의 아침들Mañanas de abril y mayo〉(1634) 같은 재미있는 사랑 이야기들이 있다.

어떻든 칼데론은 스스로가 신부이고 신학자였기 때문에 종교적 깊이가 돋보이는 작품에 뛰어났다. 특히 1629년에 공연한 초기 걸작 〈영원한 왕자El príncipe constante〉는 포르투갈의 돈 페르난도 왕자의 역사적 사건을 연극화한 것. 결국 전쟁에 패해, 자기 땅과 주민 세우타Ceuta를 이슬람교도 무어족들에게 넘겨주기 전에 영웅적으로 하느님을 위해 순교하는 훌륭한 왕자를 그리고, 영토와 육체는 적의 것이 되었지만 영혼은 영원히 하느님의 영토를 지키는 "영원한 왕자"가 돈 페르난도. 이 작품으로 칼데론의 연극은 독일 낭만주의 미학의 선구자 슐레겔August Wilhelm von Schlegel에 의하여 유럽 전체에 알려지고, 19세기 새로운 낭만주의 지표와 상징으로 지대한 영향을 미쳤다.[134)]

---

134) Cfr. "Calderón de la Barca", *Nueva Enciclopedia Larousse* 2(Barcelona-Madrid, 1980).

(1) 〈살라메아의 촌장〉과 개인 존엄성의 상징으로서의 "명예el honor"

같은 제목의 로페의 작품을 다시 쓴 칼데론의 〈살라메아의 촌장El alcalde de Zalamea〉은 전통 기독교적 명예의 개념보다는 보다 근대적으로, "모든 사람이 가지고 있는 자존심과 이권利權 지키기의 방패"[135]로서의 명예 쟁취 냄새가 난다. 시골 촌장이 한 육군 대위가 자기 딸을 겁탈하고, 결혼을 안 하겠다고 했다는 이유로 사형을 선고하고 무작정 교수형시키니까 말이다.

돈 로페 데 피게로아의 보병 부대에 속하는 육군 장교가 부하들과 함께 한 시골 부잣집에 투숙하게 된 것이 화근이 되었다. 시골 영감 페드로 크레스포는 군인들이 집에 오니까 자기 딸 이사벨이 걱정되어, 저택의 옥탑방에 숨어 지내라고 했다. 주둔 부대 대장인 젊은 대위가 그 집에 어여쁜 아가씨 이사벨이 있다는 소식을 듣고 마음이 동하지 않을 리 없다. 대위는 자기 부하 한 명과 짜고 이사벨이 있는 옥탑방에 올라갈 수작을 꾸민다. 일부러 큰 싸움을 벌이다가 달아나는 부하를 쫓아 칼을 들고 옥탑방으로 들어간다.

뜻하지 않은 사건에 휘말린 이사벨은 대장이 부하를 죽이려 하자 죽이지 말라고 애걸을 한다. 대위는 소문대로 이사벨이 아주 아름다고 얌전한 것에 반하고 만다. 그때 그녀 아버지 크레스포가 그의 아들과 함께 들이닥친다. 사람을 죽이겠다고 달려온 대장이 자기 딸에게 수작을 걸고 있는 것을 보자 수상하게 여긴다. 아들 후안도 대위가 누이를 꼬시려고 수작하고 있는 것을 눈치 챈다. 부대장 돈 로페 데 피게로아는 이사벨 때문에 문제가 생긴 것을 알자 자기가 거기 머물고 사병들은 다른 데를 찾아보도록 한다.

그러나 한번 사랑에 불이 붙은 가슴이 쉽게 진정될 리 없다. 부대장 돈 로페

---

135) Cfr. Peter N. Dunn, *El alcalde de Zalamea*, edición y comentario de Peter N. Dunn; *Historia y crítica de la literatura española*, op. cit., pp. 799-800.

가 떠나면서, 이사벨 오빠를 입대시켜 부하로 데려가자, 집에는 그녀와 아버지만 남게 되었다. 대위는 이때가 기회라고 생각하고 이사벨을 납치하여 산에서 겁탈한다, 막으려는 아버지를 나무에 묶어 놓고…. 문득 소란한 소리를 듣고 달려온 오빠가 대위를 칼로 찌른다. 가까스로 도망 나온 딸이 아버지를 구하고, 아버지와 온 마을 사람들은 이 불명예스러운 사건으로 로페 데 베가의 〈푸엔테 오베후나〉 주민의 복수 때처럼 복수심에 불탄다.

아버지는 대위에게 명예 회복을 위해 딸과 결혼하라고 한다. 대위는 코웃음을 친다. 그때 아버지 크레스포는 자신이 촌장으로 선출되었음을 알게 된다. 그는 촌장의 권리로 오만한 대위를 감금시킨다. 돌아온 돈 로페 데 피게로아는 군대 사건이니 대위를 군재판으로 데려가겠다고 한다. 촌장은 그건 안 된다고 반박하고, 부락 회의를 열어 사형을 선고하고, 즉시 교수형시킨다. 마침내 왕 앞에서 맞선 촌장과 부대장…. 로페 데 베가의 연극에서 집단 명예 문제를 처리한 방식으로 여기서도 왕은 농민의, 촌장의 손을 들어준다.

칼데론의 〈살라메아의 촌장〉에 나오는 농부들은 이미 푸엔테 오베후나 사건을 알고 나온 사람들처럼 명예 문제라면 항상 자신감에 차 있다. 군인이든 농부든 모두 다 자존심 덩어리들이다. 이사벨 방에서 누이에게 수작하는 걸 보고 참지 못해 나선 오빠를 아버지가 말릴 때, 모욕을 당한 대위가 그 오빠를 혼내 주고 싶지만 차마 그 아버지 때문에 참는다고 하자,

> 아버지 크레스포 : 그건 아니지. 아니지요, 대위,
> 나는 내 아들을 내 마음대로
> 할 수 있지만, 그대는 아니지요.
> 오빠 후안 : 그리고 저도 제 아버지 말은 참지만
> 다른 사람 말은 못 참아요.

대위 : 그러면 자네 따위가 어떡할 건데?
오빠 후안 : 위신威信 하나에 목숨을 걸지요.
대위 : 촌놈이 무슨 위신이 있는데?
오빠 후안 : 당신과 똑같은 위신이지요.
농부라고 자존심이 없다면
대위만 자존심이 있나요?

• 원문 225 •

그리고 다들 칼을 꺼낸다. 이렇게 칼날 같은 자존심 대결은 특히 부대장과 촌장 사이가 더욱 심하다. 사실 대위가 규중 처녀 방에 들어갔기로, 그리고 젊은 혈기로 수작을 좀 걸었기로, 그녀의 아버지가 그를 죽일 일까지는 아니었을 법도 한데,

아버지 크레스포 : 아주 작은 성희롱 의도만
있는 놈이어도 죽여야지요….
부대장 돈 로페 : 사람 살려! 아니 그 사람이
육군 대위라는 걸 알고 하는 소리요?
아버지 : 그럼 알지요, 사람 살리라지요!
대위가 아니라 장군이라 할지라도,
나의 위신과 명예에 관한 일이라면,
죽이지요.
부대장 : 나의 가장 하급 졸병이라 할지라도
그의 옷의 털끝 하나만 건드리면,
하늘이 두 쪽 나더라도, 난 꼭
그놈을 목매달 거요!
아버지 : 누가 감히 나의 명예의 먼지 하나에만
손을 대도, 정말 하늘이 두 쪽 나더라도

나도 그놈을 목매달 거요!
부대장 : 당신도 이 나라 백성이니만큼, 당신도
이런 책임 같은 것은 져야 할
의무가 있다는 것을 알고 있을 텐데요?
아버지 : 나의 재산 문제라면 그렇지요.
그러나 나의 명성과 명예 문제는 안 됩니다.
재산과 목숨은 국왕께 바쳐야 하는 거지요.
그러나 명예는 영혼의 재산입니다.
영혼은 오직 하느님의 것이지요.

• 원문 226 •

이렇게 해서 군주주의 사회에서 하느님 앞에 모두가 평등한 자유인이 탄생한다. 이것은 신앙에 있어서 자유의지libre albedrío와 도덕적 명예honor/honra가 이미 민주주의의 자유와 평등 이전에 어떻게 개인의 자유와 존엄성을 착실하게 지켰는가를 말해 준다. "명예는 영혼의 재산"이라는 말은 촌장 크레스포가 자기 딸과 가족의 권익만을 위하여 명예를 지킨다는 의미를 뛰어넘는다. 이 말은 법률적인 용어이면서, 법과 사회와 종교 사이에 어떤 무의식적 긴장관계가 있음을 암시한다.[136] 반종교 개혁을 주도한 스페인 제국은 엄격한 가톨릭 국가로, 항상 종교가 사회보다 우위에 있다. 즉 "영혼의 재산"은 사회의 법보다 우선이며, 그것은 단순한 자존심의 차원을 넘어 하느님의 법칙에 속한다. 하느님 앞에서 모두가 평등하고 자유롭기에, 이 명예문제와 관련해서 군주 앞에서까지 한낱 촌장의 말이 근거를 갖게 되었던 것이다.

이미 위 대화 순간부터 겁 없이 이사벨을 탐내는 대위의 운명은 점지되어

136) Peter N. Dunn, op. cit., pp. 799-800.

있었다. 오직 대위만이 옛 귀족 위신만 간직하고, 안하무인으로 제멋대로 굴었을 뿐. 대위가 무너진 귀족 가문인 것은 제쳐 놓고라도, 그 또한 신세대 청년이어서 명예니 정조니 따위를 중요시하는 젊은이가 아니었다. 대위는 어떤 면으로나 당시 마을 사람들에게 곱게 보일 인물이 아니었다. 첫째 촌사람들이라고 무시하는 태도가 역력하다. 겁탈 사건 직후 촌장이 된 이사벨 아버지가 법적인 화해를 위해 결혼을 하라고 청하러 갔을 때다. 떨어진 명예를 아파하며 아버지가 묻는다.

아버지 : 결국 내가 이렇게 통곡해도 뭐, 마음 하나 아프지 않은가?
대위 : 아이나 여자나 늙은이가 운다고
　통곡이라고 해서는 안 되겠지요.
아버지 : 이 큰 고통이 그대에게는 작은
　위안받을 일조차 아니라고?
대위 : 살아서 돌아왔으면 됐지
　더 이상 무슨 위안을 바라오?
아버지 : 이봐, 내 명예가 땅에 떨어졌지 않은가.
　이 명예 회복을 소리쳐 청하겠네.

• 원문 227 •

여자와 아이와 늙은이를 무시하는 태도…, 이 무서운 가부장적 위세! 돈 로페나 대위의 눈에 농부의 정조나 명예 따위가 눈에 들어오기나 했겠는가. 대위가 정말 잘못한 것은 아버지를 옆에 묶어 놓고 강간한 잔인성과, 자신의 죄과에 대한 뉘우침은커녕 어떤 화해나 사과의 뜻도 없었다는 데 있다. 대위의 이런 철면피적 오만한 태도가 관객에게 악인으로 무섭게 낙인찍히게 만드는 계기가 된다. 따라서 촌장의 성급한 교수형을 청중과 왕이 수긍케 하는 공감대로 작용한다.

그러나 이런 극단적 처형은 전에 돈 로페와의 대결에서처럼 정해진 수순이었다. 아버지 크레스포는 처음부터 자신이 양반인 점viejo cristiano, 자신의 가문과 혈통, 그리고 자신이 그 마을에서 가장 존경받는 농부인 것에 대해 어느 귀족 작위도 부럽지 않을 만큼의 커다란 자긍심을 가지고 있었다. 더구나 주민들의 지지로 촌장까지 된 사람이, 체면이 있지, 자신의 딸과 자신의 명예 문제도 해결하지 못한다면, 앞으로 어떻게 마을 사람들 앞에 나서며 그들에게 사랑과 존경을 받을 것인가. 종교적이고 정신적인 명예의 문제가 사회적 체면과 개인의 자존심, 정치적 계산과 맞닿은 점에서 우리는 이 연극의 현대성을 본다.

(2) 상징극과 불교적 테마의 세계성—〈인생은 꿈이다〉

〈세상은 커다란 극장〉이라는 연극은 이미 말했듯이 궁중이나 마을의 큰 축제가 열리면 반드시 연극이 공연되는 분위기 속에서 태어났다. 말하자면 당시에는 마당 극장이나 궁중 극장 같은 시설이 마련된 극장 외에도 성당이나 광장 등 어느 곳에서나 무대를 설치할 수 있는 곳이면 공연을 하곤 했다. 궁중의 커다란 공원에서 공연 무대를 만들다 보면, 거기 있는 정원, 꽃, 나무, 그리고 호수, 강, 분수 등이 그대로 세팅이 되고 장치가 되었다.

이런 자연 극장에서 보고 느끼고 웃고 울다 보면 어떤 것이 우리가 사는 세상이고 어디가 연극을 올리는 극장인지, 그냥 세상 전체가 커다란 하나의 극장이라는 느낌이 들 수밖에 없었다. 세상이 극장이라면, 그 안에서 일어나는 모든 삶들이 연극이고, 농부나 장사꾼, 가난한 자나 부자…, 모두가 하느님이라는 작가에 의하여 움직이는 배우들이다. 구태여 신부가 나와서 성서를 읽고 설교를 하지 않아도 이 정도면 종교적 교훈이 담긴 연극이 될 수 있음을 짐작할 수 있다. 바로 이것이 칼데론의 〈세상은 커다란 극장〉이라는 작품이다.

칼데론은 이런 세상 무대에 중세로부터 유행한 주제인 "죽음의 춤La danza de la Muerte"의 형식을 등장시킨다. 죽을 때가 되면 죽음의 사자가 와서, 성인이며 황제며 군대 총수며 신부며 농부며 모두 이 죽음의 신이 주관하는 무도회에 초청받는다. 초청받는다기보다는 억지로 끌려온다. 모두들 변명이 많고 죽지 않으려고 발버둥치지만, 결국 다들 "죽음의 춤" 속으로 끌려가는 것. 군대 총수는, "예쁜 처녀들 나오는 춤판도 많이 보았지만…/내 생각에 이건 그런 춤판이 아닌 것 같아/저 음악장이 쌍판이 너무 흉해" 하면서 눈치를 채고 도망가려 한다. 물론 죽음의 사자가 가만둘 리 없다. 농부의 말도 재미있다.

> 농부가 말한다.
> 어떻게 이 촌놈이 춤을 추라는 거여,
> 내 이 손은 쟁기에서 떼 본 적이 없는데?
> 제발 어디 누구 발걸음 좀 가벼운 사람 찾아봐요.
> 딴 사람한테 정을 주고, 죽음의 사자여, 나는 놓아줘!
> 나는 돼지고기 절인 거나 가끔 양고기도 먹지만
> 내 하는 일이 다 노동이고 정성이야.
> 빵 만들 것 심느라고 땅을 갈고 파고…
> 그래서 그대의 그 음산한 말은 듣고 싶은 생각이 없구먼.
>
> 죽음의 사자가 말한다.
> 그대의 노동이 항상 재주 부리지 않고 열심이었고
> 남의 땅에서 도둑질하지 않았으니,
> 영원한 천당에서 그대가 큰 자리를 차지할 걸세…
>
> • 원문 228 •

온 몸에 해골 가면을 쓴 죽음의 사자의 춤, 그리고 거기 하나씩 등장하는 인물들의 변명과 하소연, 애걸복걸하는 소리를 들으며, 중세인들은 얼마나 웃고, 또 얼마나 깊이 반성하고 인생을 느꼈을까. 이 테마는 너무 인기가 높아 후대의 많은 작가들이 모방하곤 했다. 대표적인 경우가 이미 설명한 대극작가 질 비센테Gil Vicente의 '지옥, 연옥, 천당 가는 배들 3부작Trilogía das Barcas' 이다.

칼데론이 이 긴 정통을 이어받아 〈세상은 커다란 극장〉에서 "죽음의 사자" 대신 더 큰 어른인 "작가-하느님El Autor"을 등장시킨다. 신학에 정통한 승려인 칼데론의 성극 성격의 이 거작에는 "세상Mundo"이나 "아름다움Hermosura", "조신Discreción"과 같은 비유적 인물들과 함께 가난뱅이, 부자, 왕 등 사회 각계각층의 등장인물들이 출연한다. 마지막이 "세상"과 "작가-하느님"과의 성체예식 장면.

세상.
연극은 짧았지요! 하지만 언제 이 인생이
인생이라는 연극이 짧지 않았습니까?
더구나 모든 것의 입구를 곧 출구로
생각하며 살아온 자에게는 더욱 그렇지요.
이제 모두들 자기들이 가졌던 모습, 그 즐거웠던 형상을
놓고, 그 처음의 작은 원형으로 되돌아가는군요.
먼지로 들어왔으니, 내게서 먼지로 나가야지요.

(순서대로 '왕'이 나오고, '아름다움', '농부', '부자', '가난뱅이', '조신'이 나온다. '세상'은 각각 그들의 신분 의상들을 다 벗기고 마침내 소리친다.)

이제 숭엄한 위대성들을 찾게 해 주었으니,
이제 그 아름다운 완벽성을 지워 버렸으니,
이제 그 오만한 허영심들을 좌절시켰으니,
이제 왕관들과 곡괭이들을 똑같이 하나로 만들었으니,
이제까지 이 연극은 허구의 연극이었으니,
이제 진리의 연극, 진실의 극장으로 가십시다.

가난뱅이.
이거 횡포하고 무정한 세상이
우리를 그 한가운데서 몰아내는군.
그럼 우리는 또 우리들의 대작가님께서
우리 노고의 대가로, 위대한 만찬을
마련하셨다니, 우리 다 함께 가 보세나…

(음악과 함께 다시 한번 커다란 천체가 열리고, 그 안에 성배와 성찬의 빵이 놓인 식탁과 함께 그 옆에 '작가-하느님'께서 앉아 계신다.)

작가.
이제, 하늘에 있는 천사,
세상에 있는 사람들,
지옥에 있는 악마,
모두들 이 성스러운 빵 앞에 무릎 꿇어 경배하도다.
지옥에고 천당에고
이 세상에고, 똑같이 이 한 순간에
하느님을 칭송하는 이 조화로운
낭랑하고 달콤한 이 목소리가 들리게 할지니.

(여러 번 성체식 찬송가 〈Tantum ergo〉를 합창하며, 치리미야 피리들을 불어댄다.)

• 원문 229 •

이런 성례는 세속의 어떤 미사나 예배보다도 마음에 와 닿고 감동스럽지 않을까? 하느님의 은총과 인간의 지극히 선한 자유의지, 그리고 원죄에 대한 참회가 세례식이나 특별한 종교 행사 때 이처럼 자연스럽게 성극으로 표현되었다. 주로 그리스도 성체절El Corpus 8일째 되는 날에 야외 극장 "카르로스 carros"라는 화려한 무대를 설치하고 1막으로 공연되었다. 칼데론의 〈세상은 커다란 극장〉은 더구나 궁중의 찬란하고 장엄한 무대에서 펼쳐졌으니, 이런 비유극이 어느 때보다도 성체와의 하나 됨으로 하늘과 땅의 영혼을 성스러운 감동으로 이끌었으리라.

우리 귀에는 "빈손으로 왔다 빈손으로 간다"처럼 들리는 "먼지로 왔으니 먼지로 가라"는 "세상"의 소리는 감동스럽다. 하늘에서 와서 하늘로 가는 것이 우리 혼백魂魄의 "혼魂"이고, 흙으로 와서 흙으로 돌아가는 것이 우리 혼백魂魄의 "백魄"이란다. 이렇듯 우리의 넋 또한 하늘과 땅으로 흩어진다는 생각이 있다. 이런 생각이 기독교화되면, 세상은 영혼, 즉 하늘의 혼이 갇혀 있는 감옥이다. 감옥 주인인 "세상"이 영혼들에 씌워져 있던 족쇄 같은 모든 허상과 허영 그리고 허구를 벗긴다. 미녀는 미녀라고 으스대고, 예술가는 완벽한 예술을 자랑스러워하고 , 왕은 왕이라고 떵떵대고, 농부는 농부라고 곡괭이질만 하고, 가난뱅이는 가난뱅이라고 가난에 울고…. 그러나 이제 이런 모든 허상과 허구, 연극은 끝났다. "진리의 극장", 즉 하느님과 교회가 한 몸 되는 성체식의 우주 속으로 들어가 보자. 여기 피리젓대 소리와 함께 성스럽고 장엄한 합창이 들린다.

여기 가난뱅이의 천진스러운 말들이 성서와 비유의 딱딱함으로부터 우리의 숨통을 터 준다. 마치 농부가 하루 종일 일하고 나서 저녁에 차려 주는 밥상에 앉듯이, 아니면 이 집 저 집 얻어먹고 다니는 거렁뱅이가 어느 잔칫집에서 쫓겨났다가, 마을 촌장이 모두에게 밥인지 빵인지를 준다고 하니까 우루루 몰려가듯, 그런 소박한 정경이 눈앞에 연상된다. 가톨릭 성직자 칼데론의 연극이 이런 인간적 체취를 놓쳤더라면 세상 모든 사람들에게 감동을 줄 수 없었으리라.

이런 이야기는 칼데론 연극의 비유가 아닌 상징성, 세계성이 어디서 비롯되느냐에 대한 관심과 상관이 있다. 비유는 오랜 전통의 뿌리에서 말미암는다. 비유의 대표적인 예가 성서인데, 성서의 비유는 불교나 유교를 믿는 사람에게는 아무런 의미가 없다. 예를 들어 유교인은 양 떼를 보고 신이나 신의 은총을 느끼지는 못한다. 그것은 한 종교에 국한된 비유적 언어이기 때문이다. 그러나 성 후안 데 라 크루스의 신비주의 시나 칼데론의 상징극들이 세계 독자에게 큰 감동을 주었던 것은 그것들이 기독교적 비유를 넘어서 어떤 다른 종교, 다른 전통의 사람들에게도 공감을 불러일으키는 상징성을 지녔기 때문이다.

비유와 상징은 표층언어와 심층언어, 즉 말하는 사물과 말하여지는 숨은 의미가 있다는 점에서는 같다. 그러나 비유가 a, b, c, … n이라는 사물들이 있을 때 a′, b′, c′, … n′이라는 숨은 의미 구조를 가리키고 있다면, 상징에서는 마찬가지로 똑같은 a, b, c, … n이라는 표층언어로 표기된다 하더라도 A′, B′, C′, … N′이라는 전혀 무관하기까지 한 의미를 나타낸다. 예를 들어, 단테의 〈신곡Divina Comedia〉은 세부적으로는 성서처럼 전부가 비유로 쓰여 있으나, 크게 "신곡"이 상징하는 것은 한마디로 "신Deus"이다. 또한 상징은 하나의 말이나 사물이 여러 가지 추상적 의미를 나타낼 수 있다. "장미"가 어찌 "사랑"을 상징한다고 말할 수 있으랴. 아름다움, 생명성, 젊음, 질투, 빨강… 등 각자의 주관이나 상상에 따라 한없이 많은 의미를 가질 수 있다. 상징이 세계성을 가지고 있다는 말은 이와 같은 이질적인 문화, 다른 종교의 사람들도 자발적인 연상이나 자유스러운 의미의 장으로 초대하고, 공감을 유발하고 있기 때문이다.

이런 상징성 · 세계성이 매우 뛰어난 연극이 〈인생은 꿈이다〉이다. 동양에서 "인생은 한 자리 봄꿈一場春夢"이라고 하는 말 그대로, 칼데론의 이 작품 또한 소재와 내용이 모두 동양에서 온다. "인생무상人生無常"이라고 하지 않는가. 왕자로 태어났어도 사도세자처럼 불운에 처해질 수도 있다. 바로 그런 폴란드 왕자가 왕 바실리오의 아들 세히스문도다.

폴란드 왕에게 아들이 태어나자 점성가들은 그 아이가 엄청난 액운을 가지고 태어났으며, 폭군이 되어 아버지를 죽일 것이라고 예언한다. 왕은 국민들에게 세자의 탄생을 감추고 몰래 첨탑에 가둬 키우도록 명한다. 쇠고랑을 채우고 클로탈도라는 신하를 시켜 밤낮으로 감시하도록 한다. 짐승처럼 끙끙대며 신음하는 세히스문도의 소리를 들은 것은 높은 산에서 미끄러져 내려오던 남장 여인 로사우라였다. 세히스문도는 자기 소리를 엿들은 로사우라를 죽이려고 한다. 그녀는 용서와 동정을 구하며, 그의 잠들어 있던 자비심을 깨워 목숨을 구한다. 그런데 세히스문도가 갇혀 있던 첨탑을 알게 된 것은 로사우라가 극형에 처해질 수 있는 중죄에 해당한다. 폴란드 왕은 누구라도 탑에 접근한 자는 죽여 없애라는 엄명을 내려놓았기 때문이다.

여기에서 우리는 이 탑이 죽음의 상징임을 안다. 살아 있는 사람이 알게 되면 죽는, 감염되면 끝나는 어두운 실존의 구도. 그것이 바로 육체의 감옥이고, 육욕과 오욕칠정五慾七情이고, 그것의 포로가 되어 사는 삶이다. 기독교와 불교와 나머지 모든 종교, 그리고 스토아 철학이 다 한 가지로 죄악시하는 짐승 같은 삶. 그것이 탑 속에, 감옥 속에, 어둠 속에 갇혀 사는 세히스문도의 삶이다. 육욕의 갈등과 분노의 노예가 된 삶….

거기에 바로크 정신 특유의 무의미한 삶에 대한 의식이 겹친다. 동시대의 시인 케베도도 '나의 일생이 어린아이를 싸는 강보pañales인 줄 알았더니, 어느

덧 그것이 죽은 시체를 싸는 수의mortaja였더라'라고 말한다. 인생은 이렇게 빠르고 덧없고 허무할 뿐. 세히스문도는 세 가지 의미에서, "이 탑이 나에게는 요람이고 무덤이었다cuna y sepulcro fue esta torre para mí"고 소리친다. 먼저 그는 자신이 태어나 죽어갈 한계가 이 탑 속이라고 생각하는 상황을 일컫는 말이다. 둘째는 기독교와 불교 등 종교적인 의미로, 영혼이 육체에 갇혀 사는 세상을 상징한다. 특히 야심과 욕정, 분노, 고통에 시달리는 삶일수록 세상을 "눈물의 계곡valle de lágrimas", "고통의 바다苦海"라고 부른다. 여기는 고통과 분노의 탑일 뿐. 그리고 세 번째는 이미 전에 말한 빠르고 허무desengaño한 인생을 말한다. 세히스문도 자신을 "살아 있는 해골esqueleto vivo", "숨 쉬고 있는 죽은 자animado muerto"라고 말한다. 이 말에는 그 세 가지 의미가 다 포함되어 있다.

세히스문도의 절규는 처음부터 실존주의의 그것 못지않게 절망과 구토, 그것이다: "인간의 가장 큰 범죄는 태어났다는 것el delito mayor del hombre, es haber nacido". 부처의 "태어나니 괴로워라! 늙으니 괴로워라! 또 죽으니 괴로워라!"의 깨달음의 전 단계가 아닌, 피투성이 울부짖음이 세히스문도의 목소리다. 세상과 인생을 "허무", "꿈"으로 보는 바로크 문학 시대의 페시미즘 이전, 세히스문도의 목소리는 실존의 어두운 터널 속 절규다.

> 내가 하늘에 무슨 더 큰 죄를 지었기에
> 나에게 이토록 더 무서운 형벌을 내리는가?
> 남들도 다 태어나지 않았는가?
> 〔…〕
> 새가 태어나면, 새에게 준 화려한
> 옷은 최상의 아름다움, 새는
> 거의 깃털의 꽃, 아니면

날개 달린 꽃타래,
보금자리를 조용히 떠나
그 자리의 온정을 마다하고
전속력으로 하늘의
날개를 가르며 나를 때,
나는, 새보다 더 큰 영혼을 가진
나는 왜 새보다 더 자유가 없단 말인가?
〔…〕
물고기는 사방을 돌고 돌며,
해심의 차가움만큼 있는 대로
광활한 바다를 누비고 다니는데,
나는, 물고기보다 자유 의지가 더 많은
나는 왜 자유가 더 없는가?

• 원문 230 •

이 짐승처럼 끙끙대며 사는 삶 속에서 세히스문도는 자신의 삶이 다른 새나 물고기보다 자유롭지 못함을 한탄한다. 신의 장자인 인간이 다른 짐승보다 못한 삶을 살아간다는 한탄…. 그러나 그런 기독교적 자연관보다 자연을 경외하고 숭상하는 눈들이 있었다. 그라나다 사제의《신앙의 상징*Símbolo de la fé*》(1583)에 나오는 동물들의 신성스러움을 보라. 동물들도 인간보다 훨씬 나은 신성함을 가지고 있다.[137] 세히스문도에게는 주어진 운명이나 점성술이라는 비기독교적 굴레와 비리에 따른 고통이라 할 수도 있다. 그러나 20세기 히틀러의 홀로코스트Holocaust를 보면 과연 신은 어디 있었는가라는 의문에 봉착한다. 비운의 세히스문도가 나는 새의 자유, 헤엄치는 물고기의 자유의

137) Cfr. *Primavera y flor de la literatura hispánica*, I, op. cit., pp. 435-437.

지를 부러워함은 좁은 기독교적 육체의 감옥 비유를 넘어 이렇게 "고통의 바다"에서 몸부림치는 인류의 보편적 상징으로 이해될 수 있다.

어떻든 바실리오 왕의 폴란드 궁전에는 왕위 계승을 바라는 사촌이나 친족들이 속속 도착한다. 모두들 바실리오에게는 자식이 없는 것으로 알려져 있었기 때문이다. 그러나 왕은 마지막 결정 이전에 문득 세히스문도가 정말로 점성가들 말처럼 포악한지 실제로 시험해 보고자 한다. 신하 클로탈도를 시켜 최면제를 먹이고 궁중으로 데려오도록 한다. 궁중 침실에서 눈을 뜬 세히스문도는 갑자기 바뀐 자신의 모습과 신분에 깜짝 놀란다. 지금까지 자기를 짐승 취급하던 클로탈도도 "왕세자님, 왕세자님!" 하며 굽신거리지 않는가? 아니 세상에 이럴 수가…, 모두가 "왕자님, 왕자님…" 하며 받드는 것을 보며 너무나 기뻐하다가, 문득, "…그렇다면 이 나라의 당당한 왕세자인 나를 지금까지 누가 감금하고 학대하라 했단 말인가?" 하는 의문과 분노에 봉착한다. "클로탈도, 너는 어찌하여 너의 조국에 그토록 큰 반역을 하였는가?¿Cómo a tu partia le has hecho tal traición… ?"

> 너는 나라의 법을 위반하고
> 왕에게 알랑알랑 아부만 하고,
> 나에게는 잔인한 짓만 하고;
> 그래서 국왕과 국법과 나를
> 참혹한 불행 속에 몰아넣은 죄로,
> 너를 내 손아귀에 죽게 하도록
> 벌을 내리겠노라.
>
> • 원문 231 •

세히스문도의 분노는 극도에 다다른다. 클로탈도를 죽이려 한다. 궁중에서 만나는 모든 사람들에게 분통을 터뜨리며 오만방자하게 군다. 하인이나 종자들이 수군거리는 소리를 듣고, 귀찮게 굴면 창문 밖으로 던져 버리겠다고 고함친다. 그래도 자신의 말을 믿지 않는 듯하자, 종자 한 놈을 즉시 창밖으로 던져버린다. 세히스문도가 어떻게 행동하는가를 몰래 지켜보고 있던 바실리오 왕은 그만 깜짝 놀란다. 왕이 그의 횡포한 행동과 오만을 경고하고 배은망덕한 처신을 나무라자, "내가 왕께 감사드려야 할 것이 무엇인데요? 나의 자유를 횡포하게 박탈한 자, 이제 늙고 노쇠하여, 이제 죽는다고, 내게 배푸는 게 뭐요? 원래 내 것인 내 권리 이외에 물려줄 것이 더 있소?" 하고 다그친다. 세히스문도는 로사우라까지 겁탈하려고 한다. 그리고 그녀를 도와주려 하는 클로탈도를 다시 죽이려 한다.

마침내 바실리오는 점성가들의 예언이 맞은 것을 인정하고, 클로탈도를 시켜 그에게 최면제를 먹여 다시 탑으로 돌려보낸다. 잠을 깬 세히스문도에게 클로탈도는 자기가 날아간 매를 쫓아 한참 헤매다 오니, 아직도 그대는 자고 있더라는 말을 한다. 즉 지금까지 왕자로서 보고 느끼고 즐거워하고 분노했던 것은 모두가 잠자다 꾼 꿈이었다고 말한다. 그때 세히스문도는 크게 깨닫는다.

〔…〕 우리가 사는 세상은 참 이상한 곳이어서
산다는 것은 꿈꾸는 것일 뿐.
이 나의 경험이 내게 가르쳐 준 것은
살아 있는 사람은 다 꿈을 꾼다는 것,
자기가 누구라는 꿈을 꾼다는 것, 깰 때까지.
왕은 자기가 왕이라고 꿈꾸고, 이 꿈에
속아서, 통치하고 명령하고
조치를 취하고 법을 만들고,

그러나 그가 받은 이 환대는
결국 잠깐 빌려서 바람에 쓴 것뿐,
모든 걸 다 잿더미로 만들고 말지,
죽음이(이런 무서운 불행이…!).
〔…〕
부자는 자기의 부富에 취해 꿈꾸며 살고
걱정만 더 많이 만드는 부에 취해 살고,
가난뱅이는 자신의 가난을 아파하며
빈곤함을 견디는 꿈을 꾸며 살고
〔…〕
나는 지금 여기 이 유치장 속에
끙끙대며 사는 꿈을 꾸고 있지만,
다른 훨씬 안락한 신분에
있었던 꿈을 꾸었었지.
인생은 무엇인가? 하나의 열망.
인생은 무엇인가? 하나의 환상,
하나의 그림자, 하나의 허구,
그리하여 가장 큰 재산은 작은 것;
모든 인생은 꿈이고
꿈들은 꿈들일 뿐.

• 원문 232 •

이렇게 깨닫고 후회하고 있는데, 왕에게 정식 왕세자가 있다는 소식이 알려지면서 군인들이 세히스문도 왕자를 왕으로 세우자고 봉기한다. 외국 왕자인 아스톨포는 왕좌를 노리고 세히스문도 반대편에 선다. 군인들은 세히스문도가 갇혀 있는 철창을 부수고 왕세자를 석방한다. 이것이 꿈인지 생시인지 다시 혼란에 빠진 세히스문도. 극 3막 4장에서 이렇게 소리친다.

운명의 여신이여. 왕이 되러 가자꾸나,
내가 지금 잠자고 있다면, 나를 깨우지 말라,
이것이 현실이라면, 나를 잠들게 하지 말라.
하지만, 이것이 현실이든 꿈이든,
선하게 행동하는 것이 중요할지니,
이게 사실이라면, 사실이기 때문에,
아니고 꿈이라면, 나중에 깨어났을 때
친구 몇 명이라도 가지고 있도록.

· 원문 233 ·

이리하여 혁명은 성공하고, 결국 바실리오 왕은 점성가의 예언대로 자식 앞에 무릎을 꿇게 된다. 그러나 세히스문도는 자리에서 내려와 아버지에게 예를 갖추고, 너그럽고 인자한 왕세자로서의 훌륭한 처신을 한다. 자신은 로사우라를 사랑하였지만, 이미 아스톨포와의 성관계가 있었던 이유로, 명예회복을 위해 그와 결혼하도록 허락한다. 세히스문도의 마지막 말은, 당시 연극의 관습대로, 연극을 떠나 직접 청중에게 잘못이 있었다면 용서를 비는 형식이다.

무엇이 놀라운가요? 무엇이 여러분을 감동케 하는가요?
나의 스승은 하나의 꿈이었습니다.
그리고 나는 아직 나의 열망 속에서도
언젠가 꿈이 깨어, 다시 나의 그 비좁은
감옥 속에 들어가지 않을까 두렵습니다.
그리고 그것이 아니라면, 꿈꾸는 것만으로도
만족스러운 일이지요. 그리하여

내가 알게 된 것은, 모든 인간의 행복은
결국 하나의 꿈처럼 지나가나니,
그것이 나에게 남아 있는 동안
그대로 행복을 누리고 싶을 뿐입니다:
우리들에게 잘못이 있었다면, 용서를
빕니다, 귀하신 분들의 귀한 마음은
남의 잘못을 용서하시기를 좋아하니까요.

• 원문 234 •

마지막 "잘못이 있다면 용서를 비는" 모습은 어딘가 우리 선비들의 조신操身하는 태도를 보는 듯하지 않은가. 마치《역경易經》에 나오는 유교적 교훈을 닮은 겸손과 조심성이 우리 가슴에 와 닿는다. 이것이 바로〈인생은 꿈이다〉의 세계성 · 보편성이다. 유교보다는 불교, 불교보다는 스토아파, 세네카의 극기克己를 연상시키는 차분함이 있다.

칼데론의 연극〈인생은 꿈이다〉는 로페 데 베가의〈바를라암과 호사파트 Barlaam y Josafat〉(1618)라는 연극을 모델로 삼아 창작된 것으로 중세 때부터 유럽에 널리 퍼진 부처의 설화를 각색한 것이다. 이 설화는 11세기경 후안이라 이름하는 승려가 산스크리트 경전Lalitavistara에 나오는 부처 이야기를 기독교적으로 푼 것. 한 점성가가 왕의 아들이 기독교로 개종하리라는 예언을 한다. 왕은 왕자 호사파트를 별궁에 감금하고, 인생에 일체의 병이나 늙음, 죽음이 다가온다는 것을 모르게 한다. 그러나 왕자는 우연히 한 봉사 · 문둥병자 · 노인을 만나 충격을 받는다. 그는 인간이 생로병사生老病死, 고통의 바다에 있음을 깨닫고 번뇌한다. 그러다가 기독교 은자 바를라암을 만나 성경 말씀을 듣고 큰 깨달음에 이른다. 그리고 아버지까지 개과천선改過遷善하게 된다는 이야기. 이 부처 설화는 돈 후안 마누엘의 〈정치서Libro de los estados〉, 〈루카노르 백작El conde Lucanor〉, 그리고 〈기사 시파르Libro del caballero Cifar〉, 그리고 로페를 거쳐 칼데론에 이르는, 스페인 설화 문학의 핵심 스토리 중 하나다.[138]

로페 데 베가의 작품과 칼데론의 〈인생은 꿈이다〉를 비교 연구한 김선욱 박사는 두 연극의 대부분의 이야기들이 상당히 일치하고 있음을 본다. 다만 로페의 연극이 보다 스페인적이고 기독교적인 요소에 치우쳐 있는 반면에, 칼데론은 점성가에 의하여 예언된 운명의 무게와 그 고통, 번뇌가 세히스문도의 절규를 통해 보다 입체적으로 부각되고 있는 점이 차이라고 말한다. 예언이나 운명은 결코 기독교적 요소가 아니다. 또한 산다는 것이 꿈인지 생시인지 모르는 것도 하느님에 대한 믿음의 부족에서 나온 악몽일 뿐. 로페 또한 칼데론처럼 꿈인지 생시인지 모를 이 인생이라는 미궁에서 "선행善行/obrar bien"을 통해 길을 헤쳐 나가겠다는 각오를 하고 있다는 점에서도 일치하고 있다.[139]

다만 칼데론의 세히스문도의 경우 자신의 자유의지에 의한 깨달음("나의 스승은 하나의 꿈이었습니다")에 신의 계시啓示의 가능성보다 훨씬 무게를 둔다. 연극 전체에 걸쳐 의미 있는 뜻의 "하느님Dios", "하늘Cielo", "천주님Señor", "신Voluntad divina"이라는 표현은 한 번도 나오지 않는다. 나온다면, 상투어로 "아이구¡Válgame Dios!/Válgame Señor"나 "안녕히Dios guarde"에 들어 있는 정도다. 이것은 칼데론이 이 작품을 성극과 달리 도덕극 · 철학극으로 쓰려한 의도가 작용했다고 보인다.

물론 스스로가 왕의 예배를 맡았던 승려인 칼데론이 이단적 사고로 이 작품

---

138) 민용태, 《중세 스페인 문학의 맛과 멋》(빛샘, 1992), 130-131쪽 참조.

139) Cfr. Sun-Wook Kim, *La intertextualidad entre 'Barlam y Josafat' y 'La vida es sueño'*, teis doctoral inédita, 2003. pp. 150-200.

을 썼으리라고는 생각하지 않는다. 탑이나 궁이나 인간 세상이 다 감옥인 것은 대표적인 기독교적 비유다. 세히스문도는 자신을 "인간과 야수의 혼성품un cumpuesto de hombre y fiera"이라고 한다. 이 또한 원죄를 가지고 태어난 인간이라는 말. 왕이거나 거지거나 죽을 때는 다 똑같다는 "죽음의 춤"의 테마도, 죽으면 하느님 앞에서 심판받고 깨닫는다는 것도 지극히 당연한 기독교적 비전에 속한다.

그러나 그는 예수파los jesuítas의 정통 신학을 이어받은, "자유의지"의 실천을 위한 개인의 노력을 중시했던 루이스 데 몰리나Luis de Molina(1535-1600)의 신학에 호감을 가졌던 것으로 보인다. 토마스 아퀴나스는 "인간의 의지는 스스로 자유롭게 행동하도록 이미 신으로부터 정해져서 태어났다"고 주장하는 데 반해, 몰리나는 소위 "중용학中庸學/scientia media"을 주장하고, 하느님의 성총聖聰/gracia divina과 인간의 자유의지의 상호 "합일合一/concursus"을 가장 중요하게 보았다. 몰리나는 아퀴나스파처럼 우주의 모든 것이 성령, 성총에 의하여만 이루어진다는 것을 인정하지 않는다.[140] 〈인생은 꿈이다〉에서의 세히스문도의 고뇌와 자주적 결정이 어떠한 경우에도 "선행"을 하겠다는 신성성과 맞닿은 점은 신의 뜻과 인간 의지의 상호 합일로 볼 수 있다.

이 작품에 남은 불교적 요소는 현상세계色/samsara는 허상maya, 허구, 꿈이라는 기본 설계에 있다. 부처의 깨달음에 이르는 비전인 생로병사의 모습은 나오지 않는다. 그러나 궁중에서 감옥으로, 탑에서 왕궁으로 환경이 백팔십도 바뀐다. 신분도 왕이었다가 죄인이었다가, 종이었다가 왕으로 바뀐다. 이런 변화를 인간적 이성으로 이해하기 어렵다. 오직 혼란과 고뇌와 분노, 광기

---

140) Cfr. "Scientia media and Molinism", *The Encyclopedia of Philosophy*, vol. 7(New York: The Macmillan Company, 1967, 1975), pp. 338-339.

만 일으킬 뿐. 그러나 이 어지러운 현상 세계의 미궁과 소용돌이 속에서 세히스문도가 눈을 뜬 것은 기적에 가깝다. 그것을 몰리나의 신학으로 말하면 하느님의 은총의 힘과 세히스문도의 자유의지의 성스러운 합일이라는 기적!

그러나 다시 말하지만, 칼데론의 〈인생은 꿈이다〉에는 신에 대한 언급이 하나도 없다. 신에게 구원을 청하지도 않으며, 그 혼란 속에서 성스러운 계시를 받지도 않는다. 다만 그는 고통스럽거나 분노가 치밀면 세네카처럼,[141] "이 사나운 맹수 같은 성질을 억누르자,/이 분노, 이 야심,/혹시 어쩌다 또 꿈을 꾸는 날에는pues reprimamos/esta fiera condición,/esta furia, esta ambición,/por si alguna vez soñamos"이라고 부르짖는다. 세히스문도는 어떻든 "선행을 하는 것이 중요하다"면서 성자 같은 지혜를 꿈으로부터 배웠다고 말한다. 엎치락뒤치락하는 인생의 수많은 경험으로부터 결국 사람은 선해야 한다는 원리를 터득했다는 소리처럼 들린다. 그러면 세히스문도는 탑 속에서 신음하며 낑낑대며 으르렁거릴 때부터 이미 착해질 수 있는 천성을 가지고 태어났음이 분명하다. 즉 "인간과 맹수의 혼성품"에 처해지기 이전부터 "인간"을 가지고 있었음을 부정할 수 없다.

여기에서 우리는 세히스문도를 기독교처럼 육욕과 분노에 찌든 "원죄적 인간"으로 보기보다는 유교처럼 성선설의 눈으로 볼 필요가 있다. 그는 "태어난 것이 곧 죄"이고 악惡인 줄 안다. 그러나 그가 다른 생물, 무생물의 자유와 생명, 자유의지를 빗대어 자기 신세를 한탄하는 것을 들으면, 그는 분명 자신에게도 그런 자유와 선의지善意志가 있음을 간접적으로 시인하고 있다는 말이 된다. 이것은 로사우라라는 남장 여인을 대할 때 구체적으로 나타난다.

그녀가 자신의 불행에 대해 하소연하는 것을 엿들었다고 화가 머리끝까지

---

141) *Historia de la filosofía española*(BAC, 1971), pp. 44-49.

치민 세히스문도는 로사우라를 당장 손아귀에 넣어 으스러뜨려 죽이려 한다. 그녀는 "그대가 인간으로 태어났으면,/내가 그대 발 앞에 무릎 꿇고 빌 테니,/그 정도로 저 좀 살려 주세요si has nacido/humano baste el postrarme/a tus pies para librarme"라고 애걸한다. 모르는 여인의 그 따스하게 간청하는 목소리에 세히스문도는 연민을 느낀다. 그는 그녀를 풀어 준다. 세히스문도의 타고난 "불쌍히 여겨 언짢아하는 마음"(惻隱之心)이 그를 유교의 선한 마음(四端)의 으뜸인 "사랑"(仁)으로 이끄는 장면이다.

〈인생은 꿈이다〉에서 로사우라의 역할은 의외로 대단히 중요하다. 세히스문도가 잃었던 선한 마음을 되찾는 데 결정적 역할을 하기 때문이다. 세히스문도가 탑에 갇혀 있을 때, 궁중에 있을 때, 다시 깨어났을 때, 한결같이 그의 눈에 사랑스럽고 아름다운 모습으로 기억되는 여인은 로사우라뿐이다. 그는 꿈 속 궁중에서 왕과 클로탈도를 비롯해 모든 사람들에게 복수하고 싶었던 기억을 되살린다. "모든 사람들의 주인이었지./모든 사람들에게 복수하고 싶었어./다만 오직 한 여자를 사랑하고 있었어…De todos era señor,/y de todos me vengaba./Sólo a una mujer amaba…". 그렇다. 로사우라에 대한 사랑만이 꿈을 꾸어도 꿈을 깨도 한가지로 살아 있는 감정이다. 그 감정이 곧 "꿈이거나, 친구가 생기거나, 선행을 해야 한다"는 의지로 이어진다.

세히스문도는 어버이에 대한 사랑(孝)으로부터 사랑(仁)을 배우지 못한다. 그러나 그에게는 타고난 착한 성품이 있었다. 언짢아할(惻隱之心) 줄 알고, 부끄러워 할 줄 알고, 양보할 줄 아는 마음이다. 유교의 '네 가지 으뜸가는 선함'(四端)의 바탕이 로사우라를 대할 때 모두 나타난다. 세히스문도는 로사우라를 사랑한다. 그러나 로사우라는 아스톨포를 사랑했기 때문에, 멀리 러시아에서 폴란드까지 애인을 찾아, 명예를 회복하기 위해 온 것이다. 그런 여인의 명예를 회복시켜 주지 못하고 자기 사랑 때문에 가로채는 것은 의義롭지 못하고 부끄러운 짓이다. 그는 사랑을 버리고 양보의 길을 택하는 예禮를 갖춘다. 이런 세히스문도의 행동이 유교의 참 인의예지仁義禮智를 깨닫고 실천하는 행위다. 세히스문도가 선행을 인생의 가장 중요한 덕목으로 삼았다는 점에서 참으로 유교의 근본을 이해한 태도였음을 알 수 있다. 특히, 자기가 왕인 것이 사실이면 그 때문에 더욱 선행을 해야겠다는 말, 그리고 이게 꿈이었으면, "깨어난 뒤에 친구 몇 명이라도 남아 있도록" 늘 착하게 굴어야겠다는 결심…, 이 얼마나 겸손하고 진솔하고 꾸밈없는 착한 말인가.

18장

가장 예리하고 독창적인 에세이스트, 발타사르 그라시안

◆

독일의 현대 철학자 쇼펜하우어와 니체에게 가장 영향을 많이 끼친 스페인 에세이스트가 발타사르 그라시안Baltasar Gracián(1601-1658)이다. 쇼펜하우어는 그라시안의 철학 소설《논객*El Criticón*》(1651-1657)을 "세상에서 가장 훌륭한 책 중의 하나"라고 평한 바 있다. 이야기 형식으로 인간 삶의 폭넓은 비전을 비유적으로 그리고 있는 이 책은 자연과 문화, 야성과 교양, 감성과 이성 등 대단히 사색적인 주제들을 소설화시키고 있다.

아주 어려서 예수회Compañía de Jesús에 들어간 그라시안은 자신의 독창적인 신학과 지식이 원인이 돼 그의 삶은 수난의 연속이었다. 선생으로 교단에 서기도 하고 레리다에서 예배 신부로 일하기도 했지만, 그의 말년에 불행한 일들이 계속 일어났다. 그의 최고의 걸작《논객》을 직속상관들의 허락 없이 출판했다는 이유로 그는 혹독한 죄과를 치렀다. 금식에 이어 사라고사 대학 석좌 박탈, 추방 등이 그것이다.

그라시안은 감성보다는 이성이 뛰어나다. 판단력과 비판이 예리하고, 해학에 뛰어난 대단히 차가운 두뇌의 지성인이다. 전형적 바로크 지성으로, 허무주의 · 회의주의가 두드러진다. 그는 모든 사물이 관점에 따라 정반대의 두 가지 측면을 가질 수 있다고 믿는다. 그의 관점이 늘 이율배반과 역설, 극단주의에 휩싸여 있는 것은 이 때문이다. 그라시안의 허무나 회의는 한마디로 늘 염세주의 쪽이다. 그의 인생관이나 세계관은 항상 부정적이다. 인간은 신의 창조물 중에서 최악이다. 그에 의하면 인생이란 끝없는 속임수, 영원한 투쟁, "모든 것은 무기고 모든 것은 전쟁Todo es arma y todos es guerra".

> 지상의 모든 존재는 불쌍한 인간을 비웃는다: 세상은 인간을 속이고, 인생은 인간에게 거짓말을 한다. 운명의 여신은 인간을 놀리고, 건강은 나빠지고, 인생은 지나가고, 불행은 바삐바삐 닥친다. 행복은 사라지고, 나이는 달아나고, 만족스런 날은 오지 않고, 세월은 날아가고, 인생은 끝나간다. 죽음이 다가오고, 무덤이 인간을 삼키고, 흙이 몸을 덮고, 부패가 몸을 부수고, 망각이 모든 것을 없앤다. 그리고 어제 인간이었던 것이 오늘은 먼지, 내일은 허무.
>
> • 원문 235 •

그라시안은 그가 염세주의자인 만큼 인생이란 싸움에서 성공을 위한 투쟁의지를 중시한다. 그의 도덕은《손자병법》처럼 투쟁 원리에 기반한다. 온갖 지혜와 의지를 총동원하여 항상 긴장하고 끝없이 싸울 것을 권고한다. 그러나 싸움에 있어서 직선보다는 곡선, 바쁘면 돌아서 가라고 충고한다. 그리고 장애를 극복하는 데는 항상 조심성이 먼저라는 것을 잊지 않는다. "보고 듣는 데 항상 조심하도록 하라. 그리고 말하는 데는 훨씬 더 조심하고. 많은 사람들의 말을 듣되, 아무도 믿지는 말라Pricura ir con mucha cautela en el ver, y en el oir y mucho más en el hablar. Oye a muchos y de ninguno te fíes".[142)]

그라시안은 문학 이론서《예리함과 독창성의 기술*Agudeza de arte de ingenio*》이라는 책에서 문학은 예리함과 콘셉이 핵심임을 강조한다. 새로운 콘셉이란 "각기 다른 사물들 사이에 있는 상응점을 표현하는 지적 행위un acto de entendimiento que exprime la correspondencia que se halla entre los objetos"라고 말한다. 여기에서 "각기 다른 사물들 사이에 있는 유사점analogía"이라고 하지 않고 "상응점", "교감"으로 해석할 수 있는 "la correspondencia"라는 말을 쓴 것은 상징주의 시인들, 보들레르나 말라르메의 시법을 연상시키는 대단히 현대 수사적 개념이다.[143] "유사점"이라는 객관성보다는 어딘가 통하는 데가 있다면 주관적 연상성이 강하게 반영된 말이기 때문이다.

어떻든 그라시안은 남들이 보통 생각하지 않던 기발한 연상의 일치, 아이디어를 찾았다. 그라시안도 바로크의 문인이었기 때문에 놀랍고 기발한 착상, 극단적 과장, 쉽게 이해가 가지 않는 어려운 연상을 좋아했다. "진실은 어려울수록 더욱 즐겁다La verdad, cuanto más dificultosa, es más agradable"라고 말한다. 그는 참신하고 기발하고 기지에 넘치는 위트 있는 표현을 "판단의 적중el acierto del juicio"이라고 하여 대단히 높이 샀다.

그라시안은 대표적 바로크 문인으로 공고라와 함께 수사와 인공적 표현, "가장 기발한 기교적 표현las más audaces artificiocidades"이 문장의 아름다움을 만든다고 믿었다. 그는 "인공이 중재하지 않으면 자연이 전부 다 타락시킨다donde no media el artifico, toda se pervierte la naturaleza"라고 하면서 자연스럽고 촌스러운 것보다는 이성적이고 수사적이며 인공적인 것이 훨씬 더 큰 아름다움을 만든다고 보았다. 그라시안이 현대적인 것은, 작가란 모름지기 기발한 것, 참

142) Cfr. José García López, op. cit., pp. 374-377.
143) 민용태,《세계 문예사조의 이해》(문학아카데미, 2001), 226-227쪽 참조.

신한 것, 기교적인 것, 심지어 어렵고 애매한 것을 추구해야 한다고 한 점이다. 그는 무서우리만큼 강력한 바로크적 미학 숭배자였다. 그는 "가장 경이로운 위대한 글도 쉬우면, 어쩔 수없이 천해진다"라고 말한다. 오직 엘리트 층만을 위한 고귀한 문학을 염원한 것도 대단히 바로크적이다.

그에게 가장 중요한 것은 지적으로 예리한 것, 문학적으로 기발한 수사였다. 그러나 그의 문학이 도덕적 교훈을 가벼이 여긴 것은 아니었다. 오히려 그는 그의 금언집이나 아포리즘에서 비유를 통하여 가르침을 주려고 애썼다. 그는 거짓스러운 피상적 현실 밑에 살아 숨 쉬는 영속적 · 근원적인 진실을 비유를 통하여 제시하려고 노력했다. 그라시안의 이런 예리한 성찰력과 지적 취향은 동시대의 바로크 시인들, 예를 들면 공고라의 찬란한 은유와 이미지, 케베도 시의 깊은 감동과는 다른 도덕적 · 형이상학적 사색에 깊이 빠지게 만들었다.

그라시안의 문체는 항상 짤막짤막하고 강한 콘셉을 향한다. 그는 모든 콘셉주의 작가들처럼 말놀이의 천재다. 반어법, 이중 의미, 생략법을 통한 집약적이고 응축된 표현을 좋아한다. 여기 반어법을 쓴 글을 예로 들어 보자.

> 태어난다는 즐거움이 죽는다는 두려움으로 변했다, 아침의 왕좌가 밤의 분묘로 변했다. 햇덩이가 물속에 묻히고, 나는 또 다른 통곡의 바다에 온통 빠져 들었다.
>
> • 원문 236 •

그라시안은 초기에 전형적인 위대한 인간형을 설립하기 위한 공식을 만들고 싶어 했다. 1637년에 출판한 야심작 《영웅*El Héroe*》에서의 "영웅"은 인생에서 모든 고난과 장애를 극복하고 목적을 이룬 뒤 명성을 얻는 자를 말한다.

영웅이 되기 위해서는 지혜와 용기가 필수적이고, 때에 따라서는 내숭도 점잖은 사양도 필요하다고 한다.

> 유식한 남자라면 모든 사람들에게 존경을 받고 싶을 때, 자신이 가지고 있는 것의 전부를 내보일 만한 일 따위는 피하도록 하라. 건너갈 방도를 찾아 낼 때까지는, 건너야 할 강이 참 어마어마해 보이듯이, 한 남자의 능력의 한계를 알기 전까지는 그래도 존경받을밖에. 왜냐하면 그 깊이를 짐작만 하고 정작은 모르니까, 항상 두려움으로 그래도 믿음을 유지했었으니까…
>
> · 원문 237 ·

그 뒤《점잖은 자*El Discreto*》,《정치가*El Político*》를 냈지만《영웅》처럼 인기를 얻지는 못했다. 상류 사회에서 "점잖게" 성공하려면, 사람을 대할 때 즐겁고, 교양과 위트가 있으며, 어떤 훌륭한 자질을 요하는 일에 뛰어나 보이면 좋다고 충고한다. 이렇게 보면 상당히 바로크적 유머 감각이 있는 인간형을 추천하는 셈인데, 르네상스 시대에 문무를 조화롭게 겸한 품위 있는 "선비El Cortesano"를 성공적인 인간형으로 삼았던 것에 비하면 시대가 많이 현대화한 것.

또한 3백여 개의 금언들을 모은《황금 교훈 요감, 신중한 처신 방법*Oráculo Manual y Arte de Prudencia*》(1647)은 실생활에 필요한 철학이 들어 있다: 겉모양에 너무 신경 쓰지 말고 신중하라. 공격을 위하여 남의 마음을 알아채라, 그리고 방어를 위해 네 마음을 숨겨라. 인생을 영원한 투쟁이라 생각하라. 그 싸움에서, 제때를 알아 물러서는 것은 찬란한 승리보다 더욱 값지리라.

이미 말했듯이 그라시안은 도덕주의자가 아니다. 무서운 에고이스트요 기회주의자이기도 하다. 여기 그의 금언 몇 개를 보자.

전적으로 비둘기 같아지진 말라. 뱀의 체온과 비둘기의 순진성을 바꿔 가며 사용하라. 선량한 사람을 속이는 것처럼 쉬운 일은 없다. 절대 거짓말하지 않는 사람은 남의 말을 잘 믿는다. 절대 속이지 않는 사람은 남을 너무나 잘 믿는다. 잘 속는 사람이라고 항상 바보여서 속는 것은 아니다. 어쩌면 사람이 너무 좋아서 속은 것.

남의 불행을 보고 죽진 말라. 진흙탕에 있는 사람을 알아주라. 서로의 불행을 보고 위안을 얻기 위해 그대를 필요로 하는 것을 보리라…. 물에 빠진 사람들을 구하고자 할 때는 대단히 조심해야 한다. 위험에 빠지지 않고 구하기는 어려우니까…

• 원문 238 •

그라시안의 예리한 통찰력은 이미 말했듯이 쇼펜하우어를 한없이 감동시켰고, 그 스스로 그라시안의 《황금 교훈 요감, 신중한 처신 방법》을 편역하여 대단한 인기를 모았다. 이 책을 《세상을 보는 지혜》라는 제목으로 우리말로 번역하여 베스트셀러가 된 것은 참 신기하고 신통한 일이다.[144] 그라시안의 이런 충고가 우리 한국인에게도 잘 들어맞았기 때문이 아닐까?

윗사람을 능가하려는 것은 어리석은 짓이다. 모든 뛰어난 것은 미움받기 때문이다. 자기 윗사람을 능가하려는 것은 어리석은 짓 아니면 운명의 장난이다. 언제나 뛰어난 것은 미움을 받는다. 그러니 신중한 사람이라면 속물들이 내세우는 장점을 감출 것이다. 예를 들면 자신의 아름다운 모습

144) 《세상을 보는 지혜》, 두행순 옮김(둥지, 1991; 1993, 42쇄 발행). 두 선생께서 스페인 고전을 번역하여 많은 독자를 얻는 것은 퍽 고마운 일이나, 독일어 판에서 번역했다는 1653년 판본 인용은 연도가 잘못된 듯하다. 그때 쇼펜하우어(1788-1860)는 태어나지도 않았기 때문이다. 한편 그라시안의 원본 출판 연도인 1647년본 번역본 언급은 이해가 가지 않는다. 책 맨 앞부분 참조.

을 허술한 옷차림으로 감출 것이다. 행운이나 정서에 관해서는 남에게 양보할지 몰라도 지적인 것에서 양보할 사람은 아무도 없다.[145]

또한《성체 배령식*El Comulgatorio*》(1655)이라는 기도서는 성체 세례식을 위한 50여 편의 묵상과 기도를 모은 것. 예수회 신부인 그가 나이가 들면서 종래의 염세적이고 딱딱한 교훈의 습벽을 벗어나 좀더 부드러워지고 있음을 이 저술에서 발견한다.

많이 사랑하는 사람이 더욱 행복하다, 사랑이 있는 곳에는 두려움이 없다.
· 원문 239 ·

그러나 그라시안의 걸작 중 걸작은《논객》이다. 케베도의《꿈들》과 함께 황금세기 2대 상징 소설로 꼽히는《논객》은 로빈슨 크루소처럼 밀림의 동굴에서 맹수들의 보호를 받고 자란 안드레니오와 조난당해 그 섬에 표류한 문명인 · 문화인 크리틸로 사이에서 일어나는 사건과 대화, 또한 이들이 겪은 수많은 경험들을 소재로 한다. 안드레니오는 에덴동산의 아담처럼 자연과 자연인의 상징이고, "논객 크리틸로"는 문명의 상징이다. 그라시안은 자연을 원죄에 물든 자연, 불완전한 자연으로 보기 때문에, 이런 원시인의 교육자요 길잡이는 물론 크리틸로다.

크리틸로는 자연과 문명을 비교하여 문명이 낫다고 말하는 것은 아니다. 그는 사악한 인간보다는 오히려 사나운 맹수가 낫다는 견해를 밝힌다. 안드레니오가 동물에게는 자연이 발톱이니 이빨이니 무기를 주었지만, 인간에게는 왜 무기를 주지 않았는가라고 묻자, 크리틸로의 대답은 명료하다: "(자연은)

145) 위의 책, 18쪽.

인간의 사악함을 믿지 않았기 때문이야no se fió de su malicia". 그리고 맹수들과 한 산적이 같은 동굴에 갇혀 있던 이야기를 들려준다. 이 산적은 호랑이나 사자, 뱀들 사이에서 공포에 질려 소리소리 질렀다. 우연히 거기를 지나가던 한 이방인이 동굴을 막아 놓은 돌을 치우고 그 사람을 살리려고 했다. 먼저 사자, 호랑이가 튀어나와 이방인에게 꼬리 치고 손을 핥으며 감사를 표했다. 뱀도 이방인의 두 발을 맴돌면서 고마운 마음을 전했다. 그러나 굴에서 나온 산적은 자기를 살려준 이방인의 가방과 주머니를 털어 달아났다는 것.

크리틸로가 안드레니오에게 교육시키는 것은 문명이 아니라 문화다. 이성적으로 생각하고 사려 있게 행동하는 도덕적인 인간, 사회에서 성공하는 사람을 만들려고 하는 것. 그는 세상이 얼마나 악과 허위와 위선에 차 있는가를 보여 준다. 인간의 배신, 반역, 살인, 도적질, 사기, 간음, 질투 등 갖가지 폐습弊習을 보여 준다. 그리고 속세의 부귀영화가 가져다주는 고독과 우울을 말한다. 그는 설교를 하는 것이 아니라 일화나 사건, 혹은 일련의 비유적 장소들, 예를 들면, "세상의 문", "허상의 샘물", "도덕군자Virtelia의 궁전"146), "허무의 동굴" 등을 거치게 하면서 스스로 보고 느끼도록 인도한다. "논객 크리틸로"가 궁극적으로 안드레니오를 인도하고 싶은 곳은 "불멸의 섬"이다. 염세주의자인 그라시안과 크리틸로가 낙천적으로 "불멸"을 믿는 것은 오직 인간의 지혜와 덕la inteligecia y la bondad이 그런 신비한 힘을 가졌다고 믿기 때문이다.

《논객》은 상징과 비유의 연극 극장이다. 거기에는 장대한 비유물과 상징적

146) "Virtelia"를 번역할 우리말은 없다. 고유명사로 음역하면 되겠지만 그라시안의 의도와는 빗나간다. 그는 늘 이중 의미로 말을 만들기 때문이다. 예를 들어 "거짓 인어공주"는 "거짓falsa"과 "인어공주sirena"를 합쳐 "Falsirena"라는 이름을 만들어낸다. "Virtud"(德)을 연상시키는 이 말도 어미가 좋지 않아 '도덕군자'라는 약간 비아냥 투로 번역한다.

장소들이 빈번하게 나온다. 예를 들면, "시간의 수레바퀴", "저승사자의 저택", "우주라는 커다란 연극 극장" 등이다. 안드레니오가 맹수들을 부모형제로 삼고 동굴 속에서 살다 왔다니까, 크리틸로가 묻는다.

> 〔…〕 그러니까 맨 처음 그대가 이 멋있는 우주라는 커다란 극장을 발견하고 보고 즐기고 감탄하게 되었을 때, 그 놀라움에 찬 그대의 정신에는 어떤 느낌이 들었지?
>
> —그건 꿈이었어요—그는 말을 이었다—나의 고통의 속세 도피처, 바로 그것이었어요. 나의 고독의 특별한 위안처. 나의 끝없는 고통을 하소연할 곳이 그곳이었지요. 그리하여 어느 날 밤도 그 은신처에 의지하고 있었지요(비록 나에게는 항상 그런 곳이었지만), 다른 밤들보다 더욱 안온한 느낌, 〔…〕 그건 어쩌면 어떤 불행이 가까이 왔다는 틀림없는 징조지요. 그리고 그게 사실이었어요. 갑자기 엄청난 굉음이 꿈을 깨고 쳐들어왔으니까요. 마치 그 산의 가장 깊은 심장에서 터져 나오는 소리 같았어요. 온 산이 진동하고, 그 튼튼한 벽들이 떨리면서, 성난 바람이 으르렁거리더니, 동굴 입구로 폭풍을 토해 냈지요. 소름끼치는 굉음을 내며 그 단단한 바위들이 조각조각 떨어져 내리기 시작했어요. 그야말로 무시무시한 폭음을 내며 떨어졌습니다. 그 산의 어마어마한 바위 구조물들이 깡그리 무너져 내리는 것 같았어요.
>
> —그만하면 알겠어—크리틸로가 말했다—산들도 급박한 지진에 노출되고, 벼락의 횡포에 시달리다 보면, 바위산의 그 단단하던 모습도 모든 것처럼 불안정하다는 것이 드러나기 마련이고, 결국 만물의 변화의 원리를 벗어나지 못하게 되지.
>
> • 원문 240 •

우주라는 것도 하나의 꿈이고, 연극이고 하나의 극장이라는 생각은 대단히 칼데론적이고 바로크적인 사고다. 모든 것이 불안정하다는 말은 바로크적이면서 신바로크주의 성향을 띤 세베로 사르두이의 "새로운 불안정성Nueva inestabilidad"을 연상시킨다. 현대 우주는 빅뱅big bang이니 블랙홀black hole이니 하는 "약삭빠른 이론bajo la astucia de la teoría, la del big-bang"들 사이에서 또다시 불안하고 불안정한 꿈과 상상을 요구하고 있다.[147] 오늘날 말하는 "바로크적 에토스un ethos barroco", 즉 17세기 바로크 시대, 그라시안 시대에서 시작한 세상 보기, 인생 보기의 관점에 뿌리박고 있기 때문에 나온 일치이겠지만, 어떻든 우주라는 연극, 꿈과 상상처럼 변화가 많고 불안정한 우주상은 대단히 포스트모더니즘적이고 현대적이다.

이 책에서 그라시안은 수사법의 대가로서의 실력을 유감없이 발휘한다. 어휘 사용에 있어 빈번한 이중 의미 사용, 같은 소리에 다른 의미를 가진 말(同音意異) 연결, 말꼬리 이어가기, "이중모음"이나 "괄호", "절대탈격" 같은 문법적 용어까지 의인화personificación하여 쓰는 등 각종 기발한 은유 · 비유를 다 동원하여 참으로 유머 넘치고 재미있는, 인류학적이고 형이상학적인 소설을 만들고 있다.

단순한 반어법의 말놀이는 〈저승 사자의 저택〉이라는 다음 글에서 잘 나타난다. 여기 그라시안의 장난기 섞인, 그러나 신중한 심안心眼을 눈여겨보자.

> 마침내 그토록 두려워하던 여왕이 들어왔다. 얼굴이 반쪽만 보이는 이상한 모습을 뽐내고 있었다. 그러니까 한쪽으로 보면 꽃들로 치장한 얼굴이었고, 다른 쪽으로는 가시만 뒤덮인 얼굴이었다. 한쪽은 부드러운 살이 보였

---

147) Cfr. Severo Sarduy, *Nueva inestabilidad*(México: Vuelta, 1987), pp. 39(Una maqueta del universo). No creo que Severo Sarduy fuera influído por El Criticón de Gracián. No haría falta. Pero es asombrosa la semejanza de inspiración imaginaria entre los dos autores respecto de la imagen inestable del universo.

고 다른 쪽은 뼈만 보였다. 살이 보이는 쪽은 아주 빨갛고 신선해서, 재스민 꽃들이 박힌 장미꽃처럼 보였고 다른 쪽은 대단히 시들고 바짝 말라 있었다. 하도 다양한 모습인지라, 그 모양을 보자마자 안드레니오가 말했다:

—참 추하군! 그러자 크리틸로가 말했다: —참 아름답구먼! —이건 괴물이야! —이건 예술이야! (…) 그때 둘 사이에 있던 대신이 말했다:

—그것은 두 분께서 각각 다른 쪽을 보시기 때문입니다. 그리하여 각각 다른 면을 보시지요. 각각 다른 느낌과 효과를 경험하시지요. 날마다 똑같은 일들이 벌어집니다. 부자들에게는 참을 수 없는 얼굴이지만 가난뱅이들에게는 그래도 그만하면 괜찮은 모습일 수 있지요. 선량한 사람들에게는 초록색 옷으로 보이지만, 악한 자들에게는 시꺼먼 옷으로 보이구요. (…) 그것이 바로 죽음의 사자의 모습입니다. 곧 얼마 안 되어 저 흉한 얼굴에 익숙해지시겠지요. 일단 익숙해지고 나면 가장 흉한 얼굴이라도 무섭지 않게 느껴질 겁니다.

• 원문 241 •

그라시안은 죽음의 춤을 놀라지 말고 침착하게 받아들일 것을 충고한다. 태어난다는 것은 곧 죽는다는 것. 놀랍고 무서운 일은 없다, 그라시안이나 크리틸로가 이상으로 생각하는 도인 혹은 달인達人에게는. 그라시안은 이 작품 때문에 자신이 속한 예수회 상관들에게 갖은 고문과 학대를 받는다. 종파를 바꾸려다 실패하고 1년 뒤 고독하고 슬프게 죽는다. 그가 최고 이상의 성지로 "불멸의 섬"을 설정한 것은 죽은 뒤 영혼들만이 간다는 "불멸의 섬"을 믿지 않았기 때문일 수 있다. 그보다는 오히려 죽지 않은 신선들이 사는 무릉도원을 꿈꾸었을 가능성이 있다. 끝없이 몸과 마음을 닦아 혜안慧眼을 얻어 영원히 자유롭게 사는 우리 모두의 가장 현실적인 이상향을.

부록

인용 원문

1부 중세 문학

1 Gares yes debina
e devinas bi-l-haqq?
Garme kánd me bernád
mió habibi Ishaq

2 Garid bos, ay yermanellas,
kom kontener he mew male.
Sin al-habib non bibreyo:
¿ad ob l'irey demandare?

3 ¿Qué fareyo o qué serád de mibi
¡Habibi
no te tuelgas de mibi!

Bayse mew qorazón de mib.
¡Ya Rabb, si se me tornarad!
¡Tan mal me dóled li-l-habib!
Enfremo yed: ¿kuando sanarad?

4 Ai flores, ai flores do verde pino!
se sabedes novas do meu amigo?

Ai Deus! E u é?

Ai flores, ai flores do verde ramo,
se sabedes novas do meu amado?
Ai Deus! E u é?

5 Estando na ermida, ant'o altar
cercaron-m'i as ondas grandes do mar
eu atendend'o meu amigo
eu atendend'o meu amigo!

E cercaron-m'i as ondas que grandes son
non e'í barqueiro, nen remardor:
eu atendend'o meu amigo
eu atendend'o meu amigo!

Non e'í barqueiro, nen sei remar,
morrerei fremosa no alto mar,
eu atendend'o meu amigo
eu atendend'o meu amigo!

6 Déjame morir en el alto mar.

7 En esto desperetó el que en buen ora naçio:
vio çercado el escaño de sus buenos varones:
"Qué's esto, mesnadas, o qué queredes vos?"
"Oh, señor ondrado, rebata nos dio el león."
Mio Cid fincó el cobdo, en pie se levantó,
el manto trae al cuello e adeliñó pora' león.
El león quando lo vio, assí envergonçó,
ante mio Cid la cabeça premió e el rostro fincó.
Mio Cid don Rodrigo al cuello lo tomó
e lievalo adestrando, en la red le metió.

8 La tienda del rey de Marruecos, que de las otras es cabo,
dos tendales la sufren, con oro son labrados;
mandó mio Cid el Campeador contado,
que fita sovisse la tienda, e non la tolliesse dent cristiano:
"Tal tienda commo ésta, que de Maruecos ha passada,
enbiar la quiero a Alfonsso el Castellano,
que croviesse sus nuevas de mio Cid que avié algo."

9 El rey a mio Cid: a las manos le tomó:
"Venid acá seer conmigo, Campeador,
en aqueste escaño que'm diestes vos en don:
maguer que algunos pesa, mejor sodes que nos."
Essora dixo muchas merçedes el que Valençia gañó:
"Sed en vuestro escaño commo rey e señor:
acá posaré con todos aquestos mios."
Lo que dixo el Cid al rey plogo de coraçón.

10 De los sos ojos tan fuertemientre llorando,
tornava la cabeça i estávalos catando.
Vio puertas abiertas, e uços sin cañados,
alcándras vazías sin pielles e sin mantos
e sin falcones e sin adtores mudados.

11 La oraçión fecha, la misa acabada la an,
salieron de la eglesia, ya quieren cavalgar.
El Cid a doña Ximena, ívala abraçar:
doña Ximena al Cid la manol' va besar,
llorando de los ojos, que no sabe qué se far,
e él a las niñas tornólas a catar:
"a Dios vos acomiendo, fijas, y al Padre spirital;
agora nos partimos, Dios sabe el ajuntar."
Llorando de los ojos, que non viestes atal,
assís' parten unos d'otros commo la uña de la carne.

12 Mugier, sed en este palaçio, en el alcáçar;
non ayades pavor por que me veades lidiar,
con la merçed de Dios e de santa María madre,
créçem' el coraçón por que estades delant;
con Dios aquesta lid yo la he de arrancar.

13 "A Dios vos acomendamos, don Elvira e doña Sol
atales cosas fed que en plazer caya a nos."
Respondien los yernos: "assí lo mande Dios!"
Grandes fueron los duelos a la departiçión.
El parde con las fijas lloran de coraçón,
assí fazían los cavalleros del Campeador.

14 "Ya primas, las mis primas, don Elvira e doña Sol,
mal se ensayaron los ifantes de Carrión!
A Dois plega que dent prendan ellos mal galardón!"
Valas tornando a ellas amas a dos;
tanto son de traspuestas que nada dezir non puoden.
Partiéronsele las telas de dentro de coraçón!,
llamando: "¡primas, primas don Elvira e doña Sol!"

15 Fallaron un vergel con una linpia fuont;
mandan fincar la tienda ifantes de Carrión,
con quantos que ellos traen í yazen essa noch,
con sus mugieres en braços demuéstranles amor;
¡mal gelo cunplieron quando salie el sol!

16 El Campeador adeliñó a su posada;
assí commo llegó a la puerta, follóla bien çerrada,
por miedo del rey Alfonso, que assí lo pararan:
que si non la quebrantas', que non gela abriessen por nada.
Los de mio Cid a altas voces llaman,
los de dentro non les querien tornar palabra.

Aguijó mio Cid, a la puerta se llegava,
sacó el pie del estribera, una feridal' dava;
non se abre la puerta, ca bien era çerrada.

Una niña de nuef años a ojo se parava:
"Ya Campeador, en buen ora cinxiestes espada!
El rey lo ha vedado, anoch dél entro su catra,
con grant recabdo e fuertemientre sellada.
non vos osariemos abrir nin coger por nada;
si non, perderiemos los averes e las casas,
e demás los ojos de las caras.
Cid, en el nuestro mal vos non ganades nada."

17 Veriedes tantas lanças premer e alçar,
tanta adágara foradar e passar,
tanta loriga falssar e desmanchar,
tantos pendones blancos salir vermejos en sangre,
tantos buenos cavallos sin sos dueños andar.

18 que non dedes a Zamora por haber nin por cambio,
ca quien vos cerca en peña, sacarvos querrá de lo llano.
Et el consejo de Zamora fará vuestro mandado:
antes comerá , señora, las mulas et los caballos
que nunca dé a Zamora, sinon por vuestro mandado.

19 Et riepto a los de Zamora, al grande como al chico,
et al que es por nascer commo al que es nascido
et riéptoles las aguas que corren los ríos,
et riéptoles el pan et riéptoles el vino.

20 Si yo so tal cual tú dizes, non debiere ser nascido,
mas en cuanto tú dizes todo la has fallido:
que lo que los grandes fazen non han culpa los chico,

nin los muertos por lo que fazen los vivos.
Mas saca ende los muertos et los niños
et todas las cosas que non han sentido.
Et cuanto lo otro dezirte he que has mentido
et daré quien te lo lidie o lidiaré contigo:
ca home que riepta a consejo, debe de lidiar con cinco;
et fincará por verdadero, si venciere los cinco
et si alguno le venciere, el consejo finca quito

21 "Vos venides jurar por la muerte rey don Sancho
que nin lo matastes nin fuestes en consejarlo.
Dezid: sí, juro, vos et esos fijosdalgo."
Et el rey et ellos dixeron: "Sí, juramos."

22 Fijo Gonçalo Gonçález, a vos amaba más vuestra madre.
Las vuestras buenas mañas ¿qui las podría contare?:
buen amigo para amigos e para señor leale;
conoscedor de derecho, amábades lo judgar;
en armas esforçado, a los vuestros franquear,
alcanzador de tablado nunca homne lo vido tale;
con dueñas e donzellas sabíades muy bien fablar
e dábades las vuestras donas muy de voluntad: [⋯]

Los que me temian por vos, ememigos me serán,
aunque ye torne a Lara, nunca valdré un pan;
non he pariente ni amigo que me pueda vengar:
¡mas me valdria la muerta que esta vida tal!

23 "¿Qui sodes vos, caballero, e qué venides buscare?"
Respondióle don Mudarra: "Yo so vuestro enemigo mortal,
vengo vengar la muerte de mis hermanos los infantes
que vos, como traidor, levastes a descabeçar."

24 El rey cuando lo vido, oit lo que faze:
arriba alçó las manos por las barbas tirare,
por las barbas floridas bermeja sallía la sangre;
era ora el buen rey oit lo que diráde,
diz: "¡Muerto es mio sobrino, el buen de don Rollane!
Aquí veo atal cosa que nunca vi tan grande; [···]
por vuestra amor arriba muchos me solían amare;
pues vos sodes muerto, sobrino, buscar me han todo male.

25 Salió la doncella, et tráela el conde por la mano.
Ella tendió los ojos, et a Rodrigo comenzó de catarlo.
Dixo: "Señor, muchas mercedes, ca éste es el conde que yo demando."
Allí despossaban a doña Ximena Gómez con Rodrigo el Castellano.
Rodrigo respondió muy sañudo contra el rey castellano:
"Señor, vos me despossastes más a mi pessar que de grado;
mas prométolo a Cristus que vos non besse la mano,
nin me vea con ella en yermo nin en poblado,
fasta que venza cinco lides en buena lid en campo."

26 Ya van por la infanta a poder de caballo;
tráenla en una silla guarnida de cendal muy blanco,
de oro el freno, non vistes mejor obrado;
Vestida va la infanta de un baldoque preciado,
cabellos por las espaldas commo de un oro colado;
ojos priesto como la mora, el cuerpo bien tajado.
¡Non han rey nin empererador que d'ella non fuesse pagado!

27 Mester traygo fermoso, non es de juglaría,
mester es sen pecado, ca es de clerecía,
fablar curso rimado por la quaderna uía
a sillavas cuntadas, ca es grant maestría.

28 Qué conteçió non podemos saber:

non lo quiso Omero en su liuro poner.

29 Luego el otro día, de buena madrugada,
leuantóse la duenya ricamente adobada:
priso una viola e bien tenprada
e salió al mercado violar por soldada.
Començó unos viessos e unos sones tales
que trayén grant dulçor e eran naturales.
Finchíense de omnes a priesa los portales,
non les cabié en las plaças, suviénse a los poyales.

30 La verdura del ramo escome la raíz,
de carne de mi madre, engruesso mi serviz.

31 Alçó contra la dueña un poquiello el cejo,
fue ella de vergüenza presa un poquiejo:
fue tañendo el arco, egual e muy parejo,
avés cabiá la dueña de gozo'n su pellejo.

32 En medio del hueste habie un colladiello,
della e della parte era alto un poquiello,
era enna cabeça sano e verdeziello,
era un logarejo por verdat apostiello.

33 Si difunto tenedes, todos somos perdidos.
Quien se quiere que sía, echadlo en la mar,
si non, podriemos todos aína peligrar;
acuitatvos aína, non querades tardar,
non es aquesta cosa para darle vagar.

34 Cuando en el sepulcro cayó el buen varón,
quiso facer su duelo como habié razón;
abraxosel' el duelo, el mal del coraçon.

non pudo echar lágrima por neguna misión.

Tornó contra sí mismo, començó de asmar:
"¡Ay! Dios, dime ¿qué puede esta cosa estar?
Si mi fija Tarsiana yogués' en est' logar,
non debién los mis ojos tan caro se parar."

35 Muerto es Apolonio, nos a morir auemos:
por quanto nos amamos, la fin non oluidemos:
qual aquí fiziéremos, allá tal reçibremos:
allá iremos todos, nunqua aquá saldremos.

36 Quiero fer vn libro de vn rey pagano
que fye de grant esfuerzo de corazón lozano,
conquiso todo el mundo, metiólo so su mano.

37 Maestro, diz, tú me crieste, por ti sé clerizía
mucho de bien me has fecho: gracir non te podría;
a ti me dio mi padre, cuando. vii. años había,
porque de los maestros habias grant mejoría.

Assaz sé sabieza cuanta me se mester,
mas tú non yes hombre que me puedas vencer;
coñosco que a ti lo debo agradecer,
que me enseãnaste las. vii. artes a entender···

Grado a ti maestro, assaz sé sapiencia,
non temo de riqueza nunca haber fallença,
mas vivré com rancura, moriré con repentença,
si de premia de Darió non saco yo y a Grecia.

38 Non vive en el mundo nenguna creatura,
que non cría la mar semejante figura,

traen enemizades entre sí por natura:
los fuertes a los flacos danles mala ventura.

39 Oí dezir novas que eres de grant ventura,
de grant seso e de grant força, franqueza a mesura,
témete tod el mundo, es en grant estrechura;
vin veer de cuál cuerpo es tan grant pavura.

Demás un don de tu mano levar,
haber de ti un fijo nom' lo quieras negar,
non habrá en el mundo de linaje su par:
non te debes por tanto contra mí denodar.

Se fijo varón fuere, a ti lo enviaré;
se Dios me dé mal cura, bien te lo guardaré;
hata que nascido sea, nunca cabalgaréi:
se fur fija hembra, mio regno le daré.

40 La fruente habie blanca, alegre e donzella,
plus clara que la luna cuando es duodena: 〔…〕

Tales ha las sobercejas cuemo listas de seda,…

Era tan a razón la nariz levantada
los beços avenidos, la boca mesurada,
los dientes por iguales, brancos cuemo cuajada.

41 El mes era de mayo, un tiempo glorioso;
cuando fazen las aves un solaz deleitoso;
son vestidos los prados de vestido fermoso;
da sospiros la duena, la que non ha esposo.

Tiempo dolce e sabroso por bastir casamientos;

ca lo tempran las flores e los sabroros por vientos;
cantan las donzelletas, son muchas a convientos,
fazen unas a otras buenos pronunciamientos.

Caen en el serano las bonas rociadas;
entran en flor miesses, ca son ya espigadas;
entón casan algunos, que pues messan las barbas;
fazen las duenas triscas en camisas delgadas.

Andan moças e viejas cobiertas en amores,
van coger por la siesta a los prados las flores;
dizen unas a otras: "Bonos son los amores,
e aquellos plus tiernos, tiénense por mejores."

42 Maduraba don Junio las miesses e los prados
tenie redor de sí muchos ordios segados;
de ceresas maduras, los ceresos cargados,
eran a mayor siesto los días allegados.

43 Yo, Gonzalo por nomne, clamado de Berceo,
de Sant Millán criado, en la su merçed seo.

44 Gonzalo fue so nomne qui fizo est tractado,
en Sant Millán de suso fue de ninnez criado,
natural de Berçeo, ond Sant Millán fue nado.

45 Qui en esto dubdare que nos versificamos,
Que non es esta cosa tal como nos contamos,
Pecará duramente en Dios que adoramos,
Ca nos cuanto dezimos escripto lo fallamos.

46 Quiero en mi vegez, maguer so ya cansado,
de esta sancta virgen romançar su dictado.

Que Dios por el su ruego sea de mi pagado
E non quiera vengança tomar del mi pecado.

47 la Gloriosa me guíe que lo pueda complir,
ca yo non me trebría en ello a venir.

Terrélo por miráculo que lo faz a Gloriosa
si guiarme quisiere a mí en esta cosa:
Madre plena de gracia, Reína poderosa,
Tú me guía en ello, ca eres piadosa.

48 Vino ante el obispo el preste pecador,
habié con el grand miedo perdida la color,
non podié de vergüenza catar conta'l señor,
nunca fo el mesquino en tan mala sudor.

49 Fo el preste su vía triste e desarrado,
habié muy grand vergüenza, el daño muy granado,
tornó en la Gloriosa ploroso e quesado,
que li diesse consejo, ca era aterrado.

50 Yo, maestro Gonçalvo de Berceo nomnado,
yendo en romería caecí en un prado
verde e bien sencido, de flores bien poblado,
logar cobdiciaduero pora homne cansado.

Daban olor sobejo las flores bien olientes,
refrescaban en homne las caras e las mientes
manaban caba canto fuentes claras corrientes,
en verano bien frías, en ivierno calientes···

Nunca trové en sieglo logar tan deleitoso,
nin sombra tan temprada, ni olor tan sabroso.

Descargué mi ropiella por yazer más vicioso.
poséme a la sombra de un arbor fermoso.

Yaziendo a la sombra perdí todos cuidados,
odí sonos de aves dulces e modulados:
nunca ubieron homnes órganos más temprados,
nin que formar pudiessen sones más acordados.

51 señores e amigos, lo que dicho habemos,
palabra es oscura, esponerla queremos:
tolgamos la corteza, al meollo entremos,
prendamos lo de dentro, lo de fuera dessemos

Todos cuantos vevimos que en piedes andamos,
si quiere en presón, o en lecho yagamos.
Todos somos romeros que caminos andamos:
San Pedro lo diz esto, por él vos lo probamos···

En esta romería habemos un buen prado,
en qui trova repaire tot romero cansado,
la Virgen Gloriosa, madre del bien criado···

Esti prado fue siempre verde en honestat,
ca nunca hobo mácula la su virginidat···

Las cuatro fuentes claras que del prado manaban,
los cuatro evangelios esso significaban,
ca los evangelistas cantro que lo dictaban,
cuando lo escribien, con ella se fablaban.

52 Tierra es muy temprada sin grandes calenturas,
non faze en ivierno destempradas friuras,
non es tierra en mundo que haya tales pasturas,

árboles pora fruta siquier de mil naturas.

53 Pero de toda España Castiella es mejor,
porque fue de los otros el comienço mayor,
guardando e temiendo siempre a su señor,
quiso acrecentarla assí el Criador.

54 Non les deven consentir que tomen el bocado con todos los cinco dedos de la mano··· , et dévenles fazer lavar las manos antes de comer··· et alimpiarlas deven a las tobajas e non a otra cosa··· ca non las deven alimpiar en los vestidos··· Otrosí, dixeron (los sabios) que non los dexassen mucho baxar sobre la escudilla mientre que comiessen, lo uno porque es grande desapostura, lo ál porque semejaríe todo para sí el que lo fiziesse, et que otro non oviesse parte en ello.

55 Por que toda menera de alegría quiso Dios que oviesse los omnes en sí, naturalmientre por que pudiessen soffrir las cueytas e los trabaios quando les viniessen, por end los omnes buscaron muchas maneras por que esta alegría pudiessen aver complidamientre.

56 Si quisieres parar mientes cómo pasan los dotores,
maguer han mucha sciencia, mucho caen en errores,
ca en el dinero tienen todos sus finos amores···

Si quisieres, sobre un pleito, con ellos aver consejo,
pónense solepnemente e luego abaxan el cejo.
Dizen: "Grand cuistión es ésta e grant trabajo sobejo:
el pleito será luengo, ca atañe a todo el concejo.

Yo pienso que podría aquí algo ayudar
tomando grant trabajo en mis libros estudiar,
mas todos mis negocios me conviene a dexar,
e solamente en aqueste vuestro pleito estudiar"···

"Creed", dize, "amigo, que veustro pleito es muy escuro···
mas si tomo vuestra carga e yo vos aseguro,
fazed cuenta que tenedes las espaldas en un muro"···

Pasado ya el tiempo, e el pleito segudido,
e el cuitado finca dende condenado e vencido.
Dize el abogado: "Por cierto, yo fui fallido,
que en los primeros días non lo ove concluido;

mas tomadvos buen esfuerço e non dedes por esto nada;
que aún vos finca ante el rey de tomar la vuestra alçada;
e dadme vuestra mula, que aquí tenedes folgada;
antes de veinte días, la sentencia es revocada."

Non ha que diga el cuitado, que non tiene coraçón
prometióle de dar la mula por seguir la apelación;
después dize el bachiller: "Prestadme vuestro mantón
ca el tiempo es muy frío, non muera por ocasión.

De buscarme mill reales. vos devedes acuciar,
ca en esto vos va agora el caer o el levantar"···

El cuitado finca pobre, mas el bachiller se va;
si no es necio o pataco nunca más le perderá.
Así pasa, mal pecado, e pasó e pasará
quien me creer quisiere, de tal se guardará.

57 Palabra es del sabio e díselo Catón:
que home há sus cuidados, que tienen en coraçón,
entreponga plazeres e alegre la razón,
ca la mucha tristeza mucho pecado pon'.

E porque de buen seso non puede home reír,

habré algunas burlas aquí a enxerir
cadaque las oyeres non quieras comedir,
salvo en la manera del trovar e dezir.

Entiende bien mis dichos e piensa la sentencia.

58 "Non há mala palabra, si non es a mal tenida";
verás que bien es dicha, si bien fues' entendida:
entiende bien mi libro: habrás dueña garrida.

59 Sus miembros e su talla non son para callar,
ca bien creed que era grand yegua caballar: (…)

Había la cabaça mucho grande sin guisa;
cabellos chicos, negros, como corneja lisa;
ojos fondos e bermejos: poco e mal devisa;
mayor es que de osa su pisada do pisa.

Las orejas tameñas como d'añal borrico;
el su pescueço negro, ancho, velloso, chico;
las narices muy luengas, semejan de çarapico…

60 ¡Oh, cuervo tan apuesto!, de cisne eres pariente
en blancura e en dono, fermoso, relusiente;
mas que todas las aves cantas muy dulcemente:
si un cantar dixeses, diria por él veinte.

61 ca a vezes poca agua faze baxar grand fuego.
Por poco maldezir se pierde gran amor,
de pequeña pelea nasce un gran rencor,
por mala dicha pierde vassallo su señor;
la buena fabla siempre faz' de bueno mejor.

62 Cata mujer donosa e fermosa e loçana,
que non sea muy luenga, otrosí nin enana;
si podieres, non quieras amar mujer villana.
ca de amor non sabe e es como bausana.

Busca mujer de talla, de cabeça pequeña,
cabellos amariellos, non sea de alheña,
las cejas apartadas, luengas, altas en peña,
ancheta de caderas: ésta es talla de dueña.

63 Requiere a menudo a la que bien quisieres,
non hayas d'ella miedo cuando tiempo tovieres,
vergüeña non te embargue do con ella estodieres,
peresoso non seas do buena hacina vieres.

64 ¡Ay! !cuán fremosa viene don' Endrina por la plaça!
¡Qué talle, qué donaire, qué alto cuello de garça!
¡Qué cabellos, qué boquilla, qué color, qué buenandança!
Con saesta d'amor fiere, cuando los sus ojos alça.

65 Los labros de la boca le tiemblan un poquillo,
el color se la muda bermejo, amarillo,
el coraçón le salta ansí, a menudillo.
apriétame mis dedos con los suyos quedillo.

66 Son frías como la nieve e arden más que'l fuego:
Son frías de fuera; en el amor ardientes,
en cama solaz, trebejo, plasenteras e rientes.
En casa cuerdas, donosas, sosegadas, bienfasientes; [···]

en açúcar muy poco yase mucho dulçor:
en la dueña pequeña yase muy grand amor···

Es pequeño el grano de la buena pimieneta;
pero más que la nues conorta e más calienta:
así dueña pequeña, si todo amor consienta.
non ha plaser del mundo, qu'en ella non se sienta.

67 Siempre quis' mujer chica, más que grand' nin mayor:
¡non es desaguisado de grand mal ser foidor!
Del mal, tomar lo menos: díselo el sabidor:
¡por end' de las mujeres la menor es mijor!

68 Señora, flor de açucena,
claro visso angelical,
vuestro amor me da grant pena···

Fizo vos Dios delicada,
onesta, bien enseñada;
vuestra color matizada
más que rosa del rosal
me tormenta e desordena···

No me basta más mi seso,
plázeme ser vuestro presso;
señora, por ende besso
vuestras manos de cristal,
clara luna en mayo llena.

69 ¡Benditos aquellos que con el açada
sustentan su vida e viven contentos,
e de cuando conoscen morada
e sufren pacientes las lluvias e vientos!···

70 Cuando la llaga e mortal ferida
llagó mi pecho con dardo amoroso,

la cual me mata en pronto e da la vida,

me face ledo, contento e quexoso:
alegre passo la pena indevida;
ardiendo en fuego, me fallo en reposo.

71 Recuérdate de mi vida,
pues que viste
mi partir y despedida
ser ten triste.
Recuérdate que padezco
y padecí
las penas que no merezco,
cuando vi
la respuesta no debida
que me diste;
por lo cual mi despedida
fue tan triste.
Pero no cuides, señora,
que por esto
te fui ni te sea ahora
menos presto,
que de llaga no fingida
me heriste;
así que mi despedida
fue tan triste.

72 A ella volví
diciendno: "Lozana,
¿y sois villana?"
"Sí soy, caballero;
si por mí lo habéis,
decid ¿qué queréis?

Hablad verdadero."
Yo le dije así:
"Juro por Santana
que no sois villana."

73 No creo las rosas
de la primavera
sean tan hermosas
ni de tal manera
(hablando sin glosa),
si antes supiera
de aquella vaquera
de la Finojosa.

No tanto mirara
su mucha beldad,
porque me dejara
en mi libertad.
Mas dije: "Donosa
(por saber quién era),
¿donde es la vaquera
de la Finojosa?"

Bien como riendo,
dijo: "Bien vengáis,
que yq bien entiendo
lo que demandáis.
No es deseosa
de amor, ni lo espera,
aquesa vaquera
de la Finojosa."

74 Yo vos suplico y vos ruego

me libredes desta pena,
ca si muero en este fuego,
no quizá fallaréys luego
cada día un Johan de Mena.

Muchas muertes he buscado
pensando hallar la vida
no hallé muerte complida,
mas ellas hamne hallado···

75 Quien quisiere ser amado
trabaje por ser presente,
que cuan presto fuere ausente,
tan presto será olvidado:

y pierda toda esperança
quien no estuviere en presencia,
pues son olvido y mudança
las condiciones de ausencia.

76 Recuerde el alma dormida,
avive el seso y despierte,
contemplando
cómo se pasa la visa,
cómo se viene la muerte
tan callando;
cuán presto se va el placer,
cómo, después de acordado
da dolor,
cómo, a nuestro paracer,
cualquiera tiempo pasado
fué mejor.

77 Nuestras vidas son los ríos
que van a dar en la mar
que es el morir: 〔…〕

Este mundo es el camino
para el otro.

78 ¿Qué se hizo el rey don Juan?
Los infantes de Aragón,
¿qué se hicieron?
¿Qué fué de tanto galán?…

¿qué fueron sino vedduras?
de las eras?…

los edificios reales
llenos de oro,
las vajillas tan febridas,
los enriques y reales
del tesoro…

¿qué fueron sino rocíos
de los prados?

79 Así con tal entender,
todos sentidos humanos
conservados,
cercado de su mujer,
con sus hijos y hermanos
y criados,
dio el alma a quien se la dio,
el cual la ponga en el cielo
en su gloria,

y aunque la vida murió
nos dejó harto consuelo
su memoria.

80 El señor viene pausado, el su rocín muy cansado;
trae sus canes hambrientos y el azor no cebado.
Cuando entra en la posada muéstrase muy airado:
el siervo está cual ratón en agujero apretado.

Aunque lo quiera o no quiera, ante él se ha de presentar,
como buey a la melana va su mano a besar.
Luego, si tiene gallina—si no, ha de irla a buscar
y comprarla como sea—el azor hay que cebar.

81 el suervo con su señor no andan bien a compañón,
ni el pobre con el rico no partirán bien quiñón,
ni estará muy bien segura la oveja con el león.

82 blanca era e bermeja,
cabelos cortos sobr'ell oreja,
fruente blanca e loçana,
cara fresca como maçana;
nariz egual e dreita,
nunca viestes tan bien freita;
ojos negros e ridientes,
boca a razón e blancos dientes;
labros bermejos, non muy delgados,
por verdat bien mesurados;
por la centura delgada,
bien estant e mesurada;
el manto e su brial
de xamet era, que non d'ál;

83 Toliós' el manto de los hombros;
besóme la boca e por los ojos;
tan gran sabor de mí había,
sol' fablar non me podía.

84 Ojos grandes, someros, printados relucientes
e de luengas pestañas, bien claras y retyentes;
las orejas pequeñas, delgadas paral' mientes
si há el cuello alto: atal quieren las gentes.

La nariz afilada, los dientes menudillos
eguales e bien blancos, un poco apartadillos
las ensías bermejas, los dientes agudillos,
los labros de su boca bermejos, angostillos.

Su boquilla pequeña así de buena guisa,
la faz sea blanca, sin pelos, clara e lisa;
puna de haber mujer, que la veas sin camisa
que la talla del cuerpo te dirá: ¡esto a guisa!

85 Si dis' que los sobacos tiene un poquillo mojados
e que ha chicas piernas e luengos los costados,
ancheta de caderas, pies chicos, socavados,
tal mujer non la fallan en todos los mercados
En la cama muy loca, en la casa muy cuerda:

86 Redondas habié las orejas,
blancas como leche d'ovejas;
ojos negros e sobrecejas;
alba fruente fasta las cernejas.
La faz tenié colorada,
como la rosa cuando es granada;
boca chica e por mesura,

muy fermosa la catadura.
Su cuello e su petrina
tal como la flor dell espina.
De sus tetiellas bien es sana
tales como maçana.
Braços e cuerpo e todo lo ál
blanco es como cristal.

87 Tomárala por la mano,
para un vergel se van.
A la sombra de un aciprés
debajo de un rosal,
de la cintura arriba
tan dulces besos se dan,
de la cintura abajo
como hombre y mujer se dan.

88 Vete con Dios, pastorcillo,
no te sabes entender;
hermosuras de mi cuerpo
yo te las hiciera ver:
delgadica en la cintura,
blanca soy como el papel,
la color tengo mezclada
como rosa en el rosel,
el cuello tengo de garza,
los ojos de un esparaver,
las teticas agudicas,
que el brial quieren romper:
pues lo que tengo encubierto
maravilla es de lo ver.

89 En la su boca muy linda

lleva en poco de dulzor···
así entraba por la iglesia
relumbrando como el sol.
Las damas mueren de envidia
y los galanes de amor.
El que cantaba en el coro,
en el credo se perdió:
el abad que dice la misa
ha trocado la lición:
manacillos que le ayudan
no aciertan tresponder, non:
por decir "amén, amén",
decían "amor amor."

90 Un sueño soñaba anoche
soñito del alma mía,
soñaba con mis amores
que en mis brazos tenía
Vi entrar señora tan blanca
muy más que la nieve fría.

91 "Si no me abres esta noche,
ya no me abrirás, querisda;
la Muerte me está buscando:
junto a tí vida sería."
"Vete bejo la ventana
donde labrava y cosía,
te echaré cordón de seda
para que subas arriba,
y si el cordón no alcanzare
mis trenzas añadiría."

La fina seda se rompe;

la Muerte que allí venía:
"Vamos, el enamorado,
que la hora ya está cumplida."

92 Tus campos rompan
tristes volcanes,
no vean placeres
sino pesares,
cubran tus flores
los arenales.
Gullén Peraza
Gullén Peraza···

93 Amigo el que más amaba,
venid a la luz del alba.

Venid a la luz del día,
no traigáis compañía
Venid a la luz del alba,
no traigáis gran compaña.

94 Malherida iba la garza
enamorada:
sola va y gritos daba.

Donde la garza hace su nido
ribericas de aquel río,
sola va y gritos daba.

95 Gritos daba la morenica
so el olivar,
que las ramas hace temblar.

La niña, cuerpo garrido,
morenica, cuerpo garrido,
lloraba su muerto amigo
so el olivar:
que las ramas hace temblar.

96 Muerto se quedó en la calle
con un puñal en el pecho
No lo conocía nadie.
¡Cómo temblaba el farol!
Madre.
¡Cómo tembalba el farolito
de la calle!

97 Calisto : En esto veo, Melivea, la grandeza de Dios.

Melibea : ¿En qué, Calisto?

Calisto : En dar poder a natura que de tan perfecta hermosura te dotase, y hacer a mí inmérito tanta merced que verte alcanzase, y en tan conveniente lugar, que mí secreto dolor manifestarte pudiese… que ellos puramente se glorifican sin temor de caer de tal bienaventuranza, y yo, mixto, me alegro con recelo del esquivo tormento, que tu ausencia ha de causar.

Melibea : ¿Por gran premio tienes éste, Calisto?

Calisto : Téngolo por tanto, en verdad, que, si Dios me dieseen el cielo la silla sobre sus santos, no lo ternía por tanta felicidad.

Melibea : Pues aun más galardón te daré yo, si perseveras.

Calisto : ¡Oh bienaventuradas orejas mías, que indignamente tan gran palabra habéis oído!

Melibea : Más desaventurades de que me acabes de oír, porque la paga será tan fiera cual la merece tu loco atrevimiemto; y el intento de tus palabras, Calisto, ha sido como de ingenio de tal hombre como tú, haber de salir para se perder en la virtud de tal mujer como yo…

98 Besábale y enamorábale
la doncella al villanchón
besábale y enamorábale,
y él metido en un rincón.

La doncella enamorada
de un villano tan grosero,
hablábale muy de vero
como amadora penada:
a él no se le da nada
ni le escucha su razón:
besábale y enamorábale
la doncella al villanchón.

Namorábale[1] la doncella
haciéndole mil favores,
mil halagos y primores,
y el grosero huye de ella:
diz[2] que más quiere a ella
llevar lleno su zurrón:
besábale y enamorábale,
la doncella al villanchón;
besábale y enamorábale,
y él metido en un rincón.

99 CANCIÓN

Aquí no hay

1) "enamorábale"의 첫 음 탈락(aféresis) 용법으로 옛 시어에서는 많이 썼음.
2) "dice"의 속어, 고어.

sino ver y desear;
aquí no veo
sino morir con deseo.
Madre, un caballero
que estaba en este corro
a cada vuelta
hacíame del ojo.
Yo, como era bonica,
teníaselo en poco.

Madre, un escudero
que estaba en esta baila,
a cada vuelta
asíame de la manga.
Yo, como soy bonica,
teníaselo en nada.[3)]

100 ¿A quién daré mis amorosos versos
que pretenden amor y virtud junto··· ?
A tí, señora, en quien todo esto cabe···
Recógelos con blanda mansedumbre,
si viere que son blandos: y, si no
recógelos como ellos merecieren.
Y si después te importunaren mucho
con llorar, porque así suelen hacello,[4)]
no te parezcan mal sus tristes lloros···

---

3) Dámaso Alonso, *Primavera y flor de la literatura hispánica*, I(Madrid: 1966), p. 286, 290.

4) "hacello"는 시에서 자주 쓰는 "소리 동화 현상asimilación"으로 "hacerlo"를 "hacello"로 말한 것.

101 MADRIGAL

Ojos claros, serenos,
si de un dulce mirar sois alabados,
¿por qué si me miráis, miráis airados?
Si cuanto más piadosos,
más bellos parecéis a aquel que os mira,
no me miréis con ira,
porque no parezcáis menos hermosos.[5)]
!Ay, tormentos rabiosos!
Ojos claros, serenos,
ya que así me miráis, miradme al menos.[6)]

102 Amor mueve mis alas y tan alto
las lleva el amoroso pensamiento,
que de hora en hora así subiendo siento
quedar mi padecer más corto y falto.

Temo tal vez mientras mi vuelo exalto;
mas llega luego a mí el conocimiento
y pruébase que es poco en tal tormento
por inmortal honor mi mortal salto.

Que si otro puso al mar perpetuo nombre
do el soberbio valor le dio la muerte,
presumiendo de sí más que podía,
de mí dirán: "Aquí fue muerto un hombre
que si al cielo llegar negó su suerte,

---

5) 이중부정처럼 보이는 이런 구문은 오늘 스페인어 표현으로는 앞의 "no"가 불필요한 경우다. "porque"의 해석도 동사가 가정법subjuntivo인 경우 항상 "왜냐 하면"이 아니라 "…하려고, 하기 위하여de modo que"로 해석해야 옳다.

6) Dámaso Alonso, op. cit., p. 280.

la vida le faltó, no la osadía."

103 !Oh, cortesía! !Oh, dulce acogimiento!
!Oh, celestial saber! !Oh, gracia pura!
!Oh, de valor dotado y de dulzura
pecho real, honesto pensamiento!

!Oh, luces, del Amor querido asiento!
!Oh, boca, donde vive la hermosura!
!Oh, habla suavísima! !Oh, figura
angélica! !Oh, mano! !Oh, sabio acento!

Quien tiene en sólo vos atesorado
su gozo, y vida alegre, y su consuelo,
su bienaventurada y rica suerte:

cuando de vos se viere desterrado,
!ay!, ¿qué le quedará sino recelo,
y noche, y amargor, y llanto, y la muerte?[7)]

104 Este lugar sus padres se le dieron;
pero no se le dieron por guardalla[8)]
con guardas, ni como premias ni estrechezas;
su misma voluntad era su guarda.
Su vivir era libre, mas no suelto;
haciendo su querer cuanto quería,
no hacía sino lo razonable,
y en esta discordancia concordaba.

---

7) *Primavera y flor de la literatura hispánica*, op. cit., p. 308.

8) guardalla ← guardarla

105 Vuélvete a mí y en mí toma venganza
del viento y de la mar y de la noche;
resárcete de cuanto has trabajado,
entrégate de cuanto has padecido,
y entrégate de mí, que estó entregada.

* * *

Decía más:mis ojos son vencidos
de tanta luz, de contemplar tan alto;
mas la parte inmortal nunca se vence
del manjar natural de que ella vive.[9]

106 El estado mejor de los estados
es alcanzar la buena medianía,
con la cual se remedian los cuidados.

Y así yo por seguir aquesta vía,
heme casado con una mujer,
que es principio y fin del alma mía.

Esta me ha dado luego un nuevo ser,
con tal felicidad que me sostiene
lena mi voluntad y el entender···

Agora son los bienes que en mí siento,
firmes, macisos, con verdad fundados,
y sabrosos en todo el sentimiento.

Solían mis placeres dar cuidados
y al tiempo que venían a gustarse

---

9) Cfr. Otis H. Green, op. cit., pp. 125-126.

ya llegaban a mí casi dañados.

Agora el bien es bien para gozarse
y el placer, es lo que es, que siempre place,
y el mal ya con el bien no ha de juntarse.

Al satisfecho todo satisfacen
y así también a mí, por lo que he hecho,
cuanto quiero y deseo se me hace.

El campo que era de batalla, el lecho,
ya es lecho para mí de paz durable:
dos almas hay conformes en un pecho.[10]

107 ELEGÍA PRIMERA

¡Oh miserables hados! ¡Oh mezquina
suerte la del estado humano, y dura
do por tantos trabajos se camina!
Y ahora muy mayor la desventura
de aquesta nuestra edad, cuyo progreso
muda de un mal en otro su figura.
¿A quién ya de nosotros el ecceso
de guerras, de peligros y destierro
no toca, y no ha cansado el gran proceso?
¿Quién no vió desparcir su sangre al hierro
del enemigo? ¿Quién no vió su vida
perder mil veces y escapar por yerro?
¿De cuántos queda y quedará perdida
la casa y la mujer y la memoria,

---

10) Juan Boscán, "Epístola a don Diego Hrutado de Mendoza", *Primavera y flor de la literatura hispánica*, op. cit., pp. 253-254.

y de otros la hacienda despendida?
¿Qué se saca de aquesto? ¿Alguna gloria?
¿Algunos premios o agradecimientos?
Sabrálo quien leyere nuestra hisrpia.
Veráse allí como polvo al viento
así se deshará nuestra fatiga
ante quien se endereza nuestro intento.

108 Divina Elisa, pues agora el cielo
con inmortales pies pisas y mides,
y su mudanza ves, estando queda,
¿por qué de mí te olvidas y no pides
que se apresure el tiempo en que este velo
rompa del cuerpo, y verme libre pueda,
y en la tercera rueda[11)]
contigo mano a mano
busquemos otro llano,
busquemos otros montes y otros ríos,
otros valles floridos y sombríos,
donde descanse y siempre pueda verte
ante los ojos míos,
sin miedo y sobresalto de perderte?

---

11) "tercera rueda"(제3의 바퀴)나 "tercera esfera"(제3의 천체)는 피타고라스 천체론에서는 하늘에 빛나는 "샛별", 금성, 즉 비너스 여신의 별을 말하는 것으로, 죽은 뒤 아름다운 사랑의 영혼들이 가서 산다는 별이다. 재미있는 것은 불교에서 윤회 속의 세상을 말할 때도 "바퀴(輪回/大乘)"라는 표현을 쓰는 점. 소크라테스 이전에 살았던 피타고라스가 여행을 많이 했기로 유명한데, 혹시 그의 "환생metempsicosis"설이나 세상 "바퀴" 개념은 인도 사상의 영향을 받는 것이 아닐까? Cfr. Dámaso Alonso, *Poesía española*, op. cit., p. 175.

109 AL SEPULCRO DE ELISA

¡Oh hado esecutivo[12] en mis dolores,
cómo sentí tus leyes rigurosas!
Cortaste el árbol con manos dañosas,
y esparciste por tierra fruta y flores.

En poco espacio yacen mis amores
y toda la esperanza de mis cosas,
tornadas en cenizas desdeñosas,
y sordas a mis quejas y clamores.

Las lágrimas que en esta sepultura
se vierten hoy en día y se vertieron
recibe, aunque sin fruto allá te sean,

hasta que aquella eterna noche escura
me cierre aquestos ojos que te vieron,
dejándome con otros que te vean.

110 ¡Oh dulces prendas, por mi mal halladas,
dulces y alegres cuando Dios quería!
Juntas estáis en la memoria mía
y con ella en mi muerte conjuradas.
¿Quién me dijera, cundo en las pasadas
horas en tanto bien por vos me vía,[13]
que me habíades de ser en algún día
con tan grave dolor representadas?
Pues en una hora me llevastes
todo el bien que por términos me distes,

12) "ejecutivo, ejecutor de…"의 옛말. '나에게 고통을 만들고 간'이라는 뜻.
13) "vía"는 시 표현에서 있어서 흔히 쓰던 "veía"라는 말의 약자.

llevadme junto el mal que me dejastes.
Si no sospecharé que me pusistes
en tantos bienes porque deseastes
verme morir entre memorias tristes.

111 Saliendo de las ondas encendido,
rayaba de los montes el altura
el sol, cuando Salicio, recostado
al pie de un alta haya, en la verdura,
por donde un agua clara con sonido
atravesaba el fresco y verde prado,
él, con canto acordado
al rumor que sonaba
del agua que pasaba,
se quejaba tan dulce y blandamente
como si no estuviera de allí ausente
la que de su dolor culpa tenía;
y así, como presente,
razonando con ella, le decía.

112 Nunca pusieron fin al trisie lloro
los pastores, ni fueran acabadas
las canciones que sólo el monte oía,
si mirando las nubes coloradas
al trasmontar del sol bordadas de oro,
no vieran que era ya pasado el día.
La sombra se veía
venir corriendo apriesa
ya por la falda espesa
del altísimo monte, y recordando
ambos como de sueño, y acabando
el fugitivo sol, de luz escaso,
su ganado llevando,

se fueron recogiendo paso a paso.

113 ¡Oh más dura que el mármol a mis quejas,
y al encendido fuego en que me quemo
más helada que nieve, Galatea!
Estoy muriendo, y aún la vida temo;
témola con razón, pues tú me dejas:
que no hay, sin tí, el vivir para qué sea.
Vergüenza he que me vea
ninguno en tal estado,
de tí desamparado;
y de mí mismo yo me corro agora.
¿De un alma te desdeñas ser señora,
donde siempre moraste, no pudiendo
de ella salir un hora?
Salid sin duelo, lágrimas, corriendo.

114 Tu dulce habla ¿en cúya oreja suena?
Tus claros ojos ¿a quién los volviste?
¿Por quién tan sin respeto me trocaste?
Tu quebrantada fe ¿a dó la pusiste?
¿Cuál es el cuello que, como en cadena,
de tus hermosos brazos anudaste?
No hay corazón que baste,
aunque fuese de piedra,
viendo mi amada hiedra.
de mí arrancada, en otro muro asida,
y mi parra en otro olmo entrejejida,
que no se esté con llanto deshaciendo
hasta acabar la vida.
Salida sin duelo, lágrimas, corriendo…
Con mi llorar las piedras enternecen
su natural dureza y la quebrantan;

los árboles parece que se inclinan;
las aves que me escuchan, cuando cantan
con diferente voz se condolecen,
y mí morir cantando me adivinan.
Las fieras que reclinan
su cuerpo fatigado,
dejan el sosegado
sueño por escuchar mi llanto triste.
Tú sola contra mí te endureciste,
los ojos aun siquiera no volviendo
a lo que tú hiciste.
Salid sin duelo, lágrimas, corriendo…

115 Parecerá a la gente desvarío
preciarme deste mal, do me destruyo;
yo lo tengo por única ventura.[14)]

116 ¿Dó están agora[15)] aquellos claros ojos
que llevaban tras sí, como colgada
mi alma doquier que ellos se volvían?
?Dó está la blanca mano delicada,
llena de vencimientos y despojos
que de mí mis sentidos le ofrecían?
Los cabellos que vían[16)]
con gran desprecio el oro,
como a menor tesoro,
¿adónde están? ¿Adónde el blando pecho?
¿Dó la coluna que el dorado techo
con presunción graciosa sostenía?

---

14) Antonio Gallego, op. cit., pp. 587-588.

15) do, dó는 이미 나왔지만 donde, dónde의 당시 말. agora도 지금 ahora다.

16) vían은 이미 말했듯이 시어에서만 쓰던 “veían”.

Aquesto todo agora ya se encierra,
por desventura mía,
en la fría, desierta y dura tierra.

117 Cerca del Tajo en soledad amena
de verdes sauces hay una espesura,
toda de hiedra revestida y llena,
que por el tronco va hasta el altura,
y así la teje arriba y encadena,
que el sol no halla paso a la verdura;
el agua baña el prado con sonido
alegrando la vista y el oído.

118 Movióla el sitio umbroso, el manso viento,
el suave olor de aquel florido suelo.
Las aves en el fresco apartamiento
vio descansar del trabajoso vuelo.
Secaba entonces el terreno aliento
el sol subido en la mitad del cielo.
En el silencio sólo se escuchaba
un susurro de abejas que sonaba.

119 Todas con el cabello desparcido
lloraban una ninfa delicada,
cuya vida mostraba que había sido
antes de tiempo y casi en flor cortada.
Cerca del agua, en un lugar florido,
estaba entre la hierba degollada,
cual queda el blanco cisne cuando pierde
la dulce vida entre la hierba verde.

120 En tanto que de rosa y azucena
se muestsra la color en vuestro gesto,

y que vuestro mirar, ardiente, honesto,
enciende el corazón y lo refrena;

y en tanto que el cabello, que en la vena
del oro se escongió, con vuelo presto,
por el hermoso cuello blanco, enhiesto,
el viento mueve, esparce y desordena;

coged de vuestra alegre primavera
el dulce fruto, antes que el tiempo airado
cubra de nieve la hermosa cumbre.

Marchitará la rosa el viento helado
todo lo mudará la edad ligera,
por no hacer mudanza en su costumbre.

121 Una virgen de quince años,
morenica, de tal gala,
que tan chapada zagala
no se halla en mil rebaños.
Nunca tal cosa se vió,…[17]

122 Don Duardos : Conosco, señora mía,
  que soy ciego,
  ni, también, puedo negar
  que, ciego, sin alegría,
  ardo en fuego.
Flérida : Debes hablar como vistes,
  o vestir como respondes.
Don Duardos : Buen vestido
  no hace ledos los tristes.

---

17) Dámaso Alonso, *Primavera y flor de la literatura hispánica*, op. cit., pp. 139-142.

Flérida : ¡Ojalá tuviesen condes
tu sentido!

123 Tú duermes, yo me desvelo;
y también está dormida
mi esperanza.
Yo solo, señora, velo,
sin Dios, sin alma, sin vida
y sin mudanza.
Si el consuelo viene a mí,
como a mortal enemigo
le requiero:
"Consuelo, vete de ahí,
no pierdas tiempo conmigo,
ni te quiero."

124 En la huerta nasce la rosa:
quiérome ir allá
por mirar al ruiseñor
como catabá.
Por las riberas del río
limones coge la virgo:
quiérome ir allá
por mirar al ruiseñor
como cantabá.
Limones cogía la virgo
para dar al su amigo:
quiérome ir allá
para ver al ruiseñor
como cantabá.

125 Toruvio : ¡Válgame Dios y qué tempestad ha hecho desde el requebrajo del monte acá, que no parecía sino que el cielo se quería hundir y las nubes

venir abajo! Pues decí[18] ahora: ¿qué os tenrá[19] aparejado de comer la señora de mi mujer? ¡Así mala rabia la mate![20] ¿Oíslo? ¡Mochacha Mencigüela! Si todos duermen en Zomora. ¡Aqueda de Torégano! ¿Oíslo?

Mencigüela : ¡Jesús, padre! ¿Y habéisnos de quebrar las puertas?

Toruvio : ¡Mirá qué pico, mirá qué pico! ¿Y adónde está vuestra madre, señora?

126 Mendrugo : ¿Cómo? ¿Qué tierra es ésa?

Honzigera : Muy extremada, a do pagan soldada a los hombres por dormir.

Mendrugo : ¿Por su vida?

Panarizo : Sí, de verdad.

Honziegra : Ven acá, asiéntate un poco y contarte hemos las maravillas de la tierra de Jauja.

Mendrugo : ¿De dónde, señor?

Panarizo : De la tierra que azotan a los hombres poruqe trabajan.

127 Honzigera : Mira, en la tierra de Jauja las calles están empedradas con yemas de huevos, y entre yema y yema un patel con lonchas de tocino.

Mendrugo : ¿Y asadas?

Honzigera : Y asadas, que ellas mismas dicen: 'tragadme, tragadme'.

Mendrugo : Ya parece que las trago.

Panarizo : Entiende, bobo.

Mendrugo : Diga, que ya entiendo.

Panarizo : En la tierra de Jauja hay unos asadores de trescientos pasos de largos, con muchas gallinas y capones, perdices, conejos, francolines.

Mendrugo : ¡Oh, cómo los como yo esos!

---

18) ← decid

19) ← tendrá

20) '나쁜 광견병 걸려 죽어 버려라!'라는 뜻인데, 욕이 입에 붙어서 나오는 시골 사람 특유의 재미있는 말투일 뿐.

Panarizo : Y junto a cada ave un cuchillo, que no es menester más que cortar, que ello mismo dice, 'engollime, engollime'.

128 Cristina : El sacristán me deshonró el otro día, cuando fui al Rastro.

Ella : ¿Cuántas veces os he dicho yo, señor, que no saliese esta mchacha fuera de casa, que ya era grande y no convenía apartarla de nuestra vista? ¿Qué dirá ahora su padre, que nos la entregó limpia de polvo y de paja? ¿Y dónde te llevó, traidora, para deshonrarte?

Cristina : A ninguna parte, sino allí en mitad de la calle.

Ella : ¿Cómo en mitad de la calle?

Cristina : Allí, en mitad de la calle de Toledo, a vista de Dios y de todo el mundo, me llamó de sucia y de deshonesta, de poca vergüenza y menos miramiento, y otros muchos baldones de este jaez; y todo por estar celoso de aquel soldado.

Amo : Luego no ha pasado otra cosa entre tí ni él sino esa deshonra que en la calle te hizo?

Cristina : No, por cierto; porque luego, se le pasa la cólera.

129 Señor juez: ganpán soy, no lo niego, pero cristiano viejo y hombre de bien a las derechas; si no fuese que alguna vez me tomo del vino, o él me toma a mí, que es lo más cierto, ya hubiera sido prioste en la cofradía de los hermanos de carga. Pero dejando esto aparte, porque hay mucho que decir en ello, quiero que sepa el señor juez que, estando muy enfermo de los vaguidos de Baco, pormetí de casarme con una mujer errada. Volví en mí, sané y cumplí la promesa, y caséme con una mujer que saqué de pecado; pusela a ser placera; ha salido tan soberbia y de tan mala condición, que nadie llega a su tabla con quien no riña···

130 Hay unos pajaritos tan chiquitos, que el bulto todo de unos de ellos es menor que la cabeza del dedo pulgar de la mano, y pelado es más de la mitad menor de lo que es dicho; es una avecicaque, además de su pequeñez, tiene tanta velocidad y presteza en volar, que viéndola en el aire no se le pueden considerar las alas de otra manera que las de los escarabajos o

abejones y no hay persona que le vea volar que piense que es otra cosa sino abejón. Los nidos son según la proporción o grandeza suya. Yo he visto uno de estos pajaricos, que él y el nido puestos en un peso de pesar oro, pesó todo dos tomines, que son veite y cinco granos, con la pluma, la cual si no tuviera, fuera el peso mucho menos.

131 Hay en ella (Baiona) unos gusanos o avecitas nocturnas que los indios llamaban cocuyos (la media sílaba luenga), y en Castilla llamamos luciérnagas, o quizá son escarabajos que vuelan, las tripas de las cuales están llenas de luz, son tan grandes, que con uno vivo en la mano, y mejpr si son dos, se pueden rezar maitines en un breviario de letra menuda, y yo los he rezado, según cre, como con dos candelitas.[21)]

132 Como cada día vía llegar a sacrificar a nuestros compañeros y había visto, como dicho tengo, que los aserraban por los pechos y sacalles los corazones bullendo, y cortalles pies y brazos y se los comieron a los setenta y dos que tengo dicho, e de antes habían muerto diez de nuestros compañeros, temía yo que un día que otro habían de hacer de mí lo mismo, porque ya me habían asido dos veces para llevarme a sacrificar y quiso Dios que me escapé de su poder.

133 Según los datos, el aspecto del grupo japonés, como no, fue muy llamativo: unos criados ceñidos con las armas a la usanza de su tierra, guardaban a Hasekura, un hombre cuarentón y rechoncho, cariancho y de recortado bigote, que iba trajeado de chamelote. Llmaba mucho la atención uno de los nobles, después bautizado con el nombre de D. Pedro, que iba vestido a lo bonzo, con bonete de dos picos; y no se dejó de advertir que los que eran soldados llevaban el pelo largo por detrás, ceñido como en un coleta.[22)]

---

21) *Primavera y flor de la literatura hispánica*, op. cit., pp. 381-382, p. 394, respectivamente.

22) Juan Gil, "Hidalgos y samurais", *España y Japón en los siglos XVI y XVII*(Madrid, 1991), pp. 406-412; citado por Hyung Kang Woo, op. cit., p. 159.

134 〔…〕 pues en lengua chinesca habrá un mes que me escribió (el grande emperador de la China) una carta con un propio, pidiéndome, o, por mejor decir, suplicándome se le enviase, porque quería fundar un colegio donde se leyese la lengua castellana, y quería que el libro que se leyese fuese el de 'La historia de don Quijote'. Juntamente con esto, me decía que fuese yo el rector de tal colegio.[23)]

135 Aquí la envidia y mentira
me tuvieron encerrado.
Dichoso el humilde estado
del sabio que se retira
de aqueste mundo malvado,
y con pobre meŝa y casa,
en el campo deleitoso
con sólo Dios se compasa,
y a solas su vida pasa,
ni envidiado ni envidioso.[24)]

136 ¡Qué descansada vida
la del que huye el mundanal ruïdo,[25)]
y sigue la escondida
senda, por donde han ido
los pocos sabios que en el mundo han sido!
Que no le enturbia el pecho
de los soberbios grandes el estado,
ni del dorado techo
se admira, fabricado
del sabio moro, en jaspes sustentado.
No cura si la fama

---

23) Op. cit., pp. 490-491.

24) *Primavera y flor de la literatura hispánica*, op. cit., p. 308.

25) ruïdo: ru-ï'-do(hiato). Cfr. in-sa-cï'-a-ble.

canta con voz su nombre, pregonera;
ni cura si encarama
la lengua lisonjera
lo que condena la verdad sincera.
¿Qué presta a mi contento,
si soy del vano dedo señalado,
si en busca de este viento
ando desalentado
con ansias vivas, con mortal cuidado?
¡Oh, monte! ¡Oh, fuente! ¡Oh, río!
¡Oh, secreto seguro, deleitoso!
Roto casi el navío,
a vuestro almo[26)] reposo
huyo de aqueste mar tempestuoso…
Un no rompido[27)] sueño,
un día puro, alegre, libre quiero;
no quiero ver el ceño
vanamente severo
de a quien la sangre ensalza o el dinero.
Despiértenme las aves
con su cantar sabroso no aprendido;
no los cuidados graves
de que es siempre seguido
el que al ajeno arbitrio está atendio.
Vivir quiero conmigo,
gozar quiero del bien que debo al cielo,
a solas, sin testigo,
libre de amar, de celo,
de odio, de esperanzas, de recelo.

---

26) almo: vivificador, 생명스러운, 성스러운.

27) romper—roto(깨진, 부서진), rompido(씨앗을 심거나 경작하기 위하여, 흙을 갠, 이랑을 만든…).

Del monte en la ladera
por mi mano plantado tengo un huerto,
que con la primavera,
de bella flor cubierto,
ya muestra en esperanza el fruto cierto···
Téngase su tesoro
los que de un falso leño se confían;
no es mío ver el lloro
de los que desconfían
cuando el cierzo y el ábrego porfían.
La combatida antena
cruje, y en ciega noche el claro día
se torna, al cielo suena
confusa vocería,
y la mar enriquecen a profía.
A mí una pobrecilla
mesa, de amable paz bien abastada,
me baste; y la vajilla,
de fino oro labrada,
sea de quien la mar no teme airada.
Y mientras miserable-
mente se están los otros abrasando
con sed insacïable
del peligroso mando,
tendido yoa la sombra esté cantando.
A la sombra tendido,
de yedra y lauro eterno coronado,
puesto el atento oído
al son dulce, acordado,
del plectro sabiamente meneado.

137 Ve cómo el gran Maestro
a aquesta inmensa cítara aplicado,

con movimiento diestro
produce el son sagrado
con que este eterno templo es sustentado.

138 Aquí la alma navega
por un mar de dulzura, y finalmente,
en él así se anega,
que ningún accidente
extraño y peregrino oya o siente.
¡Oh, desmayo dichoso!
¡Oh, muerte que das vida! ¡Oh, dulce olvido!
¡Durase en tu reposo,
sin ser sustituído
jamás a aqueste bajo y vil sentido!

139 Cuando contemplo el cielo
de innumerables luces ardornado,
y miro hacia el suelo,
de noches rodeado,
en sueño y en olvido sepultado,
el amor y la pena
despiertan en mi pecho un ansia ardiente;
despiden larga vena
los ojos hechos fuente;
la lengua dice al fin con voz doliente:
'Morada de grandeza,
templo de claridad y hermosura:
mi alma que a tu alteza
nació, ¿qué desventura
la tiene en esta cárcel, baja, escura? [···]

140 ¡Oh son! ¡Oh voz! Siquiera
pequeña parte alguna descendiese

en mi sentido y fuera de
sí el alma pusiese,
toda en tí, ¡oh amor!, la convertiese.
Conocería dónde
sesteas, dulce Esposo, y desatada
de esta prisión adonde
padece—a tu manada
junta—no ya andará perdida, errada.

141 En Jaén, donde resido,
vive don Lope de Sosa,
y diréte, Inés, la cosa
más brava de él que has oído.
Tenía este caballero
un criado portugués…
pero cenemos, Inés,
si te parece, primero.
La mesa tenemos puesta,
lo que se ha cenar junto,
las tazas del vino a punto;
falta comenzar la fiesta.
Comience el vinillos núevo
y échole la dendición…

142 〔…〕 Ya que, Inés, hemos cenado
tan bien y con tanto gusto,
parece que será justo
volver al cuento pasado.
Pues sabrás, Inés hermana,
que el portugués cayó enfermo…
las once dan, yo me duermo;
quédese para mañana.

143 PRESO DE AMORES

Tres cosas me tienen preso
de amores el corazón:
la bella Inés, el jamón
y berengenas con queso.
Esta Inés, amantes, es
quien tuvo en mí tal poder,
que me hizo aborrecer
todo lo que no era Inés.
Trájome un año sin seso,
hasta que en una ocasión
me dió a merendar jamón
y berengenas con queso.
Fue de Inés la primer palma,
pero ya júzgase mal
entre todos ellos cuál
tiene más parte en mi alma.
En gusto, medida y peso
no le hallo distinción:
ya quiero Inés, ya jamón
ya berengenas con queso.
Alega Inés su beldad,
el jamón que es de Aracena,
el queso y la berengena
la española antigüedad.
Y está tan en fiel el peso,
que, juzgado sin pasión,
todo es uno: Inés, jamón
y berengenas con queso.

144 Las hebras de oro puro que la frente
cercan en ricas vueltas, do el tirano

señor teje los lazos con su mano,
y arde en la dulce luz resplandeciente,

cuando el ivierno frío se presente
vencedor de las flores del verano,
el purpúreo color tronado vano,
en plata volverán su lustre ardiente.

Y no por eso amor mudará el puesto,
que el valor lo asegura y cortesía,
el ingenio y del alma la nobleza.

Es mi cadena y fuego el pecho honesto,
y virtud generosa, Lumbre mía,
de vuestra eterna angélica belleza.[28)]

145 Serena Luz, presente, en quien espira
divino amor, que enciende y junto enfrena;
pecho gentil, que en la mortal cadena
al alto olimpo glorïoso aspira.

Ricos cercos y oro, do se mira
tesoro celestial de eterna vena;
armonía de angélica sirena,
que entre las perlas y el coral respira,

¿cuál nueva maravilla, cuál ejemplo
de la inmortal grandeza nos descubre
la sombra del hermoso y puro velo?

que yo en esa belleza que contemplo

28) Ibid., p. 214.

aunque a mi flaca vista ofende y cubre,
la inmensa busco y voy siguiendo al cielo.

146 Canso la vida, y siempre espero un día
de fingido placer; huyen los años,
y nacen de ellos mil sabrosos daños,
que esfuerzan el error de mi porfía.

Son, por do salir pienso a mi alegría,
tan inciertos los pasos, tan extraños,
que rematan el curso en mis engaños,
y de ellos vuelvo a comenzar la vía.

Descubro en el principio otra esperanza,
si no mayor, igual a la pasada,
y en el mismo deseo persevero;

mas torno sin cesar a la mudanza
de la suerte, en mi daño conjurada,
esperando el fin cierto, desespero.

147 DESEOS ASCÉTICOS

En fin, en fin, tras tanto andar muriendo,
tras tanto variar vida y destino,
tras tanto de uno en otro desatino,
pensar todo apretar, nada cogiendo;
tras tanto acá y allá yendo y viniendo
cual sin aliento inútil peregrino,
¡oh Dios!, tras tanto error del buen camino,
yo mismo de mi mal ministro siendo,
hallo, en fin, que ser muerto en la memoria
del mundo, es lo mejor que en él se esconde,

pues es la paga de él muerte y olvido,
y en un rincón vivir con la victoria
de sí, puesto el querer tan sólo adonde
es premio el mismo Dios, de lo servido.

148 Pienso torcer de la común carrera
que sigue el vulgo, y caminar derecho
jornada de mi patria verdadera;
entrarme en el secreto de mi pecho,
y platicar en él mi interior hombre,
dó va, dó está, si vive, o qué se ha hecho.
Y porque vano error más no me asombre
en algún alto y solitario nido
pienso enterrar mi ser, mi vida, y nombre.
Y como si no hubiera acá nacido,
estarme allá, cual Eco, replicando
al dulce son de Dios, del Alma oído.
Y ¿qué debiera ser, bien contemplado,
el alma, sino un Eco resonante
a la eterna beldad que está llamando?[29)]

149 Con muy gran contentamiento caminavan las hermosas ninfas con su compañía por medio de un espesso bosque, y ya que el sol se quería poner, salieron a un muy hermoso valle, por medio del cual iva un impetuoso arroyo, de una parte y otra, adornado de muy espessos salzes y alisos, entre los cuales havía otros muchos géneros de árboles más pequeños que enredándose a los mayores, entretejiéndose las doradas flores de los unos por entre las verdes ramas de los otros davan con su vista gran contentamiento.

---

29) 늘 그러는 것처럼 알다나의 소네토와 시도 *Primavera y flor de la literatura hispánica*, op. cit., pp. 315-318에서 따왔다. 다만 이미 인용한 루이스 세르누다의 글 속의 인용을 참조하여 "잘 생각해 보면"의 경우는 ( )을 없애고 세르누다를 따랐다.

150 [···] Levantóse y asióme por la cabeza y llegóse a olerme. Y como debió sentir el huelgo, a uso de buen podenco, por mejor satisfacerse de la verdad, y con la gran agonía que llevaba, asiéndome con las manos, abrióme la boca más de su derecho y desatentadamente metía la nariz, la cual él tenía luenga y afilada, y aquella sazón, con el enojo, se había aumentado un palmo, con el pico de la cual me llegó a la gulilla.

Con esto, y con el gran miedo que tenía, y con la brevedad del tiempo, la negra longaniza aún no había hecho asiento en el estómago, y lo más principal con el destiento de la cumplidísima nariz medio casi ahogándome, todas estas cosas se juntaron, y fueron causa que el hecho y golosina se manifestase y lo suyo fuese vuelto a su dueño; de manera que antes que el mal ciego sacase de mi boca su trompa, tal alteración sintió mi estómago, que le dió con el hurto en ella, de suerte que su nariz y la negra mal mascada longaniza a un tiempo salieron de mi boca.

151 Yo como estaba hecho al vino, moría por él: y viendo que aquel remedio de la paja no me aprovechaba ni valía, acordé en el suelo del jarro hacerle una fuentecilla y agujero sotil, y delicadamente con una muy delgada tortilla de cera taparlo, y al tiempo de comer, fingiendo haber frío, entrábame entre las piernas del triste ciego a calentarme en la pobrecilla lumbre que teníamos, y al calor de ella luego derretida la cera, por ser muy poca, comenzaba la fuentecilla a destilarme en la boca, la cual yo de tal manera ponía que maldita la gota se perdía. Cuando el pobreto iba a beber, no hallaba nada; espantábase, maldecíase, daba al diablo el jarro y el vino, no sabiendo qué podía ser.

—No diréis, tío, que os lo bebo yo—decía—, pues no le quitáis la mano.
Tantas vueltas y tientos dió al jarro, que halló la fuente, y cayó en la burla; mas así lo disimuló como si no lo hubiera sentido. Y luego otro día, teniendo yo rezumando mi jarro como solía, no pensando el daño que me estaba aparejando, ni que el mal ciego me sentía, sentéme como solía. Estando recibiendo aquellos dulces tragos, mi cara puesta hacia el cielo, un poco cerrados los ojos por mejor gustar el sabroso licor, sintió el desesperado ciego que ahora tenía tiempo de tomar de mí venganza, y con toda su fuerza,

alzando con dos manos aquel dulce y amargo jarro, le dejó caer sobre mi boca, ayudándose como digo con todo su poder, de manera que el pobre Lázaro, que de nada de esto se guardaba, antes, como otras veces, estaba descuidado y gozoso, verdaderamente me pareció que el cielo, con todo lo que hay en él, me había caído encima.

152 NOCHE OSCURA DEL ALMA

En una noche oscura,
con ansias en amores inflamada,
¡oh dichosa ventura!
salí sin ser notada,
estando ya mi casa sosegada.
A oscuras y segura,
por la secreta escala disfrazada,
¡oh dichosa ventura!
a oscuras y en celada,
estando ya mi casa sosegada.
En la noche dichosa,
en secreto, que nadie me veía,
ni yo miraba cosa,
sin otra luz y guía
sino la que en mi corazón ardia.
Aquesta me guiaba
más cierto que la luz del mediodía,
adonde me esperaba
quien yo bien me sabía,
en parte donde nadie parecía.
¡Oh noche amable más que el alborada!
¡Oh noche que juntaste
amado con amada,
amada en el amado transformada!
En mi pecho florido,

que entero para él solo se guardaba,
allí quedó dormido,
y yo le regalaba,
y el ventalle de cedros aire daba.
El aire de la almena,
cuando yo sus cabellos esparcía,
con su mano serena
en mi cuello hería,
y todos mis sentidos suspendía.
Quedéme y olvidéme,
el rostro recliné sobre el amado,
cesó todo, y dejéme,
dejando mi cuidado
entre las azucenas olvidado.

153 ¿Adónde te escondiste,
amado, y me dejaste con gemido?
Como el ciervo huíste,
habiéndome herido;
salí tras tí, clamando, y eras ido.

154 ¡Ay, quén me podrá sanarme!
Acaba de entregarte ya de vero;
no quieras enviarme
de hoy más ya mensajero,
que no saben decirme lo que quiero.
Y todos cuantos vagan,
de tí me van mil gracias refiriendo.
Y todos más me llagan;
y déjame muriendo
un no sé qué quedan balbuciendo.

155 Descubre tu presencia,

y máteme tu vista y hermosura;
mira que la dolencia
de amor, que no se cura
sino con la presencia y la figura.
¡Oh cristalina fuente,
si en esos tus semblantes plateados
formases de repente
los ojos deseados,
que tengo en mis entrañas, dibujados!
Apártalos, amado,
que voy de vuelo.

156 ESPOSO

Vuélvete, paloma,
que el ciervo vulnerado
por el otero asoma,
al aire de tu vuelo, y fresco toma.

157 Pues como esta palomica del alma andaba volando por los aires de amor sobre las aguas del diluvio de las fatigas y ansias suyas de amor que ha mostrdao hasta aquí, no hallando donde descanse su pié, a este último vuelo que habemos dicho, extendió el piadoso padre Noé la mano de su misericordia y recogióla, metiéndola en el arca de su caridad y amor, y esto fue al tiempo que en la canción que acabamos de declarar, dijo: Vuélvete, paloma.

158 Mi amado, las montañas,
los valles soliatrios nemorosos,
las ínsulas extrañas,
los ríos sonorosos,
el silbo de los aires amorosos,
la noche sosegada

en par de los levantes del aurora,
la música callada,
la soledad sonora,
la cena que recrea y enamora.
Nuestro lecho florido
de cuevas de lenones enlazado,
en púrpura tendido,
de paz edificado,
de mil escudos de oro coronado.
Al zaga de tu huella
las jóvenes discurren al camino
al toque de centella,
al adobado vino,
emisiones de bálsamo divino.
En la interior bodega
de mi amado bebí, y cuando salía
por toda aquesta vega,
ya cosa no sabía,
y el ganado perdí que antes seguía.
Allí me dió su pecho,
allí me enseñó ciencia muy sabrosa,
y yo le dí de hecho
a mí, sin dejar cosa,
allí le prometí de ser su esposa.

159 No son todos ruiseñores
los que cantan entre las flores,
sino campanitas de plata,
que tocan al Alba,
sino trompeticas de oro,
que hacen la salva
a los soles que odoro.

No todas las voces ledas
son de Sirenas con plumas,
cuyas hiumidas espumas
son las verdes alamedas.
Sin suspendido te quedas
a los süaves clamores
no son todos ruiseñores
los que cantan entre las flores···

Lo artificioso que admira
y lo dulce que consuela,
no es de aquel violín que vuela
ni desotra inquieta lira;
otro instrumento es quien tira
de los sentidos mejores.
No son todos ruiseñores
los que cantan etre las flores···

160 〔···〕 los ojos avecindados en el cogote, que parecía que miraba por cuévanos, tan hundidos y oscuros, que era buen sitio el suyo para tiendas de mercaderes: las nariz, entre Roma y Francia, porque se le había comido de unas búas de resfriado, que aun no fuerna de vicio porque cuestan dinero: las barbas descoloridas de miedo de la boca vecina, que, de pura hambre, parecía que amenazaba a comérselas: los dientes, le faltaban no sé cuántos, y pienso que por holgazanes y vagabundos se los habían desterrado: el gaznate largo como de avestruz, con una nuez tan salida, que parecía se iba a buscar de comer forzada de la necesidad: 〔···〕[30)]

161 no sólo en plata o vïola trocada
se vuelva, más tú y ello juntamente
en tierra, en humo, en polvo, en sombra, en nada.

---

30) Citado por Cristóbal Zaragoza, *Cervantes, vida y semblamza*, op. cit., pp. 334-335.

162 CONTRARIOS EN EL AMANTE

Desmayarse, atreverse, estar furioso,
áspero, tierno, liberal, esquivo,
alentado, mortal, difunto, vivo,
leal, traidor, cobarde y animoso:

no hallar fuera del bien centro y reposo,
mostrarse alegre, triste, humilde, altivo,
enojado, valiente, fugitivo,
satisfech, ofendido, receloso:

huir el rostro al claro desenagaño,
beber veneno por licor süave,
olviadr el provecho, amar el daño:

creer que un cielo en un infierno cabe,
dar la vida y el alma a un desengaño,
esto es amor; quien lo probó lo sabe.

163 CONTRA LOS POETAS CULTOS

—Boscán, tarde llegamos. ¿Hay posada?
—Llamad desde la posta, Garcilaso.
—¿Quién es?—Dos caballeros del Parnaso.
—No hay donde nocturnar palestra armada.

—No entiendo lo que dice la criada.
Madona, ¿Qué decís?—Que afecten paso,
que ostenta limbos el mentido ocaso
y el sol depingen la porción rosada.

—¿Estás en tí, mujer?—Negóse al tino

el ambulante huesped. —¡Que en tan poco
tiempo, tal lengua entre cristianos haya!

Bocán, perdido habemos el camino;
preguntad por Castilla, que estoy loco
o no habemos salido de Viscaya.

164 ¡Oh bella Galatea, más süave
que los claveles que tronchó la aurora;
blanca más que las plumas de aquel ave
que dulce muere y en las aguas mora;
igual en pompa al pájaro que, grave,
su manto azul de tantos ojos dora
cuantas el celestial zafiro estrellas!
¡Oh tú, que en dos incluyes las más bellas!

165 CONTRARIOS EN EL AMANTE

Piedra soy en sufrir pena y cuidado
y cera en el querer enternecido,
sabio en amar dolor tan bien nacido,
necio en ser en mi daño porfiado;

medroso en no vencerme acobardado
y valiente en no ser de mí vencido,
hombre en sentir mi mal. aun sin sentido,
bestia en no despertar desegañado.

En sustentarme entre los fuegos rojos,
en tus desdenes ásperos y fríos,
soy salamandra y cumplo tus antojos:

y las niñas de aquestos ojos míos

se han vuelto, con la ausencia de tus ojos
ninfas que habitan dentro de dos ríos.

166 Yo que siempre trabajo y me desvelo
por parecer que tengo de poeta
la gracia que no quiso darme el cielo…

167 Y sé que auqel instinto sobrehumano
que de raro inventor tu pecho encierra
no te le ha dado el padre Apolo en vano.
Tus obras los rincones de la tierra
llevándolas en grupa Rocinante
descubren y a la envidia mueven guerra.
Pasa, raro, inventor, pasa adelante…[31)]

168 escribo por el arte que inventaron
los que el vulgar aplauso pretendieron
porque, como las paga el vulgo, es justo
hablarle en necio para darle gusto.

169 〔…〕 si mi marido pide por cuatro causas el divorcio, yo le pido por cuatrocientas. La primera, porque cada vez que le veo hago cuenta que veo al mismo Lucifer; la segunda, porque fuí engañada cuando con él me casé, porque él dijo que era médico de pulso, y remaneció cirujano y hombre que hace ligaduras y cura otras enfermedades, que va decir desto a médico la mitad del justo precio. 〔…〕

170 Donde no ciega el engaño
simple en que algunos están,
las riñas de por San Juan
son paz para todo el año.

---

31) Citado por Cristóbal Zaragoza, *Cervantes, vida y semblamza*, op. cit., pp. 334-335.

Resucita allí el honor
y el gusto, que estaba muerto,
donde vale el peor concierto
más que el divorcio mejor.
Aunque la rabia de celos
es tan fuerte y rigurosa,
si los pide una hermosa,
no son celos, sino cielos.
Tiene esta opinión amor
que es el sabio más experto:
que vale el peor concierto
más que el divorcio mejor.[32)]

171 ¡Ay! No se muera vuesa merced, señor mío, sino tome mi consejo, y viva muchos años; porque la mayor locura que puede hacer un hombre en esta vida es dejarse morir, sin más ni más, sin que nadie le mate, ni otras manos le acaben que las de la melancolía. Mire, no sea perezoso, sino levántese desa cama, y vámonos al campo vestidos de pastores, como tenemos concertado: quizá tras de alguna mata hallaremos a la señora doña Dulcinea desencantada. 〔…〕[33)]

172 Desembarcamos todos y pisamos la amenísima ribera, cuya arena, vaya fuera todo encarecimiento, las formaban granos de oro y de menudas perlas. Entrando más adentro, se nos ofrecieron a la vista prados cuyas hierbas no eran verdes por ser hierbas, sino por ser esmeraldas, en el cual verdor las tenían, no cristalinas aguas, como suele decirse, sino corrientes de líquidos diamantes formados, que cruzando por todo el prado, sierpes de cristal parecían. Descubrimos luego una selva de árboles de diferentes géneros tan hermosos, que nos suspendieron las almas y alegraron los sentidos: de algunos pendían ramos de rubíes que parecían guindas, o

---

32) Cfr. Dámaso Alonso, op. cit., I, pp. 347-363.

33) "Don Quijote" por Américo Castro, op. cit., p. 628.

guindas que parecían granos de rubíes [···] ; todo allí era primavera, todo verano, todo estío sin pesadumbre y todo otoño agradable, con extremo increíble. Satisfacía a todos nuestros cinco sentidos lo que mirábamos; a los ojos, con la belleza y la hermosura; a los oídos, con el ruido manso de las fuentes y arroyos y con el son de los infinitos pajarillos. [···][34]

173 Porque novelar no significa para Cervantes adjetivar, canonizar, decidir, juzgar, sino crear un mundo, a imagen del que percibimos, que, a partir de su creación, es libre de su creador, mundo fragmentario siempre, pero completo en cada fragmento; mundo que, como el nuestro, se va haciendo fuera de nosotros mientras nos hacemos en él y en el entrejuego de cada uno de nosotros con los demás. Novelar para Cervantes es, en cierto sentido, dejar hacer y dejar vivir en el mundo creado, mundo de medias verdades y medias mentiras que ningún hombre ha sabido todavía deslindar a satisfacción.[35]

174 Querránme para truhana—respondió Preciosas—, y yo lo sabré ser, yo todo irá perdido: Si me quisiesen para discreta, aun me llevarem hían; pero en algunos palacios más medran los truhanes que los discretos. Yo me hallo bien con ser gitana y pobre, y corra la suerte por donde quisiere.[36]

175 Dijo Rincón a su Guía:

—¿Es vuesa merced por ventura ladrón?

—Sí, respondió él—para servir a Dios y a las buenas gentes, aunque no de los más cursados; que todavía estoy en el año del noviciado.

A los cual respondió Cortado:

Cosa nueva es para mí que haya ladrones en el mundo para servir a Dios a la buena gente.

A lo cual respondió el mozo:

---

34) "Don Quijote" por Américo Castro, op. cit., p. 628.

35) Ibid., p. 635.

36) *Primavera y flor de la literatura hispánica*, I, op. cit., p. 468.

—Señor, yo no me meto en tologías; lo que sé es que cada uno es su oficio puede alabar a Dios, y más con la orden que tiene dada Monipodio a todos sus ahijados.

—Sin duda debe ser buena y santa, pues hace que los ladrones sirvan a Dios. "Es tan santa--replicó el mozo--, que no sé si podrá mejorar en neustro arte. El tiene ordenado que de los hurtáremos demos alguna cosa o limosna para el aceite de la lámpara de una imagen muy devota que está en esta ciudad. 〔…〕

176 Berganza : —Cipión hermano, óyote hablar y sé que te hablo y no puedo creerlo, por parecerme que el hablar nosotros pasa de los términos de naturaleza.

Cipión : —Así es la verdad, Berganza, y viene a ser mayor este milagro en que no solamente hablamos, sino en que hablamos con discurso, como si fuéramos capaces de razón, estando tan sin ella que la diferencia que hay del animal bruto al hombre es ser el hombre animal racional, y el bruto, irracional.

Berganza : —Todo lo que dices, Cipión, entiendo, y decirlo tú y entenderlo yo me causa nueva admiración y nueva maravilla.[37)]

177 —Aunque este coloquio sea fingido y nunca haya pasado, paréceme que está tan bien compuesto que puede el señor Alférez pasar adelante con el segundo.

—Con ese parecer--respondió el Alférez--me animaré y dispondré a escribirle, sin ponerme en disputas con vuesa merced si hablaron los perros o no.[38)]

178 Yo no me quejo, sino lastímome; que el culpado no por concoer su culpa deja de sentir la pena del castigo. Bien veo que quise engañar y fui engañado, porque me hirieron por mis propios filos. 〔…〕[39)]

---

37) Cfr. *Novelas ejemplares*, 11, op. cit., p. 299.

38) Ibid., p. 359.

179 〔…〕 Pero puesto caso que me haya engañado, y que mi verdad sea sueño, y el porfiarla disparate, ¿no se holgará vuesa merced, señor Peralta, de ver escritas en un coloquio las cosas que estos perros, o sean quien fueren, hablaron?

—Como vuestra merced—replicó el Licenciado "no se canse más en persuadirme que oyó hablar a los perros, de muy buena gana oiré ese coloquio, que por ser escrito y notado del buen ingenio del señor Alférez, ya la juzgo por bueno.

—Pues hay en esto otra cosa "dijo le Alférez—: que, como yo estaba tan atento y tenía delicado el juicio, delicada, sotil y desocupada la memoria (merced a las muchas pasas y almendras que había comido), todo lo tomé de coro, y casi per las mismas palabras que había oído lo escribí otro día, sin buscar colores retóricas para adornarlo, ni qué añadir ni quitar para hacerle gustoso. 〔…〕[40]

180 Volverán en su forma verdadera
cuando vieren con presta diligencia
derribar los soberbios levantados
"y alzar a los humildes abatidos
por poderosa mano para hacello."[41]

181 〔…〕 de lo que has dicho vengo a pensar y creer en todo lo que hasta aquí hemos pasado y lo que estamos pasando es sueño, y que somos perros; pero no por esto dejemos de gozar deste bien de la habla que tenemos y de la excelencia tan grande de tener discurso humano todo el tiempo que pudiéramos.[42]

182 Hay blancos lirios, verdes miraveles

---

39) Ibid., p. 292.

40) Ibid., p. 294.

41) Ibid., p. 338.

42) Ibid., p. 347.

y azules guarnecidos de alhelíes,
y allí las clavelinas y claveles
parecen semenetras de rubíes···

183 Mas ¿para qué la mente se derrama
en buscar al dolor nuevo argumento?
Basta ejemplo menor, basta el presente,
que aún se ve el humo aquí, se ve la llama,
aún se oyen llantos hoy, hoy ronco acento:
tal genio o religión, fuerza la mente
de la vecina gente,
que refiere admirada
que en la noche callada
una voz triste se oye que, llorando,
cayó Itálica, dice, y lastimosa
Eco reclama Itálica en la hojosa
selva que se le opone, resonando
Itálica, y, el caro nombre oído
de Itálica, renuevan el gemido
mil sombras nobles en su gran ruina.
¡Tanto aún la plebe a sentimiento inclina!

184 El numeroso al fin de labradores
concurso impaciente
los novios saca: él, de años floreciente,
y de caudal má floreciente que ellos;
ella, la misma pompa de las flores,
la esfera misma de los rayos bellos.
El lazo de ambos cuellos
entre un lascivo enjambre iba de amores.

185 Purpúreas rosas sobre Galatea
la Alba entre lilios cándidos deshoja:

duda el Amor cuál más su color sea,
o púrpura nevada, o nieve roja.
De su frente la perla es, eritrea,
émula vana; el ciego dios se enoja
y, condenado su esplendor, la deja
colgar en oro al nácar de su oreja.[43]

186 39
Más agradable y menos zahareña,
al mancebo levanta venturoso,
dulce ya concediéndole y risueña
paces no al sueño, treguas sí al reposo.
Lo cóncavo hacía de una peña
a un fresco sitïal dosel umbroso,
y verdes celosías unas hiedras,
trepando troncos y abrazando piedras.
[…]

41
El ronco arrullo al joven solicita
mas con desvíos Galatea suaves
a su audacia los términos limita,
y el aplauso al concento de las aves.
Entre las ondas y la fruta, imita
Acis al siempre ayuno en penas graves:
que en tanta gloria infierno son no breve
fugitivo cristal, pomos de nieve.

42
No a las palomas concedió Cupido
juntar de sus dos picos los rubíes,

---

43) Ibid., p. 177.

cuando al clavel el joven atrevido
las dos hojas le chupa carmesíes.
Cuantas produce Pafo, engendra Gnido,
negras vïolas, blancos alhelíes,
llueven sobre el que Amor quiere que sea
tálamo de Acis ya y de Galatea.[44]

187 Sentado, a la alta palma no perdona
su dulce fruto mi robusta mano;
en pie, sombra capaz es mi persona
de innumerables cabras el verano.
¿Qué mucho, si de nubes se corona
por igualarme la montaña en vano,
y en los cielos desde esta roca puedo
escribir mis desdichas con el dedo?[45]

188 En los pinares de Júcar
vi bailar unas serranas,
al son del agua en las piedras
y al son del viento en las ramas.
No es blanco coro de ninfas
de las aposenta el agua,
o las que venera el bosque,
seguidoras de Diana:
serranas eran de Cuenca
honor de aquellas montañas,
cuyo pie besan dos ríos
por besar de ellas[46] las plantas.

---

44) Ibid., pp. 195-6.

45) Ibid., pp. 195-6.

46) 'de ella'로 읽은 학자로 있으나 'de ellas'를 따른다. 더욱 시적이니까. Cfr. ibid. p. 145.

Alegres corros tejían,
dándose las manos blancas
de amistad, quizá temiendo
no la truequen las mudanzas.
¡Qué bien bailan las serranas!
¡Qué bien bainan!

El cabello en crespos nudos
luz da al sol, oro a Arabia,
cuál de flores impedido,
cuál de cordones de plata.
Del color visten del cielo,
si no son de esperanza,
palmillas[47] que menosprecian
el zafiro y la esmeralda.
El pie, cuando lo permite
la brújula de la falda
lazos calza y mirar deja
pedazos de nieve y nácar.
Ellas, cuyo movimiento
honestamente levanta
el cristal de la columna
sobre la pequeña basa,
¡qué bien bailan! Las serranas
¡qué bien bailan!
〔…〕
Serranas de Cuenca
iban al pinar
unas por piñones,
otras por bailar.
Bailando, y partiendo,

47) Cuenca 산 "파란 천paño azul"이 너무 아름다워 유명했단다.

las serranas bellas,
un piñon con otro,
si no es con perlas,
de Amor las saetas
huelgan de trocar,
unas por piñones,
otras por bailar.
Entre rama y rama,
cuando el ciego dios
pide al sol los ojos
por verlas mejor,
los ojos del sol
las veréis pisar,
unas por piñones,
otras por bailar.[48)]

189 Pase a media noche el mar
y arda en amorosa llama
Leandro por ver su dama;
que yo más quiero pasar
del golfo de mi lagar
la blanca o roja corriente,
y ríase la gente.

Pues el Amor es tan crüel,
que de Píramo y su amada
haec tálamo una espada
do se junten ella y él,
sea mi Tisbe un pastel,
y la espada sea mi diente,
y ríase la gente.[49)]

---

48) Ibid., pp. 144-147.

190 DE LA BREVEDAD ENGAÑOSA DE LA VIDA

Menos solicitó veloz saeta
destinada señal, que mordió aguda,
agonal carro por la arena muda
no coronó con más silencio,

que presurosa corre, que secreta,
a su fin nuestra edad. A quien lo duda,
fiera que sea de razón desnuda,
cada sol repetido es un cometa.

Confiésalo Cartago, ¿y tú lo ignoras?
Peligro corres. Licio, si porfías
en seguir sombras y abrazar engaños.

Mal te perdonarán a tí las horas
las horas que limando están los días
los días que royendo están los años.[50)]

191 ¿Qué es la vida? Un frenesí.
¿Qué es la vida? Una ilusión,
una sombra, una ficción,
y el mayor bien es pequeño;
que toda la vida es sueño,
y los sueños, sueños son.

192 AMOR CONSTANTE MAS ALLA DE LA MUERTE

Cerrar podrá mis ojos la postrera

---

49) Ibid., pp. 97-99.
50) Ibid., pp. 126-7.

sombra que me llevare el blanco día,
y podrá desatar esta alma mía
hora a su afán ansioso lisonjera;

mas no de esotra parte en la ribera
dejará la memoria en donde ardía;
nadar sabe mi llama la agua fría,
y perder el respeto a ley severa.

Alma a quien todo un dios prisión ha sido,
venas que homor a tanto fuego han dado,
medulas que han gloriosamente ardido,

su cuerpo dejarán, no su cuidado;
serán ceniza, mas tendrán sentido:
polvo serán, mas polvo enamorado.

193 AMOR IMPRESO EN EL ALMA, QUE DURA DESPUES DE LAS CENIZAS

Si hija de mi amor mi muerte fuese,
!qué parto tan dichoso que sería
el de mi amor contra la vida mía!
!Qué gloria, que el morir de amar naciese!

!Llevara yo en el alma adonde fuese
el fuego en que me abraso, y guardaría
su llama fiel con la ceniza fría
en el mismo sepulcro en que durmiese.

De esa otra parte de la muerte dura
vivirán en mi sombra mis cuidados,
y más allá del Lete mi memoria.

Triunfará del olvido su hermosura,
mi pura fé y ardiente, de los hados,
y el no ser, por amar, será mi gloria.

194 REINO INTERIOR DEL ESPANTO

En los claustros del alma la herida
yace callada; mas consume, hambrienta,
la vida, que en mis venas alimenta
llama por las medulas extendida.

Bebe el ardor hidrópica mi vida,
que ya ceniza amante y macilenta,
cadáver del incendio hermoso, ostenta
la luz en el humo y noche fallecida.

La gente esquivo y me es el horror el día;
dilato en largas voces negro llanto
que a sordo mar mi ardiente pena envía.

A los suspiros di la voz del canto.
La confusión inunda el alma mía.
Mi corazón es reino del espanto.

195 ENSEÑA COMO TODAS LAS COSAS AVISAN DE LA MUERTE

Miré los muros de la patria mía,
si un tiempo fuertes, ya desmoronados,
de la carrera de la edad cansados,
por quien caduca ya su valentía.

Salíme al campo: vi que el sol bebía
los arroyos del hielo desatados,

y del monte quejosos los ganados
que con sombras hurtó su luz al día.

Entré en mi casa: vi que, amancillada,
de anciana habitación era despojos;
mi báculo, más corvo y menos fuerte.

Vencida de la edad sentí mi espada,
y no hallé cosa en que poner los ojos
que no fuese recuerdo de la muerte.

196 CORTESIA Y CARICIA DE LA MUERTE

Ya formidable y espantoso suena
dentro del corazón el postrer día;
y la última hora, negra y fría,
se acerca, de temor y sombras llena.

Si agradable descanso, paz serena,
la muerte en traje de dolor envía,
señas da su desdén de cortesía;
más tiene de caricia que de pena.

¿Qué pretende el temor desacordado
de la que a rescatar piadosa viene
espíritu en miserias añudado?

Llegue rogada, pues mi bien previene;
hálleme agradecido, no asustado;
mi vida acabe, y m vivir ordene.

197 REPRESENTASE LA BREVEDAD DE LO QUE SE VIVE
Y CUAN NADA PARECE LO QUE SE VIVIO

!Ah de la vida! ¿Nadie me respende?
¡ !Aquí de los antaños que he vivido!
La Fortuna mis tiempos ha mordido;
las Horas mi locura las esconde.

!Que, sin poder saber cómo ni adónde,
la salud y la edad se hayan huído!
Falta la vida, asiste lo vivido,
y no hay calamidad que no me ronde.

Ayer se fué; mañana no ha llegado;
hoy se está yendo sin parar un punto:
soy un Fué, y un Será y un Es cansado.

En el hoy y mañana y ayer, junto
pañales y mortaja. Y he quedado
presentes sucesiones de difunto.

198 Erase un hombre a una nariz pegado,
érase una nariz superlativa,
érase una naiz sayón y escriba,
érase un peje espada mal barbado.[51)]

199 〔…〕 Huvo fama, de que reedificava doncellas, resucitava cabellos, cubriendo canas, unos la llamavan zurcidora de gustos, otros alegbrista de voluntades desconcertadas, y por mal nombre alcahueta, y flux para los dineros de todos.[52)]

---

51) *Historia de la literatura española*, op. cit., p. 319.

52) Ibid., folio 1.

200 Sentóse el licenciado Cabra, echó la bendición, comieron una comida eterna, sin pricipio no fin, traxeron caldo en unas escudillas de madera, tan claro, que comer en una de ellas perregrinava Narciso más que en la fuente. Noté con la ansia que los macilentos dedos se echavan a nado tras un garvanzo huérfano y solo, que estava en el suelo… [53)]

201 Esteban : ¡Hija mía!
Laurencia : No me nombres
  tu hija.
Esteban : ¿Por qué, mis ojos?
  ¿Por qué?
Laurencia : Por muchas razones,
  y sean las principales
  porque dejas que me roben
  tiranos, sin que me vengues;
  traidores, sin que me cobres.
  Aun no era yo de Frondoso,
  para que digas que tome
  como marido, venganza:
  que aquí por tu cuenta corre;
  en tanto que de las bodas
  no haya llegado la noche,
  del padre, y no del marido,
  la obligación presupone;
  〔…〕
  Llevóme de vuestros ojos
  a su casa Fernán Gómez:
  la oveja al lobo dejasteis,
  como cobardes pastores.
  ¿Qué dagas no vi en mi pecho?
  ¿Qué desatinos enormes,

53) Ibid., folio 7.

qué palabras, qué amenazas,
y qué delitos atroces,
por rendir mi castidad
a sus apetitos torpes?
Mis cabellos ¿no lo dicen?
Las señales de los golpes
¿no se ven aquí, y la sangre?
¿Vosotros sois hombres nobles?
¿Vosotros padres y deudos?

202 Cogióme a tu puerta el toro,
linda casada;
no dijiste: "Dios te valga"
El novillo de tu boda
a tu puerta me cogió;
de la vuelta que me dió
se rió la villa toda;
y tú, grave y burladora,
linda casada,
no dijiste: "Dios te valga".

203 ¡Oh, qué mal (el mal) se emplea
en quien es la flor de España!
¡Ah, gallardo caballero!
¡Ah valiente lidiador!
¿Sois vos quien daba temor
con ese desnudo acero
a los moros de Granada?

204 ¡Oh qué necio fui en fiarme
de aquellos ojos traidores,
de aquellos falsos diamantes,
niñas que me hicieron señas

para engañarme y matarme.(550-554)

205 〔…〕
Lucinda, sin tu dulce compañía
y sin las prendas de tu hermoso pecho,
todo es llorar desde la noche al día,
que con sólo pensar que está deshecho
mi nido ausente, me atraviesa el alma,
dando mil nudos a mi cuello estrecho;
〔…〕
que aunque todas las aguas del olvido
bebiese yo, por imposible tengo
que me escapase, de tu lado asido,
donde la vida a más dolor prevengo.
Triste de aquel que por estrellas ama,
si no soy yo, porque a tus manos vengo,
donde, si espero de mis versos fama,
a tí te lo debo, que tú sola puedes
dar a mi frente de laurel la rama
donde muriendo vencedora quedes.

206 NARANJITAS ME TIRA LA NIÑA

Naranjitas me tira la niña
en Valencia por Navidad,
pues a fe que si se las tiro
que se le han de volver azar.[54)]
A una máscara salí
y paréme a su ventana;
amaneció su mañana

54) 로페는 일부러 "azar(인연, 우연)"이라는 말과 "azahar(오렌지 꽃)"이라는 이중의미로 말하고 있다.

y el sol en sus ojos vi.
Naranjitas desde allí
me tiró por favor;
Como no sabe de amor
piensa que todo es burlar:
pues a fe que si se las tiro
que se le han de volver azar.
Naranjitas me tira la niña
en Valencia por Navidad,
pues a fe que si se las tiro
que se le han de volver azar.

207 Blanca me era yo
cuando entré en la siega;
dióme el sol y ya soy morena.
Blanca solía yo ser
antes que a segar viniese,
mas no quiso el sol que fuese
blanco el fuego en mi poder.
Mi edad al amanecer
era lustrosa azucena;
dióme el sol y ya soy morena.

208 Trébole, ¡ay Jesús, como huele!
Trébole, ¡ay Jesús, qué olor!
[...]
Trébole de la soltera
que tantos amores muda;
trébole de la viüda
que otra vez casarse espera:
tocas blancas por defuera
y faldellín de color.
Trébole, ¡ay Jesús, cómo huele!

Trébole, ¡ay Jesús, qué olor!

209 Este de mis entrañas dulce fruto,
con vuestra bendición, ¡oh Rey eterno!,
ofresco humildemente a vuestras aras.
Que si es de todos el mejor tributo
un puro corazón humilde y tierno,
y el más precioso de las prendas caras,
no las aromas raras
entre olores fenicios
y licores sabeos,
os rinden mis deseos,
por menos olorosos sacrificios,
sino mi corazón, que Carlos era:
que en el que me quedó menos os diera.
Diréis, Señor, que daros lo que es vuestro
ninguna cosa os doy
〔…〕
Yo os di la mejor patria que yo pude
para nacer, y ahora en vuestra muerte
entre santos dichosa sepultura;
resta que vos roguéis a Dios que mude
mi sentimiento en gozo, de tal suerte,
que, a pesar de la sangre que procura
cubrir de noche escura
la luz de esta memoria,
viváis vos en la mía;
que espero que algún día
la que me da dolor me dará gloria
viendo al partir de aquesta tierra ajena,
que no quedáis adonde todo es pena.

210 ¡Oh libertad preciosa,
no comparada al oro
ni al bien mayor de la espaciosa tierra;
más rica y más gozosa
que el precioso tesoro
que el mar del sur entre su nácar cierra!

211 Señor, perdona,
si injustamente me vengo.
Tú me has condenado ya;
tu palabra es caso cierto
que atrás no puede volver.
Oues si es así, tener quiero
en el mundo buena vida,
pues tan triste fin espero.
Los pasos pienso seguir
de Enrico.[55]

212 Isabela : Quiero sacar una luz.
Don Juan : Pues, ¿para qué?
Isabela : Para que el alma dé fe del bien que llego a gozar.
Don Juan : Mataréte la luz yo.
Isabela : ¡Ah, cielo! ¿Quién eres, hombre?
Don Juan : ¿Quién soy? Un hombre sin nombre.[56]

213 Don Juan : A tu hija no ofendí, que vió mis engaños antes.
Don Gonzalo : No importa: que ya pusiste tu intento.[57]

---

55) *Primavera y flor de la literatura hispánica*, II, op. cit., p. 192.

56) John M. Hill, *Cuatro comedias*(New York: Indiana Univ., 1941), pp. 325-469, La parte citada: p. 335.

57) Ibid., p. 423.

214 ¡Qué temor tienes a un muerto!
¿Qué hicieras estando vivo?[58)]

215 Pero todas son ideas
que da la imaginación;
el temor y temer muertos
es más villano temor;
que si un cuerpo noble y vivo
con potencias y razón
y con alma, no se teme,
¿quién cuerpos muertos temió?[59)]

216 El amor en los mozos, por la mayor marte, no lo es, sino apetito, el cual como tiene por último fin, el deleite, en llegando a alcanzarle se acaba.[60)]

217 Catalinón : ¿Cómo el rey te recibió?
Don Juan : Con más amor que mi padre.
Catalinón : ¿Viste a Isabela?
Don Juan : También.
Catalinón : ¿Cómo viene?
Don Juan : Como un ángel.
Catalinón : ¿Recibióte bien?
Don Juan : El rostro
  bañado de leche y sangre,
  como la rosa que al alba
  revienta la verde cárcel.
Catalinón : Al fin, ¿esta noche son
  las bodas?

---

58) Ibid., p. 459.

59) Ibid., p. 413.

60) Miguel de Cervantes, *El ingenioso hidalgo Don Quijote de la Mancha*, prólogo, estudio y esquema biográfico de Américo Castro(México, 2002), p. 128.

Don Juan : Sin falta.[61)]

218 A Dios, zagala, pluiguiera
que en el agua me anegara
para que cuerdo acabara
y loco en vos no muriera:[62)]

219 la (hermosura) del alma campea y se muestra en el entendimiento, en la honestidad, en el buen proceder, en la liberalidad y en la buena crianza, y todas estas partes caben y pueden estar en un hombre feo; y cuando se ponde la mira en esta hermosura, y no en el cuerpo, suele nacer el amor como ímpetu y con ventajas.[63)]

220 ¡Ah, ilustre caballero!
¡Oh, en el valor y la lealtad primero!
¿Qué espíritu divino,
qué aliento celestial a vuestros labios
consejos dicta en mi favor tan sabios
que, no sólo a mi ciego desatino
dan arrepentimiento,
pero sin el castigo el escarmiento?
Por vos gané lo que por mí he perdido;
seré, muriendo, el que naciendo he sido.[64)]

221 Pues yo al fin, quien fuere sea:
la quiero y he de servirla.[65)]

---

61) Ibid., p. 418.

62) Ibid., p. 353.

63) *El ingenioso hidalgo Don Quijote de la Mancha*, de Américo Castro, op. cit., p. 564.

64) Ibid., p. 258.

65) Don Juan Ruiz de Alarcón, *La verdad sospechosa*, op. cit., p. 163.

222 Si bien lo miras, señora,
todo verdad puede ser;
entonces te pudo ver,
irse de Madrid, y ahora
de Salamanca volver.

223 Tristán : Advierte, señor, si aquella
que tras ella sale ahora,
puede ser sol de su aurora,
ser aurora de su estrella.
Don García : Hermosa es también.
Tristán : Pues mira
si la criada es peor
Don García : El coche es arco de amor,
son flechas cuantas tira.

224 Hipogrifo violento
que corriste parejas con el viento,
¿dónde, rayo sin llama,
pájaro sin matiz, pez sin escama
y bruto sin instinto
natural, al confuso laberinto
destas desnudas peñas
te desbocas, arrastras y despeñas?

Quédate en este monte,
donde tengan los brutos su Faetonte,
que yo, sin más camino
que el que me dan las leyes del destino,
ciega y desesperada,
bajaré la aspereza enmarañada
deste monte eminente,
que arruga al sol el ceño de su frente.[66)]

225 Crespo : Detened,
señor Capitán; que yo
puedo tratar a mi hijo
como qusiere, y no vos.
Juan : Y yo sufrirlo a mi padre,
mas a otra persona, no.
Capitán : ¿Qué habiáis de hacer?
Juan : Perder
la vida por la opinión.
Capitán : ¿Qué opinión tiene un villano?
Juan : Aquella misma que vos;
que no hubiera un capitán,
si no hubiera un labrador.[67)]

226 Crespo : Dando muerte a quien pensara
ni aun el agravio menor···
Don Lope : ¿Sabéis, ¡vive Dios! que es
Capitán?
Crespo : Sí, ¡vive Dios!
Y aunque fuera el general,
en tocando a mi opinión,
le matara.
Don Lope : A quién tocara,
ni aun al soldado menor,
sólo un pelo de la ropa,
¡viven los cielos, que yo
le ahorcara!
Crespo : A quien se atreviera
a un átomo de mi honor,
¡viven los cielos también,

---

66) Citado por José García López, op. cit.

67) *Primavera y flor de la literatura hispánica*, II, op. cit., p. 241.

que también le ahorcara yo!
Don Lope : ¿Sabéis que estáis obligado
a sufrir, por ser quien sois,
estas cargas?
Crespo : Con mi hacienda;
pero con mi fama no.
Al Rey la hacienda y la vida
se ha de dar; pero el honor
es patrimonio del alma,
y el alma sólo es de Dios.[68)]

227 Crespo : ¿Qué en fin, no os mueve mi llanto?
Capitán : Llanto no se ha de creer
de viejo, niño, y mujer.
Crespo : ¿Que no pueda dolor tanto
mereceros un consuelo?
Capitán : ¿Qué más consuelo queréis,
pues con la vida volvéis?
Crespo : Mirad que echado en el suelo,
mi honor a voces os pido.[69)]

228 Dice el labrador:
¿Cómo quieres tú que dance el villano
que nunca la mano sacó de la reja?
Busca, si te place, quien dance liviano.
¿Cón otro te afana y a mí, Muerte, deja!
Yo como tocino y a veces oveja
y es todo mi oficio trabajo y afán,
arando las tierras para sembrar pan:
por eso no cuido de oir tu conseja.

---

68) Ibid., p. 244.
69) Ibid., p. 251.

Dice la Muerte:
Si vuestro trabajo fue siempre sin arte
y sin hacer hurtos en la tierra ajena,
en la gloria eterna tenréis grande parte··· [70]

229 Mundo.
¡Corta fue la comedia! Pero ¿cuándo
no lo fue la comedia desta vida,
y más para el que está considerando
que toda es una entrada, una salida?
Ya todos el teatro van dejando,
a su primer materia reducida
la forma que tuvierom y gozaron.
Polvo salgan de mí, pues polvo entraron.
〔···〕
Ya que he cobardo augustas mejestades,
ya que he borrado hermosas perfecciones,
ya que he frustrado altivas vanidades,
ya que he igualado cetros y azadones;
al teatro pasad de las verdades,
que éste el teatro es de las ficciones.

Pobre.
Pues quen tan tirano el mundo
de su centro nos arroja,
vamos a aquella gran cena
que en premios de nuestras obras
nos ha ofrecido el Autor. 〔···〕

Autor.
Pues ángel en el cielo,

---

70) *Primavera y flor de la literatura hispánica*, I, op. cit., pp. 62-64.

en el mundo las personas
y en el infierno el demonio
todos a este Pan se postran;
en el infierno, en el cielo
y mundo a un tiempo se oigan
dulces voces que le alaben
acordadas y sonoras. [···]

230 ¿qué más os pude ofender,
para castigarme más?
¿No nacieron los demás?
[···]
Nace el ave, y con las galas
que le dan belleza suma,
apenas es flor de pluma,
o ramillete con alas,
aundo las etéreas alas
corta con velocidad,
negándose a la piedad
del nido que deja en calma:
¿y teniendo yo más alma,
tengo menos libertad?
[···]
cuando(el pez) a todas partes gira
midiendo la inmensidad
de tanta capacidad
como le da el centro frío:
¿y yo con más albedrío,
tengo menos libertad?

231 Traidor fuiste con la ley,
lisonjero con el Rey,
y cruel conmigo fuiste;

y así el Rey, la ley y yo,
entre desdichas tan fieras
te condenan a que mueras
a mis manos.[71]

232 〔…〕 pues estamos
en mundo tan singular,
que el vivir sólo es soñar;
y la experiencia me enseña
que el hombre que vive, sueña
lo que es, hasta despertar.
Sueña el rey que es rey, y vive
con este engaño mandando,
disponiendo y gobernando;
y este aplauso, que recibe
prestado, en el viento escribe,
y en cenizas le convierte
la muerte(¡Desdicha fuerte!)
〔…〕
Sueña el rico en su riqueza,
que más cuidados le ofrece;
sueña el pobre que padece
su miseria y su pobreza;
〔…〕
Yo sueño que estoy aquí
de estas prisiones cargado,
y soñé que en otro estado
más lisosjero me vi.
¿Qué es la vida? Un frenesí
¿Qué es la vida? Una ilusión,
una sombra, una ficción,

71) Ibid., p. 225.

y el mayor bien es pequeño;
que toda la vida es sueño
y los sueños, sueños son.

233 A reinar, Fortuna, vamos;
no me despiertes, si duermo,
y si es verdad, no me aduermas.
Mas, sea verdad o sueño,
obrar bien es lo que importa;
su fuere verdad, por serlo;
si no, por ganar amigos
para cuando despertemos.

234 ¿Qué os admira? ¿Qué os espanta?,
si fue mi maestro un sueño,
y estoy temiendo en mis ansias
que he de despertar y hallarme
otra vez en mi cerrada
prisión? Y cuando no sea,
el soñarlo sólo basta;
pues así llegué a saber
que toda la dicha humana
en fin pasa como una sueño
y quiero aprovecharla
el tiempo que me durare:
pidiendo de nuestras faltas
perdón, pues de pechos nobles
es tan propio el perdonarlas.

235 Todo cuanto hay se burla del miserable hombre: el mundo le engaña, la vida le miente, la fortuna le burla, la salud le falta, la edad se pasa, el mal le da priesa; el bien se le ausenta, los años huyen, los contentos no llegan, el tiempo vuela, la vida se acaba, la muerte le coge, la sepultura le traga,

la tierra le cubre, la pudrición le deshace, el olvido le aniqula, y el que ayer fue hombre, hoy es polvo y mañana nada.

236 Tróse la alegría del nacer en el horror del morir, el trono de la mañana en el túmulo de la noche; sepultóse el sol en las aguas y yo quedé anegado en otro mar de mi llanto.

237 Excuse a todos el varón culto sondarlel el fondo a su caudal, si quiere que le veneren todos. Formidable fue un río hasta que se el halló vado, y venerado un varón hasta que se le conoció términos a la capacidad; porque ignorada y presumida porfundidad, siempre mantuvo con el recelo el crédito···

238 No ser todo columbino. Altérnense la calidez de la serpiente con la candidez de la paloma. No hay cosa más fácil que engañar a un hombre de bien. Cree mucho el que nunca miente y confía mucho el que nunca engaña. No siempre procede de necio el ser engañado, que tal vez de bueno. No perecer de desdicha ajena. Conozca al que está en el lodo y note que le reclamará para hacer consuelo del recíproco mal··· Es menester gran tiento con los que se ahogan para acudir al remedio sin peligro···

239 Más goza quien más ama; no hay horror donde hay amor.[72)]

240 〔···〕 ¿cuál fue el sentimiento de tu admirado espíritu aquella primera vez que llegaste a descubrir, a ver, a gozar y admirar este plausible teatro del universo?

—Era el sueño—proseguía—el mismo vulgar refugio de mis penas, especial alivio de mi soledad; a él apelaba de mi continuo tormento y a él estaba entregado una noche(aunque para siempre lo era)con más dulzura que otras, presagio infalible de alguna infelicidad cercana, y así fue, pues me lo interrumpió un extraordinario ruido que parecía salir de las más

72) José García López, op. cit., pp. 375-381에서 재인용.

profundas entrañas de aquel monte: conmovióse todo él, temblando aquellas firmes paredes, bramaba el furioso viento vomitando en tempestades por la boca de la gruta, comenzaron a desgajarse con horrible fragor aquellos duros peñascos y a caer con tan espantoso estruendo que parecía quererse venir a la nada toda aquella gran máquina de peñas.
〔…〕 Basta—dijo Critilo—que aun los montes no se libran de la mudanza, expuestos al contraste de un terremoto y sujetos a la violencia de un rayo, contrastando la común instabilidad su firmeza.[73]

241 Entró finalmente la tan temida reina, ostentando aquel su extraño aspecto a media cara, de tal suerte que era de flores la una mitad y la otra de espinas; la una de carne blanda y la otra de huesos; muy colorada aquélla y fresca, que parecía de rosas entreveradas de jazamines; muy seca y muy marchita ésta; con tal variedad que, al punto que la vieron, dijo Andrenio: —¡Qué cosa tan fea! Y Critilo: —¡Qué cosa tan bella! ¡Qué monstruo!, —¡Qué prodigio! 〔…〕
—Es, dijo el Ministro, que estaba en medio de ambos, que la miráis por diferentes lados, y así hace diferentes visos, causando diferentes efectos y afectos. Cada día sucede lo mismo, que a los ricos les parece intolerable y a los pobres llevadera, para los buenos viene vestida de verde y para los malos de negro… Pues así es la Muerte; haceros heis a su mala cara dentro de breve rato, que la más mala no espanta en haciéndose a ella.[74]

---

73) *Primaevra y flor*, tomo II, op. cit., p. 360.

74) Citado por José García López, op. cit., p. 381.

부록

어휘집

A.

abadón abad 수사, 수도원장
aballar derribar 파괴하다, 타도하다
abasta provee 갖추다, 공급하다 (proveer)
abasto abundancia 풍부함
abebrar abrevar 물을 먹이다, 물을 주다
abenicio desde el principio 애초부터
ablaçmamos acusábamos 비난하다, 고소하다 (acusar)
ablentada aventada 통풍하다, 부풀리다 (aventar)
abonados bien pagados 완불된
abonda basta 조잡한, 투박스런
abondada provista 갖춘, 준비된
abondados enriquecidos 부유한, 훌륭한
abondo cantidad 양, 수량, 다량
aborozes alborozos, regocijos 기쁨, 희열
aborrir aborrecer 싫증나게 하다
abtardas avutardas 기러기(복수)
abtezas capacidades 용량, 수용력, 능력, 수완
abusiones agüeros 징조, 예감, 예언
Açá nombre propio que dio pie a varios juegos de palabras
acabado cumplido 완료된
acaecien llegaban 도착하다 (llegar)
acalopña condena 판결, 형량
acáyaz alcalde de una fortaleza 성주, 성의 간수장
acidente deseo? 욕망, 희망?
acidia pereza 나태, 한가로움
acitara velo o cortina rica 고급스런 커튼
acogiesse se iba 가버리다, 떠나다 (irse)
acordaba recordaba 기억하다 (recordar)
acordado despertado, despierto 잠에서 깨어난
acordando aconsejando 충고하면서 (aconsejar)
acordar ponerse de acuerdo 의견일치하다
acordaran convinieron 의견일치하다 (convenir)
acorrer socorrer 구제하다, 돕다
acorro socorro, auxilio 구조, 원조

acostadía lado 옆, 옆구리, 측면
acucia diligencia, solicitud 청원, 신청
acuciar aprestar (물건을)챙기다, 준비하다
acucioso diligente 부지런한, 근면한
açomastes aparecisteis 출현하다(aparecer)
achacoso acusador 원고
adágara adarga, escudo de cuero 방패
adapte conveniente 편리한, 적당한
adáragas adargas 방패(복수)
adebdada en deuda 빚이 있는
adeça proporcíon 비율, 조화, 균형
adefinas comida regalada : literalmente, es el plato nacional hebreo que se come en sábado 정찬, 식사
adelinado dirigido ~로 향한
adeliñó se dirigió ~로 향하다(dirigirse)
aderedor alrededor 주변
adevino agüero 징조, 예감, 예언
adiana extremada, excelente 우수한, 최상의
adobado, *-a* vestido, arreglado 차려 입은, 정돈된
adobar preparar, disponer 준비하다, 차비를 하다
adobo preparativo 준비,(*pl*)*ropas de cama* 잠옷
adona adquiere don o gracia 자비, 은혜 따위를 얻다
aduchas llevadas 운반, 휴대
adugamos traigamos 운반하다, 수송하다(traer)
adur apenas, nunca 결코 ~않다
adurá traerá 운반하다(traer)
adux traje, conduje 의복
aduxiéssenle le trajeran 운반하다(traer)
aduxo condujo 인도하다, 안내하다(conducir)
adúzendos os traen 너희들에게 운반하다
aduzien traían, conducían 인도, 안내하다
aduzir traer 운반하다
afar quehacer 사무, 업무
afartas abundantes, hartas 풍부한
afarto harto, sobradamente 남아넘치는
afeitando hermoseando 예쁘게 장식하면서
afelo helo

afemenció cuidó, limpió 깨끗하게 하다 (cuidar, limpiar)
afévoslo helo
afiblado abrochado 단추 잠겨진, 사로잡힌
afincanças cercas 에워싸다
afollado echado a perder 쓰러져 누운
afollóseles nublóseles 흐려지다
aforcada reconfortada 원기 회복된
aforrasen escapasen 탈출하다 (escapar)
aforre haga libre 놓아주다, 해방시키다
afusiada confiada 위임받은, 자신있는
agastonaron adornaron 장식하다, 치장하다 (adornar)
agradoso complacido 즐거운
agro agrio 신, 떫은
agua río 강
agucioso astuto 교활한
agudencia medio, procedimiento para ganarse la vida 생활 수단
aguijosas ásperas 무서운, 사나운
aguisaba preparaba 준비하다 (preparar)
aguisado preparado 준비된
aguisamientos arreos 꾸밈, 장식
ahevos he (감탄)에!
ahontada afrentada 모욕을 당한
Aibto Egipto *Ajbtou* 참고 이집트
aína pronto 곧
airado vasallo al que el rey le retira la gracia 왕의 신임을 잃은 신하
Ajibtou Egipto 이집트
ajumada con largas ramas 긴 가지로
ál otro / otra cosa 다른 (것)
Alahá Alá, Dios 알라 신(神), 하느님
alançador lanceador, jugador de tablado 창잡이
albergueria albergue 숙박소, 주막, 여관
albornoz especie de capa con capucha 두건이 달린 망또
albures peces de río de carne blanca y gustosa 살이 희고 맛이 좋은 민물고기
alcabalas tributos que pagaba el vendedor 세금, 조세
alcacer la torre más alta de las fortificaciones 요새에서 가장 높은 탑
alçado huido, fugitivo / aguardado 도주, 탈주

alcaide jefe de una fortaleza 요새의 대장, 성주(城主)
alcalde juez 판사, 심판관
alcances encuentros 만남, 상봉
alcanço persecución 추적
alcantarilla puentecillo 작은 교량
alçar levantar 일어나다/*-se* refugiarse 피난하다
alcaz alcance, persecución 추적
alcoholeras vasijas para llevar el alcohol empleado en los afeites 술통
alfaquí doctor en la ley musulmana (이슬람의) 의사
alfaya precio 가격/alhaja 보석 장신구
alfayate sastre 재단사, 재봉사
alfoz distrito /-es 구(區), 주(州)
algarivo hombre injusto 올곧지 못한, 편파적인 사람
algo hacienda, propiedad 농장 / bien, precio, objeto 부, 재산
alhaonedes traicionéis 배신하다 (traicionar)
alheleles alfileres 핀, 브로치, 장신구
alhorre especie de halcón 매의 일종
aljoba especie de gabán con mangas cortas y estrechas 짧은 소매 달린 코트, 외투
allegó picó(espuelas) (박차를) 가하다 / acercó(se) 접근하다
alliende al otro lado 다른 쪽으로
almatraque colchón 침대 쿠숀, 방석
al menos *menos(al)* 참조
almocalla cobertor de cama 침대 시트
almofalla hueste acampada / hueste 야영부대
almofares capucha de la loriga para proteger la cabeza y el cuello 목과 머리를 보호하기 위한 투구
almogotes almogede, cuerpo de infantería en orden de pelea 보병부대
alongança alargamiento 연장
alongar alargar 연장하다, 길게하다
alpendio cobertizo 헛간, 광
alteza dignidad 숭고함, 품격
altra otra 다른
altura elevada dignidad 고양된 품격
alueñe alejada 소원해진, 멀어진
alumbradores gentes con el intelecto iluminado 수재, 천재
aluón lejos 먼

amanzellado mancillado, afrentado 뻔뻔스러운
ambladores bien andantes, cómodas de cabalgar 잘 나돌아다니는, 잘 쏘다니는
amblantes andadoras 보행인
amergida arrastrada 끌려가는
amidos de mala gana 마지못해
amolaba afilaba 끝을 뾰족하게 하다(afilar)
amolados dispuestos 준비된, 조치한, 처리된
amor voluntad propicia 다정, 호감, 친절
amortida amortecida 완화된
amos ambos 양쪽 모두
amunchiguar multiplicar 복수화하다, 다양화하다
anadada camino 길
anamomo cinamomo 구슬나무, 월계수
ancoraron fondearon 수심을 측량하다(fondear)
andamio adarve de la muralla 성벽 위의 방호, 통로
andar(a más) apresuradamente 급히
andidieron anduvieron 걷다(andar)
andido anduvo 걷다(andar)
andodieron anduvieron 걷다(andar)
Anglia Inglaterra 영국
anguiellas anguilas 뱀장어
animalia animal 짐승
anviso sabio 현인, 지혜로운 사람
añafiles trompetas moriscas 모로족의 나팔
añal añojo, de un año 1년에
aparado compañero de una pareja 파트너, 동료
apartado vadeable, de poca profundidad 얕은, 건널 수 있는
apelido grito 고함소리
apellidar llamamiento 함성
apellido llamamiento para ir a la guerra 돌격함성
apeonada a pie 걸어서
apercebido dispuesto 준비된
apero cornamenta (동물의)뿔
apesgado amodorrado 졸리운, 잠든
apiadar consolar 위로, 위안하다
aplanadas asentadas 자리잡은, 안정된

apoderados poderosos 강한, 권력있는
aposado fatigado 지친, 피곤한
apostada adornada, provista 갖춘, 꾸민, 장식한
apostiello a propósito ~의 목적으로, 고의로
apreciadura pago en especie(en oposición al pago en moneda) 물건으로 지급하다
apremiado afligido 괴로움을 당한
apremida castigada, sumisa 매맞은, 굴복된
apris(s)ó aprendió 배우다 (aprender)
apró mejoró 개선하다 (mejorar)
aquelli aquél 그것, 저것
aquexamiento queja 탄식, 불평
arbolorio arboleda 숲, 삼림
ardid astuto 교활한
ardido valiente, esforzado 힘센, 건장한
ardit como el anterior 힘센, 건장한
argento plata 은
argullo orgullo 자부심
ariedro atrás 뒤에
arista raspa de trigo, pajuela 밀이나 보리의 찌꺼기
arlotes bribones 깡패, 건달
armario ataúd 널, 판
armella aldabón 대형 노커, 궤짝의 손잡이
arramólos los esparció (그것을) 흩뜨렸다
arrancada vencimiento 정복, 승리
arrancado derrotado 패배한, 궤멸된
arrancar huir, ser vencido 도망가다, 패하다
arrazes arraeces, caudillos o jefes árabes 아랍군대의 대장
arredrado apartado 분리된
arredradvos retiraos 물러나거라! (retirar)
arredrando retirando 물러나면서, 퇴각하면서 (retirar)
arrematarlas las cumplirás felizmente 너는 그것을 성취할 것이다
arrendó ató el caballo por las riendas 말을 고삐로 매다
arreo equipo 비품, 장비
arrepintajas arrepentidas (창녀로서) 개심한 여자
arriados caballos provistos de arreos 마구(馬具)를 채운 말
arriazes gavilanes de la espada 칼끝

arriedro desecho 찌꺼기, 폐품, 모욕
arrobdas centinela avanzada de un ejército 최전방 파수꾼
art engaño 속임, 사기
arte como el anterior 속임, 사기
artejos falanges de los dedos 손가락 뼈 마디
asaz bastante, mucho 풍부한
ascorosa asquerosa 언짢은, 구역질이 나는
asecha acecha 잠복
aseñó dio cuenta 헤아리다, 고려하다 (dar cuenta)
asmar pensar 생각하다, 사고하다
asolver solucionar 해결하다
assaz mucho 많은
asseo apariencia exterior 외모, 외관
astilada proporcionada 균형잡힌
astragando devastando 파괴하면서
astrosía descuido 부주의, 방심 / maldad 악의
astroso hombre despreciable 천박한 사람/ desdichado, malhadado 불운한, 운수가 사나운
asueras parte de la guarnición de la caballería, acaso el sudador 마구 장식의 한 부분
ata hasta ~까지
atal tal 그런, 이런
atalaya atalayero de una ciudad 도시파수꾼
ataleadores ojeadores, observadores avanzados de un ejercito 전방 감시병
atama acaba 끝내다 (acabar)
atamor tambor (큰) 북
atendedme esperadme 나를 기다리시오 (esperar)
atendieron esperaron 기다리다 (esperar)
atenencia amistad 우정, 신의
atiende espera 기다리다 (esperar)
atomar prender 체포하다, 붙잡다
atorgar conceder 주다, 물려주다, 허용하다
atreguo concedo treguas 휴전하다
atributado tributario 납세자, 헌금자
aturas guardas, retrasas 지연, 보류
aún ojalá 제발

avancuerda alcahueta? 중개인, 뚜쟁이
aveçates aprendices 견습생, 도제
avenencia cortesía 예의, 예절
avenga convenga 같이 오시오 (convenir)
avenida ocurrido 일어난, 발생한
aveniment suceso 연속, 계속
avenir ponerse de acuerdo (의견)일치하다
aventura riesgo, peligro 위험(부담)
aventura (por) tal vez 아마도, 대개
avés apenas 결코 ~않다
avez apenas 결코 ~않다
aviaban enviaban 발송했다 (enviar)
avilaban le insultaban 그를 모욕했다 (insultar)
avitadamiente vilmente / de una manera fácil, vergonzosa para el vencido 비열하게, 천박스럽게
aviltaredes afrentaréis 모욕하다 (afrentar)
avinie comprendía 이해하다 (comprender)
avinien concordaban일치하다 (concordar)
avino venció 이겼다 / ocurrió (일이) 일어났다
avol cualquiera 무엇이든
avoletas alondras? 종달새
avuelta mezclada 혼합된, 섞인
avueltas unidas a ~로 합쳐진
axaraf terreno alto y extenso 고원
axuvar ajuar 가구, 집기
ayuntamiento alianza, unión 연합, 동맹
ayuso abajo 아래에
az yace 누워 있다 (yacer)
azarís maravedís aiarbes o de Ibn-Ayad, de Valencia y Murcia 스페인에서 통용되던 아랍의 화폐
azcones lanzas 창

B.
babieca tonto 바보, 천치
baboquia estupidez, necedad 우둔, 멍청함
bacinete especie de yelmo 투구의 일종
bafar balandronar 허세부리다

bailas bailes 춤
baldonaba prodigaba 낭비하다, 방탕하다 (prodigar)
baldoque tela de la ciudad flamenca de 's-Hertogenbosch 프로방스 산(産) 천
baraja lucha 전투, 싸움
baraja denuncia 포고, 호소, 고발
barajen discutan 언쟁하다 (discutir)
barata cambio / proporción/ discusión/ negocio 흥정, 거래
barbapuñientes que les sale la barba 수염이 나기 시작한 젊은이
barnaga proeza 무훈, 공로, 위업
barnax proeza 공로, 위업
barragán valiente 용감한
barraganía valentía 용기, 용맹
barronta barrunto, suposición 징조, 조짐
bastecidas preparados 준비된
bastidos abastecidos 충분히 갖춘
bastir preparar 준비하다 / construir 구조물을 만들다
batedizo colchón? 쿠숀
bateó bautizó 세례하였다 (bautizar)
bateyel le golpea 그를 때리다 (golpear)
baticores angustias, penas, tristezas 고뇌, 슬픔, 고통
batido mullido 이불 속, 보드라운 것
batir golpear 구타하다 / latir 채찍질하다
bausana boba 바보
bautizantes bautizados 세례받은
beços 입술, 참고 *bezos*
belmez vestidura que se ponía sobre la camisa para evitar que la loriga y demás guarniciones molestasen el cuerpo 갑옷 안에 입는 옷(살이 아프지 않게 하는 역할)
beltat hermosura 아름다움, 미
bella barba famoso 유명한
bellidas hermosas 미인들
berahá bendición 축복
bestimentos bastimentos 양식(기르는 것)
bezos labios 입술, 참고 *becos*
bien andante afortunado 행운의, 운좋은, 행복한
bien pagadas bonancibles, propicias 바람이 잔잔한, 부드러운

bimbreras mimbre 버드나무
bizmas emplasto para confortar, compuesto de estopa, aguardiente, incienso, mirra, etc. 고약
blaço brazo 팔
blagos báculos 지팡이, 위안, 의지
blanca medida exacta(?) 정중앙
bloca guarnición metálica del centro del escudo 방패 중앙의 금속장식
blocados escudos provistos de bloca o guarnición metalica del centro bloca가 달린 방패
blocales *broca* 참고
bodigos panes votivos 맹세 · 서원의 빵
bofordare bohordar, arrojar lanzas o bohordos contra los tablados, según era juego de caballeros 창을 던지다
bofordos especie de lanza 창의 일종
bogar (*home de buen*) hombre de buenas condiciones para el amor 사랑에 빠지기 쉬운 남자
bollescer bullir 끓다, 뒤얽히다
Bordel Burdeos 부르도산의 적포도주
botadas arrojadas 대담한
braçale abrazadera del escudo 방패의 테두리
braceros combativos, esforzados 투쟁적인, 전투적인
braços (*pora en*) para ser tratadas con cariño 애정으로 다루어지려고
breçuelo cuna 요람, 조국
brial especie de túnica de gran valor 비싼 도포의 일종
broselas laños de Bruselas
broslados bordados 자수, 수를 놓음
brozna quebradiza 부서지기 쉬운, 약한
brunitados de color negro 검정색의
bubas tumores blandos 부드러운 종기들
buena madrugada temprano 이른, 빠른
bufetes fuelles 풀무, (의류의) 주름
buhón buhonero, vendedor ambulante 행상, 노점상(男)
buhona buhonera 행상, 노점상(女)
buhonería comercio de baratijas, que llevaban los vendedores ambulantes 값싼 물건 파는 노점, 행상
buliendo inquietando 불안하게 하면서

bulra burla 비난, 야유
burel paño basto de lana 양털로 된 조잡한 손수건
burgeses ciudadanos 도시인
burobeses hombres de la Bureba(provincia de Burgos) 부레바 지역 사람들
bustos rebaños 무리, 떼
butores alcaravanes 섭금류의 새
buy buey 거세한 소

C.
ca pues 그러므로
caballerías pruebas caballerescas 기사도 수행
cabazones acabamientos 종말, 끝
cabce cauce 하상, 수도
cabdal grande 큰, 거대한
cabe pronto 곧
cabdellaron llevaron (짐)을 날랐다 (llevar)
cabero hombre principal 최초의 인간, 혹은 우두머리
cabezcolgados cabizbajos 고개 떨군, 풀이 죽은
cabo la principal / al lado de, de la parte de, junto a ~옆에 함께
cabo de año aniversario 해마다의
cabos(s)o cabal, cumplido 정확한, 완전무결한
cadaque cada vez que / en cuanto ~할 때마다
cadió cayó 떨어졌다 (caer)
cadrán caerán 떨어지다(caer)
cadría caería 떨어지다(caer)
caecí me hallé 나를 찾았다 (hallar)
cal calle 거리
calabrina cuerpo 신체, 몸
calagrañas una clase de uva 일종의 포도
calandra calandria 종달새
calaños semejantes 비슷한, 유사한
calcada llena 가득찬
calces patadas 짓밟기, 발구르기
calentura calor del sol 태양의 열
calonges canónigos 중세 수도승
caloñará castigará 처벌하리다 (castigar)

Calvar Calvario 십자가의 언덕(골고다)
calze cáliz 성배, 술잔
camas piernas 다리, 바지
cambra cámara, aposento 방, 회관
cameña camastro 엉성한 침대
canón *medio canón* 참조
canones cañones, tubos 관, 파이프
canto esquina 길모퉁이
cañales pesqueras 어장
capdal capital 주된, 머리의
capellinas yelmos (옛날)투구
capiello prenda con la que las damas se cubrían la cabeza 여인네들이 머리에 두르는 천
captenencia compostura 정돈, 소제
captener mantener 유지·지속하다
carbonco carbunclo (광물)루비, 홍옥 (의학)탄저병
cardeniellas cardelinas, jilgueros 분홍방울새
caro(en) en seco 까닭없이, 무일푼으로, 별안간, 알몸으로
carradas carretadas 한 차의 짐, 다량
carrera sitio, paso para combatir 전투하는 장소나 길
casa ciudad / *−Santa* Santo Sepulcro 도시
cascuno cada uno 각각
casiella celda 승방, 감방
caso con dificultad 어렵사리
castigado prudente 주의 깊은, 신중한
castigando aconsejando 충고하면서
castigar moderar 억제·조절하다
castigo consejo / recomiendo 충고
castiguemos amonestemos 타이릅시다, 충고합시다
catar mirar 바라보다, 응시하다
catedes mientes atended 주의하시오
caubdales principales 주요한
caxcas cáscaras 나무껍질
ceberas cereales 곡물의, 오곡의 여신(Ceres)의
Cebrián Cipriano
cecial seco 건조한, 마른
cediērvedas partes selectas de la carne del cerdo 갈비 부위의 고기

cedo pronto 곧
cedron cedro 돼지
cejo entrecejo 미간, 찡그린 얼굴
celada emboscada 잠복된, 매복된
celar ocultar, guardar 숨기다, 유지하다
cellerer despensero 식품 담당자
cellero despensa 저장 식료품
cello aro para sujetar las duelas 통나무를 묶는 고리, 테
cenico desvergonzado 염치없는, 철면피의
ceãniglo ceño, catadura 우거지상, 표정
cercenar cortar 자르다, 절단하다
cernejas nacimiento del cabello 발모, 머리가 남
certanidat certeza 확신, 확실함
certenidad certeza 확신, 확실함
cerveras flechas envenenadas con las que se tiraba a los ciervos 사슴에 쏘는 독화살
cervicio servicio 시중
cerrenícolo cernicalo 황초롱이, 투박한 사람
cestilla persona ruda e ignorante 무식하고 무례한 사람
cetoal citoal, raíz de la cedoaria, usada como especia 향료로 사용된 심황의 뿌리
ciclatones vestidos hechos con telas de seda, semejantes al brial 비단옷
ciella celda 승방, 감방
cima conclusión 결론, 결말
cimal copa de un árbol 나무의 전체 모양, 수관
cimas copas de los arboles 나무의 전체 모양, 수관
cincuaenta cincuenta 50
cinta cintura 허리(띠)
cinxiestes ceñiste 동여매었다(ceñir)
cisclatones *ciclatones* 참조
ciscuesma quincuagésima 사순절 전의 일요일
cítulas instrumento de cuerda 밧줄, 끈
clamada llamada 호출, 소환
clamar llamar 호출하다, 부르다
clavels(especia) clavo 노예
cobdiciaduero apetecible 탐이 나는, 바라는

cobdo codo 팔꿈치, (동물의) 무릎
coberturas especie de gualdrapas para los torneos y fiestas 말의 궁둥이 덮개
cobrilda cubridla 그걸 덮으시오
cobró recuperó 복원 · 회복하였다
coceadas pisadas 짓밟기, 발자취
cocedra colcha 침대 시트
cochura cuita 슬픔, 근심
cofradre hermano de religión 종교상의 형제
coitolós les abrumo 그들을 압도하였다 (abrumar)
coitral bestia de desecho(burlescamente se aplica a Trotaconventos) 경멸스런 짐승들(뚜쟁이들을 비꼬는 말)
colonges canónigos 중세 수도승
colpada golpe 타격, 충격
colpado golpeado 맞은, 충격 받은
colpe golpe 타격, 충격
collarada hombrillo de la camisa 셔츠의 어깨부분
combredes comeréis 먹다 (comer)
comedición pensamiento, meditación 사색, 사고
comedio intervalo, intermedio 휴식, 휴지
comedir meditar, reflexionar, pensar, considerar 고려하다, 사색하다
comendado ofrecido 제공된
comidrán maquinarán 조작하다, 음모를 꾸미다 (maquinar)
cominal común 일반적인
compañón compañero / compañia 동료, 친구
compeçar comenzar 시작, 착수하다
complido perfecto, excelente 거대한, 위대한 / grande 완벽한, 탁월한
compoçtaciona promesa 약속
compraduras compras 구매, 구입
comprarin comprarían 구입하다 (comprar)
comunal corriente 흐르는, 유통되는
conas con las 그것들과 함께
concaves cóncavos, cavidades 홈, 도랑, 패여진
concejo público 공공의
condedijos escondrijos 은닉처
condesado puro 순수한, 원래대로의
condir ungir 기름 · 성유를 바르다

condonas permites 허가, 허용
condonasse concediese 양도하다, 허가하다 (concedir)
condonastes concediste, entregaste 양도하다, 허가하다 (concedir, entregar)
conducho alimento, provisión de comida que se da al que está de víaje 여행 식량
confita celda 승방, 감방
confondió venció 이기다, 물리치다 (vencer
confuerto consuelo 위안, 위로
conhuerta satisface, conforta 만족시키다, 위로하다 (satisfacer, confortar)
conjugaciones compensaciones 보상, 위로
conloyó aprobó 허용, 인가하다 (aprobar)
conmedio entretanto, ínterin 그러는 동안
conortado consolado 위로받은
conortando animando 격려하면서, 힘을 복두어주면서
conoscienta conocida 잘 알려진, 유명한
conquerir conquistar 정복하다, 획득하다
consecho consejo 충고
consejo acuerdo 일치, 동의
consello consejo 충고
consiment merced 은혜, 덕분, 하사, 선물
contado famoso, ilustre 유명한, 뛰어난
contadores los que tienen por empleo llevar la cuenta y razón de la entrada y salida de caudales 강물의 출입을 통제하는 사람
contalassen arrancasen, mesasen 뿌리째 뽑다 (arrancar, mesarse)
contendemos disputamos 논쟁하다, 토론하다 (disputar)
contía cuantía, propiedad 분량, 중요성, 소유물
contido ocurrido 일어난, 발생한
continén (en, de) al instante, sin dilación 즉시, 곧
contir acontecer (일이) 발생하다, 일어나다
contrastar replicar 대답하다, 항변하다
contrasto contratiempo 뜻밖의 사고, 불행
contratriz intermediaria 중간의, 중개의
contruvar trovar 시를 짓다, 시를 읊다
contuerce retuerce 비틀다, 곡해하다 (retorcer)
contuerto ánimo 원기, 힘

conusco con nosotros 우리와 함께
conuvo conoció 알다 (conocer)
convid convite, invitación 초대, 초청
convido invitación 초대, 초청
conviento reunión / población 결합, 회합, 집합
convusco contigo, con vosotros 너(희들)와 함께
coñesco figura sé retórica 언어를 아름답게 구사하다
copanero compañero 친구, 동료
copla cola 꼬리, 줄
cor corazón 심장, 가슴
corada entrañas 창자, 내장, 내부, 핵심
corates corporales 육체의, 실질의
coraminos pueblos turcos, llamados también kharisminos y coarsines, que empujados por los mongoles entraron en Asia Menor y en 1244 irrumpieron en Jerusalén 터키의 한 마을
corderinos pieles de corderos 새끼양 가죽
cordojo lástima 연민, 유감
cormana prima hermana 친 사촌(女)
coronado clérigo 성직자, 승려
corredera alcahueta 포주, 뚜쟁이(女)
correntera apresurada 서두르는, 조급한
corrienda de prisa? 서둘러, 급하게
corriste perseguiste 추적하다, 박해하다
correcedes corrompáis? 썩히다, 해치다 (corromper)
corta baja 낮은, 아래의, 하급의
cortesa cortés 예의바른, 공손한, 정중한
corts cortes 국회, 상 · 하 양원
cosiment merced 은혜, 덕분, 선물
cosiemnte fuerza, vigor físico 힘, 기력
costanera (al)lado / flanco 옆, 측면
costeros guardianes, vigilantes 파수꾼, 감시자
costomre costumbre 관습
costumera cortés 예의바른, 공손한, 정중한
cota corpiño (en el texto quiere decir "con orillo como un jubon") 조끼의 한 종류
cotaifesa concubina de soldado de baja clase 하급 군인의 정부
cotas parques 공원,집결지

cotiana cotidiana 일상적인
cras mañana 아침, 내일
crebantado quebrado, partido 깨어진, 갈라진
crebanto rompió 부수다, 깨다 (romper)
crebar quebrar 깨다, 부수다
creencia credencial 믿을만한, 신임하는
criaçones criados 하인들
criado discípulo 제자, 생도
criamento cuerpo 몸, 육체
criazón linaje / hijo, descendencia 혈통, 자식, 후손
crieban quiebran 깨다, 부수다 (quebrar)
crismar poner óleos sagrados 올리브 유를 바르다
crisuelo candil 등불
croviérontelo te lo creyeron 그들은 너의 그것을 믿었다
croviesse creyese 믿다 (creer)
cruedat rigor, severidad 가혹, 엄격
cuadriellos especie de saeta : *cuadrillo* 참조 화살의 일종
cuano cuando ~할 때
cuberturas especie de gualdrapas 말장식의 일종
cudado cuidado 조심, 주의
cuédanse piensan, creen 생각하다, 믿다 (pensar, creer)
cudado cuidado 조심, 주의
cuédanse piensan, creen 생각하다, 믿다 (pensar, creer)
cuedo procuro, intento, pienso 애쓰다, 의도하다, 생각하다 (procurar, intentar, pensar)
cueidando pensando 생각하면서
cueita cuita 슬픔, 노고
cuemo como ~같은, ~처럼
cuentia valor, precio 가치, 가격
cuer corazón 심장, 마음
cuer(de) de memoria 암기로, 기억으로
cueta cuita 슬픔, 노고
cumplidas largas 지연, 기다란
cunta cuenta 계산, 고려
curaries gurardarias 지키다, 유지하다 (guardar)
curastes procuraste 애쓰다, 노력하다 (procurar)
curedes cuidéis 조심하다, 보호하다 (cuidar)

curiedes guardeis, custodiéis 지키다, 보관하다 (guardar, custodar)
curo cuido, intento, preocupo 조심하다, 의도하다, 애쓰다 (cuidardar, intentar, preocupar)
cutiano todos los días 날마다, 매일
cuyeta cuita 슬픔, 노고

CH.
charambela caramillo : vid. *cherumbella* 나문재(식물)
chirlaba hablaba ruidosamente(en el texto significa "decía tonterías") 시끄럽게 떠들다
chufas bromas 농담
chufetas chufas, tubérculos 알뿌리의 일종

D.
dado donativo 선물, 증거물
dalde dadle ~에게 주다
dañamiento perjuicio 손해
daquia en cuanto que, desde que, después que ~하자마자, ~한 후에
dayanes jueces 판사, 심판관
daxadas dejadas 포기, 방임, 방치된
daxí después 후에, 나중에
dabailadas codas cadenciales en el tañido de la vihuela 비올라의 리듬코드
debdo debido / deber / deber de vasallaje 은혜 · 의무를 지다, ~하지 않으면 안된다 (deber)
deboxado escrito 글쓰다 (escribir)
decebida engañada 속은
decende baja 하락
decí entonces 그때, 그래서
decibido engañado 속은
decida bajada 하강, 내림, 낮아진
decir descender del caballo 말에서 내리다
declinatoria escrito de indulto 사면서, 사면장
decorólo lo repitió de memoria 반복해서 암기하다
defensión defensa 방어
defensor caballero 기사, 신사
delexar dejar, abandonar 버리다, 포기하다

delibrar romper a hablar 갑자기 말하다
delicio delicia / cuidado, regalo 환희, 선물
della e della de una y de otra 이것 저것
demetió contestó, expuso 대답하다, 설명하다 (contestar, exponer)
demientra entretanto 그러는 동안, 다른 한편
dende de ello, de allí 그것의, 저기서
denegrida ennegrecida 검은, 어두운
denidades dignidades 품격, 위엄
dent de allí, de ello 저기에서, 그것의
deña digna 품위있는, 가치있는
deñar dignar ~하여 주시다
departe habla, cuenta, explica 말하다, 이야기하다 (hablar, contar, explicar)
departición partida, separación 출발, 분리
departid dirimid 취소하다, 해소하다 (dirimir)
departimiento conversación 환담, 회화
departirán hablarán 말하다 (hablar)
depda deuda 빚
deportar solazarse, entretenerse / jugar, hacer deportes 즐기다, 휴양하다, 놀다
depós detrás 뒤에, 뒤에서
deprendas aprendas 배우다 (aprender)
depuerto juego, deporte 놀이, 운동
derecho justo, exacto / reparación 공정한, 정확한 / 보상, 회복
derechurero justiciero 옳은, 엄격한
dereiterero justiciero 옳은, 엄격한
derrama perturba 어지럽히다, 방해하다 (perturbar)
derramados divididos 분리된, 나누어진
derraman exigen 요구하다 (exigir)
derramando desparramándose 흩뿌리다, 탕진하다 (desparramar)
derramó empezó 시작하다 (empezar)
derranche salga de filas 줄에서 벗어나다
derrócanlo bájanlo, derríbanlo 무너뜨리다 (bajar, derribar)
desaliñna desbarata 부수다, 무너뜨리다 (desbaratar)
desamparo dejo 방치, 방임
desapoderado desprovisto ~이 없는, ~을 갖지 않은
desarrados confundidos 섞인, 혼동된

desarramiento desconcierto, apuro 곤궁, 난처함
desbaldir derrochar 낭비하다
descenir soltar 풀어주다, 해결하다
descoig elige 선택하다, 선거하다 (elegir)
desconortado desconsolado, triste 침통한, 슬픈
descreuda descreída 신앙을 잃은, 믿음을 잃은
desculpación disculpa 변명, 핑계
desdezir despreciar 천대하다, 멸시하다
desemparado desamparado, abandonado 소외된, 버려진
desemparó desamparó, abandonó 저버리다, 단념하다 (desamparar, abandonar)
desend' entonces 그때, 그래서
desende incluso, además / después 게다가, ~까지, 나중에
deseno décimo 열번째의, 10분의 1
deserrado afligido 슬픈, 괴로운
desí después 뒤에, 나중에
desmanchar desmallar, romper la malla de la loriga 찢다, 그물을 풀다
desmarrido acongojado 슬픔에 잠긴
desmedrida amedrentada 겁에 질린
despecho enojo 화, 성냄
despender gastar 쓰다, 소비하다
despenós tiróse, arrojóse 몸을 던지다, 뛰어들다 (tirarse, arrojarse)
desplegar desarmar 무장해제하다
despugado castigado 벌받은, 괴로움받는
desque después 후에, 나중에
desarrado sin consuelo 닥치는 대로
destajada desempeñada 이행, 실행된
destajado separado 분리된 / previsto, escrito 준비된
destajar abreviar 요약하다
destajo de prisa 서둘러
destellando destilando, goteando 증류하다, 방울방울 떨어지다 (destilar)
destetar cortar los pechos 유방(가슴)을 자르다
destremando saparando 분리하다, 가르다 (separar)
destroimiento aflicción 슬픔, 탄식
destruimiento perdición 상실
desuso arriba 위로, 위에

desuyóle disolvióle 녹이다, 해결하다 (disolver)
desvolver ondear 파도치다
detardedes retraséis 지연시키다, 연기하다
devedar' prohibiere 금하다 (prohibir)
devegadas veces 번, 회
deviersos diversos 다른, 다양한
deyuso debajo 아래에, 아래로
Dia Diego 디에고 (사람이름)
deciendo descendiendo 내리다, 내려가다 (descender)
dición mala dicción 나쁜 말, 저주
dictado texto 텍스트 / historia 역사
dicto leo 읽다 (leer)
did dite 말하다 (decir)
diestes diste 주다, 수여하다 (dar)
diezmas décima parte 10분의 1
dinarada cantidad de comestible que se compraba con un dinero / céntimo 동전 하나로 알 수 있는 식료품의 양
disantero día de fiesta 축제일
disanto día de fiesta 축제일
ditado contenido de un texto 텍스트의 내용
ditz dice 말하다
diye le di 주다 (dar)
dizría diría 말하다 (decir)
do dónde 어디에
dobdadas arteras (빵에 표를 하는) 인두
dobdosa dudosa 불확실한, 의심스러운
doblas tonadas 노래, 가락
dobles canciones de amor 연가
Doiro Duero 두에로(사람이름)
doldría dolería 아프다 (doler)
¿dólo? dónde lo 어디로
domientre entretanto 그동안, 다른 한편
don en el cual ~에(관계대명사)
dona mujer 여자, 아내
donaba daba 주다, 수여하다 (dar)
donadíos donativos 선물, 증여물
donas regalos, gracias 선물, 은총 / prendas de amor 사랑의 표적

doneador mujeriego 여자다운, 여자를 좋아하는
dono gracia 우아, 은혜
doñear cortejar, galantear 비위를 맞추다, 구슬리다
doñeguil gracioso, elegante 우아한
doñeo cortejo, amorío 연인, 정사
dubdança duda 의심, 의구
duelan desbastan la madera 나무를 대충 깍다
dulces (espadas) bien templadas 잘 조절된
dulçora dulzura 단맛, 부드러움
culdar dudar 의심하다
duodena de doce días 12일 동안
dura duración 지속, 내구력
duro (*de*) difícilmente 어렵사리

E.
echaba vencía, derribaba 굴복시키다, 무너뜨리다 (vencer, derribar)
echado desterrado 추방된, 유배된
echar cobierta encubrir 감추다, 숨기다
eglisa iglesia 교회
eguado crecido 성장한
egual proporcionada 균형이 잡힌
ejáronlo echáronlo 던지다 (echar)
elas las 그 (정관사, 여성복수)
elguesia iglesia 교회
eljohar aljófar 작은 진주
Elohim Dios 하느님, 신
elos los 그 (정관사, 남성복수)
elle él 그 남자 (인칭대명사)
embarga molestar 귀찮게 하다, 괴롭히다 (molestar)
embargada impedida, apremiada 방해받은, 강요된
embargado turbado / puesto en aprieto 혼란해진, 어지럽혀진
embargo impedimento 장애, 방해물
embraçan abrazan 껴안다 (abrazar)
emendando mejorando 개량하다, 좋게하다 (mejorar)
ementaba citaba 인용하다, 호출하다 (citar)
ementando hablando 이야기하다 (hablar)
ementar enumerar 열거하다

ementare mentare 말하다, 서술하다(mentar)
emienda caridad 정의, 자비로움
emiente en miente, al recuerdo 생각으로, 기억으로
empara protege 보호하다(proteger)
emparedación clausura 수도원의 금역, 수도원 생활
emparedada enclaustrada, que vive fuera del mundo 폐쇄된, 속세를 떠난
empece importa 수입하다(importar)
empecer dañar 해를 입히다
empelecida arrugada 주름진
empenada forrada 안감을 댄
empesce impide 방해하다(impedir)
empescer impedir 방해하다
empós después 후에, 나중에
empresiones lleves prisionero 포로로 삼다
en ende, (de) ello 그러기에
enantes antes 전에
encara todavía 아직
encargada abrumada 압도된
encausto cuadro 그 점, 광경, 틀
encelado oculto 숨겨진
encens incienso 향
encerrar cicatrizar 아물게 하다
encimado encumbrado 높은, 고양된
enclaveadas claveteadas 징을 박은, 완성된
encontrado encuentro 해후, 만남
encordar tañer las campanas con la cuerda 밧줄로 종을 치다
endré añadiré 덧붙이다, 첨가하다(añadir)
endurades duráis 계속하다, 오래두고 쓸 수 있다(durar)
endurar soportar, padecer 견디다, 참다
endurido afligido 비탄에 잠긴, 슬퍼하는
enemizades enemistades 적의, 증오
enfestadas izadas 높이 올려진, 게양된
enfiándose confiándose 신뢰하다(confiarse)
enfiesta elevada / empinada 올려진, 곤두선, 고양된
enfiuzantes confiados 안심하는
enflaquidas débiles 약한

enfogar ahogar 질식시키다
enfogó reprimió 억압하다 (reprimir)
enforción como *enfurción* 격분, 화남
enfurción tributo en viandas y granos, que pagaba el pechero al señor por razón del solar que éste le daba 토지 주인에게 바치던 곡식이나 식료품
engastonada engastada 끼워진
engludaron calafatearon 벌어진 틈을 막다 (calafatear)
engludimiento calafateamiento, impermeabilización 틀어막기, 방수공사
englut engrudo / asechanza 바르는 풀
engorres detengas 말리다, 억제하다 (detener)
engrameó sacudió 흔들다, 두들겨패다 (sacudir)
engrifar encresparse, erizarse 오그라들다
enluziados enlucidos 흰 벽의
enartar seducir 유혹하다
ennas en las, a las
enozimiento perjuicio 해, 손해
ensandescedes enloquecéis 미치게 만들다 (enloquecer)
ensañar airar, enfadarse, enfurecerse 화내다
ensayando dando fuerza 힘을 쓰다
ensayar atacar 공격하다
enseñados prudentes 신중한, 분별있는
ensomo encima 위에, 게다가
ent de allí 저기에
entajos tallas 신장, 키, 조각
enteca enferma 병에 걸리다 (enfermar)
entecado enfermo 병에 걸린, 아픈
entegredat integridad 완전무결, 전부
entenciones tentativas 시험, 시안, 미수행위
entendedor amante 애인, 정부
entender amar 사랑하다 / oír 듣다
entenebridos oscurecidos 어두워진
entiendo pienso 생각하다 (pensar)
entorreadas amuralladas 성벽으로 둘러싸인
entrarán invadirán 침공하다 (invadir)
entrega placer 기쁨

entrepensando meditando 명상하다 (meditar)
entreponga mezcle, esparza 혼합하다, 뒤섞다 (mezclar, esparcir)
entretalladas labradas 세공한, 경작한
entrove entró 들어가다 (entrar)
evanesce embriaga 취하게 하다 (embriagar)
envisándolo amonestándole 타이르다, 훈계하다 (amonestar)
ercer levantar 일으켜 세우다
erguídevos erguíos, alzaos 서다, 꿋꿋이 서다 (erguirse, alzar)
erguie levantaba 일으켜 세우다 (levantar)
erías tierras de labor 경작지
ermitanía ermita 암자
ero campo 들판
erzian levantaban 일으켜 세우다 (levantar)
erzié levantaba 일으켜 세우다(levantar)
errança yerro, erro 잘못, 과거
errides yerres, equivoques 잘못하다, 실수하다 (errar, equivocar)
esa hora entonces 그때, 그래서
escalentado animado 기운이 난, 원기가 생긴
escantaderas hechiceras, encantadoras 주문의, 요술의, 매혹시키는
escantador encantador 유혹하는, 매혹적인
escanto encanto, encantamiento 매혹, 환술
escaques ajedrez 체스, 장기
escarín tela muy fina de lino 아마포로 된 부드러운 천
escarnido burlado 조소받는, 우롱받는
escas(s)o tacaño 인색한
esciencias ciencias 지식, 학문, 과학
escolanos estudiantes 학생, 생도
escombraron despejaron 비우다, 치우다 (despejar)
escueso sapo 두꺼비
escuitadme escuchadme 경청하다, 귀기울이다 (escuchar)
escura oscuridad 어둠
escurralas las acompañe 동반하다, 동행하다 (acompañar)
escurriólos les acompañó 동반하다, 동행하다 (acompañar)
escusados que no lo necesitan ~이 필요없는
escuseras tímidas 소심한, 겁먹은
escuso apartado, en secreto 별개의, 비밀의
esforcadvos recuperad las fuerzas 힘을 회복하시오

esforçar animar 원기를 돋우다
esflaquésceles se les desanima 맥빠지게 하다
esfriado refrescado 시원한
esfuerçan cobran fuerzas 힘을 얻다
esidre Isidoro 이시도로
esient terminando, saliendo 끝마치다, 나가다 (termnar, salir)
esmembremos despedacemos 토막내다, 난도질하다 (despedazar)
esmerado puro : −*a* 순수한 / pulido, escogido 가려진
esmortecido desmayado 실신한, 무기력해진
esora entonces 그때, 그래서
esorados dorados 금을 입힌, 도금한
espedido marchado, despedido 가버린, 작별한
espender gastar 쓰다, 소비하다
espertó despertó 깨우다 (despertar)
espeso gastado 닳아빠진, 다 써버린
espiende gasta 쓰다, 소비하다 (gastar)
espinaças espinas 가시
espirament suspiro, respiración 한숨, 호흡
espolón(a) picando espuelas 박차를 가하면서 (picar espuelas)
espolonar picar espuelas 박차를 가하다
esporas espuelas 박차
esportólos despertólos 깨우다 (despertar)
espueras espuelas 박차
essa(s) hora(s) entonces 그때
essora entonces 그때
establías establos 외양간, 축사
estacas palos que mantienen en pie la tienda de campaña 야전 텐트 용 막대기
estemado castigado a perder un miembro 사지 중 하나를 절단하는 형벌을 받은
estero secreto, escondrijo? 비밀
esti éste 이것
estido estuvo ~이다, 있다 (estar)
estiellas astillas 부스러기
estodieres estuvieres ~이다, 있다 (estar)
estodieron estuvieron ~이다, 있다 (estar)
eston entonces 그때, 그래서

estonce entonces 그때, 그래서
estonz entonces 그때, 그래서
estorcer librar, salvar 자유롭게 해주다, 구해주다
estorcido salvado 구원받은
estordido aturdido 멍청해진, 넋을 잃은
estoriada historiada, con representaciones de hechos historicos 역사로 기록된
estorianos hombres de Asturias 아스뚜리아 사람
estoz entonces 그때, 그래서
estremar fallar, dirimir un juicio 판결을 내리다
estrena regalo 선물
estribera estribo 발걸이, 등자
estricote cabestro(irónicamente:se dejará conducir fácilmente) 고삐
estudieron estuvieron ~이다, 있다(estar)
evierno invierno 겨울
exabeba flauta 플룻
exco salgo 나가다(salir)
exebciones exenciones 면제
exí salí 나가다(salir)
exida salida 출구, 나감
exíen salían 나가다(salir)
exir acabar 끝내다

F.
fabreste hablaste 말하다, 이야기하다(hablar)
facianas hazañas 무훈, 업적
facienda lucha 싸움, 전투
façaña rareza 희박, 드문 일
fal falta 결핍, 부족
falaguero halagador, halagüeño 아첨꾼
falsacia falaz, engañosa 거짓의, 속이는
falsar romper, quebrantar / quebrantar juramentos / engañar 부수다, 약속을 어기다, 속이다
falsía mentira 거짓말
falla descanso 휴식, 쉼
fallase encontrase 만나다, ~상태에 있다
fallecistes engañasteis 속이다(enagañar)

fallença falta / necesidad 결핍, 필요
fallencia falta 결핍
fallescerá quedará 남다, 되다 (quedar)
fallescí falté, abandoné 모자라다, 빠지다, 단념하다 (faltar, abandonar)
fallesció cometió falta 잘못을 범하다 (cometer falta)
fallida falta 모자람, 부족
fallido falso 거짓의, 틀린
famado famoso, de buen nombre 유명한
fame hambre 배고픔
far hacer 하다, 만들다
fardida astuta 교활한, 빈틈없는
fartó sació 충족시키다 (saciar)
fasanero exagerado y largo de lengua 표현상 과장되고 장황한
fascas casi 거의
fata hasta ~까지
fatilas hilas 열, 줄
faz hace 하다, 만들다 (hacer)
faza hacia 하다, 만들다 (hacer)
fazienda empresa / hecho, combate / carácter, complexión 사업, 일, 전투
feches hacéis 하다, 만들다 (hacer)
fedentina hediondez 악취, 고약한 냄새
fedientes hediondos 냄새가 나는, 더러운
fégados hígados 배짱, 용기
feita hecha 일, 해위, 사실
fellón ruin 천박한, 추잡스러운
femencia cuidado 열심, 열의 걱정, 근심
fer hacer 하다, 만들다 (hacer)
ferit haced 하다, 만들다 (hacer)
fervor calor / fuego, infierno 불,열
ferreda herrada 통, 물통
ferrara(*águila cabdal*) águila real 매(새)
festino rápidamente 빠르게
festival alegre 즐거운, 쾌활한
fetillada afligida 괴로운, 슬픔에 잠긴
fevos he aquí 여기에 ~있다

fi hijo 아들
fiadura fianza 보증, 담보
fichos hijos 자식들, 아들들
fideles fieles que dirigen la lid resultante de un reto 전선(싸움)
fidra fría 추위
fierga hiera 상처를 입히다 (herir)
fillo hijo 아들, 자식
fincar quedar / sujetar 남다, 되다, 복종시키다
fincó cesó, acabó 그치다, 끝내다 (cesar, acabar)
finchiense llenábanse 가득차다 (llenarse)
finiestras ventanas 창문들
firio frío 추위
firmalle joya en forma de broche 브로치 모양의 보석
físicos médicos 의사, 의학의
fita armada, montada 무장된, 말을 탄
flum río 강
fo fue, era ~이다 (ser)
fogaça hogaza, pan grande 커다란 빵
folía locura 광기, 실성
follía locura 광기, 실성
follonía ira 성, 화, 분노
fonda honda 심오한, 깊은
fondón abajo 아래에
fonsado ejército 군대
fonsario sepultura 무덤, 묘
for fuese 가다 (ir)
foracados agujereados 구멍이 뚫린
foradadas abiertas 열려진
foradar agujerear 구멍을 뚫다
forado agujero 구멍
forcia fuerza 힘, 효력
fore fuese 가다, ~이다 (ir, ser)
fóredes fueseis 가다, ~이다 (ir, ser)
fornachos agujeros 구멍들
fosal sepulcro 무덤, 묘
fosse fuese, estuviese ~이다, 있다 (ser, estar)
fostes fuiste 가다, ~이다 (ir, ser)

fraca delgada 가느다란
fradre hermano 형제
francos franceses(comerciantes) 프랑스인
franquear dar con generosidad 관용을 베풀다
freira monja 수녀
fría frívola 경망스러운, 경박한, 하찮은
fridor frescura 시원스러움, 상쾌함
friores rigores del frío 냉엄함
friuras fríos 추위, 학질
fronteros fronterizos, gentes para defender la frontera 국경수비대
fue fui ~이다, 가다 (ser, ir)
fuella huella 흔적, 자취
fuent río 강
fuera estaba ~이다, 있다 (estar)
fuerte hora mala hora 고통의 시간
fuesa fosa 묘구덩이, 구멍, 물통
fuont fuente 샘, 우물
fur fuere 가다, ~이다 (ir, ser)
furon fueron 가다, ~이다 (ir, ser)
fusia confianza 신뢰, 신용
fust palo, bastón 몽둥이, 지팡이
fuste palo 몽둥이
fuste fuiste 가다, ~이다 (ir, ser)
fuxiste huiste 도망가다 (huir)
fuxó huyó 도망가다 (huir)

G.
gabando bromeando 농담하다 (bremear)
gafo leproso 나병의, 나병환자
galeas galeras 갤리선, 전투함
gallarín en progresión geométrica, multiplicando cada número por sí mismo 기하급수
gameño infierno 지옥
garabato espina 가시, 척추
garçon muchacho 어린이, 소년
garengal galanga, planta exótica de raíz medicinal 심황의 한 가지 (약초)

garnacho como la anterior 심황의 한 가지(약초)
gasajado regalo, don 선물
gasnar graznar 까옥까옥 울다
gazajado regalo 선물
gelo se lo
genta gentil 우아한, 기품있는
Genua Génova 제노바
gielos hielos 얼음
giga rabel de tres cuerdas 3줄로 된 목금(거문고)
girgonça jacinto, piedra fina 수정
gobierno puesto de mando de una embarcación 선박 등의 조타(핸들)
golhín delfín 돌고래
goliela cuello, garganta 목, 목청
golosía gula 대식, 폭식
golpando golpeando 치면서 (galpear)
gracir agradecer 감사하다, 고맙게 여기다
grádanse complacíanse 즐기다, 기뻐하다 (complacer)
grade agradezca 감사하다, 고맙게 여기다 (agraceder)
grado gusto, voluntad, consentimiento / gusto / estima 기호, 의지, 공감
grado agradezco 감사하다, 고맙게 여기다 (agraceder)
gradosas con gusto, contentas 기꺼이
grafio punzón 송곳
granado grande, excelente / importante 큰, 훌륭한, 중요한
grando grande 큰
grant mañana temprano 일찍
grecianas griegas 그리스 여자, 그리스의
griñón mandíbula 턱, 부리
grojear gorjear 목을 떨다, (새가) 지저귀다
gros(en) en conjunto 총괄하여, 합쳐
guadalmecí guadamecí, cuero adornado con dibujos 그림으로 장식된 가죽
guardemecís *guadalmecí* 참조
guarescer proteger(voz de retirada a un ejército) 보호하다
guarido curado, sanado 쾌유한, (병에서) 완쾌한
guarimiento salvación 구원
guarir curar / guarecer 치료하다
guarniciones arreos marciales 군대 장신구

guarnimentos aderezos 장신구, 겉치장
guarnir guarnecer 장식하다
guarnizones armas defensivas, especialmente la loriga 방어용 무기, 특히 갑옷
guarría curaría 고치다 (curar)
güerdar guardar 지키다, 간수하다
guión jefe 우두머리
guiona guía 안내자, 가이드
guisa manera / gusto 방법
guisado dispuesto, preparado 준비된
gulpeja zorra 암여우, 매춘부

H.
haber cantidad de dinero / pago 재산
haber monedado dinero acuñado 주화, 동전
haberes bienes, hacienda 재산
habié hacía 하다 (hacer)
habitamiento sitio en el que se vive 주거지
habristes hubieras 잡다, 손에 넣다 (haber)
hacerio afrenta, baldón 모욕, 불명예
halia adorno, alhaja 장식
haselejas toallas 손수건, 타올
heba había (haber)
heda fea 못생긴, 추악한
hedes heis, habréis(segundo elemento del condicional) (haber)
herrén prado 풀밭
hey tengo 가지다 (tener)
hiebre fiebre 열, 열병
hien habían (haber)
hilada helada 찬, 얼음 같은
hinojos rodillas 무릎
hito insistente 끈질긴, 고집하는
hobi tuve 가지다 (tener)
hof hube 잡다 (haber)
homenaje promesa, juramento 약속, 맹세
homicero matador 살인자
homicidia ira? soberbia? 분노?, 흥분?

homne(s) hombre(s) 사람, 남자
homne de prestar hombre de pro 찬성하는 사람
homre hombre 사람
hondra honra 명예
hondrança honra 명예
hondremos honremos 명예를 주다 (honrar)
honores heredades, patrimonio 유산
honorrada honrosa 명예스러운, 어엿한
honta afrenta 치욕
hopa especie de túnica 긴 도포의 일종
hora *esa hora, esora* 참조
hora(s) entonces / veces 때, 순간
hospedado albergue 숙박소
hostalaje pensión por la posada 숙박을 위한 하숙, 기숙사
hoye hoy 오늘
huebos necesidad / *–me serie* tengo necesidad / *pora–* para atender a las necesidades 필요성
huebra labor, obra trabajada con esmero 정성들여 이룩한 일
huemme hombre 남자
huerco infierno 지옥
huestes ejércitos 군대
humilmente humildemente 겸소하게, 겸허하게

I.

í ahí, en ello 거기, 그쪽
Ilion Troya 트로이
imos vamos 가다 (ir)
impasión dolencia 고통
incala importa / podéis imaginar 중요하다, 상상할 수 있다
inchámoslas llenémoslas 채우다 (llenar)
infiesto tieso, enhiesto 완고한, 굳은, 단단한
infinta fingimiento 거짓, 위선, 꾸미기
Ipre paño de Iprés Ipres 직물
irada entristecida 슬픈 / piedra lanzada violenta– mente 세게 던져진 돌
iraría irritaría 격노하다 (irritar)
iscamos salgamos 나가다 (salir)

ivierno invierno 겨울
ixia salía (salir)
ixieron salieron (salir)

J.
janta come 먹다
jaque prenda de vestir, especie de chaqueta 입는 것, 자켓의 일종
jaz yace 가로눕다
jaziana yacían 가로눕다(yacer)
jerradas equivocadas 잘못된, 실수한
jogados burlados 농락당한
jogar jugar 놀다, 경기하다
jogral juglar 후글라르, 음유시인, 광대
jogrería juglaria 광대
joya alegría 기쁨
julgar' juzgare 판단하다
juñiemos nos unimos 우리 힘을 합칩시다
juventa juventud 젊음

L.
labros labios 입술
lacerio pena 고통, 아픔
lago lagar 압착기(포도즙을 짜는)
lambien lamían 빨다, 핥다(lamer)
lamolo llamólo 부르다(llamar)
landes bellotas 도토리
landre tumor, buba 종이, 혹
lastan sufren, pagan 고통받다, (값을) 치르다(sufirir, pagar)
laudar elogiar, alabar 찬양하다, 칭찬하다
laude canción 노래, 찬가
Layda Leyden, ciudad de Holanda 네덜란드의 도시
lazdrar sufrir, padecer 고통받다, 겪다
lazerades sufris sufrir의 현재
lazeria sufrimiento 고통
lazerio miseria, pena, sufrimiento 비참, 고통
lazrado, −a maltratado, injuriado / triste / asustado / que han hecho penitencia / miserable 학대받는, 슬픈, 놀란

lazrados atacados 우유부단한, 꾸물거리는
lazré padeci, sufri 고통받다 (padecer, sufrir)
lechiga cama 침대
lecua duela, tabla del tonel 통나무
ledanías letanias, narraciones monótonas 단조로운 기도, 연설
ledo, −a alegre 즐거운, 기쁜
lees leyes 법, 규칙
Leire el río Loira Liora 강
len leen 읽다
lengulado ave no ídentificada 알려지지 않은 새
lenzuelo sábana 시이트 덮개
lepantóse levantóse 일어나다 (levantarse)
leticia alegría 기쁨
levar llevar 가지고 가다
levó levantó (levantar)
lexara dejara 허락하다, 놓다 (dejar)
lexativo resolutivo 분해, 용해의
lexó dejó 놓아주다, 방치하다 (dejar)
ley(e) lee 읽다 (leer)
leyenda texto, escritura 책, 문자
librábanse despejaban, dejaban libre 비우다, 자유분방하게 하다
lichiga cama 침대
lienda lectura 독서, 강독(독본)
lieva levántate 일어나라
lindero de buena raza 좋은 혈통의
lixoso desacatado 버릇없는, 건방진
loçanía liviandad 경박한 일, 사소한 것
logrero beneficio 이익, 이윤
loguer ganancia / alquiler 수입, 벌이, 임대료
loguero alquiler 임대료
lombre nombre 이름
loquelas historias 역사, 이야기
lorados llorados 우는
lorer laurel 월계수
losenjar adular 아첨하다, 기쁘게 하다
luenga alta 높은, (키)큰
lueñe lejos 먼

lures sus 그의(소유격)
luvas guantes 장갑
luziello urna de piedra en la que se sepultan personas distinguidas 저명한 인물을 매장하는 석재 납골함

LL.
llenapor encima en número desbordante 아주 많이(수)
llenero abundante, generoso 풍부한, 관대한
llopo lobo 늑대

M.
maçada glope 치기, 충격
maçana manzana / pomo de la espada 사과 / 칼의 손잡이
maestro médico 의사
Mafómat Mahoma 마호메트
magar aunque 비록 ~라 할지라도
maguer aunque 비록 ~라 할지라도
mais mas, pero 더욱, 그러나
maixiella mejilla (얼굴의)볼, 뺨
majadas golpeadas 얻어맞은
majadura enfermedad 병
malantant infeliz 불행한
malantía enfermedad 병
malapresa desdicha 불행, 불운
mal apreso desdichado 불운한
malastrugas desventuradas 불운한
malato leproso 나병의, 나병환자
mal barragán cobarde 겁장이
malestorbar perjudicar 해를 끼치다, 상처를 주다
malgranada granada 석류
malgranar huerto de granados 석류밭
malpagar belicoso 호전적인
malsabida astuta 간교한, 교활한
malveztat maldad 사악함, 악
mana mañana 내일, 아침
man a mano en seguida 즉시, 바로
mancará faltará 부족하다, 필요로 하다

mandación mandato 명령
manear pasar por las manos, manosear 멋대로 주무르다
manezuelas menudencias 사소한 일, 작은 물건
mansellada mancillada, llena de faltas 더러운, 결점투성이의
mantenencia sustento 식량, 끼니, 받침
manteniente sujetando con la mano 손으로 꽉 잡으면서
maña grande 커다란
mañana prieta al al amanecer 해가 뜰 무렵, 동틀녘
maor mayor 더 큰
maravejáronse maravilláronse 놀라다 (maravillarse)
marcadería mercancía 상품, 장사
marcos clases 계급, 단계
marfusa zorra 암여우, 매춘부
marina mar 바다
marisma orilla del mar 바닷가, 해변
martelladura martillazo 망치질
martiriaba disciplinaba 훈련시키다, 채찍질하다 (disciplinar)
mascoriento horrible? 지독한, 무서운?
massellano de Marsella 마르세이유의
maselleras dañosas 해로운
masiella dolencia 병, 통증
masnada manoseada 멋대로 주무르는
mastro maestro 스승, 달인
matinada maitines 새벽의 근행(勤行) – 종교
matinas maitines 새벽의 근행(勤行) – 종교
matino mañana / madrugada 아침, 새벽
maxiella mejilla 볼, 뺨
maxmordos dientes arracimados, desiguales 덧이
mayas canciones de mayo 5월의 노래
mayestura maestría 숙련
mazanedas manzanos 사과나무
maziella pena 고통, 벌
meaja moneda de poco valor 낮은 단위의 동전
meatat mitad 중간, 1/2
mediados gallos el canto del gallo entre la medianoche y el amanecer 밤과 새벽사이의 닭 울음
medio canon especie de salterio (구약)시편의 일종

megia medicina, actividad del médico 의료, 의학 ***metgía*** 참조
meldaredes leeréis textos religiosos hebreos 히브리 종교 서적을 읽다
melena frontil de los bueyes : exactamente, los flecos del frontil 황소의 머리에 두른 천
melequis dinares almorávides de Málaga 중세 Malaga에서 쓰이던 알모리 스타일의 아랍 금화
Melérida Mérida 메리다(지명)
melezina medicina 의학
melinas paño de Malinas Malinas 모직물
membrado prudente, entendido 신중한, 사려깊은
membrar recordar 기억하다, 기록하다
menaban llevaban, conducían 데리고 가다, 안내하다 (llevar, conducir)
menadas almenadas 톱니 모양새
menazando amenazando / llevando 가지고 가는
mencojos pestañas 눈썹, 털
meneo compostura, movimiento 몸치장, 운동
mengaban faltaban 부족하다
mengua falta 부족함
menguada echada en falta 부족한
menguados pobres, necesitados 불쌍한, 가난한
menguasse faltase 부족하다 (faltar)
menos(a) sin ~이 없는
menos(al) ni siquiera ~조차 않다
meollos carne de la avellana 개암열매 과육
merca compra 구입, 구매
merca trata, hace negocio 다루다, 흥정하다, 사업하다
mercado trato 다루는 것, 조약, 거래
mercadores comerciantes 상인
mercadurías mercaderías 상품, 화물
merchandía mercancía 상품, 장사(거래)
meridiana mediodía 정오
merinos merinos, jueces 메리노종 면양, 대관, 판관
mesiellas mejillas 볼
mesquindat tristeza, pobreza 슬픔, 가난
mesquinos pobres 가난한 사람
messión enseñanza 가르침, 교육
mester ocupación / necesidad, menester 업무, 용무, 일

mestros maestros 선생님
mesturero engañador, chismoso 사기꾼, 남의 말 잘 하는 사람
mesura conveniencia 적합, 편의 / recompensa 보상
mesurados comedidos 정중한, 조심스러운
mesurar comportar 참다, 견디다
mesuraremos la posada abreviaremos la estancia 체류를 단축하다
metge médico 의사
metgía como *megía* 의료행위, 의학
metiendo coraçón reanimando 용기를 북돋우며
metió por plazo defirió, aplazó 연기하다, 미루다
métote en sentencia te condeno 너를 징벌하다
metrá meterá 끼워넣다 (meter)
metriá pondría 놓다 (poner)
metrie en arras daría en arras 착수금조로 주다
meu(s) mi(s) 나의
mielgas pez selacio, abundante en nuestros litorales (스페인 영해에 많은) 돔묵상어
miémbrevos recordaos
mientes tiene atiende, se fija 주의를 기울이다
mientre mientras ~하는 동안
mierca transacción 계약 / compra, adquiere 구매하다
milgranos granados 석류(나무)
miller millar 1000개(의 단위)
mineras salinas 염전
mira admiración 숭앙
mirazón admiración 숭앙
miro admiro 우러르다
miros egipcios 이집트의, 이집트인
misión motivo 동기
misist pusiste 놓다 (poner)
missiegos tempero para sembrar los trigos 밀을 씨뿌리기에 적당한 습기
missión precio 가격 / gasto 소비
misto fundido, unido 합쳐진, 섞여진
molaziellos monaguillos 미사를 거드는 조수
molazinos monaguillos 미사를 거드는 조수
molejas uvas dulces 단 포도

mollura blandura 부드러움
molsa lana o pluma del colchón 요 속의 양털
monagones mozuelos 젊은 사람
monaguesa mujer del monaguillo 미사를 거드는 조수의 부인
monda purificada 정화된
monedas clases, especies 계급, 종류
monjía convento 수도원
morrá morirá 죽다(morir)
mortaldade matanza 살인
mote lema 표어, 모토
muchigua enriquece, multiplica 번창하다, 증식하다
muebda motivo 동기
muedo canto 노래
muesa mordida, monda 다 닳은, 말끔한, 순수한
mugurones puntas de las espadas 치마의 레이스 무늬
muito mucho 많은
muller mujer 여자
muort muerte 죽음
mur ratón 쥐
musar detener, esperar 멈추다, 기다리다

N.
'n de ello, allí 그곳의 그것의
naçrá nacerá 태어나다
nadi nadie 아무도
nado nacido 태어난(nacer)
nasco nació 태어났다
Natal Navidad 크리스마스, 성탄절
natíos plantas silvestres, desapacibles 야생의 식물
natura linaje 선, 족보
naturale de linaje 혈통의
navancos lavancos, patos bravíos 야생오리
nazga nalga 궁둥이
neciedat necedad 우둔함
némbrevos recordad 기억해라
nen ni ~또한 아니다
neto puro 순수한, 완전한

nief nieve 흰, 눈(같은)
nieu nieve 흰, 눈(같은)
niubla niebla 안개
no en el 그것 안에
no lo pare por maña sin excusa 변명없이
nombre número, abundancia 숫자, 풍부함
nomnado llamado ~라 불리우는
nomne nombre 이름
nomrar nombrar 명명하다
notólos contólos 노래부르다 (cantar)
novembrio noviembre 11월
nuef nueve 9
nueva maestría mester de clerecía 승려계급
nuevas noticias 소식
null ningún 아무런 ~도
nuobes nubes 구름

O.
o dónde 어디에?
oblidé olivé 잊어버리다 (olvidar)
obración ofrenda 선물, 헌납
obradas ofrendas 선물, 헌납
obrado labrado 세공(한)
ocasión causa 이유, 목적
ochavario octava, octavario 여덟번째
ochubrio octubre 9월
odí oí
odicepçon errata por *concepción* 개념상 틀린 표기
odió oyó 듣다 (oir)
odor olor 냄새, 향기
odrá oirá 듣다 (oir)
odredes oiréis 듣다 (oir)
oferda ofrenda 헌납
ojo(*a*) delante 앞에 / −(*por*) evidente 확실한
ojó miró 바라보다 (mirar)
Olalia Eulalia 에울라리아
olio aceite 기름

Ollalia Eulalia 에울라리아
on donde 장소를 나타내는 관대접속사
onde puesto que ~하기 때문에(이유)
ont donde 장소 관계접속사
onza once 11
orador clérigo 승려
oral velo para el rostro 얼굴 가리개 천
oratge tormenta 고문, 고통
ordios cebadas, cereales 보리, 곡식류
orecha oreja 귀
organan cantan 노래하다
organeando cantando 노래하다
oriella tiempo 시간
orior oropéndola 개똥지바퀴
oro colado oro puro 순금
orsos osos 곰
ortado sabio 현자 / fino, extremado 예리한, 극단의
oruela vientecillo
osadas(a) sin miedo 겁이 없이
osmando juzgando 판단하여
osuaba osaba 증오하다 (osar)
osulución solución 해결, 결말
oteando contemplando 관조하면서
oteo miro, contemplo 바라보다, 관조하다
otrie otro 다른
otrosí tampoco 역시 ~이 아니다
otrosín también 또한 ~이다
outuño otoño 가을
oy oye 듣다
oyades oid, oigais 들어라
oyas oye, oigas 들어라
oyestes oisteis 듣다 (oir)

P.
padre aponderado Dios 신
pagada en calma 조용히
pagado contento, alegre 만족한, 즐거운

pagamos satisfacemos 만족하다
pagar honrar 존중하다
palaciano excelente 훌륭한, 우수한
palacio sala, aposento principal de una casa 한 집의 가장 큰 방
palafré caballo de camino y de lujo 승마용 말
palancadas golpes 치기, 두드리기
palanciana palaciega 왕궁의, 궁중신하
palazió plació 기쁨을 주다
palero horca 교수대, (목에 매는) 칼
palma palmera 종려나무
palomela palomita 구운 옥수수, 조그마한 비둘기
par por ~을 위하여, ~때문에
para da, concede 주다, 양도하다
paraba ponía, quedaba 놓다, 남다
parado concertado, preparado 정연한, 정돈이 잘 된
paraje linaje, alcurnia 가계, 혈통
paramentos decisiones 결정
paran preparan 준비하다, 예비하다
paran se preparan 준비하다
parança preparación 준비 / *-s* apariencias 외견
páranlas dejanlas 놓아두다
parat mientes poned atención, tened cuidado 주의를 기울여라, 조심해라
paraula palabra 언어, 말
parcioneros herederos, participantes en una herencia 유산상속자
parecen rayan, asoman 나타나다, 닮다
pareciente agraciada 고운, 아름다운
parellas semejantes 비슷한
paréscele enseña 가르치다 (enseñar)
paretes paredes 벽
parlinas requiebros, conversaciones de enamorados 연인의 속삭임, 밀어
parósse quedóse, púsose 머무르다, 앉다 (quedarse, ponerse)
parti quité 벗기다 (quitar)
partiéronse se apartaron 갈라지다, 이혼하다 (apartarse)
pasada muerta 죽은
pas(s)adas pasos 통행, 걸음

pasarero cazador de pájaros 새 사냥꾼
pasaste transgrediste 위반하다, 어기다 (transgredir)
passamiento tránsito 통행, 이동
passar atravesar 횡단하다
passara por ál(non) no habrá más remedio 하는 수 없을 것이다
pastraña conseja 충고하다
paviotas alcahuetas : *pegatas* 참조 중매장이, 포주
peaños paños 직물, 편모
pecadesno fantasma 환영, 허깨비
pecadriz pecadora 매춘부
pedición petición 청구, 청원
pedones peones 인부
pedricando predicando 설교하다
pedrico predico 설교하다, 나무라다
pegadas del color de la pez 물고기 색깔의
pegados unidos 합쳐진, 연합이
pegatas dueñas, alcahuetas : 포주 *paviotas* 참조
pelaça peligro 위험
pelaguiello navajo, charco en una piedra 바위 위의 물 웅덩이
pelisco ave no identificada 이름 모르는 새
pella pelota 공
pellico pequeña piel, empleada como vestidura 옷으로 쓰이던 조그만 가죽
pelliçones prenda de vestir hecha con piel de armiño, conejo o cordero : se ponía sobre el brial e iba cubierta por el manto 족제비, 토끼, 양 가죽 등으로 만든 옷, 스커트 위에 받쳐 입거나 외투 속에 걸쳤음
pellote prenda que se llevaba bajo el manto 외투 속에 입던 옷
pensarán cuidarán 주의하다, 보호하다
peña piel 가죽, 피부 /*en*– (cejas) pobladas
pěñolas plumas 깃털, 펜
pepiones monedas de escaso valor 가치가 적은 동전
pera para ~을 위하여, 향하여
percebiesen preparasen 준비하다 (preparar)
percudidos agudos 날카로운
percha palo largo, pértiga 장대, 기둥
perdonanças perdón 용서, 사면

perdrás perderás 잃어버리다
perdrie perdería 잃어버리다
perellar preparar 준비하다
pergüena pregona 외치고 다니다, 선전하다
periglo peligro 위험
perlado prelado 고승, 고위성직자
perlando hablando 말하다
perlazía reunión, conjunto de prelados 주교단
pero que aunque 비록 ~할지라도
peros perales 진주
pesada triste 슬픔
petafios sentencias 선고, 문장
petrina pecho 가슴
peyones peones 인부
pezinas albercas, estanques 저수지, 연못
piadat como el anterior 저수지, 연못
picaças urracas 까치
picaña ralea? 혈통 / picardía 야비한 짓
picos lorigados áves no identificadas 이름 모르는 새들
pidrá pedirá 요구하다 (pedir)
pieça rato 순간, 잠깐
piedaras piedras 돌
piedes pies 발
piértega vara, pértiga 작대기, 기둥
pihuelas correa para trabar las aves de cetrería 매를 묶는데 쓰이는 가죽끈
pintados hermosos 아름다운
pipión moneda de poco valor 작은 단위의 동전
pitofleras entrometidas 사이에 끼인
pitoflero chocarrero 노골적인, 신소리 하는 사람
pixota pescadilla 작은 대구 (물고기)
placero público, de las plazas 공공의, 드러난
plado prado 풀밭
plagados con llagas 상처입은
plan(a) de seguro 확실한, 안전한
plana llanura 평원, 평탄함
planidat abundancia 풍부함, 넘침

plasentería placer, dicha 기쁨, 행복
plazdo plazo 기간
plazentería placer, dicha 기쁨, 행복
pleito convenio, contrato / negociación, trato 계약, 거래
plenero completo 완전한
pletea contienda 싸움, 말다툼
plogo agradó, gustó, alegro 기쁘게 하다, 즐겁게 하다
plomaços colchones 요, 침대쿠숀
poca hora pronto, temprano 곧, 금방
poderes fuerzas militares, ejércitos 군대, 부대
palomba paloma 비둘기
pólvara púrpura 보라색의
pomares manzanares, huertos de árboles frutales 과일나무가 있는 과수원
pónense expónense 전시하다(exponer)
ponieron pusieron 놓다(poner)
ponimiento(s) libramientos, credenciales 신용함, 신임장
poquellejo poquito 아주 조금
poquillejo como el anterior 아주 조금
porfaçado difamado 명예가 떨어진
porfaço afrenta 모욕, 불명예
porfazo afrenta 모욕, 불명예
porfidiosas insistentes 집요한, 끈덕진
poridad secreto 은밀한, 비밀의
poridat secreto 은밀한, 비밀의
portogalés portugués 포르투갈인
pos(s) junto a, al lado de 옆에, 같이
posada sitio donde posar 숙박할 곳, 여관
posiesta la tarde 오후
possaldo ponedlo (poner)
postremería muerte 죽음
potencia poder, capacidad 힘, 능력 / valor 가치
potestades ricos hombres investidos de un alto cargo, inferior al de los condes 백작다음으로 높은 지위를 가진 부자
prea presa 노획, 노획물, 죄수(女)
preando depredando 약탈·횡령하다의 진행형
precio honra, prez 명예, 정조

preció estimó 존중하다, 평가하다 (estimar)
precióronlo lo estimaron 존중하다, 평가하다 (estimar)
predicar aconsejar 충고하다
predigas muestras 보여줌, 전시
pregada sujeta 묶인, 종속된
premer bajar 내려오다
premia opresión 억압 / necesidad 궁핍
prendedero broche con que se prendian las sayas 스커트나 두루마기를 걸칠 때 쓰던 브로치
prendudo tomado 목이 쉰
presas presillas 매는 끈
presno ración 하루 양식, 배급, 급료
preso recibido 수취된
pressionado hecho prisionero 감옥에 갇힌
prestan convienen, son útiles 유용하다, 유익하다
prestar ayudar 돕다 / *de*– adecuado / 적당한, 적절한
prestar(*caballero de*) (caballero de) pro 유익한 사람
preste beneficio 이익
presuras aflicciones 슬픔, 탄식
prez renombre, honor 명예
prez paño de Iprés Iprés산 직물
priado pronto 곧
priega suplica, ruega 탄원하다, 간청하다 (suplicar, rogar)
priegos clavos 못
prieto negro: –*a* 검은
primencia primicias 햇곡식
primería principio 원리, 시초
primo excelente, extremado 뛰어난, 훌륭한
príncep príncipe 왕자
pris tomé 택하다 (tomar)
prista está, conviene 어울리다, 적당하다
privado presto, pronto, de prisa 재빠른, 신속한, 곧
pro provecho, beneficio 이익, 유용성
probedat pobreza 가난함, 궁핍
profundado gran conocedor, instruido (지식이) 심오한 사람
proposión proposición 제안, 제출 계획
prosas canciones 노래들

pueca poca 조금의, 소량의
puerco jabalí 멧돼지
puerco montés jabalí 멧돼지
pues después 후에, 이후
puestas tajadas de carne 고기조각
pujada crecida 성장한, 성숙한
pujar subir 오르다, 상승하다
pulgar darse prisa en hacer una cosa 서둘러 ~하다
puna trata, procura 시도하다, 애쓰다
punaron vivieron 살다
punentes que aguijonean 찌르거나 자극하는 것
puntos tonos musicales 노래의 음조
puña como *puna* (안데스 산중의) 황야, 호흡곤란, 고산병
puños puñadas, golpes 주먹질, 매
puorta puerta 문, 현관
puyada subida, elevada 상승한, 올라간

Q.
quebrábale saltábale, latía impetuosamente 심하게 매질하다
quebraçados agrietados 틈이 생긴, 트인
quequier cualquier cosa 무엇이든
quera quiera 좋아하다
queraach queráis 좋아하다 (querer)
querieno lo querían 그(것)를 좋아하다
querimonia queja 한숨, 한탄, 불평, 하소연
quesado aquejadumbrado
quexadas mandíbulas 턱, 새의 아래부리
quexados afligidos 슬픔에 잠긴, 괴로워하는
quexaradas quejumbres 한탄, 불평
quexo lamento, queja 한탄, 탄식
quexura queja, lamentación 한탄, 탄식
qui quien 누구
quiena quien la
quies quieres 좋아하다 (querer)
quiñón quinta parte de la ganancia / lo que corresponde a cada uno en la partición 소득의 1/5, (이익)배당에서 한 명이 차지하는 몫에 해당

quirios kyries
quisquier cualquiera 무엇이든지
quista querida 친애하는, 그리운
quitaciones rentas, sueldos, salarios 급료, 연금
quitaremos dejaremos, abandonaremos 포기하다 (dejar, abandonar)
quiviz cualquiera 무엇이든

R.

rabé rabel 3현금, 어린이 궁둥이
rabí doctor en la ley hebrea 히브리 법률 박사
raças defectos 결점, 결함
radía necia 무지한, 완고한
rafezas malas 나쁜
rallar hablar 말하다
rancado vencido 패배한, 만기가 된
rançal tela fina de hilo 부드러운 천
rancura enojo, resentimiento 분개, 화
rapagón muchacho, escudero 소년, 하인, 종자
rascado carpido, arañado en el planto mortuorio
raste quede 체류하다, 머무르다
rayado (el sol) apunta (햇살이) 향하다, 비치다
rayer afeitar 머리빗다
razón arte, ciencia 예술, 과학 / historia, vida de los santos 성자의 삶
razonóse habló 말하다 (hablar)
rebatóla tomóla 그것을 취하다 (tomar)
rebella molesta, inoportuna 시기가 나쁜, 골치아픈
rebollescer rebullir 꿈틀거리다
rebtedes echéis la culpa ~에게 죄가를 돌리다, 뒤집어 씌우다
recabda ejecuta, dispone / retrasa 실행하다, 차비하다
recabdado dispuesto 준비된, 완료된
recabdar acabar 끝내다, 완료하다
recabdarás conseguirás 획득하다, 손에 넣다
recabdat prevenid 미리 준비하다 / guardad, lograd 지키다
recabdeste precaviste 조심·주의하다, 경계하다
recabdo número incalculable / cuenta, número / precaución, cuidado / confirmacion / seguridad, salvación / respuesta 수없이 많은 수, 경계, 조심, 안전, 확실

recebiólo protegióle 그를 보호하다
recuda reponda 대답하시오, 응하시오
recudimiento respuesta 대답, 응답
recudió pensó 생각하다
recudir conformarse, armonizarse 조화시키다, 적응시키다
redero el que hace redes 술책을 쓰는 사람, 모사꾼
redor en torno 주위에
redrado retirado 물러난, 은퇴한
redró respondió 대답하다, 응하다
refechos enriquecidos 부유하게 된, 훌륭한
referir apartar 나누다, 가르다
refertar replicar 대답하다
refertero tacaño 인색한 / discutidor, contrario 입씨름하기 좋아하는 (사람)
refez fácil 쉬운 / fácilmente 쉽게
refirían rechazaban 거절하다(rechazar)
reguarda mirada (sin que nadie nos mire) 시선
reheses fáciles 쉬운
reja reja del arado 쟁기의 날
relampan brillan 반짝이다, 빛나다 (brillar)
ren nada 무(無) / cosa 사물, 사건
rencón rincón 모퉁이
rencura queja / pena, tristeza / dolor / enojo 탄식하다, 벌하다, 고통 · 화나게 하다 (quejar, penar, enojar)
rendieron devolvieron 되돌려주다 (devolver)
reninchando relinchando 울다, 울부짖다 (relinchar)
repaire descanso 휴식 / refugio 도피
rependiença arrepentimiento 후회
rependirse arrepentirse 후회하다
repentença arrepentimiento 후회
repintencia arrepentimiento 후회
repiso arrepentido 후회하는
reposteros paños cuadrados con las armas de un señor 주인의 문장이 새겨진 사각형의 천조각
repoyado despachado, desestimado 처리가 끝난, 완결된
reprendedera imperfecta 불완전한
represo reprendido / cercado 꾸지람받는, 담장, 우리

repriso reprendido / pasado 꾸지람받는, 지나간
repunta pica 찌르다 (picar)
requexo piedra 돌
res nada / persona 무(無), 사람
res reyes 왕들
responso respuesta 대답
respuso respondió 응답하다 (responder)
respuxaron despojaron 약탈하다, 빼앗다 (despojar)
retenientes que resuenan 울려 퍼지는
retentar probar 시험해보다, 시도하다
reteñir sonar 소리나다
retinto son, acción de reteñir 염색하는 행위
retraer reprochar 비난하다
retrecha cosa que reprochar 비난거리
revetar respetar 존경하다, 존중하다
reviscó avivóse 튼튼해지다, 기운이 나다 (avivarse)
revoltores revoltosos 소동을 일으키는
reyal palacio del rey / sitio donde hay una reunión 왕궁, 회의장
reyendo riendo 웃다 (reir)
Rey espiritual Dios 하느님
rezar recitar 암송하다, 읊다
ribadas llegadas 도착된
ribal bellaco, rústico 거친, 마음씨 나쁜, 촌스런
ribar llegar 도착하다, 다다르다
ribera río 강
riberando cazando aves de ribera 강가에서 새 사냥을 하면서
rictad riqueza 부유, 풍성함
rictat riqueza 부유, 풍성함
ridientes alegres, reidores 유쾌한, 즐거운
riebtos retos 위협, 도전
riende rinde 이득, 이익
rier reír 웃다
rimos remos 노(배)
roan paños de Ruán, ciudad del norté de Francia 프랑스 북부 도시 루안에서 나는 천
robería robos 도둑질, 강탈
roçapoco dicharachero? 수다쟁이, 천한 말을 하는

rodeóla persiguió la caza 사냥감을 추적하다
rogaria ruego 간청, 탄원
romançar poner en lengua romance 로망스어로 써놓다
romeos romeros, peregrinos 순례자들
reseñor ruiseñor 나이팅게일(새)
rossiñol ruiseñor 나이팅게일(새)
rosso robó robar 훔치다(robar)
rostros labios 입술
rota concurrencia a un espectáculo 한꺼번에 어떤 일이 일어나는 것
rota especie de arpa pequeña 작은 수금의 일종
rotero tañedor de rota o especie de arpa 수금을 켜는 사람
rubas rúas, calles 길, 거리
rucio llovizna 가랑비, 보슬비

S.
sab sabe 알다(saber)
sabce sauce 버들
sabido prudente 신중한, 분별이 있는
sabidores sabios 현자들
sabiencia sabiduría 현명, 지식
sabiente astuta 교활한 / sagaz 날렵한
sabiesa prudencia 신중, 세심
sabieza sabiduría 지식, 현명
sabogas boga(no creo que sea el *sábalo*, como suele decirse, por que aparece citado poco después) 유행, 인기
sabor deseo 소망, 욕망
sabore placer, bienestar 기쁨, 안락
saborgada llena de sabor 아주 맛있는
sabridas astutas 교활한, 재치있는
sabrido sabroso 맛좋은, 맛있는
sabrosos favorables 호의적인, 바람직한
saguda trague 마시다, 삼키다, 받아들이다(tragar)
sagudando persiguiendo 추구하다, 추적하다(perseguir)
saje sabio, discreto 현명한, 신중한
sala salga 나가다
salpresas saladas 재치있는, 애교있는
saluar saludar 인사하다, 경외를 표하다

sallíero saliere 나가다 (salir)
sandió loco, sin *seco a* 미친, 정신없는
'*sanía* saludable 건강이 좋은, 건강한
sanidad salvación 구원, 구조
Santi Yague Santiago 산띠아고(지명)
santurero santo 성스런
sara jara, rubia 꼭두서니(식물)
sarças zarzas 가시나무, 찔레나무
sarraceando lloviznando 이슬비가 내리다 (lloviznar)
sazón fuerza / tiempo / ocasión 힘, 효력, 시간, 기회
se si ~이라면, ~이면
seciones angstias, ceciones 고뇌, 고민
sedas cerdas 암돼지들
sede sed 갈증, 갈망
seder ser ~이다
sedielos estábalos ~이다, 있다 (estar)
sediya estaba ~이다, 있다 (estar)
seed quedad, estaos 남다, 되다, ~이다, 있다 (quedar, estar)
seer sentar 앉히다
seguda persigue 추적하다, 추구하다 (perseguir)
segudaban picaban 찌르다, 쏘다, 자극하다 (picar)
segundando siguiendo 따르다, 추종하다 (seguir)
seguraba aseguraba 확인하다, 보증하다 (asegurar)
segurada segura 안전한, 확실한
segurados alcanzados 추격당한, 따라잡힌
seíe estaba ~이다, 있다 (estar)
seiense estábanse ~이다, 있다 (estar)
seit estad ~이다, 있다 (estar)
semitón melodía en la que se usaban los semitonos de la escala cro–mática, frente a los de la natural, única empleada por la Iglesia 교회에서 반음을 사용한 멜로디
sen sentido, talento 의미, 감성, 재능
sencido sin hollar, intacto 손대지 않은, 밟지 않은, 순수한
senes sin ~없이
señero solitario, solo : –*as* 혼자의, 홀로의
seños sendos 각각 하나씩의
seo estoy ~이다, 있다 (estar)

sepelido sepultado -*a* 매장된, 묻힌
sequier también 또한, 역시
se quier aunque ~이지만
serano atardecer 해가 지다
seror monja, hermana 수녀
serora monja 수녀
sessaenta sesenta 60
setembrio setiembre 9월(Septiembre의 속어)
Seturno Saturno, lucero del alba, segun el poeta 토성, 고대로마의 농경신
sey ésta / sé / sé ~이다, 있다, 알다(estar, ser, saber)
seye se le
seyer ser, estar ~이다, 있다
sí así, ser 이런 식으로, 그처럼
sia sea ser ~이다
sibias jibias, sepias 오징어
siegro siglo 세기
siello silos, graneros 헛간, 곡식창고
siesto duración 지속, 계속
simios monos 귀여운, 깨끗한, 원숭이
sin sentido 의미 *sen* 참조
sines sin ~없이
siñas señas 표시, 신호
siquiere o 혹은
sirguera jilguero 분홍 방울새
só soy ~이다(ser)
so bajo 아래의
sobejano numeroso 다수의, 수많은
sobejanos extremados, excelentes 극단적인, 우수한
sobejo excelente / grande 훌륭한, 위대한
sobieron estuvieron, estar ~이다, 있다(estar)
sobir pasar de una edad 나이 한 살 먹다
sobollir enterrar 묻다, 매장하다
sobra abunda, supera 남다, 넘치다, 능가하다(abundar, superar)
sobrados parte alta de la casa 집의 높은 부분
sobrançaría exceso, injusticia 초과, 부당
sobrancera excesiva 초과하는

sobrecejas cejas 눈썹
sobregonel túnica vestida sobre la armadura 갑옷 위에 덧입는 덧옷
sobreseñada escrita, grabada 쓰여진, 새겨진
sobreseñales señales prominentes, ostentosas 우세한 신호
sobrevienta sorpresa 놀라움
soçobra zozobra 비탄, 괴로움, 불안
sodes sois, eres, estáis (ser, estar)
soes estáis (estar)
sofincóse se aseguró 확인하다, 안심하다
sofriença paciencia para esperar 기다림의 인내
sol solo 홀로
soldadera prostituta 창녀, 매춘부
soldaderos mercenarios 고용된 용병들
soldado pagado 지불된
solombra sombra 그림자, 그늘
solombrera sombrero 모자
soltará cumplirá 수행하다 (cumplir)
soltura absolución 사면, 석방, 면제
soma pan de harina inferior / salvado 저급 옥수수빵
someros altos 높은
somir hundir 침몰시키다, 붕괴시키다
somo arriba 위에
somovimientos incitaciones 격려, 선동
son bajo 아래
sonsanó reprendió 꾸짖다
sañosa dormida 잠든, 미개발의
sopesa pesa, aflige 괴롭히다 (pesar, afligir)
sorrendó aflojó las riendas 고삐를 늦추다
sorrostrada castigada 처벌된 / daño, mal 해악
sos suyos 그들의 (것)
sosacamiento exigencia 요구, 강요, 요청
sosacar exigir 요구, 요청, 강요하다
sosaño preocupación 선취, 선입견
sossacadas sacadas, imaginadas 생각되어진
sossaño enojo / reprimenda 화, 분노
sostinencia manutención 부양, 보존, 유지
sotar saltar 뛰다

sotecho cubierto, bajo techo 덮인, 천정 아래의
soterramiento enterramiento 매장, 무덤
sove suyo 그의 (것)
sovisse estuviese ~이다, 있다
subría subiría 오르다
sudiento sudoroso 땀에 젖은
sue su 그의
suelta terminada 끝난, 종결된
sufren sustentan 부양 · 지지하다
sultura *soltura* 참조
suso encima / arriba 위에
sustalle asustarle 그를 놀라게 하다

T.
tabla mesa 테이블, 식탁
tablados castillejos de tablas contra los que los caballeros arrojaban sus lanzas 창을 막는 발막이
tablero ataúd 널, 관
tabras tablas 판자
tafur jugador 놀이꾼
tajad cortad 절단하시오
tajado, −a dispuesto, proporcionado 정돈된, 준비된
tajador plato 접시, 요리
tajadores cortantes 자르는, (칼이) 잘 드는, 식칼
tajar cortar / labrar 자르다, 세공하다, 손보다
talaya atalaya, fortaleza 망루, 요새
talla proporción / aspecto, figura 정돈, 조화, 용모
también tanto 그 정도의, ~만큼의
tan bien cuando ~할 때
tanida tocada, prendida 성장한, 지저분한
tanso toco 만지다, 연주하다
tantos *tres tantos* 참조
tapedes tapetes 책상보, 융단, 돗자리
taque manche 더럽히다 (manchar)
tardinero lento, tardío 느린, 완만한
Tayeya estrella de la constelación de Géminis 쌍둥이 성좌 (Jupiter의 쌍둥이 Cástor와 Pólux)

tecido tejido 방적, 직물
tempesta tempestad 태풍, 비바람, 격론, 소동
temprados suaves : *–a* 부드러운
tempró templó(un instrumento) 부드럽게 하다, 따뜻하게 하다
tendal poste para armar la tienda 천막의 기둥
tendejones tiendas de campaña 평원에 있는 천막
tener contener, retener 보유하다, 포함하다
tenezas tenazas 집게, 가위
tenga detenga 억제하시오, 그만두시오
teniendo guardando, defendiendo 보호·유지하면서 (guardar, defender)
tenienos los tenían 그것들을 가지다 (tener los)
tercero intención, propósito 의도, 목적
terciábanlas las ponían atravesadas o ladeadas 저리 뒤로 놓다
ternán tendrán 가지다 (tener)
ternedes tendréis 가지다 (tener)
terrásla la tendrás 그것을 가지다 (tener)
terrero bajo 아래
Tibre Tíber
tiento consideración 고려, 사고
tiesta cabeza 머리, 두뇌
tira quita, saca 제거하다, 뽑아내다
toajas manteles 책상보, 테이블보
toca negrada monja 여승, 수도자(女)
toldría quitaría 제거하다, 뽑아내다
tolgamos quitemos 제거합시다
toliós quitóse 벗다, 치우다 (quitarse)
toller quitar 빼앗다
tollié impedía 방해하다 (impedir)
tolliese dejase 그만두다
torcado torcaz 비둘기의 일종
tornaro tornare 반환하다, ~로 바꾸다 (tornar)
torniño torneado 기마전
torrontés uva para hacer vino 포도주용 포도
tortiado injuriado 모욕당한, 상처입은
tost(e) pronto 곧, 이내
tot todo 모두, 전부
tóveldo túvetelo

tovo pensó 생각하다 (pensar)
trae apresa 체포·구금하다
traerla tirarle 던지다
traídos traicionado 반격당한, 배신당한
trainta treinta 30
transida muerta 죽은
trasecada muy seca 매우 건조한, 메마른
trasoro tesoro 보물
traspasar atravesar 횡단하다, 가로막다
traspasé quebranté 파괴하다, 누그러뜨리다 (quebrantar)
traverseras capas cruzadas, para dejar una parte del pecho libre 맨 가슴의 일부분을 드러내는 십자형 망토
trayo traigo 가지고 오다, 데리고 오다
trebeja juega, danza 놀아라, 춤춰라 (jugar, danzar)
trebejo juego / juego, pieza de un juego / trabajo 놀이(의 일종), 일
trebría atrevería 감행하다, 굳이 ~하다 (atrever)
treçada trenzada : *trenzado* 꼬다, 짜다 (trenzar)
trechadas en conserva 통조림의, 식초에 절인
trechón tronco? 통나무?
tred venid 오시오 (venir)
trefudo corpulento, musculoso : *-a* 근육질의 몸집이 큰
tremer temblar 떨리다
tremor retemblor, temblor 떨림, 전율
trepada ropa con un adorno alrededor de su orillo 솔기 부분의 둘레에 장식이 있는
tres tantos triple 3배의
treviese atreviese 강행하다 (atrever)
trexna trae de un lado para otro 한 곳에서 다른 곳으로 옮기다
triscas juegos, retozos 놀이
trocir atravesar, pasar 횡단하다, 지나가다
Troilo hijo de Príamo y Hécuba, muerto por Aquiles en la guerra de Troya. Son célebres sus amores con Crésida o Briseida 그리스 신화의 인물
tronidos truenos 천둥
trotalla cantar de baile 춤곡, 무도곡
trotero mensajero 전령
troxera trajera, traería (traer)

troyas alcahuetas 중매장이
tuellen quitan 벗기다, 빼앗다 (quitar)
tuero parte de la herencia? 유산의 일부?
tuerpes torpes 서툰, 추악한, 음탕한
tuerta equivocada 실수한, 그릇된
tuerto desorden 무질서 / agravio, injusticia 부정, 모욕
tumbal grave 심각한, 중대한
tundir esquilar, tonsurar 털을 깍다, 삭발하다
tunicia tunecina 투네스(북아프리카 항구도시) 사람
turquías especie de bodoque o pelota de barro endurecido que se lanzaba con la bellesta 용수철로 던져졌던, 단단한 진흙공이나 덩어리의 일종

U.
uço puerta 문
udió oyó 듣다 (oir)
uniré unciré 멍에 씌우다, 메다
uno(en) juntamente 함께, 다같이
usurario usurero 찬탈자, 횡령자
uviar socorrer 구하다, 구제하다
uviás llegara 도착하다 (llegar)

V.
vagar descanso / reposo, tardanza 휴식, 지연
vagare descanso 휴식
val valle 계곡
val vale ~의 가치가 있다, 값나가다
valan valgan ~의 가치가 있다 (valer)
valelde ayudadle 도와주다 (ayudar)
valía valor 가치
varona mujer 여자, 부인
varor prez 명예, 가치
vayádesme ve 보다 (ver)
vedado sacerdote suspendido de órdenes 성품(聖品)에서 정직된 사제
vedieron vieron 보다 (ver)
veedes ves, veis 보다 (ver)
vegada vez, ocasión 경우, 기회

veidía veía 보다 (ver)
veinlo lo veían 그것을 보았다
velada esposa 부인
vellidos hermosos 아름다운
venación venados 사슴
vendría vendería 팔다 (vender)
veneras venas de metal 금속광택
ventado descubierto 발견된
vergonça vergüenza 부끄러움
verná vendrá 오다 (venir)
vero verdad 진리, 사실
vestiglo monstruo 괴물
vestimentas vestes litúrgicas 예배의상
vestimentes vestidos 옷을 입은, 옷
ve tu vía ponte en camino 길을 가라
veyese viese ver 보다 (ver)
veyestes vieses 보다 (ver)
vezada acostumbrada 익숙한, 길이든
vezcamos venzamos 이기다 (vencer)
vezera alterna 엇갈린, 교대의
vía ¡fuera! 나가!
viado puesto en camino 길을 가는
vianda comida 식사
vicio regalo, comodidad, deleite 안락, 편안함, 풍족
vicioso cómodo, regalado 편안한
viédote te prohíbo 너에게 금지한다
vieno vino 포도주
vienta sospecha, piensa 의심하다, 생각하다
vierbo palabra 말
viersos versos 싯구절, 밭이랑
viés víste 보다 (ver)
vieso verso 시
vigité visité 방문하다 (visitar)
vigor vileza 천박함, 비열함
vigor(a) con presteza 날렵하게
villanchón villano 마을사람
villutadas de velludo 솜털의, 비로도로 된

vinte veinte 20
violador tañedor de vihuela 비올라 연주자
violar tañer la vihuela 비올라를 연주하다
violeros tañedores de vihuela 비올라 연주자들
vira viera (ver)
viratones flechas 화살
virdes viereis (ver)
virtos huestes 군대, 단체
viscó vivió 살다 (vivir)
viso rostro 얼굴, 외모
visquieres vivieres 살다 (vivir)
vistas reunión judicial 사법 회의(모임)
viyó vio
vocación promesa 약속
vocero cantor 열기
voltura envoltura 포장(지), 외투
voz demanda judicial 사법청구
vozero abogado 변호사, 법률가

X.
xafarrones juglares disfrazados grotescamente 기이하게 분장한 후글라르(음유시인)
xamet(e) tejido de seda 비단으로 엮은
xamit como el anterior 비단으로 엮은
xara monte, montaña 산
xerga paño burdo 거친 헝겊

Y.
ya interjección para invocar a aquel a quien se habla 말하려는 대상을 환기시키는 감탄사
ya cuanto algo 어떤 것
Yague(santi) Santiago 산띠아고
yantar comer 먹다
yaque algún 어떠한
yazredes pasaréis, dormiréis 지나가다, 잠자다 (pasar, dormir)
ye y 그리고
yegüerisa parecida a una yegua 암말과 비슷한

yentes gentes 사람들
yer ayer 어제
yera era (ser)
yeran estaban, había/eran (estar, haber, ser)
yerrada equivocación 실수, 과실
yes eres/es (ser)
yeyunios ayunos 절식, 단식 / 먹지 않은
yogó yació 가로눕다
yove yo 나
yuguero boyero, gañán 소몰이(아이), 머슴

Z.ç
çarapico zarapito, ave acuática 도요새의 일종
çarcillo zarzo, secadero de frutas 대발
çarrado encerrado 감금된, 유폐된
zatico, ça– mendrugo 빵껍질 부스러기, 바보, 얼간이

스페인 중세 · 황금세기 문학

초판 발행 2008년 4월 10일
초판 1쇄 2008년 4월 10일
지은이 **민용태**
펴낸곳 **고려대학교출판부**
www.kupress.com
kupress@korea.ac.kr
136-701 서울특별시 성북구 안암동
02-3290-4230, 4232
Fax 923-6311

찍은곳 한국컴퓨터인쇄정보

ISBN 978-89-7641-654-4 03870

값 24,000원

* 잘못 만들어진 책은 바꿔드립니다.